뉴에이지 음악

소리풍경 500

mylenef

저자 소개

mylenef

음악 애호가

저서: 『뉴에이지 음악 소리풍경 500』, 『내가 사랑하는 샹송·깐쏘네』, 『월드뮤직 보이스 99』, 『아홉 뮤즈와의 대화』

뉴에이지 음악 소리풍경 500

발행일	2024년 2월 29일
지은이	mylenef(mylenef@naver.com)
펴낸이	손형국
펴낸곳	(주)북랩

편집인	선일영	편집	김은수, 배진용, 김부경, 김다빈
디자인	이현수, 김민하, 임진형, 안유경	제작	박기성, 구성우, 이창영, 배상진
마케팅	김회란, 박진관		
출판등록	2004. 12. 1(제2012-000051호)		
주소	서울특별시 금천구 가산디지털 1로 168, 우림라이온스밸리 B동 B113~115호, C동 B101호		
홈페이지	www.book.co.kr		
전화번호	(02)2026-5777	팩스	(02)3159-9637

ISBN	979-11-7224-009-7 03670 (종이책)	979-11-7224-010-3 05670 (전자책)

(주)북랩 성공출판의 파트너

북랩 홈페이지와 패밀리 사이트에서 다양한 출판 솔루션을 만나 보세요!

홈페이지 book.co.kr ・ **블로그** blog.naver.com/essaybook ・ **출판문의** book@book.co.kr

작가 연락처 문의 ▸ ask.book.co.kr

작가 연락처는 개인정보이므로 북랩에서 알려드릴 수 없습니다.

뉴에이지 음악

소리풍경 500

mylenef

들어가며

언제였을까? 정확하게 기억나진 않지만 뉴에이지 음악의 낯선 풍경들과 정감은 글쓴이에게 신선한 것이었다. 아마도 처음 들었던 음악이 조지 윈스턴George Winston의 스테디셀러인 《December, 1982》였을 것이다.
그러다가 1986년 제29회 그래미 시상식에서 전자 하피스트 안드레아스 폴렌바이더Andreas Vollenweider의 《Down to the Moon》이 초대 뉴에이지 음악 앨범상을 수상하면서 뉴에이지란 장르 용어가 본격적으로 상륙했다.

한동안 뉴에이지 음악에 대한 정보는 쉽게 접하기 어려웠다. 뉴에이지 음악에서 나타나는 인간 중심적 가치관은 일부 종교계와 관련된 오해로 번지기도 했고, 음반의 공급이 상업적인 이윤이 보장되는 소위 잘 팔리는 음반들에 편중되어 편식을 조장하기도 했다. 또한 '뉴에이지'란 타이틀의 전문 음악방송 하나 없었던 게 현실이었다.
하지만 서서히 국제시장에서 뉴에이지 음악이 자리를 잡아가자 국내에서도 뉴에이지 음악을 연주하는 뮤지션이 등장하였고, 방송과 광고를 통하여 그 어떤 장르의 음악보다도 자주 접하게 되었다. 국내 음반시장에서도 그 여세를 몰아 크진 않지만 나름대로 안정적인 자리를 확보하였고, 게다가 세계적인 아티스트들의 내한공연과 인터넷을 통한 팬카페, 뉴에이지 애호가들의 동호회 등도 많아졌다.
또한 다수의 뉴에이지 음악에 관한 서적이 출간되었고, 라이선스, 수입, 해외직구 등을 통해 음반 구입이 용이해졌다. 글쓴이는 오랫동안 적지 않은 동호회를 거치며 온-오프라인을 통해 열정 있는 애호가분들을 만났고, 그분들과의 교류를 통해 귀에 맞는 음반을 접할 수 있었다.

어느덧 우리 생활 속에 깊이 파고든 뉴에이지 음악은 점차 다양하게 크로스오버 되어가며 그 발전을 가늠할 수 없을 만큼 풍성한 가지 뻗기로 성장하며 인기를 얻었다. 여전히 뉴에이지 음악은 소멸과 탄생을 거듭하고 있지만, 국내에서는 아이돌과 성인가요의 부상과 팬데믹을 거치며, 이제는 붐을 일으켰던 과거의 추억 음악으로 머물고만 있는 듯하여 아쉽다.

글쓴이에게 적지 않은 감동을 주었던 500편의 앨범 감상기로 꾸려진 이 책은 2011년 초판과 2017년 재판에 이은 수정본이다.
- 90편의 감상기가 교체되었으며, 음반 선정은 특별한 기준 없이 글쓴이의 취향을 반영했다.
- 일부 순서를 재배치했을 뿐 구성은 이전과 다르지 않으며, 국내 음악가들의 음반 리뷰는 별도로 뒤쪽에 배치하였다.
- 내용 중 일부는 삭제되었고 오류는 수정하였으며 새로운 정보는 더했다.
- 디자인은 가독성을 위해 글자 크기를 조정하였다.
- 교정은 곡명을 제외하고 네이버와 한국어 맞춤법/문법 검사기pusan.ac.kr를 병행했으며, 따르지 않은 부분도 있다.
- 굵은 글꼴의 수록곡은 유튜브와 연결한 QR코드 스캔을 통해 감상할 수 있다. 단 공식 업로드가 아닌 경우 간혹 삭제되는 경우가 있음은 널리 양해를 바란다.

글쓴이는 뉴에이지 음악의 한 애호가로서 새로운 세대에게는 생소할 수 있는 이 뉴에이지 음악의 감흥을 공유할 수 있는 기회가 많아졌으면 하는 바람이다. 세상의 별들만큼이나 우리가 접해보지 못했던 음악들이 많지 않은가!

2024. 2. mylenef (*mylenef@naver.com*)

뉴에이지 음악 소리풍경 500

● 출현

뉴에이지 음악의 시작은 그리 분명하지 않다. 그 원류는 1964년 재즈 클라리넷 연주자인 토니 스코트Tonny Scott가 일본의 전통음악 연주자들과 함께 만든 앨범 《Music for Zen Meditation》에서 동양의 사상을 다루기 시작하면서부터였다[1]고도 하며, 폴 혼Paul Horn, 폴 윈터 Paul Winter, 도이터Deuter 등을 뉴에이지 음악의 파이오니어로 기록하고 있기도 하다.

역시 뉴에이지의 선구자로 평가받는 스티븐 헬펀Steven Hal-pern은 뉴에이지의 출발을 좀 더 늦은 1973년의 'San Fran-cisco in Honor of Comet Kohoutek' 이란 행사로부터 보았는데, 뉴에이지 정신을 지니고 있던 록과 재즈 연주자들과 작곡가들이 선보였던 '신비한 음향'이 그 시초가 되었다고 하였다.

뉴에이지 음악의 출현 배경은 뉴에이지 운동과도 관계가 있었지만 이는 초반에 등장했던 극히 일부에 지나지 않는다는 것이며, 그래서 지금의 모든 뉴에이지 음악들을 뉴에이지 운동과 관련짓는 것은 오히려 위험하다. 실제로 많은 아티스트들은 자신이 뉴에이지 음악이라고 불리는 것에서부터 강한 부정을 표현하기도 하며, 뉴에이지 운동에 대한 이론과 바탕에 무관심하거나 혹은 자신의 앨범 슬리브에서 하나님께 감사의 말씀을 전하고 있기도 함을 우리는 어렵지 않게 접할 수 있다.

심상유도음악 GIMGuided Imagery & Music계의 거장으로 안나 마리아Anna Maria 대학의 뮤직테라피 조교수이기도 한 리사 섬머Lisa Summer는 자신의 저서 「Music The New Age Elixir, Prometheus Book, 1996」에서 뉴에이지 음악의 발생 원인을 다섯 개의 관점으로 풀이하였는데, 중도, 재생 등의 불교사상과 동양철학의 영성적 관점, 신비주의와 미래주의의 영향을 받은 두뇌와 신체의 에너지 균형과 비타민을 공급하기 위한 음악적 관점, 우주탐험에 대한 과학적 관점, 기계주의에서 휴머니즘을 되찾고 합리적인 서양의 문화에서 동양의 정신적인 충만감이 대두되는 문화적 관점, 그리고 전인적인 한 인간으로서 내면을 탐색하고 안락함을 추구하고자 했던 심리적 관점 등에서 기인했다고 주장했다. 또한 각각의 원인들은 시기적으로 차이가 있긴 하지만, 세계 1차 대전과 파리 만국박람회보다 이전에 시작되었으며, 모더니즘 시대를 거쳐 시스템을 갖추게 되었다고 한다.

이렇듯 우리가 '뉴에이지 음악'이라고 지칭하고 있는 범위의 음악들이 출현하게 된 본격적인 배경 이야기는 모더니즘 이후의 보다 광범위한 사회적 현상 - 이른바 포스트모던Post-Mo-dern으로 이해하는 것이 바람직할 듯싶다.

뉴에이지 음악은 다원주의적 가치관이 만들어낸 산물이다.

산업혁명을 거치며 과학기술의 발전에 힘입은 근대는 보편성의 가치를 획득하였지만, 그 가치 의존적 대중사회는 획일적이고 기능 위주의 사회였다. 하지만 이러한 소수의 창조자에 의한 일류지향적 사회에 대한 거부감은 점차 자기중심적이며 개인의 다양성과 자유 그리고 개별성을 인정하는 감성적 라이프스타일로 변모하게 되었고, 모든 개인이 가치의 중심에 서게 되었다.

이렇듯 포스트모던 시대에서는 예술의 경향도 하나의 연속성을 구축하던 구조주의적 성향에서 탈피하여 다수의 목소리와 다수의 시선이 기존 질서를 해체하기에 이른다. 따라

---

1) 김진묵, 세계명상음악기행, 정신세계사, 2006, p59

서 개인성과 주관주의를 성취하기 위한 다양한 가치들 - 혼성성, 다의성, 다양성, 복수성의 경향이 대중문화의 패러다임을 주도하게 된다.

본래 포스트모더니즘이란 용어는 1960년대 미국의 건축, 음악, 미술, 문학 등 예술 분야에서 대두한 새로운 표현기법들을 그 이전의 모더니즘 예술 기법들과 구분 짓기 위해 일부 비평가들이 시작했던 것[2]이었지만, 지금은 제2차 세계대전 이후에 시구에서 존재하는 하나의 시대정신Zeitgeist의 개념으로 사용되고 있다.

뉴에이지 음악은 포스트모던의 현상처럼 기존에 유행했던 음악들에 회의를 느끼며 시기적절하게 등장하였다. 클래식은 점점 난해해지고, 기계음에 의존한 대중음악은 상실감마저 가중시켰기 때문이다. 정치적으로 베트남전쟁에 대한 자각이 일어났으며, 사회적으로는 젊은이들의 히피문화와 반항정신이 만연하였다. 음악사적으로는 우드스탁 페스티벌Woodstock Festival이 일어난 것도 이 시기였다.

분명 과학기술과 대량생산된 획일성 속에서 대중은 보다 색다른 자신만을 위한 음악이 필요했다. 공업화된 도시와 메마른 생활에서 자연과 신비를 원했으며 보다 인간적이며 정신적으로 충만할 수 있는 다양한 특수성을 기대하게 된 것이다. 아티스트 역시 기존의 서구 음악에서 더 이상의 새로운 모티브를 찾을 수 없었기 때문에 색다른 묘안을 찾아야 했다. 초기에 등장한 뉴에이지 음악가들은 심리학과 철학 등에도 관심을 기울였는데, 이는 기계적인 모던시대와 전쟁으로 피폐해진 마음과 정신을 치유하기 위함이었다. 또 다른 음악가들은 대중들의 특수성과 자신의 아이덴티티를 위해 빌딩 숲에서 자연으로, 서방에서 동방으로, 현재에서 과거나 미래로, 현실에서 초현실의 세계로, 그리고 지구에서 우주로 그 시선을 돌린다.

뉴에이지 음악의 출현, 그것은 진정 새로운 음악의 르네상스를 의미하는 것이었다.

뉴에이지 음악은 초문화가 그 바탕이 되었다. 초문화란 곧 다문화로 달리 말할 수 있는데, 이는 곧 포스트모던 예술에 있어서 가장 중요한 표현양식이며 또한 다원주의적 가치관에 상충하는 가장 큰 방안이기도 하다.

포스트모더니즘이 어떤 의미나 형태로든지 이미 제도화되고 규범화된 고정관념의 틀에서 탈피하려 하고, 이에 따라 과거로부터 지금까지의 모든 전통적 질서를 부정하면서 출발하였지만, 포스트모더니즘이란 그 의미처럼 모더니즘과의 단절을 의미하는 것이 아니라 이분법적이고 일원주의였던 모더니즘 이후의 다양한 가치와 다원주의가 빚어내는 모더니즘 후기의 혼란 현상으로 이해해야 한다.

이처럼 뉴에이지 음악 역시 기존에 존재하지 않았던 새로운 규범이나 특별한 기준점을 제시하고 있지 않았다. 포스트모던 음악의 한 계통으로서 뉴에이지 음악은 기존에 존재했던 모든 음악을 아우르고 있다.

고전음악, 현대음악, 재즈, 록, 팝, 세계 각국의 민속음악, 종교음악 등이 바로 뉴에이지의 부모들이었으며, 각각 씨앗이 다르지만 비슷한 형질을 지닌 부류의 음악들이 이 보금자리에 모이게 된 것이다. 그래서 뉴에이지 음악이란 이름으로 명명되었을 때, 'New Age Music? or Old Age Music?'이라는 정체를 알 수 없음에 대해 논의되기도 했다.

하지만 기존의 장르들이 재해석되고 조합된 뉴에이지의 종합적인 결과물은 공간을 뛰어넘어 시간을 거스르고 인간의 내면에 이르면서 우리에게 더없는 새로운 경험을 열어주고 있다. 탄생부터 그 출신이 모호했던 뉴에이지 음악은 시간을 거듭하며 크로스오버Cross-over라는 방법으로 성장 발전하였다. 그들의 부모였던 다른 장르에까지 영향을 미치며 그 영역을 확장해 오고 있다.

---

2) 도정일, 포스트모더니즘 논쟁, 한국 사회 이해를 위한 길잡이, 사회평론사, 1992, p222

비록 뉴에이지 음악만이 크로스오버 되면서 성장한 것은 아니지만, 이와 같이 전혀 새로울 것이 없었던 뉴에이지 음악이 새로운 까닭은 크로스오버의 힘이 분명했다. 익히 양한 수님이 저서 「뉴에이지 음악, 그리고 크로스오버 이야기, 2004」에서 이를 '불순한 음악'이라 규정하며 크로스오버 현상을 풀이한 것도 같은 이유에서다.

● 뉴에이지 음악이란

뉴에이지 음악의 이론가들과 처음 뉴에이지 음악을 행하였던 많은 유명 아티스트들이 뉴에이지 음악에 대해 이야기한 바 있다.

뉴에이지 음악이론을 확립한 수잔 두셋Suzanne Doucet은 '상상력을 동원하여 자신의 자아가 내면 속 의식에 도달하는 것'이라고 정의하였으며, 뮤지션이면서 작가이기도 한 리 언더우드Lee Underwood는 '뉴에이지 음악은 감정과 심리 그리고 영적인 소양물로서, 우리에게 평화, 기쁨, 축복 등을 제공해 주며 우리의 천성을 고양시켜 준다.'[3]라고 하였다.

스티븐 헬펀Steven Halpern 역시 '뉴에이지 음악은 인간 내면의 잠재된 의식을 깨우며 호기심과 창조성을 격앙시킨다'[4] 라고 하면서 '뉴에이지 음악가의 대다수가 무의식적으로 쌓이는 특별한 것 즉 명상, 전인적 건강, 우주적 자각 등의 상태에 있다. 명상과 요가, 자연과의 교감 등을 통해 형성된 작곡가만이 자신의 '전율 상태'를 증진시킬 수 있으며, 이는 듣는 이에게도 적용되는 것이다. 진정한 뉴에이지 음악은 우리를 내면의 세계에서 끌어내어 일반 음악과는 다른 반응을 불러일으키게 한다'[5] 라고 뉴에이지 정신에 대해 피력하였다. 그리고 뉴에이지의 특징을 정해진 패턴 없는 새로운 느낌으로의 선율, 예상할 수 없는 진행과 변화 없는 리듬, 협화음을 기초로 한 화성, 감미롭고 차분한 음색으로 꼽고 있다.

---

3) Patti Jean Birosik, The New Age Music Guide, Collier Books, 1989, p.xv
4) 위의 책 p.xv
5) 위의 책 p.xx

이와 같은 정의에서 뉴에이지 음악은 그의 기능으로 해석되고 있음을 알 수 있는데, 무엇보다도 이는 명상의 음악이라는 것이다. 뉴에이지 사상가인 지두 크리슈나므르티Jiddu Kri-shnamurti는 「자기로부터의 혁명, 1971」이란 저서에서 '명상은 이해이며 자기 인식의 시초이자 출발점'이라고 말한 바 있다.

이 뉴에이지 음악의 독특한 명상성은 자연스럽게도 우리의 잠재의식에 연상 작용과 상상 작용을 불러일으키며 독특한 표상과 신비한 환상을 심어준다. 물론 다른 장르의 음악들도 그러할 것이나, 특히 뉴에이지 음악은 그 특성상 좀 더 빠르고 선명하며 극적이기도 하다. 그래서 뉴에이지 음악을 이미지의 음악, 혹은 회화성 짙은 음악이라 해도 과언이 아닌 것이다. 이러한 명성성과 회화성으로 뉴에이지 음악은 개인에게 무한한 자유를 심어준다. 왜냐하면 듣는 이에 따라 같은 음악이라 할지라도 심상에 다른 반응을 보일 수 있으므로 그 열쇠는 청자에게 주어진다. 달리 해석하여도 전혀 문제가 없다.

현재의 모든 뉴에이지 음악이 명상을 동반한다고는 할 수 없다. 그래서 오히려 뉴에이지 음악은 이미지의 음악으로 이해하는 것이 좀 더 합당하리라 생각된다. 앞서 언급한 평론가들의 정의는 초기 뉴에이지의 전통적 개념에 가까울 뿐, 현재의 다양한 뉴에이지 음악과는 거리가 있기 때문이다.

그렇다면 뉴에이지 음악의 정의도 달라져야 하지 않을까? 글쓴이가 생각하는 뉴에이지 음악이란 '우주에 존재하는 삼간三間 -인간과 공간과 시간-으로의 여행과 탐험 음악'이 아닐까 한다. 다른 사람의 감정을 느끼고, 가보지 않은 공간을 탐험하며, 과거나 미래로 시간여행을 할 수 있으니 말이다.

● 주 제

모든 예술 활동은 특정 예술가에 따라 저마다의 규칙과 개념적 절차를 거치며 다양한 형태로 구체화된다.

이러한 창작 과정은 크게 발상과 표현으로 구현된다고 할 수 있으며, 이를 좀 더 자세히 살펴보면 '철학-소재-주제-양식'이란 네 가지의 순서에 따라 진행됨을 알 수 있다. 이는 예술가가 적용한 육하원칙5W1H의 논리적 방법이기도 하다.

먼저 발상의 첫 시작인 철학이란 '누가Who?'에 관한 문제로 이는 작가의 세계관 혹은 기본개념Basic Concept을 의미한다. 거의 변화하지 않으며 작품을 초월한 고유의 원칙이다. 조지 윈스턴George Winston(1949~2023)은 자연주의가 그의 철학이자 기본 개념이라 할 수 있으며, 딥 포레스트Deep Fo-rest는 글로벌·부족주의라 할 수 있다. 하지만 이와 같은 철학은 그의 작품들에서 유추할 수 있을 뿐, 작가가 직접 공표하는 일은 드물다. 대부분은 자연친화적이거나 미래지향적이거나 다양한 문화에 대한 취향이 반영되어 있다.

작가들은 자신의 철학을 바탕으로 작품 활동에 돌입하게 되는데, 그 작품의 영감을 받게 되는 계기나 혹은 소재나 프로그램을 반드시 가지게 된다. '언제When 어디서Where 무엇을What'의 문제로 제기되며 이는 계획개념Project Concept이 된다.

조지 윈스턴의 《Autumn》은 가을이란 시간적 배경이 그 소재이며 계획개념이었다. 음반마다 혹은 수록곡마다 다를 수 있다.

뉴에이지 음악가들의 소재는 다른 예술 분야와 마찬가지로 삼라만상森羅萬象이라 해도 될 만큼 무궁무진하며 시간과 공간과 인간에 대한 소재로 가득하다.

작품의 소재를 찾거나 계획개념을 수립하면 작가는 주제 Theme를 설정한다. 이는 '왜Why'의 문제로서, 작품에 고유성과 의미 혹은 가치를 부여하는 것이다. 이는 곡이나 음반마다 다르다고 할 수 있으며, 포스트모던의 다양한 분야들이 동시에 다양한 가치들을 내세우고 있는 것처럼 그 주제도 다양하게 전개되고 있다. 대표적인 것들로 크게 4가지를 꼽는다면 다음과 같다.

모더니즘Modernism

모더니즘은 모든 예술의 주제로 항상 재해석되고 있다. 여기서 모더니즘이란 세련된 감각의 현대풍을 의미한다. 표면적으로는 미니멀리즘Minimalism의 영향도 간과할 수 없으며, 단순하고도 절제된 형태로 나타나는 것이 일반적이다.

조지 윈스턴은 《December》에서 눈 덮인 12월의 풍경을 테마로 자신의 감정을 이입하여 자연의 고요한 서정시를 들려주었으며, 빌 퀴스트Bill Quist는 《Piano Solos of Erik Satie》에서 과거의 인상주의 음악을 보다 현대적인 기법으로 선보인 바 있다.

향수Nostalgia

강한 연상을 유발하게 되는 이 테마는 주로 고전의 답습으로 나타나며, 시간을 거슬러 과거의 영광을 재현한다. 우리가 살아보지 못한 시대의 간접경험은 향수의 매력을 지닌다.

아르누보Art Nouveau 벽지에서 착안한 청바지를 비롯한 복고풍의 패션 경향들, 그리고 아르데코Art Deco나 빅토리안 스타일 등 앤티크 가구와 레트로Retro풍의 제품디자인 등은 이 향수적 충만의 주제들이 반영된 것들이다. 이러한 복고의 유행은 그대로 도입되는 것이라기보다 현대적인 의미로 재해석되어 나타난다.

장 마리 도발Jean Marie Dorval은 여러 화가의 작품에서 영감을 받아 당시 유행하던 살롱음악처럼 낭만적이고도 화려한 음악을 연주했다.

환상Fantasy

환상은 신비주의Mysticism나 미래주의Futurism에 근원을 두고 있는 듯하다.

꿈, 신화나 전설에서 과학소설, 우주, 디지털 문화에 이르기까지 다양하게 나타나고 있으며 경험하지 못한 것에 대한 상상이나 초현실에 대한 동경이 주된 이유이다.

신비주의는 합리주의와 과학주의가 지배하고 있는 현대에서 특히 그 위력을 발휘한다. 신인합일의 체험은 초월한 신성을 회복함으로써 새로운 황홀경을 맛보게 해주는 것이다.

그리스·로마신화라든가 전설, 마술, 그리고 조앤 롤링Joanne Rowling의 세계적인 히트작 「해리 포터」나 「반지의 제왕」 등의 판타지 소설, 영화에서부터 요가나 선의 체험 혹은 동양의학 등이 인기를 끌고 있는 것도 이를 반증한다.

또한 미래주의는 영화에서 보이듯 보다 공상의 발판을 마련해 준다.

스페인의 빌바오에 세워진 구겐하임 미술관Guggenheim Museum은 거대 환상이 빚어낸 대표적인 건축물이기도 하며, 바르셀로나의 대표적인 아르누보 시대의 명물인 가우디 Antoni Gaudi의 성가족교회Sagrada Familia에서도 자연에서 영감을 받은 초현실적 환상을 읽을 수 있다.

이러한 거대 환상적 테마들은 주로 내러티브를 통한 형식으로 등장하는데, 마크 드웨인Mark Dwane은 언제나 신화에 관심이 많으며 소프트웨어Software는 미래의 컴퓨터 문화를 테마로 디지털적 공간을 형상화했다.

이국적 동경Exotic Mood

동시대를 살아가는 현대인에게 여행은 정서적으로도 중요한 의미를 지닌다.

서양에서 동양으로, 그리고 그동안 베일에 가려져 있던 제3세계의 독특한 문화는 신선한 주제가 된다.

실례로 세계적인 패션디자

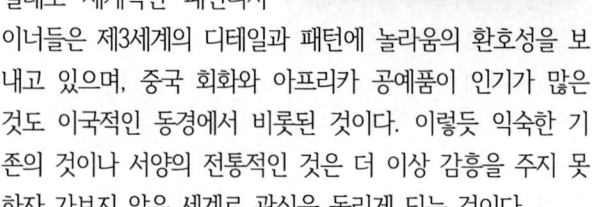

이너들은 제3세계의 디테일과 패턴에 놀라움의 환호성을 보내고 있으며, 중국 회화와 아프리카 공예품이 인기가 많은 것도 이국적인 동경에서 비롯된 것이다. 이렇듯 익숙한 기존의 것이나 서양의 전통적인 것은 더 이상 감흥을 주지 못하자 가보지 않은 세계로 관심을 돌리게 되는 것이다.

특히 뉴에이지 월드뮤직 분야에서는 셀틱뮤직과 네이티브 아메리칸 뮤직이 독자적인 경계를 가질 만큼 인기를 얻고 있다. 무엇보다도 딥 포레스트Deep Forest는 이국적인 풍경과 문화를 소개한 대표적인 프로젝트였다.

아티스트가 표현하고자 하는 주제는 사실상 명확하게 드러나지 않는 경우도 많다. 이 주제들은 독립된 형상으로 나타나기도 하며 몇 개의 주제가 중첩되어 혼성적으로 표현되기도 한다.

작가는 작품의 주제를 효과적으로 도출할 수 있도록 고유한 표현방식인 양식style을 채택하게 된다. 이는 '어떻게How'의 문제로서 다른 것과 구분되는 특별함이며 작가의 고유한 예술언어이다. 기의機宜signified의 시대였던 모던시대에는 5W가 중요했지만 기표記標signifiant의 포스트모던에서는 이 1H가 더욱 부각되고 있다.

연주력과 함께 나름대로의 독창적인 스타일을 갖추게 되는데 몇 가지 대표되는 방식은 다음과 같다.

초문화성

초문화성이란 현대문화에서 서로 다른 이질적인 것들의 배합이라는 의미로, 서로 만나 만들어진 새로운 것에 대한 의미를 부여하게 된다. 포스트모던의 특징이라 할 수 있는 시간적 공존Simultaneity (과거와 현재와 미래의 공존), 하이브리드Hybrid (이질적 문화의 접목 - 동양과 서양), 크로스오버 Cross-Over (장르간의 결합 - 미술과 무용, 문학 등)의 유형을 통해 이를 구현한다.

이니그마Enigma의 그레고리오 성가와 팝의 절묘한 배합은 시간적 공존의 예이며, 딥 포레스트Deep Forest는 아프리카를 비롯한 다양한 제3국의 정취를 섞어낸 하이브리드의 대표적인 그룹이다.

상호작용

포스트모던의 예술 활동은 인터랙티브Interactive의 방법으로 구현되고 있는데, 이는 작가와 관람자(혹은 청자)와의 소통과 교감을 위한 방법 중의 하나이다. 그래서 작가의 주제보다는 오히려 청자의 참여와 재해석이 더 중요하게 대두된다.

회화성 혹은 장면의 연속이 있는 하나의 이야기 구조를 통해 청자로 하여금 그 그림이나 스토리의 주인공으로 만들며 시간과 공간의 체험자로서 감정이입을 할 수 있는 선택적 상황을 연출한다.

실제로 많은 아티스트들은 이 상호성에 주목하고 있는데, 공상과학영화의 오리지널 사운드 트랙을 작곡하기도 한 크리스토퍼 프랑케Christopher Franke는 제임스 레드필드James Redfield의 뉴에이지 저서 「The Celestine Prophecy 천상예언」의 이야기 구조를 차용하여 청자로 하여금 주인공의 배역을 맡기기도 하였다.

상징과 절제

뉴에이지 음악가들은 음악의 기호성과 시적 상징성을 연관시켜 하나의 이미지, 혹은 언어체계를 구사하기도 한다. 상징성이란 사회와 문화를 반영하는 특징을 지니기도 하는데, 상징이라든가 은유를 통해 해학적인 표현으로 등장한다.

아이린 드 빈터Eylin De Winter의 작품들은 인체의 아름다움과 본성의 자유로움을 상징하는 결과물이라 할 수 있으며, 조지 윈스턴은 자연의 숨결과 내면적 울림을 상징하는 자신만의 독특한 기법을 선보였다.

이외에도 주제를 표현하기 위한 다양한 방법들이 있으며, 작품 주제에 합당한 요소들을 선별하고 또한 결합을 통해서 작품을 고안한다.

● 감성 음악

앞서 뉴에이지 음악이 명상성과 회화성 있는 이미지 음악이라 말한 바 있다. 어떤 이는 무공해 음악이라고 이야기한다.

하지만 글쓴이는 무엇보다도 뉴에이지 음악을 감성 음악이라 말하고 싶다. 또렷한 멜로디 라인으로 쉽게 감상에 젖게 만드는 음악들도 있지만, 좋은 뉴에이지 음악은 청자의 감성을 충족시키는 음악이라 생각된다.

감성은 감각을 매개로 하여 인간과 어떤 대상이 교감을 이룰 때 인간이 받아들이는 느낌이라 할 수 있는데, 이때의 교감은 인간과 그를 둘러싼 환경과의 접촉에서 이루어지며, 이는 감성 자체가 커뮤니케이션의 기능을 내포하고 있음을 의미한다. 음악에 있어서 이러한 감성 코드는 생태학적 가치관을 대변하는 하이 터치high-touch의 이미지이다.

감성 음악이란 청취자가 물리적인 소리의 체계에 내재된 이미지를 번안하고 구상화하며 체험하는 것이라 할 수 있다.

이렇듯 감성 음악은 여러 유형을 통해 청취자의 과거 경험, 상상, 미래에 대한 꿈 등의 상징적 의미를 환경 등에 부여하여 그 감흥의 가치를 높이게 된다.

체 험

인간의 행태와 심리는 경험적 접근 방식을 이용하여 개인에 따른 다양한 해석과 상징성으로 즐거움을 배가시킨다. 특히 뉴에이지 음악은 사실에 근거한 효과음이나 경험에 의한 예감으로 조건반사적인 소리의 체험을 유도하기도 한다.

음향연구자 댄 깁슨Dan Gibson(1922~2006)이 발표한 음반들을 보면 파도나 새소리, 물 흐르는 소리 등을 수집하여 음악과 접목하였는데, 우리가 보았던 혹은 직접 보진 않았지만 유추하여 머릿속으로 그려지는 푸르른 자연의 공간으로 산책을 유도한다. 또한 보이 코랄이라든가 리베라Libera의 음반은 숭엄한 카톨릭 성당에 와있는 듯한 체험을 선물한다.

오 감

인간의 정서적 만족은 감성 구현의 목표로서, 그 영역도 확대되고 있다. 즉 빛과 소리, 맛, 향기, 피부 터치 등 오감의 만족을 위한 기능을 포함하고 있는 것이다.
마이클 웰런Michael Whalen은 앨범 《My Secret Heart》에서 여린 빛을 발산하는 어두운 공간을 조형했고, 마이클 존스Michael Jones는 《After the Rain》에서 피부에 와닿는 빗줄기를 인상적인 피아노 연주로 표현하였다.

상징과 해학

인간의 음악에 대한 교감은 그 음악에 대한 의미와 상징성을 형성하는 과정을 거친다. 이는 정서적 만족과 연관을 가지고, 상징성은 개인의 가치관을 대변하며 감흥을 동반한다. 또한 상징성은 사회와 문화를 반영하는 특징을 갖기도 하는데, 이는 해학적인 표현으로 자주 등장하기도 한다.
즉 심오한 콘셉트보다는 대중이 쉽게 다가갈 수 있는 모티브를 사용함으로써 괴리를 파괴하고자 하는 것이다.
아트 오브 노이즈Art of Noise는 그들의 음악에서 인성을 믹스함으로써 현실의 수많은 이야깃거리와 자신의 주장들을 표현하고 있다. 이들은 청자와의 교감이기도 하며 또한 음악 속의 인간과 인간 사이의 커뮤니케이션을 해학적으로 표현하고 있는 듯하다.

장면성

장면성scene이란 심리적 차원의 비일상적 의식 작용을 하나의 장면, 또는 여러 장면으로 나누어 표현하는 방식으로, 하나의 환경적 무대 속에 청자의 감정을 몰입시키는 역할을 한다. 또한 이는 장면의 연속성sequence을 가지기도 하며 가변적이거나 설화적narrative 성격의 표현으로 나타난다.
조지 윈스턴은 앨범 《December》에서 아침에서 밤으로 이어지는 시간의 흐름으로 장면의 연속성을 보여주었으며, 루얼린Llewellyn은 아일랜드의 전설을 장면으로 나누어 들려주기도 했다.

초현실성

엄격한 기능주의적 가치관에서 벗어난 인간적인 삶은 환상의 세계로 이끌어 내는 가상세계를 탐닉하고자 한다. 이러한 연출로써 전형적인 표현에서 벗어나 의미를 지닌 연상적 음의 표현으로 나타나기도 하는데, 이는 '환상적', '특이한' 등의 감성적 어휘를 부여하는 표현방식의 하나라 하겠다.
이와 같은 표현은 독특한 이펙트를 통해 익숙하지 않은 표현들로 호기심을 이끌고 신비로운 분위기에 동화되게 한다.
일례로 소프트웨어Software는 〈Present Voice〉에서 변형된 인성聖과 뿜어져 나오는 신시사이저 음색으로 기묘하고도 생소한 체험을 하게 한다. 장-미셀 자르Jean-Michel Jarre는 〈Ethnicolor〉에서 인성의 변형을 통해 또 다른 생명체의 메시지를 전하였다.

이러한 감성적 표현은 뉴에이지 음악의 주제를 표현하는 수단과 기법으로 작용하여 청취자의 감성을 더욱 자극한다.

● 분류

여러 가지 다양한 방식을 통해 창안해 내는 작가의 고유한 음악 양식은 청자를 감동시키는 매력적인 표현법이다. 그 결과물 또한 매우 다양하게 나타나므로 뉴

에이지 음악은 스타일 음악이라 할만하다. 그 발상은 비슷하다고 해도 표현이 다양한 이유는 앞서 언급하였다시피 뉴에이지라 명명되기 이전의 모든 음악에 있는 씨앗 - 클래식, 재즈, 록, 팝, 민속음악, 종교음악 등 - 때문이다. 따라서 짧은 기간 동안 이 뉴에이지 음악은 일종의 '접붙이기' 방식으로 빠른 성장을 거듭할 수 있었다.

이처럼 불분명하고 포괄적인 뉴에이지 음악은 수많은 스타일로 혼재하고 있기에 이를 명확하게 분류한다는 것은 어쩌면 무척 힘들고 또한 어리석은 일이 될 것이다.

Patti Jean Birosik 「The New Age Music Guide, 1989」
1. East · West
2. Electronic · Computer Music
3. Environmental · Nature Sounds
4. Folk Music
5. Jazz · Fusion
6. Meditation
7. Native American · Indigenous Music
8. New Age Pop   9. Progressive Music
10. Related Artists of Internet
11. Solo Instrumental   12. Sound Health
13. Space Music   14. New Age Traditional
15. New Age Vocal   16. New Age World

양한수 「뉴에이지 영혼의 음악, 아침이슬, 2002」
1. New Acoustic
2. Electro-Ambient
   2-1. Atmospheric
   2-2. Ambient
   2-3. Electro-Symphonic
   2-4. Meditation & Healing
   2-5. Ethnic Fusion
   2-6. Trance & Hypnotic
   2-7. Soundscapes

뉴에이지 음악 스타일을 분류하기는 힘든 일이다. 한 사람의 작가라 하더라도 음반마다 그 연주 형태와 기능이 다를 수 있고 또한 한 음반 내에서도 다양한 성향의 수록곡을 접할 수 있는 경우도 많기에 명쾌한 분류란 거의 불가능에 가깝다. 주제나 연주 형태 그리고 기능성 등의 분류 기준이 존재할 수 있겠지만, 그 기준은 쉽고 명쾌해야 하므로 그 연주 형태가 타당할 듯싶다.

그래서 Acoustic, Acoustic+Electronic, Electronic 이렇게 크게 3가지로 구분이 될 듯하며, 또한 음악이 가지는 기능성과 내용도 중요하게 작용함으로, 다음과 같이 7개의 카테고리 그룹으로 구분할 수 있을 듯하다.

1. New Acoustic

어쿠스틱 악기의 앙상블, 혹은 솔로 형태의 음악으로 초기 윈드햄 힐Windham-Hill과 나라다 로터스Nara-da Lotus 레이블의 작품들이 대표적이라 할 수 있다.

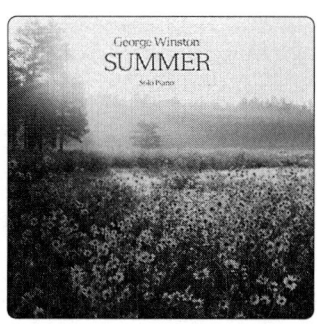

주로 인간의 감정과 자연에 초점을 맞춘 절제된 모더니즘의
주제를 가지고 있으며, 내재적 상징 요소를 적용하고 있다.
그 스타일은 클래식의 피아노 야상곡이나 앙상블, 현대음악
의 미니멀리즘 등의 요소 그리고 재즈와 포크 등의 감성이
파퓰러 한 터치로 재현된 것이 대부분이다.
어쿠스틱 악기만의 담백한 하모니와 정감 어린 멜로디로 많
은 사랑을 받고 있는 계열이다.

2. NewAge-Instrumental

어쿠스틱과 일렉트로닉의 조
합으로 탄생된 뉴에이지의
가장 일반적인 연주 형태의
스타일 음악으로 뉴에이지의
메인스트림이라 할 수 있다.
이는 다양한 주제의 경향을
띠며, 일반적인 만큼 그 표
현적 요소 또한 다양하게
전개된다. 주로 New Acoustic에서 등장하는 멜로디 악기들
의 솔로 혹은 앙상블과 그 바탕이 되는 일렉트로닉스의 오
케스트레이션으로 연주된다.
훨씬 웅장한 NewAge-Instrumental의 스케일은 클래식의
협주곡의 스타일을 추종하고 있는 듯 보인다.

3. NewAge-Electronic · Ambient · Space

소위 전자음악의 그룹으로 명확한 구분은 사실상 힘들며 혼
용되어 사용되고 있음이 눈에 띄기도 한다.
일렉트로 심포닉Electro Symphonic은 클래식 심포니처럼 중
후한 신시사이저 오케스트레이션과 아름다운 멜로디를 동반
하는데, 반겔리스Vangelis가 대표적인 경우라 하겠다.
앰비언트Ambient음악은 비트나 멜로디의 강조 없이 음환경
을 구축하며 주위 공간에 청자를 노출시키는데, 이는 앰비

언트의 아버지라 불리는 브
라이언 이노Brain Eno의 음
악을 들으면 쉽게 이해가
된다.
스페이스Space뮤직은 스티
브 로치Steve Roach가 대표
적이며 공간감을 구축하긴
하지만 비트가 발달되기도
하며 조화로운 것이 특징이다.

클래식이나 팝에서부터 현대음악의 컴퓨터음악을 연상시키
는 전위적 사운드에 이르기까지 한계는 존재하지 않는 듯
보인다. 내용적으로도 철학적이거나 미래지향적이며 진보적
인 작품이 대거 포함되어 있다.

4. NewAge-Jazz · Fusion · Chamber

재즈에서 영향을 받은 그룹
으로 부드러운 소프트재즈
Soft Jazz, 실내악 편성의 체
임버Chamber, 혹은 퓨전재
즈Fusion Jazz 스타일의 연
주음악이다.
대부분 어쿠스틱과 일렉트
로닉의 조합으로 그 사운드

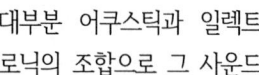

가 구현되기도 하지만 어쿠스틱의 앙상블로 구성되기도 한
다. 재즈에서 사용되는 복합적인 코드를 많이 사용하며 부
드러운 재즈필링의 독특함이 접목되어 서정적이며 시원하게
느껴진다. 즉흥적 연주improvisation, 스윙swing과 그루브groo
-ve는 뉴에이지 재즈 계열에서 쉽게 특징지어진다.
댄싱 판타지Dancing Fantasy가 뉴에이지 소프트재즈의 대표
적인 그룹이며, 스캇 코수Scott Cossu와 나잇노이즈Nightnoise
등이 뉴에이지 퓨전과 체임버 재즈를 선보였다.

5. NewAge-Healing · Meditation · Environmental

치유, 휴식, 명상 그리고 환경 등의 소위 기능성 음악 그룹으로 어쿠스틱 주제 악기나 일렉트로닉스로 연주된다.

동양철학과 종교음악에 많은 영향을 받기도 한 명상 Meditation음악은 자아의 발견과 성찰 그리고 심리적 안정과 평화를 찾기 위한 여정 음악이다. 민속악기 혹은 주술적인 리듬과 함께 무거운 일렉트로닉으로 발전, 몽환의 세계에 이르게도 한다.

치유Healing음악은 전인적 건강을 목적으로 동양음악의 느긋한 템포가 느껴진다. 두뇌소양과 휴식 등 음의 마사지는 명상과 환경음악 그 중간적 영역에 위치한다고 볼 수 있으며, 의료 관련 센터에서도 이용되고 있다.

환경Environmental음악은 주제나 소재도 그러하지만 대부분 자연의 소리를 삽입하고 있으며 매우 서경적이다.

뉴에이지 음악을 전인적 건강음악, 혹은 무공해 음악이라 칭하는 것은 이러한 특성 때문이기도 하다.

폴 윈터Paul Winter의 음악은 내용적으로는 환경음악이라 할 수 있으며 그 스타일은 뉴에이지 재즈에 더 가깝다. 또한 독일의 도이터Deuter는 명상과 치유음악의 대가이다.

6. NewAge-World · Celtic · Native American

아일랜드의 특징적인 셀틱음악과 에스닉 퓨전음악 그리고 아메리카 인디오음악 등의 뉴에이지 월드뮤직 그룹이다. 셀틱뮤직과 북미 인디오 음악은 그 특색과 규모가 커 독립적으로 불리고 있지만, 뉴에이지 월드의 종속되는 하위 개념의 장르라 할 수 있다.

대부분 어쿠스틱 민속악기와 일렉트로닉의 조합으로 표현되며, 토속적인 리듬과 창법이 주가 된다.

가사가 있는 보컬이나 구음이 삽입되는 특징을 가지는 월드뮤직 계열은 실로 그 범위가 매우 방대하다고 할 수 있다. 플라멩코나 집시 음악 등은 오래전부터 뉴에이지와 접목되었고, 아프리카와 티베트 등 제3세계 음악 등이 접목되어 인기를 누리고 있다.

7. NewAge-Classical Chant · Pops (Vocal)

주로 팝이나 클래시컬 뮤직의 연주 형태를 차용한 것으로, 사실상 보컬에 많은 비중을 둔 계열이다.

NewAge-Classical Chant의 특징적인 보컬들은 클래식의 솔로 성악이나 오페라 합창, 종교적인 고음악과 가스펠 등에서 그 기원을 찾을 수 있다.

NewAge-Pops (Vocal)는 힙합과 얼터너티브록 혹은 팝록과 발라드의 가창 등과 흡사하다.

멜로디를 이끌어가는 보컬을 제외한다면 연주는 밋밋하게 느껴질 정도로 다양한 창법들이 주요 악기가 된다.

이는 작가의 예술언어인 스타일들을 기존에 분류된 소장르들로 구분한 것에 불과하다. 실제로 아티스트로 구분하기보다는 작품에 따라 구분하는 것이 타당하며, 또한 앨범의 수록곡에 따라서 그 카테고리는 명확하지 아니한 경우가 많음을 일러둔다.

● 발전과 혼란

1980년대에 이르러 뉴에이지 음악은 본격적인 발전을 시작하였는데, 이는 뉴에이지 음악 전문 레이블들이 독창적인 사운드를 확립하면서부터라고 할 수 있다.

유럽에서는 일렉트로닉스의 강국이었던 독일이 단연 선두였는데, Kuckuck 레이블은 어쿠스틱과 일렉트로닉스를 결합한 순수 뉴에이지 음악을 1970년대 중반부터 선보였으며, 1970년대 말에는 전자음악 전문 레이블 Innovative Com-munication이, 1980년 초반에는 Erdenklang이 설립되면서 뉴에이지 일렉트로닉스가 비약적으로 발전했다.

미국에서는 스티븐 헬펀Steven Halpern이 1975년에 Inner Peace Music을 설립하여 역시 어쿠스틱과 일렉트로닉스를 가미한 순수 뉴에이지 명상음악들을 선보였으며, 이후 윌리엄 애커맨William Ackerman이 Windham Hill 레이블을 설립하였고, 폴 윈터Paul Winter가 Living Music을, 1983년에 첫 앨범을 출시한 Narada가 뒤를 따랐다.

이렇듯 유럽에서 시작된 어쿠스틱과 일렉트로닉스의 결합은 명상음악과 전자음악을 중심으로, 그리고 미국은 재즈와 포크에서 영향을 받은 어쿠스틱 사운드를 개척해나갔다.

1983년 설립된 독립 레이블 Private Music은 록에서 활동하던 뮤지션을 끌어들여 보다 힘 있고 다이내믹한 사운드로 뉴에이지 음악의 정체성에 또 하나의 물음표를 더했으며, Hearts of Space, Miramar, Higher Octave 등이 설립되어 신흥 뉴에이지 레이블의 시대를 열었다.

뉴에이지 음악은 이전에는 컨템퍼러리 재즈나 클래식 팝 등으로 분류되다가 1980년대 미국에서 붐이 일기 시작한 뉴에이지 운동에 편승하여 메이저 음반사들이 붙인 마케팅 용어6)로부터 생겨났다.

1987년 2월 그래미상 부문에서 처음 시상되면서 그 용어는 공식화되었지만, 이를 계기로 뉴에이지 음악은 대혼란을 겪는다. 왜냐하면 수많은 순수 뉴에이지 음악가들을 제치고 전자 하프 연주자 안드레아스 폴렌바이더Andreas Vollenweider가 초대 수상했기 때문이다. 동시에 노미네이트되었던 아티스트들 중에서도 자신의 음악을 뉴에이지 음악이라 표방했던 음악가는 그 누구도 없었다.

이를 계기로 더 많은 록이나 재즈, 혹은 클래시컬 뮤직이나 민속음악과 월드뮤직을 행하던 아티스트들이 뉴에이지로 전향하는 사태가 벌어졌다. 록계에서는 릭 웨이크먼Rick Wake-man과 브라이언 이노Brian Eno 그리고 제리 굿맨Jerry Good-man 등이, 재즈에서는 마이클 맨링Michael Manning과 랄프 일렌버그Ralf Illenberg 등을 들 수 있다. 민속음악과 월드뮤직 계에서는 카를로스 나카이R. Carlos Nakai나 클라나드Clannad 등이 자연스레 포함되었으며, 반겔리스Vangelis나 탠저린 드림Tangerine Dream등의 프로그레시브 전자음악들도 그 일부가 되었다.

어쿠스틱 계열은 하모니와 멜로디 라인에 주력하였고, 일렉트로닉스 계열은 신선한 사운드 개척에 몰두하였으며, 이들의 조합은 보다 무궁무진한 가능성과 예상할 수 없는 방향으로 흘러갔다.

이런 다양한 지류로 뻗어나갔던 뉴에이지 음악계는 1990년대를 넘기며 왕성한 발전을 거듭한다. 이미 소규모 레이블로 출발했던 뉴에이지 레이블들은 초기의 색깔을 버리고 보다 다양한 신인 음악가를 거느리는 대규모 기업으로 변모하게 되었지만, 꾸준히 독특함을 갖춘 신흥 레이블이 설립되고 이를 통해 재능 있는 음악가가 다량 배출되었다.

6) 심영보, 월드뮤직, 해토, 2005, p.3

● 주요 레이블

초창기 뉴에이지 레이블은 자신만의 고유한 특징을 갖추며 뉴에이지 역사와 함께 성장하고 발전했는데, 뮤직비즈니스의 글로벌화로 지금은 그 아이덴티티가 많이 축소되고 평준화되었다. 레이블의 간판스타였던 대표적 음악가들은 독립했으며, 메이저 음반사들도 신인들을 등용하고 있다.

많은 레이블이 설립되고 일부는 통폐합되면서 그 이름이 사라졌지만, 애호가들에게 잘 알려진 주요 레이블에 대해 간략하게나마 살펴보고자 한다. 이는 창립연도순이 아닌 알파벳순이다.

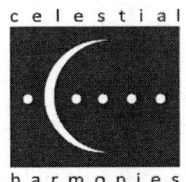

Celestial Harmonies

가난하여 음악교육도 받지 못한 독일의 재즈 베이시스트 엑칼트 란Eckart Rahn이 관료적인 레코드 업계에 환멸을 느끼고, 자신의 프로젝트를 발표하기 위해 1968년 뮌헨의 집에서 시작된 것이 그 시초이다.

목적의 순수함과 개선된 표현력을 추구하며 먼저 시작된 ECM 레이블의 비상업적인 고집은 롤모델이 되었다.

1969년에 설립한 Kuckuck 레이블은 도이터Deuter, 페터 마이클 하멜Peter Michael Hamel, 존 마크Jon Mark 등을 영입하여 성장을 이루었고, 1979년에는 재즈 레이블 Black Sun Music을 산하에 두었다.

Celestial Harmonies의 이름으로는 카를로스 나카이R. Carlos Nakai, 데이비드 파슨스David Parsons 등의 솔로 음반과 월드뮤직 프로젝트를 발표하면서 뉴에이지 음악의 리더로 성장했다.

1980년대 중반에는 Fortuna Records를 산하 레이블로 거느리며 패트릭 볼Patrick Ball과 스티브 로치Steve Roach 등의 앨범을 유럽에 소개했다.

Erdenklang

1960년대에는 재즈 피아니스트로서 그리고 1970년대에는 독일의 크라우트록 Krautrock의 프로듀서로 또한 뮤지션인 울리히 뤼첼Ulrich Rützel에 의해 1981년에 설립되었다.

컴퓨터 활용으로 가장 어쿠스틱한 사운드를 구사했고, 실험적인 전자음악뿐만 아니라 민속음악, 클래식, 재즈, 중세음악에 이르는 다양한 사운드를 선보였다.

블루 칩 오케스트라Blue Chip Orchestra, 요하네스 슈멜링Johannes Schmoelling, 트리 아트마Tri Atma, 베른발트 코흐Bern-ward Koch, 마이클 호페Michael Hoppe, 키릴레 루Kirile Loo 등의 음반들이 유명하다.

2005년 뤼첼은 자신의 중병으로 Da Music에 판권을 넘겼다.

Fønix Musik

소 등위에서 풀피리를 부는 목동의 모습이 친근한 호감을 보여주는 덴마크의 피닉스 레이블은 휴식과 명상, 안식과 웰빙 음악 등으로 북유럽의 수많은 레퍼토리를 보유하고 있다.

본래 1980년대 초반에 설립되었다가 1983년에 해체되었지만, 1986년 푸시카Pushkar의 《Inner Harvest》로 본격적인 활동을 재개했고, 세계 25개국으로 수출하며 북구의 아름답고도 평화로운 사운드를 전했다.

킴 멘제Kim Menzer, 킴 스코비Kim Skov -bye, 클라우스 쉐닝Klaus Schønning, 쇠렌 힐드가드Søren Hyldgaard, 빈두Bindu 등의 유명 아티스트의 작품에는 분명 영미의 사운드와 차별화되는 민속적인 사운드로 신비함이 느껴진다.

Hearts of Space Records

1973년부터 시작된 Hearts of Space 리는 징수 라디오 프로그램의 제작자 스테펀 힐Stephen Hill이 1984년에 설립한 레이블로 뉴에이지, 앰비언트, 전자음악, 월드뮤직, 켈트 음악, 클래시컬 뮤직 등을 선보이고 있다.

중심의 Hearts of Space 외에 스페이스 뮤직 전문 레이블 Hearts O'Space와 테크노음악의 Fathom, 월드뮤직의 World Class 등의 서브레이블을 거느렸다.

전자음향과 어쿠스틱 악기의 균형으로 창조적인 음악을 들려준 뉴에이지 음악 명인들의 다양한 명작들을 보유한 진정한 뉴에이지 음악의 보고로, 2001년 Valley Entertainment가 인수했다.

Higher Octave Music

1986년에 설립된 하이어 옥타브 뮤직은 뉴에이지 음악 외에도 소프트재즈, 라틴 음악, 월드뮤직 등 다양한 음악을 선보인다.

1989년 뉴-플라멩코 기타리스트 오트마 리버트Ottmar Liebert의 데뷔를 계기로 급진적인 성장을 이루었으며, 윌리엄 오라William Aura, 3rd Force, 케이트 프라이스Kate Price, 미소스Mythos 등의 스타들이 소개되었다.

보컬 음악을 선보이는 OmTown과 일렉트로닉스와 앰비언트 음악을 선보이는 CyberOctave의 서브레이블을 두었다. 독일의 나이팅게일Nightingale 레코드의 레퍼토리들을 미국 시장에 소개했다.

하이어 옥타브 뮤직은 1997년에 나라다Narada 레이블의 하위 레이블이 되었으며, Virgin Records에 이어 2013년부터 Universal 뮤직 산하 Capitol Music으로 편입되었다.

Innovative Communication

1979년 독일에서 전자음악의 전설 클라우스 슐체Klaus Schulze와 음악평론가 마이클 힌체스Michael Haentjes에 의해 설립된 전자음악 레이블로, 슐체의 프로젝트 리하르트 반프리트Richard Wahnfried의 《Time Actor》로 역사적인 막을 올렸다.

IC는 가장 혁신적이고 진보적인 레이블로, 오늘날의 하이테크 기술과 소프트 터치를 절묘하게 조율한 사운드로 평론가들의 극찬을 받았으며, 녹음과 커버 아트도 정평이 나있다.

1983년에 슐체는 아티스트로 남고, 프로듀서이자 사진작가이기도 한 마르크 사카우츠키Mark Sakautzky에 의해 경영되면서 최고의 듀오 그룹 소프트웨어Software을 발굴했다. 특히 마이클 바이저Michael Weisser는 아트디렉터로서 사카우츠키와 함께 많은 재능 있는 뮤지션들을 발굴하여 밀레니엄 이전까지 최고의 전성기를 이끌었다.

1994년에 Pallas Group으로 흡수되었으며, Erdenklang과 함께 Da Music에 편입되었다.

Narada Productions

1979년에 설립된 음반 배달/배급처 뮤직 디자인Music Design이 그 전신으로, 1983년 정식 설립되었다.

마이클 존스Michael Jones의 피아노 솔로 앨범 《Pianoscapes》를 시작으로, 데이비드 란츠David Lanz의 《Christofori's Dream, 1988》이 27주간 차트 1위를 기록하며 최고의 레이블로 성장했다.

초기에 순수 어쿠스틱 음악 Lotus, 재즈퓨전 스타일의 Equinox, 전자음악을 위한 Mystique의 서브레이블을 두었으나, 이후 월드뮤직이나 재즈, 셀틱뮤직, 뉴-플라멩코 등을 선보이며 Sona Gaia, Antiquity Records, Rising Sun, Na-rada World, Narada Jazz, Narada Mystique 등으로 재편되었다.

1997년 이래 EMI의 자회사로서, 역시 동년에 EMI 자회사가 된 Higher Octa-ve를 산하에 두었다. 이후 2013년에는 Universal 뮤직의 자회사가 되었다.

New World Music

자연요법 실천자이며 물리치료사이고 심리학자인 콜린 윌콕스Colin Willcox에 의해 1982년에 영국에서 설립된 휴식음악 전문레이블로, 명상과 전인적 건강을 위한 뮤직테라피를 추구한다.

최근에는 월드뮤직과 보컬 등도 선보이며 사운드의 영역을 점차 확대하고 있다.

데이비드 선David Sun, 제임스 아셔James Asher, 존 세리Jonn Serrie, 루얼린 Llewellyn, 메드윈 굿달Medwyn Goodall, 미도리Midori 등의 레퍼토리를 보유하고 있다.

Oreade Music

유럽 최대의 명상과 힐링뮤직 전문레이블 오레아데 뮤직은 네덜란드 아인호벤에서 1986년에 설립되어 암스테르담 외곽으로 옮겼다.

만트라와 자연음악, 마사지와 휴식음악, 고대의 인디오 음악과 켈트 등 월드뮤직 등으로 점차 레퍼토리를 확장하고 있다.

독일의 참선 레이블 나이팅게일Nightin -gale에서 활동하던 아티스트의 작품도 재발매하고 있다.

카말Kamal, 카루네쉬Karunesh, 패트릭 코스모스Patrick Kosmos, 루나Luna 등이 대표적이며, 수많은 타이틀은 전문서점, 건강 전문숍, 스파, 요가센터 등에서 환영받고 있다.

Pacific Moon

아시아 뉴에이지의 새로운 지평을 열었던 피시픽 문은 1986년 설립된 Chap -ter One 프로덕션의 음악 레이블이다. 오랜 동양의 역사 속에 흐르는 철학적인 우주관과 인간관을 신비함이 흐르는 전통악기로 표현하고자 했다.

중국의 민속악기 얼후 연주자 지아 펭 팽Jia Peng-Fang을 비롯, 아시아 최고의 여성 뮤지션 미사 조노우치Missa Joh -nouchi, 중국 민속악기 구쟁 연주가 장 샤오킹Jiang Xiao-Qing, 피파 연주가 샤오 롱Shao Rong 등이 소속되었다.

동양의 감성을 담은 음악 외에도 독특한 커버 디자인과 쥬얼케이스를 열면 은은하게 퍼지는 향은 서구에서 즉각적인 반응과 주목을 받으며 이 레이블의 아이덴티티가 되었다.

Private Music

독일의 전자음악그룹 탠저린 드림Tange -rine Dream 출신의 페터 바우만Peter Baumann이 '음악가가 자유로이 창조할 수 있는 공간'이란 취지로 1984년에 설립했다.

이듬해 샌포드 폰더Sanford Ponder의 《Etosha》를 시작으로 패트릭 오헌Patrick O'Hearn, 제리 굿맨Jerry Goodman, 에디 좁슨Eddie Jobson, 탠저린 드림 등 록씬에서 활약하던 뮤지션들을 영입하였으며, 야니Yanni, 수잔 치아니Suzanne Ciani, 존 테쉬John Tesh 등의 스타를 배출했다.

기존 뉴에이지 음악과는 차별화되는 실험적이고 파격적인 사운드를 개발하여 신선한 충격을 주었으며 음악의 영역을 넓혔다는 평가가 뒤를 이었다.

1989년 페터 바우만은 프라이빗 뮤직을 떠났고, 이후 새로운 경영진은 설립 취지와는 달리 좀더 상업적인 음악을 뮤지션들에게 요구, 패트릭 오헌과 에디 좁슨 등은 이에 반대하여 등을 돌렸다. 이후 1996년 윈드햄 힐 산하 레이블로 흡수되었다.

Real Music

뉴에이지 음악가의 콘서트 프로모션을 꿈꾸며 1980년에 미국 샌프란시스코에서 음반발송업으로 시작한 리얼 뮤직은 지혜와 균형을 추구하는 휴식과 재생의 음악 레이블이다.

설립자인 테렌스 얄롭Terence Yallop은 영국의 주니어 골프 챔피언이었고 런던에 자연식을 처음 소개한 인물이기도 한데, 인도의 구도자들에 예술적 삶에 고무되어 1975년에 미국으로 건너가 육체와 정신 그리고 철학에 대한 공부를 했다고 한다.

간달프Gandalf와 같이 유럽의 저명한 아티스트들을 미국에 라이선스로 소개하며, 2002, 케빈 컨Kevin Kern, 카루네쉬Karunesh 등 유명 아티스트들의 음반을 발매했다.

1989년 비영리 조직 Earth Sea Insti-tute를 설립하여 지구의 환경의식 고취에도 앞장서고 있으며, 오리건 대학교 시절 사진과 시각디자인을 전공한 얄롭의 아내 캐런 케일Karen Kael이 1998년부터 공동대표를 맡았다.

Silver Wave Records

1986년에 설립된 독립 레이블 실버 웨이브 레코드사는 네이티브 아메리칸 음악을 중심으로 하는 뉴에이지 음악을 들려주며, 혁신적인 음악으로 우리의 삶에 있어 긍정적인 힘을 부여하는 것이 모토이다.

후세에게 지구를 물려주고자 하는 의미에서 평화를 지지하며, 그린피스와 국제 환경 프로그램, 아동구제기금, 국제사면위원회, 미국 원주민 권리기금, 국립야생동물연맹, 세계 평화기도회 등을 후원하고 있다.

피터 카터Peter Kater와 카를로스 나카이R. Carlos Nakai, 조앤 세난도Joanne Shenandoah, 앨리스 고메즈Alice Gomez, 메리 영블러드Mary Youngblood, 로버트 미라발Robert Mirabal 등의 아티스트들이 아메리카 인디오 음악의 보급과 육성을 위해 노력하고 있다.

Windham Hill

기타리스트 윌리엄 애커맨William Acker-man과 그의 아내 앤 로빈슨Anne Robin-son에 의해 1976년 설립된 윈드햄 힐은 본래 목수가 되고자 했던 애커맨의 목공회사가 전신으로, 그의 데뷔앨범 《In Search of the Turtle's Navel》로 역사는 시작되었다.

빌 퀴스트Bill Quist, 조지 윈스턴George Winston, 스캇 코수Scott Cossu, 마이클 헤지스Michael Hedges 등 최고의 인기 스타를 배출하였으며, 최고의 고음질 리코딩 기술과 커버 아트를 선보이는 등 최고의 레이블로 군림했다.

처음에는 포크 스타일의 음악을 선보였으나 재즈와 월드뮤직 그리고 전자음악 등 실로 다양한 음악으로 영역을 넓혀갔다.

1992년 애커맨은 자신의 지분을 BMG에 팔고 아티스트로 돌아갔다.

Private Music을 흡수했으며, Hearts of Space과 함께 Valley Entertainment의 산하 레이블이 되었다.

032 Abhijit Pohankar • Piya Bavari
Adiemus • Cantata Mundi
Adiemus • Karl Jenkins : Adiemus Colores ***
Alain Lefèvre • Carnet de Notes
Alain Lefèvre • Blissfully Sleepless
Alain Lefèvre • Jardin D'Images ***
Alain Lefèvre • Rive Gauche ***
Alain Lefèvre • Sas Agapo ***
Alain Lefèvre • Opus 7 : Preludes ***
Amethystium • Odonata

042 André Gagnon • Rêves D'Automne
André Gagnon • Escape
Andreas Vollenweider • Down to the Moon
Andreas Vollenweider • Cosmopoly
Anne Dudley • A Different Light
AO • Grow Wild
AO • Twirl ***
Armand Amar • La Musique de la Terre Vue du Ciel
Armand Amar • Home
Armand Amar • Pixel ***

052 Armand Amar • Vertikal ***
Armand Amar • Zephyr ***
Art of Infinity • New Horizon
Art of Noise • Below the Waste
Art of Noise • Moments in Love
AS'N • Terrain Vague (La Compagnie Käfig)
Baffo Banfi • Sound of Southern Sunsets
Bernard L'Hoir • Leaving the World Behind
Bernard L'Hoir • The Heir of Time
Bernard L'Hoir • Based on a Ture Story

062 Bernard L'Hoir • Iceland ***
Bernard L'Hoir • 12 Escapades for Piano
Bernardo Rubaja & Cesar Hernandez • High Plateaux
Bernardo Rubaja • New Land
Bernward Koch • Flowing
Bernward Koch • Journey to the Heart
Bill Douglas • Jewel Lake
Bill Douglas • Cantilena ***
Bill Douglas • Songs of Earth & Sky
Biological Events • Noli Me Tangere

072 Blüchel & Von Deylen • Mare Stellaris
Blue Knights • Blue Night
Blue Knights • Neon at Night
Blue Knights • Night Talk
Bob Edwards • Monet's Garden
Bradley Joseph • Rapture
Bradley Joseph • One Deep Breath
Brian Crain • Piano Paradiso
Briza • Ambient Cafe
Bruce Mitchell • Hidden Pathways

082 Bruce Mitchell • Dancing on the Edge ***
Cantara • Cantara
Catherine Lara • Aral
Charles Suniga • Moments of Peace : A New Beginning
Charles Suniga • Still in the Moment ***
Chris Spheeris • Desires
Christaal • Mystic Traveler
Christian Francke • Electronic Dream
Christopher Franke • The Celestine Prophecy
Christopher Peacock • Oceans

092 Christopher Peacock • Island Life
Clannad • Landmarks
Clara Mondshine • Visions of Audio
Colors in Motion • Gentle Journey
Colors in Motion • Secret
Constance Demby • Sanctum Sanctuorum
Corciolli • Unio Mystica
Corciolli • Infinito ***
Craig Armstrong • The Space Between Us ***
Craig Armstrong • As If to Nothing ***

102 Craig Armstrong • Nocturnes Music for 2 Pianos ***
Crem (La) • Icaria
Cusco • Desert Island
Cusco • Apurimac
Cusco • Mystic Island
Damian Draghici • Oneness
Dancing Fantasy • Midnight Blvd.
Dancing Fantasy • California Grooves
Dancing Fantasy • Moonlight Reflections
Dancing Fantasy • Dancing Fantasy

352 Penny Rodriquez • The Contemplative Collection
   Peter Buffet • Spirit Dance
   Peter Kater & R. Carlos Nakai • Migration
   Peter Kater & R. Carlos Nakai • Through Windows & Walls
   Peter Maunu • Warm Sound in a Gray Field
   Peter Mergener & Klaus Hoffmann-Hoock • Visions of Asia
   Peter Pritchard • Studies for the New Zealand... ***
   Peter Pritchard • The Quiet Piano ***
   Peter Sauleda • Gothic Chillout : Arias from Heaven & Hell
   Peter Seiler • Open Borders ***

362 Phil Coulter • Highland Cathedral
   Phil Coulter • Lake of Shadows
   Phil Thornton • Alien Encounter
   Philip Riley • Pattern of Lands
   Philippe Saisse • Valerian
   Pilgrimage • Pilgrimage : 9 Songs of Ecstasy
   Priscilla Hernandez • Ancient Shadows
   R. Carlos Nakai • A Friend's Whisper
   Rainer Bloss & Klaus Schulze • Drive Inn Vol. I ***
   Ralf Illenberger • Circle

372 Ralph Zurmuhle • Our Mother ***
   Ralph Zurmuhle • Reflections ***
   Ray • Ethereal Journey
   Ray Lynch • Deepbreakfast
   Ray Lynch • No Blue Thing
   Reinhard Lakomy • Aër
   Reinmar Henschke • Connections
   Reinmar Henschke • On Air ***
   Renè Aubry • Ne M'Oublie Pas ***
   Renè Aubry • Seuls au Monde

382 Renè Aubry • Refuges
   Renè Aubry • Petits Sauts Délicats avec Grand Ecarts ***
   Richard Schönerz & Peter Scott • One Night in Vienna
   Richard Souther • Twelve Tribes
   Richard Wahnfried • Tonwelle
   Rob Simonsen • Reveries ***
   Roberto Cacciapaglia • Generazioni Del Cielo ***
   Roberto Cacciapaglia • Quarto Tempo ***
   Roberto Cacciapaglia • Alphabet ***
   Roberto Cacciapaglia • Diapason ***

392 Robert Mirabal • Taos Tales
   Robert Schroeder • Brain Voyager
   Robin Spielberg • Dreaming of Summer
   Rodrigo Leao • Ave Mundi Luminar ***
   Rodrigo Leao • Alma Mater ***
   Rodrigo Leao • A Vida Secreta das Máquinas ***
   Rodrigo Leao • O Retiro ***
   Rodrigo Leao • Cerebro : Mais Vasto Que O Ceu ***
   Roger Eno • Voices
   Ronan Hardiman • Solas

402 Ronan Hardiman • Anthem
   Rosenstein / Wagener • December ***
   Rosenstein / Wagener • Season ***
   Rüdiger Gleisberg • Arabesque
   Rüdiger Gleisberg • Fragile Fairytales
   Run 2 • Machinery of Life
   Ruxpin • Elysium
   Ryan Farish • Beautiful
   Ryuichi Sakamoto • BTTB
   Ryuichi Sakamoto • Playing the Orchestra 2013

412 Salvatore Gebbia • Lifebound
   Sangit Om • True Stories
   Scott Cossu • Reunion
   Sebastian Plano • Verve ***
   Secret Garden • Once in a Red Moon
   Smoo • Traffic in My Soul
   Software • Ocean
   Software • Modesty Blaze
   Software • Cave
   Software • Heaven to Hell

422 Software • Fire-Works
   Solyma • Solyma
   Søren Hyldgaard • Sound Tracks
   Søren Hyldgaard • Moments of a Dream
   Spencer Brewer • Portraits
   Stamatis Spanoudakis • Moments Gone I
   Stamatis Spanoudakis • Je Veux Toujours Etre avec Toi ***
   Stamatis Spanoudakis • Rejoice My Sea
   Stamatis Spanoudakis • Bathed in the Sun ***
   Stavros Lantsias • Epistrofi (Return)

432 Stavros Lantsias • To Taxidi Mias Notas ***
Stavros Lantsias • Diary of Dream
Stefanos Korkolis • First Touch
Stefanos Korkolis • Horeyontas Ta Kymata : Orhistrika
Steve Barakatt • A Love Affair
Steve Barakatt • All about Us
Steve Mcdonald • Sons of Somerled
Steve Raiman • Dreams
Steve Roach, Kevin Braheny & Richard Burmer • Western Spaces
Steven C. • Piano Romance Naturally

442 Steven Halpern & Paul Horn • Connections
Susanna Thomas • Angels of the Sea
Suspended Memories • Earth Island
Suzanne Ciani • Seven Waves
Suzanne Ciani • The Velocity of Love
Suzanne Ciani • Neverland ***
Suzanne Ciani • History of My Heart ***
Suzanne Ciani • Hotel Luna
Suzanne Doucet • Trasmission
Symbian • No Man's Land

452 Symbian • Navigator
Symbian • Source of Secrets
Szakcsi • Sa-Chi
Szakcsi • Mystic Dreams
Szakcsi • Eve of Chance
Tangerine Dream • Underwater Sunlight
Thomas Otten • Close to Silence
Thomas Otten • Portraits
Tim Janis • December Morning
Tim Janis • The Promise

462 Tim Story • The Perfect Flaw
Tim Wheater • Incantation
Tom Barabas • Sedona Suite
Tom Barabas • Journey Back to Sedona
Tom Barabas • Romantic Rhapsodies
Tomás San Miguel • Lezao
Torgue & Houppin • Mammame
Torgue & Houppin • Ulysse
Torgue & Houppin • Voyageur Immobile ***
Torgue & Houppin • Passages Secrets

472 Ulrich Schnauss • Goodbye
Vangelis • Direct
Vangelis • Voices ***
Vangelis • Nocturne (The Piano Album) ***
Vangelis • Juno to Jupiter ***
Vasco Martins • Ritual Periférico
Vasco Martins • Island of the Secret Sounds
Vasco Martins • Benlibem
Vasco Martins • ARC ***
Waterbone • Tibet

482 Waterbone • Orion Prophecy
Wayne Gratz • Panorama
Wayne Gratz • Blue Ridge
Wayne Gratz • A Gift of the Sea
Wayne Gratz • Light Lands and Shoreline
Wes • Welenga
William Ackerman • Passage
William Ackerman • Past Light
William Ackerman • Conferring with the Moon
Wim Mertens • The Belly of an Architect

492 Windham Hill Artists • Country (OST)
Wong Wing Tsan • Fragrance ***
Wong Wing Tsan • Asian Doll
Wong Wing Tsan • Far from the Sea ***
Xcultures • One World, One People
Yan Tiersen • Eusa
Yan Tiersen • All ***
Yan Tiersen • Kerber ***
Yanni • Keys to Imagination
Yanni • Out of Silence

502 Yanni • Chameleon Days
Yanni • Dare to Dream
Yanni • In My Time
Yanni • If I Could Tell You ***
Yasué • Cosmic Pandora
Yuhki Kuramoto • Refinement
Yuhki Kuramoto • Sailing in Silence
Yuhki Kuramoto • Heartstrings ***
Yuhki Kuramoto • Reminiscence II ***
Yuichi Watanabe • Piano by the Sea

*** New

Janinto • Janinto III
Jeff Greinke • Winter Light
Ji Bark • So Sad
Jim Chappell • In Search of the Magic
Jim Jacobsen • The Messenger
Johannes Schmoelling • Wuivend Riet
John Herberman • Piano Casades
Jonathan Elias • American River
Jonn Serrie • The Stargazer's Journey
Kevin Braheny • The Way Home

Kim Skovbye • Heartland
Kitaro • Ancient
Klaus Schønning • Symphodysse IV
Klaus Schulze • Ballett 2
Kostia • Suite St. Petersburg
Lesiem • Times
Liz Story • Solid Colors
Llewellyn • Mysts of Avalon
Magna Canta • Mysterious World
Marcel Thebach • Ganja Grooves

Mark Isham • Tibet
Markus Reuter • Trepanation
Mars Lasar • Yosemite : Valley of the Giants
Megabyte • Powerplay
Michael Gettel • Return
Michael Stearns • The Middle of Time
Monica Ramos • Behind that Light
Neuronium • Mystykatea
Nightnoise • The Parting Tide
Olivier Renoir • Africall

Patrick O'Hearn • Ancient Dreams
Peter Seiler • Best
Quiet Force • Flow
Raphael • Angels of the Deep
René Aubry • Après La Pluie
Richard Palalay • My Heart is Home
Rudy Adrian • Moonwater
Shadowfax • Shadowdance
Sonja Veile • Sunrise Park
Stamatis Spanoudakis • Moments Gone II

Stamatis Spanoudakis • Moments Gone III
Stanton Lanier • Unveiled
Steve Mcdonald • Stone of Destiny
Steve Roach, K.Braheny & M. Stearns • Desert Solitaire
Tim Story • Beguiled
Ultrabass • Planet SYS
Vasco Martins • Apeiron
Wayne Gratz • Reminiscence
William Ackerman • Imaginary Road
Wllllam Aura • Half Moon Bay

Times Music | TDIPP 037V | 2002

1. Piya Bavari
2. Kin Bairan - *trad.*
3. Rang De - *trad.*
4. Taraana - *male*
5. Tum San Naina
6. Bechain Hui
7. Sajan More
8. Albeli Naar Pyari
9. Taraana - *female*
10. Kaise Kate
11. Jiya Mane Nahi - *bonus*

NewAge-World

1973년생인 아비지트 포항카는 인도의 경제수도 뭄바이 출신으로 그의 가족은 대대로 음악가 집안이었다. 조모인 수쉴라 포항카Susheela Pohankar는 인도 북부에 전승되어 오는 전통음악 계파의 가장 중요한 인물이었으며, 그의 아버지 판딧 포항카Pandit Ajay Pohankar 또한 전통음악의 계승자였다. 그래서 자연스레 전통음악과 함께 키보드를 배울 수 있었고, 이어 산투르Santur 마에스트로 판딧 샤마 Pandit Sharma에 사사했다.

그는 1990년대 후반에 발표한 참선과 명상을 위한 기능성 휴식 음악에서 출발하여 인도의 전통음악 연주, 순수 뉴에이지 작품 등 실로 다양한 음악들을 행한다. 인도음악의 세계화를 위해 전 세계로 연주 여행을 다니는 그는 전통음악과 서구의 음악을 조화롭게 크로스오버하는 기수로서 가장 성공한 퓨전 음악 프로듀서가 되었다.

2002년에 발표한 본작은 부친이 노래하는 전통음악 멜로디에 다운템포의 칠-아웃 비트를 가미한 라운지풍의 월드뮤직이다. 이 작품으로 프랑스 부다바Buddha-Bar에 초대된 가장 젊은 음악가가 되었고 명성은 전 세계적으로 알려졌다.

'사랑 중독' 혹은 '도취'란 의미의 타이틀 〈Piya Bavari〉은 세련된 도  회지적 다운템포와 따사로운 키보드에 실리는 구슬픈 전통 멜로디 그리고 샤쿠하치 플루트가 토해내는 동양의 숨결이 정말 아름답다.

구음으로 전승되어 온 오래된 인도음악에 팝적인 여성 소울보컬이 섞이 는 〈Kin Bairan〉, 그리고 혼성듀오 보컬의 〈Rang De〉은 좀 더 다이 내믹한 비트로 생동감을 불러일으킨다.

신비한 낙원의 모습이 그려지는 환상의 라가Raaga 〈Bechain Hui〉, 전자기타의 록 연주가 가미된 온화와 서정의 인디아 라운지 〈Albeli Naar Pyari〉, 그리고 맑은 블루스 기타와 재즈 건반 그리고 월드 보이스 판딧 포항 카의 구음이 하나 되는 〈Kaise Kate〉도 매혹을 더한다.

보너스로 실린 〈Jiya Mane Nahi〉에는 푸른 하늘에서 쏟아지는 빛에 바람이 비켜 가는 끝없는 공간을 엿볼 수 있다.

이러한 시간과 공간과 장르를 불문한 초문화적인 그의 음악은 충분히 세계적인 공감대를 형성할 수 있었고 열광하는 이유가 되었다.

Adiemus
Cantata Mundi

SonyBMG | 7243 8 42577 | 1999

1. Cantus · Song of Tears
2. Chorale I (*Za Ma Ba*)
3. Cantus · Song of the Spirit
4. Chorale II (*Roosh Ka Ma*)
5. Cantus · Song of the Trinity
6. Chorale III (*Vocalise*)
7. Cantus · Song of the Odyssey
8. Chorale IV (*Alame Oo Ya*)
9. Cantus · Song of the Plains
10. Chorale V (*Arama Ivi*)
11. Cantus · Song of Invocation
12. Chorale VI (*Sol-Fa*)
    / Cantus · Song of Aeolus
13. Chorale VII (*A Ma Ka Ma*)
14. Cantilena
15. Elegia

NewAge-Classical Chant·Pops (Vocal)

영국 출신의 칼 젠킨스Karl Jenkins는 자신의 프로젝트인 아디무스Adiemus의 음악을 'Contemporary Classical Music'이라 말했다. 무게 있는 클래식 오케스트레이션 위에 팝 감각을 지닌 여성 보이스 컬러, 그리고 영국의 민속음악을 연상시키는 독특한 멜로디가 섞인 세련된 사운드는 장르를 떠나 매우 특별한 것이었다.

성공적인 첫 앨범 《Songs of Sanctuary》은 1995년 3월에 발매되어 세계적인 화제를 낳았고, 이후 1997년 2월에 두 번째 걸작을 탄생시킨다. 국내에서는 이 두 번째 앨범 중 한 곡이 광고에 처음 사용되면서 본격적으로 소개가 되었고, 그 후 첫 번째 앨범도 소개가 되는 행운을 누렸다.

본작의 타이틀은 'Cantata Mundi'로 '여성 성악을 위한 세계의 음악'이라는 제목을 달 수 있겠다. 유기적으로 구성된 14개의 모음곡은 모두가 신선한 충격을 주고 있다.

광고음악으로 사용된 〈**Cantus · Song of the Spirit**〉은 장중한 오케스트레이션 연주와 모던한 감각이 돋보이는 여성 보컬 하모니가 교대로 변주되어 새로운 음악의 감수성을 접하게 된다. 과거와 현대적인 감각이 뒤섞인 공존의 힘  은 감미로운 초현실성을 드러내며, 그 화음의 전이와 전개로 유럽의 신감각을 대변하고 있다고 할 정도로 매력적이다.

〈**Cantus · Song of the Odyssey**〉는 유럽의 수준 높은 영화음악처럼 드라마틱하고 우울한 서정성이 강하다. 대지를 뜨겁게 달구는 태양처럼 정열적인  오케스트레이션 아래로 아지랑이같이 부드럽게 피어오르는 보컬 하모니가 슬픔이 담긴 대서사시를 노래한다.

〈**Cantus · Song of the Invocation**〉은 현대적인 리듬과 오케스트레이션 속에 스타카토 기법의 보컬과 이따금 등장하는 리코더가 간절함을 더한다. 제2  주제에서 여성 보컬은 북구의 민속음악을 듣는 듯한 청명함으로 평정을 건너 환희에 젖고, 다시 첫 주제로 돌아가 눈가를 촉촉이 적신다.

주제를 전개하는 성악 아리아Cantus와 이야기를 이어주는 삽입부 합창Chorale이 번갈아 위치하는 구성의 진행으로 독특한 음악 경험을 전하는 이 아디무스는 신음악의 지평을 열어주었으며, 소프라노 보컬을 담당했던 미리엄 스토클리Miriam Stockley의 솔로 앨범도 발표되는 등 아디무스 신드롬을 이어갔다.

Adiemus (Karl Jenkins)
Adiemus Colores

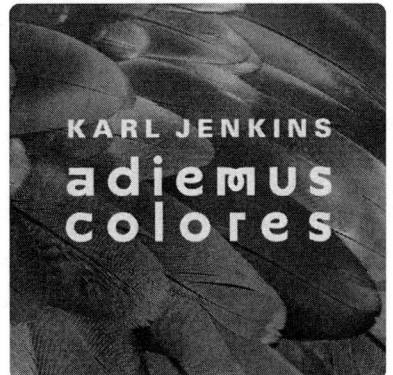

KARL JENKINS
adiemus
colores

Deutsche Grammophon | 479 1067 | 2013

1. Canción Amarilla (yellow)
2. Canción Violeta (violet)
3. Canción Negra (black)
4. Canción Rosa (pink)
5. Canción Azul (blue)
6. Canción Turquesa (turquoise)
7. Canción Naranja (orange)
8. Canción Verde (green)
9. Canción Blanca (white)
10. Canción Dorada (gold)
11. Canción Plateada (silver)
12. Canción Roja (red)
13. Cancion Turquesa – inst.

NewAge·Classical Chant·Pops (Vocal)

1944년생인 칼 젠킨스Karl Jenkins는 스웨덴 출신의 어머니와 예배당 오르간 연주자이자 합창단 지휘자였던 아버지 사이에서 태어나, 부친에게서 첫 음악교육을 받았다. 웨일스 국립 청소년 오케스트라에서 오보에를 연주했으며, 재즈록 밴드 Nucleus를 공동 창단했고, 1972년 영국의 프로그록 밴드 Soft Machine에서 약 8년간 활동했다. 이후 상업음악에 주력하다 1994년 크로스오버 프로젝트인 아디무스를 시작으로 솔로 클래시컬 작품들을 이어 발표하며 컨템퍼러리 음악의 아이콘으로 집중적인 주목을 받아왔다.

본작은 아디무스로서의 5번째 앨범 《Vocalise, 2003》 이후 무려 10년 만에 선보인 연작으로, 도드라지는 관악파트와 함께 라틴의 월드뮤직을 녹여 낸 브라질 아디무스라 할만하다. 찬란한 색채의 깃털 장식 커버에서 유추되듯 전체적으로 리우 카니발의 한 가운데 있는 듯한 느낌인데, 12개의 색상을 주제로 화려한 퍼레이드가 청자의 오감을 매혹으로 끌어당긴다.

모든 곡이 작곡자에겐 아픈 손가락이겠지만, 취향을 고집하며 자꾸 골라내는 감상자의 입장에서 더 특별한 매력으로 다가오는 곡들이 있다.

충동적인 삼바 축제 〈Canción Amarilla〉와 우아한 브라질 볼레로 〈Canción Vio-leta〉에 이은 〈**Canción Negra**〉은 본작에서 가장 고혹적인 서정을 남기는 엘레지이다. 트럼펫과 아코디언 그리고 포근한 여성중창도 아름답지만 포르투갈 파두Fado 여가수 쿠카 로제타Cuca Roseta의 진한 호소력은 망각의 검은 강물처럼 너무나 강렬하다.

탱고의 열정과 삼바의 흥분이 녹아있는 〈Canción Rosa〉, 관악의 제례 행렬 〈Can-ción Azul〉에 이은 〈**Canción Turquesa**〉에는 멕시코 출생의 프랑스 테너 롤란도 빌라존Rolando Villazón이 승리를 향한 비장한 교향곡을 노래한다.

달콤한 여흥의 보사 〈Canción Naranja〉, 초원을 향한 풍요의 기도가 〈Canción Verde〉에 이어, 〈**Canción Blanca**〉에는 부드럽고도 고결한 천상의 평화문平花門이 화창하게 열린다.

은총이 시원한 바람으로 불어오는 〈**Canción Dorada**〉, '우아함과 인내'를 코멘트한 피아노 솔로곡 〈**Canción Plateada**〉, 그리고 정열과 사랑의 탱고 행진곡 〈**Canción Roja**〉까지 더욱 신선함으로 재무장한 아디무스의 색상환에 갈채를 보낸다.

Alain Lefèvre
Carnet de Notes

EMI | 0724359794228 | 2002

1. La Solitude
2. Confidences
3. Blanche et Louis, La Belle Histoire
4. Les Lulus
5. Thalassa
6. Balalaïka
7. Songe à Charlevoix
8. La Robe du Château
9. Lettre à Théo
10. Philip Black Blue
11. Pourquoi

New Acoustic

프랑스 남서부 뿌아티에에서 1962년에 출생한 알랭 르페브르는 캐나다에서 성장했다. 클라리넷 연주자였던 부친의 영향으로 4세 때 피아노를 시작했고, 6세 때 캐나다 음악콩쿠르에서 1위를 수상한 것을 시작으로 무려 8번이나 정상을 차지할 만큼 두각을 나타냈다. 14세 때는 프랑스로 건너가 마스터 클래스 교육을 받았고, 17살 때 파리 국립음악원에 들어가 저명한 피아니스트이자 교육자인 삐에르 상캉 Pierre Sancan으로부터 가장 뛰어난 제자라는 평을 받기도 했다.

연주자로서의 레퍼토리는 리스트Franz Liszt, 멘델스존Mendelssohn, 쇼스타코비치 Shostakovich, 라흐마니노프Rachmaninov, 거슈윈George Gershwin 등에 이른다.

주로 프랑스를 중심으로 유럽에서 라이브 투어를 열어 격찬을 얻어낸 그는 무대에 서지 않을 때 주로 작곡에 몰두, 클래식과 재즈와 뉴에이지를 넘나드는 아름다운 자작곡들을 녹음하고 있다.

국내에 소개된 본작 《Carnet de Notes 수첩》은 그의 대표앨범이자 베스트셀러로 꼽힌다. 개인적인 기록을 긁적이는 공책 혹은 일기장을 의미하는 타이틀처럼 한 예술가로서의 동경과 영감의 소재들과 감정들을 줄거리로 하고 있다.

히트작 〈La Solitude 고독〉은 「남자 없는 삶」이란 미망인의 삶을 그린 TV 시리즈를 위한 작품으로, 자신과의 치열한 전쟁을 겪어야 하는 외로운 예술가로서의 인생 이야기에 귀 기울이게 된다.

사랑 이야기를 소재로 한 〈Blanche et Louis, La Belle Histoire 블랑슈와 루이, 아름다운 이야기〉는 가슴 시린 우울한 서정이 강물처럼 흐른다.

그리스 풍경으로 초대하는 피아노 서사 〈Thalassa 바다〉는 격정적이고도 드라마틱하며, 〈Songe à Charlevoix 샤를르부아를 떠올리며〉는 퀘벡 도시의 아름다운 가을 정경이 스친다.

〈La Robe du Château 성城의 드레스〉는 1975년생 캐나다의 여가수이자 첼리스트인 조랜Jorane의 청아한 스캣이 순결한 광채를 뿜어내는 고혹적인 성가이다.

동생에게 보내는 고호Gogh의 노란빛 이별의 편지 〈Lettre à Théo〉에는 푸르고도 우아한 밤의 별빛이 반짝인다.

라흐마니노프 클래시즘의 향수를 지닌 본작은 한결같은 걸작의 연속극이다.

Alain Lefèvre
Blissfully Sleepless

Analekta | AN 2 9276 | 2006

1. Vingt Ans - *Prélude no.2*
2. Paris sans Toi
3. Fidèles Insomnies
4. Comme en Famille!
5. Petite Mère - *Prélude no.1*
6. Un Ange Passe
   (*Piano & String Quartet*)
7. Anemos
8. Orphelin
9. Lylatov (*Piano & String Quartet*)
10. La Callas - *Prélude no.3*
11. Au Bout de Mes Rêves

New Acoustic

클래식계에서도 저명한 피아니스트로 알려진 알랭 르페브르는 후기 낭만파의 계보를 충실하게 잇고 있다. 특히 20세기 초 가장 탁월한 피아니스트이자 마지막 낭만파 작곡가인 라흐마니노프Sergei Rachmaninoff를 연상시키는 첨예하고도 풍부한 표현력은 서정의 극단을 들려준다.

그는 1968년에 39세의 나이로 요절한 캐나다의 출신의 천재 작곡가 앙드레 마띠유André Mathieu의 작품을 발굴했고, 국내에도 개봉된 영화 「L'Enfant Prodige : L'Incroyable Destinée d'André Mathieu 앙드레 마띠유」의 사운드트랙을 맡기도 했다. 물론 그의 창작 앨범에는 재즈에 가까운 소품들도 있지만, 그 기본은 라흐마니노프와 앙드레 마띠유를 연상시키는 클래시즘이다.

잠 못 드는 밤의 낭만과 서정의 꽃이 만개하는 본작은 숨소리마저 조심스러우며 모든 시간은 일시정지한다.

히브리어로 'Good Night'를 의미하는 첫 앨범 타이틀곡 〈Lylatov〉는 현악과 함께 새롭게 편곡되었는데, 이는 17세 때 파리 유학시절 자신을 친자식처럼 돌봐주었던 친구의 부모에게 바치는 감사의 시이다.

역시 데뷔작에 원곡이 수록된 〈Un Ange Passe 천사가 지나가네〉는 콘서트를 앞두고 부친의 부고 소식을 듣게 된 후 작곡한 슬픈 진혼곡으로, 헌신적인 사랑을 아끼지 않았던 부친에게 쓴 눈물의 편지였다.

세 여인을 위한 전주곡은 2005년 11월 24일 아테네 공연에서 초연했다. 모친에 헌정한 1번 〈Petite Mère 가여운 어머니〉는 비련의 인생을 연민하는 멜로디가 가슴을 파고든다.

2번 〈Vingt Ans 20년〉은 결혼 20주년 기념일에 아내에게 선물한 것으로 봄날 벚꽃이 흩날리는 듯한 아련함을 심어주며, 3번 〈La Callas 칼라스〉는 신비의 목소리를 지닌 마리아 칼라스Maria Callas의 예술혼을 기리는 작품이다.

19세 때 만나 열정에 휩싸인 그와 아내의 사랑 이야기를 주제로 우울한 외로움을 토로한 〈Paris sans Toi 당신 없는 파리〉와 항상 자신을 믿어주었던 친구들과의 우정을 그린 〈Comme en Famille! 가족처럼〉은 이후 영화 「앙드레 마띠유」에 사용되기도 했다.

〈Anemos 바람〉은 이전 작품에 수록된 〈Ilios 태양〉과 〈Thalassa 바다〉를 잇는 그리스 3부작으로 화려한 트레몰로의 숨결이 더해진다.

Alain Lefèvre
Jardin D'Images

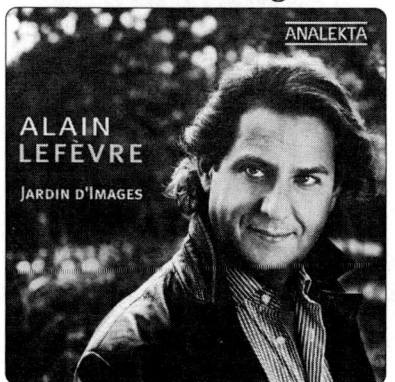

Analekta | AN 2 9279 | 2009

1. Jour de Pluie
2. Sous Le Ciel de Cap-Santé
3. Ville-Émard La Belle
4. Tendresse
5. Promenade Italienne
6. Québec, Terre Promise
7. Dis-Moi Tout
8. Le Panda Magique
9. La Danse des Petits Lapins
10. "Fafoune"

New Acoustic

알랭 르페브르는 본작 《Jardin D'Images 이미지 정원》을 여행, 만남, 기념품, 짝사랑, 또는 단순한 감정들 등 자신의 우주에 깃든 추억들을 가꾸는 작품이라 말하며, 감상자가 자신의 이미지 정원을 자유롭게 거닐기를 바란다고 덧붙였다. 그래서 이 앨범은 기억의 사진첩을 들여다보는 여유롭고도 온정어린 시간을 향유하게 한다.

누구나 있을법한 비 오는 날의 특별한 추억을 위한 〈Jour de Pluie 비  내리는 날〉은 20년 넘게 지속되어 온 그의 친구에게 헌정한 곡으로, 잔잔하고도 유려한 피아노 글래시즘이 마음을 촉촉이 적신다.
〈Sous Le Ciel de Cap-Santé 가프썽떼의 하늘 아래〉는 작은 마을의  늦가을 풍광에서 불현듯 떠오른 어린 시절 성탄 카드에 대한 감정을 그린 것이다.
〈Ville-Émard La Belle 아름다운 빌레마르〉는 프랑스에서 퀘벡으로 이주했을 당시 어려운 생활이었지만 소중한 어린 시절을 보냈던 마을에 대한 감정  이며, 〈Tendresse〉는 연약하지만 강인한 모정을 담은 서정가로 애상감이 붉게 물든다.
〈Promenade Italienne 이태리 산책〉은 1980년에 밀라노에서의 피아노 경연에 그랑프리를 수상한 뒤, 발 부상에도 무대에 오른 첫 리싸이틀의 기억을  그렸다. 그리고 밀라노를 산책하며 이태리에서 받은 감흥을 작곡하여 융성했던 이태리 영화에 경의를 표했다.
찬란한 빛이 강물에 일렁이며 반짝이는 듯한 〈Québec, Terre Promise 퀘벡 약속의 땅〉은 이민자인 자신의 가족을 환대하고 오랜 세월 피아노 연주로 희망을 주었던 노틀담 수녀회에 바치는 감사이다.
드라마 음악 같은 〈Dis-Moi Tout 모든 것을 말해줘〉에서는 사랑과 우정 그리고 후회하지 않고 용서하기 위해 침묵은 금물이라고 말하며, 〈Le Panda Magique 판다의 마력〉에는 중국풍의 피아니즘을 심어놓았다.
고양이 울음소리를 삽입한 〈Fafoune 파푸네〉는 집사의 행복감으로 가 득하다. 파푸네의 집사 크리스틴 브휘에Chrystine Brouillet란 알랭의 친구가 직접 휘파람을 연주하고 있다.

앨범 전체를 재생하면 감상실은 추억을 파는 카페가 된다.

Alain Lefèvre
Rive Gauche

ANALEKTA

Analekta | AN 2 9295 | 2015

1. Cine Lumiere
2. Elou
3. Rive Gauche
4. Le Chemin
5. Paris de Mes Souvenirs
6. Time Out
7. Parsifal le Chat
8. Mad about You
   (*A Nod to Elton John*)
9. Au Bout de Mes Reves

New Acoustic

항상 감상자가 자신의 것을 찾아가는 데 도움이 되는 음악을 작곡하고자 하는 그는 2015년에 프랑스 유학 시절의 추억을 담은 본작을 발표했다.

타이틀 《Rive Gauche 리브 고슈》는 프랑스 파리의 센강 남쪽 기슭을 지칭하는 지명이다. 12세기 프랑스 스콜라 철학자 삐에르 아벨라르Pierre Abéllard와 그의 추종자들은 눈에 덜 띄는 곳으로 이전하라는 압력을 받아 이곳에 정착했고, 이후 '파리는 리브 고슈에서 생각하는 법을 배웠다'라는 말을 형성했다고 한다.

〈Cine Lumiere〉는 진흙탕처럼 비참한 생활을 하고 있을 때인 1979년 가을로 시간을 거슬러 간다. 몽소 공원Parc Monceau에서 아침 조깅을 하면서 가로등 불빛이 드리운 파리 거리를 보면서 주제가 떠올랐다고 하며, 결론을 짓지 못하다가 이후 외로운 고아의 심경을 담아 완성했다고 한다. 가장 신비로운 멜로디라 자평한 우울한 왈츠는 그리움의 안개로 뒤덮인다.

〈Elou 엘루〉는 아이들을 보살펴 온 여성 Elourdes Pierre의 다큐멘터리를 본 후, 미래에 대한 어른으로서의 책임을 잘 알고 있는 그녀에 헌정한 곡이다.

〈Rive Gauche 리브 고슈〉는 부드러운 모차르트 풍의 클래식.

〈Le Chemin 길〉은 우리 인생의 여정을 주제로 하였으며, 질병과 실연, 배신 등의 비극적인 인생의 게임이 그 한가운데 있다. 지극히 애상적인 피아노는 그래서 더 후련한 카타르시스를 주는 것 같다.

〈Paris de Mes Souvenirs 내 기억속 파리〉는 그의 음악친구이자 지휘자 카라얀 Herbert von Karajan(1908~1989)이 인정한 바이올린 연주자 크리스티앙 페라스 Christian Ferras(1933~1982)과 약속한 합동 리사이틀의 앙코르를 위해 1982년에 쓴 곡이었지만, 그는 우울증으로 자살로 생을 마감했다. 이후 서랍에 숨겨져 있다가 2014년에 함께 공연했던 1962년생 캐나다의 여성 바이올린 연주자 앙젤 뒤보Angèle Dubeau와 녹음했다.

〈Time Out〉은 재즈 뮤지션 데이브 브루벡Dave Brubeck(1920~2012)의 1959년 명반 제목으로, 그에게 헌정하는 부드러운 재즈 판타지아이다.

고양이의 죽음을 애도하는 친구 집사들을 위한 위로곡 〈Parsifal le Chat 고양이 파르시팔〉에는 푸른 물결이 찰랑이고, 영국 출신의 가수 엘튼 존Elton John에 대한 찬사 〈Mad about You〉에는 팝 감성이 꿈틀거리며, 여성 보컬 곡인 〈Au Bout de Mes Reves 내 꿈의 끝〉도 이채롭다.

Alain Lefèvre
Sas Agapo

Analekta | AN 2 9297 | 2016

1. Sas Agapo
2. Elpida
3. Domino
4. Non Retour
5. Promenade à Kavouri
6. Prémonition
7. Le Bel Amour
8. Grand Carnaval

New Acoustic

알랭 르페브르의 6번째 창작 앨범인 본작 《Sas Agapo 사랑해》는 타이틀에서도 알 수 있듯 그리스 기행문이다.

그림처럼 아름답고 심오한 올리브 나무 숲길에서 영감을 받아 그리스인들의 폭풍 같은 사랑과 희망과 우울감, 자유로운 정신 등의 모습들을 푸르게 채색하고 있다.

그리스인의 영혼을 담은 타이틀 〈Sas Agapo〉는 살아있는 악센트에 동양적인 정취가 깃들어 있으며, 그리스적인 터치를 감상할 수 있는 유일한 곡이 다. 자유로운 발칸반도 집시들의 강렬한 사랑과 관대한 삶의 방식 등에 서 받은 감명이 뜨깁다.

〈Elpida 희망〉은 그리스인들의 슬픔, 시련, 피로, 부정, 실망, 고통의 감정을 치유하는 연약한 기도로, 회복을 향한 그들의 노력에 바치는 응 원이다. 에게해의 푸른 물결이 바람에 잔잔히 흔들린다.

〈Domino 도미노〉는 모두에게 즐거움을 주었던 작은 반려견의 이름으로, 대형견 에 물려 죽은 사연이다. 비정한 공격자들에게 무고한 사람들이 희생당하기도 하 는 현실의 사건들 떠올리며 평온과 위로를 끄집어낸다.

〈Non Retour 이별〉은 우정과 사랑의 골절로 인한 슬픈 결말로, 보이 지 않는 그래서 자신과 모든 것을 잃고 마는 위험한 경계를 서술한다.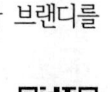

〈Promenade à Kavouri 카부리 해안의 산책〉은 바다 앞에서 치즈와 브랜디를 즐기는 노부부의 온화한 애정의 모습에 은혜로운 시간을 그려간다.

〈Prémonition 예고〉는 그리스의 어느 겨울 저녁, 지구를 괴롭히는 끔 찍한 소식을 TV에서 접한 후 쓴 곡으로, 인류 미래에 대한 공포스러운 예감은 흔들리고 떨린다.

〈Le Bel Amour 아름다운 사랑〉은 새로운 시작과 행복한 운명에 대한 믿음을 가질 때 생기는, 예기치 않은 행복감의 중독을 축복하는 서정의 곡이다. 그리스인들의 낙관적인 사랑의 찬가라 할 수 있다.

흥겹고 동심 어린 〈Grand Carnaval〉은 180년 이상 이어온 그리스의 가장 큰 축제 파트라스 카니발Patras Carnival을 주제로 했다. 1월 17일에 시작하여 사순 절의 월요일까지 계속되고, 가장무도회, 어린이 축제, 보물찾기 등 다양한 행사 중 마지막 전날 일요일 정오에 열리는 그랜드 퍼레이드는 하이라이트라 한다.

그리스의 풍물을 프랑스식으로 재해석한 아름다운 낭만이다.

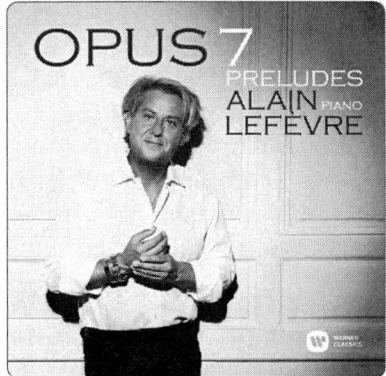

Alain Lefèvre
Opus 7 : Preludes

Warner Classic | 9029540078 | 2021

1~2. Force Fragile
3~4. Dernier Souffle
5. Amour Fou
6~7. En Deux Temps
8~9. Aux Portes du Destin
10~11. Clair Obscur
12~13. Mati part
  (*bouzouki - Thanasis Polykandriotis*)

New Acoustic

알랭 르페브르는 뛰어난 피아니스트가 되기 위해 프랑스에서 유학했고, 바그너 Richard Wagner, 말러Gustav Mahler, 브람스Johannes Brahms 등 클래식 작곡가의 작품들에서 위안을 얻었다고 한다. 하지만 자신의 이야기를 하고 싶어 1970년대 후반부터 작곡하기 시작했고, 스토리텔러가 되어 음악으로 창작하고 있다.

본작 《7개의 전주곡》은 운명, 숙명, 사랑, 배신, 죽음과 그 너머, 어둠, 그리고 빛으로 이어지는 7개의 스토리를 담았다. 한 곡을 제외하고 6개의 전주곡은 연주시간이 다른 두 버전을 이어 수록하고 있다. 마치 앙코르 같기도 한데, Part 1은 작곡가, Part 2는 감상자가 이야기를 그려가는 의도처럼 느껴진다.

〈Force Fragile 연약한 힘〉은 맑고 정결한 왈츠로 시작하여 러시아 낭만주의 피아노 곡으로 흐른다. 이는 인류의 운명에 관한 것으로, 그는 본질적으로 행복의 존재라 말한다.

〈Dernier Souffle 마지막 숨결〉은 신뢰의 상실과 배신 그리고 침묵으로 이어지는 사랑의 숙명에 대한 애처로움이다.

〈Amour Fou 미친 사랑〉은 소용돌이 치는 하모니와 예상치 못한 전개의 황홀경으로 초대한다. 걸작들 중의 걸작이라 추켜세우고 싶은 미친 아름다움이다.

〈En Deux Temps 찰라〉에서 오페라와 교향곡에서 더 영감을 받는다는 작곡가는 시간의 흐름과 공간적 깊이를 전달하고 싶었다고 했는데, 그래서 서글픈 이야기는 뜨거운 드라마를 이어간다.

〈Aux Portes du Destin 운명의 문에서〉는 암과 투병 중인 시리아 친구를 위해 쓴 곡이라 한다.

〈Clair Obscur 모호한 빛〉은 서서히 빛을 잃어가는 아련한 어둠이 폭풍 같은 충동으로 번지는 듯하다.

〈Mati 마티〉는 2018년 7월 24일 아테네 지역의 작은 해변 마을 마티에서 발생한 화마가 수많은 인명을 앗아간 후 작곡했다고 한다. 본래 피아노를 위한 곡이었지만, 작곡가는 마음에 들지 않아 부주키의 명인 타나시스 폴리칸드리오티스Thanasis Polykandriotis의 합동연주로 녹음하였다.

2중주를 제외하면 피아노 솔로지만, 베토벤L.V. Beethoven이나 라흐마니노프S. Rachmaninoff의 피아노협주곡을 연상시키는 장중함으로 청자를 매료시킨다.

Amethystium
Odonata

Neurodisc | 0499 2 50218 | 2001

1. Opaque
2. Ilona
3. Enchantment
4. Dreamdance
5. Tinuviel
6. Avalon
7. Calantha
8. Odyssey
9. Fairyland
10. Paean
11. Arcane Voices
12. Ascension
13. Ethereal
14. Lhasa

NewAge-Electronic·Ambient

에미시스티엄은 1979년에 노르웨이에서 출생하여 1999년에 데뷔한 프로듀서 외스텐 램포드Oystein Ramjford의 솔로 프로젝트이다.

1999년 기발표 당시에도 대단한 주목을 받았던 본작 《Odonata 잠자리》는 세계 시장 데뷔작으로, 빌보드 차트에서도 10위에 오르는 등의 성공을 거두었다.

시공을 초월한 잠자리의 비행을 주제로, 그는 온기 있는 깔끔한 신시사이저에 서서히 긴장감을 불러일으키는 다운템포의 리듬감, 그레고리오 성가, 산스크리트 성가, 중동의 구음들, 팝적인 보칼리제 등을 섞어 만든 견고하고도 신비한 결실로, 앰비언트 음악계의 신성으로 떠올랐다.

에미시스티엄의 분명한 정체성을 각인시켜 주는 〈Opaque〉은 현대무용극의 사운드처럼 묵직한 전자음향에 이어 팝적인 감각과 중동의 구음으로 부드러운 동작의 곡선을 그려간다.

'환희'의 의미가 담긴 〈Ilona〉는 부드러운 여성 보칼리제의 반짝이는 일렉트로닉 라운지라 할 수 있다.

'새벽 별'과 '황혼의 딸'로 불리는 요정 〈Tinuviel〉에서는 맑고 투명한 건반이 동방의 애잔한 선율을 들려준다.

아서 왕의 영혼이 잠들어 있다는 전설의 섬 〈Avalon〉은 칠흑 같은 어둠의 소리이며, '아름다운 꽃'이란 의미의 〈Calantha〉에는 신비스러운 환상이 향기를 내뿜는다.

〈Odyssey〉는 신화적 대서사가 역동적으로 꿈틀거리며, 그레고리오 성가가 출몰하는 〈Arcane Voices〉는 이니그마Enigma를 연상시킨다.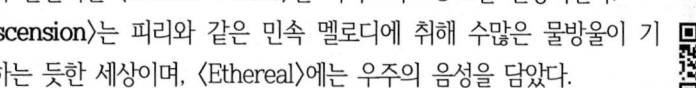

〈Ascension〉는 피리와 같은 민속 멜로디에 취해 수많은 물방울이 기화하는 듯한 세상이며, 〈Ethereal〉에는 우주의 음성을 담았다.

2003년에 발표된 후속작 《Aphelion》역시 기대를 저버리지 않는 훌륭한 천체의 교향악으로, 8주간 빌보드 차트 7위에 머물렀고 라디오 차트 뉴에이지 부문에서 정상을 차지했다.

그의 잠자리는 우주를 조망한 후 《Evermind, 2004》에서 인간의 내면으로 곧장 날아들었다. 몽환적이고 초현실적인 신고전주의 작품 《Isabliss, 2008》에는 여성 보컬을 앞세워 팝록에 가까이 다가갔으며, 《Transience, 2014》에서는 첼로의 어두운 숨결을 불어넣어 커버처럼 환상적인 전자심포니를 들려주었다.

André Gagnon
Rêves D'Automne

SonyBMG | CCK7818 | 1999

1. L'éternel Retour
2. Après la Pluie
3. Rêves II
4. Bobichon
5. Rachel Amoureuse
6. Juliette et Alexzndre
7. Adèle
8. Le Rêve de Julie
9. Berceuse pour Annabelle
10. Un an Déjà
11. Dernier Rideau
12. Un Amour Particulier
13. Rêves d'Automne
14. My Funny Valentine
15. Aria
16. Smoke Gets in Your Eyes

New Acoustic, NewAge-Instrumental

캐나다 퀘벡의 생빠콤에서 1942년에 출생한 앙드레 가뇽은 어린 시절 천재적인 재능을 보이며 피아노를 연마했다. 프랑스에서 유학하고, 22세 되던 1964년 셀프 타이틀로 음악 여정은 시작되었다. 예술가의 창조적 고뇌의 아름다움은 강풍에도 흔들리지 않는 거목이 되어 인생에서 체득한 철학과 멋을 깊이 있는 멜로디에 담아낸다.

국내에는 1997년 《Monologue》라는 편집앨범을 통해 처음 소개되었는데, 〈L'Air du Soir 저녁 바람〉과 〈Les Jours Tranquilles 고요한 날들〉 그리고 〈Un Piano sur la Mer 바다 위의 피아노〉 등에서 들려준 클래시컬한 낭만과 서정은 결코 재빨리 지나가는 바람이 아니었다. 겉으론 태연한 척 온화하지만 속은 뜨거운 열풍이었다. 그 열정은 불씨가 되어 어느 듯 우리의 마음은 너무나 쉽게 허물어지고 휩싸인다. 이어진 《Le Pianiste》도 그랬다.

국내에 세 번째로 선보였던 《Rêves d'Automne 가을의 꿈》은 1999년에 4장의 음반으로 선보인 사계 시리즈와 무관하지 않은데, 그가 꿈꾸는 가을의 소리는 만추의 절정에서 시간이 멈추었으면 하는 나목의 간절한 속삭임 같은 것이었다.

푸른 잎사귀를 붉은빛으로 혹은 노란 물감을 들이고는 끝내 가지에서  떨어지게 하는 가을비의 노래 〈**Après la Pluie** 비 온 후〉는 스산한 온도감에 따스한 피아노가 반짝인다.

사람의 성명姓名인 〈**Bobichon** 보비숑〉은 호젓한 기타와 너그러운 건반 멜로디에 그리움이 짙게 묻어나며, 〈**Le Rêve de Julie** 줄리의 꿈〉은 라르고로 이완되는 애상의 왈츠로 가을의 황금빛처럼 영롱하다.

후회와 아쉬운 순간들로 시간을 거스르는 〈**Un an Déjà** 벌써 일 년〉는 하모니카의 우수로 콧방울이 시큰거린다.

〈**Rêves d'Automne** 가을의 꿈〉은 가슴 시린 사랑 이야기를 들려주는 듯한 온후한 계절의 속삭임이다.

첼로의 비장함으로 붉게 물드는 〈**Aria**〉에 이르면 메조소프라노 캐서린 로빈Catherine Robin의 스캣이 마지막 남은 화려한 아름다움을 불사르며 어둠 속으로 타들어 가는 만물의 진리를 숭고하게 읊는다.

그를 피아노 시인이라 이야기하지만, 극작가처럼 드라마틱한 선율로 금세 우리를 동화시킨다. 역시 대가로서 그의 모든 작품에 마음과 귀를 열게 된다.

André Gagnon
Escape

SonyBMG | 2259338 | 2002

1. Rio Non-Stop
2. Ta Samba
3. Rever en Hiver
4. Cher Jean-Paul
5. L'Amour, L'Amour
6. Violetta
7. Des Dames de Coeur
8. Comme en Vacances
9. Wow
10. Dedethoven
11. Petite Concerto pour Carignan et Orchestre
12. Toccatarock
13. Un Lift pour Ville-Emard
14. Mouvements 1
15. Mouvements 2
16. Mouvements 3
17. Love Me Tender

New Acoustic, NewAge-Instrumental

그의 《Monologue》가 국내에 소개되었을 때 그 결과는 한반도를 감동시키기에 충분한 것이었다. 캐나다의 작은 프랑스 퀘벡에서 태어난 그가 19세 때 프랑스로 유학을 갔기 때문에 어쩌면 당연한 결과인지도 모르지만, 그는 어떤 프랑스 뮤지션보다도 센 강변을 따라 흐르는 프랑스 특유의 멜랑꼴리 서정을 잘 표현하고 있는 아티스트로 기억되고 있다.

하지만 본작을 살펴보면, 여태껏 국내에 소개된 모노톤의 애수는 여지없이 무너져 내린다. 그는 이 모음집을 통하여 눈이 시릴 정도로 맑고 푸른 하늘과 바다의 색감을 우리에게 전하고 있다.

〈Rio Non-Stop〉은 라틴의 보사노바와 프랑스의 우수를 융합한 작품으로, 그의 색채 배합은 정말 놀랍기만 하다. 원색적인 남미의 컬러를 안개 낀 파리의 낭만으로 융화시켜 참신한 보사 라운지를 들려준다.

〈Rever en Hiver 겨울의 꿈〉은 피아노와 라틴 기타의 대화가 햇살처럼 따사로운데, 샹송의 분위기와 보사노바 리듬 그리고 시원한 허밍의 연결로 상쾌하고도 청정한 겨울의 하얀 낭만을 꽃피운다.

블루스 재즈 〈L'Amour, L'Amour 사랑, 사랑〉은 색소폰에 얽히는 휘파람과 여성 스캣으로 와인처럼 진한 사랑의 아픔을 전해주고 있다.

〈Des Dames de Coeur 마음속의 연인〉는 프랑스 제일의 작곡가 삐에르 뽀르뜨Pierre Porte의 오케스트레이션과 피아노에 다니엘 리까리 Danielle Licari의 스캣을 듣는 듯하다.

베토벤의 작품에서 영감을 받았다는 〈Dedethoven〉에는 삐에르 뽀르뜨의 뉴클래시즘과 흡사한 발랄함도 만날 수 있는데, 화려한 고전의 현대적 해석은 견고하고 매우 자유롭다.

위대한 피아노협주곡 〈Mouvements〉 3부작은 리사이틀에 와 있는 듯한 오케스트라와 피아노의 열기가 전해진다. 고전음악에 대한 앙드레 가뇽의 향수는 낭만주의의 범주를 넘어선다.

국내발매작의 커버는 영화 「Cinema Paradiso 시네마 천국」의 알프레도와 소년 토토의 모습을 떠올려준다. 이처럼 본작은 어린 시절의 꿈과 동경, 순수하고 해맑은 웃음소리를 가득 채워주고 있다. 그의 달콤한 음악적 예감은 선명한 추억만큼 특별하다.

Andreas Vollenweider

Down to the Moon

CBS | MK42255 | 1986

1. Down to the Moon
2. Moon Dance
3. Steam Forest
4. Water Moon
5. Night Fire Dance
6. Quiet Observer
7. Silver Wheel
8. Drown in Pale Light
9. The Secret, the Candle, and Love
10. Three Silver Ladies Dance
11. La Lune et l'Enfant

NewAge-Instrumental

1986년은 뉴에이지 음악의 역사에 있어서 매우 중요한 해로, 세계적인 권위의 그래미 어워드에서 뉴에이지 시상 부문이 신설되어 그 이듬해 초대 시상되었다. 이는 그동안 다양한 명칭으로 불리던 것이 하나의 정식 명칭으로 통일되고, 또한 새로운 장르로서의 인정을 의미하는 것이었다.

총 5장의 앨범들이 후보로 지명되었는데, 폴 윈터Paul Winter의 《Cayon》, 장-미셸 자르Jean-Michel Jarre의 《Rendez-vous》, 편집앨범 《Windham Hill Records Sampler '86》와 《A Winter's Solstice》를 제치고 수상한 작품은 스위스 출신의 일렉하프 연주자 안드레아스 폴렌바이더Andreas Vollenweider의 《Down to the Moon》이었다. 잘 알려지지 않은 본작의 수상을 두고 많은 추측성의 글들이 난무했지만, 심사위는 후보작 중에서 어쿠스틱과 일렉트로닉의 감성이 조화롭고 무엇보다 뉴에이지 음악의 정의에 부합하는 새로운 이미지의 본작을 결정했다.

그는 1953년 취리히 출생으로, 부친은 유럽에서 유명한 오르간 연주자였다. 어려서 음악에 흥미를 보였던 기타와 플루트 등 다양한 악기들을 익혔고, 그중 가장 관심을 사로잡았던 하프에 대한 열정으로 직접 개발하기까지 이른다.
리듬 연주가 가능하고 음색의 범위를 확장시킨 일렉하프의 화려한 주법으로 탄생된 낙관적인 펑크의 비트와 이국적인 분위기는 세계시장 데뷔작 《Behind the Gardens - Behind the Wall - Under the Tree, 1981》와 《Caverna Magica, 1982》라는 걸작으로 이미 유럽에서 유명세를 떨쳤다. 그리고 그래미 초대수상을 계기로 그의 음악은 전 세계인의 주목을 받게 된다.

연못 위에 반사되는 달빛이 바람의 잔물결로 흔들리는 모습에서 착안했다고 하는 고전 〈Moon Dance〉은 동양의 서정을 다이내믹한 템포와 화려한 기교 그리고 달콤한 허밍 등의 팝 감각으로 연출하고 있다.
하프의 잔향이 달콤한 〈Steam Forest〉는 밤안개가 안고 있는 초록숲이 쉼 호흡하며 기지개를 켜면 촉촉한 밤이슬이 열린다.
달빛을 음미하고 있는 몽상가의 침묵을 그린 〈Quiet Observer〉은 계속해서 두툼한 검은 먹을 덧칠해가는 듯한 공간적 채색법이 이채롭다.
〈La Lune et l'Enfant 달과 어린이〉에는 어린 달마승의 순진무구한 미소가 환하게 번진다.
이 외에도 '달이 내려앉은 물가의 밤'에는 정령들의 동화로 가득하다.

Andreas Vollenweider
Cosmopoly

Sony | SK 89096 | 1999

1. Morning Poem
2. Stella
3. Elle Chelle
4. Vals del Sur
5. Hush, My Heart, Be Still....
6. Petit Smile
7. Under One Moon
8. Ancient Pulse
9. Peachtree Valley
10. Bright Moon, Still Shining
11. At the Forest Fountain
12. Your Silver Key
13. Long Road to You
14. Capriccio
15. Will · O · the · Wisp (Ignus Fatuus)
16. Cor do Amor
17. Fishbirdtree - Little Snap

NewAge-Instrumental, NewAge-World

안드레아스 폴렌바이더의 음악은 독창적인 이야기를 담은 동화집과 같다. 구상적 효과음들은 공간적 배경을 더욱 실감 나게 해주며, 그가 설정한 음악 스케일은 동심을 불러낸다. 그리고 세상의 다양한 문화를 섞어낸 스타일은 결국 탈문화적인 상상을 유발하여 신비로운 이야기를 써 내려간다.

요정이 사는 바람의 궁전으로 초대하는 《White Winds, 1984》라든가, 판타지 소설을 연상시키는 장미의 전설 《Book of Roses, 1991》, 아일랜드로의 여행을 담은 《Eolian Minstrel, 1993》 등에서 이러한 특징들은 쉽게 발견된다.

그러나 본작은 그 순수한 동심이 상쇄된 완전한 월드뮤직 작품이라 할 수 있다.

스페인 갈리시아 출신의 뮤지션 카를로스 누녜스Carlos Núñez, 남아프리카 출신의 재즈 피아니스트 압둘라 이브라힘Abdullah Ibrahim, 재즈 보컬리스트 바비 맥플린Bobby McFerrin, 아르메니아의 두둑Duduk 연주자 지반 가스파리안Djivan Gas-paryan, 팝 여가수 칼리 사이먼Carly Simon, 브라질의 음유시인 미우퉁 나시멘투Milton Nascimento 등 월드 스타들을 대거 초대하여 보다 다채로운 지구촌 이야기를 들려준다.

일렉하프의 황홀한 매력을 엿볼 수 있는 〈Vals del Sur 남국의 왈츠〉는 이태리의 4인조 현악단이 참여한 황금의 클래식으로, 애상적인 서정이 마법을 부린다.

서글픈 두둑과 보컬이 황야 너머로 들려오는 〈Hush, My Heart, Be Still....〉에서 그의 하프는 주홍빛 노을을 시시각각으로 채색한다.

〈Under One Moon〉에서는 중국의 민속 현악기 구쳉Gu Cheng을 연주하고 노래하는 폴렌바이더의 또 다른 모습을 볼 수 있는데, 이는 셀틱 음악과 동양의 대륙을 믹스한 크로스오버였다.

중세의 전설 속으로 청자를 초대하는 듯한 〈Long Road to You〉은 오카리나와 바이올린이 조화를 이루는 슬픈 연가로, 동서의 뜨거운 그리움의 정서가 섞인다.

〈Cor do Amor 사랑의 색〉은 서늘하고 젠틀한 나시멘투의 보컬이 일렉하프와 월드 퍼커션의 조합으로 브라질 특유의 감미로운 감성에 흠뻑 젖게 한다.

시공간을 넘나드는 다양한 세상 풍물은 월드뮤직 팬들에게도 추천하고 싶다.

Anne Dudley
A Different Light

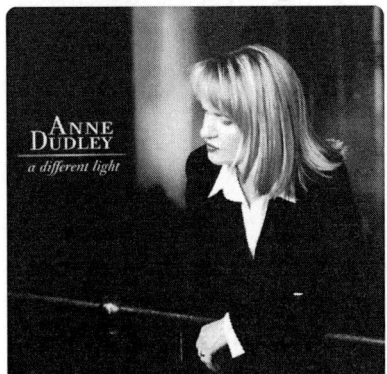

Angel | 72435571582 | 2001

1. The Crying Game
2. Pie Jesu
3. Turbulent Serenity
4. Moments in Love
5. American History X
6. Two Brothers
7. The Club with No Name
8. A Different Light
9. A Kind of Clue
10. An Inspector Calls
11. A Different Life

NewAge-Instrumental, NewAge-Jazz

1958년생인 앤 더들리는 영국이 배출한 여걸 뮤지션 중 한 사람이다. 그녀는 다양한 음악 인생을 거쳤다. BBC 콘서트 오케스트라에서 피아노 연주와 작곡가로 일했으며, Art of Noise라는 전대미문의 실험그룹을 결성하여 일렉트로 팝의 선두에 섰다. 1980년대 후반에 들어 영화음악가로 성공을 거두었는데, 「The Full Monty, 1997」로 1998년 제70회 미국의 아카데미 시상식에서 음악상을 수상하기도 했다.

본작은 이러한 그녀의 음악 인생을 집약하여 발표한 베스트 선곡으로, 고혹적인 현악을 기반으로 한 기품 있는 연주를 감상할 수 있다.

예수의 삶을 그린 영화 「The Miracle Maker, 2000」의 엔딩 타이틀 <Pie Jesu>는 Carys Lane의 청아한 소프라노 보컬이 잔잔한 감동을 남긴다. 클래시컬 현악도 무척이나 아름답다.

소음 예술그룹 아트 오브 노이즈의 대표곡인 <Moments in Love>를 클래시컬 버전으로 들을 수 있다는 것은 본작의 특장점이다. 크리스털처럼 맑은 피아노와 바이올린이 서정을 극도로 고조시키면, 원곡에서 들을 수 있었던 일렉트로닉 비트가 우리의 심장박동을 죄어온다. 색소폰의 블루스와 아드레날린을 샘솟게 하는 은은한 긴장감 등으로 풍부한 감정을 생산해 낸다.

인종차별을 다루었던 1999년 동명의 영화음악 <American History X>에서 피아노와 바이올린이 들려주는 섬세한 그늘의 명도는 매우 아련하며, 이는 <Two Brothers>로 이어진다.

「Tabloid, 2001」의 삽입곡 <The Club with No Name>도 빛나는 수작 중 하나로 꼽을 수 있다. 매서운 바람처럼 강렬한 현악과 너무나 가녀린 피아노는 엄숙하고도 두려움 섞인 비트를 따라 유유히 부유하며, 트럼펫의 안개 같은 블루스가 그 침울한 환상을 더욱 기묘하게 변형시킨다.

<A Different Light>는 TV 드라마를 위해 작곡한 곡으로, 본래 첼로 솔로곡이라 한다. 바이올린의 고음이 슬픈 달빛을 붉게 물들이는 서정이 고매하다.

본작에서 여걸의 섬세한 카리스마가 체임버 음악을 통해 쏟아내는 긴장 어린 드라마들은 분명 색다른 빛을 전달해 주고 있다.

AO
Grow Wild

AO Music | AOM0905 | 2000

1. AO
2. Chameleon Makebelieve
3. Haumea
4. Grow Wild
5. Helios
6. Little Doves Reel
7. Amerika
8. Aumakua
9. Those Eyes
10. Gaia
11. Little Doves Reel *(reprise)*
12. Mother.
13. AO

NewAge-World

폴리네시아 언어로 빛과 섬광을 의미하는 에이오AO는 '나후Nahoo'라는 별칭을 쓰는 리처드 개너웨이Richard Gannaway와 '조조Jojo'의 제이 올리버Jay Oliver라는 두 명의 뮤지션이 결성한 프로젝트 그룹으로, 본작은 그들의 데뷔작이다.

나후는 리드 보컬과 어쿠스틱 기타, 밴조Banjo, 밴졸린Banjolin이란 현악기를 연주하며, 조조는 키보드, 신시사이저, 핸드 드럼과 무려 34개의 악기 샘플로 사운드를 구성하고 있다.

월드뮤직의 바탕 위에서 신시사이저 연주와 민속음악의 차용, 어린이의 옹알거리는 에스페란토 내레이션, 폴리네시아 언어의 호소력 넘치는 팝 보컬 등을 뒤섞어 신비함 속으로 청자의 발길을 끌어들인다.

기하학적 구조의 커버는 콘셉트를 잘 보여준다. 푸른색은 우주를, 원형은 지구를, 두 개의 삼각형이 만나 형성되는 정삼각형 6개는 육 대륙을, 그리고 12개의 원과 12개의 반원은 인류의 화합, 평화, 사랑 등을 상징한다. 또한 7개의 점진적인 크기의 원은 행운과 행복, 그리고 시간의 영원, 미래를 의미하는 것이다.

〈Chameleon Makebelieve〉는 신시사이저와 플루트 그리고 서정적인 멜로디를 보여주는 나후의 보컬로 신선하고 달콤한 월드 팝을 들려준다.
〈Grow Wild〉는 힘찬 드러밍과 에스페란토어로 이야기하는 어린이의 목소리, 팬플루트의 연주로 역동하는 대륙의 서사시를 들려준다. 서늘한 기온의 전자음향과 증폭되는 리듬은 충분히 충동적이다.

아메리카 대륙에 전설로 전해오는 젊음, 자유, 용기를 지닌 황금빛의 자태의 소녀 〈Amerika〉, 기쁨의 별을 의미하는 폴리네시아어 'Hokulea'로 평화의 메시지를 담은 〈Aumakua〉, 그리고 〈Those Eyes〉에는 어린이에게 의심과 두려움을 갖지 말고 오직 사랑으로만 세상을 들여다보라는 바람을 담았다.

모태로서의 지구를 서로 사랑하는 길이 인류의 행복을 위한 길임을 노래하는 〈Mother〉에는 온화한 공기가 퍼진다.

수미상관 방식의 구성을 종결짓는 〈AO〉는 에필로그로서 서두와는 달리 4분이 넘는 연주로 범세계적인 메시지를 녹여냈다.

이 작품은 소행성 B-612호를 떠나 마지막 행선지인 지구에서 여우의 권유에 따라 마음의 눈으로 세상을 보는 어린 왕자의 시선이 느껴지는데, 우리에게 사랑하는 장미를 보호해야 할 책임과 의무가 있다는 것을 일러주고 있는 듯하다.

AO
Twirl

A MULTI-CULTURAL EXPERIENCE!
Featuring *Miriam Stockley* - the voice of *ADIEMUS*

AO MUSIC

TWIRL

AO Music | AOM0906 | 2009

1. On Jai Ya
2. Tayeh Kayoh
3. Drops & Sparks
4. Obayo
5. Yei Ha
6. Na Ha Ye
7. Kaya Kayeh
8. Zhaia
9. Shamaniya
10. Cahaya

NewAge-World

데뷔작 이후 9년 만에 선보인 두 번째 앨범 《Twirl, 2009》는 2001년부터 장장 8년간 LA, 올란도, 영국, 북경과 뭄바이를 여행하며 녹음된 것으로, 미국, 남아프리카, 중국, 조지아 공화국을 대표하는 5개의 합창단이 참여하고 있다.

또한 아디무스Adiemus의 음악에서 매료되었던 여성 보컬리스트 미리엄 스토클리Miriam Stockley를 초대했다. 그녀는 4곡의 가사와 전곡의 보컬에 참여했는데, 다만 어린이 합창단이 위주가 되어 독창자로서의 모습은 크게 드러나지 않는다.

에이오는 본작에서 "우리의 목표는 순수함과 순수함에서 벗어나지 않는 것이다. 어린아이 같은 정신은 고립되어 있든 함께 있든 모든 조각 안에 남아 있어야 한다. 그것은 공공 정신에 관한 것이다."라고 말했다.

음악적으로 장엄한 비전과 강렬한 존재감으로 일취월장한 사운드를 들려주는 본작은 2008 베이징 올림픽 위원회가 요청한 찬가 중 하나인 〈On Jai Ya〉로 문을 연다. 행복과 승리의 의미를 담은 것으로, 상쾌하고 장대한 중국의 풍물이 쏟아지는 걸작이다. 2001년에 녹음되었다고 한다.

〈Drops & Sparks〉에서는 어린이들의 이상향 에이오 행성에서 밝게 빛나는 7개의 물방울이 무지개로 비치는 동심의 희망을 나후Nahoo가 노래한다.

〈Obayo〉는 축복과 기쁨의 노래로, 어린이들의 존재에 대한 의미를 담았다.

...나는 사랑을 주는 용감한 아이라네, 내 사랑의 모습은 영혼을 끓게 하고, 신비로운 동풍처럼 우리는 여행을 떠나네, 아름다운 사랑이 달 주위의 후광처럼 우리와 함께할 거야...

〈Kaya Kayeh〉에서 부족주의와 세계주의를 연결하는 어린이 합창은 가히 새로운 천상의 세상이다. 달콤하면서도 애상적인 멜로디 아래에는 뜨거운 민속적 리듬이 끓고 있다.

이후 에이오는 미리엄 스토클리와 4개의 어린이 합창단과 함께 《...And Love Rages On!, 2011》로 다시 조우하여 더욱더 세밀한 어린이 부족의 음악공간을 선보였다. 첫 곡 〈Gaiya Lo Mane〉를 링크한다.

4집인 《Hokulea, 2013》에서는 미리엄 스토클리와의 공동작으로, 그녀는 보컬과 작곡에도 참여했다. 역시 첫 곡 〈Kuimba〉를 링크한다.

'전 세계 음악적 질감의 범문화적 음향 융합... 정신과 축하의 연방' 그리고 '미래의 자유세계를 위한 자유인의 음악'이 에이오이다.

Armand Amar
La Musique de la Terre Vue du Ciel

Naive | V 4994 | 2004

1. La Genese
2. L'orage et la Baleine
3. Terra Incognita
4. Save Us
5. Chaosmos
6. Te Amo
7. Civilisation
8. Image
9. Les Sens
10. Babel
11. La Terre Vue du Ciel

NewAge-Instrumental

프랑스 파리에서 1946년에 출생한 얀 아르튀스-베르트랑Yann Arthus-Bertrand은 1990년 이후 100여 개국을 넘는 나라를 여행하며 지구 환경과 자연 생태계에 대한 세밀한 기록을 남기고 있는 사진작가이자 언론인이며 환경보호가고 기자이다. 1994년에 그는 유네스코의 후원 아래 세계에서 가장 아름다운 풍경을 기구와 헬리콥터에서 촬영한 사진을 출판하였는데, 「La Terre Vue Du Ciel 하늘에서 본 지구」라는 이 책은 3백만 권 이상 판매되었으며, 24개국 언어로 번역되었다. 이는 2005년에 이르러 2매의 DVD로도 출시되어 또다시 호평을 받았다.

본작은 이 프로젝트의 사운드트랙으로, 96페이지에 달하는 슬리브에는 자연환경의 소중함을 일깨우는 지구의 생태계와 인류의 발자취의 생생한 기록들이 담겨있다. 음악은 저명한 영화음악가 아르망 다마르Armand Amar가 맡았으며, 프라하 시티 오케스트라를 대동했고 많은 솔리스트를 참여시켰다.

장엄한 오케스트레이션 위에 소프라노의 음성이 고대의 자연을 투영하는 〈La Genese 창세기〉가 서막을 장식한다.

짧은 〈L'orage et la Baleine 폭풍과 고래〉에서는 끈질긴 사투를 통한 진한 생명력을 그리며, 〈Terra Incognita 미지의 땅〉에서는 두둑Duduk의 육성으로 경이와 탄식을 노래한다.

애잔한 기도문 〈Save Us〉과 요동치는 지구의 노한 모습들이 큰북의 진동과 현의 눈물로 나타나는 〈Chasomos 혼돈〉에 이어, 클래식기타에 슬픈 허밍을 실은 〈Te Amo 사랑〉는 본작의 주제이다.

게스트 존 보스웰John Boswell의 낭독과 노래가 이어지는 현대음악 〈Image〉를 지나, 〈Babel 바벨의 문〉에는 격동과 대혼란이 이어진다.

〈La Terre Vue du Ciel 하늘에서 본 지구〉에는 피아노와 오케스트레이션이 열을 토하며 바이올린은 불을 뿜고 소프라노는 기원을 노래한다. 타이틀답게 본작의 대미를 장식하는 감동의 클래식이다.

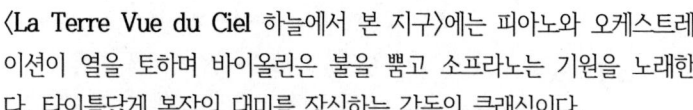

숭엄한 감격과 함께 펼쳐지는 장대한 파노라마를 듣노라면, '자연이 준 만큼 인간은 자연에 무엇을 주었는가?'라는 질문이 던져지는 듯하다.

사진작가 얀 아르튀스-베르트랑의 지구사랑은 이후에도 계속되었고, 대중의 환경의식에 불을 지폈다. 이러한 노력으로 그는 2009년 공식적으로 유엔 환경 프로그램의 홍보 대사로 선정되었으며, '지구 챔피언'상을 받았다.

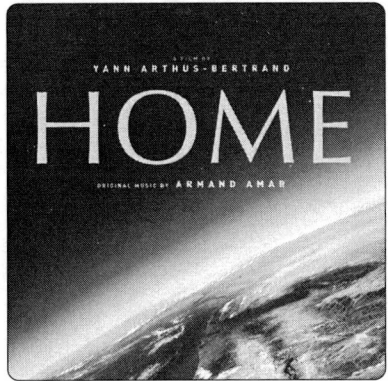

Armand Amar
Home

Naive | K 1659 | 2009

1. Home part 1~4
5. O
6. Life 1
7. Take the Earth
8. Toll of Toil
9. Black Gold
10. Chemical Food
11. Feed Lots
12. Overproduction
13. Whales
14. Murderous Catch
15. Dubaï
16. The Dead Seas
17. Faster and Faster
18. Epi
19. Life 2
20. Wasteland
21. Rake the Forest
22. The Desert
23. Fire
24. Cum Dederit

NewAge-Instrumental, NewAge-World

사진작가 얀 아르튀스-베르트랑Yann Arthus-Bertrand은 2009년 6월 5일 세계 환경의 날에 지구의 상처를 여과 없이 고발하고 기로에선 우리의 선택에 대해 방향을 제시하는 작품 「Home」을 공개했다. 인간의 활동이 지구에 미치는 위험을 게시한 이 다큐멘터리는 우리의 따스한 '집'으로서의 의미심장한 의미와 감동을 담아내어 열렬한 지지를 얻어냈다.

DVD로 발매되어 국내에도 소개된 본작의 음악은 아르망 다마르Armand Amar가 맡았으며, 부다페스트 심포니 오케스트라와 상하이 퍼커션 앙상블, 그리고 그의 작품에 참여했던 소프라노 아델 까르띠에Adèle Cartier를 비롯하여 중앙아시아와 몽골 그리고 페르시아의 전통 가수들, 그리고 20여 악기의 솔리스트를 대동했다.

⟨Home part 1~4⟩은 대지의 끝에서 들려오는 구슬픈 노래로, 신음하는 지구의 상처를 달래는 주제이다.

아르망이 음악을 맡았던 질 레그랑Gilles Legrand 감독의 영화 「La Jeune Fille et les Loups 소녀와 늑대들, 2008」에서 선곡한 ⟨O⟩는 오염되어 가는 대기의 심각성을, ⟨Toll of Toil⟩은 산업재해에 노출된 안전을 일깨운다.

⟨Black Gold⟩에는 고갈되는 자원에 대한 경고를 드럼의 진동으로 묘사 하며, ⟨Feed Lots⟩에는 신종 바이러스에 감염되는 가축들의 병폐를, ⟨Overproduction⟩에는 과소비가 파생시키는 위험을 기록했다.

⟨Whales⟩은 위협받는 생명에 대한 아델 까르띠에의 아리아로 짧지만 아름다운 소품이며, ⟨Dubaï⟩는 현대의 바벨탑이라 불리는 두바이 프로젝트가 소재이다.

죽어가는 바다 생태를 위한 진혼곡 ⟨The Dead Seas⟩에서 두둑Duduk 연주는 점점 희미해지며, 현대인의 생활습관을 꼬집은 ⟨Faster and Faster⟩에 이어, ⟨Wasteland⟩에는 생산능력을 잃은 불모지를 위한 트럼펫 추모곡이 흐른다.

줄어들고 말라가는 초지를 향한 염원을 ⟨Rake the Forest⟩에, 황폐되는 대지의 고통을 ⟨The Desert⟩에, 그리고 불타는 아마존의 고통을 ⟨Fire⟩에 담았다.

비발디Antonio Vivaldi작품을 소프라노 상드린 피우Sandrine Piau가 노 래하는 ⟨Cum Dederit 잠들 때⟩로 지구가 영면할지도 모른다는 경각심 을 일깨운다.

인간이 자의적으로 세운 '원칙'을 바로 잡아야 할 때라고 피력한 본작은 지구를 밟고 있는 인간을 비롯한 모든 생명체의 울음이고 비명이며 포효이다.

Armand Amar
Pixel

Long Distance | 0810514 | 2015

1. Les Bougies
2. Pixel Quatuor
3. Pixel Life
4. Les Plocks
5. Les Automates
6. La Roue Cyr
7. La Chorée
8. Duo Contorsion
9. La Tempête
10. Duo Patin Roue
11. Solo Elodie
12. Black Swan
13. La Ballade

NewAge-Instrumental, NewAge-Electronic

본작은 이미 두 차례나 내한하여 국내 현대무용 애호가들에게 극찬을 받은 프랑스의 안무가 무라드 메르조키Mourad Merzouki가 이끄는 카피그 무용단Compagnie Käfig의 현대무용 「Fixel 픽셀, 2014」의 음악이다.

이 무용은 이미 국내에 '2011 서울국제공연예술제'에서 선보인 프랑스의 2009년 디지털 아트 페스티벌의 '댄스 및 뉴 테크놀러지 공모전' 대상작인 아드리앙 엠Adrien M.의 「Cinematique 시네마티끄」를 업그레이드한 작품이다. 당시 인터랙티브 아트에 관심을 가졌던 글쓴이에게 지금까지도 또렷한 충격과 감동을 준 작품으로 남아있다.

보강된 컴퓨디 3D 이미지와, 서커스와 아크로바틱을 섭복한 무용수들의 유희적이고도 역동적인 몸짓으로 재현하는 미디어아트 테크놀로지의 현장 「Fixel」은 점선면이 재구성되면서 시적이고 탐미적인 디지털 풍경을 만든다. 그리고 그 지형을 따라 흐르는 아르망 다마르Armand Amar의 음악은 새로운 대기와 박동을 불어넣으며, 보다 강력한 디지털 아트에 대한 사차원적 점묘 공간을 증축한다.

10분에 달하는 중편 〈Les Bougies 양초〉는 바이올린과 피아노의 열기가 점점 가득 채워지는데, 마치 바람 앞의 촛불을 연상시키는 아슬아슬한 긴장감이 피어오르며 우리의 시각은 왜곡되고 분절된다.

〈Pixel Quatuor 픽셀 4중주〉의 오르골 자장가는 배속을 달리며 재생시키는 비디오 클립처럼 유아적 상상을 불러일으킨다.

〈Pixel Life〉는 제3의 마법 공간으로 현실의 이미지가 기화하는 듯한 일렉트로닉 왈츠이다. 반복되는 트랜스는 묘한 중독감을 불러오며 세밀하게 해체하는 것 같다.

〈La Roue Cyr〉은 애틋한 왈츠 교향악으로 피아노와 바이올린이 마치 다람쥐 쳇바퀴처럼 돌아가는 일상의 지루함과 현기증을 달래는 듯하다.

〈Duo Patin Roue / Skate Wheel Duo〉는 3분여의 요약된 본작의 홍보영상에 사용되기도 했는데, 본래는 8분이 넘는 중편으로 첫 곡과는 또 다른 긴장의 환상곡이다.

파이낸셜 타임스로부터 '프랑스의 힙합 대사'라는 칭호를 받은 메로즈키가 13장으로 구성한 본 무용은 국내에는 공연되지 않았지만, 수입된 DVD나 유튜브의 클립을 통해서 감상하는 방법이 더 카타르시스를 즐길 수 있다.

Armand Amar
Vertikal

Long Distance | 0850518 | 2018

1. Vertikal Part 1 - Rasant
2. Vertikal Part 2 - Duo
3. Vertikal Part 3 - Palan
4. Autour des Tours
5. Les Siamois
6. Au Pied du Mur
7. Invisibles
8. Ascension

NewAge-Instrumental, NewAge-Electronic

프랑스의 세계적인 안무가 무라드 메르조키Mourad Merzouki와 카피그 무용단 Compagnie Käfig의 현대무용 「Vertikal 수직, 2018」의 음악으로, 역시 그와 협업했던 작곡가 아르망 다마르Armand Amar가 음악을 맡았다.

아마도 공연예술계의 테마 중 하나가 수평에 익숙한 중력의 위상을 뒤집는 탈공간 혹은 무중력이 아닐까 한다. 이미 라스베이거스의 명물이 된 태양의 서커스 Cirque du Soleil의 「Ka」라든가, 국내에 공연된 프랑스 안무가 요안 부르조아Yoann Bourgeois의 「He Who Falls 기울어진 사람들」 등을 보면 잘 알 수 있다.

이 작품은 플로어 기반의 힙합댄스와 수직적으로 대결하며, 공중으로 돌진, 도약, 등반, 비행하는 동작으로 새로운 공간을 탐색한다. 힙합의 어휘에 시와 무중력을 결합하여 중력에서 해방되는 유희를 경험할 수 있는 멋진 작품이다.

신비함과 긴장감 그리고 서정성이 감도는 일렉트로닉스 스토리텔링을 듣다 보면, 조금씩 공간의 모서리는 지워지고 마침내 블랙홀에 내던져진 듯한 환상 공간이 재생되는 듯하다.

11분의 연주시간인 〈**Vertikal Part 1 - Rasant** 가속도〉는 4분 여로 압축된 공연 클립과 함께 들을 수 있는데, 청자의 맥박을 서서히 두근거리게 하는 심장충격기 같다. 규칙적인 반복을 거듭하여 서서히 변형되는 비트와  암울한 그림자가 빛과 그라운드의 위상을 서서히 기울인다.

〈**Vertikal Part 2 - Duo**〉는 바이올린과 스웨덴의 여성 가수 이사벨 쉴링Isabel Sörling의 보컬로 서정을 들려주며, 중편인 〈**Vertikal Part 3 - Palan** 도약〉에서는 마치 현대음악 레퀴엠이나 교향곡을 듣는 것처럼 가파른 긴장을 몰고 간다.

슐체Klaus Schulze의 근작이 떠오르는 〈**Autour des Tours** 타워 주변〉 은 아코디언의 열풍과 바이올린의 진한 우수가 회오리를 일으킨다.

〈**Les Siamois** 쌍생〉은 얀 티에르상Yann Tiersen의 서정적인 피아노 음악을 연상시키는데, 데칼코마니로 완벽히 대칭되는 객체와 환영처럼 부드러운 환상을 이어간다.

〈**Au Pied du Mur** 벽을 거슬러〉와 이사벨 쉴링의 보컬 곡 〈**Invisibles**〉 그리고 바이올린이 희열을 노래하는 〈**Ascension**〉에 이르면 중력이 파괴되고 전개된 지구본에서 거센 일렉트로닉 폭풍이 일고 심미적인 앰비언트가 발아래에 구름을 몰고 온다.

Armand Amar
Zéphyr

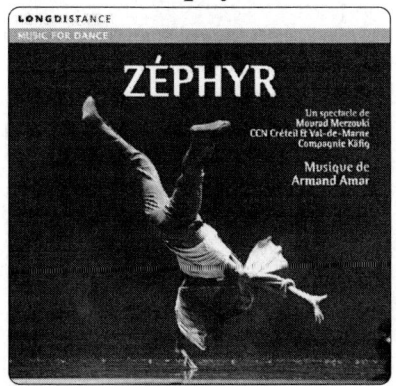

Long Distance | 0890421 | 2021

1. Glissade
2. Contre-Vent
3. Dans la Brume
4. Les Lanternes
5. Les Helices
6. Hisser les Voiles
7. Medusa
8. Waving Flag
9. Voyage au Bout de la Mer
10. Bouma Bouma
11. Make It Your Dream

NewAge-Instrumental, NewAge-Electronic

「Vertikal 수직, 2018」으로 무중력 힙합을 창안했던 안무가 무라드 메르조키|Mou-rad Merzouki는 새로운 작품 「Zéphyr 바람」을 선보였다. 이는 다시 수평으로 회전되어, 무용수의 자의적인 동작이 아닌 가볍고 부드러운 바람이 생성시키는 서정적인 움직임을 보여준다.

"가장 좋은 여행은 아직 경험해 보지 않은 것을 하는 것이라 유명한 항해사가 말했다. 영토에서 영토로 항해하도록 밀어붙이는 이 탐구의 목적은 탐험할 수 있는 가능성의 군도, 경탄할 다른 미지가 항상 존재하기 때문이다. 이 영역은 신화적 탐험의 출발점이며, 더 넓게는 바람과 조수를 길들이는 상상의 바다로 향한다."

그의 의도대로, 바람은 새로운 형태를 부여하고 생명을 불어넣는 가장 순수한 형태의 움직임으로 나타나며, 작곡가 아르망 다마르|Armand Amar가 맡은 음악은 그 바람의 원동력이 되고 있다. 그래서 그 항해는 촉각적으로도 전달될 만큼 오감을 만족시킨다.

⟨Contre-Vent 순풍⟩에서 바람과 함께 들려오는 스웨덴 출신의 여가수 이사벨 쇨링|Isabel Sörling의 민속적인 월드 보컬은 아름다운 매혹을 극대화한다. 꿈과 염원 그리고 처량한 슬픔...

⟨Dans la Brume 안갯속에서⟩는 마법의 바이올린에서 피어오르는 안개가 대지를 뒤덮는 웅장한 협주곡으로, 오색찬란한 빛이 순간적으로 착란을 일으키는 듯한 움직임이다.

⟨Medusa⟩는 손에 땀을 쥐게 하는 최면과 중독의 주술이 성큼성큼 다가온다. 극한의 위험도가 도사리고 있는 압제적인 드라마지만, 이러한 아찔함은 자극적일수록 좋지 않은가.

⟨Waving Flag⟩에서의 신비로운 전자음향에 이어, 본 무용의 홍보 클립에 사용된 ⟨Voyage au Bout de la Mer 바다 끝으로의 여행⟩은 아름다운 오페라 보칼리제와 마그마처럼 분출하는 현악의 뜨거운 열폭풍에 휩싸이는 걸작이다.

여가수 이사벨 쇨링의 서정적인 발라드 ⟨Make It Your Dream⟩으로 마법의 바람은 막을 내린다.

신비로운 무대만큼이나 독특한 희열을 불러일으키는 전자 오디세이임이 틀림없다. 그의 영화음악도 멋지지만, 무용음악은 더 깊숙이 침범하는 것 같다.

Art of Infinity
New Horizon

ATM | 1619 | 2000

1. The Dragons Flight
2. Ocean in Space
3. Written in the Sand
4. Three Days Winter
5. Evolution

작곡자이자 건반주자 토르첸 수들러-마인츠Thorsten Sudler-Mainz와 연주에 주력하는 건반주자 토르첸 렌츠Thorsten Rentsch가 결성한 독일의 2인조 앰비언트 프로젝트 그룹으로, 재미있는 것은 두 뮤지션의 이름이 같다는 것이다.

마인츠는 1963년생으로 6세 때부터 오르간을 연주하기 시작하였으며 13세 때는 첫 밴드를 결성하여 드럼과 기타를 연마했다. 여러 밴드를 거치며 솔로 활동을 시작한 그는 1991년에 첫 싱글을 발표한다.

렌츠는 1966년생으로 8세 때부터 형에게 받은 기타 레슨을 시작으로 음악에 입문하였다. 10대에 이미 자신의 스튜디오를 소유했으며, 꽤 이름이 알려진 사운드 엔지니어와 프로듀서가 되었다. 1990년대 초에는 알란 파슨스 프로젝트Alan Par-sons Project의 에릭 울프슨Eric Woolfson과도 작업했으며, 월드뮤직 스타 유쑤두Youssou N'dour와도 함께 일했다.

1996년 10월 네덜란드 여행에서 만나 '무한대 예술'로 본 데뷔작을 발표한다.

〈Ocean in Space〉는 핑크 플로이드Pink Floyd를 연상시키는 전자기타와 웅장한 앰비언트 음향으로 가상의 공간을 재현하는 가운데, 여성 보컬리스트 안 카린 마인츠Ann Kareen Mainz와 에파 볼프Eva Wolf의 월드 보이스가 매혹에 빠져들게 한다.

재즈 색소폰 발라드 〈Written in the Sand〉는 절망에 빠지더라도 사랑을 지키면 작은 진실을 얻을 수 있으며, 미래는 모래밭에 쓰인 것처럼 언제나 바뀔 수 있다는 메시지를 담는다.

프로펠러가 돌아가는 소음으로 시작하는 〈Three Days Winter〉는 안 카린 마인츠의 환상적인 보컬과 토르첸의 묵시적인 낭송이 이어진다.

새로운 지평선의 탄생을 위한 진화 〈Evolution〉은 20분이 넘는 대곡으로, 화창한 현실의 대자연을 담은 발단과, 에파 볼프의 숨결로 새로운 천지창조의 기운들이 범람하는 전개에 이어, 육중한 일렉트로닉록이 새로운 패턴을 선보이는 절정에서 홀로코스트에 이르고, 결말에는 에파 볼프가 미래를 노래한다.

아트 오브 인피니티는 인체의 한계가 시공간적으로 확장되는 컴퓨터 환경을 찬미하면서 새로운 문화의 유랑자로서 더없이 신선한 예술공간을 갱신해냈다. 제3의 지구환경을 정복한 이들의 앰비언트 향연은 《Dimension Universe, 2004》로 이어졌고, 이후 2장의 앨범을 추가했다.

Art of Noise
Below the Waste

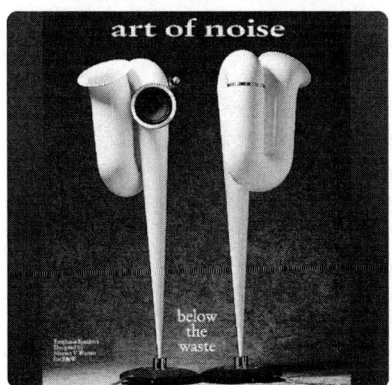

China Records | 839404 | 1989

1. Dan Dare
2. Yebo!
3. Catwalk
4. Promenade 1
5. Dilemma
6. Island
7. Chain Gang
8. Promenade 2
9. Back to Back
10. Flashback
11. Spit
12. Robinson Crusoe
13. James Bond Theme
14. Finale

NewAge-Electronic, NewAge-Pops

1982년 영국 런던에서 결성된 아트 오브 노이즈는 이탈리아의 미래학자 루이지 루솔로Luigi Russolo의 「L'Arte dei Rumori 소음의 예술, 1913」 성명서에서 이름을 땄다고 한다. 실질적인 리더 앤 더들리Anne Dudley는 왕립음악대학에서 클래식을 전공하고 폴 매카트니Paul McCartney, 말콤 맥라렌Malcolm McLaren 등의 작품들에 참여했던 실력파 작곡가이며, 역시 중추적인 핵심인 트레버 혼Trevor Horn은 1970년대 초 Camera Club이란 포스트펑크 밴드를 조직했고 영국의 프로그레시브록 그룹 Yes의 앨범에도 참여한 이력이 있다.

20세기에 나타난 기계적 테크놀로지의 효율성은 그들의 관심이 되었고, 정밀하고 명료한 기계미학을 추구하여 아방가르드 음악을 선보이게 된다.

데뷔작 《Who's Afraid of The Art of Noise, 1984》을 통해 놀라운 기지와 충격적인 반감을 떠안겨 주었으며, 〈Close〉가 히트했다.

《In Visible Silence, 1986》에는 기타리스트 더앤 에디Duane Eddy가 참여한 〈Peter Gunn〉이 영국 차트 톱 10위를 기록했다.

《In No Sense? Nonsense!, 1987》에는 브라스밴드, 오케스트라와 코러스 등을 한데 섞어 정체불명의 슈퍼 콤비네이션 피자 음악을 선보였으며, 《The Best of the Art of Noise, 1988》에서 톰 존스Tom Jones는 프린스 Prince의 〈Kiss〉를 노래했다.

본작은 작곡자이자 편곡자 젝잘릭J.J. Jeczalik이 거의 모든 작품을 썼고, 테크노 힙합 등의 윤택한 기계 비트로 가공된 월드풍의 음성들을 절묘하게 믹스했다.

〈Island〉는 바다 위의 정글 섬에서 춤추는 녹색식물들과 안개를 뿜어내는 야생화들에 손을 갖다 대면 감쪽같이 사라져 버리는 인터랙티브 아트의 영상을 재생시킨다.

〈Robinson Crusoe〉는 영국 작가 대니얼 데포Daniel Defoe의 표류기보다는 영화 「The Blue Lagoon 푸른 산호초, 1988」의 낭만 이미지와 찰랑거리는 파도를 타고 유영하는 듯한 초현실적 체험을 안겨준다.

히트곡 반열에 오른 〈James Bond Theme〉 외에도 독특한 시각 커뮤니케이션을 유도하는 곡들로 채워져 있으며 그 결과는 진보적이다.

그들이 보여준 뉴웨이브의 급진주의적 트렌드는 진정 소음예술을 넘어 음악예술로 승화시킨 것이었으나, 본작 이후 아쉽게도 해체되고 말았다.

Art of Noise
Moments in Love

ZTT | REP8029 | 1983 (2004)

1. Moments in Love
   (Single Vers.)
2. Beatbox (Diversion 10)
3. Moments in Love
   (Beaten)
4. Moments in Love
   (Original Video)

NewAge-Electronic·Ambient

'사랑'이란 감정을 과학자들은 두뇌의 화학작용이라 했고, 심리학자이자 철학자 라캉Jacques Lacan은 욕망으로 설명했다. 또한 많은 고서와 문학, 예술 등에서 사랑은 다양하게 정의되고 있다. 그 추상적인 감정을 아트 오브 노이즈는 〈Moments in Love〉라는 명곡을 통해 몽환적인 트랜스로 표현하였다.

그들의 레퍼토리 중 가장 대표적인 작품이기도 한데, 사실 발표 당시에는 그다지 성공적이지 못했다고 한다. 하지만 국내에서 모 음악방송의 시그널로 사용되면서 이들의 존재를 선명히 알렸고, 세계적으로도 많은 커버 버전이 등장할 만큼 음악가뿐만 아니라 폭넓은 음악 팬들의 인기를 누렸다.

본 싱글 커버에서는 성경의 고린도전서 13장처럼 아가페적인 사랑을 담은 듯 숭고한 의미를 제시하고 있다. 하지만 대장간의 망치질이나 심장의 고동을 연상시키는 규칙적인 타격과 기름으로 번들거리는 기계음의 〈Single Version〉는 여가수 카밀라Camilla의 이펙트 보컬로 성애적인 이미지를 준다. 그 공간적 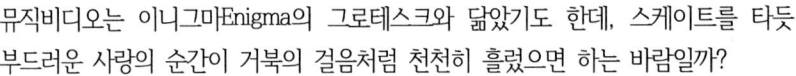배경은 파리의 퐁피두센터Centre Pompidou처럼 기계적 미래도시이며, 현혹하는 주체는 사이보그 마돈나이다.

뮤직비디오는 이니그마Enigma의 그로테스크와 닮았기도 한데, 스케이트를 타듯 부드러운 사랑의 순간이 거북의 걸음처럼 천천히 흘렀으면 하는 바람일까?

반면 〈Beaten〉에서는 서정적인 건반의 서두에 이어 촉촉한 키보드와 색소폰의 블루스로 대도시 뉴욕의 야경이 그려지는데, 추억을 회상하는 듯한 도시인의 멜로드라마가 연출된다.

해체 후 영화음악가로 활약하면서 개인적인 성공을 이어오던 앤 더들리는 트레버 혼과 10년 만에 재회하여 《The Seduction of Claude Debussy》라는 신보를 시작으로 미발표 곡들과 리믹스를 담은 앨범들을 출시했다.

참고로 4장짜리 앨범 《And What Have You Done with My Body, God?, 2006》은 미발표 곡들을 모은 것으로, 리믹스 버전 〈Moments in Bed〉, 〈12 B Side Idea〉, 〈7 Master Rejected〉 등을 수록하고 있다.

아트 오브 노이즈는 뮤직디자이너라는 말이 더 잘 어울린다. 독특한 하 이테크로 전자음악의 또 다른 큰 획을 구성했던 음의 예술가로서 많은 영향력을 행사하며 소음예술의 미적 가능성을 극도로 끌어올렸다.

AS'N
Terrain Vague

La Compagnie Käfig | ck004 | 2006

1. Kalculs
2. Kaïd
3. Konflit
4. Pic Pocket
5. Élastik
6. Akrobate
7. Klan
8. Kagettes
9. Kanne
10. Kasques
11. Bashute

NewAge-Electronic, NewAge-World,
NewAge-Pops

1970년대 미국 뉴욕의 뒷골목에서 시작된 브레이크 댄스는 할렘의 폭력과 공포 그리고 가난으로부터 탈출하고픈 의지에서 비롯된 몸짓이었다. 지금은 실력 있는 비보이팀들이 젊은 층의 열렬한 환호를 받고 있으며, 경연대회는 물론이고 공인된 세계 스포츠 경기의 정식종목이 될 만큼 청소년 문화코드로 성장했다.

2006년 서울세계무용축제SIDANCE의 대미를 장식했던 본 프로그램은 그동안 선보인 적이 없었던 브레이크 댄스였다. 그 주인공은 1973년생으로 서커스와 무술을 배운 안무가 무라드 메르주키Mourad Merzouki로, 그는 1996년 '새장'이란 의미의 케피그 무용단Compagnie Kafig을 창단한 후, 2004년 프랑스 문화부 예술문화 훈장을 수상함과 동시에 프렌치 힙합의 내병사가 되었다.

「Terrain Vague 버려진 땅」은 어린 시절 '놀이터'를 상징하고 있다. 이는 누구나 자유로이 창조하고 파괴하고 유희하는 열린 공간이자 틈새 공간인 동시에 어딘가로 향하는 통로 겸 누군가를 만날 수 있는 장소로 규정된다. 울타리 속에서 잠재된 젊은 꿈과 희망이 세상 밖으로 나오는 내러티브는 비보이 댄스의 발단을 담은 것이기도 했다. 브레이크 댄스에 아크로바틱, 에어로바틱, 스핀 등의 다양한 동작으로 장르의 파괴를 실현했으며, 상상력을 불러일으키는 무대 세트에 아라비아와 플라멩코, 힙합과 일렉트로닉 등이 섞인 멋진 음악이 압권을 이룬다.

본작의 스코어는 AS'N이란 아티스트가 맡았으며, 바이올린과 기타, 퍼커션과 보컬, 아코디언 등의 게스트 연주자들이 참가했다.

정장에 가면을 쓰고 줄자로 실측하는 무용수들이 등장했던 첫 장면을 다시금 떠올려주는 〈Kalculs 미적분〉은 첫눈에 반하고야 만 하드코어 일렉트로닉이다.

서정의 서커스 음악 〈Élastik 탄성〉에는 기타와 아코디언의 서글픈 왈츠가 이어지며, 일렉트로 팝에 플라멩코 기타가 불을 뿜는 〈Kagettes〉에는 신기의 묘기가 펼쳐진다.

〈Kasques 투구〉는 첫 곡을 일렉트릭 체임버로 각색한 버전으로, 거친 호흡과 따가운 스크래치, 심장을 두드리는 리듬의 파워가 일품이다.

뉴에이지 음악이라 할 순 없지만, 젊은 심장의 야성적 본능이 분출되는 매력만점의 스코어이다. 참고로 안무가 메르주키는 이후 2009년 국내에서 초연된 써커 엘루아즈Cirque Eloize의 네 번째 작품 「ID」의 브레이크 댄스 안무를 맡았다.

Baffo Banfi
Sound of Southern Sunsets

IC-Digit | IC710.065 | 1988

1. Oye Cosmo Va
2. Quelle Dolce
3. Vino, Donne e una Tastiera
4. Astralunato
5. Fantasia di un Pianeta
6. Love Magnetic Research
7. Dancing on the Ship
8. Indian

NewAge-Electronic·Ambient

이태리 아트록에 심취한 사람이라면 주세페 바포 반피Giuseppe Baffo Banfi라는 이름이 그리 낯설지는 않을 것이다. 그는 이탈리아 아트록의 중흥기인 1974년에 명반으로 평가받는 셀프 타이틀 앨범을 발표한 '지옥행 티켓'이란 의미의 빌리에 또 뻬르 린페르노Biglietto Per L'Inferno의 키보드 주자였다.

1970년대 후반부터 IC 레이블로 이적하여 자신의 키보드 워크를 전자음악으로 개편하고 뉴에이지 뮤지션으로 전향했는데, 본 앨범은 두 번째 앨범 《Ma, Dolce Vita 달콤한 인생, 1979》와 3집 《Hearth, 1981》에서 발췌하고 신곡을 첨가한 선곡집이다.

형식상으로는 IC 레이블 특유의 전자음향에 동화된 듯하지만, 내용적으로는 이탈리아 고유의 분방함과 서정, 그리고 강렬함이 자리하고 있으며 지중해가 보이는 이탈리아 남부의 뜨거운 열정과 풍토까지 녹아있다. 이런 개인적 장점에 의식과 무의식, 꿈과 현실, 추억과 희망 등을 활짝 열어놓는다.

기타로Kitaro의 동양적 선율과 닮아 있는 〈Oye Cosmo Va 우주 항해〉는 어린 시절 방영되었던 만화영화 '날으는 전함 V호'처럼 신비한 상상을 하게 한다.

낭만과 행복감에 활력이 넘치는 〈Vino, Donne e una Tastiera 와인, 여인, 그리고 키보드〉는 기타로와 슐체Klaus Schulze의 공작 같다.

〈Astralunato 별빛〉은 말랑하고 탄력이 느껴지는 생명체의 활기를 만날 수 있으며, 〈Fantasia di un Pianeta 천체의 환상〉은 리하르트 반프리트Richard Wahnfried 스타일의 전자음악으로, 연약한 멜로디와 육중한 리듬감이 교대로 강타하는 강렬한 환상 대곡이다.

무겁고 차가운 감성의 〈Love Magnetic Research〉는 파열과 타공이 특색 있게 분위기를 이끌어가고 유동적으로 상승하는 베이스기타와 드럼 연주가 점차 패턴화된다.

반피의 일렉트로닉 교감이 넘치는 본작을 듣고 있노라면 해가 긴 여름날 캘리포니아 해변도시에서 막 배낭을 풀고 저녁놀을 지켜보는 것 같은 상상에 빠진다. 이후 그는 솔로 활동을 접고 이태리 대중음악계로 돌아가 세션맨으로 활동하다 4번째 앨범인 현대적인 전자 심포니 《Frontera, 2015》을 냈다. 2023년에는 클라우스 슐체에 의해 2,3집이 CD 재발매되었다.

Bernard L'Hoir
Leaving the World Behind

Erdenklang | 71012 | 1997

1. Leaving the Word Behind
2. Lascia Ch'io Pianga
3. Kaze Ni Fukare
4. Erbarme Dich
5. Jeremy
6. Over Again
7. Before Night Falls part 1
8. Before Night Falls part 2
9. Papier Mâché
10. Secret Garden
11. Komori Uta

NewAge-Instrumental

벨기에 출신의 베르나르드 로이Bernard L'hoir는 브뤼셀의 왕립음악학교에서 고전음악 교육을 받았고, 런던에서는 일렉트로닉 뮤직의 작곡을 배웠다. 그리고 라디오, TV, 광고 등 매스미디어 음악에 대한 캐리어를 쌓았으며, 1990년대 초에는 자신의 연주를 담은 두 장의 앨범을 발표했다.

1997년에 독일의 에르덴클랑Erdenklang 레이블을 통해 발표한 본작은 일본 출신의 여가수 유미코 다카쿠Yumiko Takaku를 초청하여 완성된 작품으로, 그의 묵직한 피아노를 비롯한 키보드 사운드에 클래시컬한 성악과 일본 전통의 창법을 들려주고 있다.

타이틀곡 〈Leaving The Word Behind〉는 목가적인 클라리넷과 맑은 피아노, 그리고 유미코의 우울한 스캣이 고고한 아름다움을 전한다.

〈Lascia Ch'io Pianga 울게 하소서〉는 헨델Händel의 오페라 〈Rinaldo 리날도〉의 제2막 4장에서 여주인공 알미레나가 부르는 아름다운 아리아 가사에 곡을 붙인 것으로, 유미코의 클래시컬한 보컬과 베르나르드 로이의 맑고 애처로운 키보드가 멋진 명연이다.

맑은 어쿠스틱 기타에 유미코의 일본어 보컬이 이어지는 〈Kaze Ni Fukare 바람과 함께 사라지다〉에 이어, 〈Erbarme Dich 불쌍히 여기소서〉는 바흐Bach의 〈St. Matthew Passion 마태수난곡〉의 가사에 베르나르드가 곡을 붙인 것으로, 빔 메르텐스Wim Mertens의 미니멀 성향의 피아노 속주와 함께 눈물이 말라버린 듯한 유미코의 보컬은 아름답기 그지없다.

웅장한 팀파니와 신시사이저, 그리고 피아노로 식지 않은 따스함을 느끼게 되는 〈Before Night Falls〉는 그 우울한 서정을 클라리넷과 피아노로 이어간다.

프랑스어로 부르는 〈Papier Mache 파피에 마세 : 종이 붙이기〉는 눈물 어린 아코디언 연주가 한참 동안 상념에 머물게 하며, 아름다운 피아노 솔로 〈Secret Garden〉에 이어, 유미코가 일본어로 노래한 〈Komori Uta 자장가〉는 포근한 꿈길로 안내한다.

베르나르드 로이가 들려주는 플랑드르의 낭만은 아름다운 회화 속에 소리 없이 흐르는 강물처럼 고요한 파장을 일으키기에 충분하다. 에르덴클랑 레이블이 발표한 가장 아름다운 작품 중 하나이다.

Bernard L'Hoir
The Heir of Time

Knight Records | 002 | 2001

1. Nomad
2. Metamorphosis
3. Beyond the Horizon
4. Portrait
5. Soul Eyes
6. Wheels of Time
7. Legends
8. The Heir of Time
9. Waterfall
10. Solitude
11. Enina's Dream
12. Approach

NewAge-Instrumental

세 번째 명작 《Leaving the World Behind》를 발표한 후, 그는 TV 드라마 음악 과 네덜란드 영화 「The Bridge」의 음악을 맡았다. 그동안의 공백기를 만회하고 팬들에 더 가까이 다가가고자 2000년대 초부터 정규적으로 자신의 콘서트를 열 기 시작한다.

이듬해에는 네 번째 앨범 《The Heir of Time》를 발표하였는데, 이는 벨기에 북 부의 민속음악과 전설에 고무되어 만든 작품이다.

피아노 솔로 혹은 앙상블로 연주된 이 앨범에는 신비하고도 향수 어린 소품들로 가득한데, 그 음향들이 만들어가는 영상과 스토리와 감동은 덴마크의 안데르쎈 Andersen이나 「닐스의 모험」으로 잘 알려져 있는 스웨덴 출신의 여류작가 셀마 라게를뢰프Selma Lagerlöf의 동화집처럼 정감이 넘친다.

뭉클한 피아노 솔로와 첼로가 그려가는 동화 속의 녹색 풍경 〈Nomad〉에는 온화 한 햇살이 감돈다.

빔 메르텐스Wim Mertens의 신들린 듯한 피아노 워크를 연상시키는  〈Metamorphosis〉는 본작의 백미로, 아련한 슬픔이 묻어나는 강렬한 속주의 피아노 타건은 적막한 감정마저 불러일으킨다.

〈Beyond the Horizon〉는 피아노 감성 선율에서 신시사이저의 뽀얀  재즈 음향이 가세하여 더욱 유려하고도 섬세한 드라마를 그리는 걸작이 라 할 수 있다.

화사하고도 중후한 현악 앙상블에 콧날이 시큰한 아코디언의 향수 어린  호흡이 심장을 따듯하게 해주는 〈Portrait〉는 그리움의 서정시로, 상송 의 우수가 바람처럼 흐른다.

진한 서정의 작품 〈Legends〉에서는 첼로와 피아노의 감미로움으로 애  틋한 사랑 이야기를 절정에 이르게 한다. 너무나 온화하고 눈부신 드라 마이다.

애상의 〈The Heir of Time〉역시 이전 곡의 황금빛 찬란함을 유지하면 서 아코디언의 전원적인 숨결이 비단결처럼 부드럽게 감싼다.

음악을 듣다 보면 잘 알려져 있진 않지만 혼자만 몰래 아껴듣고 싶은 보석 같은 작품들이 있다. 본작이 딱 그러하다. 2005년에 에르덴클랑Erdenklang 레이블을 통해 재발매 되었다.

Bernard L'Hoir
Based on a Ture Story

Knight Records | 003 | 2003

1. Your Brand New Day
2. Somewhere in the Night
3. Letter
4. Post Scriptum
5. Earth's Last Song
6. Based on a True Story
7. Soul Eyes Revisited
8. From the Father to the Son
9. Dirty Streets
10. Carte Blanche
11. Hustler an the Bustle

New Acoustic, NewAge-Instrumental

작지만 강한 나라, 벨기에는 지정학적 위치상 외침이 잦았기에 다양한 문화와 언어가 공존하며, 회화, 문학, 음악, 만화에 이르기까지 다양한 예술이 번성해 왔다. 우리에게는 초콜릿의 나라이며, 아르누보Art Nouveau의 중심지였고, 동화「플란다스의 개」로 잘 알려져 있다.

베르나르드 로이Bernard L'hoir는 벨기에 뉴에이지 음악을 대표하는 음악가로, 꾸준히 음악실험을 해오며 특유의 유니크하고 아름다운 작품들을 발표해 왔다.

여인의 나신을 푸르게 채색하고 있는 커버가 퍽 인상적인 본작은 셀틱 팝과 클래식을 믹스한 걸작이다. 그는 스페인 출신의 기타리스트 후안 카를로스 메야도Juan Carlos Mellado와 여성 보컬리스트 로렌스 워터스Laurence Waters를 기용했다. 그래서 다른 앨범들에 비해 그의 피아노가 많은 영역을 차지하지는 않는다.

〈Post Scriptum〉를 처음 들었을 때 그 황홀한 서정에 한참 취해있었다. 그의 황홀한 피아노 선율을 바탕으로, 엷게 담채된 남성 허밍이 매우 신선했  다. 클래시컬한 오케스트레이션은 고혹적이기 그지없고, 점차 기승전결로 구성미를 더해 가면 클래시컬록의 강렬함이 기상한다.

또 하나의 수작 〈Earth's Last Song〉은 여성 보컬리스트 로렌스 워터스의 맑은 스캣이 진한 슬픔을 노래한다. 진한 마호가니 빛 바이올린의 찰현도 비  장함을 더하며, 그의 피아노는 세월의 무상함을 왈츠의 템포에 따라 반복적으로 크로키 한다. 지구의 마지막 노래라니... 무슨 사연을 실은 걸까?

피아노 솔로로 연주된 주제 〈Based on a True Story〉은 마치 커버스토리를 보는 듯하다. 아무도 오지 않는 푸른 밤 길가에 쪼그리고 앉아 그리운 이  의 이름을 적어보는 애틋한 드라마가 너무나 눈부시게 그려진다. 피아노는 그 달빛들에 부서져 착란한다.

〈Soul Eyes Revisited〉는 카를로스 메야도의 기타와 로이의 키보드가 고인 눈물에 부드러운 파도를 일으킨다. 그 시린 바람은 눈망울에 비치는 연인의 모습을 흐려놓는 것 같다.

〈Carte Blanche〉는 피아노 솔로로, 미니멀 속주지만 벨기에 특유의 단  단하고도 애조 띤 서정을 풀어간다.

참고로 1, 2, 8, 9, 11번 트랙은 부드러운 보컬 곡이다.

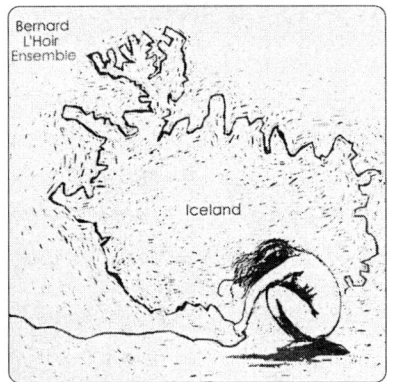

Bernard L'Hoir
Iceland

Knight Records | 018 | 2007

1. Iceland
2. Sola
3. Relic
4. Frontiers of Utopia
5. Envol
6. Wonder
7. First Encounters
8. The Other
9. Bowling Green
10. Elliot's Jig
11. Armenian Boogie
12. Illusion
13. Nature's Way

New Acoustic, NewAge-Instrumental

본작은 전작 《Based on a True Story》의 노선을 그대로 연장하고 있는 앨범이다. 줄리 그로Julie Graux라는 작가의 판화작품을 쓴 커버 아트를 보더라도 쉽게 유추할 수 있다. 가사가 있는 보컬 곡도 포함되어 있으며, 스페인 출신의 기타리스트 후안 카를로스 메야도Juan Carlos Mellado와 벨기에 출신의 여성 보컬리스트 로렌스 워터스Laurence Waters가 참여했다.

아이슬란드를 주제로 한 콘셉트 앨범처럼 보이지만, 본작을 들어보면 여러 지역의 감성들이 혼재하고 있기에 타이틀로만 규정된 듯싶다.

빙하와 화산, 오로라와 툰드라 기후가 만들어 내는 아이슬란드의 회색 풍경들은 이미 많은 영화에서 볼 수 있었고, 비요크Bjork라는 팝가수로 기억되는 곳이기도 하다. 타이틀 〈Iceland〉를 재생시키며 다시 커버를 본다. 다리를 포개고 쪼그려 앉는 나신의 여인은 아이슬란드의 지도를 그려간다. 단순한 라인 드로잉의 빈 공간에 베르나르드 로이는 대서양 북부에 홀로 떨어져 얼음을 뒤덮고 있는 화산섬의 고독의 정서를 따사로운 실내악으로 채운다. 재즈적인 풍취에 로렌스 워터스의 서정적인 스캣과 청명한 기타의 울림으로 그 우울한 서정을 채색하는 걸작이다.

〈Sola 홀로〉는 기타리스트 후안 카를로스 메야도가 쓴 가사를 로렌스 워터스가 노래한 곡으로, 그녀의 고독한 감정은 스패니시 팝 감성을 부드럽게 이어간다.

〈Relic〉은 역사에 대한 연민과 공경의 의미가 부가된 것 같다. 피아노는 물결이고 첼로는 시간을 통과한 바람이다.

로렌스 워터스가 가사를 쓴 잔잔한 포크풍의 샹송 〈Envol 비행〉에 이어, 〈The Other〉는 대화하는 듯한 기타와 피아노 연주에 어렴풋한 로렌스 워터스의 스캣이 하얀 구름처럼 포개진다.

퓨전재즈 풍의 춤곡 〈Elliot's Jig〉와 열띤 재즈피아노 즉흥연주를 맛볼 수 있는 〈Armenian Boogie〉에 이어, 〈Illusion〉는 또다시 피아노 서정으로 청자를 오래 붙잡는 작품이다. 클래식과 재즈의 묘한 섞임에서 피는 애틋한 드라마의 배경을 지켜볼 수 있다.

앨범에서 수록곡에 대한 충실한 노트를 남겨주는 아티스트도 많은데, 베르나르드 로이는 좀 인색하다. 이러한 그의 불친절은 오롯이 그의 음악을 청자의 음악으로 변화시키는 데는 성공적(?)이라 할 수 있다. 해석이 자유롭기 때문이다.

Bernard L'Hoir
12 Escapades for Piano

Homerecords | 4446067 | 2010

1. Oribachofiev
2. Privilege of Innocence
3. Choraz
4. Morning Coffee
5. Rendezvous
6. Tête à Tête
7. Cairn
8. Simon the Fever
9. Pardon My French
10. Final Approach
11. Step d'Autrefois
12. Louis la Pêche

New Acoustic,

뉴에이지 음악에서 피아노 솔로 작품들이 많은 팬들의 사랑을 받았던 이유는 굳이 다른 악기들이 끼어들 필요가 없을 만큼 충분한 서정성의 표현이 가능하기 때문이기도 하다. 초기의 피아노 음악들은 간결한 조성과 멜로디를 들려주었지만, 점차 클래시컬 음악으로 거슬러 올라가는 듯 복합한 구성으로 변모하고 있다.

앨범마다 다양한 사운드를 들려주었던 그는 본작 《12 Escapades for Piano 피아노를 위한 12개의 일탈》에서 마치 그동안 숨겨 놓았던 피아노 실력을 뽐내기라도 하듯 화려한 클래시즘을 즉흥적으로 담아냈다. 우리는 본작에서 바흐Bach의 대위음악, 쇼팽Chopin의 시적 서정, 프로코피에프Prokofiev의 강렬함에서 키스 재릿Kieth Jarrett의 자유로운 임프로비제이션까지 응축되었음을 보게 된다.

〈Oribachofiev〉는 그 의미를 알 수 없지만, 글쓴이가 감상 끝에 내린 결론은 'Oriental+Bach+Prokofiev'이다. 바흐의 평균율에 프로코피예프의 강렬한 피아노협주곡을 동양풍으로 접목해낸 실험작이다.

〈Privilege of Innocence〉는 자유롭게 상상의 나래를 폈던 어린 시절에의 향수가 깃들어 있다.

백미 중 하나인 〈Choraz〉는 애잔한 서정이 충동적으로 발산된다. 빛나는 건반의 화려함은 쇼팽과 팝의 조화라 할 만하다.

〈Tête à Tête 대면〉는 로망스의 걸작으로, 그 애틋함 마음을 고저로 대위하며 우울함을 위로한다.

이어지는 〈Cairn〉도 그의 피아노는 진한 고독감을 유희하며 후련하게 달래준다. 세월의 흐름 속에서도 변치 않는 묵묵함에 바치는 찬사가 아닐까?

드뷔시에 대한 존경이 맑은 인상주의 피아노로 나타나는 소품 〈Simon the Fever〉에 이어, 서정적인 재즈 서정이 꽃을 피우는 〈Pardon My French〉는 그 유려한 터치에 마음을 오롯이 빼앗길 수밖에 없다.

또 하나의 서정작 〈Step d'Autrefois 예전에〉는 어린 시절의 유쾌하고 행복했던 드라마들이 머리를 스쳐 간다. 소중했던 추억들을 위한 발라드는 자유와 희망으로 물든다.

후속작 《She's..., 2015》에는 우울한 솔로 피아노 〈Where the Maps End〉으로 그의 피아니즘을 이어갔다.

Bernardo Rubaja & Cesar Hernandez
High Plateaux

Windham Hill | WD-1064 | 1987

1. Puerta del Sol (Gate of the Sun)
2. Forest
3. Reflective Colors
4. Indian Woman
5. Mar (The Sea)
6. Oro Blanco (White Gold)
7. Icebird
8. Dias Felices (Happy Days)
9. Pampa
10. Child's Dream

NewAge-Fusion

아르헨티나 출신인 베르날도 루바하Bernardo Rubaja는 어린 시절부터 피아노를 배워 10대 시절에는 지역 팝그룹들을 거치며 연주했다. 그는 국립예술학교를 졸업 후 파리로 건너가 연주자와 작곡가로서의 실력을 쌓았다. 이후 남부 캘리포니아에 정착하여 작품을 구상했고 저명한 뮤지션 마크 이샴Mark Isham이 프로듀스한 《High Plateaux》를 건반주자 세자르 에르난데스Cesar Hernandez와 함께 제작하여 윈드햄 힐을 통해 발표한다.

이 주목할 만한 작품에는 두 명의 키보디스트 주인공 외에 마크 이샴이 트럼펫과 플뤼겔호른 그리고 색소폰을 연주해 주었으며, 드럼과 퍼커션, 베이스와 팬플루트, 차랑고Charango와 기타, 하프, 보컬 등 7명의 게스트가 참여했다. 사운드가 큰 것은 아니지만 오밀조밀한 섬세함은 고상한 기품을 만들며, 남미 뮤지션답게 투명함이 넘치는 앙상블로 특유의 서정을 조형한다.

첫 곡 〈**Puerta del Sol** 태양의 문〉은 따사로운 온풍이 파도의 고저처럼 찰랑거리며 밀려나온다. 차랑고의 민속적인 정감도 좋고 동양적 감성을 지닌 달콤한 오케스트레이션도 매우 단아하다.

〈Forest〉는 하프의 바람결이 머무는 천국의 숲을 그린 듯한 퓨전이며, 〈Reflective Colors〉에서는 유유하면서도 아련한 인상으로 시야를 뿌옇게 흐려놓는다.

차랑고와 색소폰으로 슬픔을 위로하는 재즈 앙상블 〈Indian Woman〉에 이어, 파도 소리가 들리는 〈Mar 바다〉에서는 갈매기의 노래 같은 색소폰의 간헐적인 연주가 푸른 오케스트레이션 속으로 투명하게 번진다.

본작의 백미 중 하나인 〈**Icebird**〉은 두 키보디스트의 아름답고 클래시컬한 건반 워크를 감상할 수 있는데, 눈물이 되어 흐르는 투명한 음색이 무척 감미롭다.

〈**Dias Felices** 행복의 나날〉은 샘솟는 듯한 키보드 연주에 셀린다 로셀리니Zelinda Rosellini의 스캣 그리고 플뤼겔호른의 찬가가 남미 특유의 서정을 뿜어낸다.

은은한 퓨전의 걸작 〈**Child's Dream**〉에는 어린이들의 대화 등 구상음들과 합성하여 한편의 단편영화를 보는 듯하다. 맑은 건반과 플뤼겔호른이 우울한 미래를 향한 순수한 동심을 달랜다.

많은 퓨전 앙상블 중에서 높은 고원에 위치한, 주목해야 할 작품이다.

Bernardo Rubaja
New Land

Narada | ND-63142 | 1990

1. New Land
2. Passion Fruit
3. Dreamfield
4. Americana
5. Far Away
6. From the Heart
7. Painted Birds
8. Maria
9. Tango de Luxe

NewAge-Fusion

베르날도 루바하는 세자르 에르난데스와 함께 발표한 《High Plateaux》를 윈드햄 힐을 통해 발표한 후, 3년 만에 나라다 에퀴녹스를 통해서 독집 《New Land》를 발표했다. 본작에서 그는 신시사이저와 피아노, 남미의 민속악기 차랑고Charango 와 팬플루트 그리고 반도네온Bandoneon을 연주하고 있다. 그 외 우루과이 출신 의 유명 기타리스트 페데리코 라모스Federico Ramos와 트럼펫 연주자로 마크 이 샴Mark Isham이 우정 참여했다.

주제 '신세계'를 표현하기 위해 그는 자신이 살아온 남아메리카의 독특한 문화와 환경을 재즈와 믹스한 이채로운 음률로 재현했는데, 그 세련된 현대성은 많은 에 퀴녹스 레이블 중에서도 본작이 귀하게 어겨지는 이유가 된다.

맑은 기타와 함께 불어오는 시원한 대양의 바람 노래 〈Passion Fruit〉 에는 연한 스캣과 반도네온의 보사 터치로 퓨전의 상큼한 단맛을 남긴 다.

플루트와 피아노 멜로디의 따사로움이 천상을 향해 날갯짓을 하는 황홀 한 자장가 〈Dreamfield〉에는 반도네온의 숨죽인 호흡이 진한 향수를 그린다.

페데리코 라모스의 기타와 차랑고가 라틴 특유의 민속적인 서정감을 푸른색으로 채색하고 있는 〈Far Away〉에 이어, 〈From the Heart〉에서는 플라멩코풍의 기 타와 팬플루트가 인디오의 전설을 들려준다.

눈물의 하프와 차랑고가 마치 불운했던 남미의 역사를 위로하려는 듯 우리의 마음을 숙연하게 하는 영혼의 안식가 〈Maria〉에서 팬플루트는 슬픔을 훔친다.

마지막 명곡 〈Tango de Luxe 빛의 탱고〉는 반도네온과 피아노, 마크 이샴의 재즈 트럼펫이 환상적으로 조화된 정열과 사랑의 춤곡이다. 이 우울한 심미는 이 곡이 끝난 뒤에도 식지 않고 여운으로 머문다.

수차례 소개되어 음악팬들의 가슴속에 여름휴가 같은 낭만을 전했던 본작은 솔리 스트로는 마지막 작품이었다. 이후 낸시 럼벨Nancy Rumbel과 마이클 플러닉 그 룹Michael Pluznick Group과 함께 《Tropical Night, 1998》라는 편집앨 범을 냈는데, 본작에서 커트된 4곡 외에 남미의 정서를 담은 〈Orange Trees in Bloom〉를 포함한 3곡의 신곡을 수록하고 있다.

Bernward Koch
Flowing

Real Music | RM2735 | 1997

1. Ever Returning
2. Yearning
3. Yellow Flowers
4. Festive
5. Dancing Atoms
6. Reminiscence of a Motion Picture
7. Bright Light
8. Grave and Lucid River
9. Weeping Wilow
10. Rotation
11. Mysterious Remembrance
12. Flowing Blue

NewAge-Instrumental

독일 출신의 건반주자 베른발트 코흐의 이름이 국내에 소개된 것은 독일의 에르덴클랑Erdenklang 레이블에서 발표한 《Laguna de la Vera 진리의 호수, 1993》가 라이선스로 출시되면서부터이다.

그의 차가운 듯한 금속성의 키보드 음색은 겨울철에 차가운 소다수나 아이스크림을 입에 머금었을 때의 상쾌함으로 다가온다.

본작은 독일의 에르덴클랑 레이블을 통해서 1990년에 발표된 데뷔작이었고, 다시 미국 시장의 Real Music 라벨을 달고 1997년에 재발매되었다.

타이틀 'Flowing'은 간결한 커버에 그려져 있는 물결 이미지와 너무나 잘 맞아떨어지는 제목이다. 가벼운 디지털 음악일 것이라는 선입견을 동반하기도 하지만, 의외로 청자를 만족시켜줄 만한 결과를 보여주고 있다.

총 12곡을 수록하고 있는 이 앨범은 다양한 스타일의 음악을 선보이고 있기 때문에 전혀 지겹지가 않은데, 듣는 횟수가 많아질수록 만족감은 배가되는 서정적인 앨범이다.

첫 곡으로 수록된 〈Ever Returning〉은 보사노바의 상큼한 리듬에 맑은 키보드가 멜로디를 이어가는 뉴에이지 퓨전의 명연으로, 언제 들어도 백 퍼센트 호감을 가질 수밖에 없다.

이어지는 〈Yearning〉 역시 뉴에이지 피아노의 맑고 청명한 매력을 발휘하는 곡으로, 열망이 부드럽게 공기 속으로 스며든다.

〈Dancing Atoms〉는 광고음악으로 잘 알려져 있는데, 깨어질 듯한 공명감과 달콤한 퓨전 그리고 긴장감을 놓치지 않는 비트로 활력을 돋운다.

마지막 곡인 〈Flowing Blue〉에 이르기까지 상쾌한 마사지로 청자를 치유하고 해독하는 샘물의 촉감을 감지할 수 있다.

본작의 계절성은 겨울에서 봄으로 바뀌는 시점에 머물게 하는데, 살얼음 밑으로 흐르는 차갑고도 맑은 잔물결이 속삭이는 이야기와 같다. 꽃을 틔우려는 버들강아지의 부드러운 솜털에서 봄의 기운을 느낄 수 있지만 아직까지 떠나지 않은 겨울의 선선한 차가움이 남아있다.

만물이 생동하는 봄날을 기다리며 겨울잠에서 깨어 서서히 기지개를 켜는 봄의 발자국, 그것이 베른발트 코흐의 대표작으로 기억되는 《Flowing》이다.

Bernward Koch
Journey to the Heart

Real Music | RM2736 | 1999

1. Walk in a Meadow
2. Little Moritz
3. Fragrant Memory
4. Sausalito
5. Lonely Waltz
6. Sometime
7. Long Way Home
8. Journey to the Heart
9. Harlequin
10. Green Island
11. Sunset Glow

NewAge-Instrumental

베른발트 코흐의 《Flowing》과 커버 이미지가 유사한 본작의 커버를 보고 있으면, 실사인지 그래픽인지 무척 궁금해진다.

산등성이 같기도 한데, 이처럼 매끄러운 곡선미를 지닌 지형이 지구촌에 존재한다면 거기 사는 사람들의 마음은 얼마나 둥글까?라는 생각을 하게 된다.

그가 여행하는 사색의 지형은 이와 같은 온화함과 부드러움으로 가득할 것이다. 그리고 초록의 향기를 머금은 골짜기에는 수정 같은 청정수가 음악으로 흐를 것 같다.

〈Fragrant Memory〉는 베른빌드 코흐라는 작곡가에게 기내하고 예상뇌는 선형적인 곡이다. 아름다움을 실어 나르는 엷은 맥박에 재즈의 신선하고도 어렴풋한 향기를 뿜으며 건반의 반짝이는 빛의 방울들이 터진다. 달콤하고도 웃음 가득한 어린 동심의 시절로 청자를 데려간다.

〈Lonely Waltz〉의 은빛 애상감도 무척이나 화사하다. 고음부에서 찰랑이며 흔들리는 옥구슬 같은 건반은 아코디언의 우수와 함께 이야기를 주도하지만, 리드미컬한 재즈의 터치는 매우 긍정적이고도 낙관적인 뉘앙스로 들려온다. 서정적이라 하더라도 결코 심각하지 않은 그의 음악 레시피가 발휘되는 순간이다.

〈Long Way Home〉에는 빛바랜 고향의 사진처럼 그리움이 물안개처럼 잔잔한 곡이다. 아련한 슬픔보다 따스한 감정이 더 크게 작용하는 것도 그의 음악이 지닌 장점이다.

〈Journey to the Heart〉도 그의 특징 중 하나인 물기로 촉촉한 키보드 워크를 즐길 수 있다. 멜로디보다는 화음에 의한 잔향으로 끌고 가지만, 그래서 담백한 여백으로 더 신비로움을 남긴다.

〈Harlequin〉은 2분여의 연주시간 탓인지 애틋한 이야기를 담고 있다기보다는 어릿광대의 단순한 자장가처럼 들린다. 개인적으로는 3분 이상의 연주곡을 좋아하지만, 더 길어졌으면 오히려 지루했을 것 같다.

그의 음악은 치유음악으로서의 기능성도 한몫을 대단하게 하는 것 같다. 서정적인 면도 좋지만, 건강한 심신을 위한 위안과 사색으로 항상 청자의 내면을 살피게 하는 어루만짐이 있다.

Bill Douglas
Jewel Lake

Hearts of Space | HS11006 | 1988

1. Angelico
2. Highland
3. Lullaby
4. Infant Dreams
5. Killarney
6. Hymn
7. Dancing in the Wind
8. Folk Song
9. Flower
10. Karuna
11. Caroline
12. Innisfree
13. Deep Peace
14. Jewel Lake

NewAge-Instrumental

캐나다의 작곡가이자 바순 연주자인 빌 더글라스Bill Douglas의 따뜻함이 국내에 처음 전해진 것은 아마도 본작부터인듯하다. 그의 연주는 대부분 석양의 아름다운 정경을 담고 있는데, 특히 이 앨범은 일몰의 서정이 고요한 호수 위에 이는 잔물결의 선명한 여운으로 비치고 있다.

목관악기의 선율은 하늘과 산목山木들의 노래이며, 일렁이는 그의 키보드는 바람과 물의 답가이다. 이러한 이중적인 하모니는 자연이 들려주는 따스한 자장가처럼 여리고 섬세하며 평화롭다.

〈Angelico〉에 흐르는 안온한 목관의 서정은 천상에 흐르는 숨결이 되어 어둠이 내린 호숫가 위를 빛의 지형으로 만든다. 계속해서 움직이는 황홀한 포근함은 오래도록 머문다.

〈Highland〉에서 들려오는 축복과 풍요의 밝은 운율은 포크송이나 혹은 비발디 풍의 축제곡 같기도 하다.

〈Lullaby〉는 피아노와 오보에가 그려가는 평화의 기도로, 고즈넉한 감성에 사로잡히게 되는 청자는 묵상에 이를 수밖에 없다.

바순으로 연주되는 어둠이 내린 만물들을 위한 성가 〈Hymn〉 역시 그의 대표곡이 된 지 오래된 애청곡이다.

〈Deep Peace〉는 곤히 잠든 자연의 평온한 표정들과 고요한 숨결을 읊고 있는 명작으로, Jane Grimes라는 여성의 노래는 온후한 복음을 전하는 듯하다.

이 곡은 미국에서 1986년에 창단된 보컬 앙상블 Ars Nova Singers가 참여한 《Deep Pea -ce, 1996》 앨범에서 숭엄하고도 고요한 성가로 재연하기도 했다.

뉴에이지 음악계에서는 다소 드문 관악기로 자신만의 목가적인 사운드를 선보인 빌 더글라스는 재즈 뮤지션들에게 많은 영감을 받았다고 한다. 어떤 공통점과 연결고리가 있는지는 상상조차 되지 않으나, 캐나다의 아름다운 자연경관들이 스치는 그의 음악은 장대하진 않지만 마음에 온기를 불어넣는 강한 힘이 있다.

14개의 고결한 풍경화가 주는 진리는 마음의 양식이 되기에 더없이 충분하다.

Bill Douglas
Cantilena

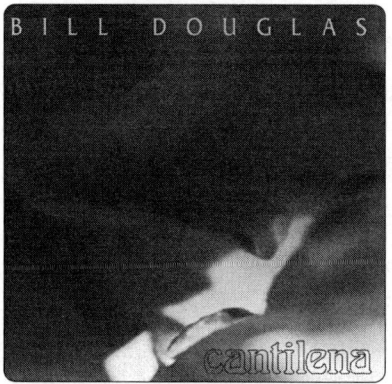

Hearts of Space | HS11021 | 1990

1. Diamond Dance
2. Love Song
3. Leap!
4. Farther Than The Stars
5. Sacred Wood
6. Earth Prayer
7. First Light
8. Tara
9. Dawn
10. Elegy
11. Lake Isle of Innisfree
12. Child

NewAge-Instrumental

두 번째 작품의 타이틀 칸틸레나Cantilena는 '극적이거나 비르투오소적 성격이 아닌 서정적인 보컬 또는 기악 멜로디', 또는 '느리고 부드럽고 선율적인 보컬 작문 스타일'을 의미한다고 한다.

12곡의 '목신木神의 오후'와 같은 꿈결 음악을 싣고 있는데, 따사로움이 자욱한 해 질 녘 물가에서 들릴 것만 같은 요정의 몽롱하고도 서정적 음률은 그만의 색채이며 화풍이다. 그의 바순에 클라리넷과 플루트를 추가하였으며, 여성 보컬리스트 Jane Grimes이 이어서 참여했다. 셀틱 음악, 민요, 클래식, 가스펠 등 풍부한 맥의 흐름을 보여주는 본작 역시 국내 뉴에이지 음악팬들의 많은 사랑을 받았다.

샘물을 머금은 듯 솟는 바순의 연가 〈Love Song〉에서 황금빛 환상은 우아하고도 화사하여 눈이 스르르 감긴다. 한 쌍의 백조가 내려앉은 석양의 호수에 서 잔잔한 파장이 이는 풍경이다.

〈Earth Prayer〉는 사실주의 화가 밀레Jean-Francois Millet의 명작 「만종」 속 황금 들판 너머에서 들려올 것만 같은 음악이다. 바순과 첼로가 들려주는 안식을 향한 기도는 주홍빛의 노을을 따라 스며든다.

보컬 앙상블 Ars Nova Singers와 《Earth Prayer, 1999》에서 함께 재연한 합창곡에는 천상의 숭고미를 들려준다.

아일랜드로 초대하는 〈Tara〉의 깊은 피아노 서정에는 고독과 슬픔이 눈물로 맺히는 듯하다. 매우 감상적이지만 고요한 정서에 실리는 고대의 신비함도 엿보인다.

1923년 노벨문학상 수상자인 시인 예이츠William Butler Yeats의 작품을 노래하는 Jane Grimes의 청아한 보컬이 〈Lake Isle of Innisfree〉에서 내밀한 시적 감성을 고요하게 드러낸다.

작가의 어린 시절에 대한 향수를 담백한 감흥으로 표현한 이 곡을 《A Place Called Morning, 2001》에서 Ars Nova Singers가 다시 한 번 숭엄한 찬가로 들려주었다.

Bill Douglas
Songs of Earth & Sky

Hearts of Space | HS11083 | 1998

1. Feast
2. The Cloud
3. Balyshannon
4. My Love Is Like a Red, Red Rose
5. The Smile of a Breeze
6. The Echoing Green
7. Lady of the Lake
8. Wind of the Western Sea
9. The Secret Rose
10. Autumn Song
11. Willow
12. The Gardens of Loch Nair
13. I Shall Not Live in Vain

NewAge-Instrumental, NewAge-Celtic

전작 《Deep Peace, 1996》에서부터 선보인 보컬 앙상블 Ars Nova Singers와의 협업은 계속 이어져, 본작에서는 영국 시인의 작품들을 다양하게 결합하고 있다.

낭만파 시인 퍼시 셸리Percy Shelley의 시를 노래한 〈The Cloud〉는 자연의 끝없는 순환에 대한 은유로, 피아노와 고결한 음성은 가느다란 은실비처럼 촉촉이 대지를 적신다.
'…나는 대지와 물의 딸, 그리고 하늘의 보살핌으로, 바다와 해안의 구멍을 거쳐 간다, 나는 변하지만, 죽을 수 없다, 비가 온 뒤 얼룩 하나 없이, 천국의 누각은 벌거벗고, 그리고 볼록한 빛을 가진 바람과 햇빛, 공기의 푸른 돔을 쌓고, 나는 조용히 나 자신의 기념비를 비웃는다. 그리고 비의 동굴에서, 자궁에서 나온 아이처럼, 무덤에서 나온 유령처럼, 나는 일어나 그것을 다시 해체한다…'
스코틀랜드 출신의 시인 로비 번즈Robbie Burns의 시에 곡을 붙인 〈My Love Is like a Red, Red Rose〉는 온유한 사랑의 충심을 담아 가스펠처럼 성스럽게 고백한다.
알프레드 로드 테니슨Alfred Lord Tennyson의 시를 노래한 〈Wind of the Western Sea〉는 어머니가 아이를 위해 노래하는 자장가로, 우리의 영혼을 어루만진다.
클라리넷과 플루트 등 목신이 목 놓아 부르는 〈The Secret Rose〉는 장미가 붉은색을 띠게 된 슬픈 동화를 들려주는 듯하다.
가을의 피아노 소나타 〈Autumn Song〉의 클래시즘은 오래된 마호가니 빛깔처럼 고혹적이다. 낙엽의 향내가 코끝에 스치듯, 계절적인 우울한 서정에 흠뻑 젖게 된다.
아카펠라로 시작하는 〈Willow〉는 셰익스피어William Shakespeare의 「Othello 오셀로, 1603」의 2막에 사용된 시라 한다.
드라마틱한 음률과 청명한 공명으로 애잔함을 자아내는 〈The Gardens of Loch Nair〉는 피아노와 다양한 관악기가 완성해가는 아름다운 수채화이다.

사실 빌 더글라스의 음악은 어떤 곡을 선택해도 아름답다.
2000년대 중반까지 꾸준한 활동을 했던 그는 오랜 휴지기를 가졌다가 그의 히트곡을 포함하고 있는 피아노 연주곡집 《Quiet Moon, 2019》을 냈다.

Biological Events
Noli Me Tangere

IC-Digit | IC87 2326 | 1998

1. No…
2. Li…
3. Me…
4. Tan…
5. Ge…
6. Re…
7. Quod
8. Eram
9. De
10. Mon
11. Strandum

NewAge·Electronic·Ambient

미래 지향적인 음향실험의 최고 프로젝트라 할 수 있는 소프트웨어Software의 리더 마이클 바이저Michael Weisser는 힙합에 이어 테크노 씬에서 활동을 시작했던 신시사이저 주자 랄프 빠울리Ralf Pauli와 함께 '생물학의 사건들'이란 프로젝트를 구상하고, 데뷔작 《Life Morphing, 1996》을 발표했다.

이들의 사운드는 마치 광학 현미경으로 관찰되는 이미지를 컴퓨터에 입력하고 프로그램하여 구현한 것처럼 보인다. 지금까지 간과했던 미세한 소리들을 증폭하는 실험을 진행했고, 곤충들을 비롯한 효과음들을 삽입하여 생물들의 현상을 정밀하게 탐색했다. 이어 《Bio-Net, 1996》으로 관계성에 대하여, '나는 변신할 것이다'라는 의미의 《Mutabor, 1997》로 지구의 토양에 조섬을 맞추어 컴퓨터 환경의 근간에 대해 이야기했다.

이들은 '내게 손대지 말라'라는 의미심장한 작품 《Noli Me Tangere》를 마지막 작품으로 발표한다. 이는 예수가 부활한 후 막달레나에게 했던 말이기도 하다.
1번에서 6번 트랙은 타이틀의 음절을, 그리고 7번에서 11번 트랙은 'Which had to be Demonstrated'란 의미의 라틴어 'Quod Eram Demonstrandum' 의 단어를 해체한 것이다.

전체가 2개의 콘셉트로 이뤄진 본 음반에서 돋보이는 트랙은 세 번째 〈Me…〉가 아닐까 한다. 마치 우기가 시작되는 밀림에서 수많은 곤충의 세밀한 소리 들려오고 미디엄 템포의 다운비트의 박동과 함께 초록의 맑은 멜로디들이 그  흐르는 물기를 타고 부딪치며 부유한다. 비가 그칠 무렵 탈피를 한 곤충들이 날갯짓이 펼쳐진다.

〈Ge…〉는 강한 엇박자의 리듬 속에서 오묘한 냄새와 색깔을 띠며 짝짓  기하는 듯한 묘한 흥분이 숨겨져 있다. 마지막 부분에는 소리 없는 애벌레 대신 새끼 염소의 울음소리로 생명의 탄생을 암시하고 있다.

〈De〉에서는 타이트한 리듬과 오묘한 변조 음향, 서정적인 멜로디 라인 에 뒤섞이는 효과음들이 일체가 되어 밀림의 또 다른 모습을 보여준다.

내셔널 지오그래픽의 아마존 특집을 보는 듯한 원색적인 본작은 우리가 하찮게 여기는 작은 생명체들이 '내게 손대지 말라'며 경고하는 것 같기도 하다. 이 프로젝트는 새천년을 앞두고 네 장의 너무나도 생생한 디지털 생물학을 세상에 선보인 후 모습을 감추고야 말았다.

Blüchel & Von Deylen
Mare Stellaris

SonyBMG | TRN 518593 | 2004

1. Shuttle
2. Ad Astra
3. M83
4. Blick zum Himmel I
5. Mare Stellaris
6. Lied von der Erde
7. Einklang-Schiller
8. Kosmologie #1
9. Parsec
10. Kontakt
11. Blick zum Himmel II

NewAge·Electronic·Ambient

독일 출신의 1963년생 하랄트 브뤼헬Harald Bluchel은 7세 때부터 정통 클래식 피아노 교육을 받았으며, 탠저린 드림Tangerine Dream과 크라프트베르크Kraftwerk 의 음악을 듣고 전자음악 뮤지션의 꿈을 키웠다. 베를린 예술학교에 이어 기술대학교에서 오디오 엔지니어링을 전공한다. 1990년대 독일에 불어닥친 테크노 열풍에 편승, 1992년에는 코스믹 베이비Cosmic Baby라는 테크노 프로젝트로 성공했다. 크리스토퍼 폰 도일렌Christopher von Deylen은 1970년생으로 작곡자이자 프로듀서이다. 7세 때 조부에게서 피아노를 배웠으며, 그 후 크라프트베르크와 탠저린 드림, 그리고 기타로Kitaro와 장-미셸 자르Jean-Michel Jarre의 음악을 접하고 시퀀서와 신시사이저를 연마했다. 1994년 초 댄스 프로젝트 탱크Tank를 결성했고, 1998년에는 인기 프로젝트 그룹 쉴러Schiller로 활약했다.

이미 대중음악계에서 큰 성공을 경험한 두 인물이 2003년에 만나 히트작 《Bi Polar 양극》를 발표했는데, 두개의 자작곡과 에릭 사티Erik Satie의 〈Gymnopedié No.1〉를 비롯, 필립 글래스Philip Glass, 거슈윈George Gershwin, 빔 메르텐스Wim Mertens 등의 작품을 우아한 일렉트로 라운지 스타일로 들려주어 큰 호평을 받았다.

이 성공에 힘입어 동년에 발표한 두 번째 앨범이 바로 본작이다.
〈Ad Astra 별을 향해〉는 광활한 별천지 공간을 살아있는 거대한 생명체처럼 묘사하고 있는 걸작으로, 행진곡풍의 전자 퍼커션과 서정적인 빛줄기를 생성하는 고운 멜로디가 매우 조화롭다.
우주선은 이미 머나먼 시간을 지나 1,500만 광년에 위치한 나선은하 〈M83〉로 진입하여 회전력과 속도감으로 위험한 질주를 시작한다.
〈Blick zum Himmel I 천체 조망〉은 무중력의 몽상과 우주적 평화를 연출하고, 〈Mare Stellaris 별의 바다〉는 고요와 정적이 흐르는 빛의 세계이다.
〈Kosmologie #1 우주학 제1장〉은 인상주의와 최소주의를 빌어 풀리지 않는 천체 신비의 수수께끼를 던지며, 〈Blick zum Himmel II 천상에서의 조망〉에는 범우주적 평화에 대한 약속을 심었다.

본작을 듣노라면 마법과도 같은 천체망원경을 선물받은 것 같다. 어린 시절 꿈꾸었던 우주에 대한 상상과 신비가 광대하고도 벅찬 황홀감과 함께 신성으로 초대하는 이들의 음악은 우주음악의 걸작이다.

Blue Knights
Blue Night

IC-Digit | IC720.158 | 1992

1. Autumn Leaves
2. Slow Blow
3. Catwalk
4. Cindy
5. French Kiss
6. 1250 Ocean Drive
7. Copa Cabana
8. En Vogue
9. Knightmoves
10. Miami Heat
11. Blue Night
12. Lover'S Gone
13. Cruisin'
14. Last Sunset

NewAge-Jazz·Fusion

독일의 전자음악 레이블로 알려진 IC에서도 풍부한 재즈적 감성, 섹시한 이미지, 그루브 필링, 현란하면서도 현대적인 감각으로 독자적인 영역을 구축하며 소프트 재즈로 미국 빌보드 차트 20위를 기록한 바 있는 댄싱 판타지Dancing Fantasy의 리더 커티스 맥로Curtis McLaw는 좀 더 재지한 감흥을 위해 야이 헤이에Jay Heye 의 그루브 피아노를 선두에 세운 블루 나잇츠Blue Knights란 프로젝트 그룹을 창단했다. 이 역시 세련된 리듬에 실리는 우아함과 컬러 감각이 뛰어난 임프로비제이션 등을 주무기로 소프트재즈의 대명사로 군림하게 된다.

1992'년에 발표된 데뷔작인 본작은 패션쇼와 패션디자이너, 모델, 사진작가, 로케 현장 등을 위해 만든 크로스오버 상업음악이다.
파리에서도 컬렉션을 가진 바 있는 여류 디자이너 아넷 슈나이더Anett Schneider 의 하이패션을 커버에 담아 콘셉트를 표현했다. 컬러와 감각적인 음악의 콤비네이션은 우리를 리드미컬한 댄스와 흥분의 무대로 초대한다.
⟨Autumn Leaves⟩는 샹송의 명곡을 재즈풍으로 편곡한 연주곡으로, 원곡의 우수는 낭만과 활기로 재편되고 있다.
패션쇼 런웨이를 염두에 두고 만든 ⟨Catwalk⟩는 빠른 템포의 재즈피아노가 달콤함과 은은한 긴장감을 묘사하고 있다. 출근길의 무거운 발걸음마저 가볍게 하는 생기발랄함이 좋다.
⟨Cindy⟩에서는 입술 위의 검은 점이 트레이드마크인 유명 모델 신디 크로포드Cintia Ann Crawford의 우아한 런웨이 워킹을 스케치한다.
⟨1250 Ocean Drive⟩는 마이애미의 유명 드라이브 코스에 대한 감상이며, ⟨En Vogue⟩는 세계적인 유명 패션잡지의 세련된 감각이 그 주제이다.
패션쇼가 펼쳐지는 마이애미 해변의 열기를 표현한 ⟨Miami Heat⟩는 쇼 현장의 스모그로 가득 채웠으며, 타이틀곡 ⟨Blue Night⟩는 아름다움과 슬픔, 디스코, 광택과 열기, 자유와 젊음 등을 표현하고 있는 그들의 대표적인 명곡이다.

활력이 넘치는 마이애미 여름 해변의 풍경들이 그려지는 본작의 시원한 뉴에이지 재즈를 듣노라면, 벌써부터 그 따가운 태양이 설렌다.
미국 시장에까지 대성공을 거둔 이들은 이듬해 두 번째 패션 시리즈 《Red Night, 1993》에 이어, 《Tropical Night, 1996》에서는 휴양지의 야경으로 초대했다.

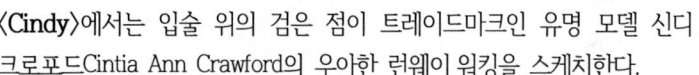

Blue Knights
Neon at Night

IC-Digit | IC87 2331 | 1998

1. Neon - Green
2. Ocean Cafe
3. Kitt'n Jazz
4. When Love Falls
5. Dee Dee in Detroit
6. Blue Paradise
7. Urban Children
8. Beautiful Carmel
9. Stiletto Baby
10. Sunset Beach
11. Catwalk on Top
12. Knight Moves '98
13. Coda California

NewAge-Jazz·Fusion

사회생활을 하다 보면 수많은 파티를 경험하게 된다. 우리나라에서도 예로부터 독특한 잔치 문화가 이어져 오고 있고, 세계의 여러 나라들 역시 독특한 파티 문화가 존재한다. 지금은 파티플래너라는 직업이 각광을 받을 정도로 파티가 발달해 있다.

블루 나잇츠는 파티라는 콘셉트로 네 번째 디스코그래피 《Neon At Night》를 가지고 돌아왔는데, 프랑스의 건축가 필립 스탁Philippe Starck이 디자인한 홍콩의 유명호텔 페닌술라Peninsula Hotel의 'Green Cafe'를 커버에 담아 고급스러운 뮤직파티에 우리를 초대한다.

리더인 커티스 맥로Curtis McLaw는 13곡 중 겨우 3곡만 작곡했을 뿐이지만, 예전보다 훨씬 도드라지는 야이 헤이에Jay Heye의 스윙 피아노를 즐길 수 있고 댄스 비트를 많이 사용하여 더 흥겨운 분위기를 연출한다. 기타, 색소폰, 펄 드럼과 사비안 심벌즈 등의 퍼커션도 부가되어 풍부하고도 윤택한 음감을 즐길 수 있다.

리드미컬하고도 강렬하며 피아노의 스윙감과 색소폰의 열기가 돋보이는 명곡 〈Neon-Green〉은 펑키한 매력으로 몸을 오롯이 맡겨야 하는 음악이다. 후끈한 재즈클럽에 와있는 듯한 여흥은 이미 시작되었다.

활력에 넘치는 〈Dee Dee in Detroit〉에는 전자기타가 불을 뿜는다. 본능이 깨어나는 순간을 즐기는 수밖에.

파도 소리가 시원한 〈Blue Paradise〉는 감미롭고도 낭만적인 밤 분위기에 끝없이 펼쳐진 해변을 걷고픈 음악으로, 여성의 재즈 스캣이 가미되어 더욱 로맨틱한 느낌을 준다.

〈Knight Moves '98〉는 1집에 수록된 곡인데, 경쾌한 비트에 건반과 색소폰의 즉흥으로 재탄생했다. 밤이 깊어갈수록 파티의 여흥도 농익어 간다.

이 앨범에서 가장 돋보이는 〈Coda California〉는 유려한 키보드 임프로비제이션이 저녁놀 속의 파도를 드높게 하며, 마치 파티가 끝난 새벽의 호젓한 감정에 젖게 된다.

근사한 부티크 호텔에서 체험하게 되는 멋진 유행의 유희, 그리고 은근한 긴장과 흥분으로 들뜨게 하는 엔터테인먼트 음악!

최고의 뮤직파티 플래너가 필요하다면 블루 나잇츠로 문의하기 바란다.

Blue Knights
Night Talk

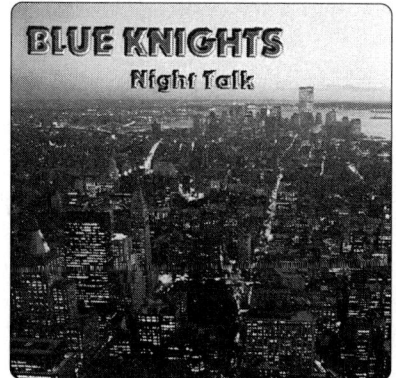

IC-Digit | IC87 2344 | 2000

1. Saturday Morning
2. Blue Train
3. Vegaz Dance
4. Night Talk
5. Funky Bill
6. Miami Groove
7. Smooth Night
8. Paris-Texas
9. First Date
10. Dubai-Dance
11. Next Sunset
12. Boogie 99
13. The Moon
14. Marmaris-Out

NewAge-Jazz·Fusion

블루 나잇츠는 2000년에 이르러서 또다시 새로운 콘셉트로 앨범을 발표한다. 본 작에는 '로맨스'란 의미가 부여되어 있다. 개인적이고도 은밀한 사랑의 밀어, Night Talk!

미국 뉴욕의 휘황찬란한 야경을 배경으로 한 본작에는 다시 리더인 커티스 맥로 Curtis McLaw가 프로듀서를 맡았고, 전작과 같은 라인업으로 제작되었다.

항상 생기가 넘치는 야이 헤이에Jay Heye의 스윙 피아노를 즐길 수 있으며, 보다 댄스 비트를 많이 사용하여 더 흥겨운 분위기를 연출한다.

느긋한 아침 풍경을 신선하게 그리고 칭명하게 그려내는 〈Saturday Morning〉에 는 주말을 맞이한 들뜬 마음이 여유롭게 자리한다. 물론 주5일제가 일 상화된 지금은 'Friday Night'라 제목을 바꾸더라도 음악의 뉘앙스는 전혀 이상할 게 없다.

이어지는 〈Blue Train〉은 건반의 상쾌한 손놀림과 Mr. P.T.의 도시적 인 감성이 묻어나는 색소폰의 호흡이 깔끔하다. 도시를 가로지르는 긴 행렬의 로맨스 여정이다.

천천히 긴장을 풀게 되는 〈Night Talk〉에는 따스한 건반과 Mr. P.T. 의 깊고 부드러운 색소폰 연주가 사랑을 갈망하는 외로운 현대인의 감 정을 내밀하게 묘사하고 있다.

전자악기의 리드미컬한 조화가 돋보이는 빠른 템포의 〈Miami Groove〉, 몽롱하 면서도 밤의 열기를 가득 채우는 〈Smooth Night〉, 그리고 〈Paris-Texas〉는 피 아노의 깨끗한 멜로디의 전개가 매우 유려하다.

연약한 감정의 변화를 일게 하는 〈Next Sunset〉는 낭만적이고도 느긋 한 분위기로 더욱 붉게 연인들의 시간을 물들여간다.

서정의 재즈피아노 솔로가 단출한 감정을 자아내는 걸작 〈The Moon〉 이 수록되어 있다.

도시인의 로맨틱한 정서를 잘 그려내고 있는 본작은 산뜻한 레몬을 함유한 상그 리아Sangria처럼 풍부한 맛을 전한다.

뉴에이지의 감성을 재즈로 표현했던 그들의 독특한 재능은 IC 레이블에서 가장 많은 판매고로 그 인기가 증명되었지만, 아쉽게도 이 프로젝트는 가장 로맨틱한 밤에 《Night Talk》로 작별 인사를 하고는 떠나갔다.

Bob Edwards
Monet's Garden

Northstar | NSMCD303 | 2003

1. Summer Stream
2. Claire de Lune *
3. Winter Echoes
4. La Fille aux Chaveux de Lin *
5. The Forest at Dawn
6. Voiles *
7. Moonlit Fields
8. Lakes and Leaves
9. Des Pas sur la Neige *
10. Hillside Shadows
11. Le Petit Berger *
12. Open Sunlight
13. Path of Wandering
   * *composed by Debussy*

NewAge-Instrumental

클래식 소품들과 자연의 효과음을 믹스한 《Classical Nature, 1998》로 데뷔한 영국 출신의 피아니스트 밥 에드워즈는 두 번째 앨범으로 《Monet's Garden》를 발표했다. 이는 인상파의 대표적인 화가 모네Claude Monet가 말년인 1883년부터 머물렀던 프랑스 파리 근교의 전원도시 지베르니Giverny의 '모네의 정원'에서 영감을 받은 작품으로, 동일 사조의 작곡가이며 '음악계의 모네'라 불린 드뷔시 Calude Debussy의 〈Claire de Lune 달빛〉, 〈La Fille aux Chaveux de Lin 아마빛 머리의 소녀〉, 〈Voiles 돛자리〉, 〈Des Pas sur la Neige 눈 위의 발자국〉, 〈Le Petit Berger 어린 목동〉 등 5개의 피아노 소품을 수록했다.

모네와 드뷔시가 생전에 직접적인 교류가 있었는지 알 수 없지만, 이 작품에서 그는 '수련'을 그리는 모네와 '달빛'의 악상을 그리는 드뷔시의 만남을 주선한다. 사물이 아닌 내부의 정서를 독특하게 표현한 두 예술가의 작품을 통해 존경하는 작가들의 창조에 대한 열정과 시대를 뛰어넘은 정신적인 유대를 살필 수 있는 모네의 정원으로 산책길을 열어놓고 있다. 신시사이저와 피아노로 연주한 그의 자작곡에는 Sarah Jones라는 알토 성악가가 성악 보칼리제를 맡았다.

6월의 지상낙원 '모네의 정원'의 푸르름을 맑은 피아노와 여성 보칼리제 그리고 잔잔한 오케스트레이션으로 스케치하는 〈Summer Stream〉은 한적하고도 평온한 감정에 휩싸이는 걸작이다.

〈Winter Echoes〉에는 냉랭한 피아노와 청초한 여성 스캣이 대기의 미묘한 울림을 쓸쓸함에 담아낸다.

〈The Forest at Dawn〉은 일몰의 인상을 드뷔시의 작품처럼 피아노 음의 분산을 통해 모호함과 정적인 분위기를 유도한다.

〈Moonlit Fields〉는 드뷔시를 향한 답가로 달빛 아래의 정원을 보칼리제로 호젓하게 수놓고 있으며, 현대가곡 같은 〈Lakes and Leaves〉에도 고요한 서정이 인상적으로 기술된다.

〈Open Sunlight〉에서는 유려한 건반이 햇살의 눈부심과 아지랑이를, 〈Path of Wandering〉에서는 산책로의 감정을 여성 성악 보칼리제로 함께 풀어낸다.

모네의 정원에서 시간이 멈추어 버린 듯 포착된 빛의 순간과 장면을 유연하게 담아 낸 이것이 인상주의 뉴에이지 음악이다.

Bradley Joseph
Rapture

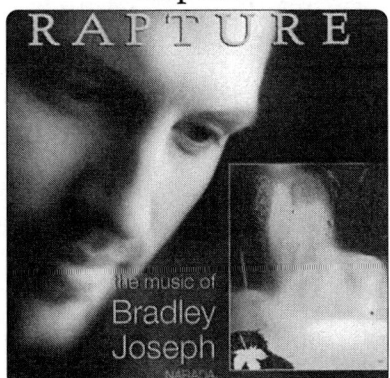

Narada | ND-63038 | 1997

1. A Lover's Return
2. Feel
3. Jewel
4. Healing the Hollow Man
5. Blue Rock Road
6. Robbins Island
7. Stray
8. A Stolen Kiss
9. The Gallery
10. Be Still
11. Coastal Highway
12. Storyteller
13. The Passage

NewAge-Instrumental

미국 출신의 1965년생 브래들리 조셉은 클래시컬한 깊이와 폭넓은 영역 그리고 풍부한 감성을 자아내는 오케스트레이션 무드로 많은 사랑을 받았다. 8세 때 피아노를 부친에게 배운 것을 시작으로 학창 시절 밴드와 합창단에서 피아노를 연주했고, 무어헤드Moorhead 주립대에서 음악을 전공, 졸업후 자신의 밴드를 이끌고 나이트클럽에서 색소폰과 기타도 병행했으나 피아노와 키보드에 주력한다.

이후 1970년대 후반 야니Yanni가 활동했던 테크노팝 밴드 카멜레온Chameleon에서 활동하던 듀건 맥니일Dugan McNeill이란 기타리스트와 인연을 맺은 후, 세월이 흘러 이미 세계적인 명성을 얻은 야니는 자신의 밴드에서 독립을 준비하던 존 테쉬John Tesh를 대신해 풀 키보디스트를 찾던 중, 마침 브래늘리 조셉이 보내온 데모 테이프를 듣고는 함께 작업한다.

《In My Time, 1993》과 놀랍도록 정교한 경험이 되었던 《Yanni Live at the Acropolis, 1994》를 성공적으로 마친 그는, 야니의 라이브에서 함께 했던 솔리스트들을 초청하여 《Hear the Masses, 1994》라는 독집을 내놓았다. 이 스타일은 나라다 프로덕션의 즉각적인 주목을 받았고 두 번째 앨범 《Rapture》라는 황홀한 소리의 교향곡을 발표하게 된다.

풍성한 피아노의 여음으로 심금을 울리는 로망스 〈A Lover's Return〉를 들어보면, 온화한 멜로디를 따르는 오케스트레이션 편곡의 따사로움에 감동하게 된다.

〈Feel〉에는 감각적인 건반과 보컬 이펙트로 생동감 넘치는 낭만주의를 선사하고 있다. 참으로 행복한 음악이다.

바이올린과 첼로의 현혹적인 선율이 점차 흥분감을 더하는 사랑 노래 〈A Stolen Kiss〉에 이어, 무한하고 아련한 색채들과 조형들이 살아 숨쉬는 〈The Gallery〉에는 순수한 동심과 상상으로 가득하다.

프랭크 밀즈Frank Mills의 러브송을 듣는 듯한 〈Coastal Highway〉는 부드러운 허밍으로 느긋한 드라이브의 시간을 선물한다.

보다 스케일이 광활한 〈The Passage〉는 심포니에 불꽃 튀는 전자기타와 안개처럼 잦아드는 코러스로 웅대한 파노라마를 완성한다.

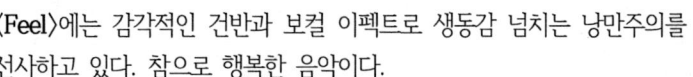

본작에 대한 감상기를 한마디로 표현하라면, 커버에서 보이는 것처럼 '음의 폭포수'라 하고 싶다. 그는 본작으로 일약 나라다 레이블의 영웅이 되었다.

Bradley Joseph
One Deep Breath

Robbins Island | ODB-4D | 2002

1. Is This a Dream?
2. Wildflowers
3. Dreamers Lullaby
4. A Moments Rest
5. Dance of Life
6. Water Voyage
7. Inside the Sky
8. If I Could Fly
9. Dancers Waltz
10. One Deep Breath

New Acoustic, NewAge-Instrumental

전미의 영향력 있는 뉴에이지 음악 채널 NAVNewAgeVoice의 라디오 차트 톱 100위에 6개월 동안 올랐던 본작은 브래들리 조셉의 음악이 한 곳에 정체되지 않고 끊임없이 새로움을 추구하는 것을 보여주는 걸작 앨범이다.

'Moods, Memories, Dreams'이라는 주제를 위해 자신의 기본개념인 로맨티시즘에 보다 세련되고 황홀한 음률을 불어넣었다. 이전의 역동적이고 스케일이 큰 음악에 비해 보다 아기자기하고도 정적인 앰비언트 성향의 서정미를 표현했다.

그레고리오 성가와 고요한 키보드를 결합한 〈Is This a Dream?〉는 내면의 고통을 위한 따스한 위로가 있다. 자생의 용기를 불어넣는 이 치유음악은 매우 특별한 레퍼토리이다.

포근한 코러스와 촉촉한 피아노의 멜로디가 웅장한 오케스트레이션의 바람 속에서 꽃향기를 피우는 〈Wildflowers〉에 이어, 반복적인 리듬감이 순수한 아기의 숨결을 듣는 듯한 〈Dreamers Lullaby〉는 평화와 안식의 세계로 이끄는 명곡이다.

투명감과 간결함이 돋보이는 키보드를 위한 서정 〈A Moments Rest〉에는 은은한 향기가 온몸을 타고 흐른다. 자연의 샘물로 샤워를 하는 듯한 감촉이다.

아기의 울음소리와 코러스를 삽입한 〈Water Voyage〉는 행운과 사랑을 기원하는 팝오페라이다. 생명의 탄생에서 시작되는 신비의 축복은 장대한 대양으로 행진하고 있다.

고전적인 낭만에 빠지게 되는 〈Dancers Waltz〉는 새하얀 뭉게구름 위로 춤추듯 날아오르며 푸른 동화의 세계로 초대한다. 가볍고 우아한 나비의 동세와 같다.

바람과 파도 등 자연의 효과음으로 연출한 중편의 에세이 〈One Deep Breath〉에는 삶이 힘들다고 느껴질 때 잠시 모든 것을 멈추고 깊은숨을 호흡한 후 현실을 다시 볼 것을 권유한다.

"절망과 행복과 환희의 시간에서 느끼는 기분이 바로 나 자신인 것처럼 피아노는 내게 항상 진실이다."

그는 새로운 천년의 새로운 뉴에이지 음악의 이야기를 계속해서 쓰면서 왕성한 아이디어와 풍부한 감성을 표출하고 있다.

Brain Crain
Piano Opus

Crain Records | MZL-1047 | 2009

1. Pachelbels Canon in D
2. Wind
3. Earth
4. Water
5. Fire
6. Rain
7. Spring
8. Summer
9. Autumn
10. Winter
11. Snow
12. Ice
13. Butterfly Waltz

New Acoustic

국내 모 언론은 브라이언 크레인Brian Crain의 피아노 연주를 고요한 아침 숲속에서 느끼는 청량함과도 같다고 평하였다. 많은 매체들이 다양한 호평을 쏟아내었지만, 글쓴이는 이 설명에 가장 동감한다.

야구선수가 꿈이었던 그는 정식 음악교육을 받지 않았음에도 데뷔작 《Morning Light, 1997》에서부터 뉴에이지 팬들과 부드럽게 교감할 수 있는 소담한 음악들을 꾸준히 발표하고 있다. 많은 디스코그래피가 국내 라이선스로 소개되며 그의 정감은 국내 뉴에이지 팬들을 매료시켰다.

국내에는 《Piano Paradiso》란 타이틀로 소개된 본작은 그의 13번째 앨범이다. 그는 이 앨범에 새로움을 부가하기 위해 박자에 대한 연구에 매진했다고 한다. 멜로디가 아니라 잘 드러나지 않는 맥박에 중점을 두었다 하니 그의 섬세한 탐구가 놀랍다. 지구의 4대 원소와 사계 그리고 기후와 관련된 명사들 등으로 명명된 간결한 곡목들은 청자의 마음을 울리는 주어이자 형용사이며 동사가 된다.

뉴에이지 음악가들에게 많은 영감을 불러일으킨 클래식 〈Pachelbels Canon in D〉은 봄이 오는 길목의 겨울 풍경이 그려진다. 미사여구 없이 담백하지만, 레몬빛을 띠는 그의 피아노 터치가 무척 평화롭다.

〈Fire〉은 그의 박자 연구가 수긍이 가는데, 이 익숙하지 않은 음악은 숨이 부족할 만큼 고요하다. 활활 타올라 누군가에 따스한 온기를 전해주고는, 서서히 그 열기와 빛과 생명을 잃어가는 모닥불 같다.

〈Rain〉도 본작을 빛내주는 작품으로, 비가 이와 같다면 하루 종일 맞고 있어도 좋을 것 같다. 그러나 이 빗방울 역시 대지에는 생명을 주고 땅속으로 사라져가는 모습이다.

이 두 곡은 특히 남을 위해 자신의 젊음을 헌신하고 살다간 몇몇 위인들의 인생을 닮아, 그 아련함이 큰 것 같다.

〈Summer〉는 화려한 청춘이 가진 고뇌와 실패의 아픔을 이입한 듯하여 마음이 간다.

또한 〈Winter〉는 인생을 관망하는 평온한 시선이 심금을 울린다. 파도 같았던 삶을 돌이켜보며 서서히 어둠이 내리는 저녁에서 그래도 아름다웠다고 낙관하는 노년의 주름진 미소가 그려진다.

사실 전곡이 추천곡으로, 본작 같은 앨범도 찾기 쉽지 않다.

Briza
Ambient Cafe

Gemini Sun | GSR9010 | 2006

1. Reflections on the Highway
2. Electric Rain
3. Splashdown
4. Boarding Pass
5. Wishful Day
6. River of Dreams
7. The Metro
8. Midnight Moon

NewAge-Ambient

칠아웃chill-out뮤직은 단지 사전적으로는 긴장을 풀어주는 음악이라 할 수 있는데, 다운템포down-tempo의 비트위에 소프트재즈와 뉴에이지의 서정성이 가미되어 세련되고 현대적인 감성을 자아내는 감미로운 특징이 있다.

칠아웃이란 원래 영국의 애시드 하우스Acid House 밴드인 The KLF의 《Ambient House, 1990》가 그 시초로, 도드라지지 않는 힙합Hip-Hop 비트에 신시사이저 샘플링과 은은한 앰비언트 뮤직이 혼합되어 새롭게 각색된 그 신선함으로 당시 많은 인기를 끌었다고 한다.

부티크 호텔의 로비라운지와 독특한 콘셉트의 레스토랑을 중심으로 사용되었던 것이 지금은 자그마한 디자인 카페나 상점들에서도 음악마케팅의 일환으로 사용되고 있을 만큼 보편화되었다.

본작도 칠아웃뮤직이라 할 수 있는데, 바람을 의미하는 브리사Briza는 나라다 레이블에서 출발한 뉴에이지 뮤지션 데이비드 아켄스톤David Arkenstone의 프로젝트이다. 대망의 데뷔작 《Valley in the Clouds, 1987》부터 신화의 3부작에 이르기까지 록 심포니를 선보인 그에게 있어서 본작은 즐거운 일탈이었을 것이다.

⟨Reflections on the Highway⟩는 플루트와 기타가 멜로디를 이끌며 저녁놀에 싸인 도시의 서정을 스피드 있게 스케치한다.

몽환적인 앰비언트 걸작 ⟨Electric Rain⟩에서는 다소 우울한 감성과 따스한 긴장감이 증폭되며, 우주적인 환상을 심어주는 무중력 음악 ⟨Splashdown⟩에는 재즈적인 유희가 흐른다.

열정 어린 라틴 라운지 ⟨Boarding Pass⟩에는 이국적 견문에 대한 흥분과 황홀감이 포근하게 감싼다.

자유로운 유영을 경험하게 하는 ⟨River of Dreams⟩에는 유연한 감정이 샘솟고, 도회지의 활력과 생기의 모습들이 빠르게 포착되는 ⟨The Metro⟩는 열차 소음과 반복적 멜로디로 몽롱한 트랜스에 취하게 된다.

천체음악을 연상시키는 일렉트로닉스로 시작되는 ⟨Midnight Moon⟩는 밤 도시의 세련된 재즈블루스로 변모하며 피곤함을 한 방에 날려주는 상큼함으로 물든다.

브리사의 도회지 서정은 현대인의 근원적인 고독에서 탈출시켜 보다 감미로운 드라마를 그려준다. 생동감이 잔잔히 흐르는 삶의 배경음악으로 안성맞춤이다.

Bruce Mitchell
Hidden Pathways

Narada | ND-62003 | 1987

1. Planetary Zone
2. Apex
3. Reflections
4. Horizon
5. Hidden Pathway
6. The Far Country
7. Gateway to the Sun
8. Sanctuary
9. Zone II
10. Dharma

NewAge-Ambient

나라다 미스티크Mystique 레이블의 세 번째 작품으로, 키보디스트 브루스 미첼의 데뷔작이다. 국내에도 라이선스로 소개되어 나라다만의 일렉트로닉스의 향취를 각인시킨 몇 안 되는 히트상품이었다.

그의 신시사이저는 쿠스코Cusco의 음악처럼 매우 다이내믹하다. 이는 음향의 질감보다는 풍부한 멜로디에 기인한다. 그의 음향공간에서는 파도가 넘실거리고 해풍이 불며 창공의 빛깔도 꽤 다채로운 편이다. 부분적으로 동양의 묵향까지 밴 듯한 다양한 그림은 신비스러운 것에서부터 친숙한 것까지 아우른다.

브루스 미첼이 그리는 폭포수처럼 음악이 흘러내리는 이상향의 벌을 찾아 떠나는 비밀의 항로의 첫 코스는 이미 방송에서 많이 사용된 〈Planetary Zone〉이다. 이 역동적이고도 시원한 천체의 심포니는 야니Yanni의 초창기 사운드와  닮았다. 탄력 있는 드럼도 부드럽게 미끄러지는 키보드도 신비한 신시사이저 음향도 잘 배합되었으며, 시공간의 운동감도 탁월하다.

역시 방송음악으로 친숙한 〈Apex〉는 쿠스코의 음악을 듣는 듯한 착각  에 빠질 정도로 흡사한데, 우주의 원리를 고대의 미스터리로 풀이했다. 무릉도원을 그린 산수화의 정취를 그대로 간직하고 있는 〈Horizon〉에 서는 하얀 구름의 그림자가 지형 위를 따라 길게 흐른다. 마치 간달프 Gandalf나 기타로Kitaro의 서정적인 음향을 떠올리게 할 정도로 유려하다.

희망과 안식의 신세계 〈Sanctuary〉에서는 안개가 서서히 걷히고 평화  의 교향곡이 울려 퍼진다. 성소를 향한 기행문처럼 드라마틱하고 찬란한 결말이다.

〈Zone II〉는 이상향에서 우주의 마법을 바라보는 젠Zen의 대서사라 할  수 있다. 웅장한 서막에 이어지는 고요한 동양적 정서는 점점 화려한 불꽃을 피운다.

불교의 정도正道를 일컫는 〈Dharma〉는 본작의 주제를 잘 설명하는 작  품으로, 우렁찬 드럼에 맑고 고운 신세계의 아름다운 풍광이 여백을 채워나간다.

나라다가 야심 차게 선보인 일렉트로닉스의 향연을 감상할 수 있는 앨범 중 하나이다.

Bruce Mitchell
Dancing on the Edge

Narada | ND-62007 | 1989

1. South Winds
2. Another World
3. Golden Heart
4. Dancing on The Edge
5. Into The Fire
6. Vista
7. Across The Border
8. Timbuktu
9. Dream Journal
10. The Returning

NewAge-Ambient

어쿠스틱 레이블로 설립과 동시에 이미 큰 성공을 거둔 나라다가 퓨전 성향의 서 버 레이블 에퀴녹스와 함께 전자음악 레이블 미스티크의 출정을 알린 것은 1987 년이었다. 이집트 신화에 등장하는 암몬신에서 그 이름이 유래된 화석동물 암몬 조개를 BI로 한 미스티크Mystique에 대해서 당시 글쓴이가 소속한 뉴에이지 음악 동호회에서 의견은 분분했다. 이미 Private 레이블이 설립되었으며 독일이 강세 인 전자음악을 얼마나 위력적으로 들려줄 수 있을지, 혹은 좀더 나라다만이 출반 할 수 있는 또 다른 영역이 있지 않을지 반신반의했던 걸로 기억한다. 글쓴이는 그리 큰 기대를 하지 않았기에 오프라인 감상회의 선곡을 듣고도 지나쳤다.

자고로 전자음악이란 웅장하거나 기계적인 중량감의 위세가 있어야 한다고 생각 했고 실제로 그런 음악을 선호했기에, 글쓴이에게는 유약하게 느껴졌던 것 같다. 그리 무겁지는 않지만 기존의 전자음악과는 확연히 다른 미스티크의 진가가 글쓴 이의 감성을 사로잡고 몇 장의 음반을 구입하기까지는 한참이 지난 후였다. 지금 은 시간 속으로 사라졌지만, 미스티크만의 상큼한 매력은 여전히 살아있다.

본작은 브루스 미첼Bruce Mitchell의 두 번째 앨범이다. 여전히 동양적인 기품이 살아있지만 켈트의 음소들이 발견되기 시작했으며, 또한 세 명의 게스트를 초대 하여 어쿠스틱의 따스한 사운드를 확장시켰다.

〈South Winds〉는 반겔리스Vangelis의 깔끔한 건반을 연상시키다가 이  내 시원하고도 푸른 바닷바람이 부드럽게 옷깃을 관통한다.

플루트 연주가 켈트의 봄을 묘사하는 듯한 명곡 〈Vista〉는 유유한 자  유로움이 흩날린다. 중반에 이르면 점점더 광활한 공간이 펼쳐지고 장 대한 지형이 솟구치는 듯한 환상이 열린다. .

동양의 단아한 서정미를 느낄 수 있는 〈Dream Journal〉은 하얀 벚꽃 이 바람을 따라 흐르는 듯한 광경을 엿보게 된다.

플루트와 재즈피아노와 바이올린이 기나긴 여정을 훑는 듯한 〈The Returning〉도 도드라지진 않지만 본작을 빛내준다.

단번에 각인되는 스타일도 무게감도 아니지만, 미스티크의 정체성을 선명하게 보 여준다 하겠다.

이후 나라다 레이블을 나온 그는 1990년대에 셀틱 음악을 본격적으로 선보였으며, 마지막 6번째 앨범에서는 힐링뮤직으로 선회했다.

Cantara
Cantara

C A N T A R A

SonyBMG | 74321 84539 | 2001

1. Maison du Ciel
2. Anima
3. Waiting for the Wind
4. Ubi Caritas
5. Mo Grahu
6. Planets
7. Shepherd's Song
8. Trilogy Temptation-Heilig-Gloria
9. Amandole
10. Reconquista
11. Anima - *Single Remix*

NewAge-Classical Chant

그레고리안 성가처럼 웅장한 합창음악을 들려준 뉴에이지 음악팀이 있다. 프랑스에는 이어러Era가, 영국에는 아디무스Adiemus가, 독일에는 레지엠Lesiem과 칸타라Cantara가 대표적이다.

칸타라는 프로듀서 알 바버Al Barber와 베른트 호프만Bernd Hoffmann의 프로젝트로, 그들은 프랑스 남부의 로마네스크 양식으로 건축된 교회를 보고 감명을 받아 칸타라의 음악을 제작하게 되었다고 한다.

칸타라의 등장은 좀 늦었지만, 보다 현란한 무대 매너로 첫 번째 싱글 〈Anima〉가 성공했고, 이어 발표된 그들의 데뷔앨범이 유명해질 수 있었다.

이들은 그레고리오 성가와 셀틱 음악을 주무기로 남녀 혼성 코러스를 선면에 내세웠는데, 그들의 스펙터클한 라이브 무대는 클래시컬 뮤직 팬들뿐만 아니라 팝음악 애호가들에게도 열광적인 지지를 받게 된다.

엄숙한 혼성합창과 전자음향, 서정적인 멜로디, 현대적인 비트로 청자를 압도하는 첫 곡 〈**Maison du Ciel** 천국의 집〉은 교회음악의 전형을 보여준다.

대히트 싱글 〈**Anima** 영혼〉은 종교음악의 웅장함과 거룩함, 셀틱 음악의 신비가 융합된 걸작으로, 가슴을 두근거리게 하는 감동을 느낄 수 있다.

〈**Waiting for the Wind**〉는 흡사 엔야Enya의 율동적인 음악을 듣는 듯한 착각을 불러일으키는데, 화려하고 서정적인 전자음향과 함께 칸타라의 매력이 전해진다.

〈**Ubi Caritas** 자비〉는 빌 더글라스Bill Douglas를 연상시키는 셀틱 음악으로, 여성 솔로 보컬이 잔잔한 서정을 불러일으킨다. 전면에 등장하는 큰북과 민속악기 연주도 매력을 더한다.

스코트랜드의 백파이프 연주가 가미된 〈**Shepherd's Song**〉은 남성과 여성이 교차되는 그레고리오 성가와 팝적인 리듬, 간헐적인 하프가 신비에 휩싸인 고독감을 쏟는다.

이후 칸타라는 TV 시리즈 「Julius Caesar 줄리어스 시저」의 주제로 사용된 두 번째 히트 싱글 〈**Maximus**〉가 수록된 마지막 두 번째 앨범 《The Book of Illusions, 2003》을 발표했다.

Catherine Lara
Aral

Higher Octave | HOMCD 49858 | 2000

1. Eastern Land
2. Unity
3. Aral
4. Blue Dawn
5. Requiem for a Dying Sea
6. Gypsy Tears
7. In Between Nowhere
8. Deeplara
9. Marayeva
10. Yoponomo
11. Sea U Soon

NewAge-Ambient, NewAge-World

1945년생인 까뜨린느 라라Catherine Lara는 고국 프랑스에서 상송 가수로 유명하다. 그녀는 5세 때부터 바이올린을 배우기 시작하여 각종 경연대회를 석권하며 고전음악을 위한 엘리트 수업을 이었다. 파리 음악원을 졸업한 후 로큰롤에 심취했던 그녀는 자신의 체임버 오케스트라를 만들고, 많은 샹송 가수의 앨범에서 연주를 맡았으며 작곡을 시작했다.

이를 계기로 자신의 바이올린을 앞세워 1970년대 초 직접 가수로 데뷔하였는데, 최초의 골드레코드 《Johan, 1981》에 이어 두 편의 영화음악도 담당하였다.

《Nuit Magique 매혹의 밤, 1986》으로 Victoires de la Musique 시상식에서 최우수 여자가수상을 거머쥐었고, 이듬해에는 가장 유명한 히트곡 〈Encore une Fois 다시 한번〉를 발표하는 등 최고의 전성기를 누렸다. 바이올린의 폭발적인 연주와 열정적인 무대매너로 그녀는 라이브에서 더 호평을 받았다.

밀레니엄을 앞두고 뉴에이지 월드의 대명사 딥 포레스트Deep Forest 출신의 에릭 무케Eric Mouquet와 미셸 상셰Michel Sanchez를 만나 변신을 구상한다.

이가 바로 자신의 디스코그래피에서 가장 이색작으로 남을 본작으로, 에스닉월드에 자신의 바이올린을 극대화한 작품이었다. 아랄Aral해에서 따온 이 타이틀은 자신의 이름인 Lara를 거꾸로 표기한 것이기도 했다.

동유럽을 방문한 후 작곡한 〈Eastern Land〉에는 집시 바이올린의 축제가 풍요로운 전원을 기원한다.

여성 스캣과 민속적인 구음, 집시 바이올린과 기타의 하모니가 뜨겁게 달아오르는 〈Unity〉은 본작의 백미 중 하나이다.

카자흐스탄과 우즈베키스탄 사이의 대염호로 점차 수량이 줄어 사막화되어가는 아랄해를 그린 월드 블루스 〈Aral〉에는 일렉트로닉스의 거친 숨결이 살아있는 명작이다.

소망의 기도 〈Blue Dawn〉은 서정적인 멜로디가 동양의 감성을 닮아있다.

개인적인 희망을 담아 기도하는 광활한 바다의 대서사시 〈Deeplara〉, 레게 바이올린의 향연 〈Yoponomo〉, 핑거 주법으로 바이올린을 연주하는 애틋한 이별곡 〈Sea U Soon〉이 아쉬움을 전한다.

미국과 국내에도 소개되어 많은 주목을 받은 본작 이후, 연극, 무용, 서커스 등을 아우르는 뮤지컬인 근작 《Bô, 2018》도 뉴에이지 팬들이 주목할 만한 작품이다.

84

Charles Suniga
A New Beginning

Charles Suniga | MOP102 | 2003

1. Our Ecstasy
2. To the Child in All of Us
3. Simplicity
4. Why Must I Dream
5. Theme for Breaunah
6. Destiny
7. Portlandia
8. Moments of Peace

NewAge-Instrumental

미국의 자연주의 피아니스트 찰스 수니가는 자신을 잘 드러내지 않는다. 그가 발표한 일련의 시리즈이자 기본개념인 'Moments of Peace'로만 알려지길 원하며, 이는 청자와 팬들이 자신의 음악에서 평화의 순간을 느끼고 또한 평화의 순간으로만 기억되길 바라는 이유에서다.

본작은 1989년에 발표한 것을 2003년에 리마스터링하여 재발매한 것이다. 신시사이저 오케스트레이션에 피아노가 조합된 그의 음악은 비교적 단순한 편이며, 자연의 효과음들을 삽입하고 있어서 매우 싱그럽다.

첫 곡 〈Our Ecstasy〉에서 그의 자연에 대한 친미는 황홀경을 넘어 무아지경을 이룬다. 물, 파도, 새 등의 자연의 소리와 함께 생명의 조화로움을 아름답게 그려내며, 창조자에 대한 경외와 감사로 옮겨진다.

〈To the Child in All of Us〉는 어린이들의 동심을 위한 것으로, 깊은 자애의 길을 열어 보인다. 무한대의 꿈을 위하여 두려움도 걱정도 없는 그리고 존중받아야 할 친구라는 메시지를 표현하고 있다.

〈Simplicity〉에서도 어린이의 순진함을 더욱 명료하고 평화롭게 구체화하는데, 그윽한 그의 시선이 온화하게 전달된다.

맹꽁이 울음이 잔잔히 들리는 〈Why Must I Dream〉은 마치 여름날 달콤한 꿈을 꾼 뒤처럼 아쉬움이 선명하다.

〈Theme for Breaunah〉는 그 멜로디 라인이 매우 섬세하며 여성적이다. 아내가 딸을 가졌을 때 아빠로서 느꼈던 감정에서부터 출생과 성장을 통해 특별한 기쁨을 주었던 딸에게 감사와 사랑을 전했다.

인생을 살아오면서 삶에 대한 의미를 피력한 〈Destiny〉에서 따스한 인간미를 느끼게 되며, 그의 가정이 있는 포틀랜드시의 수호신상 〈Portlandia〉에서 평안과 건강을 기도하고 있다.

끝 곡 〈Moments of Peace〉는 청명하고도 푸르른 하늘을 넘어 그의 평화의 바람이 울려 퍼지는 청정무구의 세계이다.

그는 어렸을 때부터 마음속으로 멜로디를 만들며 그 음악 안에서 노니는 것을 즐겼다고 한다. 독학으로 피아노를 배운 그는 그의 음악에 세대를 초월하는 깊은 감동을 불어넣고 있다. 뉴에이지 음악팬이라면 꼭 들러야 하는 생생한 감동의 갤러리로, 자연과 인간의 소중한 순간들을 담은 그의 최고작이라 할 수 있다.

Charles Suniga
Still in the Moment

Charles Suniga | MOP106 | 2007

1. Still in the Moment
2. Mabel's Dance
3. In Her Smile
4. The Journey Home
5. Romancing the Passion
6. Somewhere in Time
7. Dawning of the Mist
8. Passions of the Heart
9. In Her Beauty (Inner Beauty)
10. A Waltz Across Time
11. Nature's Wonders

NewAge-Instrumental

미국 오리건주 포틀랜드에 거주하는 피아니스트 찰스 수니가는 인생에서 가장 힘든 시기에 체득했던 자신의 기본개념 '평화의 순간'으로 고통받는 모든 이들에게 신선한 공기와 안도감을 가져다주며, 살아있다는 것에서 삶의 의미와 감사를 느끼게 하는 예술가이다. 또한 지역 자선단체와 암 환자를 돕기 위해 콘서트를 열고 CD를 기부하는 등 사회참여적인 활동도 병행하고 있다.

많지 않은 디스코그래피지만 《Musical Sea》와 《The Journey》 등의 앨범에서 치유하는 자연주의 피아노를 들려주었다면, 《Spirit Rising》과 함께 그래미에 후보 지명되기도 했던 본작 《Still in the Moment》를 들어보면 그를 로맨티시스트로 불러야 할 것 같다. 피아노 솔로로 리코딩된 앨범들도 있지만, 본작은 신시사이저와 피아노를 결합한 연주로 녹음되었다. 때론 열정적이며 때론 온화한 그의 서정적인 터치는 해변가의 부드러운 파도처럼 다가와 '사랑의 순간'을 전한다.

⟨Still in the Moment⟩는 앰비언트 뮤지션 마이클 고든Michael Gordon과 스티브 라이히Steve Reich 등의 작품에 참여했던 플루티스트 Amy Coffey와 함께 귀중한 삶의 시간들을 포근하게 그려준다.

팬들이 사랑하는 그의 대표곡 ⟨Mabel's Dance⟩은 지나가버린 순수한 동심의 시절을 다시금 재생시켜 준다. 가볍게 찰랑이는 그의 피아노는 너무나 달콤하다.

지금이 뜨겁게 사랑할 때라고 조언해 주는 듯한 ⟨Romancing the Passion⟩은 한편의 로맨스 영화이다. 무관하지만 이태리 영화 「Last Feeling 필링 러브, 1978」의 가슴 시린 장면들이 스쳐 지나간다.

영화 「사랑의 은하수, 1980」에서 들었던 존 배리John Barry(1933~2011)의 명곡 ⟨Somewhere in Time⟩도 연주하고 있다.

애틋한 감정이 밀려드는 ⟨Dawning of the Mist⟩은 따스한 체온이 남은 외투로 감싸주는 듯한 위로의 손길이다.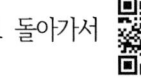

⟨A Waltz Across Time⟩의 슬픈 왈츠는 가장 힘든 시절로 돌아가서 우리의 눈물을 후련하게 씻긴다.

⟨Nature's Wonders⟩는 삶을 바라보는 낙관적이고도 진실한 눈매로 우리를 더욱 성숙하게 하는 것 같다.

근작 《Appreciating, 2019》에는 뭉클한 감사의 순간을 담았다.

Chris Spheeris
Desires

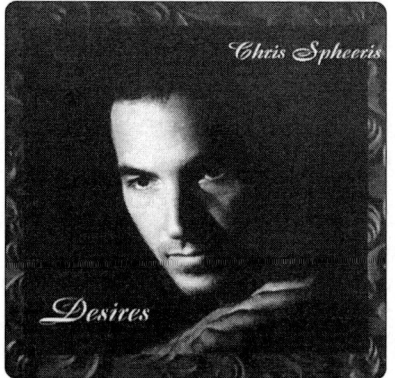

Essence | 1002 | 1994

1. Playtime
2. Viva
3. Andalu
4. Desires of the Heart
5. Lovers and Friends
6. Stars
7. Field of Tears
8. Remember Me
9. Afterimage

NewAge-Instrumental

12세 때 처음 기타로 작곡을 시작한 크리스 스피어리스는 이후 그리스 정교회의 예배음악과 민속음악에 영향을 받았고 이러한 그리스 문화유산에 대한 매혹뿐만 아니라, 쇼팽Chopin과 드뷔시Debussy, 비틀스The Beatles, 반겔리스Vangelis, 브라이언 이노Brain Eno에게도 영향을 받았다고 한다.

철학을 배웠던 영국에서의 유학 시절, 그는 고국 그리스뿐만 아니라 전 유럽을 여행하면서 다양한 문화적 경험을 쌓았고, 이는 그의 음악적 밑그림이 되었다. 1976년 귀국 후 고교 시절 아테네에서 만났던 폴 부두리스Paul Voudouris와 함께 듀오그룹을 결성하여 활동했다.

1985년에 그의 데모 테이프기 메이지 레코드사에 밀딕, 이듬해 발표한 《Desires of the Heart》이 호평을 받는다. 두 번째 앨범 《Pathways to Surrender, 1988》는 많은 매스컴에 사용되면서 수작으로 평가받는 등 전작을 뛰어넘는 성공을 거두었다. 자신의 독립 레이블 Essence에서 출시한 《Enchantement, 1991》는 폴 부두리스와 협연한 작품으로, 20여 개국에서 발매되어 약 50만 장 이상 판매되었으며 스페인에서는 골드를 기록했다. 중동과 인도 그리고 태국 등 각국의 문화에서 얻은 느낌을 바탕으로 제작한 《Culture,1993》, 폴 부두리스 협연한 대곡 구성의 명상집 《Passage, 1994》이 그 뒤를 따랐다.

본작은 데뷔앨범 《Desires of the Heart, 1986》를 새롭게 구성한 것으로, 원작의 〈Midflght〉와 〈Liquid Dream〉가 제외되고 〈Viva〉라는 신곡을 수록했다.

주옥같은 대표곡 〈Andalu〉은 고대가 숨 쉬는 안달루시아의 풍경에서 건반과 스패니시 기타가 서글픈 역사에 연민을 보낸다.

서서히 피어오르는 물안개처럼 그리고 은은하게 샘솟는 온기와 같이 깊고 넓게 파장되어 아름다운 잔향과 메아리를 남기는 〈Desires of the Heart〉는 매혹적인 건반 작품이다.

고전적인 느낌의 〈Remember Me〉는 슬픈 목가를 부르는 오보에와 키보드 그리고 광대한 공간감을 형성하는 오케스트레이션이 드라마틱한 대서사를 들려준다.

명작 〈Afterimage〉에는 천둥과 빗줄기를 타고 명료한 피아노의 즉흥시가 이어진다. 촉촉하고도 새의 지저귐이 깊게 울리는 자연의 문을 열고 피아니스트가 나가면 음악은 이내 멎고 만다. 이 독특한 시나리오로 우리는 잠시 미동조차 할 수 없는 장치에 쉽게 걸려든다.

Christaal
Mystic Traveler

Beyond | D2-72893 | 1987

1. Ocean Sunrise
2. On Wings
3. Light on the Path
4. Spirit Moves
5. Mystic Traveler
6. Path of the Spirit
7. Voice of the Silence

NewAge-Instrumental

1980년대 말 라이선스로 소개된 크리스탈의 유일한 본작은 수잔 두셋Suzanne Doucet의 Beyond에서 발표되어 가장 뉴에이지의 원류에 있는 사운드를 들려주었다. 라이선스 슬리브에 기록된 설명을 발췌해 본다.

크리스탈은 1956년 미국 미조리주 캔자스시티에서 순 미국 토박이로 태어났다. 그는 어렸을 때부터 음악에 관심을 가져 뉴욕과 샌프란시스코 등지에서 기타와 키보드, 성악 교습을 받았다. 그 밖에도 그는 TV 탤런트, 영화배우와 연극 연기자로서 각각 활동했는데, TV나 영화, 연극 등을 통해서는 자신을 제대로 표현할 수 없어 중도에 그만두게 된다. 1980년대 초에 포크 음악을 작곡하고 연주하기 시작했으며, 이와 아울러 그는 명상을 통해 영적인 의식세계를 탐구한다. 그러나 그는 자신이 마음속에서 느끼는 것을 가사가 있는 노래로는 정확히 표현할 수가 없다고 판단하고 뉴에이지라는 연주음악의 작곡에 착수했다.

"나의 음악적 목표는 사람들이 자아 발견이라는 험난한 길을 향해 떠날 수 있도록 해줄 음악을 만드는 것입니다."

'크리스탈'은 말 그대로 다이아몬드 같은 투명하고 단단한 그러면서도 정적인 자아의 핵심에 다다르고자 해서 그가 붙인 것이다. 때문에 그의 음악을 듣는 사람은 좀처럼 감정이 동요될 것 같지 않은 무아의 정적, 평온함 - 이러한 경지에 가까이 근접하는 자신을 발견하게 된다.

바닷새의 울음소리와 시원스레 부서지는 파도를 뒤로 푸른 물살을 가르며 의식의 대양을 향해 유연하게 정진하는 여정을 그린 〈Ocean Sunrise〉은 맑고 깨끗한 공기를 자극하는 기타와 온화한 순풍을 일으키는 플루트의 멜로디가 매우 포근하다. 이 꿈결 같은 환상 여로는 이미 광고를 통해 친숙하다.

영적인 세계에 이르렀음을 알리는 〈Light on the Path〉 역시 방송을 통해 잘 알려진 대표곡이라 할 수 있다.

반복적이고 특징 있는 기타 반주에 플루트와 바이올린의 즉흥적 주술이 몽환적인 〈Mystic Traveler〉는 뉴에이지 음악의 정의를 들려주는 작품이다.

호감 가지 않는 커버와 함께 아쉽게도 이는 유일작이 되었는데, 그 내용물만큼은 보석 크리스탈처럼 변치 않고 줄곧 뉴에이지 음악계의 견고한 빛이 되었다.

Christian Francke
Electronic Dream

Electronic Art Records | CD210299 | 1999

1. Electronic Dream Part 1
2. Katrins Song Mix 99
3. Electronic Dream Part 2
4. Katrins Song
5. Night of Love
6. Telefon Part 1
7. Telefon Part 2
8. Tristesse
9. Rendez-vous Part 1
10. Rendez-vous Part 2
11. Driving Home
12. Waiting for Sync
13. Micro Cosmos

NewAge·Electronic·Ambient

전자음악을 검색하다가 우연히 방문하게 된 그의 홈페이지에서 아름답고도 격정적인 작품을 접하고, 이메일과 외환을 보내는 곡절 끝에 음반을 구할 수 있었다. 컴퓨터 관련 사업가인 크리스티안 프란케Christian Francke는 Chris F라는 이름을 쓰기도 하는데, 1963년 베를린 출생으로 크라프트베르크Kraftwerk를 비롯한 1970년대 독일 일렉트로닉 그룹들과 장-미셸 자르Jean-Michel Jarre의 연주를 접하면서 음악에 관심을 가지게 되었다고 한다.

피아노를 배우다 곧 싫증을 느끼고 신시사이저를 구입한 후, 1986년 3월에 라디오방송에서 첫 연주를 하였다. 그해 11월 '베를린 일렉트로닉의 밤' 페스티벌에 참가히여 핑그 플로이드Pink Floyd와 댄저린 드림Tangerine Dream 그리고 마이클 크레투Michael Cretu에게서 영향을 받은 육중하고도 아름다운 전자 교향악 〈Waiting for Sync〉를 연주했다.

이후 틈틈이 작곡한 음악을 모아 1999년에 대망의 자주 제작 앨범인 본작을 발표한다. 정통 전자음악의 인기가 거의 사그라든 시점에서 그는 자신만의 독창적인 사운드를 완성해냈다.

글쓴이를 첫 만남에 매료시켰던 걸작 〈Electronic Dream Part 2〉는 우주의 신비로 우리를 내몰고 있다. 서글프면서도 아름답기 그지없는 이 음악은 자신의 홈페이지에 배경음악으로 사용되고 있는데, 본 앨범에 수록된 원곡은 보다 거칠고 제트기의 구상음으로 속도감을 즐길 수 있으며, 효과음이 제거된 믹스 앨범 버전은 너무나 투명하다.

또한 걸작으로 손꼽고 싶은 〈Katrins Song Mix 99〉는 월드뮤직 샘플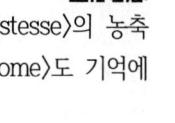로 문을 열면서 애처롭고도 맑은 심포니를 들려준다.

전화벨 소리를 모티프로 한 소름 돋는 스릴러 〈Telefon〉과 〈Tristesse〉의 농축된 슬픔, 그리고 자르와 뉴로니움Neuronium을 닮은 〈Driving Home〉도 기억에 남는 트랙들이다.

2003년에는 〈Nostradamus〉 등의 신곡과 믹스 버전을 수록한 2CD 리믹스 앨범을 발매했다. 이후 국내 대기업의 현지법인 광고를 위해 작곡된 〈Song ohne Mane〉와 신곡 〈Two from There〉을 비롯, 간간이 작품들을 공개하고 있다.

전자음악 레이블에서 발매되었더라면 그의 음악이 유명해졌을 텐데...라는 아쉬움이 든다. 그의 음악은 bandcamp.com에서 음원을 구입할 수 있다.

Christopher Franke
The Celestine Prophecy

Priority | P2 50571 | 1996

1. The Celestine Theme
2. Guided Dream to the Manuscript
3. Viciente
4. A Radiant Band of Light
5. Jensen
6. Mystical Experience on the Mountain
7. The Mission of Father Sanchez
8. Illumination
9. Scene at the Crossroads
10. The Quest for Unity
11. Confrontation
12. The Mystery of The Ruins
    -Wil's Transfiguration

NewAge Instrumental, NewAge-World

1953년생인 크리스토퍼 프란케Christopher Franke는 베를린 음악학교에서 고전음악과 작곡을 전공했다. 현대음악가 케이지John Cage와 슈톡하우젠Karlheinz Stock -hausen에서 영향을 받은 재즈록 그룹 Agitation Free에서 연주했고, 1970년에 에드가 프뢰제Edgar Froese와 페터 바우만Peter Baumann을 만나 탠저린 드림 Tangerine Dream에 몸담았으며, 1987년 이후 솔로 활동을 시작했다.

1993년에 독자레이블 Sonic Images를 설립하면서 블록버스터 「Universal Soldier 유니버설 솔저」와 TV 시리즈 공상과학영화 「Babylon 5 바빌론 5」 등의 사운드 트랙도 작곡했다.

본작은 인류가 새로운 세상과 문명에 입문하는 9단계의 통찰을 그린 제임스 레드 필드James Redfield의 뉴에이지 베스트셀러 저서 「The Celestine Pro -phecy 천상 예언, 1993」에 고무되어 발표한 것으로, 이 앨범은 그해 빌보드 뉴에이지 차트 5위에, 이듬해에도 9위에 머물렀다.

사건의 공간적 배경을 그린 〈The Celestine Theme〉는 풀벌레 소리에 민속 퍼커션과 서정적인 팬플루트 그리고 장대한 코러스가 대장정의 발단을 알린다.

〈Guided Dream to the Manuscript〉에서 팬플루트의 음성은 앞으로 불어닥칠 고난과 위험의 여정을 암시적으로 이야기하며, 〈Viciente〉는 여행 중 들르게 된 페루의 산사 풍경을 신비롭게 그린다.

〈A Radiant Band of Light〉는 월드 구음과 독특한 남성 코러스 그리고 동양적 감성의 얼후의 찬가가 이어지는 에스닉퓨전이다.

〈Jensen-The Energy Thief〉는 위험에 노출되는 고서에 대해 서술하고 있으며, 〈Mystical Experience on the Mountain〉은 위험을 피해 달아나다 음악적 메시지를 접하는 부분으로 셀틱하프와 월드 구음의 하모니가 신천지를 연다.

〈The Mission of Father Sanchez〉는 맑고 순결한 심포니와 월드 보이스가 숭고한 에너지를 발산하며, 〈Illumination〉은 우아한 현악 연주에 코러스와 북소리 그리고 아메리칸 네이티브 플루트로 여행자의 영적인 경험을 이야기한다.

〈Confrontation〉은 한 추기경의 전통적 믿음과 새로운 확신 사이에서의 갈등을 그린 것이며, 〈The Mystery of the Ruins〉에는 미스터리하면서도 몽환적인 분위기에서 월드 보이스는 희망을 노래한다.

독서와 함께 전곡을 감상한다면 전 장면이 시야 앞에서 영상화될 것 같다.

90

Christopher Peacock
Oceans

Pure & Simple | PS-9002 | 1990

1. Oceans
2. Al Otro Lado del Mar
   (The Other Side of the Sea)
3. Prelude / Crossings
4. Waterline
5. Japanese Current
6. Jayléna
7. The Sky in Her Eyes
8. Out of Nowhere
9. Amore di Giorno
10. Seashore Sally
11. Does It Have to Be So True
12. Lune de l'Ile

New Acoustic

미국 워싱턴주 샌환San Juan 제도에서 가장 큰 오르카스 섬에는 많은 관광객으로 붐비는 로사리오Rosario 리조트가 있다. 한번 방문한 사람이면 다시 천혜의 자연 경관과 함께 그 로맨틱한 분위기를 찾는다고 한다. 크리스토퍼 피콕은 수십 년간 그 리조트의 뮤직홀에서 관광객을 위해 연주해왔다.

메디슨 심포니 오케스트라의 퍼커션 연주자로 처음 음악계에서 발을 디딘 그는 이후 자신의 음악을 만들어보고 싶다는 욕심으로 작곡을 공부하고 앨범을 내기 시작했다. 오르카스 섬에서 거주하며 섬의 낭만을 연주한 《Island Time, 1989》을 시작으로 국내에도 소개된 본작과 《Suite Dreams》 등의 앨범을 내며 휴양지로 초대한다.

본작은 동 레이블 소속 피아니스트 리처드 페러레이Richard Palalay와 기타리스트 진 네리Gene Nery와의 공작이다. 나라다 레이블에서 잉글리시호른과 오카리나의 소박한 전원의 멜로디를 들려주었던 여류 연주가 낸시 럼벨Nancy Rumbel 외에도 클래식 분야에서 활동하는 바이올린과 첼로 연주자들도 참여했다.

시원한 파도와 바닷새 소리로 대양의 문을 여는 페러레이의 〈Oceans〉는 가볍게 부서지는 피아노와 묵직한 첼로가 마찰하며 표현하는 푸른 설렘이다.

페러레이의 곡 〈Al Otro Lado del Mar 바다 건너편〉에는 피아노와 기타 그리고 잉글리시호른으로 아내와의 연예시절 추억을 그린다.

바흐Bach의 첼로 조곡을 피콕의 피아노와 함께 현악 앙상블로 듣는 〈Prelude / Crossings〉에 이어, 동양의 바다에서 느꼈던 감정을 피아노와 오카리나로 담채한 〈Japanese Current〉는 애틋하다.

깨끗하고 한적한 아침 해변의 평화로운 정경과도 같은 〈Jayléna〉는 피아노 솔로의 아련한 명상곡이며, 〈The Sky in Her Eyes〉는 페러레이의 싱그럽고도 낙관적인 피아노 멜로디가 햇살처럼 반짝인다.

피콕의 클래식 〈Out of Nowhere〉에는 뱃고동의 향수가 전해지며, 네리의 명작인 기타 로망스 〈Amore di Giorno 사랑의 나날〉에는 잔잔한 우수가 머문다.

이런 음악은 유행을 타지 않는다. 솔직히 말하면 유행을 탄 적도 없다. 그래서 시간이 많이 흐른 후에도 신선한 감각은 변치 않는다.

Christopher Peacock
Island Life

Pure & Simple | PS-9008 | 1995

1. Gift from the Sea
2. An Island on an Island
3. Child's Play
4. Hymne
5. Orcasong
6. Encounter
7. Playing Rain
8. Kuulei
9. Celestial Solitude

New Acoustic

땅을 밟고 살지만 항상 바다를 꿈꾸는 습성은 마치 우리의 생명의 근원이 바다로 부터 왔다는 것을 입증하는 것처럼 보인다. 그래서 바다는 어머니에 비유되기도 하며 신이 내린 위대한 선물이라고도 한다. 이처럼 콘트리트로 뒤덮인 도시에서 살다가 잠재된 바다의 전원을 꿈꾸는 것은 가장 낭만적인 장소이기 때문일 것이다. '○○에서 한 달 살아보기' 등의 콘텐츠가 관심받는 것도 그런 이유가 아닐까.

팝적인 자작곡들로 채워진 《Suite Dreams》 이후, 4집인 본작에는 연한 에메랄드빛의 바다 에세이 9곡을 수록하고 있다.

시원한 파도와 갈매기가 우리를 부르는 바다의 시 〈Gift from the Sea〉는 찰랑거리며 싱그러움을 더하는 피아노 연주로 자연에 감사하는 마음을 노래한다.

섬의 녹지 속에 감춰진 또 하나의 바다와 섬의 신비로운 풍경화 〈An Island on an Island〉는 내면의 평화를 상징하는 작품으로, 물 흐르는 소리와 새의 지저귐으로 보다 명상적인 고요함을 부가한다. 끊임없이 공명하는 잔잔한 푸른 서정은 매우 시적이며 촉촉하다.

전자음악가 반겔리스Vangelis의 작품을 자신의 피아노 스타일로 연주한 〈Hymne〉에는 바다 교회의 종소리와 파이프오르간 연주를 서두와 후미에 삽입하여 보다 성스러운 드라마를 만들고 있다.

자신이 거주하고 있는 오르카스섬과 올카고래를 위한 〈Orcasong〉은 돌고래 소리의 삽입하며 함께 인간과 자연이 교감하고 평화롭게 상생하는 낙원을 재현한다.

〈Playing Rain〉은 또 하나의 섬인 자신의 집에서 느낀 비에 대한 감정을 실은 것으로, 원곡은 뉴에이지 피아니스트 크리스토퍼 보스콜Chisto -pher Boscole의 《Shimmer, 1986》에 수록된 작품이다.

밤하늘의 정취를 감미로운 재즈로 그린 〈Celestial Solitude〉는 세계적인 베스트셀러 「Gift from the Sea, 1955」의 작가이며 남편 찰스 린드버그Charl -es Linderbergh와 함께 비행가의 삶을 살았던 안느 린드버그Anne Lind -bergh의 명언 'We are all islands - in a common sea'을 떠올리며 썼다 한다.

바다를 향한 몽상가로서의 여유를 선물하는 본작은 물멍과 휴식을 위한 음악이다.

Clannad
Landmarks

SonyBMG | 74321 56007 | 1998

1. An Gleann
2. Fado
3. Mhuirnin O
4. Of This Land
5. Court to Love
6. Golden Ball (inst)
7. Bridge of Tears
8. Autumn Leaves Are Falling
9. Let Me See
10. Loch Na Cailli (inst)

NewAge-Celtic

클라나드는 1970년대 초 결성된 브레넌Brennan 가문의 패밀리 그룹으로, 그룹명은 게일어로 가족을 의미한다. 보컬과 하프의 모야Maire, 기타와 베이스 그리고 키보드의 키아란Ciaran, 기타와 퍼커션, 그리고 플루트를 맡은 폴Pol 삼 형제는 기타와 만돌린을 연주하는 삼촌 파드레이그 더간Padraig Duggan, 노엘 더건Noel Duggan과 함께 아버지 레오Leo가 경영했던 선술집에서 연주를 시작했다. 그 후 민속 페스티벌에 참가하고 1973년에 셀프 타이틀 앨범을 발표한다. 데뷔는 그다지 주목받지 못했지만, 초기작들은 포크록 마니아들에게 큰 지지를 받고 있다.

이후 엔야Enya가 1979년에 합류하고 6인조로 증편되어 《Fuaim, 1982》으로 영국에서 유명세를 떨쳤다. 엔야가 떠난 1983년에는 싱글 〈Theme from Herry's Game〉이 영국 차트 5위를 기록, 이 싱글을 담은 《Magical Ring》은 골드레코드를 기록했으며, TV 시리즈 「Robin of Sherwood」의 사운드트랙인 《Legend, 1984》는 Ivor Novello Award 수상과 동시에 British Academy Award에서 최고의 사운드트랙으로 선정되었다. U2의 보노Bono를 초대한 〈In a Lifetime〉이 수록된 롱런 앨범 《Macalla, 1985》는 이듬해에 이어 1989년에도 차트에 진입했다. 4인의 라인업으로 《Anam, 1990》을 발표하고, 1992년에는 모야가 솔로 앨범을 발표했으며, 영화 「The Last of the Mohicans 라스트 모히칸, 1993」의 〈I will Find You〉가 수록된 《Banba》는 영국 차트 5위를 기록한다. 《Lore, 1996》 이후 발표된 14번째 앨범이 본작이다.

〈An Gleann〉는 맑은 키보드와 게스트 안토 드레넌Anto Drennan의 블루지한 슬라이드 기타에 모야와 키아란의 하모니가 퍽 애상적이다.
웅장함을 전하는 흥겨운 퍼커션에 빠른 템포의 박동이 신선한 〈A Mhuirnin Ó〉, 아름다운 땅 아일랜드에 바치는 포근한 축가 〈Of This Land〉는 모야의 원숙한 보컬과 훌훌 바람을 타고 흐르는 휘슬과 일룬 파이프Uillean Pipe가 감동적이기까지 하다.
서글픈 전설을 들려주는 듯한 〈Bridge of Tears〉와 모야가 노래하는 행진곡풍의 연가 〈Let Me See〉도 주목하게 된다.

1999년 제41회 그래미상에서 모야의 솔로작과 경합한 본작은 베스트 뉴에이지 앨범상을 수상하였다. 이는 클라나드의 20여 년이 넘는 음악 활동에 경의를 표한 것이나 다름없었다. 그래서 본작은 아일랜드 음악계의 랜드마크로 남아있다.

Clara Mondshine
Visions of Audio

IC-Digit | IC710.063 | 1988

1. High Moon Enters Heaven
2. Chipmania
3. O Queen of Saba
4. Memory Metropolis
5. Turangalila
6. Lo & Li
7. Promised Land
8. 1922 in Baku
9. Ocean of Tears
10. Dragon Concerto
11. The Final Ritual

NewAge·Electronic·Ambient

클라라 몬트시네는 오스트리아 출생의 독일 전자음악가이자 음악 저널리스트이며 라디오 디렉터인 발터 바하우어Walter Bachauer(1942~1989)의 프로젝트이다. 이는 'Au Clair de La Lune 달빛'을 의미한다고 한다.

그는 1974년부터 1978년까지 당시 서베를린에서 개최된 메타뮤직 페스티벌에 참가한 후, 클라우스 슐체Klaus Schulze와 인연을 맺어 솔로 앨범 《Luna Africana, 1981》와 《Memorymetropolis, 1983》를 발표했다.

마지막 앨범인 본작은 동·서양음악을 잘 배합한 첨단 샘플링 작품이라 할 수 있는데, 전체적 인상은 아트 오브 노이즈Art of Noise나 장-미셸 자르Jean-Michel Jarre를 많이 닮았다. 그는 콜라주 기법으로 일상을 그대로 드러내며 대량생산과 소비가 주는 물신성物神性을 해학적으로 표현하고 있다. 그것은 대담할 정도로 극단을 드러내는데, 마치 '음악은 예술이 아닌 기술이다'라고 말하는 것 같다.

중국의 창극을 이미지화 한 〈High Moon Enters Heaven〉은 반겔리스 Vangelis의 《China, 1979》을 연상시키며, 상큼한 신맛이 느껴지는 이색적인 곡이다.

방송을 통해 친숙한 〈Memory Metropolis〉는 윤택하고 화려한 자줏빛 섬광이 곳곳에서 휘황찬란하게 번쩍인다. 참고로 1~4번 트랙은 전작인 《Memorymetropolis, 1983》에 수록된 작품들이다.

〈Lo & Li〉에서는 중국의 민속악기 칠현금의 청아한 울림이 퍽 이국적이면서도 친근하게 다가온다. 재회할 수 없는 견우와 직녀 이야기를 떠올리게 하는 이 곡은 익살스러운 짜깁기의 전자 오페라이다.

Jon & Vangelis의 〈The Friends of Mr. Cairo〉를 연상시키는 〈1922 in Baku〉는 구소련의 석유 생산지 바쿠의 쟁탈전을 테마로 했다.

〈Ocean of Tear〉에서는 기계적인 소음에 울먹이는 소리를 변형하였는데, 장-미셸 자르와 아트 오브 노이즈의 협연처럼 들린다.

〈The Final Ritual〉은 자르의 〈Ethnicolor〉을 흉내 낸 연습곡으로, 관악기가 제례의식을 망치고(?) 있다.

본작은 시공간을 뛰어넘은 공상과학 풍물기행을 보는 듯하다. 청각의 환영은 즉각 시각적 환상을 재생시킨다. 익숙한 휴먼스케일에서 탈피한 파편의 조합은 다소 기괴한 부분도 있으나 재치가 넘친다.

Colors in Motion
Gentle Journey

Night Sky | 873004 | 1995

1. Sunshine U.S.A.
2. Rumbaba
3. A Horse with No Name
4. Gentle Journey
5. Cloudy
6. Emotional Motions
7. Sentimental Guitar
8. Endless Highway
9. Touch of Rain
10. Moody Groove
11. Art of Love
12. Lonely Island
13. Easy Living
14. Night Train
15. End of Music

NewAge-Jazz·Fusion

댄싱 판타지Dancing Fantasy와 블루 나잇츠Blue Knights로 이미 북미에서 인정을 받은 커티스 맥로Curtis McLaw는 그의 음악적 영역을 넓히고자 오랜 친구이자 신시사이저 주자인 페터 셉코Peter Sefkow와 함께 또 하나의 프로젝트 컬러 인 모션을 구상한다.

경쾌하고 로맨틱한 사운드로 보컬을 좀 더 적극적으로 도입했던 이 프로젝트의 첫 번째 결실이 본작이다. 팝적인 스캣과 리드 보컬을 위해 가수 로미 카메룬Romy Camerun과 기타의 빌 플린Bill Flynn, 색소폰 연주자 토마스 볼터Thomas Wolter를 초대했으며, 자신과 페터 셉코는 백 보컬을 담당했다. 화려한 컬러의 수채로 그린 패션 스타일화의 커버 아트가 기내감을 승복시킨다.

이 앨범의 거의 모든 곡들이 흥겨운 재즈 파티에 와있는 듯한 느낌을 주는데, 첫 곡 〈Sunshine U.S.A.〉는 이 앨범의 백미로, 신나는 재즈댄스의 리듬에 남성과 여성 스캣이 화사한 명색의 조화를 이룬다.

토마스 볼터의 자작곡인 〈Cloudy〉는 애잔한 색소폰과 맑은 키보드 연주, 그리고 중량감 있는 리듬감을 병치했는데, 각각 다른 재질과 광택들이 어우러지며 서정성을 드러낸다.

비 내리는 도로에 자동차가 달리는 구상음을 사용한 〈Touch of Rain〉은 빗속 드라이브의 운치를 낭만적으로 그렸다. 스캣 또한 포근함을 주고 있어 명랑하면서도 감각적인 채도대비에 호감을 느끼게 된다.

댄스 비트가 황홀한 〈Moody Groove〉는 로맨틱한 신시사이저와 쾌조를 이루는 보컬이 오랫동안 에메랄드빛 그루브를 남긴다.

〈End of Music〉은 서정적인 신시사이저 음향과 부드러운 남성 스캣, 박동하는 드럼과 사쿠하치의 긴 숨이 아쉬움을 자아내는 명연으로, 커버의 고혹적인 자줏빛 물감이 화려하게 번진다.

색은 인간의 정서와 감정에 많은 영향을 미친다. 특히 우리의 감각 중 시각은 그 무엇보다도 빛과 색에 민감하다.

컬러 인 모션의 음악은 생활의 단편을 클로즈업하여 재빨리 크로키croquis하고 물감을 풀어놓는다. 그 경쾌한 작업은 시각적으로도 만족스러운 결과를 가져다준다. 멜랑꼴리한 재즈 팝의 감성으로 점철된 본작으로 우리의 삶에 색을 입히면, 커버의 색감과는 반대로 아마도 항상 화사한 명청색이 될 것 같다.

Colors in Motion
Secret

Night Sky | 873007 | 1996

1. Secrets
2. Pacific Highway
3. Color of Love
4. Silent Ocean
5. Sad Eyes
6. Foreign Nature
7. Sunset Boulevard
8. 101 South
9. Coast to Coast
10. Time for Tenderness
11. Northern Lights
12. Waiting for You
13. Flowing Season
14. Land of Dreams

NewAge-Jazz·Fusion

컬러 인 모션의 두 번째 앨범이자 마지막 앨범이다.

분명 재킷의 컬러는 밝아지고 활기차 보이지만, 전작 《Gentle Journey》에서 들려주었던 달콤한 보컬은 완전히 배제되어 있어 이들의 개성 있는 첫인상은 희미해졌는데, 결과적으로 1집에 비하면 정제된 듯한 인상이다.

그리고 재킷은 1집과 2집이 바뀌어야 했을 듯싶다. 원색적인 커버처럼 색상대비가 화려한 음악은 눈 씻고 찾아봐도 없다. 하지만 보다 부드럽고 낭만적인 무드의 색상으로 칠해져 있다. 1집이 단 번에 강한 톤의 컬러를 표현했다면 이번 작품에는 엷게 덧칠하여 투명성을 유지한 느낌이다.

〈Secrets〉는 타이트한 건반 연주와 색소폰, 기타로 은은한 서정의 불꽃을 튀기며, 리드미컬하고 다이내믹한 연출은 이 음악을 백미로 꼽는데 주저하지 않게 한다.

〈Pacific Highway〉에서 들려주는 여유와 자유는 맞닿은 수평선의 경계에 푸르른 낭만적인 색감을 계속해서 덧칠한다.

〈Color of Love〉는 놀이터에서 노니는 어린이들을 서두의 장면에 삽입하고 있으며, 키보드와 색소폰의 음성은 사랑 가득한 노란 생동감을 노래한다.

서글픈 팝재즈 〈Sad Eyes〉는 작은 파장을 일으키는 어쿠스틱 기타의 울림이 몽환적인 신시사이저 음향 위로 흘러내린다. 마치 눈물에 화장이 번지는 여인의 얼굴처럼 가슴 시린 드라마이다.

다소 정적이지만 사쿠하치의 울림이 깊게 공명되는 〈Foreign Nature〉은 신비로운 숲에 들어온 듯하다.

〈Sunset Boulevard〉는 저녁 데이트 약속이 있는 연인들의 들뜬 기분을 묘사한 듯 기대와 갈망이 퍼지는 퓨전록이며, 〈Coast to Coast〉에는 거품 맥주의 시원한 향내를 불어넣었다.

끝없이 펼쳐지는 그루브 사운드 〈Time for Tenderness〉는 멜로딕한 건반과 맑은 색소폰 그리고 차임벨로 로맨틱한 분위기를 연출한다.

커티스 맥로는 자신의 지칠 줄 몰랐던 창작욕의 클라이맥스에 몸의 움직임에 대한 색채학을 과감하게 발산했으나, 아쉽게도 본작을 끝으로 컬러 인 모션 프로젝트는 멈추고 말았다.

Constance Demby
Sanctum Sanctuorum

Hearts of Space | HOS11411 | 2001

1. Alleluiah
2. Invocation
3. Formless Presence
4. Gateway
5. Haven of Peace
6. Sanctuary

NewAge·Electronic·Ambient

콘스탄스 뎀비(1939~2021)는 일렉트로 심포니계에서 몇 안 되는 여걸이자 대가였다. 8세에 피아노 레슨을 시작으로 음악 공부를 지속했는데, 미시건 대학에서는 회화와 조각을 전공하고 그 예술적 우수성을 인정받아 Highby Award를 수상했다고 한다. 그래서 그녀의 음악은 섬세한 여성적 감성고 함께 색채미가 넘치고 입체적이다.

솔로 데뷔작 《Skies Above Skies, 1978》에서부터 대가다운 역량을 쏟아냈는데, 다양한 악기들과 함께 경건한 기도로 구성되었다. 인도 순례 후 더욱 심오한 창작력을 쏟아냈던 《Novus Magnificat : Through the Stargate 새로운 찬미가, 1987》는 뉴에이지 음악의 글래식이자 명반으로 평가받고 있다.

본작은 그녀가 거처를 스페인 바르셀로나로 옮긴 후 새천년에 발표한 것으로, 타이틀인 지성소는 신이 있다는 신전의 가장 신성한 장소로, 구약에 의하면 제사장이 일 년에 단 한 번 들어갈 수 있는 곳이라 한다. 성당의 창을 통해 그녀가 꿈꾸는 천체를 커버에서 열어 보이고 있는데, 이는 신앙적 믿음의 상징이다.

지난해 발표한 영화음악 앨범 《Faces of the Christ, 2000》에서 그랬던 것처럼 무한한 사랑과 자비로 인간의 죄를 사한 그리스도를 대면하듯 그녀는 깊고 넓은 공간을 청자의 명상과 자기반성을 위해 준비한다. 그녀의 온유함으로 가득 찬 그 우주가 곧 만물의 진실과 순수함의 세계로 부활하는 지성소인 셈이다.

그레고리오 성가와 부드러운 오케스트랄 신시사이저의 수많은 겹이 연출하는 바람결은 순수를 향한 감동으로 나타나는데, 특히 첫 곡으로 수록된 〈Alleluiah〉에서 보이소프라노의 메시아를 향한 기도문은 저 멀리 우주로까지 울리며 작은 두려움마저 느끼게 한다.

자비를 구하는 〈Invocation〉은 12분이 넘는 중편으로 엄숙한 남성 코랄과 보이 코랄의 반복적 구성으로 전개되며, 이어지는 연민의 찬송가 〈Kyrie〉로 따스한 체온의 흐름을 이룬다.

감사의 송가 〈Formless Presence〉, 그리고 〈Gateway〉는 첫 곡의 테마를 재등장시키면서 은총에 영광을 더하고, 그레고리오 성가가 등장하는 주제곡 〈Sanctuary〉는 성지를 음향적 우주공간으로 묘사한다.

그녀의 신념과 정신적 충만이 담긴 본작을 재생시키면 청자의 작은 감상실은 은혜와 축복이 내리는 우주적 성소가 된다.

Corciolli
Unio Mystica

Azul Records | ARCD 005 | 1995

1. Graduale
2. Lumen Naturæ
3. Ignis Noster
4. Visita Interiora
   i. In Summa Serenitate
   ii. Introitus
   iii. Aqua Permanens
5. Anima Stans
6. Spiritualia
7. Operis Processio
   i. Solve Et Coagula
   ii. Vas Hermetis
   iii. Serpens Mercurialis
   iv. Lapis Philosophorum
   v. Unus Mundus

NewAge-Classical Chant·Pops (Vocal)

브라질 출신의 코르시올리는 13세 때부터 전자오르간과 피아노를 배우며 음악 공부를 시작했다. 일찌감치 신시사이저가 지닌 음의 가능성에 관심을 가졌고, 건축 대학을 진학했던 1986년에는 이미 전문 연주자가 되어있었다. 졸업 후 그는 브라질 최고의 베이스 연주자 셀소 피싱가Celso Pixinga와 밴드 에스피리투 시가누Espirito Cigano와 연주활동을 가지면서 데뷔작 《All That Binds Us, 1993》를 발표한다.

그리고 두 번째 앨범인 본작이 뒤이었는데, 라틴어로 노래하는 남성 그레고리오 성가와 여성 보칼리제 그리고 오케스트라 편곡이 돋보이는 걸작으로, 교황 요한 바오르 2세의 극찬과 함께 40개국에서 발매되는 등 국제적인 조명을 받았다.

상파울루의 상벤투 수도원에서 녹음된 본작에서 그는 피아노와 신시사이저 그리고 퍼커션을 연주하고 있으며, 그레고리오 중창단, 아코디언과 탐부라Tambura 연주자들, 그리고 아름다운 보컬리스트 아드리아나 메자드리Adriana Mezzadri가 참여하고 있기에 본작은 더욱 아름답다.

그레고리오 성가로 시작하는 미사 전례의 화답가 〈Graduale 그라두알레〉에는 웅장한 파이프오르간에 교회 종소리가 울려 퍼지며, 천상의 목소리 메자드리가 떨리면서도 따사로운 음성으로 기도한다.

〈Lumen Naturæ 자연의 빛〉은 슬픈 보칼리제와 오케스트레이션으로 강렬한 감동을 심어주며, 〈Ignis Noster 우리의 불꽃〉에도 오케스트레이션에 민속적인 아코디언과 함께 은은한 보칼리제가 시련을 불사른다.

'충직한 믿음 - 진입 - 영원의 물'로 구성된 〈Visita Interiora 내면의 탐험〉은 평온한 자아와 믿음을 위한 신성한 심포니이다.

탐부라와 크루시스Krucis의 아랍 보컬이 주가 되는 수피Sufi의 제례음악 〈Anima Stans 둘러선 영혼〉은 열반의 세계이며, 〈Spiritualia 영혼〉은 그레고리안 성가에 숭고한 복음 낭송이 이어진다.

〈Operis Processio 행렬의 오페라〉는 5개의 소악장 (용해시키고 응고시키라 - 헤르메스의 그릇 - 수성의 뱀 - 철학자의 돌 - 유일한 세계)로 구성된 15분여의 중편으로, 그의 모든 역량을 쏟아붓고 있는 대작이다.

은하수를 통과하는 듯한 이 영혼의 음악은 위안과 치유의 작품으로 어느 한 곡도 놓칠 수 없는 엄숙하고도 숭고한 신성의 순간들로 채워져 있다.

Corciolli
Infinito

The new album from Brazil's No.1 ambient new-age orchestral composer

DreaMusic | CD 008531 | 2015

1. Dream of Us
2. A Noite do Meu Bem
3. Mono No Aware
4. Dandelion
5. Melodia Sentimental
6. Spiral
7. Infinite Love Song
8. Solace
9. Interdimensional
10. Lacrimee
11. Se Todos Fossem Iguais A Voce
12. San Telmo
13. Eu Sonhei Que Tu Estavas Tao Linda
14. Tucuma

NewAge-Ambient, NewAge Instrumental,

올라운더 작곡가 코르시올리의 음악 여정은 매우 다채롭다.
명작 《Unio Mystica》이후, 그는 이듬해 티베트의 구도자들에 고무된 《The New Moo of East, 1996》을 발표했다. 이후 힐링과 요가 음악, 셀틱 음악, 브라질 팝 앨범에 이어 근작인 《Ilusia, 2018》에서는 프로그래시브록을 선보였다.

본작 《Infinito 무한대》는 탱고, 재즈, 보사노바 등 남미의 정취가 담긴 또 다른 색채의 웅장한 뉴에이지 음악을 들려준다.

〈Dream of Us〉에는 여유로운 피아노 멜로디와 색소폰에 엷은 소프라노 Gracieli Valverde의 보길리제로 소중한 꿈을 위한 뜨거운 갈망의 교향악이 흐른다.

신비롭고도 애절한 〈A Noite do Meu Bem 나의 좋은 밤〉은 바이올린을 위한 엘레지로, 원곡은 브라질의 여가수 돌로레스 듀란Dolores Duran의 1959년 히트곡이다.

보사노바 트랙 〈Mono No Aware〉은 침잠의 차가움이 꿈틀거리는 전자음향에 피아노가 빛을 내고 바이올린이 열을 올린다. 다소 몽롱한 이미지는 매우 세련되었다.

〈Dandelion〉에는 소프라노 음성과 매끄러운 키보드의 음소가 만들어내는 소리풍경이 신비롭다. 물이나 공기에 실려 자유롭게 유영하는 듯한 동세도 좋다.

〈Melodia Sentimental〉는 시크릿 가든Secret Garden의 음악을 연상시키는 서정적인 작품으로, 소프라노 보칼리제와 바이올린의 하모니는 카타르시스를 쏟아낸다.

〈Infinite Love Song〉은 피아노 로맨스에 색소폰의 랩소디, 소프라노 아리아 등으로 다채롭게 순간순간을 변화시키며, 〈Lacrimee〉에는 얼후의 정적인 비애가 어둑한 야경을 그려 넣는다.

청아하고 청정한 〈Se Todos Fossem Iguais A Voce 모두가 당신과 같다면〉, 바이올린으로 연주하는 탱고의 고전 〈San Telmo〉, 부드러운 왈츠의 고전인 〈Eu Sonhei Que Tu Estavas Tao Linda 아름다운 널 꿈꾸었네〉도 만나게 된다.

그의 무경계 음악은 지구 반대편 브라질의 컨템퍼러리 음악을 잘 살필 수 있는 훌륭한 무한대 음악이다.

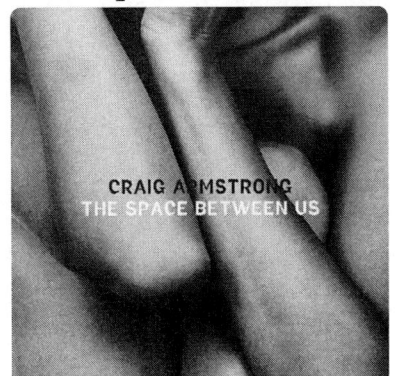

Craig Armstrong
The Space Between Us

Virgin | 72438 44979 2 7 | 1998

1. Weather Storm
2. This Love
3. Sly II
4. After The Storm
5. Laura's Theme
6. My Father
7. Balcony Scene (Romeo & Juliet)
8. Rise
9. Glasgow
10. Let's Go Out Tonight
11. Childhood
12. Hymn

NewAge-Ambient, NewAge Instrumental,

크레이그 암스트롱은 스코틀랜드의 작곡가로, 현대 오케스트라 음악, 일렉트로니카 그리고 영화음악가로 알려져 있다. 왕립음악 아카데미에서 작곡, 바이올린과 피아노를 공부한 후, 경연에서 그리고 활동으로 작곡가로서의 두각을 나타내기 시작했다.

그는 대중음악과 고전음악 사이의 신뢰도에 차이가 없다고 생각했는데, 이러한 팝 장르에 대한 존중은 영국의 브리스톨에서 결성된 그룹 Massive Attack과의 협업으로 드러난다. 그리고 이후 장르가 무의미한 그의 독창적인 음악 여정이 계속되고 있다.

본작은 솔로 데뷔작으로, 그의 음악에 대한 기본개념의 확고함을 잘 보여준다.

첫 곡 〈Weather Storm〉은 Massive Attack의 《Protection, 1984》에 기여했던 동명의 원곡을 영화의 오프닝처럼 편곡한 작품이다. 오케스트레이션과 키보드의 세밀한 묘사가 압권이다.

〈Sly II〉는 Massive Attack의 상기 앨범에 수록된 보컬 곡 〈Sly〉를 잇는 중후한 현대 오케스트라 작품으로, 두툼한 현악의 막들이 서로 엉키고 마찰하며 뜨거운 불길을 내뿜는다.

〈After The Storm〉은 일렉트로니카 돌풍의 잔재가 도사리다 현악의 바람이 거세게 휘몰아치는 현재진행형이다. 역시나 시각적 연상성이 뛰어나다.

〈Laura's Theme〉에서의 광활하고도 서정적인 풍경은 눈발이 휘몰아치는 러시아의 설원으로 청자를 데려다 놓는다. 시린 역경의 비장한 드라마이다.

〈Balcony Scene〉는 그가 작곡가로 참여했던 영화 「Romeo + Juliet, 1996」에서의 가져온 주제로 장중한 관현악이 영화의 감동을 재현한다.

〈Rise〉에서의 힙합 비트와 앰비언트 감각은 지극히 중독적인 최면으로 끌어올리며, 〈Glasgow〉는 다큐멘터리나 연극 혹은 무용을 위한 배경음악처럼 전조가 침묵 속에서 꿈틀거린다.

보컬곡인 〈This Love〉는 록밴드 Cocteau Twins의 여성 싱어 Elizabeth Fraser가, 〈Let's Go Out Tonight〉는 팝 밴드 The Blue Nile의 《Hats, 1989》 수록곡으로 멤버 Paul Buchanan가 노래했다.

뉴에이지 음악 애호가들에게도 환영받을 멋진 사운드스케이프가 살아 숨 쉰다.

Craig Armstrong
As If to Nothing

Astralwerks | ASW 11907-2 | 2002

1. Ruthless Gravity
2. Wake up in New York · & Evan Dando
3. Miracle · & Mogwai
4. Amber
5. Finding Beauty
6. Waltz · & Antye Greie-Fuchs
7. Inhaler
8. Hymn 2 · & Photek
9. Snow · & David McAlmont
10. Starless II
11. Stay (Faraway, So Close!) · & Bono
12. Niente
13. Sea Song · & SWendy Stubbs
14. Let It Be Love · & Steven Lindsay
15. Choral Ending

NewAge·Electronic·Ambient

실수로 주문한 음반에 자책하다 그 결과물을 듣고는 만족감에 관심을 두는 경우가 더러 있다. 글쓴이가 크레이그 암스트롱을 만나게 된 경우가 그러하다.

이 앨범은 유로 재즈 레이블 ECM의 커버 아트와 흡사했기에 레이블 확인도 없이 장바구니에 넣어두었다가 다른 앨범들과 함께 구입한 경우인데, 이 성급한 버릇이 작동하지 않았다면 어쩌면 지금까지도 그와의 만남은 묘연했을지도 모른다.

본작은 앰비언트 작곡집으로, 첫 앨범 《The Space Between Us》과 4장의 영화음악에 이어 순수 작곡 음반으로는 두 번째이다.

9인의 첼리스트, 7인의 더블베이스 주자, 11인의 비올리스트, 30인의 바이올리니스트 등 거대한 관현악단, 21인의 보컬 단원들이 참여한 대단위 편성에, 그의 특별한 일렉트로니카와 다양한 팝과 록 뮤지션과의 협업은 정교하고도 다이내믹한 색채의 향연을 들려준다. 어둑한 커버의 사진처럼 다소 스산하고 암울한 느낌의 그의 연주곡들은 특히 뉴에이지 음악 애호가들의 마음을 사로잡을 것이다.

〈Ruthless Gravity〉에서 무자비하게 가라앉은 흑백의 적막함은 그 표피들이 점차 균열을 일으킨다.

스코틀랜드 포스트록 밴드 Mogwai가 참여한 〈Miracle〉은 월드뮤직 앰비언트로 마치 제3세계 영화음악을 듣는 듯한데, 제목과는 다르게 쓰라린 아픔이 서려 있다.

〈Amber〉에서는 재난영화에서나 나올법한 긴장감이 넝쿨처럼 길게 뻗어가며, 빛을 흡수하는 듯한 암흑의 세상이 열린다.

〈Finding Beauty〉의 오케스트라 서정성은 경탄할 만하다. 다소 비장감이 서린 듯도 한데, 마침내 결말에서 승리를 거두는 블록버스터의 클로징 같다.

전작에 이은 〈Hymn 2〉는 LA에서 활동하는 영국의 일렉트로닉 DJ 포텍Photek이 참여했는데, 여성 보컬이 구슬픈 경배를 올린다.

〈Starless II〉는 프로그래시브록 그룹 King Crimson의 명반 《Red, 1974》의 〈Starless〉의 샘플을 사용한 것으로, 소멸에 관한 경고이다.

'아무것도 아닌 것처럼'이란 타이틀이지만, 면밀한 기획에 녹다운 될 수밖에 없다. 보컬 곡들도 충분히 좋고, 록 마니아들에게도 환영받을 매력만점의 작품이다.

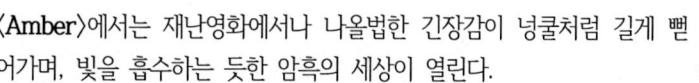

Craig Armstrong
Nocturnes Music for 2 Pianos

CRAIG
ARMSTRONG
NOCTURNES
MUSIC FOR
2 PIANOS

Modern Recordings | 538671192 | 2021

1. Nocturne 1
2. Nocturne 2
3. Nocturne 3
4. Nocturne 4
5. Nocturne 5
6. Nocturne 6
7. Nocturne 7
8. Nocturne 8
9. Nocturne 9
10. Nocturne 10
11. Nocturne 11
12. Nocturne 12
13. Nocturne 13
14. Nocturne 14

New Acoustic

위키백과에 따르면, 야상곡Nocturne이란 명칭은 18세기 때 저녁 파티에 주로 연주하던 곡을 일컫는다고 한다. 주로 밤에 영감을 받은 악곡의 장르로, 19세기 때 피아노 독주용 음악으로 번창하였는데, 아일랜드 출신의 작곡가 존 필드John Field가 최초로 야상곡이란 명칭으로 작곡하였다고 한다.

우리에게 가장 유명한 야상곡은 21개의 작품을 쓴 쇼팽Frédéric Chopin이며, 드뷔시Claude Debussy나 포레Gabriel Faure, 사티Erik Satie, 스크랴빈Alexandr Skrya-bin 등 많은 작곡가도 야상곡을 남겼다.

크레이그 암스트롱은 팬데믹 시절 피아니스트로 돌아가 위안을 주는 지극히 치유적인 작품 《두 대의 피아노를 위한 야상곡》을 썼다. 류이치 사카모토Ryuichi Saka-moto(1952~2023)와 막스 리히터Max Richter의 영향력도 살필 수 있는 본작은 클래식 마니아들에게 주목받았지만 뉴에이지 음악 애호가들도 놓칠 수 없다.

〈Nocturne 1〉의 잔잔한 아르페지오는 물방울이 퍼지듯 다가오다 밀려난다. 그러면서 고요한 밤공기의 청량한 향기를 실어 온다. 투명한 잔향이 남기는 자장가는 하얀 꿈결같은 이미지로 율동한다.

〈Nocturne 3〉은 마치 베토벤Beethoven이 21세기에 〈월광〉을 작곡했다면 이러한 곡이 탄생하지 않았을까 싶다. 달빛을 어렴풋하게 삼킨 지구 도시의 야경을 반딧불의 환영처럼 그리고 있다.

〈Nocturne 4〉에서 그가 그리고 있는 희망의 배경은 자연이 아니라 집 안이다. 따스한 체온이 흐르는 밤의 시간은 조명의 불빛처럼 환하다.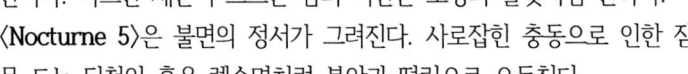

〈Nocturne 5〉은 불면의 정서가 그려진다. 사로잡힌 충동으로 인한 잠 못 드는 뒤척임 혹은 렘수면처럼 불안과 떨림으로 요동친다.

〈Nocturne 7〉은 칠흑 같은 어둠과 고요의 소리이다.

〈Nocturne 11〉은 류이치 사카모토에 헌정한 작품으로, 재지한 이미지와 리듬을 따르지 않는 터치가 독특한 감정선을 유유하게 그려간다.

〈Nocturne 12〉는 어린 시절 할머니가 들려준 오르골의 멜로디를 떠올리며, 그 따사로운 공간의 분위기를 재현한다. 이 시적인 담백함 위로 은은한 향수가 포개진다.

그의 야상곡은 오묘하고 모호하다. 분명한 것은 계속해서 새롭게 변화한다는 것이다. 그의 음악은 현대인의 늦은 취침까지 이야기를 들어 줄 것 같다.

Crem (La)
Icaria

la crem icaria

Neuronium | NRCD 019 | 2003

1. Mano (Nono Song)
2. Give Love
3. Daydream
4. For Your Eyes
5. Die Stille Nacht
6. Icaria
7. Defy
8. Away
9. From Dawn to Dusk
10. Chasing Planes
11. Piel
12. Thrive
13. Take

NewAge-Electronic·Ambient

'크림'이란 뜻의 크렘La Crem은 뮤지션 호세 마리아 호드리게스 마이José María Rodríguez "May"와 라몽 마르티네스Ramón Martínez의 프로젝트로, 그들의 유일작이다. 다소 괴기스러운 커버와는 다르게 이 음반은 피아노 솔로에서부터 심포니, 현대음악, 일렉트로닉스 등 다양한 뉴에이지의 연주 형태를 선보인다. 내레이션과 대화도 포함되어 있어 영화나 연극의 사운드트랙처럼 느껴지기도 하는 종합선물 세트라 할 수 있다.

타이틀 이카리아Icaria는 그리스·로마 신화에서 이카루스Ikarus의 시신을 묻었다고 전해지는 섬의 이름이다. 미지에 대한 동경을 상징하는 그의 날개에 대한 이야기는 잘 알려져 있다. 이 신화의 내용과는 무관하지만 크렘은 현실의 가치나 사랑과 같은 감정들을 유토피아에 비유한다.

손을 뜻하는 〈Mano〉는 몽롱함이 매우 인상적이다. 마치 물 고인 동굴 속에서 공명되는 우아하고도 느린 피아노 멜로디에 은은한 신시사이저 오케스트레이션의 바람이 불어와 나른함 속으로 이끈다.

색소폰의 앰비언트 재즈 〈For Your Eyes〉에 이어, 해변가의 밤의 서정을 그린 〈Die Stille Nacht 고요한 밤〉는 파도 소리에 밀려오는 아름다운 소프라노 클라우디아 슈나이더Claudia Schneider의 짧은 오페라이며, 자연스레 이어지는 〈Icaria〉는 외로운 피아노의 시로 망상을 쫓는다.

〈Defy〉은 월드 퍼커션에 트립합 비트 그리고 희망의 메시지를 담는 신시사이저 오케스트레이션이 따사롭게 밀려오며, 〈From Dawn to Dusk〉에서는 〈Defy〉의 슬픈 피아노 테마가 마술과도 같은 자연의 색채에 경건한 서정을 더한다.

운명적이고도 비장한 협주곡 〈Chasing Planes〉에는 비 오는 밤의 말 발굽 소리로 〈Piel 피부〉와 연결된다.

〈Thrive〉는 피아노의 하얀 멜랑꼴리 위로 애상적인 바이올린의 붉은 눈물이 번진다.

그리고 2분의 침묵 끝에서 자신의 모든 것을 헌신하겠다는 〈Take〉에서는 유토피아를 향한 사랑의 의미를 전한다.

태양과 함께 열릴 밝은 사랑의 유토피아를 위해 자유로운 영혼으로 춤추고 노래하는 작은 소녀의 모습이 계속해서 환영으로 아른거린다.

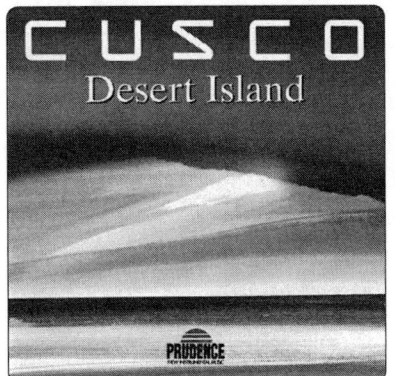

Cusco
Desert Island

Prudence | 398-6140 | 1980

1. Desert Island
2. Lampedusa
3. Helgoland
4. Catalina
5. Straits of Hormuz
6. Galapagos
7. Alcatraz
8. Hokkaido
9. Herrenchiemsee
10. Ireland

NewAge-Ambient

1943년 독일 출생인 마이클 홀름Michael Holm은 1960~70년대에 이미 독일 팝음악계에서 작곡가와 록 보컬리스트로, 많은 레퍼토리에 몇 장의 레코드는 밀리언셀러를 기록하는 등의 성공을 거두었다. 대중적인 인기에도 뭔가 부족함을 느끼고 6개월간 남미 여행을 결심한다. 1978년 페루 마추픽추Machu Picchu에서 본 잉카문명의 성지는 그에게 정신적인 충격과 창작욕을 불러일으키는 모티프가 되었다. 이듬해 친구인 키보디스트 크리스티안 슐체Kristian Schultze(1945~2011)에게 음악 작업을 제안했다. 잉카의 옛 이름을 딴 쿠스코는 첫 앨범《Desert Island, 1979》를 녹음했지만, 그의 인지도에도 불구하고 이 앨범을 제작해 줄 회사를 찾기란 쉽지 않았다. 그러던 중 일본의 작은 레코드 회사에서 관심을 보였고, 1980년대 초 공전의 대히트를 기록하며 역으로 유럽에 소개되기 시작했다.

지구촌에서 태고의 신비를 가진 섬을 주제로 한 본작은 1991년에 국내 라이선스로 소개되었는데, 방송으로 알려진 대부분의 곡을 수록하고 있다.

〈Lampedusa 람페듀사〉는 이태리 시칠리아 최고 남단에 위치한 작은 섬으로, 지중해의 매혹적인 풍광을 다소 빠른 템포에 샘솟는 듯한 신시사이저와 대나무 플루트를 연상시키는 멜로디가 애수를 더한다.

북해에 위치한 독일의 휴양지 〈Helgoland 헬고란트〉에는 푸르게 넘실거리는 파도를 희화한 음향이 너무나 감미로우며 기타도 낭만적이다.

〈Catalina 카타리나〉는 LA 해안가에서 약 22마일 떨어진 휴양지로, 라틴 기타와 속도감 있는 만돌린 그리고 애환이 느껴지는 오카리나 사운드의 멜로디로 정열적인 멕시코풍의 음악을 들려준다.

거북의 이름을 딴 〈Galapagos 갈라파고스〉는 태평양 에콰도르령의 화산섬으로, 자연사 박물관이라 칭하는 생태계의 보고이다. 다이내믹함과 라틴 성향이 섞인 신비함은 서부극의 스코어를 연상시키기도 한다.

'펠리컨Pelican'이란 뜻의 〈Alcatraz 알커트래즈〉는 미국 샌프란시스코만에 위치한 감옥이었지만 현재는 골든게이트 국립휴양지에 포함되었다. 이는 팝 작곡자인 라이너 핏치Reiner Pietsch의 작품으로, 신시사이저를 극대화한 명곡이다.

마지막으로 수록된 명곡 〈Ireland〉는 아일랜드에 배어있는 독특한 슬픈 분위기를 스케치하였는데, 기타 반주에 오카리나와 아코디언이 뿜는 온풍의 숨결로 따사로운 향수에 젖게 만든다.

Cusco
Apurimac

Higher Octave | HOMCD7016 | 1988

1. Apurimac
2. Flute Battle
3. Tupac Amaru
4. Flying Condor
5. Inca Dance
6. Pastorale
7. Amazonas
8. Inca Bridges
9. Andes
10. Atahualpa-The Last Inca
11. Fighting Inca
12. Apurimac II

NewAge-Ambient

쿠스코는 데뷔 이후 〈Machu Picchu〉가 수록된 2집 《Cusco II, 1981》를 공개했으며, 작곡자 라이너 핏치의 〈North Pole〉와 〈Iceberg〉가 실린 《Cool Island, 1982》를 발표하였다.

이어진 《Planet Voyage, 1982》에는 〈Venus〉가 사랑받았으며, 《Virgin Island, 1983》에는 아름다운 〈Philippine〉과 〈Java〉 그리고 굼베이 댄스Goombay Dance의 1981년도 히트곡 〈Sun of Jamaica〉을 리메이크하여 들려주었다. 《Island Cruise. 1984》에는 대표곡 〈Gaum〉이 수록되어 있다.

통산 6집인 《Apurimac, 1984》은 그들에게는 기념비석인 앨범으로, 미국 시장에 진출한 첫 앨범이기도 하다. 특히 〈Flute Battle〉은 미국 라디오방송국에서 문의와 요청이 쇄도했는데, 재즈도 아니고 익숙하지 않음에도 불구하고 라디오 차트 5위를 기록했으며, 전미음반협회NAIRD가 선정한 베스트 뉴에이지 앨범 순위에 선정될 정도로 대단한 성공을 거둔다.

국내에는 1985년에 라이선스되었고, 처음 국내에 자신들의 이름을 알린 작품이었다. 클래식에서 팝 마니아들까지 그들의 앨범 한 장 정도는 소장하고 있을 정도로, 연주 앨범으로는 당시 유례없는 판매고를 올렸다고 한다.

마이클 홀름이 1978년 남미에서 접한 여러 토착 문명의 유적지에 대한 감상을 서사적으로 풀어놓은 본작의 멜로디는 단순하면서도 마음을 움직이는 동양적 선율과 닮아있다. 멸망했지만 수준 높은 고대 문명의 신비를 영광과 연민의 시선으로 그려낸 명작이다.

'신이 말하는 곳'이란 의미인 페루의 〈Apurimac〉에서는 용감한 전사의 땅에 대한 슬픈 랩소디가 울려 퍼진다.

모 라디오 방송의 시그널로 사용되기도 했던 〈Inca Dance〉 등 전곡이 대중적으로도 잘 알려진 주옥같은 작품들이다.

그중에서도 항상 〈Pastorale〉가 귓가에 오래 머문다. 쿠스코의 북서쪽 우르밤바 협곡의 해발 2천4백여 미터 산상에 자리 잡은 폐허 마추픽추 위로 스페인군의 추적을 피해 가족들을 땅에 묻고 황급히 떠나야 했던 잉카인의 비장한 최후가 자꾸만 떠오르기 때문이다. 마추픽추를 둘러싸고 있는 고원의 봉우리들과 까마득히 아래로 흐르는 강물에 이별 인사를 고하는 것일까? 평화를 향한 목동의 눈물 어린 팬플루트는 이렇게 진한 슬픔을 남기며 침묵하고 있는 폐허의 풍경 속으로 다시금 사라진다.

Cusco
Mystic Island

Higher Octave | HOMCD7021 | 1989

1. North Easter
2. Lucky Jack
3. Catalina
4. Fireshoes
5. Solitude
6. Leo
7. The Fox and the Lady
8. Milky Way
9. Lonely Rose
10. Pisces

NewAge-Ambient

매혹적인 작품 《Apurimac, 1988》에 이어 미국 시장에 선보인 《Mystic Island》도 공전의 히트를 기록했다. 쿠스코를 상징하는 Island 시리즈의 완결편으로 많은 인기와 지명도를 얻고 있다. 총 10개의 작품을 담았는데, 다섯 곡은 이전 앨범들에서 선곡한 작품이며 나머지는 신작이다.

가벼운 신시사이저 팝 작품인 〈North Easter〉은 《Cool Island, 1982》에, 〈Catali -na〉는 《Desert Island, 1988》에 수록된 작품이다. 《Planet Voyage, 1982》에서는 〈Leo〉, 〈Milky Way〉, 〈Pisces〉가 커트되었다.

〈Pisces〉는 독일 신스팝의 대가인 라이너 핏치Reiner Pietsch의 작곡으로, 그리스신화에서 미의 여신 아프로디테와 아들 에로스의 변신으로 전해지는 물고기자리를 향해 이륙하는 듯한 서사적인 우주음악이다.

기타로Kitaro를 연상시키는 본작의 백미 〈Solitude〉는 현의 단아한 기품 속에 플루트의 진한 서정시가 울린다. 일본 팬들의 열렬한 지지를 받았던 만큼 동양적인 선율이 탁월하다.

방송 광고음악으로 잘 알려진 〈The Fox and the Lady〉은 시원하고도 달콤하기 그지없다. 제목부터 호기심을 자극하지 않는가?

〈Lonely Rose〉는 제목답게 쿠스코의 음악 중에서 아마도 가장 여리고 내성적이며 여성적인 곡이 아닐까. 단아한 느낌의 건반과 팬플루트의 음색은 장

미의 향기처럼 연하게 스치며, 신시사이저 음향도 무척 포근하다. 제목과는 반대로 무척 로맨틱하다.

1990년대 이후 쿠스코는 파라다이스를 콘셉트로 발표한 《2000, 1992》은 현악의 결이 느껴지는 심포니 작품들 〈Canada - Last Paradise〉, 〈Africa - Afrika〉, 〈Flying Condor〉를 수록하여 예전 앨범들에서는 접할 수 없는 표현기법을 보여주었으며, 《2002, 1993》에는 〈Erosion〉이란 중후한 전자교향곡을 수록했다.

또한 그들의 명성을 확고히 한 대표작 《Apurimac》의 연작 프로젝트로, 마야와 아즈텍의 문명을 되살린 《Apurimac II, 1994》에 이어, Nature, Spirit and Pride'라는 부제에 따라 아메리카 대륙의 인디오들의 삶을 음의 파노라마로 그린 대서사시 《Apurimac III, 1997》를 완성했다.

새천년에는 《Ancient Journeys, 2000》와 《Inner Journeys, 2003》을 발표하며 시공간을 초월한 철학적인 개념여행으로 그들의 전설과 신화창조를 이어갔다.

Damian Draghici
Oneness

Bashalde | DHM0117 | 2004

1. Oneness
2. Open Your Heart
3. Habanos Days
4. Queen of Night
5. Anaconda
6. Crossroads Brothers
7. Planet Music
8. Bale
9. Moonlight in St. Petersburgh
10. Dancing Swans
11. Oneness - *Jorio Remix*
12. Broken Wings - *Jorio/Alex Fiend Remix*

NewAge-Ambient, NewAge-World

헤르메스의 아들이자 목신인 판Pan은 아르카디아산에 사는 님프 시링크스Syrinx 를 사랑했지만, 그녀는 그의 반인반수半人半獸의 모습이 싫어 라돈강까지 도망가 다 갈대로 변신했다. 판은 바람에 갈대가 흔들리는 소리에 매료되고 그 갈대를 엮어 시링크스를 잃은 슬픔을 노래했다고 한다.

목신牧神의 악기 팬플루트는 목가牧歌의 슬픔과 신비로움이 묻어난다. 우리는 일 찍이 게오르그 잠피르Gheorghe Zamfir가 연주한 〈Einsamer Hirte 고독한 양치 기〉에서 루마니아 민속악기의 매력을 탐닉할 수 있었다.

다미안 드라기치Damian Draghici는 루마니아가 사랑하는 팬플루트 연주자이다. 7 대 이상 전통음악을 연주한 음악가 집안에서 자랐으며, 핸드 덜시머를 시작으로 피아노, 베이스, 드럼, 아코디언을 연주하며 작은 팬플루트를 고안하기도 했다. 10세 때는 루마니아 내셔널 페스티벌에서 우승했으며, 14세 때는 TV에 출연하고 루마니아 라디오방송 오케스트라 단원으로도 활약했다. 월드뮤직과 재즈 페스티 벌에 100회 이상 참가하여 다양한 음악 스타일을 접하며 자신만의 음악을 확립 하게 된다. 미국의 버클리 음대에서는 전 학기 동안 장학금을 받았으며, 유럽에서 는 14장의 음반을 발표했다.

특히 본작은 런던 심포니 오케스트라와 함께 루마니아의 집시음악에 중동, 터키, 아프리카 등의 월드뮤직을 크로스오버한 이색작이다.

〈Oneness〉는 크로스오버의 걸작으로 중동풍의 남성 구음과 여성 스캣, 피아노, 민속악기 등의 조화가 유기적이다.

보다 팝적인 〈Open Your Heart〉는 그의 피아노와 케이트 콘클린Kate Conklin의 월드 보컬 그리고 관악 임프로비제이션이 열정을 그려간다.

쿠바의 독특한 정취를 녹여낸 〈Habanos Days〉에 이어, 〈Anaconda〉 에는 아프리카 원주민의 구음과 구슬픈 팬플루트, 그리고 그의 보컬과 피아노로 신비의 에스닉 퓨전이 펼쳐진다.

〈Planet Music〉에서는 트립합의 빠른 비트에 우주인의 교신음과 독특 한 관악의 합주 그리고 중동 보컬로 막강한 월드트랜스 댄스를 들려주 며, 〈Bale〉는 뱃사람들을 위한 플라멩코 불꽃이 튄다.

그 외 〈Moonlight in St. Petersburgh〉은 브람스Brahms의 〈교향곡 제3번〉을, 〈Dancing Swans〉은 차이콥스키Tchaikovsky의 〈백조의 호수〉를 각색한 것이다.

Dancing Fantasy
Midnight Blvd.

IC-Digit | IC710.105 | 1990

1. Double Fantasy Dream Theme
2. Midnight Blvd. - *Relax vers.*
3. Cry Nature
4. Voodoo Jammin'
   (Kinski Love Theme)
5. Groove for Fantasy
6. Big River, Small Boat
7. Mystery Voice
8. Dark Water
9. Midnight Blvd. - *NewAge Dance vers.*
10. Voodoo Jammin' - *Radio House Cut*
11. Voodoo Jammin' - *Kinski Ambient House Mix*

NewAge-Jazz·Fusion

뉴에이지 재즈의 독보적인 존재라고 해도 과언이 아닐 댄싱 판타지는 세계적인 뮤지션 커티스 맥로Curtis McLaw가 결성한 그룹이다. 또 다른 멤버 크리스 윌리엄스Chris Williams 역시 기타와 키보드, 그리고 프로그래밍의 귀재이다. 이 둘은 재즈와 뉴에이지의 경계를 과감히 허물어 소프트재즈Soft Jazz라 불리는 그들만의 음악을 고안했다. 양한수님의 저서 「뉴에이지 영혼의 음악」에는 이들의 음악을 '재즈 칵테일'이란 다섯 글자로 압축하고 있는데, 칵테일이란 곧 퓨전을 의미하므로 정말 절묘한 비유라 생각된다.
데뷔작 《Midnight Blvd.》는 미국 서부를 수직으로 질주하는 웨스트 코스트 하이웨이의 일몰 풍경을 커버로 하여 열기 가득한 소프트재즈를 들려주고 있다. 그 열기 속에 낭만과 꿈과 기대가 녹아있고, 이들은 광활함 속에서 꿈틀거린다.

〈Double Fantasy Dream Theme〉는 그들에게 많은 영감을 주었던 로버트 쉬뢰더Robert Schröder가 결성한 더블 판타지Double Fantasy에 존경을 표한 작품이다. 이름도 유사한 더블 판타지는 아메리칸드림을 소재로 재즈와 일렉트로닉스를 융합한 작품을 발표한 바 있다.

히트곡 중 하나인 〈Midnight Blvd.〉은 우울함이 내재되어 있고 광활한 그루브에 다소 몽환적인 색채가 강렬하게 전달된다.

사쿠하치의 긴 호흡에 실리는 슬픈 댄스 비트 〈Cry Nature〉에 이어지는 최고의 히트 싱글 〈Voodoo Jammin〉은 시원한 기타 연주가 일품으로 묘한 분위기의 퓨전재즈를 들려준다.

몽환의 그루브 〈Groove for Fantasy〉는 다소 어두운 명암을 지녔지만, 영화 「Wild Orchid 와일드 오키드, 1990」의 관능적인 장면처럼 뿌연 안개가 가득하고 정글의 고동이 느껴진다.

독특한 관악의 연주에 신시사이저의 협연이 어우러진 〈Big River, Small Boat〉, 프로그래밍된 인성을 삽입하고 탄력적인 비트를 이용한 〈Mystery Voice〉, 그리고 〈Dark Water〉는 컴퓨터가 만들어내는 디지털 효과음을 차용한 리드미컬한 작품이다.

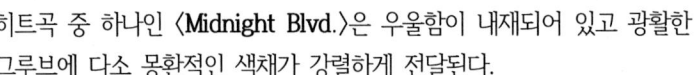

댄싱 판타지는 이 앨범을 시작으로 세계적으로 많은 팬을 거느리게 된 독일 뉴에이지 그룹이 되었다. 첫 작품 《Midnight Blvd.》에서부터 그들의 성공은 예정된 것이었으며, 카피밴드가 흉내 내지 못할 만큼 참신한 것이었다.

Dancing Fantasy
California Grooves

DANCING FANTASY
"CALIFORNIA GROOVES"

THE SPIRIT OF THE WESTCOAST

IC-Digit | IC 710.130 | 1991

1. Good Morning America
2. Get Things Straight
3. Streethoppin'
4. Are You Ready?
5. Beyond the Horizon
6. Tim's Talk
7. Malibu
8. Tammy and Joan
9. California Girls
10. Michael
11. Paleeze
12. Happy Harry
13. Human Body Work
14. Riders on the Storm
15. Weather Report
16. California Grooves
17. Midnight Blvd. - '91 remix

NewAge-Jazz·Fusion

댄싱 판타지는 데뷔작이 성공한 후 두 번째 앨범 《Califonia Groove》를 발표했는데, 이는 놀랍게도 빌보드 차트 6위까지 진출했다. 또한 1991년에는 올해의 앨범 뉴에이지 부문 Top 25에 오르기도 했는데, 유럽의 연주곡이 미국 시장에서 큰 성공을 거둔 예가 드물었기에 IC 레이블의 위상을 높여주었던 대히트작이었다. 이 듬해 국내에도 라이선스로 소개되어 그들의 명성을 알렸다.

본작은 안정감 있는 미드템포에 색소폰과 키보드의 멜로디 라인 그리고 신선한 그루브의 맛을 더하여 황홀한 열기 속으로 유혹하고 있다. 그들의 캘리포니아 여행기를 펼쳐보면, 인생에 있어서 여흥과 선교, 농구, 해변, 보석, 파도타기와 사랑 만들기에 대한 지유로운 풍경을 스케치하며, 곡과 곡 사이를 해변에서 만난 다양한 인물들과의 소통과 퍼포먼스로 연결하여 보다 다이내믹한 구성을 취하고 있다. 무엇보다도 감미롭기 그지없는 로맨틱 사운드는 환상의 저녁놀처럼 열띤 감흥으로 물든다.

자신의 음악을 환영해 준 미국 팬들에 보내는 인사 〈Good Morning America〉는 식지 않은 열대야의 기온 속으로 상쾌한 바닷바람이 은은하게 전해지며 흥분과 설렘이 서서히 꿈틀거린다.

가벼운 댄스 비트에 색소폰의 여유가 리듬을 타기 시작하는 〈Streethoppin'〉에 이어, 〈Beyond the Horizon〉는 기타의 서늘한 바람결이 부드럽다.

백미중 하나인 〈Malibu〉는 탄력 있는 비트에 애수의 사쿠하치 연주가 해양스포츠의 메카라 불리는 말리부 해변을 서정적으로 그린다.

구릿빛으로 그을린 건강미 넘치는 소녀들의 매력을 담은 〈California Girls〉, 그리고 〈Paleeze〉는 가벼운 신시사이저 음악이지만 몽환의 신기루를 연출한다.

〈Human Body Work〉은 역동적인 맥박이 소 울음소리와 함께 신비한 음향을 타고 흐르는 이색작이다.

도어즈The Doors의 명곡 〈Riders on the Storm〉은 색소폰 블루스로 리메이크했고, 타이틀 〈California Grooves〉는 해변의 구상적인 효과음을 삽입하여 더욱 생생하고 활력 있는 감흥을 유연하게 재생한다.

해변에 부서지는 파도가 그리워지는 여름날의 낭만 음악이 풍부한 본작으로 댄싱 판타지는 독일 연주음악계의 다크호스로 급부상했다.

Dancing Fantasy
Moonlight Reflections

IC-Digit | IC720.171 | 1992

1. Quiet Beauty
2. Moonlight Reflections
3. Nightbreeze
4. Twilight Journey
5. Dancing on a Summernight with You
6. Mercury · Rising
7. Blue Bamboo
8. Stardust
9. Nautilus
10. Dancing on a Summernight with You - vocal
11. Imagine
12. Voodoo Jammin'
13. California Grooves, Yo!

NewAge-Jazz·Fusion

석양이 붉게 물든 캘리포니아 해변의 이국적인 정취를 커버에 담은 본작은 전작의 사운드와 크게 다르지 않다. 도회적인 재즈의 필링과 뉴에이지의 감미로움, 그리고 팝적인 감각이 그대로 표출된다. 뉴에이지 앨범 차트 12위에 오르는 성공이 뒤따를 정도로 그들의 사운드는 미국인들의 감성에 크게 부합하는 것이었고, 평론가들에게도 가장 후한 점수를 받기도 했다.

〈Quiet Beauty〉은 텅 빈 해변의 밤 풍경을 그리고 있다. 끝없이 이어지는 광활함 위에 리조트 해양도시의 정취를 색소폰으로 물들인다.
감미로운 타이틀 명작 〈Moonlight Reflections〉은 그루브의 절정으로, 일렁이는 수면 위로 반사된 도시 야경을 인상적으로 채색하고 있다. 흥 분 섞인 화려한 해양도시의 낭만이 그것이다.
〈Nightbreeze〉는 채 식지 않은 열기가 바람을 타고 전해지는 부드러운 촉감의 트로피컬 음악으로, 다소 정적이지만 지극히 은은하다.
리드미컬한 재즈 키보드가 돋보이는 〈Dancing on a Summernight with You〉는 여성의 허밍과 색소폰이 열정적으로 느껴진다. 이는 잭 톰슨Jack Thomson의 보컬 버전으로도 만날 수 있다.
은은한 열기의 신시사이저와 여성의 재즈 스캣이 돋보이는 〈Blue Bamboo〉, 맑고 투명한 밤하늘의 정경을 조지 비숍George Bishop의 색소폰으로 경 쾌하게 그려진 〈Stardust〉, 그리고 파도와 바다 새소리의 효과음이 첨부된 그루브 풍경화 〈Nautilus〉로 이어진다.
존 레논John Lennon의 명곡을 리메이크한 〈Imagine〉, 그들의 최고 히트 싱글인 〈Voodoo Jammin'〉의 오리지널 버전에 이어, 마지막 소품 〈California Grooves, Yo!〉가 뜨거운 열정을 이어간다.

유달리 여름 해변의 모습들과 열정에 동경을 지닌 이들의 여름 이야기는 해양 레포츠처럼 시원하고 활기차다.
이후 좀 더 이국적인 감수성을 위해 세계적인 리조트 도시들로 여행하고 《World -wide, 1993》를 발표한다. 이듬해엔 미국에서 열린 라이브 실황을 담은 《Live USA, 1994》를 출시했고, 《Day Dream, 1995》에 이어, 사랑스러운 앨범 《Love Letter, 1997》를 발표했지만 팬들에게 보냈던 러브레터는 IC 레이블에게는 이별 편지가 되어버렸다.

Dancing Fantasy
Dancing Fantasy

Higher Octave | 7243 8474962 0 | 1999

1. Take Five
2. For a Lifetime
3. Coming up Roses
4. Say You Will
5. Moments in Love
6. Fly
7. Eternal
8. The Power of Life
9. Deep in a Dream
10. Goldmund
11. Carpe Diem
12. Seasons
13. Farewell

NewAge·Jazz·Fusion

댄싱 판타지는 1999년에 Higher Octave로 이적하여 셀프 타이틀 《Dancing Fantasy》를 발표하였다. 뉴에이지의 전장이라 할 수 있는 미국 시장에서 본격적인 데뷔를 알렸고, 그들의 인기를 다시 한번 확인하는 계기가 되었다. 그들은 2인 체제를 유지하며, 항상 함께 한 기타리스트 빌 플린Bill Flynn, 블루 나잇츠 Blue Knights 프로젝트에서 협업한 건반주자 제이 헤이에Jay Heye, 그리고 색소폰 주자 요크York를 초대하여 본작을 완성시킨다. 힙합 비트에 시원스럽고 재지한 필링은 물론 여전한 것이었다.

본작의 문을 여는 〈Take Five〉는 폴 데스몬느Paul Desmond의 재즈 명곡을 편곡한 것으로, 흥겨운 원곡을 여유롭고 그루브한 스타일로 각색하여 미국 팬들과 만났다. 색소폰의 메인 테마에 건반의 즉흥을 가미하여 현대적인 맛을 느끼게 한다.

〈For a Lifetime〉은 게스트 빌 플린의 곡으로 댄싱 판타지로서는 이색적인 작품이었고, 〈Coming up Roses〉는 느린 템포의 로맨틱한 곡이며, 〈Say You Will〉은 멤버 크리스 윌리엄스의 기타가 감미롭고도 편안하다.

〈Moments In Love〉는 아트 오브 노이즈Art of Noise의 히트곡으로, 반복적인 메인 테마를 그대로 수용함과 동시에 기타의 즉흥을 첨가하여 철저한 전자음악의 원곡을 재즈로 탈바꿈시키고 있다.

〈Fly〉 역시 오리지널 곡은 아니지만 샘 레이-브라운Sam Leigh-Brown이란 보컬리스트를 초대하여 그들의 사운드로 연출한다.

〈Deep in a Dream〉은 매혹적인 색소폰의 서정이 감미로운 꿈결로 유혹하며, 〈Goldmund〉는 남성 스캣이 가미되어 보다 리드미컬한 재즈의 세계로 인도한다.

〈Carpe Diem〉과 〈Seasons〉는 낙관적인 여유로움이 다이내믹한 비트에 깃털같이 부드럽게 실린다.

색소폰의 독주에 신비한 신시사이저 연주가 가미되는 〈Farewell〉은 아쉬움과 서정을 남기는 걸작이다.

그들은 이 앨범을 뒤로 《Soundscape, 2001》란 앨범을 발표하여 미국 팬들이 보내준 인기에 보답하였다. 특히 이 앨범은 뉴에이지 앨범 차트 20위에 오르는 상업적인 성공이 따랐지만, 마지막 앨범이 되고 말았다.

Danny Wright
Shadows

Moulin D'or | NIW390 | 1990

1. Shadow
2. Interlude
3. Unspoken
4. Walk Away
5. Departures
6. Song for Lea
7. Always and Forever
8. Pas de Deux
9. Majestic
10. Shadows - *Reprise*

NewAge-Instrumantal, New Acoustic

1956년생인 텍사스주 출신의 대니 라이트는 4세 때부터 10여 년간 피아노에 대한 전문교육을 받았다. 장학생으로 음악교육학을 전공했으나, 전문적인 이력을 쌓기 위해 대학을 중도에 포기하고 1985년부터 자신의 레이블을 세워 음악을 작곡했다.

데뷔작 《Black and White, 1986》는 친구와 친지들에게 그리고 레스토랑을 돌며 팔아야 했지만, 지역 라디오방송을 타게 되어 후속작 《Time Windows, 1987》은 메일 오더로 미 남부에 판매될 수 있었다. 세 번째 앨범 《Phantasys, 1988》는 자신의 오리지널리티를 확립하게 된 계기가 되었으며, 또한 가장 유명한 작품이 중 하나가 되었다.

그가 국내에 이름을 알리게 된 계기는 6번째 앨범인 본작 《Shadows》가 처음인 것으로 기억한다. 연습 중인 발레리나의 모습을 담은 이 앨범은 1990년대 중반에 어느 레코드숍을 찾더라도 매우 흔하게 볼 수 있을 정도였다. 아름다운 팝의 서정을 감상할 수 있는 매력적인 작품으로, 고전음악의 화성과 뮤지컬의 극적인 스토리텔링 작법 그리고 뉴에이지 특유의 여린 서정성을 통해 하나하나 소중한 드라마를 연출하고 있다.

가장 아름다운 부분이라 할 수 있는 타이틀 〈Shadow〉는 마치 하얀 순백의 커튼이나 카메라의 안개 필터를 통해 보는 듯 고고한 몸짓의 실루엣이 아련하고도 우아하게 전개되는 피아노 로망스이다. 많은 방송과 광고를 통해 잘 알려졌으며, 마지막 곡에서는 바이올린 연주자 게일 헤스Gale Hess가 협연하여 더욱 따사로운 실내악을 들려주고 있다.

〈Interlude〉또한 그의 온화한 피아노의 터치와 뒤편으로 엷게 배경이 되는 신시사이저 오케스트레이션의 결의 매력을 잘 전하는 간주곡이다. 따스한 햇살이 내려앉은 강물이 잔잔히 흐른다.

무언의 미소 속에 담긴 사랑을 그린 〈Unspoken〉에는 그윽한 향기가 퍼지고, 애틋한 〈Walk Away〉은 따스한 눈물의 이야기를 들려준다.

2인이 추는 춤을 의미하는 발레 용어 〈Pas de Deux 빠드되〉는 커버 스토리이다. 발레리나의 우아한 몸짓과 마루를 드리우는 그림자의 춤은 건반의 터치감으로 생생하게 전달되며 그 환상적인 감흥은 영롱하다.

장엄한 피아노협주곡 〈Majestic〉은 화려한 피아노의 비상과 점차 화염에 휩싸이는 오케스트라가 눈앞에 등장하는 걸작이다.

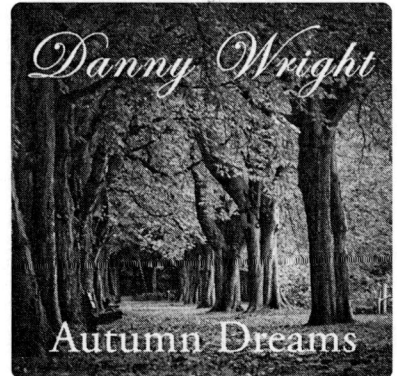

Danny Wright
Autumn Dreams

Moulin D'or | NIW921 | 1991

1. New Beginning
2. Autumn Dreams
3. Little Bear
4. Samantha's Theme
5. First Snow
6. Anne's Triumph
7. Time Windows
8. From within
9. Shell Island
10. Nedeja
11. Friends
12. Guardian Angel

New Acoustic

빌보드 톱 뉴에이지 앨범 8위에 오른 본작은 그에게 가장 큰 상업적 성공을 가져다준 작품이다. 자신의 피아노 외에, 바이올린 주자 게일 헤스Gale Hess와 오보에와 잉글리시호른의 스티브 페티Steve Pettey를 참여시켰는데, 이의 전체적인 인상은 소박한 풍채를 지닌 평온한 전원시였다.

하지만 시간이 흐르면 흐를수록 그 향과 맛이 진하게 우러나는 우리의 '장맛'처럼 이 앨범은 묵혀야 그 깊은 진가를 확인할 수 있는데, 극적인 음의 드라마보다는 하염없이 편안하고 안정감을 주는 시적 감성으로 충만하기 때문이다.

소담한 어쿠스틱 트리오가 빚어내는 가을 서성으로 첫발을 딛는 〈New Beginning〉은 그야말로 백색 도화지와 같다. 새로운 밑그림을 그려가기 위해 학업을 포기하고 뛰어든 것처럼 설렘이 그려진다.

국내에 그의 이름을 알린 타이틀 〈Autumn Dreams〉도 특별히 도드라지진 않지만, 아늑하고 따스한 꿈과의 대화를 연결해 준다.

〈Little Bear〉은 빛바랜 앨범을 꺼내들고 천진난만한 어린 시절을 회상하게 하며, 〈First Snow〉는 첫눈의 들뜬 환상보다는 가을의 종말을 알리는 신호로서 애상적이고 무거운 마음으로 그려진다.

〈Anne's Triumph〉는 제목과는 상반된 멜랑꼴리 트랙으로 유려하지만 피아노 연주에 눈물을 담았으며, 〈Time Windows〉는 피아노와 바이올린의 목가적인 풍경이 안식으로 이끈다.

전작 수록곡 〈Majestic〉에 비교될 만한 비통한 클래식 〈Nedeja〉, 눈물 어린 피아노의 시 〈Friends〉, 그리고 Moulin D'or 레이블의 공동 사주이고 그의 데뷔 때부터 우정을 이어오고 있는 친구 도리 니콜스Dori Nichols에게 헌정한 〈Guardian Angel〉까지 결코 가볍지 않은 인생 이야기를 정감있게 들려주고 있다.

이후에 내놓은 파랑 팔레트 《Moods of Indigo, 1996》은 밋밋한 커버와는 반대로 매우 참신한 작품이었는데, 특히 〈Cipolla 양파〉라는 클래시컬 터치가 멋진 명곡이 수록되어 있다.

1990년대 중반부터 미국을 돌며 콘서트를 거행하고 그 이익금을 아동기금에 기부하는 등 사회참여적인 예술가의 길을 걷고 있는 그는 50여 장이 넘는 앨범을 발표했다.

David Arkenstone
Valley in the Clouds

Narada | ND-62001 | 1987

1. Ancient Legend
2. Stepping Stars
3. Valley in the Clouds
4. Princess
5. Eastern Dream
6. Night Wind
7. Rain
8. The Sun Girl
9. Lost Temple

NewAge·Electronic·Ambient

1952년생으로 시카고 출신인 데이비드 아켄스톤은 10대 때 캘리포니아에서 다양한 교내밴드들의 활동을 지켜보며 기타와 키보드에 대한 매력을 느꼈다고 한다. 대학에서 음악을 공부하며 진보적인 성향의 록밴드 활동도 시작했으나, 기타로 Kitaro의 음악을 접하고 많은 영향을 받는다. 또한 「반지의 제왕」을 쓴 판타지 소설가 톨킨J.R.R. Tolkien과 「제임스 본드」의 작가 이안 플레밍Ian Fleming의 작품들은 항상 관심의 테두리 안에 있었으며, ELP나 Yes 그리고 딥퍼플Deep Purple 등 클래시컬록 음악도 놓지 않았다.

이러한 영감들은 그가 뉴에이지 음악가가 되는데 크나큰 영양분이 되었으며, 자신만의 음향 기술을 확립할 수 있었다. 뉴에이지 음악뿐만 아니라 TV 방송이나 컴퓨터 게임음악 그리고 독립영화의 사운드트랙 등 지금까지 가장 활발한 창작활동으로 자신의 음악적 영역을 계속해서 넓혀가고 있다.

나라다의 미스티크Mystique 라벨은 사실 그를 위한 브랜드였다. 1번을 달고 출반된 데뷔작은 미국의 일렉트로닉스를 대표하는 명연으로 꼽힌다. 라이선스로 소개되었기에 신비한 영상을 동반하는 그의 심포니는 국내서도 금방 명성을 얻었다.

큰 스케일은 아니지만 신비하고도 섬세하며 부드러운 음성으로 참신한 소리풍경을 그려주는 〈Ancient Legend〉와, 맑은 별밤에 전자음향의 긴 숨결이 스산한 바람을 몰고 오는 듯한 〈Stepping Stars〉는 오랫동안 사랑받고 있는 히트곡이다.

개인적으로는 후반 수록곡들에 점수를 더 후하게 주고 싶은데, 〈Night Wind〉는 침묵을 깨고 청명하게 밤공기를 울리는 월드 퍼커션과 반복적인 호흡으로 푸른 안개를 피운다.

〈Rain〉에서 들려오는 묘하고도 미스터리한 비의 선들은 우리 시야에 펼쳐진 장면들을 씻겨내는 듯하다. 다소 동양적인 감성에서 기타로에게 영향을 받았던 사실이 쉽게 수긍이 간다.

음향적으로 장대한 서사를 들려주는 〈The Sun Girl〉는 그의 음악이 드라마틱하다고 평가하는 까닭을 알 수 있는데, 그 푸르고 하얀 희망의 하늘에 오색찬란한 무지개까지 드리운다.

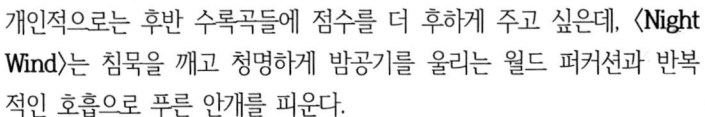

그의 크진 않지만 정교하고 세밀한 질감의 심포니 스페이스를 펼치면, 3D 입체북처럼 전설과 신화가 실감나게 구현됨을 경험하게 될 것이다.

David Arkenstone & Andrew White

Island

Narada | ND-63005 | 1989

1. Nantucket
2. Ballet
3. The Island Road
4. Desert Ride
5. Along the Shoreline
6. Caravan
7. Hindu Holiday
8. Passage
9. Nullarbor
10. The Palace
11. Carnation Lily Lily Rose

NewAge-Instrumental, NewAge-Fusion

나라다 레이블이 야심 차게 기획한 미스티크Mystique 라벨의 성공적인 출발을 알렸던 데뷔작 이후, 그는 두 번째 앨범으로 에쿼녹스Equinox에서 클래식기타 연주자 앤드루 화이트Andrew White와 함께 본작을 발표했다.

뉴에이지 음악을 한마디로 표현한다면 '섬'이라는 명사가 떠오르는데, 이는 이상향이란 의미와 함께 지향점을 상징하는 최적의 단어란 생각이다. 근데 그는 이 섬을 다른 시선으로 해석하고 있는데, 커버에서 보이듯 그의 목적지는 바다 위의 섬이 아닌 광활한 사막 위의 오아시스이다. 그 물의 낙원을 찾아가는 여정을 음악으로 표현했다.

게스트로 오보에와 잉글리시호른을 연주하는 낸시 럼벨Nancy Rumbel 외에도 플루트와 소프라노색소폰, 퍼커션, 베이스, 바이올린, 드럼 등의 다양한 연주자들이 참여하여 따사로운 앙상블을 이뤄냈다.

첫 곡과 연결되는 〈Ballet〉는 다소 긴장감이 흐르는 드럼, 중후한 오케스트레이션, 스타카토 피아노와 블루스 색소폰이 가녀리고 서글픈 신체의 그림자를 그리는 명곡이다.

〈Passage〉는 물기를 머금은 피아노의 잔향이 그대로 전해지는데, 엔야 Enya의 신비한 음향을 연상시키며 파도의 육감적인 선을 조형한다.

호주의 남부 눌라보 평원이 공간적 배경인 〈Nullarbor〉에서는 앤드루 화이트의 클래식기타가 시간을 거슬러 다양한 고대의 문화와 자연과 축제의 장면을 영상화하고 있다.

마지막 걸작인 〈Carnation Lily Lily Rose〉는 따사로운 꽃들의 향기가 만연한 들판에서 기타와 오보에가 노래하는 전원의 자장가로 진정 뉴에이지의 명곡이다.

본작은 에쿼녹스 라벨을 달았지만 에스닉퓨전의 성향이 많이 두드러지지 않는다. 또한 그의 전자음향은 인간적이며 다양한 어쿠스틱의 체온으로 마감되고 있다.

이후 미스티크 라벨로 세 번째 앨범 《Citizen of Time, 1990》을 발표했는데, 이는 세계의 자연과 문화유산을 테마로 시공간을 초월한 여행기를 담은 것이었다. 다이내믹 심포니 〈Splendor of the Sun〉와 영혼과 교감을 주제로 한 〈The Malabar Caves〉, 그리고 장대한 구성이 탁월한 〈Explorers〉 등을 수록했다.

The Spirit of Olympia

Narada | ND-64006 | 1992

1. Prelude
2. Savannah Runner
3. Memories of Gold
4. Keeper of the Flame
5. From the Forge to the Field
6. Heartfire
7. Celebration
8. Close without Touching
9. Glory
10. A Night in the Village
11. Walk with the Stars
12. Marathon Man
13. The Spirit of Olympia

NewAge-Instrumental

본작은 경쟁과 우정을 통한 세계인의 화합 축제 '올림픽 게임'의 스포츠 정신을 기리기 위한 기획 프로젝트로, 그는 전작의 실험을 바탕으로 러시아 출신의 피아니스트 코스티야Kostia와 동 레이블 소속 피아니스트 데이비드 란츠David Lanz를 초대했다.

전작에서처럼 코스티야는 오케스트레이션 편곡에 이어 2곡을, 란츠는 1곡을 작곡했다. 고풍스러운 관악의 팡파르와 신시사이저 코러스, 구상음, 고대의 신비로움 등 역동적인 에너지를 내재하고 있다.

올림픽 게임의 개막을 알리는 〈Prelude : Let The Games Begin!〉는 스포츠 뉴스의 오프닝으로 사용하기 딱 좋은 사운드 헬스이다.

〈Memories of Gold〉은 뜨거운 감동을 주는 피아노협주곡이다. '승리가 아닌 참가에 의의가 있으며, 성공보다는 노력하는 데 있다'라는 정 신을 가진 모든 우승자를 위한 음악이 아닐까!

굳이 본작과 관계 짓지 않더라도 용기와 힘이 되는 '당신의 심장은 강하다, 당신의 꿈은 분명하다. 당신의 길은 길지만, 당신을 위한 시간이 여기 있다'  라는 메시지를 〈Heartfire〉에서 들려주고 있는데, 정말 온화한 음악으로 심장에 용기와 힘을 불어넣는 명연이 아닐 수 없다.

코스티야 작곡이며 피아노 연주에 바이올린 연주자 제롬 프랑크Jerome  Franke의 강렬한 솔로가 인상적인 클래식 〈Close without Touching〉은 승자의 축하 뒤에 가려진 패자의 쓴 눈물을 격려한다.

짧지만 천상의 성가대와 웅장한 오케스트라가 합창하는 영광의 노래 〈Glory〉에 이어, 7개의 소곡이 이어진 〈A Night in the Village〉는 유명한 개최 도시의 문화와 축하를 담아낸 야심작이다.

묘한 트랜스 감각을 주는 〈Marathon Man〉는 자신과 치열한 사투를  벌이는 인간 승리에 바치는 찬가로, 거친 숨을 몰아쉬며 스타디움에 들어선 선수들을 향해 기립박수로 갈채를 보내는 열광이 묘사된다.

올림픽 게임만큼이나 세계인의 관심을 받는 축제가 또 있을까? 기대치도 못했던 선수가 간발의 차이로 금메달을 목에 걸고 새로운 영웅으로 탄생되는 것만큼 짜릿하고 감동적인 순간도 없을 것이다. 삶의 정신까지도 일깨워주는 듯한 본작은 1992년 초 열린 34회 그래미상 뉴에이지 음악 부문에 후보로 지명되었다.

David Arkenstone
Atlantis

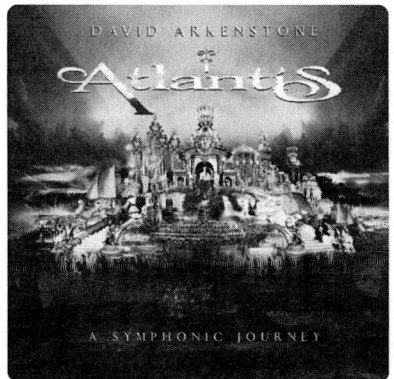

Narada | 70990 | 2004

1. The Dream of the Gods
2. Tower of Light
3. In the Gardens of the Citadel
4. The Temple of Poseidon
5. Jewel of the Sea
6. Festival of the Goddess
7. The Painted Sails
8. Across the Great Oceans
9. Fire and Water
10. Below the Ocean
   - The Spirit of Atlantis

NewAge-Instrumental

데이비드 아켄스톤처럼 뉴에이지 음악계에서 가장 바쁜 사람이 또 있을까. 이혼했지만 두 번째 아내였던 다이언Daine Arkenstone과의 지속적인 음악적 유대관계를 유지하며 프로듀서로 활동했다. 또한 영화음악과 방송에도 관여하면서도 일년에 한 장씩은 꾸준히 선보이고 있을 정도로 그의 창작력은 지칠 줄 몰랐다.

자신의 레이블에서 음반을 발표해오다가 다시 그의 고향인 나라다를 통해 소개된 뮤지컬 심포니 《Atlantis》는 대서양의 '헤라클레스의 기둥'이라 불리는 지브롤터 해협 바깥쪽 대해에 위치했다고 하는 전설의 대륙 '아틀란티스'에 얽힌 전설을 극화한 것이다. 그는 시간의 타임머신을 거꾸로 놀려서 바다 깊숙이 오랫동안 잠들어 있는 거대한 섬을 바다 위로 융기시키며, 상상 속에 존재하는 장엄한 자연의 위용과 파노라마를 연출하여 신들이 살아있는 세상을 재현해 낸다. 그의 심포니 필적은 세밀하고 또한 대담하다. 전곡이 하나로 연결되어 줄곧 손에 땀을 쥐게 할 만큼 생생한 신화를 이끌어간다.

불기둥이 솟아나는 화산섬의 개벽을 그린 듯한 〈Tower of Light〉는 신비로운 고대의 목소리가 아틀란티스의 오랜 잠을 깨운다. 아디무스Adiemus의 히로인 미리엄 스토클리Miriam Stockley가 참여했다.

〈Jewel of the Sea〉에는 아름다운 황금의 도시 아틀란티스를 피아노와 안온한 오케스트라의 하모니로 들려주는데, 플루트의 애상적인 찬가가 비운의 사연을 달랜다.

〈Across the Great Oceans〉에는 찬란한 예술 문명을 화려한 교향시로 표현하며, 전쟁과 타락으로 올림푸스 신의 노여움을 사 결국 침몰하는 포세이돈의 땅의 운명이 그려지는 〈Fire and Water〉에는 천지를 뒤흔드는 북소리와 민속 구음 그리고 두려운 성가가 엄습한다.

영원히 신화 속으로 잠든 아틀란티스에 바치는 안식의 결말 〈Below the Ocean - The Spirit of Atlantis〉에도 미리엄 스토클리가 참여하여 벅찬 행진을 이어간다.

기운생동으로 꽉 찬 본작은 《In the Wake of the Winds, 1991》와 윈드햄 힐에서 발표된 《Citizen of the World, 1999》에 이어 세 번째로 그래미에 후보 지명되었다. 힐링뮤직, 셀틱 음악, 라운지, 뉴에이지 월드 등 다작의 앨범을 쏟아내면서 그의 심포니 함선은 항해중이다.

David Darling
Eight String Religion

Hearts of Space | HS11037 | 1993

1. Soft Light
2. Clouds
3. Sweet River
4. Minor Blue
5. Only One Wish
6. Eight String Religion
7. Sojourn
8. Remember

NewAge-Instrumental

데이비드 달링(1941~2021)은 컨템퍼러리 뮤직계 최고의 첼리스트로, ECM 레이블을 통하여 《Journal October, 1980》, 《Cycles, 1982》, 《Cello, 1992》, 《Dark Wood, 1995》 등의 작품을 선보인 바 있다.

그 외 일렉트릭 기타리스트이자 키보디스트인 테르예 립달Terje Rypdal과 케틸 비에른스타Ketil Bjørnstad 등 다른 뮤지션과의 협업 역시 활발히 하면서 자신의 음악 영역을 확장하기도 했다.

본작은 HOS 레이블을 통해 발표한 아름다운 뉴에이지 앨범으로, 첼리스트로만 알려졌던 그가 피아노와 허밍 보이스라는 또 다른 면모를 보여주면서 놀라움과 기쁨을 동시에 안겨준다. 국내에서 그의 이름을 널리 알리는데 큰 역할을 하였던 〈Minor Blue〉와 〈Clouds〉를 편곡하여 수록하였고, 자연적인 효과음을 삽입하여 색다른 감동을 전달하고 있다.

10월의 애상감을 잘 표현하고 있는 수작 〈Clouds〉는 높은 음을 내는 솔리드 바디 첼리Solid Body Celli의 애잔한 선율과 잠깐 동안 모습을 드 러내는 그의 허밍 보컬이 깊게 파고든다.

명작 중 하나인 〈Sweet River〉는 물 흐르는 소리와 새가 지저귐, 첼로  의 왈츠풍의 리듬감, 옥빛을 띠는 청량한 피아노, 그리고 그의 파스텔 색조의 보이스가 첼로의 슬픈 멜로디를 되받는다.

히트곡 〈Minor Blue〉는 첼로 솔로로 연주된 작품으로 스산한 가을바  람이 옷깃을 세우게 할 즈음의 애수를 잘 담아내고 있다. 원곡보다 훨씬 더 음량이 풍부해져서 이유 없이 눈물을 동반하게 하는 힘도 최고조에 이른다.

타이틀곡인 〈Eight String Religion〉은 컨템퍼러리 재즈풍으로 8줄 솔리드 바디 첼리를 위한 작품이다. 이 악기의 반주는 역시 첼로의 묵직한 피치카토가 뒷받침하고 있다.

10월의 가을 바다를 지켜보고 있는 느낌의 걸작 〈Sojourn 머물다〉, 그 의 보컬 임프로비제이션을 만끽할 수 있는 〈Remember〉까지 그의 첼로 감성은 최고조에 이른다.

데이비드 달링의 음악세계를 이 한 장으로 단정 지을 순 없지만, 아직도 그의 작품을 접하지 못했다면 본작과 첫 미팅을 갖는 것을 추천한다.

David Darling
Cello Blue

Hearts of Space | HS11406 | 2001

1. Children
2. Prayer and Word
3. Cello Blue
4. Thy will "Not Mine" be Done
5. Serenity
6. Colorado Blue
7. Awakening
8. Morning
9. Presence
10. Solitude
11. Prayer

NewAge-Instrumental

비올론첼로Violoncello의 약칭인 첼로는 그 힘차고 드라마틱한 음질과 풍부한 성량으로 많은 음악 애호가의 사랑을 받고 있다. 특히 컨템퍼러리 음악계에서 첼로의 아름다운 선율을 널리 알리고 실험했던 데이비드 달링의 위업은 단연 독보적인데, 장르를 가리지 않고 협연과 독주를 통해 자신만의 사운드를 확립한 최고의 첼리스트로 명성을 쌓았다.

1941년 미국 인디애나주에서 태어난 그는 10세 때 첼로를 시작하여 인디아나 주립대학교를 졸업할 때까지 전문적인 음악교육을 받았다. 졸업 후 초·중등학교의 합주단 책임자로 일했으며, 1969년에는 웨스턴켄터키대학교에서 음악교육에 대한 강의를 맡기도 했다. 이듬해 폴 윈터 콘소트Paul Winter Consort에 참여하면서 데뷔한 그는 1987년까지 내쉬벨 심포니 오케스트라 단원으로서의 활동도 겸하며, ECM 등의 레이블을 통해 독자적인 사운드를 구축한다.

보다 다양한 아티스트로서의 면모를 보여주었던 《Eight String Religion》의 감성을 잇는 Hearts of Space 레이블에서의 두 번째 앨범 《Cello Blue》는 44회 그래미상 뉴에이지 부문에 후보 지명되기도 했다.

순수에 대한 성찰과 진한 동경이 쓸쓸히 묻어나는 〈Children〉에서부터 우리의 먹먹한 가슴은 여지없이 무너져 내린다. 따스한 첼로의 체온에 맑은 피아노가 의구심 가득한 눈망울의 어린 시절로 돌이켜준다.

새소리 가득한 전원의 풍경 속에서 하루를 위한 묵상의 시간을 가져다주는 명곡 〈Prayer and Word〉에는 따스한 찰현의 바람이 불어온다.

평화로운 자연의 청명한 숨결을 손끝으로 느낄 수 있는 〈Cello Blue〉, 그리고 하늘보다 더 푸른빛으로 흘러가는 강의 노래 〈Colorado Blue〉에서는 세월의 무상감에 젖는다.

〈Morning〉은 새소리와 함께 잦아드는 슬픔의 피아니시모이며, 첼로와 피아노의 단조로운 편성으로 더욱 애절한 재즈 모놀로그 〈Solitude〉, 그리고 기나긴 숨을 서서히 내뱉는 침묵의 비망록 〈Prayer〉에는 영혼을 위한 안녕을 고한다.

이전 작품들에서 풍부한 감성으로 들려주었던 선율은 줄어든 대신, 본연의 질감과 화성으로 그린 첼로의 풍경으로 채우고 있다. 삶을 반추하고 묵상하며 관조하는 첼로의 향연에 숙연해진다.

119

David Darling
Prayer for Compassion

PRAYER FOR COMPASSION

DAVID DARLING

Wind Over The Earth | WE2340 | 2009

1. Untold Stories
2. Prayer for Compassion
3. Stones Start Spinning
4. As Long As Grasses Grow And Rivers Run
5. Music of a Desire
6. Remembering Our Mothers
7. Beautiful Life
8. War is Outdated
9. September Morn
10. ShoeStrings
11. Heaven Here on Earth
12. When We Forgive

NewAge-Instrumental

2010년 수여된 52회 그래미 어워드 최우수 뉴에이지 앨범 수상작으로, 이는 세계적인 첼리스트 데이비드 달링(1941~2021)의 음악 여정 30년에 보내는 찬사였다. 그가 본작에서 담은 가난하고 소외된 이들을 위한 연민과 인류애는 국내에도 라이선스로 소개되어 많은 음악팬의 감화를 이끌어냈다.

제작사의 리뷰에 따르면, 달라이 라마Dalai Lama의 반전 평화주의 메시지와 명상가이자 티베트 불교계의 큰 스승인 페마 쵸드론Pema Chodron의 저서 「지금 있는 곳에서 시작하라, 1994」에서 영감을 받았다고 한다. 또한 앨범을 가로지르는 다양한 앰비언트 사운드, 북미 인디언 플루트와 칼림바 소리, 명상적인 분위기에 우아하고 깊은 첼로는 이전의 앨범들에서는 결코 느껴보지 못한 새로운 매력이라고 할 만큼 풍성하고 아름답기 그지없다고 덧붙였다.

〈Untold Stories〉에서부터 우두Udu 드럼의 치유적인 맥박에 첼로의 긴 한숨이 터져 나온다. 동양적인 명상에 깊이 관여하는 첼로의 정적인 서정이 여울진다.

타이틀 〈**Prayer for Compassion**〉는 명곡 〈Minor Blue〉에서 들었던 것처럼 피치카토와 깊은 울림의 묵직한 선율이 용천수처럼 피어오르고 따스한 온천처럼 온몸을 휘감는다.

〈Stones Start Spinning〉는 아르스 노바 합창단Ars Nova Choir이 참여하여 보다 환상적인 메아리를 들려주며, 그의 첼로는 고음과 저음을 오가며 깊숙한 소리골을 만들어낸다.

〈As Long As Grasses Grow And Rivers Run〉에는 네이티브 아메리칸의 향수를 피아노와 함께 연주해 주며, 〈**Music of a Desire**〉는 고요한 피치카토의 잔향이 통울림되며 밝은 멜로디가 선을 따라 맺힌다.

자식에 대한 끝없는 헌신적 사랑에 바치는 찬가 〈**Remembering Our Mothers**〉의 온유한 발라드에는 뜨거운 그리움이 만연하다.

〈**September Morn**〉은 아르스 노바 합창단의 안개 같은 보이스가 숲 속의 시리도록 청정한 아침 풍경을 연다.

국내에도 소개되어 긴 록다운 시절에 따스한 위안을 주었던 《Homage to Kindness, 2019》도, 마지막 앨범 《Reverence, 2022》도 놓치지 말아야 하겠다. 사후 미완성 곡을 독일의 첼리스트 한스 크리스티안Hans Christian이 연주한 《Ocean Dream-ing Ocean, 2023》은 2024년 그래미에 후보 지명되기도 했다.

David Geyra
Angels in Pink

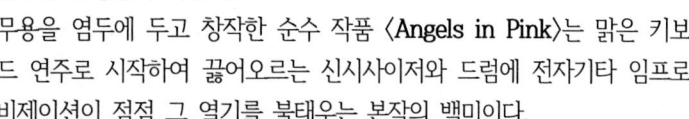

DAVID GEYRA
"Angels in Pink"

Experience new music and dare to be fascinated!

IC-Digit | IC87 2253 | 1995

1. Duets Part II
2. Angels in Pink
3. Touch
4. Barock
5. Doors
6. Here She Comes, There She Goes
7. Pizmon
8. Man in Shadow of Bird
9. The Gardens of Judea
10. Return of the Keymaster
11. Isle of the Poppies

NewAge-Electronic

이스라엘 출신의 데이비드 제이라는 1978년에 뉴욕 맨해튼 음악학교에서 재즈 작곡법과 전자음악을 배웠고, 이후 많은 필름음악과 모던댄스 작품을 작곡했다. 1985년에 이스라엘로 돌아온 그는 이듬해에 오디오 엔지니어 사운드 학원을 설립하여, 미디 테크닉과 신시사이저 프로그래밍, 컴퓨터 음악을 가르쳤다.

1990년에는 이스라엘 예루살렘 페스티벌에서 연출가 요람 보커Yoram Boker의 팬터마임 「The Golden Fleece」의 음악을 맡았으며, 우디 알렌Woody Allen의 연극 「The Floating Light Bulb, 1981」와 다수의 모던댄스 음악 그리고 「The Guy Bavli Magic Show」라는 마술쇼의 음악도 작곡했다.

현대무용을 위한 앨범으로 IC 레이블을 통해 《The Art of Dance, 1990》와 《V.F.X Music for Modern Jazz Dance & Pantomime, 1992》를 냈다.

그의 마지막 앨범 《Angels In Pink, 1995》는 독특한 공간과 육체의 움직임을 세밀하게 표현하고 있다.

〈Duets Part II〉는 안무가 라미 베르Rami Beer가 이끄는 키부츠Kibutz 컨템퍼러리 댄스컴퍼니의 공연을 위해 작곡한 작품으로, 속주 키보드의 은근한 긴장감이 서린다.

무용을 염두에 두고 창작한 순수 작품 〈Angels in Pink〉는 맑은 키보드 연주로 시작하여 끓어오르는 신시사이저와 드럼에 전자기타 임프로비제이션이 점점 그 열기를 불태우는 본작의 백미이다.

〈Barock〉는 고전주의를 거슬러 올라가며 애틋한 음악 속에서 움직이는 발레의 율동이 그려진다.

〈Doors〉는 일렉트로닉 콜라주의 표현기법이 드러나는데, 문이 열리고 닫히는 소리, 벨 소리, 각종 소음들이 한데 뭉그러져 실험적이며 해괴한 신체언어들이 튀어나올 것만 같다.

안무가 암논 댐티Amnon Damti의 무용에 사용된 〈Man In Shadow of Bird〉는 다이내믹하고도 복잡한 구성의 미스터리 전자음악이다.

〈Isle of the Poppies〉 역시 그의 재능을 잘 보여주는 걸작으로, 현란한 키보드 워크와 댄스 리듬이 결합한 일렉트로 재즈 팝을 들려준다.

이후 편곡자, 사운드 디자이너, 프로그래머로서 상업광고에도 손을 뻗친 그는 뉴욕에서 시각 디자이너와 카피라이터 그리고 웹 디자이너로 활동하고 있다고 한다.

David Helpling
Sleeping on the Edge of the World

Spotted Peccary | SPM-0802 | 1999

1. Rain Falls
2. Sleeping on the Edge of the World
3. Deepest Days
4. Divine Whisper
5. Sticks and Stones
6. Moon Dreaming Thunder
7. Soul of a Child
8. All Things End
9. Deeper Still
10. Shadows of Far Night
11. Promise

NewAge-Electronic·Ambient·Space

독학으로 음악을 공부한 데이비드 헬플링은 오로지 청각적인 감각에 의존하여 작곡하는 앰비언트 뮤지션이다. 그는 U2와 엔야Enya 그리고 비욕Bjork의 음악에서 영향을 받았다고 하는데, 무엇보다도 그에게 큰 영감을 주었던 것은 영화음악이었다. 「Mimic」, 「Blade 2」, 「Terminator 3」, 「The Crow」 등의 음악을 작곡한 엘리엇 골든덜Elliott Goldenthal, 그리고 아카데미 영화음악 수상작 「Frida」의 히어로 클락 존슨Clark Johnson, 「Bounce」와 「8mm」의 영화음악을 담당한 마이클 다나Mychael Danna 등이 지대한 영향을 끼친 영화음악가들이다. 그래서 그의 음악은 '영상적인 음향' 혹은 '다양한 색채의 음악'이라 일컬어진다.

1997년에 'Indie Album Of The Year'에서 수상한 성공적인 데뷔작 《Between Green and Blue》은 패트릭 오헌Patrick O'Hearn을 연상시키는 사운드로 컬러에 대한 미묘하고도 면밀한 탐구를 보여주었다.

이후 그의 두 번째 앨범인 본작은 그의 영화적인 상상에 기인한 작품이었다.

밤의 그림자가 대지와 하늘을 뒤덮고 숨어버린 지평선 너머에서 불어오는 바람의 공간 〈Sleeping on the Edge of the World〉는 마치 스티브 로치Steve Roach의 스페이스 음악을 듣는 듯하다. 맑은 피아노 연주로 심포니를 이끌어내는 이 곡에서 그가 이야기하고 있는 세상의 모서리는 갈릴레이 이전의 지평선과 수평선처럼 신비한 장소로 나타난다.

주술적인 테크노 비트와 피아노, 켈리 캘톤 헐리Kelly Caton Hurley의 보이스 등이 만들어내는 시간의 심장 소리 〈Deepest Days〉, 우울한 피아노가 리드하는 아름다운 심포니 〈Divine Whisper〉에 이어, 그의 맑은 기타의 교향시 〈Sticks and Stones〉는 잠든 자연의 표정과 시간의 침묵을 그린다.

〈Moon Dreaming Thunder〉는 웅장하게 진동하는 이교도의 드럼과 피아노의 연금술적인 조합이 뛰어나다.

다이내믹한 퍼커션과 밤의 여신의 보이스가 대지와 하늘의 경계를 점층적으로 어둡게 만드는 〈Shadows of Far Night〉는 영상적인 이미지를 잘 보여준다.

독특한 수법으로 자신만의 4차원 공간을 건축하고 있는 본작은 Apple Tunes Music Store에서 뉴에이지 음악 순위의 정상을 기록하기도 하였다.

David Helpling & Jon Jenkins
Treasure

Spotted Peccary | SPM-9071 | 2007

1. Grand Collision
2. Treasure
3. The Knowing
4. Beyond Words
5. Into the Deep
6. Not a Soul, Not a Sound
7. The Frozen Channel
8. Now More Than Ever
9. This Day Forward
10. The First Goodbye

NewAge-Electronic·Ambient·Space

아메리카 앰비언트의 기대주 데이비드 헬플링과 존 젠킨스Jon Jenkins가 의기투합하여 발표한 본작은 제목 그대로 보석과도 같은 앰비언트의 걸작이다. 이들의 음악을 들어본 사람이라면 잘 알겠지만 진보적인 록 성향을 띤 따스한 파스텔톤의 전자음향으로 진정한 세련미를 구사할 줄 아는 몇 안 되는 두뇌파 뮤지션들로, 서로의 장점을 살려 한층 기품 있는 음의 환상세계로 초대하고 있다.

광택을 발하는 보석을 찾아 어두운 상상의 터널 속을 탐험하며 들려오는 미지의 음향들에는 불순물이라곤 전혀 섞여있지 않으며, 이 순도 높은 음의 흡수력으로 감촉이 좋은 카타르시스를 체험하게 된다.

탄력 넘치는 일렉트로닉스의 충돌 메아리가 깊게 울려 퍼지는 〈Grand Collision〉는 그 파편들의 스펙트럼이 실로 대단하다.

암흑 속에서 어렴풋이 빛이 어른거리며 서서히 에너지를 발산하는 듯한 〈Treasure〉는 록의 뜨거운 심장을 느낄 수 있는 심포니이다.

부드러운 기타의 푸른 엘레지 〈The Knowing〉, 깊은 공간 속으로 흐르는 기류에 초음파의 신호가 증폭하는 동굴음악 〈Into the Deep〉에서는 신경이 예민해진다.

〈The Frozen Channel〉는 무중력의 은은함이 서서히 차오르며 건반의 또렷한 공명이 매우 차갑다.

그리고 보물찾기 1부를 마감하는 〈The First Goodbye〉는 평온한 신시사이저 음향에서 남은 에너지를 방출한다.

보물을 찾기 위해 미래의 시간 속으로 훌쩍 건너가서 여행하는 환상 모험기를 펼쳐놓았다. 사건과 흥미가 많은 여정이라기보다는 내적인 감정의 변화가 두드러진다.

작가 생텍쥐페리Antoine Saint-Exupery는 '완벽함이란 더 이상 더할 것이 없을 때가 아니라 더 이상 뺄 것이 없을 때'라고 말하기도 했는데, 아마도 본작과도 같은 작품을 두고 하는 말이 아닐까 싶다.

이 성공적인 작품을 발표한 이듬해에 두 전문가는 《Beyond Words Rare Live Treasure》라는 본작의 라이브 앨범에 이어, 보물찾기 두 번째 여정을 그린 《The Crossing, 2010》, 미리암 스토클리Miriam Stockley가 타이틀곡에 참여한 《Found, 2013》을 발표했다.

David Lanz
Return to the Heart

Narada | ND64005 | 1991

1. **Return to the Heart**
2. Impro. : Near the Still Waters of Amsterdam
3. **Madre de la Tierra**
4. Impro. : Sounds from the Koepel
5. **Heartsounds**
6. Impro. : Manana, Mi Amor
7. **Corre, Rio, Corre (Run River Run)**
8. **Behind the Waterfall / Desert Rain**
9. Impro. : Friedensenge (Angel of Peace)
10. **A Whiter Shade of Pale**
11. Impro. : Heart of the Night
12. **Dream of the Forgotten Child**
13. Impro. : Out of the Darkness
14. **Cristofori's Dream**
15. Impro. : The Birds of Capri
16. **Variations on a Theme from Pachelbel's Canon in D**
17. **Reprise: Return to the Heart**

New Acoustic

조지 윈스턴George Winston과 함께 피아노의 매력을 가장 잘 보여주었던 거물급 아티스트 데이비드 란츠는 십 대에 록밴드를 거쳐 시애틀의 한 클럽에서 피아노를 연주한 것을 계기로 뉴에이지 음악계에 입문했다.

데뷔작 《Heartsounds, 1983》에 이어, 프랑스 센 강변의 풍경을 시적으로 연주한 〈Leaves on the Seine〉와 해 질 녘 풍경을 담아낸 타이틀곡을 수록한 두 번째 앨범 《Nightfall, 1984》은 나라다 레이블의 고전이 되었다.

그 후 같은 레이블 소속 피아니스트 마이클 존스Michael Jones, 기타리스트 폴 스피어Paul Speer, 듀오 팅스태드 앤 럼벨Tingstad & Rumbel과 조우한 후, 뉴에이지 음악 역사에 기록될 명작 《Cristofori's Dream, 1988》을 내놓는다.

빌보드 뉴에이지 차트 정상에 빛나는 성공으로 나라다 레이블에 상업적인 성공을 가져다주었으며, 이 앨범의 대히트로 이전에 발표된 앨범들까지 각종 차트에 오르는 등 주목을 받았다. 처음으로 피아노를 완성시킨 크리스토포리의 꿈과 희망를 담아낸 타이틀곡과, 록의 명곡을 잔잔한 뉴에이지 색채로 리메이크한 〈A Whiter Shade of Pale〉을 수록하고 있다.

뮌헨의 IFS 필하모닉 오케스트라와 협연한 작품 《Skyline Firedance, 1990》이 뉴에이지 음반 차트 3위에 올라 전작의 성공을 이었으며, 한국 팬들을 위해 소품 〈Masque of Togaebi〉를 선물했다.

본작은 그의 유럽여행기로, 신곡과 이전의 작품들을 재연주하여 수록했다.

첫 곡 〈Return to the Heart〉은 입양한 딸 파멜라가 생모와 재회할 때의 느낌을 담은 대표곡이다.

〈Madre de la Tierra 대지의 어머니〉는 지구의 날 20주년을 기념하여 작곡한 것으로 아름다운 지구에 대한 애정과 감사의 마음을 담았다.

〈Dream of the Forgotten Child〉는 크리스마스 휴일 동안 느꼈던 불우하고 소외당하는 어린이들의 슬픔과 꿈을 그린 작품으로, 란츠의 휴머니티를 엿볼 수 있다.

〈Cristofori's Dream〉은 엷은 오케스트랄 연주에 맑은 야마하 피아노로 녹음된 원곡도 좋지만, 뵈젠도르퍼 임페리얼 피아노의 솔로 라이브는 열정적인 피아노 터치감이 탁월하다.

인간적인 자아로의 회귀를 표현한 본작은 전작과 마찬가지로 빌보드 뉴에이지 차트 3위에 오르는 성공을 이어갔다.

David Lanz
The Good Life

Decca | DD7068 | 2004

1. Big Sur
2. Kal-E-Fornia
3. The Good Life
4. Sorry Charlie
5. Mood Swing
6. Mystical
7. It's the Way that I Feel
8. Not a Moment too Soon
9. Fool's Magic
10. A Song for Helen

NewAge-Jazz

나라다의 간판스타로 군림했던 데이비드 란츠는 라이브 앨범 《An Evening with David Lanz, 1999》를 끝으로 더 이상 나라다 레이블에 머물지 않았다.

물론 《Symphonic Session, 2003》과 플루티스트 게리 스트라우스오스Gary Strouts -os와 협연한 《Spirit Romance, 2005》가 나라다에서 발매되기도 하였지만, Verve를 통해 《East of the Moon, 2000》를 내고 Decca에서 색소폰 주자 데이브 코즈Dave Koz를 참여시킨 《Findind Paradise, 2002》을 발표하면서 소속에 대한 자유로움과 동시에 서서히 음악적 스타일에서도 분방함을 시도했다.

Decca를 통해 두 번째로 발표한 《The Good Life》는 그의 변화된 스타일이 새로운 감흥을 주고 있는 이색적인 재즈 작품이다.

〈Charlie Brown Theme〉로 잘 알려진 그의 음악적 영웅이자 재즈 피아니스트 빈스 괴랄디Vince Guaraldi(1928~1976)에게 바치는 음악 인사로, 본작의 커버를 보면 우리의 가벼운 일상에서 접하는 뉴스, 선물, 여행, 고백, 포용, 여가, 매스미디어, 자동차, 안락함, 지구본, 운동 등과 같은 아이콘 도안으로 꾸몄다. 그는 삶의 행복은 우리가 생각하는 미미한 일상들 속에 존재하며, 이 일상의 단편들을 즐길 때 행복한 삶이라 이야기한다.

첫 곡 〈Big Sur〉부터 재생시키면, 감상실은 바로 밤이 내린 도시의 스카이라인이 그대로 시야에 들어오는 탑 층 재즈바가 된다. 은은하게 흥을 즐기게 되는 세련된 재즈 무드는 힘든 하루를 끝내고 자신에게 주는 선물과도 같은 시간이다. 와인이나 맥주 한 캔이 있다면 더없이 좋을 듯싶다.

〈Mystical〉에서는 오색찬란한 도시야경의 몽롱한 분위기가 유혹하는데, 그 도회지 서정이 너무나 달콤하다.

〈It's the Way that I Feel〉의 내성적이지만 확연하게 퍼지는 여유로움은 에릭 마리엔탈Eric Marienthal의 색소폰과 함께 로맨틱하다. 재즈 바다에서 란츠가 익히 선보였던 뉴에이지 피아노 솔로로 마지막을 장식하는 〈A Song for Helen〉은 잔잔히 사색에 잠기게 하는 아름다운 작품이다. 온유하고도 깊은 애정이 느껴진다.

젊은 세대들에게 여름휴가로 호캉스가 환영받고 있다, 글쓴이가 도심 오아시스로 호캉스를 간다면 본작을 들고 갈 것 같다. 다른 작품들과는 달리 란츠의 본작만큼은 행복과 환희의 욕구를 자극하는 나만의 낭만유랑악단이기 때문이다.

David Lanz
Norwegian Rain

DKL Records | 44402 | 2016

The Norwegian Rain Suite (1~4)
1. Norwegian Rain
2. The Approaching Storm
3. Cloud Burst (interlude)
4. And Skies Opened Up
5. Autumn Comes Winter
6. Fjord Spring
7. The Last Days of Summer
8. A Child for All Seasons
9. Sirkel Dans (Circle Dance)
10. Troll-dans (Troll-Dance)
11. She Is… (interlude)
12. Kristina
13. Adieu Sweet Mary
14. Sunset over Nordland
15. Aurora's Sunrise
16. Waltz of the Northern Moon

New Acoustic

여리고 따스한 정서의 편린을 특유의 감수성으로 풀어내는 피아니스트 데이비드 란츠가 《Cristofori's Dream, 1988》에 이어 다시금 피아노에 대한 애정을 담은 작품을 발표했다.

그는 아내의 고향인 노르웨이에서 두 번의 여름휴가를 보내면서 아내의 조부가 연주했던 업라이트피아노를 발견했고, 이는 그녀의 가족들과 많은 시간을 보낼 만큼 더욱 가깝게 해주었다고 한다. 이후 이러한 추억은 프랑스에 머물며 아내와 함께 곡을 쓰고, 2016년 여름에 가와이 그랜드피아노로 녹음했다. 피요르드의 포근한 아침 안개처럼 촉촉하게 내리는 비의 노래들이 정감의 깊이를 더한다.

'노르웨이 비' 조곡의 첫 악장 〈Norwegian Rain〉은 신선한 편백나무 숲의 초록 향기가 잔잔히 번진다. 반짝이며 자연 위를 구르는 피아노 빗방울의 감촉이 너무나 유려하다.

템포와 강세가 드라마로 변이되는 〈The Approaching Storm〉에서 정적이고도 맑은 서정은 점점 굵어지고 애틋한 슬픔으로 춤추며 조심스럽게 다가온다.

천둥과 빗소리를 삽입하고 있는 짧지만 달콤한 전주곡 〈Cloud Burst〉은 여운이 길게 머물며, 〈And Skies Opened Up〉에서는 촉촉한 기운 가운데 오로라를 닮은 무지개가 뜨고 화창한 햇살이 노랗게 맺힌다.

〈Autumn Comes Winter〉에는 계절감이 은은한 왈츠를 추며, 생생한 연둣빛 찬가 〈Fjord Spring〉에 이어, 온후한 여름에 가족들과 함께 한 추억에 젖는 〈The Last Days of Summer〉로 노르웨이의 사계를 스케치한다.

여름에 태어난 아들과 손주를 위해 쓴 〈A Child for All Seasons〉, 음악과 사랑과 영혼의 동반자인 아내에 헌정한 〈Kristina〉, 그리고 아내의 조모에 대한 그리움을 담은 〈Adieu Sweet Mary〉에서 한 가장의 따스한 가족애를 살피게 된다.

〈Troll-Dance〉는 북구 신화로 초대하며, 그리고 황홀한 마법으로 채색하는 〈Aurora's Sunrise〉 등 후반에는 피요드르의 서경시를 수록했다.

이후 란츠는 피아노 솔로 《French Impressions, 2017》와 《Water Sign, 2020》에 이어, 현악 연주와 가수인 아내의 노래를 포함한 《Lettere D'amore 연서, 2022》을 발표했다.

David Lyndon Huff
Worldbeat

Greenhill | GHD5151 | 1999

1. The Journey
2. Quest
3. Winter Lake
4. Solace
5. Fire Dance
6. Dayspring
7. Essence
8. Emerald Mist
9. Breath of Life
10. Blue Nile
11. Sunset (Siberia)
12. Midnight

NewAge-World

1962년생 미국인 데이비드 린던 후프는 지휘자인 부친의 영향으로 자연스레 음악과 함께 성장했다. 고교 시절 이미 세션맨으로 활동했으며, 점차 드럼과 키보드 그리고 프로그래밍에 대해 섭렵했다. 1985년에 형인 싱어이자 기타리스트 댄Dann Huff과 함께 하드록 그룹 Giant를 결성하고 《Last of the Runaways, 1989》를 발표, 이는 차트에 올랐으나 두 번째 앨범의 상업적 실패를 안고 스튜디오 뮤지션으로 돌아간다. 이후 자신의 관점을 사로잡았던 월드뮤직에의 훌륭한 결실을 《Worldbeat》라는 데뷔작으로 선보였다.

전체적인 표현기법들은 이니그마Enigma나 팬게아Pangea의 음악에서 그 유사점을 발견할 수 있는데, 그레고리오 성가, 아프리카와 구도자의 구음, 자연음 효과, 중후한 신시사이저, 휘슬, 사쿠하치 등으로 월드비트를 표현했다.

세계 기행으로 안내하는 첫 번째 신비 〈The Journey〉는 벌써 '나르는 양탄자'를 타고 지구 한 바퀴를 돈 느낌이다. 아마존의 심장박동에 동양의 사쿠하치와 인도와 아프리카의 구음이 바람결로 흐른다.

수도승의 구음과 그레고리오 성가 등을 배치하고 있는 〈Quest〉는 뭉클한 신시사이저 음향이 사쿠하치의 눈물과 함께 시공간을 넘어 섞인다.

교회 종소리와 빗소리로 추운 겨울의 호수를 영상화한 엘레지 〈Winter Lake〉는 클래식 미사곡을 연상시키며 너무나 짧아 아쉬움까지 더한다.

〈Solace〉는 철판을 두들기는 듯한 이색적인 드럼 음색에 일렉트로닉스의 기운이 감돌면서 건반이 주가 되는 앰비언트로 탈바꿈한다. 역시 시공간을 넘어선 우울한 감정이 몽환적이다.

서글픈 심포니 〈Fire Dance〉는 이니그마와 소프트웨어Software의 음악을 합성한 느낌을 주면서 힘찬 드러밍으로 마무리된다.

'Crystal Breeze'라는 부제의 〈Dayspring〉은 이니그마의 초기 사운드를 연상시키며, 사쿠하치와 그레고리오 성가, 그리고 이니그마의 비트에다 서정적인 피아노 연주가 곁들어져 있다.

티베트 구도자의 노래를 오버랩하고 있는 〈Blue Nile〉은 그랜드피아노의 다소 육중한 연주로 호흡을 맞춘다.

그는 《Worldbeat Brazil, 2001》, 《Worldbeat Africa, 2003》로 월드비트의 행렬을 이어갔으며, 이후 정제된 힐링뮤직 음반을 발표하기도 하였다.

David Lyndon Huff
Worldbeat Asia

Greenhill | GHD5679 | 2010

1. The One
2. Essence of Paradise
3. Siam Horizon
4. Beijing Nights
5. Eastern Journey
6. Malaysia Sunset
7. Asian Blue
8. New Beginnings
9. Reflections
10. Walking Dreams

저명한 드러머이며 드럼 프로그래머로 알려진 데이비드 린던 후프는 드럼을 위한 자신의 오리지널 음악을 작곡하는 뮤지션이다. 하지만 드럼은 주재료 중 하나이며, 첨가제의 역할을 충실히 할 뿐이다. 전체적인 표현기법들은 이니그마Enigma나 팬게아Pangea의 음악에서 그 유사점을 발견할 수 있다.

명연으로 꼽히는 데뷔작 《Worldbeat, 1999》을 발표한 뒤 10여 년이 지난 후에야 4편의 월드비트를 완결지었다. 그의 마지막 월드비트의 주제는 오리엔탈리즘이다. 새천년의 예술적 화두 중 하나로 강력한 영향력을 발휘한 동양미에 대한 접근은 다른 아티스트들에 비해 좀 늦은 감이 없지 않다. 그러나 그의 드럼은 이전보다 힘이 많이 실렸으며, 농축된 진한 향기를 뿜고 있다.

게스트로 아야카 나나코Ayaka Nanako와 하루카 나츠미Haruka Natsumi라는 두 여성 보컬리스트와 일본 민속악기 고토Koto와 샤미센Shamisen 연주자 겐지 츠츠이Kanji Tsutsui가 참여했다.

〈The One〉의 우울한 재팬-트랜스는 간결한 고전과 증폭되는 현대적 비트를 엮어낸 새로운 직물과 같다.

〈Essence of Paradise〉에는 에스닉의 서정과 몽환의 클럽 비트가 결합하여 신천지의 신비로움을 코드화시키며, 〈Siam Horizon〉에는 태국의 화려한 문명색채와 초자연의 색을 멋지고 우아하게 콜라주 한다.

붉은 황제의 도시 북경의 휘황찬란한 불빛이 아른거리는 〈Beijing Nights〉에는 무희의 육감적인 노래가 진하게 스며든다.

독특한 열대의 구음이 연기와 함께 피어오르는 〈Malaysia Sunset〉, 그리고 유러피언 업템포 댄스곡을 듣는 듯한 〈Asian Blue〉는 쪽빛을 풀어놓은 물결이 넘실거린다.

〈New Beginnings〉는 밝은 일출과 함께 온풍의 부드러운 촉감을 느낄 수 있는 수작이다.

다양한 희로애락의 사연을 들려주는 듯한 〈Reflections〉에는 닮았지만 다른 풍경들이 서로 교차한다.

〈Walking Dreams〉은 아시아 월드비트의 미래와 희망을 찬양하는 트랜스의 향연이다.

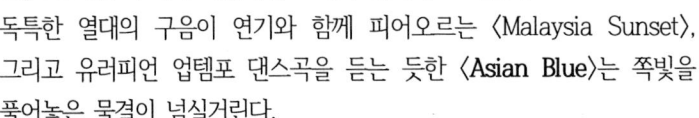

본작은 이니그마Enigma나 부다바Buddha Bar의 오리엔탈 특집이라 해도 좋겠다.

NewAge-World

David Nevue
The Vigil

Midnight Rain | 1999

1. The Vigil
2. Watching the Clock
3. Dark Clouds Gather
4. A Midnight Rain
5. Wandering the Night
6. Home
7. Chasing Shadows
8. Psalm 77
9. 4 Am by Candlelight
10. Second Wind
11. A Turn to Grace
12. Lullaby
13. The Passing of the Dark
14. Waiting for the Sun
15. The Brightest Morning

New Acoustic

밤이라는 시간은 내일을 위해 오늘의 피로를 회복하고 인생의 1/3을 할애해야 하는 수면이라는 생리활동으로 보낸다. 글쓴이도 잠을 좋아하지만, 가끔 이 시간을 밤과의 데이트를 위해 비워두고 싶을 때가 있다.

1965년생인 미국의 피아니스트 데이비드 네뷰는 국내에 라이선스로 소개된 네 번째 앨범인 본작에서 자정에서부터 동이 틀 무렵까지 6시간 동안 내면의 사색과 영혼의 행보를 종교적인 터치로 그려 넣었다. 기독교인으로서 성경 시편詩篇을 마음에 새기며 관조적인 묵상에 잠긴 한 예술가의 밤의 서정이다.

여호와여 고통에 씨인 지를 긍휼이 너기소서. 내가 근심으로 눈과 혼과 몸이 쇠하였나이다.*시편 31:9* 〈The Vigil〉은 침상에서 쉽게 잠들지 못하고 점점 더 또렷해지는 밤의 감각을 명료한 피아노로 담아냈다.
〈Watching the Clock〉에서는 밤의 적막을 따라 흐르는 시계 소리에 잠이 오길 기다리는 외로운 마음을 읽을 수 있다.

여호와여 주의 도로 내게 가르치소서. 내가 주의 진리에 행하오리니 일심으로 주를 경외하게 하소서.*시편 86:11* 〈Wandering the Night〉는
침대에서 일어나 신발과 우산을 찾고 밤으로 나가 거닐 때의 느낌을 그렸다.

내가 내 음성으로 하나님께 부르짖으리니 내 음성으로 하나님께 부르짖으면 내게 귀를 기울이시로다... 내가 옛날 곧 지나간 세월을 생각하였사오며 밤에 부르는 노래를 내가 기억하여 내 심령으로 내 마음으로 간구하기를.*시편 77:1~6*
피아노에 앉아 밤을 연주하는 〈Psalm 77〉에는 침잠한 가슴속에서 잔잔히 아픔이 서린다.

여호와여 나의 말에 귀를 기울이사 나의 심사를 통촉하소서. 나의 왕, 나의 하나님이여 나의 부르짖는 소리를 들으소서 내가 주께 기도하고 바라리다.
시편 5:1~3 〈4 Am By Candlelight〉는 연약한 존재임을 드러내는 엘레지이다...

잠 못 드는 밤의 숭고한 기도에는 마음의 평화를 갈구하는 간절한 고뇌가 서려있다. 그에게 많은 영향을 끼친 조지 윈스턴George Winston의 선율과도 닮아있는 본작을 재생시켜두고 있으면, 차마 해가 밝아오는 아침이 반갑지만은 않다. 계속해서 이 서정을 이어가고 싶기 때문이다.

Deep Forest
Boheme

CBS-Sony | 478623 2 | 1995

1. Anasthasia
2. Bohemian Ballet
3. Marta's Song
4. Gathering
5. Lament
6. Bulgarian Melody
7. Deep Folk Song
8. Freedom Cry
9. Twosome
10. Cafe Europa
11. Katharina
12. Boheme

NewAge-World

딥 포레스트는 듀오 프로젝트 그룹으로 에스닉 퓨전의 제왕이다.

프로그래머 미셸 상셰Michel Sanchez는 클래식과 팝을 습득, 아코디언 연주를 시작하고 프랑스 왕립음악학교에서 재즈피아노와 퍼커션을 배웠다. 라이브에서 라벨M. Revel과 메시앙O. Messiaen, 허비 행콕H. Hancock에게 영향을 받은 음악에 아프리카, 동유럽, 아시아의 음악을 믹스해 연주했던 그는 기타리스트 에릭 무케 Eric Mouquet를 리코딩 세션에서 만났고, 유네스코에서 위촉받은 음악을 작업하던 중 부족주의를 세계화하는 데 역점을 두고 딥 포레스트를 결성한다.

1993년에 발표한 셀프 타이틀 데뷔작은 야심찬 월드뮤직 앰비언트로, 콩고, 솔로몬제도, 부룬디, 리비아의 사하라, 수단의 사바나 등으로 초대하는 거대 이벤트였다. 이후 솔로로 독립하는 프로그래머 댄 렉스먼Dan Lacksman이 프로듀스했다. 그중 솔로몬제도의 민속 자장가를 각색한 〈Sweet Lullaby〉의 뮤직비디오가 MTV에 소개되면서 빌보드 차트 5위에 올랐고, 미국에서 골드를 획득, 1994년에 그래미 어워드에 후보 지명되는 등 대대적인 성공을 거둔다. 《World Mix, 1994》라는 리믹스가 포함된 재발매반을 출시했다.

보헤미안을 뜻하는 본작은 동유럽으로 공간 배경을 옮긴 두 번째 앨범으로, 가장 많은 판매고에 이어 그래미상의 베스트 월드뮤직 수상을 안겨 주었다.

〈Bohemian Ballet〉의 뜨겁고도 야성적인 전통 집시음악은 외로움에 절은 애조 띤 감정을 표출하고 있다.

〈Marta's Song〉은 영화 「Ready To Wear 패션쇼, 1994」에 삽입되기  도 했는데, 헝가리의 포크가수 마르타 세바스티엔Márta Sebestyén이 참여하여 집시 바이올린과 함께 낙관적인 서정을 들려준다.

〈Lament〉는 3년의 사랑이 끝나버린 집시의 처량한 한탄이 오히려 아 름답고 신비스럽게 들린다.

사랑을 향한 갈구를 그린 싱글 〈Freedom Cry〉에서는 희망이 푸르게 그려지며, 〈Boheme〉은 울지 말고 행복이 올 것이라 확신하는 위안이 절절하다.

이후 쿠바로 초대하는 《Comparsa, 1998》, 영화 「Le Prince du Pacifique 태평양의 왕자」를 위한 《Pacifique, 2000》, 이어 록으로의 외도 《Music Detected, 2002》 등을 발표하며 그들만의 월드 휴머니즘을 계속 이어갔다.

Deuter
Cicada

Kuckuck | CD 056 | 1982

1. From Here to Here
2. Light
3. Cicada
4. Sun on My Face
5. From Here to Here · *Reprise*
6. Sky Beyond Clouds
7. Haiku
8. Alchemy
9. Between Two Breaths

NewAge-Healing · Meditation

일찍이 심리학과 철학, 의학 등이 융성했던 독일은 동양철학과 종교에도 가장 먼저 관심을 보였던 학문적 문화강국이다. 이러한 학문과 사상을 음악에 접목하려는 분위기는 1960년대 말부터 태동하고 있었다. 이는 바로 뉴에이지 계보의 근간을 형성하게 되는 '뉴에이지 트래디셔널'로 발전한다.

이를 대변하는 인물이 명상과 치유 및 휴식 음악의 대가 카이탄냐 하리 도이터 Chaitanya Hari Deuter이다. 1945년생으로 그는 어렸을 때부터 자연의 소리와 악기의 소리에 끌려, 손에 넣을 수 있는 거의 모든 악기를 독학했다고 한다.

고교 때 이사한 뮌헨의 신문사에서 잠시 그래픽 디자이너 겸 음악 칼럼니스트로 일한 적이 있었으나, 1970년에 인생의 진로를 바꾸게 되는 큰 교통사고를 당하게 되었고, 그는 정신세계와 음악을 접목하는 뉴에이지 뮤지션으로 전향하게 이른다. 역사적인 데뷔작 《D, 1971》가 그의 영적인 음악 여정의 시작을 알렸으며, 1976년에는 정신적 스승을 찾기 위해 인도에 정착하면서 3장의 앨범을 제작한다. 그 중 하나인 본작은 남프랑스에서 녹음되었다.

국내에 두 번째 라이선스로 소개된 《Cicada》는 그의 정서적이고도 영적인 조화를 자유롭게 향유할 수 있는 작품이다.

선禪의 화두를 음악적 언어로 풀어내고 있는 첫 곡 〈From Here to Here〉은 담백하고도 청명한 자연의 리듬과 멜로디로 청자의 마음의 귀를 활짝 열어준다.

파도 소리로 문을 여는 〈Light〉는 반짝이는 태양의 빛 조각들이 끊임없이 반짝이며, 구슬픈 리코더의 마법이 동양의 정서를 노래한다. 후반에 들어서면 신비한 전자음향이 생명의 빛을 띠고 공간을 가득 채운다.

〈Sky Beyond Clouds〉에서는 구름의 변화가 드리우는 하늘의 교향악적 자태를 찬란하게 빚어낸다. 맑은 음소들이 모였다 흩어지며 화려한 빛깔들을 조색한다.

〈Alchemy〉는 명상음악의 대가임을 증명하듯 꿈결 같은 몽환의 세계를 열어준다. 부유하는 수많은 내적인 상태에서 리코더는 길을 되찾게 청자를 평화로 인도한다.

춘추전국시대를 방불케 했던 다양한 뉴에이지 음악에 맥을 제시한 선구자 도이터의 아름다운 초창기 작품 중 하나이다.

Deuter
Land of Enchantment

Deuter   Land of Enchantment

Kuckuck | 11081 | 1988

1. Pierrot
2. Maui Morning
3. Silver Air I
4. Waves and Dolphins
5. Santa Fe
6. Celestial Harmony
7. Silver Air II
8. Petite Fleur
9. Wind of Dawn
10. Peru le Peru

도이터는 1970~80년대에 인도음악을 공부하면서 영적이고 창의적인 영감을 찾아 아시아를 광범위하게 여행했다. 그 후 미국의 북 캘리포니아로 이주하였는데, 다양한 문화권에서의 경험들은 각기 다른 신비한 음악풍경으로 나타나게 된다.
국내에 첫 라이선스로 소개된 본작 《Land of Enchantment》는 그의 열 번째 앨범으로, 여전히 대표작으로 평가될 만큼 최고의 베스트셀링 앨범이다. 13세기 중국의 산수화를 커버로 한 것부터 매혹으로 이끈다. 그가 찾는 무릉도원은 자연의 영성적인 소리에 귀 기울이고 마음의 평화와 향기를 되찾는 것이다.

모 라디오방송의 시그널로 사용되기도 한 첫 곡 〈Pierrot〉은 10분여의 중편 걸작이다. 시공간의 겹이 부드럽게 파장을 일으키며 드러내는 오묘하고도 신비한 땅의 축제로, 건반과 리코더의 마술이 황금빛 풍요를 찬송한다. 후반의 황홀한 광명은 자연에서 우주로까지 뻗어나간다.
〈Maui Morning〉는 매혹의 섬 마우이의 대기가 기타로 경쾌하게 흐르며, 생명의 고동이 퍼커션을 타고 시간에 생기를 입힌다.
〈Waves and Dolphins〉는 동화적인 상상을 하게 되는데, 그가 그리는 평화로운 바다풍경은 돌고래떼가 흰 구름 속을 헤집고 노니는 푸르른 하늘 위까지 드리워진다.
〈Santa Fe〉는 미국 뉴 멕시코주의 별칭인 '황홀한 땅'을 더욱 맑고 높게 채색하고 있다.
〈Petite Fleur 작은 꽃〉은 투명하고도 신비스러운 음의 향연으로, 지친 심신을 어루만지는 자연의 자장가이다.
〈Peru le Peru〉는 안데스산맥의 기행문으로, 애수의 플루트가 점점 흥겨움을 자아낸다.

눈에 들어온 풍경들을 귀에 맞는 주파수로 변환시키는 유기적인 과정을 통해 음악을 작곡한다는 그는 '인생은 축복이며 만물이 존재하는 것 자체가 기적'이라는 메시지를 가벼운 빛으로 표현하고 있다.
"...나는 듣는 이들이 각자 자신의 내면세계를 탐구할 기회를 만들고 세상의 이면세계로 떠나 재충전의 기회를 갖게 하는 침묵의 순간이 가장 중요하다고 생각한다. 나는 사람들의 마음을 어루만지고 사람들의 삶 속에 부드러움과 기쁨을 주려고 노력하고 있다."

Diane Arkenstone
Aquaria

Neo Pacifica | NP3011 | 2001

1. World of Light
2. Through the Veil
3. The Water Garden
4. The Treasure Caves
5. Rhythms of the Deep
6. Voice of the Sea
7. Tranceshift
8. Aquaria

NewAge-Celtic, NewAge-Pops (Vocal)

인간의 목소리에는 많은 악기가 표현할 수 없는 마력 같은 힘이 있기에 우리는 인간의 목소리를 가장 위대한 악기라 부른다. 때 묻지 않은 천사의 목소리는 어린이의 그것에서 느낄 수 있고, 남성의 저음은 그 힘에 제압된다. 하지만 드라마틱한 표현력으로는 단연 여성의 목소리가 압권이다.

다이앤 아켄스톤은 대학에서 오페라 가수 교육을 받았으며, 컨트리록과 펑크밴드를 거쳤고, 여러 팝 밴드에서 노래했다. 그녀는 작곡가이자 다중 악기 연주가이기도 한데, 1990년대에 셀틱 음악의 캐리어를 쌓기 시작하여, 전남편인 데이비드 아켄스톤David Arkenstone의 앨범에도 참여하였다. 그와 함께 Neo Pacifica란 레이블을 설립하고, 독집 《The Healing Spirit, 2001》를 냈다.

2집인 본작은 님프의 일렁이는 듯한 푸른 아리아를 들려주어 호평을 받았다.

뱃사람들을 홀리어 물에 빠뜨린다는 신화 속 물의 요정의 노래처럼 〈World of Light〉는 무아지경으로 이끈다. 이니그마Enigma가 데뷔작에서 들려주었던 사쿠하치의 마법적인 기운과 함께 검은 안개가 걷히고 하늘을 여는 하프의 선율이 부가되면서 그녀의 목소리는 빛을 부른다.

〈Through the Veil〉는 소용돌이치듯 몽롱한 일렉트로 트랜스와 함께 휘슬과 그녀의 보컬 그리고 맑은 키보드의 음색이 매우 조화롭다.

일렉-퍼커션의 반복적인 패턴 속에서 그녀의 스캣이 매혹적인 〈The Water Garden〉에는 바이올린과 휘슬의 선율이 녹아 물속에서 유영하고 있는 듯한 거대한 몽상이 열린다.

고대의 신비가 넘실거리는 〈The Treasure Caves〉는 따사로운 바이올린과 인어의 육성이 해저 속으로 감미롭게 유혹한다.

심해의 박동으로 메시지를 전하는 〈Rhythms of the Deep〉에 이어, 〈Voice of the Sea〉는 모태의 바다가 전하는 사랑을 그리고 있다.

일렉트로니카 트랜스에서 더욱 가녀리고 청초한 스캣으로 연주한 〈Tranceshift〉, 그리고 마치 전생이 인어공주였던 것처럼 푸른 물을 연거푸 토해내는 바다의 샘 〈Aquaria〉까지 그녀의 보이스는 물결을 타고 융해한다.

어린 시절부터 30여 회가 넘는 심장 대수술을 받으며 음악으로 극복하고 있는 여걸의 음악은 너무나 환상적이다. 후속작 《Jewel in the Sun, 2002》는 뉴에이지 앨범 차트에 11위에 오르는 성공을 거두기도 했다.

Didier Squiban
Molène

L'Oz Production | L'OZ 17 | 1997

Suite n°1: Tri Men
 1. Ar Baradoz
 2. An Alac'h
 3. Suite d'Andro du Pays Vannetais
 4. Ledenez
 5. Kost Ar C'hoat
 6. Tri Men

Suite n°2: Ker Eon
 7. Iroise
 8. Suite de Gavottes des Montagnes
 9. An Skoliater
10. Trugerekat Men Dous
11. Ker Eon
12. Kerzhadenn Pedenn
13. Variations sur Laride à 6 Temps

Suite n°3: Bannec
14. Marche des Conscrits du Faouët
15. Enez Eusa
16. Me zo Ganet e Kreiz ar Mor
17. An Oed a Driverc'h Vle
18. Bannec

New Acoustic, NewAge-Jazz

피아니스트 디디에 스퀴방은 1959년생으로 프랑스의 브르타뉴 지방의 생르낭 출신이다. 이 켈트 지역의 독특한 문화는 음악적 영감의 원천이 되었다.

8세 때 피아노를 시작하여 음악원을 졸업했고, 스트라빈스키Stravinsky, 쇤베르크 Schonberg, 드뷔시Debussy, 사티Satie, 글렌 굴드Glenn Gould 등에게서 영향을 받았다. 그러나 졸업 후에는 재즈에 매료되었고, 특히 키스 자렛Keith Jarrett과 빌 에반스Bill Evans는 음악적 멘토이자 지향점이었다.

음악교사로 일하던 중 1993년에 브르타뉴 가수 얀 판치 케메너Yann-Fanch Keme -ner의 라이브쇼에서 피아노 세션으로 대중 앞에 서게 된다. 이후 고전의 낭만주의에서 현대음악 그리고 브르타뉴의 민속음악과 재즈 즉흥연주의 조합으로 구성되는 독특한 스타일을 확립한다.

선조들의 고향땅이었던 브르타뉴 서부 해안의 섬 모렌느Molene의 정취를 담은 본작은 그의 브르타뉴 3부작 중 첫 앨범이다.

세상 끝의 섬사람들을 위한 〈Tri Men 세 개의 돌〉, 자신의 솔로 작품을 낼 수 있게 도움을 준 프로듀서 질 로자크뮈어Gilles Lozac'hmeur에게 감사의 뜻을 전한 〈Ker Eon 거봉의 집〉, 그리고 처음 그를 무대로 이끈 브르타뉴 가수 얀 판치 케메너에게 바치는 〈Bannec 바넥〉이라는 3개의 조곡으로 구성, 총 18개의 자작곡과 전래 음악의 소품들을 맑은 피아노 즉흥으로 들려준다.

숭고한 시선으로 그리는 〈Ar Baradoz 낙원에서〉는 세례와 결혼 그리고 죽음으로 이어지는 삶의 순리가 그 주제이다.

현대 여류시인 앙젤 바니에Angele Vannier의 시구절 '나는 돌의 단층에서 스스로 나와 달콤한 단잠에 빠졌네'에 영감을 받은 〈Ledenez 반도〉는 풍파에 의해 기암이 되는 운명처럼 애상적이다.

문화의 합병과 충돌을 의미하는 〈Iroise 이로와지 바다〉는 역사적인 슬픈 사연이 잔잔히 전해지며, 〈An Skoliater 학자〉는 온화한 빛이 너그럽고도 평화롭게 비친다.

〈Marche des Conscrits du Faouet 파우에의 군대 행진곡〉은 서글픈 장례의 행렬을 보는 듯하며, 아름답지만 가장 험한 야생의 섬 〈Enez Eusa 웨상〉은 남편을 잃고 살아가는 미망인들의 슬픔을 애도한다.

모렌느로 가는 입구에 위치한 바다표범들의 작은 섬 〈Bannec 바넥〉에는 감정조차 고요하다.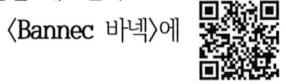

Didier Squiban
Rozbras

L'Oz Production | L'OZ 34 | 2001

1. Image : A Dan et Pascal
2. Image : A Armel, Glenn & Johanna
3. Image : A Rv-Lo
4. Image : A Edith
5. Image : A Pierre-Yves Moign
6. Image : A José Nédélec
7. Image : A Thersi
8. Image : A Catherine et Christophe
9. Image : A Jean-Bernard Vighetti
10. Image : A Stéphane Riou
11. Image : A Glenmor
12. Image : A Alain le Pennec

New Acoustic, NewAge-Jazz

디디에 스퀴방의 음악은 한없이 바다로 흘러가고 하늘의 틈을 향해 불어가는 자유시이다. 분명 형식이 있고 구조가 있음에도 이들은 숨을 죽이고 침묵을 지킨다. 클래식과 재즈를 넘나들며 냉정과 열정 사이를 오가는 그의 피아노 풍경들은 수려한 테크닉만큼이나 그 명도가 다양하여 한마디로 규정하기도 쉽지 않다.

《Molene》에 이어 '피아노를 위한 18개의 변주곡'이란 부제의 《Porz Gwenn, 1999》을 내놓았고, 또다시 '피아노를 위한 12개의 이미지' 《Rozbras, 2001》로 켈트인의 땅 브르타뉴 지방에 대한 3부작을 완성한다.

〈Image 1〉은 브르타뉴 북서부 르퉁에 선대뇌년 블루스로 현대적인 재즈 감성이 흐르는 깊고 그윽한 매력이 촉촉하다.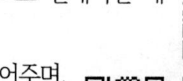
맑은 서정시 〈Image 2〉는 순박한 미소와 정을 심어주며, 〈Image 3〉는 은은한 복음성가처럼 경건함으로 마음의 창을 활짝 열어준다.
우울한 〈Image 5〉는 황혼의 풍경과 함께 연약한 감정을 거세게 흔들며, 사운드 엔지니어에 헌정한 〈Image 6〉는 너무나 유려하다.
〈Image 8〉는 가보트 형식의 슬픈 무곡으로 정적이면서도 드라마틱한 전개가 무척 아름답다.
애통의 눈물로 번져가는 진혼곡 〈Image 11〉과 절대고독에 대한 심상을 엿볼 수 있는 〈Image 12〉는 그리움으로 번진다.

슬픔의 정서로 영혼을 공명시키는 디디에 스키방의 노스탤지어는 이렇듯 장르를 불문하고 음악 애호가들의 연약한 감정을 잠식한다.
본작에 앞서 현악 오케스트라와 협연한 현대음악작품 《Symphonie Bretagne》가 출반되기도 했으며, 이후 초기 3부작과 맥을 같이하는 너무나 아름다운 피아노 솔로 명작 《Ballades, 2003》를 거쳐, 클래식으로 치중한 《Symphonie Iroise, 2004》, 그리고 《La Plage, 2006》와 《L'Estran, 2009》에서는 보다 현란한 재즈 앙상블을 과시하기도 했다.
영화 「아멜리에」의 작곡자로 알려져 있는 얀 띠에르센Yann Tiersen과 보컬리스트 데네즈 쁘리장Denez Prigent과 함께 브르타뉴를 대표하는 그는 이미 세계적인 뮤지션이다.

Difang
Circle of Life

Difang
CIRCLE OF LIFE

Magic Stone | RCCA2013 | 1998

1. Visiting Song
2. Lakedun
3. Love Song
4. Working Song
5. Widow
6. Pick up Mud-Snail
7. Sworn Friends
8. Lin San-Sy's Song
9. Fully Laden with Riches
10. Elders Drinking Song
11. Elders Drinking Song - *original*

딥 포레스트Deep Forest의 데뷔작을 제작했던 월드뮤직의 유명 프로듀서 댄 렉스먼Dan Lacksman과 크리스티안 마틴Christian Martin이 발굴한 타이완 아미족의 장로 디팡Difang Duana(1921~2002)은 그가 부양하고 있는 가족들과 함께 타이완의 전통 농요를 감칠맛 나게 들려주었던 월드뮤직 아티스트이다.

디팡은 타이완의 전형적인 농촌에서 태어났다. 그의 가문은 조상의 전통을 따르는 엄격한 집안이었는데, 그도 그러한 환경 때문에 자신이 하고픈 일을 하지 못하고 농업이라는 가업을 잇게 된다. 전통 민요를 즐겨 불렀던 그는 그 어떤 음악 교육도 받지 못했다고 한다. 하지만 그의 나이 77세에 음악계에 당당하게 데뷔했다.

그의 민속 농요를 환상으로 이끄는 것은 사실상 프로듀서의 역량이다. 디팡의 보컬은 가장 중요한 악기임이 분명하지만, 이를 증폭시키고 서정으로 소조하며 동양의 신비로움으로 각색하는 연출력은 실로 놀랍다.

뮤직비디오에서 출생과 성장 그리고 자연의 일부로 돌아가는 인생의 순리를 그린 히트 싱글 〈Visiting Song〉은 그의 고향을 소개하고 있는 작품으로, 신선함으로 충만한 설렘은 가히 압권이다.

부드러운 바람이 이는 언덕 위에서 자연을 경배하는 〈Lakedun〉에는 짧고도 긴 인생의 낙관적인 철학을 담은 듯하며, 〈Love Song〉은 보다 흥겨운 트립합 비트에 열정과 희열을 담는다.

〈Working Song〉는 증폭되는 비트와 첼로의 음색 그리고 무상의 보컬이 농부로서 살아온 고단한 삶의 애환을 맑게 그린다.

미망인의 눈물을 서정적인 첼로 연주가 따스하게 감싸는 〈Widow〉에 이어, 〈Pick up Mud-Snail〉는 웅장한 리듬이 돋보이는 대자연의 고동이다.

이니그마Enigma의 〈Return to Innocence〉에 보이스가 샘플링되었던 〈Elders Drinking Song〉은 보다 느긋한 여유가 느껴지는 추천곡이다.

발표 당시 도쿄 시부야 월드뮤직 차트 1위를 기록하기도 했던 본작은 그해에 발표된 뉴에이지 음반을 통틀어 열 손가락에 꼽을 걸작이 아닐까 생각한다.

이후 일본과 타이완의 프로듀서가 제작한 《Across the Yellow Earth, 1999》를 발표하고, 3집 《Amis, 2000》에서는 타이완의 민속음악을 선보였다.

Dimitris Papadimitriou
Topia

Sony Classical | SK 93131 | 1981

1. Day One
2. The City beyond the Sea
3. Another Sea
4. Oracles of the Lighthouses
5. The Forbidden Room
6. Unexplainable Dance
7. Wandering in the Iron City
8. Spinning in the Human Whirlpool

NewAge-Electronics

그리스 작곡가 디미트리스 파파디미트리우는 사우디아라비아에서 1959년에 출생했고, 이집트 알렉산드라에서 어린 시절을 보냈으며, 아테네 대학에서 법을 전공했다. 1980년대 초 프로그레시브록의 열풍과 함께 그는 심포닉 전자음악의 걸작 《Topia 풍경, 1981》으로 음악계에 등단하였으며, 이후 수많은 영화음악을 작곡하면서도 여러 가수의 협업은 물론이고 자신의 이름을 건 양질의 프로젝트 앨범들을 발표하고 있다.

본작의 사운드 포지션은 선배 반겔리스Vangelis와 프랑스의 장-미셸 자르Jean-Michel Jarre 그리고 독일의 탠저린 드림Tangerine Dream의 교집합적 영역에 둥지를 튼 것으로 짐작된다. 록적인 동세에 심금을 자극하는 우울한 랩소디, 무엇보다도 신비스러운 음향적 풍경 탐구는 매우 경탄할 만하다.

〈Day One〉은 1970년대 중반에 자르가 쏟아냈던 외계의 신비를 떠올려준다. 록비트를 타고 붉은 마그마가 샘솟는 화산의 위험한 풍경을 그린 듯 긴장감을 퍼붓는다.

파도 소리와 함께 밀려드는 애잔한 진혼곡 〈The City beyond the Sea〉역시 짙은 안갯속에서 붉은 불빛의 드라마가 도시적 적막감과 고독감을 진하게 우려낸다.

〈Another Sea〉는 피아노를 위한 웅장한 심포니로, 서서히 박동하기 시작하는 조류는 급속으로 운동하며 집어 삼킬 듯 넘실거린다. 뭉클한 피아노 워크에 흐르는 더없이 아름다운 애수가 신비한 전자음향의 폭풍과 함께 산산조각 난다.

거친 전자교향곡 〈Unexplainable Dance〉은 한치의 앞도 내다볼 수 없는 눈 폭풍 속에 있는 것 같다.

〈Wandering in the Iron City〉는 타임머신을 타고 상이한 먼 미래 도시에 첫발을 내딛는 듯한 감정이다. 중반에 이르면 긴장 어린 피아노 록이 성큼성큼 다가온다.

〈Spinning in the Human Whirlpool〉에서 역동적인 록의 기운으로 지축을 빠르게 회전시킨다.

동년에 발표된 자르의 《Magnetic Fields》와 반겔리스의 《Chariots of Fire》 그리고 탠저린 드림의 《Exit》 등과 견주어도 전혀 부족함이 없는 걸작이다.

Dimitris Papadimitriou
The Archangel of Passion

Sony Classical | SK 93132 | 1987

1. C Sharp Minor. Allegro
2. E Flat Minor. Lento
3. C Sharp Minor. Moderato
4. 'Kyrie' C Sharp Minor. Allegro
5. B Flat Minor. Lento
6. 'Requiem'. Variations
7. B Flat Minor. Lento
8. C Minor. March
9. F Minor. Greek Dance. Zeimbekiko

NewAge-Electronics

작곡가 디미트리스 파파디미트리우는 그리스의 대중음악 외에도, 영화음악과 현대음악 등 장르를 넘나들며 훌륭한 작품들을 남기고 있다.

본작은 그의 영화음악으로, 「Revens, 1984」에 이은 니코스 베르기트시스Nikos Vergitsis 감독과의 두 번째 협업이었다. 당해 테살로니키 페스티벌에서 연출, 편집, 여우주연, 음악 부문을 수상한 이 영화는 컬트적인 영역으로 분류된다고 한다. 교향곡 작곡가인 아레스의 첫 앨범이 출시된 날, 14세의 아름다운 프랑스 소녀 아프로디테는 비행기 추락 사고에서 유일하게 생존한다. 12년이 지난 후, 아레스는 아프로디테의 연인이 되기 위해 파리로 간다. 남편이 있는 그녀의 마음과 몸을 얻기 위해, 한 달 만에 그녀의 입에서 '열정'이라는 단어가 나오지 않으면 자살하겠다고 스스로 내기를 한다. 예술을 통달할 수 없는 아레스와 관능적인 아프로디테, 그리고 그녀의 냉소적인 남편과의 삼각관계가 다루어진다고 한다.

파파디미트리우의 놀라운 전자교향곡은 7개의 기악 부분과 2개의 합창 부분으로 나누어져 있으며, 고전적인 교향곡 창작의 발전 패턴을 따르고 있다. 물론 합창단을 제외하면 작곡가의 단독 신시사이저 연주이다.

〈C Sharp Minor. Allegro〉의 웅장함은 실로 놀라운데, 천지가 개벽하는 듯한 장중함은 신비롭고도 창대하기 이를 데 없다.

〈E Flat Minor. Lento〉의 주제는 근작인 《Piano Concerto No 1, 2022》에 재등장하기도 했는데, 애조 띤 그리스의 정서를 거대한 비애미로 녹여내는 피아노의 대서사가 활활 타오른다.

〈C Sharp Minor. Moderato〉는 애상적인 시련의 드라마 중심에 청자를 위치하게 한다. 어둡고 무겁지만 아련하게 피어오르는 현악의 바람이 청자 주위를 맴돈다.

〈'Kyrie' C Sharp Minor. Allegro〉에서 파이프오르간의 종교적 위엄과 합창단의 거룩함은 폭풍이다.

비장한 바이올린협주곡 〈B Flat Minor. Lento〉에 이어, 끊임없는 긴 여행의 만가 〈'Requiem'. Variations〉, 그리고 그리스의 정서를 담은 마지막 곡 〈F Minor. Greek Dance. Zeimbekiko〉는 짧지만 찬란한 영광을 기린다.

영화는 보지 못하였지만, 독자적으로도 매우 훌륭한 전자음악이다. 데뷔작과는 전혀 다른 색채지만, 유명 전자음악가들과 구별되는 그리스 음악의 고전이다.

Doug Cameron
Mil Amores

Narada | ND-63010 | 1990

1. Magia Española (Spanish Magic)
2. St. Tropez
3. The Time is Now
4. Mil Amores (1000 Loves)
5. Cuban Spice
6. The Journey
7. Forever Friends
8. I Want to be with You
9. The Gypsy's Tear

NewAge-Fusion

덕 카메론의 본작이 국내에 소개되었을 때, 그의 파란색 전자 바이올린은 압도할 만한 매력으로 넘쳐있었다. 고음의 멜로디는 놀라울 정도로 감성이란 벽에 착 달라붙어 떨어질 줄 몰랐다. 그의 바이올린은 방송에서 그리고 새로운 음을 찾는 뉴에이지 팬들에게 많은 호응을 얻어냈다.

뉴욕에서 성장한 그는 5세 때부터 바이올린을 배웠으며 그 학습 진도는 남달랐다고 한다. 기초학교를 다니면서도 뉴욕주립 청소년 오케스트라와 웨스터체스터 음악원 오케스트라에서 활동했으며, 고교 때는 클래식 음악을 공부하고 즉흥연주에도 관심을 가졌다. 버팔로 대학에 진학하면서 지역 클럽에서 종종 연주하기도 했는데, 이 모습을 본 시단록의 창시자 Allman Brother's Band의 동생 그렉 알먼 Gregg Allman은 투어와 리코딩을 제의하기도 했다.

대학을 졸업한 1978년 LA에 정착하여 스튜디오 세션맨으로 활약했는데, 데이비드 베노잇David Benoit, 조지 벤슨George Benson, Earth, Wind & Fire, 호세 펠리치아노Jose Feliciano 등 많은 유명 아티스트와 일했다.

데뷔작 《Freeway Mentality, 1986》를 시작으로 그의 세 번째 앨범이자 나라다에서 첫선을 보인 본작은 평론가들과 팬들의 절대적인 지지를 받았다.

재즈, 록, 포크, 팝, 민속음악, 클래식 등 다양한 감각을 소화하며 완성한 본작에서, 라틴의 터질 것 같은 뜨거운 열정이 거친 호흡을 내뱉는 〈Magia Española 마법의 에스파냐〉는 발매되자마자 방송과 광고를 통해 그의 이름을 알렸던 히트곡이다.

속도감 있게 전개되는 경쾌한 발라드 〈The Time is Now〉는 희망과 행복감이 넘친다. 아침 출근길을 위한 베스트 트랙이다.

우울한 로망스 〈Mil Amores 천 개의 사랑〉은 그를 제외한 바이올린, 비올라, 첼로, 베이스 등 12인의 현악단이 참여하여 스트링의 고혹적인 숨결이 중후하다. 이 부드러운 세레나데도 대표곡이 된 지 오래다.

애수의 바이올린이 들려주는 집시의 플라멩코 〈The Gypsy's Tear〉도 마음속에 자리하고 있다.

그는 나라다에서의 두 번째 앨범인 《Journey to You, 1991》를 발표한 후 하이어 옥타브 레이블로 이적하였으며, The Warfield Avenue Symphony Orchestra의 단원으로도 활동했다.

Eccentric Opera
Hymne

Sony | ESCB1834 | 1997

1. Serenade
2. La Pioggia
3. L'Amour est Bleu
4. Songs My Mother Taught Me
5. Irresistiblement
6. Gnossienne
7. Ani Holem Naomi
8. Black is the Colour
9. All-Over-Love

NewAge-Classical Chant·Pops (Vocal)

이 기묘한 오페라 악단은 일본의 두 여성 음악가로 구성되었다.

보컬을 맡은 나미Nami Sagara는 동경예술대학에서 순수미술과 동시에 소프라노 성악을 전공한 예술학도이며, 나호코Nahoko Kakiage 역시 동경예술대학에서 순수미술과 작곡을 전공한 재원으로 키보드와 컴퓨터를 담당, 고전음악과 현대음악을 두루 섭렵하여 혁신적인 작품을 창조한다.

졸업 후 'Opera'를 결성, 1994년까지 유럽투어를 통해 마이클 나이먼Michael Ny-man, 테리 라일리Terry Riley 등으로부터 높은 평가를 받았고 유럽의 각종 미디어에서도 찬사를 받았다. 이후 '에센트릭 오페라'로 개명한 후 낸 1996년 대망의 데뷔앨범은 남성 보컬리스트를 대동, 클래식 음악을 팝과 힙합, 재즈, 테크노, 펑크, 댄스음악 등의 요소를 등을 한데 섞어내어 일본에서 큰 반향을 불러일으켰다.

본작은 그들의 두 번째 앨범으로, 유럽시장을 공략하기 위한 것이었다. 그래서 기존의 클래식을 테마로 한 구성에서 벗어나 팝의 고전들도 커버하고 있다.

첫 곡은 국내에서 모 핸드폰 광고음악으로 사용된 〈Serenade〉이다. 이는 차이콥스키Tchaikovsky의 〈현악을 위한 세레나데 op.48〉에 보들레르Baudelaire의 시를 입힌 것으로, 트립합 비트에 솜털 같은 나미의 보컬은 영롱한 마력을 뿜어낸다.

이태리 깐쏘네 〈La Pioggia 비〉는 질리오라 친게띠Gigliola Cinquetti의 고전으로, 대담한 록과 고전적 성악 창법으로 파격미를 선사한다.

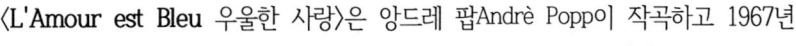

〈L'Amour est Bleu 우울한 사랑〉은 앙드레 팝Andrè Popp이 작곡하고 1967년 비키Vicky가 유로비전 송 콘테스트에서 부른 노래로, 폴 모리아Paul Mauriat(1925~2006)의 연주곡으로 잘 알려져 있다. 타이트한 힙합 리듬에 싱그러운 일렉트로닉의 향연과 화려한 오페라 가창 등을 엮어내어 신기의 경지를 들려준다.

모 화장품 광고음악으로 사용된 〈Irresistiblement 당신의 포로〉는 샹송 가수 실비 바르땅Sylvie Vartan이 1968년도에 취입한 넘버로, 일본에서 라디오방송 차트를 석권하며 화제를 낳았다.

강력한 월드비트가 심장을 두드리는 〈Black is the Colour〉은 칠흑 같은 암흑 속에서 발화하는 긴장의 타격에 호흡이 가쁘다.

〈All-Over-Love〉는 나호코의 재능이 편곡에만 있지 않음을 증명하는 걸작으로, 고딕 사운드의 어둠 속에서 빨간 장미가 피어난다.

Eccentric Opera
Paradiso

Sony | ESCB1927 | 1998

1. Bolero
2. Cham Cham Gaya
3. Ponta de Areia
   - Apenas um Apenas Voce
4. Amore di Cielo
5. Sanctus
6. Attention Please
7. Fuge G Moll
8. Faust
9. Die Frühlingersfeier
10. La Grotte
11. The Falling Moon
12. La Chanson d'Ève

NewAge-Classical Chant·Pops (Vocal)

순수예술을 전공하였던 이 재능 있는 두 여성의 전위적인 패션 사진들을 감상할 수 있는 세 번째 앨범 본작에서는 작곡을 전공한 나호코의 작품을 비롯한 오리지널 레퍼토리를 다양하게 기획하였으며 함께 작사하는 등 음악적 범위를 점차 넓혀간다.

라벨Revel의 곡에 이태리어 가사를 붙인 〈Bolero〉는 특유의 리듬감에 테크노 팝 감각을 더한 것으로, 일본의 TV 시리즈 「사랑의 식탁」 주제곡으로 사용되어 많은 인기를 누렸다.

〈Ponta de Areia - Apenas Um Apenas Voce〉는 브라질의 싱어송라이터 미우 퉁 나시멘투Milton Nascimento의 〈모래의 끝〉과 나오코가 작곡한 젠 Zen풍의 〈간신히 부르는 노래〉의 콜라주로, 일본 특유의 서정미가 넘친다.

멘델스존Mendelssohn의 〈바이올린과 오케스트라를 위한 콘체르토 op. 64〉의 주제를 차용한 〈Amore di Cielo 천국의 사랑〉은 어두운 고딕과 슬픈 현대가 호흡한다.

〈Sanctus 상투스〉는 장엄미사를 팝적인 나미의 가창과 코러스 하모니, 나호코의 세련된 작곡으로 탄생한 위대한 결과물 중 하나이다.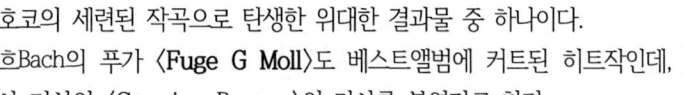

바흐Bach의 푸가 〈Fuge G Moll〉도 베스트앨범에 커트된 히트작인데, 작사 미상의 〈Carmina Burana〉의 가사를 붙였다고 한다.

자작곡인 〈La Grotte 동굴〉에서는 서정적인 현악과 안개처럼 희미한 나미의 보컬이 몽롱함으로 깊이 유혹한다.

부드럽고 매끄러운 팝 〈The Falling Moon〉는 신기에 신비를 더하여 파란빛의 황홀한 마법에 휩싸이는 낭만적인 작품이다.

〈La Chanson d'Ève 이브의 노래〉는 엘가Elgar의 〈위풍당당 행진곡〉에 벨기에 시인 레르베르그Lerberghe의 작품을 붙인 것으로, 신인상주의적인 음감으로 재창조되었다.

자국에서 토미타Tomita나 기타로Kitaro라는 일렉트로닉 거장들의 영향을 받았겠지만, 이들은 대중음악의 코드에 발맞추어 보다 실험적이고 작품성 있는 독자적 레퍼토리를 개발했다. 아름다움 그 이면에 자리한 재치 있는 콘셉트는 단순히 새로움을 넘어선 진보적인 기법으로 에센트릭 오페라의 정수를 완성하고 있다.

Eccentric Opera
Yorokobi

Toi Toi Toi | CJTO-8012 | 2001

1. Yorokobi No Uta
2. Thai-Kon
3. Pavane
4. Le Destin
5. Anata no Yorokobi Wa Nani?
6. Jupiter
7. The Sally Gardens
8. Pavane

NewAge·Classical Chant·Pops (Vocal)

파격적인 연주를 선보인 이전 작품과 달리 보컬 하모니에 초점을 맞춘 듯한 본작은 매우 정제된 사운드를 들려준다. 찌를 듯한 카리스마는 상쇄되었지만, 아름다움을 향한 본능은 순수함을 찾았고, 기교와 아이디어는 노련함으로 대치되었다.

베토벤Beethoven의 〈교향곡 9번 합창〉을 여러 성부의 아카펠라로 부른 첫 곡 〈Yorokobi No Uta 환희의 노래〉는 나호코의 팝적인 편곡이 생기발랄함을 전한다.

차이콥스키Tchaikovsky의 〈피아노협주곡 1번〉을 노래한 〈Thai-Kon〉도 도드라지지 않은 일렉트릭 테크노 작법 위에 가스펠과도 같은 나미의 유아적이면서도 예쁜 목소리가 달콤함을 남긴다.

〈Pavane 파반느〉는 라벨Revel의 〈죽은 황녀를 위한 파반느〉로, 신성하고도 찬란한 빛으로 눈이 부시다. 우아하며 기품 있게 전개되는 팝적인 감각 위에 나미의 보컬을 최대한 발휘한 본작의 백미 중 하나.

베토벤의 〈교향곡 5번 운명〉을 철저하게 무너뜨리고 재편집한 〈Le Destin 운명〉에 이어, 민요 〈I will give my love an apple〉을 편곡한 〈Anata no Yorokobi Wa Nani? 네 기쁨은 무엇이니?〉이 아련하고도 어렴풋한 소프라노로 잔잔한 감동을 불러일으킨다.

홀스트Holst의 〈행성-목성〉을 노래한 〈Jupiter〉에 이어, 시인 예이츠Yeats가 작시한 민요 〈The Sally Gardens〉는 그 고매한 창법이 아디무스Adiemus의 음악을 연상시킨다.

마지막 곡 〈Pavane 파반느〉는 3번 트랙의 아카펠라 버전으로, 천상의 하모니는 눈물을 머금을 만큼 성스럽다.

국내에 라이선스로 소개된 베스트앨범에는 바이올린 연주자 타로 하카세Taro Hakase의 앨범에서 현대적인 트립합 성가로 연주한 포레Faure의 〈Pavane 파반느〉가 수록되어 있기도 하다.

각기 다른 역할의 두 여걸이 만나 발휘하는 힘이 실로 대단함을 실감하게 되는데, 아쉽게도 기묘한 오페라 악단은 이 앨범을 끝으로 활동을 중단한다.

이후 나호코는 영화 「弟切草 오도기리소」의 사운드트랙을 담당했으며, 솔로 앨범 《Baroque, 2002》와 《Psalm, 2004》를 발표했고, 나미 또한 Tokyo Nami라는 5인조 록밴드를 결성하여 《Grandharva Veda, 2004》을 내며 팬들과 호흡했다.

142

Ed Van Fleet
Evening Passages

Elfin | EVF 110 | 1993

1. Twilight Path
2. The Stream
3. Baby's Lullaby
4. Dreaming Faraway
5. When We Cry
6. Lion & Butterfly
7. Lady of the Stream
8. On a Summer Breeze
9. Crescent Moon
10. Evening Song

NewAge-Instrumental

록그룹에서 기타리스트로 활약한 바 있는 미국 작곡가 에드 반 플릿은 1954년생으로, 1980년대 후반부터 거의 혼자서 모든 음향을 만들어내는 다중 악기 연주자로서 뉴에이지 음악을 발표했다.

이미 20장이 넘는 작품 중, 《Grand Eagle, 1991》은 50만 장 이상 판매된 베스트셀러이며, 《Oceans, 1992》, 《Horizon, 1992》, 《The Light of Midnight, 1995》와 같은 앨범들 역시 많은 사랑을 받고 있다.

그는 아폴로호의 달 착륙 25주년을 기념하는 「Moonshot」을 비롯한 17편의 영화와 다큐멘터리의 음악을 작곡했으며, 워싱턴의 관광명소이기도 한 스미스소니언 항공우주박물관에서도 그의 음악이 사용되었다.

베스트셀러 중 하나인 《Oceans, 1992》에 이어 발표한 것이 본작인데, 놀랍지만 전작과 마찬가지로 어쿠스틱 악기는 단 하나도 연주되지 않았다. 신시사이저를 비롯한 많은 전자악기와 키보드에 자연의 효과음을 삽입하여 더위가 채 식지 않은 여름날 저녁의 서정을 감성 충만한 멜로디로 표현하고 있다.

온 세상을 노랗게 물들이는 여름날 저녁 캐러멜 향 가득한 풍경 속으로 산책길을 여는 〈Twilight Path〉에는 떼를 지어 노래하는 새들의 지저귐이 생생하다.

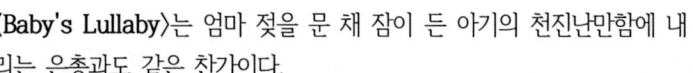

〈Baby's Lullaby〉는 엄마 젖을 문 채 잠이 든 아기의 천진난만함에 내리는 은총과도 같은 찬가이다.

우렁찬 천둥소리와 함께 애틋한 슬픔을 쏟아내는 〈When We Cry〉의 드라마는 소나기처럼 잠시 머물다가 사라진다.

한풀 꺾인 더위로 활력을 되찾는 야생의 평화로움이 두툼한 키보드와 플루트 음향으로 재생되는 〈Lion & Butterfly〉, 한 폭의 그림으로 재현되는 건반을 위한 심포니 〈Lady of the Stream〉는 서정의 드라마이다.

뜨거운 눈물이라도 말리려는 듯 위안으로 어루만지는 〈On a Summer Breeze〉, 그리고 다시 황금빛으로 물드는 일몰 앞에 서게 하는 전원곡 〈Evening Song〉에 풀벌레의 세레나데를 싣는다.

여리고 내성적인 감성 소유자들에 어울리는 본작은 라이브러리에 꽂혀있는 몇 개의 작품 중에서 개인적으로 가장 애청하고 있다. 커버가 비호감이긴 하지만 그와의 여름날 산책은 청명한 추억으로 영원할 것 같다.

Eddie Jobson
Theme of Secrets

Private | 1501 | 1985

1. Inner Secrets
2. Spheres of Influence
3. Sojourn
4. Ice Festival
5. Theme of Secrets
6. Memories of Vienna
7. Lakemist
8. Outer Secrets

NewAge-Electronic·Ambient

1955년생인 영국 뮤지션 에디 좁슨은 록계에서 굵직한 이력을 가지고 있다. 키보디스트로서 그리고 전자 바이올린 연주자로서 영국의 1970년대 프로그레시브록 씬의 마지막 주자로 평가받는 U.K, 록시 뮤직Roxy Music, 그리고 프랭크 자파 Frank Zappa를 거쳐 제스로 툴Jethro Tull에 이르기까지 폭넓게 활동했다.

프로그레시브록 팬들에게 환영받고 있는 솔로작《The Green Album, 1983》을 낸 후 페터 바우만Peter Baumann을 만났고, 1985년 Private Music 레이블에서 《Theme of Secrets》라는 뉴에이지 걸작을 발표한다. 본작은 그의 이력 때문에 국내에 소개될 당시 뉴에이지 팬들뿐만 아니라 아트록 마니아들에게도 크게 환영받았다.

마치 자그마한 구슬이 투명한 와인잔 속으로 떨어지는 듯한 맑은 음소를 서두에 둔 히트작 〈Inner Secrets〉는 그의 록 씬에서 단련된 키보드 실력을 살필 수 있다. 이듬해 데뷔앨범을 발표한 야니Yanni가 남성적인 힘을 구사하였다면, 그는 이 곡에서 지극히 예민하고도 여성적이며 내성적인 감성을 보여준다.

기염을 토하게 하는 〈Theme of Secrets〉는 다이내믹 심포니로 첫 곡의 주제를 확장하여 발전시킨다. 커버처럼 끊임없이 구름이 몰려오는 듯한 긴장 어린 환상이 침범한다.

〈Outer Secrets〉는 〈Inner Secrets〉의 외적 진동률의 확산을 보여주는 것으로, 색다른 공간 속으로 파장되는 변주가 놀랍다. 세기말적인 우울감도 느껴지지만, 몽상적인 기류는 더없이 아름답다.

이 세 파트의 비밀은 마치 피라미드 구조처럼 기하학의 수학과 신비의 코드를 매치하고 있는 듯하다. 하늘의 별자리와 이어진 천체의 창문 통로를 따라가듯 그 밑바탕은 미스터리한 신앙과 우주관 그리고 과학으로 정교하게 구축되고 있다.

이 외에도 그의 가상적인 스페이스 뮤직 〈Spheres of Influence〉, 퓨전 심포니 〈Ice Festival〉, 신시사이저 팝 〈Sojourn〉, 그리고 〈Memories of Vienna〉는 다소 멜랑꼴리한 감성 작품이었다.

본작은 20여 년이 지난 지금까지도 에디 좁슨의 마지막 스튜디오 솔로작으로 남아있으며, 동시에 그동안 많은 뉴에이지 애호가들뿐만 아니라 록 씬에서 활동할 당시 그의 음악에 매료되었던 팬들에게는 귀한 마스터피스가 되었다.

Elbosco
Angelis

EMI | 8 35767 2 | 1995

1. Nirvana
2. King of Birds
3. Nebo
4. Spend a Happy Day
5. Zom
6. Soul Lives Forever
7. Angelis
8. Children of Light
9. Life is One
10. Ego Quos Amo
11. Opera Verbem
12. Blind Man
13. In Excelsis

NewAge-Classical Chant·Pops (Vocal)

엘보스코는 스페인의 작곡가이자 지휘자인 루이스 코보스Luis Cobos, 팝 프로듀서 훌리안 루이스Julián Ruiz 및 하비에 로사다Javier Losada의 뉴에이지 음악 프로젝트이다. 스페인을 위시한 라틴 아메리카 전역에 널리 알려진 교회음악에 월드비트의 리듬과 팝적인 편곡을 더한 것으로, '로렌조 데 엘 에스코리알' 왕립 수도원의 9~14세의 소년들로 구성된 엘 에스코얄 합창단과 성인 솔리스트와 연주자가 참여했다.

소년 합창단이 가진 특징적인 순수함과 깨끗함으로 천상의 선율을 들려주었던 리베라Libera 프로젝트와 오스트리아의 성 필립 소년 합창단이 클래식과 뉴에이지 팬들에게 사랑받고 있는데, 엘보스코도 숭고한 경험을 늘려주고 있다.

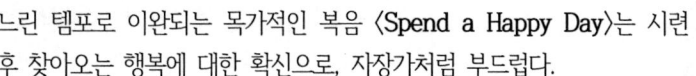

세계적으로 히트한 싱글 〈**Nirvana** 열반〉은 천지창조에 대한 영광의 노래로, 순수한 단선율의 소년 합창에 이어 트립합 비트 그리고 부드러운 여성 가스펠 보컬이 서정적인 작품으로, 대니 보일Danny Boyle 감독의 영화 「Millions, 2004」에도 사용되었다.

느린 템포로 이완되는 목가적인 복음 〈Spend a Happy Day〉는 시련 후 찾아오는 행복에 대한 확신으로, 자장가처럼 부드럽다.

〈Zom〉은 힘이 넘치는 아프리카 월드비트에 가톨릭 보이 코랄은 인생에서 슬픔을 몰아내고 영혼을 지키라는 메시지를 노래한다.

히트곡 〈Angelis〉는 청명하고 화려한 하프 선율과 엇박자의 템포로 천국의 세상을 보여준다. 어린이 합창과 남성 가스펠 보컬이 우리는 자비와 인내의 존재이므로 거짓을 멀리하고 진실과 함께 하라는 계명을 전한다.

〈Ego Quos Amo〉는 달콤하고도 웅장한 행진곡으로, 세상에서 작은 우리는 참회하고 서로 사랑해야 한다는 진리를 설파하고 있다.

끊임없이 지혜를 구하라는 〈Opera Verbum〉은 반복적인 구성이지만, 서정과 긴장의 소용돌이가 숨은 걸작임을 증명하는 것 같다.

팝적인 감각, 다이내믹하면서도 부드러운 리듬 등의 조합은 온유함이 절대적이다. 발표 당시 200만 장 이상 판매되었다는 사실은 그리 놀랄만한 일도 아니다.

이후 12세기 때 음악적 천재성을 발휘했던 독일의 수녀 힐데 가르트 폰 빈겐의 음악을 팝으로 재구성한 두 번째 앨범 《Virginal, 2000》을 냈다.

Elizabeth Naccarato
North Sycamore

Jarrell's Cove | 2961 | 1996

1. The Rosary
2. Midnight Walk
3. Off Melrose
4. Nowhere Café
5. My Ship
6. Open Windows
7. North Sycamore
8. Cradle Song
9. Bountiful
10. Unspoken...
11. Commencement

New Acoustic

여류 피아니스트 엘리자베스 내커래토는 뉴에이지 음악의 낭만주의자들 짐 브릭 맨Jim Brickman, 리즈 스토리Liz Story 등과 동일한 노선을 걷고 있다. 유명한 피 아니스트 마이클 게텔Michael Gettel은 남편으로, 그녀의 음악적 멘토이자 편곡자 이고 또한 전담 프로듀서이기도 하다.

그녀는 6세 때 피아노를 치기 시작하여 9세 때 시도경연대회에서 우승했다. 서던 캘리포니아대학교에서 석사를 마치고 피아노와 음악이론 대학강사로 일하며 첫 피아노곡을 쓰기 시작했는데, 당시 그녀의 작품을 평가해 주었던 나라다 레이블 의 마이클 게텔은 첫 앨범 《Jarrell's Cove, 1995》를 제작했다. 〈Talkes of the Harbormaster〉, 〈Promise on the Bluff〉, 〈Castaways〉 등에서 엿볼 수 있는 여성 특유의 섬세한 감수성은 즉각 팬들을 사로잡았다.

본작은 그녀의 두 번째 앨범으로, 제목은 자신의 음악적 캐리어를 쌓기 시작했던 LA 서부의 도로명을 딴 것이다. 추억을 회상하며 쓴 수록곡들은 지적이고도 미 묘한 멜로디 감각이 잘 나타나 있으며, 유려한 피아노 스킨십은 너무나 싱그럽다. 게다가 마이클 게텔의 신시사이저 협연에 오보에와 오카리나의 낸시 럼벨Nancy Rumbel, 플렛리스 베이스의 제시 스턴Jesse Stern, 그리고 색소폰 연주자 리처드 워너Richard Warner가 참여하여 보다 풍성한 감성에 젖게 된다.

평화와 고요가 깃드는 오래된 가로등 아래의 따스한 야경을 그린 〈Mid -night Walk〉은 소프라노색소폰 협연으로 완성한 걸작이다.

〈Nowhere Café〉는 와인 한잔과 함께 새로운 작품에 대해 친구들과 이야기하며 곡을 썼던 학창 시절을 회상한 것으로, 열정 어린 낭만이 흘러간다.

〈Open Windows〉에는 이웃의 소리에 귀 기울이고 정을 나누길 원하는 마음을 피아노 솔로에 담았다.

피아노 왈츠 〈Bountiful〉는 마이클 게텔에게 받은 인상을 그린 걸까? 애정이 담긴 미소를 보듯 잔잔하고도 온화하다.

〈Unspoken...〉에는 고요한 피아노의 묵상이 이어지는데, 아련한 동양 미까지 잔잔히 발산하고 있다.

다시 피아노 솔로로 돌아간 후속작 《Stone Cottage, 1997》에서는 인상주의 작 품들 〈Blue〉와 〈Satie's Umbrella〉가 주목할 만하다.

Eluvium
Copia

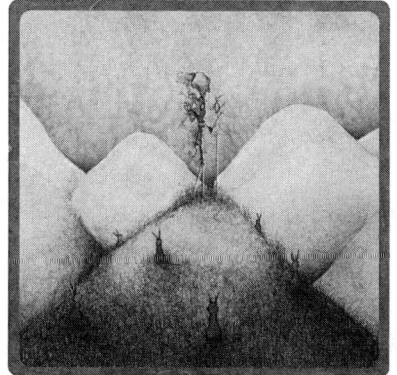

Temporary residence | TRR110 | 2007

1. Amreik
2. Indoor Swimming at the Space Station
3. Seeing You off the Edges
4. Prelude for Time Feelers
5. Requiem on Frankfort Ave.
6. Radio Ballet
7. (intermission)
8. After Nature
9. Reciting the Airships
10. Ostinato
11. Hymn #1
12. Repose in Blue

NewAge-Electronic·Ambient

퇴적물을 의미하는 독특한 이름의 엘루비움은 앰비언트 음악가 매튜 로버트 쿠퍼 Matthew Robert Cooper의 프로젝트이다. 그는 미국 테네시 출생으로, 브라이언 이노Brain Eno에서 영향을 받은 그는 기타와 피아노를 베이스로 미니멀 음악과 일렉트로닉스 그리고 실험음악을 행하며 'Concert Silence'라는 그룹으로도 활동한 이력이 있으며, 엘루비움이란 이름으로는 《Lambent Material, 2003》가 데뷔였다. 국내에도 수입으로 소개된 본작 《Copia》는 그의 명성을 확고하게 해준 성공작으로 평가되고 있다.

〈Indoor Swimming at the Space Station〉는 방안을 채우고 있는 공기가 서서히 물로 변하여 수족관처럼 무중력의 공간을 재현하고, 천장에는 바닷새가 날아다닌다.
서정적인 미니멀 피아노에 심포니가 더해지는 〈Prelude for Time Feelers〉은 본작의 백미 중 하나로, 부드럽고 고혹적인 마호가니 빛 음향이 넘실거린다.
〈Radio Ballet〉역시 건반이 멜로디를 이끄는 우아한 걸작으로, 반복적인 열정은 아름답고도 순결한 행위의 선으로 그려진다.
세 번째 피아노 연작 〈Reciting the Airships〉에는 대기의 흐름을 따라 비행하며 조망되는 세상의 작은 모습들이 유유히 흘러가는 생생한 경험을 유희할 수 있다.
일정한 음형音型을 동일 성부에서 반복하는 음악 수법을 일컫는 〈Osti-nato〉에는 성스럽고도 평온한 파이프오르간이 한층 깊은 슬픔을 품고 있다. 클래식과 현대음악 그리고 뉴에이지와 전자음악 등의 경계에 선 수작이다.
결말의 교향악 〈Repose in Blue〉에서는 우리의 육체가 푸른 밤하늘 위로 행복한 잠이 든다. 그 독특한 이미지 공간 속에는 잠이 든 우리를 위해 엘루비움은 축포를 준비하고 있다.

커버에 그려진 동화적인 아트워크를 들여다보면 몇 개의 언덕 위로 지팡이를 짚고 엘루비움이 꿈꾸는 코피아 세상으로 탐험을 떠나는 여행자가 서 있다. 그 상상력이 넘실거리는 초록 언덕 무대 뒤로 놀라운 미장센이 기다린다. 현실과 허구의 경계를 가늠할 수 없는 은은하고도 몽상적인 음향이 그것이다.

Enigma
Voyageur

EMI | VKPD-0428 | 2003

1. From East to West
2. Voyageur
3. Incognito
4. Page of Cups
5. Boum-Boum
6. Total Eclipse of the Moon
7. Look of Today
8. In the Shadow, in the Light
9. Weightless
10. Piano
11. Following the Sun

NewAge-Pops (Vocal) NewAge-Ambient

1990년대 초 세계를 휩쓴 이니그마의 사운드를 기억하는가? 중세의 그레고리오 성가에 댄스 리듬을 믹스한 사운드는 지금으로서는 그리 특별할 것도 없지만 당시로서는 크나큰 충격이었다. 종교계에서 비난이 빗발치기도 했고, 음악계에서도 거센 찬반양론의 대립이 있었으며, 문화계나 방송 혹은 대학가에서 이의 정체를 파악하기 위해 연구의 주제로 사용하기도 했다.

그레고리오 성가, 월드 샘플링 보이스, 트랜스 댄스 비트, 사쿠하치, 플루트 등의 요소들은 독일의 그레고리안Gregorian을 비롯한 팝적인 그룹들과 이어러Era 등 클래시컬 찬트 프로젝트와 뉴에이지 에스닉 월드 그리고 테크노 일렉트로니카까지 적지 않은 영향력을 끼쳤다.

이니그마의 공식 5번째 앨범인 본작은 데뷔앨범과 두 번째 앨범 이후 주목할 만한 또 다른 변이를 시도한 작품이다. 그동안 커버에 등장했던 인간의 각기 다른 모습들에서 벗어나, 심오하면서도 무거운 주제들은 관찰자적인 시선으로 그리고 어두운 세계는 밝은 팝의 공간으로 바뀌었다.

항상 이니그마의 앨범에서 은밀하게 감추어져 있는 비밀의 문으로 인도 되는 이니그마의 테마 〈From East to West〉를 부드러운 뉴에이지 컬러의 피아노와 신비스러운 산드라Sandra의 숨결로 믹스했다.

첫 싱글로 커트된 〈Voyageur〉는 마이클 크레투Michael Cretu의 기타와 월드 보이스, 산드라의 뇌쇄적인 보컬과 강렬한 비트가 압권이다.

세 번째 싱글 〈Boum-Boum〉은 맑은 새소리로 이상적인 사랑의 희망을 암시하면서, 이펙트 처리된 루스앤Ruth-Ann과 앤드루 도널즈Andru Donalds의 보컬 그리고 강한 리듬감은 마치 클럽에서 발산되는 열기와 힘을 느끼게 한다.

〈Piano〉는 부드러운 연주곡으로, 다운템포의 느긋함과 향기를 터뜨리는 신시사이저 음향이 이니그마 라운지를 낭만적으로 채색한다.

〈Piano〉와 이어지는 두 번째 싱글 〈Following the Sun〉은 계시적인 보컬과 월드비트의 황홀한 혼합물이다.

음악적 철학과 번쩍이는 아이디어로 점철된 이 사운드는 이니그마만이 가능했다. 특히 완성도가 높은 뮤직비디오들은 이니그마의 팬이라면 필수이며, 또한 잘 리믹스 된 싱글들도 원곡과는 또 다른 짜릿한 방종의 쾌감을 던져준다.

Enigmatic Obsession
Secrets of Seduction

More Music | 0000542MOM | 2005

1. Opening My Eyes
2. In the Recent Past
3. The Delta of the Red River
4. Northern Horizon
5. The 5th Column
6. Silent Heroes
7. Reachers of Civilization
8. Punte del Este
9. Farewell to the Moon
10. Slowly Walking in
11. Polar Nights
12. Closing My Eyes
13. Lifesign

NewAge-Classical Chant·Pops (Vocal)

마이클 크레투Michael Cretu가 이끄는 프로젝트 이니그마Enigma에서 공동 프로듀서를 맡았던 옌스 가트Jens Gad가 스페인 갈리시아 출신의 여성 보컬리스트 루이사 페르난데스Luisa Fernandez 그리고 여성 성악가 헬렌 홀릭Helene Horlyck을 대동하여 창안한 프로젝트 Enigmatic Obsession의 데뷔앨범이다.

서서히 심장박동수를 증폭시키는 부드러운 댄스 리듬과 영험의 남성 그레고리오 성가, 뽀얀 안개처럼 뿜어져 나오는 신시사이저 음향, 게다가 월드 보이스와 성악 등의 첫인상은 이니그마의 또 다른 분신처럼 느껴진다.

루이시기 매혹의 비밀을 여는 오프닝 〈Opening My Eyes〉와 〈In the Recent Past〉의 접속은, 타격하는 비트와 남성 그레고리오 성가 그리고 서늘한 건반이 이어가는 이니그마의 전형을 보게 된다.

〈The Delta of the Red River〉는 심장박동처럼 규칙적인 차임벨, 에로틱한 여성의 호흡, 멀리서 들리는 어린이의 떠들썩한 소리, 얼후 연주 등이 복합적으로 얽힌 신비의 세상이다.

빠르고 긴장된 비트에 비해 느리고 이완된 헬렌의 하이톤 성악이 대비를 이루는 〈Northern Horizon〉은 청아함이 넘실거린다.

〈Silent Heroes〉는 기묘한 코러스와 이니그마 특유의 풍성한 전자음향 사이로 강렬한 전자기타의 임프로비제이션이 불꽃을 뿜는다.

강한 댄스 비트에 남성 허밍과 서정적인 기타로 연주되는 〈Punte del Este 푼테델레스테 : 동쪽의 끝이란 의미로 남미 우루과이의 도시명〉은 몽환의 길로 우리를 또다시 유혹하고 있다.

마이크 올드필드Mike Oldfield의 서정을 연상시키는 〈Farewell to the Moon〉은 아름다운 스캣과 강렬한 노래로 새벽의 신비를 그리는 듯하다.

〈Slowly Walking in〉는 루이사의 묵시적인 낭송이 규칙적인 비트 속으로 파고들며 전자기타의 굉음에 깊은 숨소리가 관능으로 이끈다.

〈Lifesign〉은 〈The Delta of the Red River〉의 보컬 버전이다.

이니그마의 환상으로 탄생한 이 프로젝트는 옌스 가트의 지략이 번뜩이는 또 하나의 이니그마였다. 그는 또 다른 바로크 이니그마 아킬레아Achillea 프로젝트에 돌입하였다.

Enya
Watermark

WEA | 9 26774 | 1988

1. Watermark
2. Cursum Perficio
3. On Your Shore
4. Storms in Africa
5. Exile
6. Miss Clare Remembers
7. Orinoco Flow
8. Evening Falls...
9. River
10. The Long Ships
11. Na Laehta Geal M'Oige
12. Storms in Africa II

NewAge-Celtic

그녀의 출현은 뉴에이지 음악계뿐만 아니라 세계 팝시장에 새로운 발판을 예견하는 하나의 사건이었다. 당시 프로그레시브 음악의 제2의 중흥기를 맞은 일본은 그녀를 '세계 프로그레시브 음악을 리드하는 여성 보컬리스트'로 소개했다. 그녀의 성공은 셀틱 음악의 세계 진출을 상징하였으며, 뉴에이지 음악계에서는 보컬의 새로운 장을 열게 되는 일대의 개화기였다.

1961년생인 엔야는 본명이 엔야 파트리샤 니 브로넌Eithne Patricia Ní Bhraonáin으로, 대학 시절 클래식 음악을 배우고 1980년에 프로듀서 니키 라이언Nicky Ryan의 제안으로 패밀리 밴드 클라나드Clannad에 멤버로 활동을 본격적으로 시작한다. 그러나 2년여 동안 자신의 음악적 방향에 한계를 느끼고 니키 라이언과 함께 독립하여 그의 아내인 작사가 로마 라이언Roma Ryan과 결속했다.

이후 데이비드 버트냄David Puttnam 감독의 영화 「The Frog Prince」의 음악과 BBC의 다큐멘터리 「The Celts」의 사운드트랙이 좋은 반향을 얻으며 Warner Music과 계약하고, 팝의 역사에 길이 남을 본작을 발표한다.

안개 낀 호수처럼 불투명과 투명감이 교차하는 〈Watermark〉는 피아노의 푸른 물결이 포근히 감싸는 명곡이다.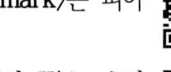

욕심에 대한 경계를 노래한 〈Cursum Perficio 내 여행의 끝〉는 수면 위로 불꽃이 치솟는 듯한 엄숙한 환상을 불러일으킨다.

끝없는 시련의 두려움을 그린 〈Storms in Africa〉에는 마치 갈색 대지의 여신 노래에 이끌려 자연 생태계의 대이동이 시작되는 듯한 판타지가 그려진다.

내면의 공포를 이겨내고 영혼과 열정을 지키고픈 열망의 노래 〈Exile〉에는 휘슬의 눈물 어린 향수가 더욱 애틋한 감정을 증폭시킨다.

긍정적인 신념을 가지고 탐험하고 전진하라는 메시지 〈Orinoco Flow〉는 팝의 명곡으로, 마치 불굴의 의지로 맞선 신화 속 영웅 오디세우스의 장대한 대서사가 파노라마처럼 펼쳐진다.

인생에서 길을 잃지 않길 바라는 기도 〈Evening Falls...〉, 율동미가 부드러운 표제음악 〈River〉에 이어, 〈The Long Ships〉은 위세 당당한 전함의 찬가이다.

희망으로 가득 찼던 어린 시절을 회상하는 〈Na Laehta Geal M'Oige 내 밝은 어린 시절〉는 애수가 묻어나며, 다시 한번 거친 호흡을 몰아 숨 쉬는 〈Storms in Africa II〉까지 본작은 제목 그대로 뉴에이지의 변함없는 수위표가 되었다.

Enya
Shepherd Moons

WEA | 9031-75572 | 1991

1. Shepherd Moons
2. Caribean Blue
3. How Can I Keep from Singing?
4. Ebudae
5. Angeles
6. No Holly for Miss Quinn
7. Book of Days
8. Evacuee
9. Lothlorien
10. Marble Halls
11. Afer Venus
12. Smaointe

NewAge-Celtic

《Watermark》로 전 세계를 매혹하며 뮤즈로 성공적인 대관식을 마친 그녀는 두 번째 앨범인 본작을 발표하면서 달의 여신으로 성공을 이었다. 좀 더 감미로운 푸른 안개의 신비를 담아 밝고 환한 빛의 마법을 선보인다.

안온한 빛을 부드럽게 비추는 자장가 〈Shepherd Moons〉에 이은 성공  적인 히트 싱글 〈Caribean Blue〉은 오버더빙의 포근함이 범람하는 진실과 꿈의 색채를 흥건하게 적시어준다.

진실과 영혼으로 노래하겠다는 찬가 〈How Can I Keep from Singing?〉,  베를 짤 때 불렀다는 아일랜드 민요 〈Ebudae〉, 그리고 천상의 고운 선율이 빛나는 믿음을 향한 기도 〈Angeles〉도 많은 인기를 얻었다.

겨울의 끝자락에서 생동하는 봄의 기운이 느껴지는 〈Book of Days〉은 하루하루가 머나먼 여행이지만 꿈과 미래를 향해 나아가겠다는 소신을 담아 용기를 전해준다.

소중한 사랑의 따사로운 꿈 노래 〈Marble Halls〉도 베스트 작품이었다.  개인적으로 본작이 더욱 소중한 것은 〈Lothlorien 로스로리엔 : 꿈의 꽃 나라〉 때문이기도 하다. 그녀의 환상적인 보컬을 들을 수 없는 2분여의  연주곡이긴 하지만, 건반의 멜로디 터치는 손수건 위로 번지는 눈물처럼 애상적이어서 더욱 아름답게 느껴진다.

본작은 세계적으로 천만 장 이상 판매된 베스트셀러로 기록되며 그녀에게 첫 그래미의 영광을 안겨주었다.

1997년 그래미 수상작 《Memory of Tree, 1995》에는 서정과 환상의  완벽한 조합을 들려주었던 〈Athair Ar Nearmh 하나님 아버지〉와 경쾌한 역동이 가미된 〈On My Way Home〉이 그녀의 신화를 대변하였다.

2002년 그래미 수상작 《A Day without Rain, 2000》에는 9.11테러로  부터의 마음의 안식을 제공해 주었던 싱글 〈Only Time〉, 성악적인 아리아를 접할 수 있는 〈Fallen Embers〉을 수록하였다.

이후 영화 「The Lord of the Rings」 사운드트랙에 참여하여 싱글  〈May It Be〉로 골든 그로브와 아카데미 어워드에 노미네이트되었으며, 2007년 네 번째 그래미의 영광에 빛나는 《Amarantine, 2006》을 발표 하면서 성공을 이어갔다.

Era
Era

Mercury | DP3448 | 1998

1. Era
2. Ameno - *remix*
3. Cathar Rhythm
4. Mother
5. Avemano Misere Mani
6. Enae Volare Mezzo
7. Mirror
8. Ameno
9. Sempire d'Amor
10. After Time
11. Impera

NewAge-Classical Chant

이어러를 결성하기 전 에릭 레비Eric Levi는 프랑스에서 영화음악가로 활동하였다. 장 마리 프와레Jean Marie Poire 감독의 「L'Operation Corned-Beef 팝콘과 스테이크」를 시작으로 국내에도 개봉된 중세풍 코미디 영화 「Les Visiteurs 비지터」와 「Les Visiteurs 2」 등 다수의 영화음악을 담당하였다.

그가 이어러라는 이름으로 낸 데뷔작은 세계적인 성공작으로, 이어러의 사운드는 이니그마Enigma의 신비로움에 성가에서 표출되는 성스러움이 전면에 배치되었다. 클래시컬한 성가에 록의 기운, 팝적인 감각, 테크노 비트와 뉴에이지 무드가 만들어내는 몽롱한 무의식의 세계는 뉴에이지 음악에 있어서 하나의 트렌드로 자리잡았다. 영국에서 서서히 불붙기 시작한 중세로의 회귀는 예술과 문화의 나라 프랑스를 뒤흔들었던 이어러의 신고전주의가 그 중심이었다.

〈Era〉는 앙피르Empire 양식의 교회당 문이 열리는 소리에 시원스러운 전자기타 솔로와 부드러운 성가대의 합창이 있는 테마곡이다.

히트 싱글 〈**Ameno** 아멘〉는 대표곡으로 당시 광고음악으로 사용되기도 했는데, 남녀 혼성합창에 솔리스트 그리고 프랑스의 유명 디렉터 이반 까사Yvan Cassar의 클래시컬한 현악과 웅장한 리듬이 진실을 향한 신비로운 결정을 만들어낸다.

가스펠 보이스와 특징 있는 드럼 연주를 들려주는 〈Cathar Rhythm〉에 이어, 영화 「Driven」에 삽입되기도 했던 엘레지 〈**Mother**〉는 예수가 어머니 마리아에 전하는 사랑의 찬가를 플로랑스 드담Florence Dedam의 호소력 짙은 가스펠 보이스로 만나게 된다.

자유와 해방의 찬가 〈**Enae Volare Mezzo** 비상〉은 스타카토 창법에 이어 팝적인 여성 합창과 클래시컬한 남성 합창이 긴장을 자아낸다.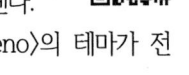

플로랑스 드담의 팝의 향기가 신선한 〈After Time〉에는 〈Ameno〉의 테마가 전자기타로 연주된다.

〈**Impera** 정복〉는 블루지한 록 기타와 맑은 코랄이 아름다움과 깊은 여운을 남기는 찬송가이다.

《Era 2, 2000》와 《The Mass, 2003》에 이어 《Reborn, 2008》를 내놓으면서 이어러의 르네상스 시대를 이어갔다. 클래식 소품들로 선회한 이어러는 팝과 히트곡 믹스 《The 7th Sword, 2017》에 이어, 2022년에는 라이브 앨범을 출시했다.

Eric Tingstad & Nancy Rumbel

Emerald

Narada | ND61011 | 1986

1. Fisherman's Dream
2. Shadow Dancer
3. The Last Snow Leopard
4. Timeless Reunion
5. Dreamgift
6. Gigue
7. Gateway
8. Emerald Pavane
9. Snowater
10. Cinderella

New Acoustic

핑거 스타일 기타 연주자 에릭 팅스태드는 1954년생으로, 1970년대 중반 스페인의 클래식 기타리스트인 안드레아스 세고비아의 기술 마스터 밑에서 기타를 배웠고 첫 솔로작 《On The Links, 1982》로 데뷔했다.

음악교육학을 전공했으며 민족음악학에 관심을 가진 낸시 럼벨은 오보에, 잉글리시호른, 오카리나 등 다중 악기 연주자로, 에릭을 만나기 전까지 8년간 폴 윈터 콘소트Paul Winter Consort와 협력했다.

이 둘은 1985년에 합류하여 크리스마스 앨범 《The Gift, 1985》를 발표, 자연주의 연주곡은 50만 장 이상 판매되면서 큰 성공을 거둔다.

나라다로 이적하여 발표한 두 번째 앨범 《Emerald》는 1954년생 뉴에이지 피아니스트 스펜서 브루어Spencer Brewer와 함께 한 앨범으로, 첼로, 플루트, 하프 등의 게스트가 참여하고 있으며, 데이비드 란츠David Lanz가 키보드로 참여하고 있기도 하다. 제목과 걸맞은 촉촉하기 그지없는 자연주의 포크 스타일의 풍성한 음악을 들려주고 있다.

〈Fisherman's Dream〉은 동화 한 편을 들려주는 듯하다. 청명한 오카  리나가 노래하는 애달픈 민요풍의 멜로디는 소담지만 깊은 여운으로 감흥을 주며, 데이비드 란츠의 물결 같은 키보드도 그리움에 젖게 한다. 〈Shadow Dancer〉에서 들려오는 오보에의 목가는 너무나 평화롭다.  이 따스한 전원곡은 푸근한 마음으로 치유하는 힘을 지닌다. 〈The Last Snow Leopard〉는 생명을 위협받는 동물 보호가 주제지만,  묵직한 스펜서의 서정적인 피아노는 쓰라린 고통을 포근하게 감싸 안으며 위로한다.

〈Gigue〉는 초원에 불어오는 바람결 같은 에릭의 기타에 꽃씨가 흩날리  는 듯한 낸시의 오카리나가 홀가분한 자유를 만끽하게 해준다. 화려하진 않지만, 감성을 춤추게 하기엔 너무나 풍요롭다.

〈Cinderella〉는 스펜서의 피아노가 가슴이 훈훈한 동화를 써 내려간다. 애틋한 감정으로 위로하는 이 목가적인 로맨스는 자신의 인생을 희망과 긍정으로 바라보게 하는 용기를 준다.

소박한 합주 구성이 들려주는 고고한 단편들은 오래도록 사랑받는 뉴에이지 음악의 고전으로서 그 영롱한 에메랄드빛을 발하고 있다.

Eric Tingstad & Nancy Rumbel

Woodlands

Narada | ND61016 | 1987

1. Willow
2. Magnolia
3. Oaks
4. Cypress
5. Cottonwood
6. Deodora
7. Sequoia
8. Woodlands
9. Bamboo
10. Madrona

New Acoustic

산업화되면서 가장 도시인들이 원했던 바는 자신의 집 앞마당에 혹은 아파트 베란다에 작은 정원을 가지는 것이었다. 식물이 인간에게 주는 혜택이란 물리적인 것 말고도 정서적인 면을 무시할 수는 없었기 때문이다.

뉴에이지 최고의 포크 앙상블을 자랑하는 에릭 팅스태드와 낸시 럼벨 듀오는 동레이블 피아니스트 데이비드 란츠David Lanz와 함께 세 번째 앨범 《Woodland》로 뉴에이지 애호가들에게 피톤치드 가득한 음악 숲을 선물했다.

국내에서 명작인 《Legends》보다 늦게 소개되었지만, 때 묻지 않은 자연과 그로 인한 감성의 포만감을 느낄 수 있는 걸작 중 하나이다.

〈Willow〉을 들으면 어린 시절 친가가 있는 마을에 심어진 큰 버드나무 가로수가 생각난다. 고요한 바람이 불면 잎사귀들이 부딪치는 소리가 멀리서 입체적으로 들려왔는데, 한적한 고향길이 반겨주는 향수가 밀려든다.

굵은 피아노 연주와 오보에가 연주하는 에릭 팅스태드의 싱그러운 작품 〈Magnolia〉는 하얀 목련이 핀 외가의 뒷마당에서 놀던 추억에 잠기게 된다.

긴장감 넘치는 피아노와 오카리나의 협연으로 독특한 악곡으로 보여주고 있는 단단한 경질의 나무 〈Oaks〉는 가장 돋보이는 명곡 중 하나로, 본작이 국내에서 많은 사랑을 받았던 이유가 되었다. 바로크풍의 민요 같기도 한데, 모종의 애틋한 감정에 휩싸이게 된다.

타이틀곡 〈Woodlands〉는 평화로운 수목원을 거니는 듯한 정감을 불러일으킨다. 담백한 기타의 바람과 오보에의 숲 향기는 그윽하다. 잎사귀 사이로 들어오는 햇살에 나른한 평온감이 잦아든다.

다소 동양적인 단아함의 수묵화가 연상되는 〈Bamboo〉에 이어, 데이비드 란츠가 작곡한 〈Madrona〉은 진달래의 색감과 꽃향내가 서서히 잉크가 번지듯 잔잔히 동산을 뒤덮는다. 투명한 피아노는 물론이고 기타와 잉글리시호른이 그려내는 애틋한 서정이 지극히 편안하다.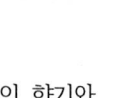

전원의 느긋한 여유로움에 빠지게 되는 이 소담한 작품들은 정겨운 숲의 향기와 바람의 노래, 햇볕의 감촉, 흙냄새에 대한 향수를 짙게 느끼게 하며, 그 이야기 속으로 오랫동안 산책하게 한다.

Eric Tingstad & Nancy Rumbel

Legends

Narada | ND61022 | 1988

1. Shenandoah
2. Aladdin
3. Sacajawea
4. The Ark and the Dove
5. Johnny Appleseed
6. Don Juan
7. Galileo
8. The Eyes of Amelia

New Acoustic

이 듀오는 별로 이채로울 것이 없는 악기들을 가지고 절묘한 조화를 이뤄낸다. 세련된 음악은 그들과는 거리가 멀다, 오히려 그들의 음악에는 빈 곳이 많고 그래서 또한 넉넉하다. 그들은 항상 거의 똑같은 방법으로, 미묘하고도 색다른 정감의 음악들을 만든다.

본작은 전설 모음집으로 나라다 레이블을 성공으로 이끌었던 앨범 중의 하나이다. 이 작품에서 음악가의 시선은 마치 잠들기 전 부모님이 머리맡에서 들려주었던 동화에 귀 기울이고 있는 아이처럼 순수하고도 맑다.

〈Shenandoah〉의 고즈넉한 풍경에 쓰인 그리운 사랑 이야기는, 그러나 청자를 안식으로 이끄는 아름다움으로 가득하다. 안온한 서정성은 금방 잠이라도 쏟아질 것처럼 긴장을 무장해제시킨다.

신비하고도 흥미 있는 천일야화 이야기 〈Aladdin〉은 이미 여러 광고를 통해서 잘 알려진 곡으로, 마림바와 바이올린의 협주로 마법의 음악 램프는 무지개 같은 동심의 빛을 피운다.

북아메리카 쇼쇼니족 출신의 인디오에 관한 이야기 〈Sacajawea 새카자웨아〉는 퍼커션과 오카리나로 네이티브 아메리칸 뮤직의 애틋한 서정을 들려준다.

〈Johnny Appleseed〉은 미국 개척시대에 각지에 사과씨를 뿌리고 다녔다는 인물로, 바이올린과 아코디언이 가미되어 재지한 감성과 포크의 서정을 극대화한다.

영국 시인 바이런Byron의 서사시 주인공으로 14세기 에스파냐의 전설적인 호색가를 주제로 한 〈Don Juan〉에서는 경쾌 발랄한 주제와 서사가 잘 연계되어 있다. 피아니스트 데이비드 란츠David Lanz가 참여하였는데, 한 치의 의심도 없을 '돈 후안' 주제곡이다.

이태리 천문학자 〈Galileo〉의 주제는 시대적인 난관 속에서 망원경으로 별을 탐구했던 과학자의 심경을 그린 듯 애달픈 피아노 멜로디가 오랫동안 촉촉한 여운을 남긴다.

국내에 처음 팅스태드와 럼벨의 하모니를 알린 음반이기도 한데, 언제나 따스한 체온을 남겨 주는 본작은 국내 팬들에게 각별한 추억으로 남아있을 듯하다. 팅스태드와 럼벨이 뉴에이지 음악의 전설이 되기 전 썼던 전설적인 앨범!

155

Eric Tingstad & Nancy Rumbel

Homeland

Narada | ND61026 | 1990

1. Homeland
2. Lotus
3. Peru
4. Aria
5. Clancy's Heart
6. Traveling Home
7. Caravan Crossing
8. Immigrant
9. The Voyage

많은 거물급 아티스트의 음반을 발매했던 나라다의 아티스트 중에서 에릭 팅스태드와 낸시 럼벨 듀오는 가장 미국적인 색채의 컨트리 포크 뉴에이지를 선보이며 많은 갈채를 얻어냈다.

본작은 이 환상적인 듀오의 다섯 번째 앨범으로, 맑은 기타와 향토적인 오카리나와 오보에 등의 결합은 완벽한 조화를 거두었으며, 그 어떤 음악들보다도 포근한 향수를 불러일으키며 위력을 과시했다.

본작의 매력이라면 다양한 미국인들의 저마다 다른 이국적인 고향 풍경을 정겹게 묘사하고 있다는 것이다. 우리의 풍경과는 거리가 있지만, 그 속에 담긴 고향의 냄새는 도시인들에게 향수를 불러일으키는 인간적인 공통점을 발휘한다.

〈Homeland〉는 럼벨의 오보에, 대머리 독수리의 한적한 울음소리, 팅스태드의 기타로 고향땅의 평화로운 풍광을 보여준다. 그리움으로 인한 심장이 고동을 치고 영원한 인간의 정신적 안식처로서의 포용력에 휘감기는 듯  하다.

〈Peru〉는 잉카 후예의 나라로 초대하는 월드뮤직 포크이다. 남미 중에서도 전통적인 삶의 양식을 오롯이 지켜가고 있는 페루의 오색찬란한 원색과 토속적인 황토색이 절묘하게 섞이며 애틋한 서정이 감미롭다.

팅스태드의 클래식기타에 서정적인 럼벨의 오보에 연주가 너무나 아름  다운 〈Aria〉는 눈시울을 뜨겁게 한다. 깊은 애상감으로 물든 클래시컬한 선율은 또 하나의 명곡으로 기록된다.

〈Traveling Home〉은 푸른 하늘길로 이어지는 고향을 향한 그리움과 맑은 향수가 담백하게 여울지는 수필 같은 곡이다.

퍼커션 연주가 새로움을 더하는 〈Immigrant〉는 일을 찾아 고향을 떠난 현대인들의 삶이 다큐멘터리처럼 그려진다.

고향의 여행을 마무리하는 〈The Voyage〉는 신시사이저 반주 위에 클래식기타의 투명한 선율이 아름답다. 기차의 마지막 칸에서 멀어져 가는 고향역을  향해 작별 인사를 해 본 적이 있다면, 아코디언과 오보에의 멜로디가 코끝을 시리게 할지도 모르겠다.

언제나 고향을 가슴에 품고 살아가는 타향살이 현대인의 감성이 잘 용해되어, 어린 시절 흑백 가족사진을 꺼내어보게 한다.

New Acoustic

Pastorale

PASTORALE

music of nature and grace

Tingstad & Rumbel

Narada | ND61061 | 1997

1. Elysian Fields
2. Guinevere's Lament
3. The Jester
4. Savannah
5. Bourée
6. Country Dance
7. Roses and Lace
8. Pastorale
9. Fisherman's Dream
10. Chapel in the Valley
11. Reverence

New Acoustic

팅스태드와 럼벨 듀오는 초창기 명연으로 꼽히는 3ND (Woodlands, Legends, Homeland) 작품을 내고, 후속작으로 《In the Gar-den, 1991》을 발표했다.

전형적인 미국의 농가 창고를 배경으로 한 이 음악 정원에는 보사노바의 싱그러움으로 담채된 보라색 달빛 서정시 〈Iris in Moonlight〉와 피아니스트 데이비드 란츠David Lanz가 참여한 애틋한 오카리나 언기 〈Roses for Jessie〉가 수록되있다.

이후 《Give and Take, 1993》와 크리스마스 앨범 《Star of Wonder, 1994》를 냈다. 이들은 잠시 듀엣을 멈추고 각자 솔로 활동에 돌입했는데, 1995년에 팅스태드는 담백한 기타 솔로작 《A Sense Of Place》를, 럼벨은 '생명의 나무'에 관한 드라마틱한 환상동화집 《Notes from the Tree of Life》를 발표한다.

다시 의기투합하여 발표한 본작은 친밀한 음악이 담긴 앨범으로서, 사람들에게 내면의 고요한 장소를 찾는 기회를 제공하는 앨범이라 말하고 있다.

〈Guinevere's Lament〉는 이 전원곡집에서 가장 처연한 아름다움이 서린 보석이 아닐까? 기타는 맑은 눈물처럼 흐르고 오보에는 감정을 뜨겁게 달군다.

〈The Jester〉의 눈물을 감춘 어릿광대의 익살과 과장이 날렵하고 애틋한 오카리나의 아슬아슬한 중세풍의 춤곡으로 흔들린다.

바흐Bach의 〈류트를 위한 모음곡, BWV 996〉 중 5번 〈Bourée〉의 고혹적인 편곡도 잊을 수 없는 부분이다.

〈Roses and Lace〉는 동요 같은 맑은 단순함이 매우 서정적이다. 기타와 관악의 하모니는 항상 절대적이지만, 특히 이 곡은 어린 시절 첫사랑을 회상시켜 줄 만큼 특별한 구석이 있다.

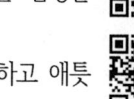

〈Chapel in the Valley〉에서는 산골의 작은 예배당에서 들려오는 풍금처럼 정겨운 이야기와 소담한 풍경이 가스펠처럼 평화롭게 자리한다.

〈Reverence〉는 그해 초 세상을 떠난 부친을 위해 럼벨이 작곡했다. 이처럼 영적인 평안과 육체적인 휴식을 주는 음악은 흔치 않다.

1990년대의 팅스태드와 럼벨이 발표한 빛나는 전원곡은 또 하나의 전설이었다.

Eric Tingstad & Nancy Rumbel

Paradise

PARADISE
AMERICAN ACOUSTIC MUSIC
ERIC TINGSTAD & NANCY RUMBEL

Narada | 72438-50293-2-5 | 2000

1. Sailing
2. Paradise
3. Mansfield Park
4. The Wanderer
5. As You Wish
6. The Man from Stratford
7. The Low Country
8. Fields of Gold
9. Zelda's Dance
10. Eleganza
11. Ofra
12. Village Square
13. Rokeby
14. The Lawnmower Song

New Acoustic

팅스태드와 럼벨이 자연과 은총을 위한 음악 《Pastorale》을 낸 뒤, 새천년에 발표한 본작에는 감상자 개인의 낙원에 관한 이미지를 위한 사운드트랙을 창안했다. 들판에 만발한 해바라기 꽃밭은 지방 관광지에서 어렵지 않게 볼 수 있는 풍경이지만, 앨범 전반에 흐르는 온후한 빛줄기와 맑은 흐름 속에는 상상 낙원의 특별한 이야기를 위해 여백도 충분히 준비해두었다.

낙원으로의 여행 〈Sailing〉은 작곡가의 경험을 요약한 것으로, 명상으로 이끄는 잔잔한 기타의 숨결 위로 오보에는 물과 함께 흐르는 종이 배처럼 우아한 곡선을 그린다. 심상이 부유하는 듯한 낭만이다.
「오만과 편견」으로 잘 알려진 작가 제인 오스틴Jane Austen의 저서 제목을 딴 〈Mansfield Park〉에는 꿈에 대한 열망이 잔잔하다.
〈As You Wish〉는 영화의 주제 같은 오보에와 라틴 기타가 조화로운 곡으로, 운명적인 사랑과 대면했을 때의 갈망이 느껴지는 듯하다.
〈The Man from Stratford〉에 들려오는 신비에 싸인 한 남자의 활력 있는 매력은 마법적인 오카리나의 향연으로 표현된다. 기쁨의 선물을 가져다주는 인물에 대한 반가움이 환하다.
〈Zelda's Dance〉의 경쾌한 템포의 오카리나 민속적인 무곡은 애조 띤 감정을 불러일으키며 아리따운 몸선은 우아한 매혹에 빠뜨린다.
〈Eleganza〉는 기타와 잉글리시호른으로 다시 라틴의 열정을 들려준다. 그리움의 정서가 묻어나는 우아하고도 연한 플라멩코.
〈Ofra〉는 본작의 발표 연도에 작고한 전설적인 이스라엘 여가수 오프라 하자Ofra Haza(1957~2000) 헌정곡으로, 경쾌한 리듬 변화와 함께 다소 동양적인 멜로디가 애틋한 열망을 분출한다.

강렬하진 않지만 선명한 이 듀오의 낙원 음악에는 이렇듯 보편적인 주제로 사랑과 열정을 심어놓고 있다.
후속작인 《Acoustic Garden, 2002》에는 상큼한 트로피컬 보사 〈Blue Martini〉, 클래식 엘레지 〈San Antonio〉, 환상이 감도는 드라마 〈Windows On The World〉 등을 수록했다. 이 앨범으로 45회 그래미상에서 뉴에이지  베스트앨범으로 선정되는 영예를 안았다.
2006년에는 데이비드 란츠David Lanz와 내한하여 팬들과 직접 만나기도 했다.

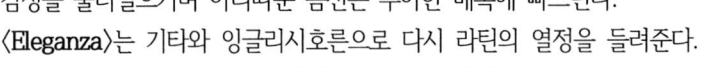

Esteban Ramirez
Welcome Home

Descanso | DM14442 | 2000

1. Echoes in Time
2. Sandbox
3. Love and Innocence
4. Welcome Home
5. Dinner for Two
6. Garden Waltz
7. New England
8. Carnival in Paris
9. Window at Batignolles
10. Solitude
11. Wings of an Angel
12. Over the Rainbow

New Acoustic

피아니스트 에스테반 라미레즈는 텍사스의 엘파소에서 태어나 10세 때부터 피아노 레슨을 받았고, 13세 때 〈River Raindrops〉라는 첫 번째 자작곡으로 사우스웨스트 싱어송라이터 발표회에서 갈채를 얻어냈다.

작곡을 병행하며 대학에서 통신학과 불어를 전공하였고, 그 와중에서도 교회나 여러 이벤트에서 자신의 오리지널 곡들을 선보였다. 졸업 후 LA에 정착하고 몇 년 동안을 마케팅 디렉터로 일했으며, 또한 집 없는 불우한 사람들을 돕는 사회 보훈기구에서 근무하기도 했다. 하지만 그의 억누를 수 없는 음악적 열정으로 《Serenade to the Moon, 1998》이라는 아주 로맨틱한 앨범을 발표했고, 성공적인 결과를 얻었다.

본작은 두 번째 앨범으로, 앨범의 슬리브에는 자신이 여행하면서 경험하고 느꼈던 곡들에 대한 영감들을 기록하고 있다.

청춘의 추억으로 잠기게 하는 〈Sandbox〉는 첼로의 선율이 가미되어 풍부한 감정을 전달한다.

〈Love and Innocence〉에서는 온유한 유키 구라모토Yuhki Kuramoto의 동양적인 감성에 근접한다.

평화로움이 밀려드는 타이틀 〈Welcome Home〉에 이어, 아련한 촛불과 정성스레 차려진 만찬 위로 누군가를 기다리는 듯한 〈Dinner for Two〉에서는 첼로가 은은한 로맨스를 들려준다.

다소 이색적인 피아노 작품 〈Carnival in Paris〉는 프랑스의 멜랑꼴리를 밝은 드라마로 쓰고 있으며, 〈Solitude〉에서 바쁘게 돌아가는 일상의 고독감에 대해 썼다.

〈Wings of an Angel〉은 개인적인 애청곡으로, 흡사 날개를 잃어버린 천사의 슬픈 동화를 들려주는 듯하다. 클래시컬한 향취에 약간은 절제하지 못하는 듯 격렬한 감정이 드러난다.

마지막 곡은 헤럴드 알렌Harold Arlen의 팝 명곡 〈Over the Rainbow〉를 뉴에이지 색채로 들려준다.

이국적인 정원수가 훤히 들여다보이는 넓고 큰 창가에서 그랜드피아노를 연주하며 청자를 초대하는 본작 이후, 《Fly with Me, 2003》라는 앨범에서 좀 더 밝고 환한 미소로 돌아왔다.

Eugene Friesen & Paul Halley
New Friend

Living Music | LD0007 | 1986

1. First Ride
2. Morning Duet
3. Private Weather
4. Child's Play
5. Pictures in a Pond
6. New Friend
7. Pathfinder
8. Cathedral Pines
9. Full Circle

New Acoustic, NewAge Chamber

1952년 헝가리 출생으로 컨템퍼러리 음악 최고의 첼리스트 중의 한 사람인 유진 프리즌과, 동갑내기인 영국인 건반 연주자 폴 할리와의 공작 《New Friend》는 완벽한 낭만 클래식이다. Paul Winter Consort에 몸담았던 공통점으로, 간결하지만 힘과 아름다움이 공존하는 협업은 어쩌면 예정된 수순이었는지도 몰랐다.

본작은 1985년 11월 폴 할리가 오르간 연주자로 있던 미국에서 가장 큰 교회 중의 하나인 뉴욕의 세인트존 대성당에서 녹음되었다.

스튜디오의 기계적인 장치가 아닌 여음이 깊은 건축음향 공간에서의 울림은 영혼이 충만한 성지의 거룩함마저 느껴지며, 주위를 감도는 공기의 겹들이 두 악기의 음성을 잘 전달하고 있어 라이브 같은 현장감이 생생하게 느껴진다. 이는 폴 윈터Paul Winter의 리빙 뮤직 레이블이 표방하는 음향개념이기도 하다.

공기에 번져 공간을 물들이는 첫 곡 〈First Ride〉에서부터 캐러멜 빛이 도는 진한 첼로의 선과 대리석처럼 견고한 피아노의 점들이 역동적인 활력을 보여준다. 공명하여 몸속으로 들어오는 그 깊은 투과력과, 강세를 내달리며 현란하면서도 서정적인 즉흥이 놀랍다.

청명한 아침의 숨결이 빛과 함께 들어오는 테라스의 꿈 〈Morning Duet〉, 묵직한 무게감과 거친 질감이 그대로 드러나는 첼로의 절대고독 〈Private Weather〉, 아기의 걸음마를 보는 듯한 〈Child's Play〉는 실험적이고 환상적인 재즈 앙상블을 들려준다.

매우 느리고 정적인 하늘 풍경을 담은 파란색 그림 〈Pictures in a Pond〉은 폴 할리의 엷은 파이프오르간 연주가 하얀 캔버스가 되었다.

인기 있는 소품 중 하나인 〈New Friend〉는 청초한 매력과 함께 서정성이 가장 농후한 걸작품이다.

시간을 초월한 듯 하염없이 넋을 잃게 되는 〈Cathedral Pines〉은 파이프오르간과 첼로의 정신적인 교감으로 안식과 평화를 심어준다.

자연과 인생의 진리를 담은 듯한 〈Full Circle〉은 피아노의 강에 첼로의 바람이 열정적인 파장을 일으킨다.

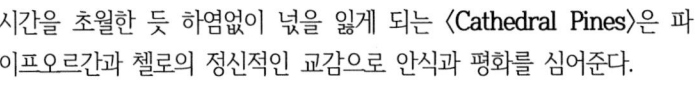

본작을 폴 윈터는 육감적이고 혼이 담긴 연주라 평했고, '디지털오디오'지는 본작을 전통적인 클래식 앙상블을 넘어섰다고 극찬했다. 오랫동안 뉴에이지, 재즈, 클래식 팬들에게 열광적인 지지를 받았던 리빙 뮤직의 마스터피스 중 하나이다.

Eugene Friesen
Arms Around You

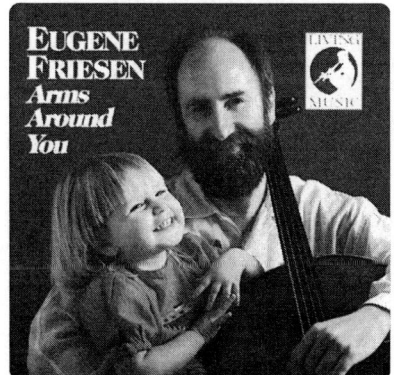

Living Music | LD0017 | 1989

1. Truffles
2. Arms Around You
3. Whitewater
4. Zoe
5. Madrigal
6. Remenbering You
7. Nuns in Cuba
8. Night Glider
9. River Music

NewAge-Jazz,Chamber

유진 프리즌은 예일 음악학교에서 클래식 음악을 전공하였지만, 1960년대 팝 스타일과 오케스트레이션 편곡에도 관심이 많았다. 무엇보다도 비틀스The Beatles의 혁신적인 첼로의 도입과 편곡은 청년 유진에게 강력한 영향력을 발휘하였다고 한다.

1978년 폴 윈터 콘소트Paul Winter Consort의 일원이 되어 이듬해 발표한 다섯 번째 앨범 《Wintersong》이 그의 데뷔였다. 또한 하모니카 연주자이며 피아니스트인 하워드 레비Howard Levy와 퍼커션 주자 글렌 베레즈Glen Velez와 함께 트리오 그로보Trio Globo로도 활동했다. 그는 고전적인 주법만이 아닌 자신만의 새로운 테크닉을 터득하여 첼로가 기지는 음악 영역을 확장하였으며, 수많은 콘서트를 통해 많은 젊은 음악팬에게 첼로의 진면목을 여과 없이 보여주어 고매한 감동을 선사했다.

《New Friend》와 함께 본작 《Arms Around You》도 꾸준히 사랑받고 있는 스테디셀러이다. 폴 윈터가 공동 프로듀서로 참여했고, 피아니스트 폴 할리가 전작에 이어 다시금 우정을 보여주고 있다.

무한한 사랑의 의미를 전하고 있는 〈Arms Around You〉는 재즈와 뉴에이지 그리고 록과 팝이 한데 숨 쉬는 작품이다. 특히 데이비드 블래미어스David Blamires의 부드러운 보컬이 잘 믹스되어 있다.

즉흥 세션의 열정과 호흡이 달아오르는 퓨전 작품 〈Whitewater〉에는 긴장감이 서린다.

피아노와 첼로가 사랑으로 입맞춤하는 〈Zoe〉는 걸러진 하얀 보컬이 더없이 온유한 자장가를 들려준다.

오랫동안 리퀘스트 되는 애청곡 〈Remenbering You〉는 청명한 피아노와 따스한 첼로의 재질감이 완벽한 조화를 이룬다.

〈Night Glider〉는 마호가니 빛깔의 고전적인 선율이 유유하게 흐르는 현을 위한 야상곡이며, 웅대하고도 화려한 오케스트라 〈River Music〉는 자연의 대장정을 그리고 있다.

많은 아티스트의 앨범 작업에 초청되었기에 두 번째 솔로 앨범은 거의 10여 년이 지난 시점에서 《The Song of River, 1998》로 이어졌다. 수천에 이르는 콘서트로 'Celloman'이란 별명을 얻은 그는 버클리 음대에서 교수로도 재직했다.

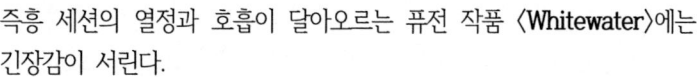

Evanthia Reboutsika
To Asteri Ki Eyhi

Warner | 3984 25821 | 1998

1. O Mikros Prigipas
2. Thalassa Apo Heliotropia
3. Alexandria - *Caroline Lavelle*
4. Ta Yelia Tou Cosmou
5. Apo Stigmi Se Stigmi
6. Ligo Prin Nyhtosei
7. Fevgaleo Vlemma
8. Mesa Apo Sena
9. To Asteri Ki I Eyhi
10. Ta Mystika Tis Selinis
11. Carousel
12. Sine Rex
13. Alexandria - *inst.*
14. Meta Ti Vrohi
15. To Asteri Ki I Eyhi - *reprise*

NewAge-Instrumental

162

유명한 그리스의 영화음악가 엘레니 카라인드루Eleni Karaindrou와 함께 대표적인 여성 작곡가로 꼽히는 에반티아 레부치카는 대중음악 작곡가로서도 많은 활동을 하고 있지만, 영화음악가로서 여정은 나나 무스꾸리Nana Mouskouri가 참여한 「Athina Thessaloniki 아테나 테살로니키, 1997」에서부터 「Touch of Spice, 2003」, 터키 영화 「Babam ve Oglum 내 아버지와 아들, 2005」과 「Ulak 메신저, 2008」, 근작 「Notias 남쪽, 2015」까지 많은 걸작을 탄생시킨 바 있다.

아름다운 커버처럼 여성 특유의 농밀한 감성과 애수로 점철된 본작 《To Asteri Ki I Eyhi 별과 소원》은 그녀의 순수한 작곡 앨범이다.

첫 곡 〈O Mikros Prigipas 어린 왕자〉에서부터 화려한 애수의 오케스트라 향연은 밀물처럼 밀려든다. 생텍쥐페리Saint Exupery의 동심에 대한 동경 이야기는 비정한 세상을 바라보는 어린이의 눈물에 비친다.

〈Thalassa Apo Heliotropia 해바라기의 해변〉은 부주키의 트레몰로와 아코디언의 풍금이 따스하게 흐른다. 커버스토리처럼 어두운 밤의 별바라기가 되어 맑은 희망의 별을 하나둘씩 쏘아 올린다.

〈Ta Yelia Tou Cosmou 세상의 웃음〉은 부주키의 트레몰로와 아코디언의 우수에 이어, 장대한 오케스트라의 행진이 비장하게 흐른다.

〈Apo Stigmi Se Stigmi 때때로〉는 피아노의 서정적인 감성이 파문처럼 번지며, 서사적인 오케스트라가 거센 바람처럼 휘몰아친다.

너무나 짧은 〈Ligo Prin Nyhtosei 황혼 녘에〉는 여가수 소냐 테오도리두Sonia Theodoridou의 보칼리제가 처절하기 그지없으며, 〈Fevgaleo Vlemma 무상한 눈빛〉은 바이올린의 애절함이 탱고의 리듬을 밟는다.

〈Mesa Apo Sena 당신을 통해서〉는 깨어질 듯 청명한 키보드의 여린 슬픔이 범람한다.

타이틀 〈To Asteri Ki I Eyhi 별과 소원〉은 영롱한 별빛을 하나씩 수 놓는 피아노 버전과, 재즈 싱어 엘리 파스팔라Elli Paspala의 물기 어린 스캣 버전을 마지막에 수록하고 있다.

TV 시리즈 「The Throne Room」의 주제곡인 〈Ta Mystika Tis Selinis 달의 비밀〉에는 영국의 여성 싱어송라이터 Caroline Lavelle의 스캣과 첼로가 달빛을 더욱 창백하게 빛나게 한다.

제목에서 유추할 수 있는 예상치에 한참 벗어난, 세상에서 가장 슬픈 음악이다.

Evanthia Reboutsika
Mikres Istories

Ευανθία Ρεμπουτσίκα ● Μικρές Ιστορίες

BMG | 74321 76703 | 2000

1. Kalokairini Vrohi
2. Ehe Geia
3. Giati Giati
4. Proini Proseyhi
5. To Taxidi Tis Epistrofis
6. Me Tin Plati
7. O Kathreftis Tou Ouranou
8. Mikres Istories
9. Kokkini Klosti Demeni
10. Me Tin Plati - *inst.*
11. Aroma Vanilias

NewAge-Instrumental

1958년생인 에반티아 레부치카는 파트라스 음악원에서 6세의 나이에 바이올린을 공부하기 시작했고, 4형제는 현악 4중주를 구성하여 그리스 전역으로 연주여행을 하기도 했다. 아테네 음악원과 헬레니즘 음악원에서 음악교육을 받은 그녀는 뛰어난 바이올리니스트로서 많은 그리스 작곡가와 가수와 협연했으며, 1979년에는 파리의 에꼴 노르말드 뮤직을 졸업하고 그리스로 돌아왔다. 1992년부터 대중음악 작곡가로서 이력을 시작한 후, 유망한 가수 야니스 코치라스Yiannis Kotsiras의 걸작 《Mono Ena Fili, 1997》를 작곡하며 명성을 떨친다.

본자 《Mikres Istories 단편들》은 전작과 함께 걸출한 양대 명반이다. 커버도 전작의 연장선이라는 것을 암시한다. 전작이 밤이라면, 본작은 낮이다.

첫 곡 〈Kalokairini Vrohi 여름비〉를 들어보면 결코 전작과 다르지 않음을 직감할 수 있는데, 웅장한 현악 속에 진한 애수가 홍수를 이룬다. 뜨겁고 푸르른 청춘이 지나가는 것에 대한 무상함의 전주곡이다.

〈Ehe Geia 작별〉과 〈Me Tin Plati 뒤로〉은 1957년생 여가수 엘레프테리아 아르바니타키Eleftheria Arvanitaki가 노래하는 서정의 월드뮤직 트랙들이다.

〈Giati Giati 왜?〉는 포근한 현악이 온풍으로 불어오는 초록빛 전원곡으로, 잔잔한 평화가 머무는 피아노의 맑은 터치감이 매우 상쾌하다.

〈Proini Proseyhi 아침 기도〉는 천상의 찬양가로, 소프라노 마리안나 리가키Marianna Rigaki의 보칼리제가 너무나 성스럽게 다가온다.

〈To Taxidi Tis Epistrofis 귀향으로의 여행〉에는 에게해의 진한 향수와 기쁜 반가움이 교차하며, 현악의 바람결로 잠이 들것만 같다.

〈O Kathreftis Tou Ouranou 하늘의 거울〉은 피아니스트 스타브로스 란치아스Stavros Lantsias가 연주하는 피아노와 아코디언의 합주가 또다시 슬픈 감성에 젖게 한다.

헬레니즘의 축제가 눈앞에 펼쳐지는 〈Kokkini Klosti Demeni 빨간 실타래〉는 강렬한 원색의 색채들이 살아 꿈틀거린다.

기악곡 〈Me Tin Plati 뒤로〉 역시 역동적인 행진을 하는 헬레니즘의 진한 향기에 다소 비장한 기운마저 감돈다.

동전의 양면처럼 전작과 본작은 떼려야 뗄 수 없는 한 작품이다. 잊히지 않는 그리스 여행이다.

Eylin de Winter
Magic Women

IC-Digit | IC2186 | 1993

1. City · Session
2. Body Flow
3. Soft as Silk
4. Magic Woman
5. Tender Moments
6. Bi-Seduction
7. Erotic Moods
8. Love or Hurt
9. Women in Love
10. Longing for
11. Pure Woman
12. Pleasure as Grace
13. Laughing Wave

NewAge-Jazz, NewAge-Pops

독일의 성애 소설가 아이린 드 빈터는 베일에 가려진 미스터리 작가의 필명이다. 그동안 여성일 것으로 유추되었지만, 놀랍게도 이 작가의 정체는 IC 레이블의 2대 사주이자, 전자음악 밴드 Software의 리더 마이클 바이저Michael Weisser인 것으로 드러났다. 데뷔작인 본작은 「Ich, Weiblich, Sexy Suche Freundin...나, 여인, 도발적인 애인...」이라는 그의 성애 소설을 기초로 하고 있다. 작곡과 연주는 댄싱 판타지Dancing Fantasy의 커티스 맥로Curtis McLaw에게 일임했다.

⟨City · Session⟩은 아름답고 섹시한 여성 패션모델을 촬영하는 여성 사진작가의 내레이션과 카메라의 셔터 소리가 삽입되어 열정적인 스튜디오의 은근한 분위기를 엿볼 수 있다.

⟨Body Flow⟩는 여성 스캣, 그리고 매혹적인 사쿠하치의 숨결, 동 레이블 프로젝트 지이엔이G.E.N.E를 연상시키는 단순하면서도 깨끗하고 감미로운 선율이 청각을 뚫고 머리를 상쾌하게 한다.

⟨Soft as Silk⟩은 민감하게 펼쳐지는 건반과 다소 슬픔을 머금은 멜로디가 독일의 나이팅게일 레이블의 음악을 연상시키며, 백옥 같은 피부의 선을 따라 시선이 미끄러지는 착각에 휩싸인다.

본 앨범에서 단연 돋보이는 타이틀 트랙인 ⟨Magic Woman⟩은 요염함으로 무장한 여성 내레이션과 신시사이저의 무드, 색소폰의 열정 어린 비행, 거슬리지 않는 드럼의 비트, 그리고 그녀의 입술에서 뿜어져 나오는 에로틱 드림은 기가 막힐 정도이다.

이니그마Enigma 앨범에서 산드라Sandra의 뇌쇄적인 숨소리를 빰치는 묘한 감탄사가 ⟨Bi-Seduction⟩에 삽입되어 있다.

⟨Erotic Moods⟩는 타이틀곡과 함께 서정이 아름다운 백미로, 맑은 피아노의 가녀린 음률은 눈가를 적셔주기에 충분할 정도로 감성적이다.

Barbara H의 내레이션과 사쿠하치 연주가 일품인 ⟨Love or Hurt⟩, 어쿠스틱 기타의 감상적인 선율과 뭉클함을 안겨주는 리듬감이 지이엔이의 사운드를 떠올려주는 ⟨Women in Love⟩, 그리고 그녀의 네 번째 앨범의 타이틀이 되는 ⟨Longing for⟩는 남녀의 대화 소리가 삽입된 드라마다.

성애 소설의 음악이라고 미리 선입견을 가질 필요는 없다. 매우 감각적인 소프트 재즈이기 때문이다.

Eylin de Winter
Angels in Motion

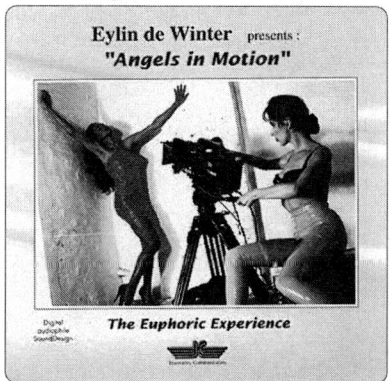

Eylin de Winter presents :
"Angels in Motion"

The Euphoric Experience

IC-Digit | IC2218 | 1994

1. Dreaming Away
2. Come Closer
3. Touch Me
4. I Remember
5. Searching for You
6. I'm on Fire
7. Let Me Feel
8. Don'T!
9. Your Skin
10. Take Me
11. East Fetish
12. City Session - *Bonus*

NewAge-Jazz, NewAge-Pops

철저하게 자신을 숨겨왔던 아이린 드 빈터는 데뷔작을 발표한 후, 이듬해 외설적인 자신의 작품 사운드트랙인 《Angel in Motion》을 발표했다. 물론 그는 콘셉트와 제작을 맡았을 뿐이고, 작곡과 연주는 전작과 마찬가지로 커티스 맥로Curtis McLaw 였다.

데뷔작에서 보여주었던 자극적인 묘사는 상당히 절제되어 있으나, 재지한 그루브와 섹시한 리듬감은 더더욱 고개를 들고 있다. 이번에는 두 명의 여성이 보컬로 참여했다. 전작에서 거친 호흡을 들려주었던 Barbara H.는 West Voice를, 그리고 Danuta L.이란 여성이 East Voice를 맡아 스테레오의 좌우 채널을 구분하고 있다. 게스트로 참기한 5인의 뮤지션과 한 명의 직곡자들이 모두 직곡에 참여한 것도 특이할 만한 부분이다.

따스하고 부드럽고 촉촉하며 몽상적인 신시사이저 연주와 여성의 내레이션으로 연출되는 아름다운 작품 〈**Dreaming Away**〉는 단순하지만 화음의 전이가 이채롭고 독특한 감흥을 자아낸다.

부드러운 긴 머릿결처럼 세련된 재즈풍의 곡 〈Come Closer〉, 이어지는 〈Touch Me〉는 여성의 유혹에 휩싸이게 되는 경쾌한 곡이며, 〈I Re-member〉는 흡사 블루 나이츠Blue Knights의 소프트재즈를 듣고 있는 듯하다.

매우 감미로운 열기와 갈구하는 듯한 욕망이 번뜩이는 〈**Searching for You**〉는 이 앨범에서 최고의 작품이라 말하고 싶다.

두 여성이 동시에 귓가에서 속삭이는 듯한 유혹적인 작품 〈I'm on Fire〉, 리드미컬하고 감정이 증폭되는 색소폰 연주곡 〈Let Me Feel〉, 그리고 〈Don'T!〉는 댄스 리듬과 팝적인 여성 스캣에 화음 변이의 조화가 아름다운 키보드가 중심이 된다.

음원의 조합이 다소 민감하고 탐미적인 〈Your Skin〉, 느긋하면서도 열정이 녹아 있는 〈Take Me〉는 여성의 호흡소리가 가미되어 있다.

마지막 곡 〈**East Fetish**〉는 관능적인 여성의 속삭임에 이어 트랜스 비트로 표현되는 일렉트로닉의 수작이다.

적당히 감미롭고 섹스어필한 음감은 활력과 생동을 선물한다. 자극적이지 않은 건강미가 두드러지는 무드 작품이랄 수 있다.

Eylin de Winter
S.h.e.

IC-Digit | IC2263 | 1996

1. You
2. Italian-Beach
3. Asian Blues
4. S.h.e.
5. The Night with You
6. Loving Japan
7. The Time After
8. Fetish-Feeling
9. Indian Trance
10. I Will Meet You
11. Wet Air

NewAge-Jazz, NewAge-Pops

세 번째 앨범에서 아이린 드 빈터는 새로운 작곡자에게 작곡과 연주를 맡겼다. 페터 셉코Peter Sefkow라는 인물인데, 그는 댄싱 판타지Dancing Fantasy의 리더이자 아이린 드 빈터의 전작들을 작곡했던 커티스 맥로Curtis McLaw와 함께 컬러인 모션Colors in Motion이란 그룹을 결성한 신시사이저 주자이다.

하지만 이전의 음반에 참여했던 빌 플린Bill Flynn이 기타를, Mr. P.T.가 색소폰을 계속해서 연주하고 있기에 달라진 부분을 감지하기란 쉽지 않다. 재즈적인 향취는 일부분 사그라졌고 좀 더 그루브하며 감각적인 팝으로 변화되었다.

부드럽고 시공간적인 그루브가 좋은 〈You〉에서는 여성의 섹시한 내레이션과 팝적인 연주가 유혹하고, 독특한 음색의 〈Italian-Beach〉에는  정열적인 이태리 여성의 이국적 내레이션이 돋보인다.

매력적인 타이틀곡 〈S.h.e.〉는 몽환적인 신시사이저의 음향과 서글픈  기타 그리고 여인의 숨결이 예사롭지 않다.

〈The Night with You〉는 팝록의 연주에 색소폰의 열기가 뿜어진다.

〈Loving Japan〉에서는 일본 여성의 에코 내레이션이 퓨전을 통해 호  기심과 아련함을 연출한다.

〈The Time After〉는 트립합 비트에 금관악기의 따스한 바람결이 다가 오며, 〈Fetish-Feeling〉는 마이크 올드필드Mike Oldfield를 연상시키는  일렉트로닉 심포니이다.

기타의 감미로움과 신시사이저 심포니가 잘 어우러지는 〈I Will Meet You〉, 그리고 몽롱한 〈Wet Air〉까지 '그녀'에 대한 환상은 산재해 있다.

커버 사진 속에서의 '그녀'는 무언가를 말하려다 망설이는 듯하여 청자의 의구심을 자극한다. 우리에게 잘 알려진 에곤 실레Egon Schiele나 구스타프 클림트Gustav Klimt의 누드 작품들에서 보이는 작가의 불완전한 환상들이 머릿속에 감돌기도 한다.

이후 아이린 드 빈터는 자신의 성애 소설에 등장하는 7인의 여주인공에 대한 테마를 수록한 네 번째 앨범이자 마지막 작품 《Longing for Love, 1999》을 발표했다. 이 앨범에는 자극적이며 전위적인 20여 분의 사운드트랙 〈Longing for Pain〉이 수록되어 있다.

Fønix Musik | FMF1044 | 1990

1. Airborne
2. Wanderer
3. Gentle Fire
4. First Mountain
5. Quiet Night
6. Daze
7. Dulcinea
8. Secret Garden
9. Fair

New Acoustic

콧수염을 기르고 고집스러운 인상을 지닌 플레밍 빈슬레브는 덴마크 피닉스 레이블의 커버 디자인을 맡고 있는 그래픽 아티스트이다. 또한 많은 표지 사진을 촬영할 정도로 유능한 사진작가이기도 한데, 놀랍게도 그가 1990년 《Gentle Fire》라는 자신의 앨범을 내고 피아니스트로서의 면모까지 보여주고 있다.

그러나 대표적인 뉴에이지 피아니스트 조지 윈스턴George Winston이나 데이비드 란츠David Lanz 만큼 특출한 기교와 기량을 찾기엔 역부족이다. 그의 손에는 전혀 힘이 들어가 있지 않으며, 줄곧 키보드의 소프트페달을 밟고 연주하는 것처럼 악센트도 존재하지 않는다.

다른 동 레이블 음악가들에 비해 뎅미그 특유의 향수조차 느끼기도 힘들지만, 본 앨범에는 다른 뮤지션이 흉내 내지 못할 포근한 온기가 살아있다. 본작의 최대의 강점은 바로 이 부분이다.

이 앨범에는 같은 레이블 소속의 다중 악기 주자 푸시카Pushkar가 신시사이저를 맡아주고 있고, 10여 분의 〈Dulcinea〉와 14분이 넘는 〈Wanderer〉를 제외하면 예쁜 단편들로 이루어져 있다.

첫 곡 〈Airborne〉부터 청자의 감상실을 따스한 공기로 채워주고 있다.  〈Gentle Fire〉에서는 은은하고도 미묘한 피아노의 불씨가 고요하면서도 따사롭게 피어오른다.

가장 서정적인 멜로디 라인을 보여주는 〈First Mountain〉에서는 마음  한편에서 뭉클함과 푸근함이 북받치는 듯하다.

〈Quiet Night〉에서는 조용히 다가오는 안온한 밤의 서경에 귀 기울이도록 감성 짙은 잔잔함으로 감싼다.

〈Daze〉는 새벽이 밝아오는 광경을 묘사하고 있으며, 이어지는 〈Dulcinea〉에서는 연인을 향한 사랑의 그리움을 노래한다.

〈Secret Garden〉의 서정도 퍽이나 감미로운데, 느린 템포에 애틋한  전설을 들려주는 듯하다.

마지막 곡 〈Fair〉에서는 황혼의 체온이 잔잔하다. 이처럼 심란한 마음을 차분히 가라앉히는 편안한 사운드가 또 있을까.

플레밍 빈슬레브의 유일작은 항상 겨울이면 글쓴이의 방에 훈훈한 온기를 불어넣어 준다. 가까운 일본에서는 라이선스로 소개되었다.

François Moity
Panorama

Melodie | 183322 | 2003

1. Over the Hill of Secrets
2. Opening Night
3. Across the Lines
4. Island
5. Beypore Breath
6. Krikaliev Tango
7. What about the Girl?
8. Cinecitta
9. Lost Paradise
10. Forest Angels
11. Answer of the Desert
12. Panorama
13. My Favourite People

NewAge-World, NewAge-Pops

프랑수와 뫄띠는 1961년 파리 출생이다. 6세 때 첫 피아노 연주회를 가졌을 정도로 천재성을 드러냈으며, 1977년에 국립음악원에서 3년간 수학했다. 동양음악에 근거한 월드뮤직과 재즈를 행하던 그는 줄 베른Jules Verne의 저서를 음악화한 《L'Île Mystérieuse 신비의 섬, 1984》를 발표한 프랑스 팝록 그룹 Groupe 13 Novembre에서 건반주자로 활동했고, 25세 때는 영화와 광고에서 음악을 담당하기도 했다.

《Another Way, 1990》라는 그의 첫 뉴에이지 음악 독집에는 월드뮤직 가수 마뉴 디방고Manu Dibango의 핵심 멤버인 매코사 갱Makossa Gang이 참여했다. 영국에서도 발매된 《Opening Night, 1999》는 BBC를 비롯한 각종 매체에서 극찬을 받았다. 《Echoes from Earth, 2001》에서는 기타리스트 니콜라스 이반 밍고Nicolas Yvan Mingot, 최고의 여성 보컬리스트 미리엄 스토클리Miriam Stockley와 인도네시아 출신의 샹송 가수 앙군Anggun을 참여시켰다.

본작에서도 많은 게스트를 초대하여 더 풍성하면서도 일취월장한 모습을 보여주었다. 바흐Bach의 고전미가 담긴 일렉트로닉스에 남미에서 북아프리카에 이르는 월드뮤직을 섞어내었다.

〈Over the Hill of Secrets〉는 앙군의 음성과 아프리카 월드 보이스에 퍼커션과 만돌린의 민속적인 향기가 이국적인 야생의 향을 피운다.

〈Opening Night〉에는 강렬한 민속 리듬에 트럼펫이 요술을 부리며 아랍풍의 기묘한 주술이 행해진다.

바흐의 〈Cantata BWW 39〉에 고무되어 완성한 클래식 퓨전 〈Across the Lines〉는 중동의 구음 샘플과 함께 카운터테너 크리스토프 러포트 Christophe Laporte의 성악이 고혹적이고 숭엄한 선율을 들려준다.

바흐의 〈Cantata BWW 855〉를 각색한 〈Krikaliev Tango〉는 대화하는 남녀의 전화 통화음으로 드라마틱한 분위기를 고조시키며 피아노와 반도네온의 호흡이 열정적이다.

〈Lost Paradise〉는 로제마리 토다로Rose-Marie Todaro라는 소프라노 성악이 비애미를 더하며, 〈Panorama〉는 첫 곡의 Long Version이다.

분명 그의 음악에는 다양한 장르가 혼합되어 있다. 이러한 소조의 방법으로 탄탄하고도 우람한 조형들을 만들며, 이는 파노라마가 되어 360도로 펼쳐진다.

Friedemann
Legends of Light

Narada | ND-63033 | 1995

1. The Fairies of Sternsea
2. Mount Belenos
3. Joy of Beltane
4. Seven Silver Stars
5. Spring has Come to Wiesental
6. Sunday in Alsace
7. Memories of Lugnasad
8. Black Cherries - White Wine
9. Lament of the White Goddess
10. The Sun at Midnight

NewAge-Instrumental, NewAge-Fusion

프리데만 비테카Friedemann Witecka는 1951년 독일 출생으로, 7년간 첼로를 배우다 부모님의 오래된 기타를 발견하고는 운명처럼 기타리스트가 되었다. 17세 때 독일 라디오와 TV를 통해 데뷔, 바라던 예술학교로 진학하기 위해 영국으로 가서 10여 년간을 머물며 어린이 TV 프로그램의 음악에 참여했다.

독일 레이블을 통해 첫 앨범 《Songs for a Beginning, 1977》을 발표하고, 1980년에 귀국하여 자신의 레이블 Biber Records을 설립, 프랑스 가수 군Goun과의 공작인 《Les Oiseaux De Nuit 올빼미, 1985》까지는 팝록에 머물러 있었다.

그의 5번째 앨범이자 나라다 레이블 라이선스로 미주에서 공개된 첫 뉴에이지 앨범 《Indian Summer, 1987》는 고전이 되었다. 독특한 연주의 기타와  색소폰의 황금빛 햇살이 빗줄기처럼 흘러내리는 〈Sunshower〉 등 독창적인 기타 주법들을 재지하게 들려준다.

《Aqua Marine, 1990》에서는 보다 민속적인 테마의 조화에 근접했는데, 화려한 퍼커션의 마술이 펼쳐지는 〈Percussive Pyromania〉 등에  서 게스트가 참여한 금관악기의 서정을 녹여냈다.

나라다에서의 3번째 앨범인 본작은 그의 고향인 벨로노스가 주제로, 이는 독일과 프랑스 그리고 스위스 접경지대인 라인강 남쪽 벨헨Belchen 산지에 위치한 열석 유적지이다. 그동안 알려지지 않았던 고대인의 성지聖地이자 천문과학의 비밀이 밝혀지면서 받게 된 고향에 대한 신비로운 영감을 그리고 있다.

아련한 현의 트레몰로로 시간을 거스르는 〈The Fairies of Sternsea〉  는 고대의 신비스러운 자연을 옮긴 듯하며, 영험한 산세의 느낌을 서글픈 서정으로 이야기를 꾸려가는 〈Mount Belenos〉는 환상 전원곡이다.

어린 시절 마을축제를 회상하며 쓴 〈Memories of Lugnasad〉에는 기  타와 아코디언의 열정적인 춤을 담았다.

구슬픈 왈츠 〈Lament of the White Goddess〉에서는 오보에와 아코 디언의 합주로 아련한 전설을 들려준다.

〈The Sun at Midnight〉는 고전과 민속음악 그리고 현대가 절묘하게  배합된 블루스 합주가 황금의 빛을 발한다.

나라다와 결별한 후로도 라이브와 정규앨범을 통해 팬들과 호흡했으며, 그의 기타는 재즈와 퓨전 그리고 포크를 넘나들며 새로운 아이디어를 꾸준히 탐색했다.

Gabriel Lee
Impressions

Narada | ND-61005 | 1985

1. Earth Dances - part 1
2. Fall Dreams
3. A Thankfulness
4. First Frost
5. Winter Dances
6. Twilight Dance
7. Earth Dances - part 2
8. Water Dances
9. Remembrances
10. Future Dreams
11. Farewell Dances
12. Running Dances
13. Earth Dances - part 3

New Acoustic, NewAge-Instrumental

윈드햄 힐 레이블의 윌리엄 애커맨William Ackerman이 포크와 재즈에 기초한 맑은 기타의 수채화를 그렸다면, 나라다 레이블의 가브리엘 리는 클래식의 깊은 음성으로 온화한 질감의 유화에 더 가까운 듯하다. 물론 뉴에이지 음악계에 많은 기타리스트가 있지만, 이 두 음악가만큼이나 깊은 인상을 남기는 화가들은 그리 많지 않다.

그는 1979년에 데뷔한 후, 나라다에서의 첫 발매작이자 네 번째 앨범 《Seasons, 1984》을 선보였다. 동양화를 보는 듯한 멋진 커버아트도 주목할 만하다. 이 앨범에서 어쿠스틱 연주곡 〈Nature Cycles Va -riation〉을 두 버전으로 들려주었는데, 곡 목처럼 인간과 자연의 삶에서 순환되는 생 명의 리듬과 색을 담담하게 그린 명작이었

다. 이 주제는 보다 따사로운 첼로의 음성과 함께 변주한 마지막 곡 〈Variation〉에서 더 증폭시키며 많은 뉴에이지 팬들을 감화시켰던 걸 작이었다.

이듬해 나라다에서 두 번째 발표작이자 여섯 번째 디스코그래피인 본작은 인간에게 끊임없이 영감이 되는 자연의 인상적인 무곡들을 솔로에서 탈피하여 보다 풍성한 음향으로 마무리했다.

잔잔한 기타 서정시 〈Fall Dreams〉은 보트를 타고 물가에 손을 뻗었 을 때의 촉감처럼 손가락 사이로 기타 선율이 잡힐 듯하다.

〈Winter Dances〉는 겨울 새벽녘 침묵으로 떨어지는 눈보라의 노래이 며, 〈Twilight Dance〉는 따사로운 빛으로 채워진다.

단단한 얼음장 밑으로 흐르는 봄이 오는 소리 〈Water Dances〉, 본작 의 주제라 할 수 있는 요람의 자장가 〈Earth Dances - Part 3〉에 이르 기까지 그의 르네상스 기타는 한적한 시간과 함께 흘러간다.

자연에서 받은 인상을 표현한 그의 음악에서 우리는 다시 자연을 보며 시간을 음 미하고 공간을 탐색하게 된다. 이러한 동화同化가 곧 그의 음악적 인상이다.

아쉽게도 본작은 그의 마지막 작품으로 기록되는데, 동 레이블의 존 돈John Doan 과 함께 기타라는 악기의 매력을 잘 보여주었던 명인으로 추억되고 있다.

Gandalf
Gallery of Dreams

Columbia | COL 471064 | 1992

1. Face in the Mirror
2. Willowman - Watcher of the Waters
3. Alone Agian
4. Between Differnt Worlds
5. Another Dream
6. Song of the Unicorn
7. Winged Shadows
8. Choir of Elves
9. Lady of the Golden Forest
10. Hand in Hand
11. Gallery of Dreams
12. Fields of Eternal Harmony
13. End of the Rainbow

NewAge-Instrumental

예언가 엘프 간달프는 1952년생 오스트리아의 다중 악기 연주자 하인츠 스트로블 Heinz Strobl의 프로젝트로, 그의 장대한 대서사시는 잘 알려져 있다.

그는 1980년대 이래로 판타지 소설 「The Load of the Rings 반지의 제왕」에 등장하는 마법사 간달프란 이름으로 꾸준히 활동하고 있는데, 《Journey to an Imaginary Land, 1980》로 데뷔하여 프로그레시브록 팬들에게 주목받았고, 이어 자연에 대한 찬미를 《Visions, 1982》과 《To Another Horizon, 1983》를 통해서 보여주었다.

이후 영화 「Labyrinth, 1989」의 사운드트랙에 이어, Real Music으로 이적하여 발표한 《Color of New Dawn, 2004》 등 많은 디스코그래피를 신보이고 있다.

클래식록과 뉴에이지 음악을 넘나드는 간달프의 본작은 라이선스로 소개되기도 했는데, 자신이 그리던 캔버스에서 불현듯 나타난 노파의 환영과 함께 깊은 잠에 빠져버린 어느 화가의 초현실적인 꿈의 이야기를 자신만의 웅대한 사운드 스케일로 녹여낸 걸작 중의 하나이다.

프로그레시브록 그룹 제네시스Genesis 출신의 스티브 하켓Steve Hackett이 7곡에서 참여했으며, 전체를 하나로 연결하는 대장정의 구성으로 환상 뮤지컬을 이어간다.

록 기타의 엔진에 불꽃이 일기 시작하는 〈Face in the Mirror〉는 환상 속으로 시공간을 이동하는 듯하다.

〈Willowman - Watcher of the Waters〉은 간달프의 자유로운 건반과 블루지한 록의 서사로 인생 여정을 풀어놓는다.

짧지만 서정적인 피아노 명곡 〈Alone Agian〉은 고독한 숙명의 연민이 그려지는 듯하고, 〈Between Differnt Worlds〉은 록 기타와 현악이 조화를 이루며 점진적인 행진과 웅장한 아름다움이 끓어오른다.

〈Another Dream〉에는 평화로운 오보에 전원곡이 화창한 초원을 펼쳐 보이고, 〈Song of the Unicorn〉은 피아노와 록 기타의 신비하고도 애조 띤 바람의 노래가 주위를 맴돈다.

〈Gallery of Dreams〉에는 케이트 부쉬Kate Bush를 연상시키는 여성 보컬리스트 트레이시 히칭스Tracy Hitchings가 노래하고 있다.

이 서정적이고도 흥미진진한 판타지 앨범은 가급적 전곡 감상을 추천한다.

Gandalf
Echoes from Ancient Dreams

Sattva | SKV081 | 1995

1. Echoes from Ancient Dreams I
2. The Inner Flame
3. A Flower in the Desert
4. Heartbeat of the Universe
5. Cloudshadows
6. So Close · So Far
7. The Magic of Spring
8. Shine on Full Moon
9. Echoes from Ancient Dreams II

NewAge-Instrumental

간달프의 다중 악기 합주가 조형해 내는 큰 스케일의 오케스트라는 덴마크의 클라우스 쉐닝Klaus Schønning이나 마이크 올드필드Mike Oldfield 등과 닮아있다.

그가 독일의 Sattva 레이블에서 발표한 본작은 인류의 고대문명에 대한 탐험기이다. 다소 유려하고도 잔잔한 이전의 심포니 스타일에서 벗어나 광대한 스케일로 자리했으며 아름다움도 농후하다. 또한 섬세한 자연주의자의 손길은 상상력을 최고로 끌어낸다.

청정무구의 맑은 사운드에 실리는 타이틀곡 〈Echoes from Ancient Dreams I〉은 몽환에서 그 비밀의 문명이 눈을 뜨는 멋진 오프닝으로, 따사로운 멜로트론 연주에 시타르 등 동양악기의 연주와 현대적인 전자기타의 호흡이 잘 연계되어 있다.

〈The Inner Flame〉은 아마도 간달프가 발표한 소품 중에서 그랜드피아노의 서정미가 탁월한 작품 중 하나가 아닐까 생각되는데, 클라우스 쉐닝의 〈Nocturne〉이나 페터 자일러Peter Seiler의 〈Waiting for Fall〉에서 느낄 수 있었던 애수의 감정을 불러일으킨다.

건조한 바람의 거친 숨결로 가득한 스페이스 뮤직 〈A Flower in the Desert〉는 작열하는 태양과 물 흐르는 정원의 새소리들을 서술함으로써 사막에서 화려한 문명을 창조해 낸 고대 이집트인들에 대한 경외감을 심었다.

대표곡으로 알려진 중편 〈Heartbeat of the Universe〉는 동양의 우주관을 시타르로 연주하여 관조적인 철학의 세계를 들려주는 듯하다.

〈Cloudshadows〉는 규칙적인 북소리에 화음의 전이로써 전조를 표현하며 공간감이 탁월한 작품으로, 서서히 먹구름이 몰려들고 비가 쏟아지는 이미지를 남긴다.

밤의 호젓한 평화로움이 반겔리스Vangelis의 중반기 사운드를 연상시키는 〈Shine on Full Moon〉에 이어, 또다시 타임머신을 타고 고대에서 현실로 급박하게 흘러가는 시간을 채색한 〈Echoes from Ancient Dreams II〉는 신비스러운 감흥의 파노라마이다.

그의 적지 않은 디스코그래피가 글쓴이를 거쳐 갔음에도 유독 이 작품은 고대의 신비한 비밀의 향기가 계속해서 배어 나와 애청하고 있다. 뮤지션 간달프의 본작은 그의 마법이 최고의 절정기에 탄생된 작품이라 생각된다.

Gandalf
Sacred River

Real Music | RM3160 | 2006

1. Morning at the River Bench
2. Sacred River
3. Blossoms Falling Lake Snow
4. Silent Joy
5. The Ferryman's Tale
6. Take Me Gently across the Water
7. Confidently Floating Seawards
8. A Visionary Passage
9. Flow, Water, Flow
10. Where the River Joins the Ocean

음의 마법사 간달프는 인도 야무나Yamuna강에서 현세의 죄를 씻어내는 고행자들의 영험한 삶에서 감명을 받은 후, 그는 빗방울에서 강물로 그리고 바다로 흘러가며 또다시 하늘로 그리고 또 비로 대지를 적시는 순환성에서 헤르만 헤세 Herman Hesse의 「Siddhartha」를 떠올리며 본작에 그 철학적 의미를 담았다.

아기의 울음소리와 맑고 투명한 기타 선율로 시작하는 〈Morning at the River Bench〉은 강변에서 맞는 아침의 신선한 감성으로 생명의 탄생을 찬미한다.

노 젓는 소리에 이어 피아노의 서정과 플루트의 목가적 숨결로 이어가는 〈Sacred River〉에는 숭엄한 북소리와 순결한 기타가 등장하며, 인도의 고행자들이 싯다르타의 강을 향해 신성한 경배를 올린다.

기타 로망스 〈Blossoms Falling Lake Snow〉는 무언의 고독과 슬픔에 잠기게 하는데, 사랑하는 이에 헌정한 간달프의 개인적인 작품이다.

다시금 노를 젓는 소리로 시작되는 〈The Ferryman's Tale〉에서는 싯다르타에게 모든 창조물의 소리가 강물에 있다는 가르침을 준 뱃사공 바스데바를 기리고 있다.

〈Take Me Gently across the Water〉는 자아와 삶의 본질을 찾고자 세속의 향락을 버리고 강을 건너는 싯다르타의 고행을 서사적으로 묘사한다.

자연의 섭리를 따르는 인생의 순리에 관해 이야기하는 〈A Visionary Passage〉에서는 부드러운 신시사이저 코랄에 잔물결로 흐르는 피아노의 잔잔한 감동이 점점 범람한다.

모든 강물의 소리가 파도와 함께 오케스트라가 되는 〈Where the River Joins the Ocean〉로 자아를 위한 여행을 마무리한다.

커버에는 강 위에 촛불과 함께 희망을 띄우는 의식의 한 장면을 포착하였는데, 이처럼 본작에서 그는 '정화'를 거쳐 삶의 빛을 밝히며 느끼는 'Silent Joy'로 철학적인 삶의 의미를 전한다.

이 아름다운 음악의 행렬은 인생의 어두운 강을 힘겹게 건너고 있는 현대인들의 삶에 작은 촛불이 되어 어둠을 밝혀준다.

NewAge-Instrumental

G.E.N.E.

Rain Forest

IC-Digit | IC2200 | 1993

1. Forest Love
2. Rain Forest
3. Lovely Blossoms
4. Warm Welcome
5. Bird's Paradise
6. Honey Bees
7. Ghost Valley
8. Green to Green
9. Tropical Grooves
10. A Soft Sun
11. Call of Birds
12. Tropical Trees
13. Misty Mountain
14. Days of Thunder

NewAge-Healing·Environmental,
NewAge-Ambient

G.E.N.E.는 'Grooving Electronic Natural Environment'의 이니셜로, 음악의 정체성을 그대로 축약하고 있다. 지이엔이는 1987년에 데뷔한 캐나다 밴쿠버 출신의 여성 뮤지션 클레오 드 말리오Cleo De Mallio의 프로젝트로 알려졌다.

그녀는 파리의 에콜 데 보자르Ecole des Beaux-Arts에서 그림을 공부했고, 초현실주의 화가 귀스타브 모로Gustave Moreau의 회화에서 음악의 영감을 받았다고 소개됐다. 그러나 이는 IC 레이블의 2대 사주이자 소프트웨어Software라는 전자음악팀을 이끌었던 순수예술가 마이클 바이저Michael Weisser의 프로젝트이다.

그의 성애 음악 프로젝트 아이린 드 빈터Eylin de Winter의 마지막 앨범 《Longing for Love, 1999》에 수록된 〈Longing for Cleo〉에 등장하는 것처럼, 클레오 드 말리오는 그의 성애 소설에 등장하는 실존하지 않는 여주인공이다.

《Slow Motion, 1999》에 초대되는 리사 마리아 테데스카Lisa Maria Tedesca도 신시사이저 연주자 스테픈 퇴버그Steven Toeberg의 가공된 이름인데, 함께 구상한 본작에서 비 내리는 숲속 인상을 생명력 넘치는 초록 음향으로 들려준다.

휘황찬란한 모양의 새들과 풀벌레들 그리고 월드 보이스로 생동감을 주는 〈Forest Love〉는 신선한 열대 수림의 향기를 풍긴다.

녹색의 빗방울이 뚝뚝 떨어지는 〈Rain Forest〉는 남녀 혼성 코러스와 독특한 서정을 형상하는 기타 연주가 깊은 청명함으로 청각을 때린다.

밀림 아이들의 귀여운 대화가 이어지는 〈Warm Welcome〉은 유려한 신시사이저와 북소리로 우기의 마을 풍경으로 초대한다.

〈Ghost Valley〉에서는 비와 함께 범람하며 쏟아내는 계곡의 물살과 폭포수 그리고 메아리치는 매서운 차가운 바람으로 자연의 위력에 압도당한다.

환상적인 신시사이저 그루브 〈A Soft Sun〉은 맺혀있는 물방울에 햇살이 반짝이는 눈부신 소품이다.

〈Call of Birds〉는 자연의 메시지를 전하는 새의 언어처럼 플루트의 향연이 멋지며, 〈Misty Mountain〉에서는 동양적인 수묵의 세상을 그리며 타이틀곡의 테마를 변주한다.

감상실을 물기 가득한 초록 이끼로 뒤덮어줄 이 촉감 음악은 신비로운 체험이다.

G.E.N.E.
Visionary Voyager

IC-Digit | IC2237 | 1994

1. Diamonds at the Beach
2. Mallorca Love Theme
3. Feeling
4. Honey Bees
5. Bunga Flowers
6. Concerto de Arta
7. Cala Figuera
8. Green to Green
9. Get the Taste
10. Tropical Grooves
11. Sculptures of Stone

NewAge-Healing·Environmental,
NewAge-Ambient

지이엔이의 음악을 처음 접한 시점은 아마 1990년대 초반이었을 것이다. 한 대학가 카페에서 가진 뉴에이지 동호회의 감상회가 시작되기 전, 주인장이 일본에서 사 온 편집음반을 틀어주었는데 그때의 신선한 감동은 아직까지도 생생하다.

마이클 바이저Michael Weisser의 지이엔이 프로젝트는 《Fluting Paradise, 1987》로 시작하여 《Emotions, 2000》에 이르기까지 다양한 환경음악을 들려주었다.

본작은 이전에 발표한 여섯 장의 음반에서 색조가 뛰어난 소품들을 발췌한 베스트앨범으로, 지이엔이와 첫 만남을 원하시는 분에게는 안성맞춤이다.

《Get The Taste, 1991》의 타이틀 곡은 부드러운 비람결의 팬플루트 연주가 자연스러운 사운드의 그루브와 함께 비상하며 감미로움을 전한다.
《Diving Dreams, 1992》에서 선곡된 〈Diamonds at the Beach〉는 기타가 전하는 시원하고도 달콤한 트로피컬 주스 향이 상큼하다.

걸작으로 평가받는 《Mediterranean Mood, 1993》에서는 무려 네 곡이나 커트되었다. 스페인 마요르카섬의 낭만을 담은 퓨전 기타 연주곡 〈Mallorca Love Theme〉은 지난 추억을 회상하듯 아쉬움과 그리움이 몰려든다.

청각을 환기하는 새소리와 건반 그리고 스페인풍의 기타가 맑은 서정을 남기는 〈Concerto de Arta〉에는 푸른 애수가 샘솟는다.

마요르카섬의 중심지의 이름인 〈Cala Figuera 칼라 피게라〉에는 파도가 시원하게 부서지는 해변가의 낭만을 채색하였고, 중후한 실내악과 사쿠하치의 긴 호흡이 조화되는 〈Sculptures of Stone〉도 지중해의 무드를 담아낸 작품들이다.

전년도에 발표된 《Rain Forest, 1993》에서도 3곡이 커트되었는데, 그 중 〈Honey Bees〉는 원시림의 어린이 노래가 삽입된 낭만적 기타 사운드와 열정적인 색소폰의 대화가 이어진다.

2CD 앨범 《Between Oceans & Clouds, 1994》의 수록곡인 〈Feeling〉은 미려한 신시사이저 음향이 감각적인 작품이며, 〈Bunga Flowers〉는 이국적인 섬의 신비로운 자태를 상징적으로 음미한 《Bali Sunrise, 1994》에 수록된 것이다.

여성의 섬세한 눈매로 그려가는 화폭의 다양한 자연의 색상환은 실로 조화롭다.

Geodesium
Fourth Universe

GEODESIUM
Fourth Universe

Loch Ness Productions | LNP9201 | 1992

1. Sailing to Neptune
2. Deep Blue
3. Moon without a Name
4. Travel with Me
5. The Seventh Planet
6. Closer to Home
7. Interstellar Mission
8. To the Ends of the Universe
9. Around Orion
10. Galactic Wonders
11. Deconvolution
12. A Skay Full of Galaxies
13. Solar System Sojourn
14. The Mysteries of Mars
15. Life Zone Planet
16. Phobos
17. In Orbit
18. Rhapsody on a Red Planet

NewAge-Electronics, Ambient, Space

초등학교 시절 처음으로 천문대를 견학하고 반구 형태의 극장에서 보았던 신비한 우주의 영상은 신비한 음악과 함께 정말 짜릿하고 놀라운 경험이었다. 그때는 돔 천정이 열려 실제 우주선에 탑승한 듯한 착각이 들었는데, 지오디시엄의 천체음악을 듣고 있노라면 아직도 그 가상체험이 재현되는 것 같다.

지오디시엄은 천체음악 전문가 마크 피터슨Mark C. Petersen의 프로젝트로, 이는 'Geodesic Dome'과 'Planetarium'의 합성어이다.

그는 1975년 콜로라도대학교의 천문대가 건축되는 것을 지켜본 후, 천체음악가가 될 것을 결심했다고 한다. 천문대 디자이너와 함께 무그 신시사이저 리코딩을 터득한 후, 불과 3년 만인 1978년에 천체쇼를 위한 작곡을 의뢰받았다. 이것을 계기로 그는 28개국의 천문대에 50편 이상의 천문쇼를 위한 사운드트랙을 작곡하였으며, 그의 음악은 세계적인 기업들의 광고와 NASA의 프로그램 쇼에서도 사용되고 있다. 키보드와 샘플러 그리고 신시사이저를 사용하지만, 그의 음악은 끝없이 깊은 공간을 비행하는 음의 오디세이로 환상여행을 선물한다.

본작은 1986~1991년 작곡된 모음집이다.

「Voyager 2 at Neptune」 쇼(1,2,3,7트랙)에 삽입된 〈Deep Blue〉는 포근하고 부드러운 오케스트레이션으로 푸른 우주의 신비를 벗기며, 해왕성을 도는 소행성들에 대한 주제곡인 〈Moon without a Name〉은 우주의 질서에 대한 벅찬 감동이 느껴진다.

미스터리한 어둠이 긴장감을 자아내는 〈The Seventh Planet〉은 검은 암석의 띠를 가진 천왕성의 테마로, 「Voyager 2 at Uranus」쇼에 사용되었다.

미국 천문학자 허블Edwin Powell Hubble의 우주과학 리포트 「Hubble : Report from Orbit」에 사용(6,8,10,11,12트랙)된 음악 중 〈Closer to Home〉은 매우 감미로운 작품으로 마치 물 위에 떠 있는 환상을 제공하며, 〈Galactic Wonders〉는 기묘하고 낯선 사운드가 연출된다.

「The Mars Show」 (14,16,17,18트랙)중에서 화성의 위성인 〈Phobos〉는 찌그러진 듯한 생김새를 동양적이고도 독특한 음소로 묘사한다.

그 외 세인트루이스 과학센터의 McDonnell Star Theater의 프로그램에서 선곡된 작품들이 수록되어 있다.

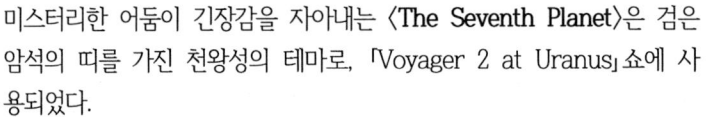

Geodesium

A Gental Rain of Starlight

Loch Ness Productions | LNP2701 | 2007

1. Winter Stars
2. Star Hop
3. A Gentle Rain of Starlight
4. Star Show
5. Starfall
6. Celestial Solitude
7. Outbound
8. The Alcor-Mizar Connection
9. Horsehead Hideaway
10. Adrift
11. Silver Lagoon
12. Starlight Lullaby
13. A Cosmic Kiss

NewAge-Electronics, Ambient

지오디시엄의 1980년 셀프 타이틀 데뷔작은 1975~77년에 작곡한 곡을 모은 것으로, 발표 당시 절판되는 상업적 성공을 거두었다. 신시사이저와 멜로트론 두 대로 구사한 혁신적인 사운드에는 차이콥스키Tchaikovsky와 바흐Bach의 작품도 수록되어 있다.

두 번째 앨범 《Double Eclipse, 1981》는 몇 곡이 NASA의 토성과 천왕성에 대한 TV 프로그램에 사용되기도 했는데, 스페이스 음악 외에 일렉트로닉 댄스풍의 작품, 바흐의 〈Fugue in G Major〉와 파헬벨Pachelbel의 〈Canon in D〉도 우주적인 사운드로 감상할 수 있다.

《West of the Galaxy, 1990》는 1983년에서 1987년까지 사용된 오리지널 모음집으로, 라디오방송에서 많이 사용되었다.

《Anasazi, 1993》는 인디오 문명지 아나사지Anasazi와 아즈텍Aztek 조곡으로 구성했고, 보이스와 드럼, 플루트, 팬파이프 등으로 풍부한 사운드를 들려준다.

《Stellar Collections, 2001》은 그의 4개의 천체 쇼 컬렉션 중에서 선정한 작품들의 모음집이다.

본작은 더욱 세련된 스페이스 뮤직의 클라이맥스를 경험할 수 있는데, 북극성을 중심으로 겨울의 별자리가 신비스럽게 자리하는 〈Winter Stars〉에는 맑고 깨끗한 빛의 향연이 펼쳐지며, 〈Star Hop〉는 별빛이 생성되고 소멸되는 마술 같은 쇼이다.

숭엄함 속에 긴 꼬리의 잔상을 남기는 〈A Gentle Rain of Starlight〉를 지나, 〈Star Show〉에서는 지구의 자전을 통해 원심형을 그리며 현란한 묘기로 시야를 가득 채우고, 이내 멋진 〈Starfall〉에서는 바다 위로 첨벙첨벙 뛰어든다.

우주의 질서와 진리를 포근하게 들려주는 〈Celestial Solitude〉는 애상적인 감정을 띠며, 아름다운 광채가 흐르는 강 〈Silver Lagoon〉에는 빛의 조각들이 모여든다.

이어 《Tis the Season, 2008》을 발표했는데, 이는 동명의 천체쇼의 음악을 담은 오리지널 사운드트랙이었다.

지오디시엄의 음악을 헤드폰에 끼고 눈 감으면, 별들의 세상이 금광처럼 펼쳐진다. 비록 상상의 이미지지만 우주에서 유영하는 듯한 체험을 불러일으킨다.

George Hatzinassios
Solo Piano

ΓΙΩΡΓΟΣ ΧΑΤΖΗΝΑΣΙΟΣ
GEORGE HATZINASSIOS

SOLO PIANO
Θέματα του συνθέτη από τον κινηματογράφο και την τηλεόραση
Composer's themes from the Greek Cinema and TV Series

Symphony Records | SY20002 | 2006

1. Touch of Soul
2. You and Me
3. Sweet Gang
4. Hook
5. Secret Engagements
6. Touch of Soul - *Theme B*
7. Earth's Umbilical
8. A Woman from the Past
9. On a Vole la Cuisse de Jupiter
10. Knock out
11. One Happy Afternoon
12. Swamp
13. My Precious Sofia
14. On the Wings of Love
15. Reporter
16. Morning Patrol
17. I Love You

New Acoustic, NewAge-Jazz

그리스 음악을 예술적으로 끌어올린 대작곡가 중 한 사람인 요르고스 하치나시오스는 1943년생으로, 당대 최고의 색소폰 주자이자 테살로니키 음악원 교수의 아들로 태어났다. 6세 때 마케도니아 음악원에서 피아노를 시작하여 테살로니키 주립음악원, 국립음악원을 거쳐 파리에서 작곡, 오케스트레이션, 지휘를 공부했다. 피아노 솔리스트로 세계의 주요 콘서트홀에서 연주했으며, 1972년부터 작곡가로 활동하면서 45장의 대중음악 레코드는 물론이고 38편의 영화, 25개의 연극 및 TV 시리즈를 위한 음악과 노래를 작곡했다. 오페라, 협주곡, 비잔틴 3부작, 교향곡 《알로스 연대기》 등 클래식 음악도 그의 영역이었다.
유명 가수 디미트라 갈라니Dimitra Galani, 야니스 파리오스Yannis Parios, 마리넬라Marinella 등과 협업하며, 많은 예술대중음악의 걸작을 탄생시켰다. 그의 음악은 유려한 피아노를 기반으로 로맨틱하고도 감성적인 선율을 들려준다.

그는 피아노를 기반으로 한 연주집도 꽤 발표했는데, 본작은 영화 및 대중음악으로 발표한 히트곡들을 피아노 솔로로 재연주한 것으로 국내에도 라이선스로 소개되었다. 그리스의 감성과는 거리가 있지만, 진정 고혹과 낭만의 선율이다.
〈Touch of Soul〉은 미할리스 하치야니스Michalis Hatzigiannis가 1997년에 사랑의 충심을 노래한 동명의 발라드로 유려하고 온화함을 들려주며, 〈Touch of Soul - Theme B〉는 그가 노래한 이별가 〈To oma pou Zitas 네가 갈망하는 나〉를 연주한 것이다.
〈You and Me〉는 그가 1974년에 맡은 동명의 영화 주제곡으로, 요르고스 수나스Giorgos Sounas가 노래했던 주옥같은 로망스이다.
〈Sweet Gang〉도 1983년 동명의 영화 주제곡으로, 보다 느긋하고 천둥소리가 삽입된 OST를 링크한다.
〈Hook〉는 1976년 개봉된 동명의 영화음악으로, 그리스의 고전으로 기록되는 명작이기도 하다. 영화처럼 범선을 타고 항해하는 듯한 자유로운 느낌을 만끽할 수 있다.
우아하고도 섬세한 클래식 터치가 돋보이는 〈Secret Engagements〉은 1979~80년에 방영된 TV 시리즈의 주제곡으로, OST로 링크해 본다.

이 외도 아름다운 레트로 피아노 연가가 즐비하다. 프랑스의 우수가 가득하다는 것이 본작의 특징이라 할 수 있다.

George Skaroulis
Numinous

Evzone | em1998 | 1998

1. Numinous
2. Ariana
3. Forgotten Song
4. Petaloutha
5. Mythos
6. Circulio de Amor
7. Calling
8. Psiliamo
9. Eternia
10. Into the Sea
11. Flicker of a Flame
12. Blue Night
13. Angelos
14. Illuminati
15. Spiritus

New Acoustic, NewAge-Healing

그리스계 미국인 조지 스카룰리스는 국내에서도 베스트앨범 《Scent of Greece》이 발매된 적이 있는 피아니스트이자 작곡자이다. 5세 때 피아노에 관심을 보여 레슨을 받았지만, 이는 5주라는 짧은 시간이 고작이었다. 정통 음악교육을 받지 않았지만, 그는 수년 동안 레스토랑 등에서 연주하며 직업생활에서 탈출구를 만든다. 1992년에 음악적인 꿈을 위해 애틀랜타로 가서 연주하던 중, 레코드 프로듀서의 제안을 받게 된다.

자신의 레이블을 통해 발표한 데뷔작 《Homeland, 1996》는 긍정적인 평가를 받으며 작곡자 겸 피아니스트로서의 음악 인생을 지속할 수 있었다.

두 번째 앨범인 본작은 안토니 알디빈Anthony Ardavin 갤러리의 위임을 빌어 직곡한 것으로, 그해 7월 예술전시 기간 중 「Numinous」라는 제목으로 6개의 화랑에서 초연되었다.

라틴어로 신비하고도 신성한 감각을 의미하는 타이틀 〈Numinous〉는 평화와 안식 그리고 환희와 자유를 만끽하게 해주는 힐링뮤직으로, 단지 감미롭다는 인상을 넘어 순백의 영혼을 위한 안온함을 제공한다.

센티멘털 피아니시모 〈Ariana〉는 진한 그리움이 물든다.

국내발매된 베스트앨범에도 수록된 〈Forgotten Song〉은 피아노와 만돌린의 트레몰로 주법으로 마음을 차분하게 하는 2중주이다.

섬세한 터치가 돋보이는 〈Mythos〉에 이어, 〈Circulio de Amor 사랑의 고리〉는 눈물 어린 회한의 곡이다.

〈Into the Sea〉는 신시사이저 오케스트레이션과 피아노로 에게해를 향한 향수가 일렁인다.

〈Spiritus〉는 휘몰아치는 바람과 교회의 타종 소리로 정신적인 안식을 충만하게 해준다.

특히 애조 띤 멜로디가 감성을 자극하는, 한국인이 좋아할 만한 드라마이다.

본작 이후 그해 말에 크리스마스 앨범 《Season Traditions》을 발표, 1920년대 가족사를 엿볼 수 있는 사진전을 위한 음반 《Generations, 2000》, PBS 방송 작품 「Visions of Italy」와 「Visions of Greece」에 사용된 《Return to Homeland, 2001》, 자연을 위한 전원시 《Second Nature, 2003》 등을 꾸준하게 발표하였다.

George Winston
Autumn

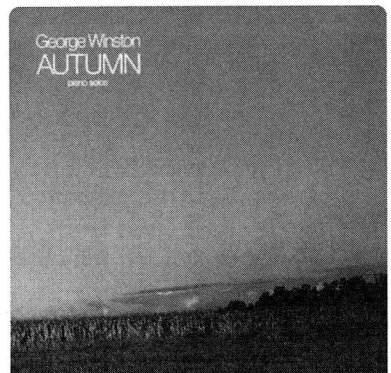

Windham Hill | WD-1012 | 1980

1. Color / Dance
2. Woods
3. Longing / Love
4. Road
5. Moon
6. Sea
7. Stars

New Acoustic

조지 윈스턴은 평생 16개의 솔로 앨범을 발표했으며, 이들은 1,500만 장 이상 팔렸다. 정식으로 음악교육을 받은 적은 없지만, 그가 말하는 '컨트리 포크 피아노'로 가장 큰 성공을 거두었으며 (자신의 음악이 뉴에이지 음악이라는 것을 부인한 바 있지만) 대표적인 뉴에이지 피아니스트로 거론된다.

23세의 나이에 발표한 《Ballads and Blues, 1972》의 상업적 참패 이후, 윈드햄 힐 레이블에 데모를 보내고 발표한 작품이 본작이다. 이는 개인적인 성공뿐만 아니라 윈드햄 힐이라는 레이블의 비약적인 발전의 원동력이 되었다. 여전히 꾸준히 팔리는 스테디셀러로, 뉴에이지 음악의 고전이 되었다.

〈Color / Dance〉는 커버처럼 맑고 깊은 파랑이 선명하게 시선 속으로 들어온다. 청명을 넘어서 깊이 번진 쪽빛의 물감에 흠뻑 젖고픈 열망으로 그의 열 손가락은 피아노 건반 위에서 너무나 가볍게 춤을 춘다.

마호가니의 은은한 향내가 나는 듯한 〈Woods〉는 반복적인 연탄을 통해서 점차 익어가는 시간의 잔향이 가을 공간에 메아리친다.

서서히 붉은빛으로 물드는 사랑의 가을 소나타 〈Longing / Love〉는 아련하기 그지없으며, 낙엽 밟는 소리가 정답게 들리는 듯한 〈Road〉는 담백한 미니멀 음악이다.

동방에 뜨는 보름달의 노래 〈Moon〉에는 수묵화에서 달밤에 나룻배를 탄 시인의 감상이 젖어 드는 것 같다. 변박과 인상적인 잇단음표 연주를 따라 애상적인 서정시가 흐른다.

바다를 위한 광시곡 〈Sea〉는 더 높아진 파고로 마음에서 부서지는 속주의 은파가 정말 놀라우며, 호젓하고 서늘한 밤의 정서가 느껴지는 〈Stars〉는 찬란한 빛을 내며 어둠 속에 묻힌다.

참고로 20주년 기념 음반에는 〈Too Much Between Us〉라는 곡이 보너스로 수록되었다.

본작에 수록된 구성을 보면 우리의 인생 여정 같기도 한데, 전반 수록곡들을 많이 듣다가 점차 후반의 곡들에 마음을 내주게 되었다.

단 한 대의 촉촉한 피아노로 그린 그의 음악은 정교하거나 주도면밀한 인상보다는 즉흥이 가미된 자유로움이 먼저 다가온다. 조지 윈스턴의 본작이 있기에, 가을이 아름다운 이유이다.

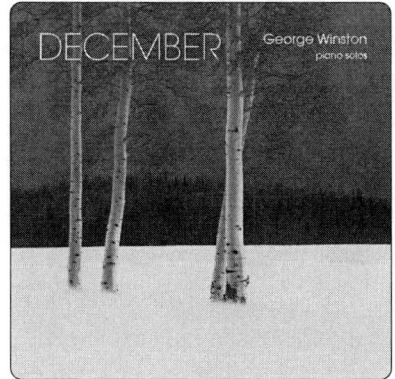

George Winston
December

Windham Hill | WD-2001 | 1982

1. Thanksgiving
2. Jesus, Jesus, Rest Your Head
3. Joy
4. Prelude
5. Carol of the Bells
6. Night
   (Snow / Midnight / Minstrels)
7. Variations on the Kanon by Pachelbel
8. The Holly and the Ivy
9. Some Children See Him
10. Peace

New Acoustic

조지 윈스턴은 《Autumn, 1980》에 이어 《Winter into Spring, 1982》로 사계의 감성을 이어갔다. 놀랍게도 두 번째 앨범이 발표된 그해 성탄을 위한 본작을 발표했는데, 이는 300만 장 이상 판매된 대성공작이 되었다.

당시 한 동네에 하나씩은 있었던 레코드점은 12월이 되면 캐럴송보다 더 많이 거리에 본작을 내보냈다. 아마도 글쓴이처럼 많은 뉴에이지 음악 애호가의 입문서가 되었을 것이다.

그의 시적인 멜로디만큼이나 친숙하고 유명한 그렉 에드몬즈Greg Edmonds의 고요한 커버를 열면, 몬타나의 마일즈시티와 친구들에게서 영감을 받은 〈Thanksgi-ving〉과 파헬벨Pachelbel의 변주곡 〈Variations on the Kanon〉등 명작들로 가득하다.

광고음악으로 너무나 친숙한 〈Joy〉는 동 레이블에서 클래식기타 솔로를 들려주었던 데이비드 퀄리David Qualey의 《Guitar Solo》 앨범에서 영감을 받은 것으로, 눈 내리는 날의 동심을 표현하고 있다.

짧지만 드라마틱한 〈Prelude〉에 이어, 19세기 우크라이나의 민요 캐럴을 들려주는 〈Carol of the Bells〉도 그의 수려한 피아노 터치를 감상할 수 있다.

세 부분으로 구성된 〈Night〉에는 커버에서 느끼게 되는 눈 덮인 겨울 초야의 맑고 차가운 시간마저 잠들게 한다.

〈Peace〉는 세상 모두가 잠이 든 고요함 속에서 홀로 깨어 겨울바람도 숨을 죽인 고요한 하얀 세상을 바라보는 무언의 정서가 그려진다.

그의 사계의 완성은 팬들의 소망이었는데, 그도 부담스러웠는지 본작이 발표된 지 무려 십여 년의 세월이 지난 다음 《Summer, 1991》를 내놓았다.

《Forest, 1994》는 38회 그래미에서 최고의 뉴에이지 앨범으로 선정되었다.

기타리스트로 변모한 《Sadako and the Thousand Paper Cranes, 1995》에 이어, 16세 소년 조지 윈스턴이 음악에 관심을 두게 만든 피아니스트 빈스 과랄디Vince Guaraldi 헌정 앨범들, 오르간 연주에 영감을 불러일으킨 록의 영웅 도어즈The Doors 헌정작, 그리고 마지막 앨범 《Night, 2022》를 남겼다.

뉴에이지 음악이란 장르를 얻는 데 선구적인 역할을 한 거장 조지 윈스턴은 '뉴에이지 최고의 서정시인'의 상징으로서 영원할 것이다.

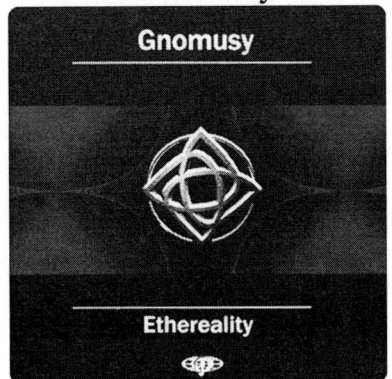

Gnomusy

Ethereality

Gnomusy

Ethereality

Non Profit | NPM040 | 2004

1. Altair
2. Virtuality II
3. Alexandra
4. Dolmen Ridge
5. Birth of Blodeuwedd
6. Isabel Romantica
7. Runa
8. Mystic Knight
9. World's End Garden
10. Camelot
11. Dance of The Mist
12. Tagorth the Cavern
13. Shadows in the Wood
14. Footprints on the Sea

NewAge-Electronic·Ambient

다비드 까발레로David Caballero는 1963년 마드리드 출생으로, 대학에서 산림공학을 전공할 만큼 자연과 끈끈한 관계를 맺어왔다고 이야기한다. 또한 음악에 대한 열정도 대단해서 7세 때부터 키보드를 연주하였으며, 화성학과 작곡을 배웠다. 재즈, 래그타임, 블루그래스 등의 음악 스타일에 매료되었고, 결국은 일렉트로닉과 셀틱 음악에 관심을 가진다.

어린 시절 자연에 대한 경험과 감정을 되살려 1999년에 'Gnome of Music'이란 의미의 Gnomusy를 닉네임으로 mp3.com에 자작곡을 올려놓게 된다. 결과는 성공적이어서 《Scent of Light》과 《The Edge》를 온라인상에서 발표했고, 이후 스페인의 Non Profit Music과 미국의 Only New Age Music 레이블을 통해 첫 CD 《Ethereality》를 선보인다. 이는 1994년부터 그가 틈틈이 작곡한 작품들과 mp3로 주목받았던 작품들을 수록한 모음집으로, 전체가 수려하다.

〈Altair〉는 지구환경 보전을 위한 삶을 사는 그의 친구에게 헌정한 것으로, 천체의 견우성을 테마로 한 멋진 우주음악이다.

〈Virtuality II〉는 그가 컴퓨터 그래픽에 빠져있던 대학강사 시절, 일본 출신의 3D 애니메이션 교수에게서 배웠던 비주얼 이미지를 청각적으로 재생한 곡이라고 한다. 다이내믹한 리듬감이 매우 절묘하다.

〈Alexandra〉는 푸쉬키노Pushkino 제독과 이바노바Ivanova 공주와의 모스크바에서부터 상트페테르부르크까지의 모험과 사랑을 그린 것으로, 탭댄스 리듬에 건반의 갈채가 쏟아진다.

스페인 갈리시아 지방의 고인돌을 본 후 느꼈던 생사에 대한 감정을 담은 〈Dolmen Ridge〉은 플루트와 건반의 서정미를 들려준다.

켈트의 전설을 테마로 한 〈Birth of Blodeuwedd〉, 피아노 로망스 작품 〈Isabel Romantica〉, 그리고 쿠스코Cusco를 연상시키는 〈Camelot〉은 목가적인 풍경의 판타지적 상상을 불러일으킨다.

〈Footprints on the Sea〉는 그리스 산토리니섬 백사장에서 노니는 꼬마의 미소가 영감이 되었으며, 〈Ballerina〉는 상트페테르부르크의 로열 하우스에서 본 발레작품이 그 배경이 되었다.

그의 음악적 스승이었던 마이크 올드필드Mike Oldfield에 감사를 전했으며, 예술가들과 인권보호자들 그리고 환경보호자들에게 본작을 헌정했다.

Gregor Theelen
Dolphin Awakening

Oreade | ORN54442 | 2001

1. Dolphin Awakening
2. Happy Solitude, the Mother
3. Awareness (part 1)
4. Arabesque
5. Awareness (part 2)
6. Joy the Son
7. Balance, the Father
8. United with the Sea
9. Etude No.3
10. Open Mind, the Daughter

NewAge-Healing·Environmental

1965년생인 네덜란드 작곡가 그레고르 틸렌은 음악가 집안에서 태어나 어려서부터 피아노를 배우고 8세 때 작곡을 시작했다. 전자음악에 매료되어 12세 때 클라우스 슐체Klaus Schulze, 마이크 올드필드Mike Oldfield, 탠저린 드림Tangerine Dream에서 영향을 받은 곡들을 썼다. 다양한 하드록 밴드를 거치다 19세 때 자신의 밴드를 결성한다. 바흐Bach의 바로크 고전음악을 탐구하기 위해 1986년에 네덜란드의 힐베르쉼Hilversum 음악대학에서 공부를 지속하고, 유명한 아티스트들과 밴드 그리고 오케스트라에서 리코딩 엔지니어와 뮤지션으로 참여했으며, 현악4중주를 위한 클래시컬한 음악을 작·편곡하기도 했다.

1990년대 초에는 영화와 연극의 음악을 맡았고, 현대음악기 아르망 프뢰돔므 Armand Preud'Homme의 작품을 편곡하여 레코드로 선보였으며, 싱어 에띠엔느 보거스Etienne Borgers와 함께 성공적인 팝 앨범도 제작했다.

그리고 솔로작 《Music of Tarot, 1994》로 뉴에이지 음악계에 데뷔한다.

환경보전의 일환으로 제작된 본작에서 그는 신시사이저 외에 하프와 플루트, 피아노, 아코디언, 퍼커션 등을 연주했으며, 캘리포니아 해변에서 녹음한 돌고래의 소리를 삽입했고, 여성 보컬리스트 쿠제 볼리어Koosje Volleer를 참여시키고 있다. 깊은 심해에서 들려오는 돌고래의 초음파 신호를 시작으로 잔잔한 해수면 위로 모습을 드러내는 돌고래의 모습을 그린 다큐멘터리 〈Dolphin Awaken-ing〉은 왈츠풍의 경쾌한 리듬 속에 하프와 플루트의 역동적인 사운드를 감상할 수 있는 수작이다.

〈Happy Solitude, the Mother〉는 대자연의 어머니를 향한 축복의 메시지로, 달콤하고도 애틋한 켈트의 드라마틱한 풍광이 그려진다.

하프의 맑은 선율 속으로 들려오는 파도 소리 〈Awareness Pt. 1〉는 우리의 청각을 청명하게 환기한다.

16분의 중편 〈Balance, the Father〉는 광활한 스케일의 대자연의 섭리를 담은 것으로, 쿠제 볼리어의 보컬은 시련을 그리고 플루트는 평화로움을 드라마틱하게 전개하고 있다.

〈Arabesque〉는 드뷔시Debussy를, 〈Etude No. 3〉은 쇼팽Chopin을 편곡했다.

그는 이러한 환경음악을 통해서 자연의 소중함을 다시 한번 일깨우며, 상상 속 파라다이스의 유희를 경험하게 한다.

Gregorian
Sadisfaction

Metronome | 849 379-2 | 1991

1. Watcha Gonna Do
2. Once In A Lifetime
3. So Sad... - *Radio Version*
4. Forever
5. The Quiet Self
6. Reflect
7. Monastry
8. Gonna Make You Mine
9. You Take My Breath Away
10. I Love You
11. Why Did You Go (I Feel Sad)
12. The Mission
13. Depressions

NewAge-Pops (Vocal)

1990년 세계 음악계를 충격에 빠뜨린 Enigma의 데뷔작 《MCMXC a.D.》에서 히트 싱글 〈Sadeness〉와 〈The Voice & The Snake〉를 썼던 독일의 음악프로듀서 프랑크 페터슨Frank Peterson은 그의 가명인 F. Gregorian으로 이니그마의 맥락 아래서 본작을 발표했다.

두 명의 작곡가와 당시 아내였던 Susana Espelleta와 Birgit Freud 두 명의 여성그룹 The Sisters of Oz를 참여시켜, 보다 대중적인 팝에 접근한 사운드를 들려주었다. 이니그마 열풍으로 본작은 국내에도 라이선스로 선보였다.

마치 라이브의 첫 곡처럼 문을 여는 〈Watcha Gonna Do〉는 팬플루트와 펌프질하는 댄스 리듬에 남녀 팝 보컬이 욕망을 폭발시킨다. 멋진 오프닝 트랙이다.

싱글로 커트된 〈Once in a Lifetime〉은 여성의 관능적인 낭송에 이어 가스펠을 닮은 멜로디를 노래한다.

〈So Sad...〉는 포르투갈 차트에서 정상을 차지한 히트 싱글로, 그루브 감각과 그레고리안 성가, 사쿠하치의 긴 호흡 애틋한 감성의 여성 보컬이 매혹적인 넘버이다.

유로 댄스곡을 연상시키는 〈Forever〉에 이어, 이니그마의 환상을 불러일으키는 앰비언트 〈The Quiet Self〉는 진동하는 박자감이 황홀하다.

〈Monastry〉는 관능적인 여성의 심호흡과 남성 그레고리안 성가가 록의 열기에 휩싸이는 기묘한 곡으로, 매우 다이내믹한 절정에 휩싸인다.

〈I Love You〉는 신스팝과 랩, 느슨한 댄스 리듬으로 달콤함을 이어가며, 〈The Mission〉에서는 감미롭기 그지없는 가스펠 팝 라운지를 열어젖힌다.

〈Depressions〉은 은은한 열기를 펼치는 댄스 리듬과 팬플루트가 역시 달콤한 감흥을 잇는다.

MZ세대는 본 적도 없을 음악 테이프를 당시에 워크맨에 꽂아놓고 줄기차게 들었던 것이 생각난다. 이니그마의 첫 앨범이 어둡고 무겁다면, 이니그마의 화이트 버전이라 여겨도 될 만큼 본작은 밝고 가볍다.

어쨌든 흥행에도 성공했지만 프랑크 페터슨의 1기 Gregorian은 막을 내렸다. 그가 본작과는 다른 'Masters of Chant' 시리즈로 팝과 그레고리안 성가의 접목을 들고 돌아온 것은 1999년의 일이었다.

Gregorian
Masters of Chant Chapter II

Edel Records | EDL 5266 | 2001

1. Moment of Peace
2. The First Time Ever I Saw Your Face
3. In the Air Tonight
4. Bonny Portmore
5. Hymn
6. Child in Time
7. Everybody Gotta Learn Sometimes
8. Wish You Were Here
9. Lady D'Arbanville
10. Heaven Can Wait
11. Babylon
12. Stairway to Heaven

NewAge-Classical Chant

프랑크 페터슨Frank Peterson의 2기 그레고리안은 《Masters of Chant, 1999》를 시작으로, 10집을 거쳐 근작인 《Pure Chants II, 2022》까지 계속되었는데, 20장 이상의 음반들은 컬렉션과 감상에 채 엄두가 나지 않는다.
첫 시리즈에는 팝록의 명곡들을 선곡하여 그레고리안 성가로 편곡했다.
다이어 스트레이트Dire Straits의 〈Brothers in Arms, 1985〉, 사이먼 앤 가펑클 Simon & Garfunkel의 〈The Sound Of Silence, 1966〉과 〈Scarborough Fair, 1968〉, 에릭 클랩튼Eric Clapton의 〈Tears in Heaven, 1992〉, 피터 가브리엘 Peter Gabriel의 〈Don't Give Up, 1986〉 등을 수록하고 있다.

국내에 라이선스로 소개된 본작은 두 번째 시리즈로, 그의 오리지널 곡은 드물지 만 팝록의 성가 편곡은 친근하면서도 다른 신선한 감흥을 전해준다.
〈Moment of Peace〉는 본작의 백미로, 트립합 비트와 숭고미를 더하  는 남성중창에 사라 브라이트만의 자매인 아멜리아 브라이트만Amelia Brightman의 가창이 천상으로 초대한다.
영국 가수 페기 시거Peggy Seeger의 명곡으로, 많은 포크가수에 의해  리바이벌되었던 〈The First Time Ever I Saw Your Face〉는 아이스 크림 같은 부드러움으로 들려준다.
〈In the Air Tonight〉은 필 콜린스Phil Collins의 1981년 히트곡으로,  록 드럼의 박동과 단선율의 남성합창이 매우 잘 조화된다.
〈Child in Time〉은 영국 하드록 밴드 딥 퍼플Deep Purple의 1970년 히트곡으로, 플루트의 셀틱 향에 남성합창의 허밍이 선율적이다.
영국 팝 밴드 The Korgis의 데뷔 히트곡 〈Everybody Gotta Learn Sometimes〉는 미스터리하면서도 아름다운 연가로 재탄생했다.
영국의 프로그레시브록 그룹 핑크 플로이드Pink Floyd의 1975년 히트곡 〈Wish You Were Here〉는 맑은 동양적 감성이 덧칠되었고, 민요인 〈Babylon〉은 그레 고리안 성가의 숭엄함과 신비로움으로 물들었다.
레드 제플린Led Zeppelin의 1972년 명곡 〈Stairway to Heaven〉은 기 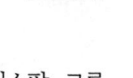 타의 투명한 발라드로 선명한 그루브를 첨가했다.

세 번째 시리즈에서는 닐 다이아몬드Neil Diamond의 〈Be〉, 영국 신스팝 그룹 Yazoo의 〈Only You〉, 스팅Sting의 〈Fields of Gold〉 등을 수록하고 있다.

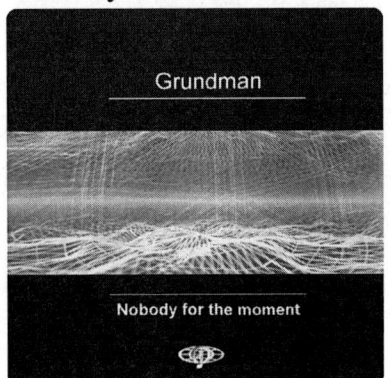

Grundman
Nobody for the Moment

Non Profit | 2001

1. The Truncated Child
2. From Now on
3. Abu Ana
4. The Sons of the Cold
   (Classical Arrangement)
5. Restlessness
6. Nothing Like the Silk
7. Low Pressures
8. The Waste of the Time
9. A Bike Walk
10. Los Hijos del Frío
    (The original electronic lullabay)

NewAge-Electronic·Ambient

호르헤 그룬드맨Jorge Grundman은 뉴에이지와 클래식 음악 작곡가이다. mp3.com을 통해 첫 앨범 《Nobody for the Moment, 2001》를 발표, 뉴에이지 차트 정상을 차지하며 일약 스타가 되었다. Top40에 무려 6곡이나 올릴 만큼 팬들의 열렬한 지지를 받았는데, 전혀 이름이 알려지지 않은 그로서는 정말 예상치 못했던 대성공이었다. 그는 전자악기를 이용하고 있지만, 그 어떤 어쿠스틱 악기가 만들어내는 것보다 따스한 감성의 소리로 새로운 멜로디를 들려주었다.

웅장하고도 서정적인 감동의 서사시 〈The Truncated Child〉는 가장 아름다운 작품 중 하나이다. 어른들의 따뜻한 보호 속에서 뛰어놀아야 함에도 전쟁으로 내몰린 어린이들의 잘린 동심에 이 작품을 헌정했다. 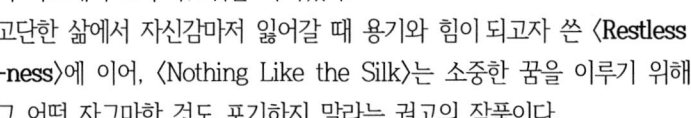〈From Now on〉은 욕망이 모든 것을 바꾸는 슬픈 현실에서 푸른 하늘을 보며 다짐하라는 삶의 긍정적이고도 희망적인 메시지를 담았다. 〈Abu Ana 할머니 안나〉는 모친의 죽음을 맞이하고 딸의 출생을 기다리는 희비의 순간에서, 딸에게 할머니에 관한 이야기를 들려주는 상상을 하며 쓴 것으로, 비올라와 피아노 건반이 심포니 안에서 대화한다. 〈The Sons of the Cold〉은 부드러운 클래시컬 편곡 버전으로 수록되어 있으며, 원곡인 〈Los Hijos del Frío〉는 달콤한 자장가로 다가온다. 엔야Enya 등과 같은 뉴에이지 리더들을 제치고 6개월간 Top40에 머물며 뉴에이지 차트에서 27주나 1위를 차지했다.

고단한 삶에서 자신감마저 잃어갈 때 용기와 힘이 되고자 쓴 〈Restless-ness〉에 이어, 〈Nothing Like the Silk〉는 소중한 꿈을 이루기 위해 그 어떤 자그마한 것도 포기하지 말라는 권고의 작품이다. 〈Low Pressures〉은 비 오는 날의 회색빛 서정을 건반으로 표현한 찬가로 《We Are the Forthcoming Past, Take Care of It》에 끝 곡으로 실린 〈Adagio for Viola, Oboe and Piano〉의 원곡이다. 시간의 소중함에 대해 쓴 〈The Waste of the Time〉에 이어, 자전거를 타며 천천히 주위를 돌아보라는 〈A Bike Walk〉에는 몸을 스치는 바람결 같은 마칭드럼과 건반으로 낭만과 여유를 채색한다.

이처럼 삶과 희망의 테두리를 지키고자 했던 그의 음악은 자연스레 자기성찰로 이어지며, 아픈 상처와 고민과 불안을 치유해 준다.

Grundman
Just before of to Be Nobody

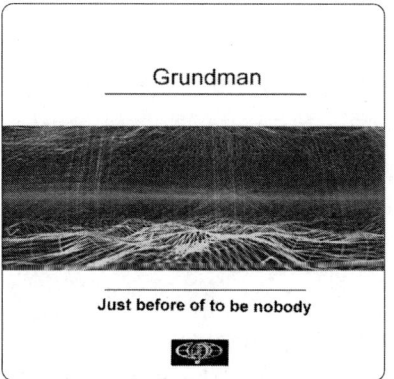

Non Profit | 2002

1. The Sons of the Cold
   (The original electronic lullaby)
2. Intermezzo for Oboe and Strings
3. When the Blues Invades the Soul
4. Waltz to Vitale
5. Suddenly
6. Looking the Traffic Hypnotized
7. In and between
8. Comunion
9. Try This!
10. Something Special

NewAge-Instrumantal, Electronic·Ambient

1961년 마드리드 출생인 그는 14세 때 교내 콘테스트를 위해 첫 작곡을 한 후, 마드리드 왕립음악원에 입학하여 음악이론과 화성학 그리고 피아노를 배웠다. 17세 때는 팝그룹 ETC와 모비다Movida 문화운동에 앞장섰던 그룹 Fahrenheit 451에서 키보디스트로 활동했으며, 1980년에는 그룹 Trópico de Cáncer를 조직하고 앨범을 냈다. 그는 키보디스트 겸 가수로서 또한 작곡가로 활동하며, 당시 발표한 싱글 〈Yo lo Intentaría una Vez Más 한 번 더 해볼까?〉는 스페인 FM 라디오에서 가장 많이 방송된 작품으로 꼽히기도 했다.

1985년에는 대학교에서 학생들을 가르치며 집에서는 작곡에 몰두했다. 이 기간에 둘째 딸이 출산에 이어 뉴에이지 라디오 DJ에게서 새로운 작곡을 의뢰빋는다. 이때 작곡한 곡들을 모아 2001년 그는 mp3.com을 통해 첫 앨범을 발표하고 전 세계의 음악을 사랑하는 누리꾼들로부터 대대적인 호응을 얻어냈다.

본작은 두 번째 앨범으로 역시 3개의 트랙이 MP3.com 뉴에이지 음악과 클래시컬뮤직 차트에서 1위를 기록하는 성공을 거두었다. 1995~2000년 사이에 작곡한 작품들로, 데뷔작에 수록된 〈The Sons of the Cold〉로 첫 문을 열었다.

2002년 6월에 공개한 〈Intermezzo for Oboe and Strings〉은 클래시컬 체임버 음악 차트에서 정상을 차지했는데, 낭만적인 이태리풍의 클래식이다.

〈When the Blues Invades the Soul〉은 웅대한 관현악으로, 일상에서 고독을 접하게 될 때 희망찬 내일을 상기하라고 조언한다.

뉴에이지 차트 톱 40에 무려 백일동안 머물렀던 〈Waltz to Vitale〉는 아르헨티나의 컨템퍼러리 음악의 거장 리또 비탈레Lito Vitale 헌정작으로, 그의 명작 〈Ese Amigo del Alma 영혼의 친구〉에 고무되어 바로크풍의 클래식에 부드러운 재즈를 가미했다.

현대적인 그루브가 넘실거리는 흥겨운 재즈 〈Looking the Traffic Hypnotized〉도 뉴에이지 차트에서 1위를 기록했다.

여동생의 결혼선물로 만든 〈Comunion〉은 빛이 충만한 신시사이저 오케스트레이션으로 축복하였는데, 간단한 편성임에도 그 찰진 마찰은 고혹적이다.

전후 두 걸작의 징검다리 역할을 했던 본작은 그의 또 다른 음악적 면모를 엿볼 수 있다.

Grundman
We are the Forthcoming Past, Take Care of It

Non Profit | NPM0312 | 2003

1. We are the Forthcoming Past
2. Tying the Heart that Helps
3. The Sons of the Cold
4. Tears at Bedtime
5. Memory Holes
6. Denying the Evident
7. Nunca Máis!
8. Teach me to Whisper a Shout
9. Looking through the Broken Window
10. The Day after
11. You weren't to Know
12. Where my Friends Rest
13. Adagio for Viola, Oboe and Piano

NewAge-Electronic·Ambient

그의 세 번째 앨범인 본작은 전미에 공개되었는데, 이 의미심장한 타이틀의 메시지를 전하기 위해 커버에는 태풍의 핵 위성사진을 실었다. 이는 자신이 바라는 세상의 변혁을 의미하는 것이었다.

MP3.com 스트링스 차트에서 한 달 이상 톱 40에 머물렀던 타이틀곡 〈We are the Forthcoming Past〉는 짧고 정갈하지만, 그 선율이 담고 있는 부드럽고도 강력한 힘은 숭고하다. 더 나은 세상의 미래를 위해 침묵하지 말고 자신의 생각을 실천하라는 메시지를 담았다.

〈Tying the Heart that Helps〉는 2002년 8월 12일 러시아 카스피해 항구도시 마하치칼라에서 피랍된 '국경없는의사회' 스위스 미션 총책임자 아르얀 에르켈Arjan Erkel의 영정에 바치는 전자음악 레퀴엠이다.

2001년 MP3.com에서 6개월 이상 Top40에 머물며 뉴에이지 순위에서 27주 동안 정상을 차지한 〈The Sons of the Cold〉에는 어린이들에게 기아와 전쟁이 없는 행복세상이 되길 바라는 인류애를 담았다.

〈Tears at Bedtime〉에서 그는 "누구도 슬픔, 참상, 기아, 고통, 분쟁, 병, 음모, 격분 등에서 비롯된 눈물을 머금고는 잠을 청할 수 없습니다. 시간은 모든 것을 치료합니다. 수면도 마찬가지지요. 그것에는 희망이 있으니까요. 여러분의 주위를 한번 둘러보세요."라고 말하고 있다.

알츠하이머병을 앓고 있는 환자들과 희생자들에게 바치는 〈Memory Holes〉는 평범한 삶에 대한 감사를 느끼게 된다.

〈Denying the Evident〉는 원래 곡명이 'Music for a Tower Collapse'로 2001년 전 세계를 경악하게 했던 9.11테러의 희생자들에게 바치는 애도가이다.

〈Adagio for Viola, Oboe and Piano〉는 구름 낀 가을의 서정을 표현한 내면 스케치로 피아노의 감동 어린 선율이 빛을 발한다.

따스한 감동을 주는 본작에서 그룬드만은 편협한 이기주의로 상처받는 세상의 순수한 영혼들과 병을 앓고 있는 세상의 모든 소리 없는 신음을 향한 숭고한 사랑의 배려심을 풀어놓고 있다. 이 앨범의 수익금을 사회에 환원한 그는 스페인의 국경없는의사회의 음악 홍보 담당 이사를 겸하며, 이후 현대 클래식 음악으로 선회하여 음악 활동을 계속하고 있다.

Hector Vila
Àngel Solar

Picap | 90 0057 | 1994

1. Introducció
2. Jerusalem
3. L'Arbre
4. Solstici d'Hivern
5. El País de les Dues Llunes
6. Crepuscle en el Desert
7. Àngels dels Quatre Elements
8. Himne
9. Àngel Solar
10. Sublimació
11. Dansa Bizantina
12. Final

NewAge-Classical Chant·Pops (Vocal)

엑또르 빌라는 스페인의 작곡자이자 가수이다. 데뷔작 《Aigua de Roses, 1985》 부터 시작된 가수 생활은 1989년에 네 번째 앨범까지 이어졌고, 이후 이전의 멜로딕한 노래들과는 전혀 다른 콘셉트 앨범을 발표하게 되는데, 그 특별작이 바로 본작이다.

모든 수록곡을 자신이 직접 작사 작곡하고, 월드 퍼커션 주자 유이스 리발타Lluis Ribalta, 클래식 기타리스트 조앙 산마르띠Joan Sanmarti와 오보에, 바이올린, 비올라 연주자들을 불러들였다. 게다가 자신의 바리톤과 함께 3명의 성악가를 대동하여 남성 4성부의 중창으로 스케일이 큰 양식을 보여주고 있다. Picap 레이블은 이 음반을 뉴에이지로 소개하고 있지만, 개인적인 생각은 컨템퍼러리 클래식 음악이 더 어울릴 듯하다.

'빛이 있으라!' 태양의 탄생을 노래하는 〈Introduccio 서두〉는 창세기의 웅장함으로 가득한데, 현악에 실리는 계시적인 남성중창도 숭고하며 특히 월드 퍼커션이 생동적인 숨을 불어넣는다.

모세의 출애굽기를 노래하는 〈Jerusalem〉은 예루살렘으로 빛이 인도하는 대장정의 게시를 노래하고, 〈L'Arbre 나무〉에서는 팀파니의 잔잔한 박동에 이어 빌라의 바리톤 보이스가 역경이 지나고 축복과 마음의 평화를 찾게 되는 이야기를 노래한다.

클래식기타의 잔잔한 솔로로 시작하는 〈Solstici d'Hivern 동지冬至〉는 겨울밤 카멜롯 아서왕의 성에 새벽이 밝아오는 찬란한 광경을 노래했다.

〈El Pais de les Dues Llunes 두 달이 뜨는 땅〉은 미스터리한 사운드와 다소 서글픈 보컬로 혼란과 사막의 땅을 벗어나 사해를 건너 갈릴리로 향하는 구원의 노래이다.

〈Angels dels Quatre Elements 4대 천사〉는 만물의 천사들에 축복을 기원하는 노래로, 간절한 보컬과 미스터리한 연주가 신비함을 낳는다.

〈Sublimacio 승화〉는 마요르카 출신의 여가수 마리아 델 마르 보넷 Maria Del Mar Bonet의 환상적인 목소리를 들을 수 있다.

첫 곡을 변주한 〈Final〉은 세상에 사랑과 자비가 가득하길 바라는 결말이다.

그는 본작을 HIV 바이러스 등의 질병과 싸우는 사람들과 차별받고 소외된 사람들에게 헌정했는데, 진정 사랑의 구원과 인류애를 담은 작품이라 할 수 있다.

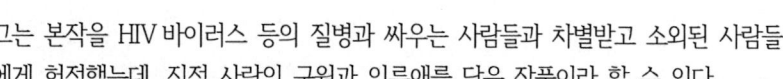

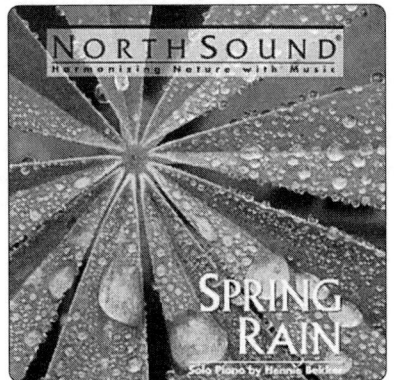

Hennie Bekker
Spring Rain

Northsound | NSCD 23542 | 1992 (1995)

1. Old Friends
2. Spring Rain
3. Time Out
4. Hello Again
5. Memories
6. First Light
7. Heart
8. Flight of the Sparrow
9. The Other Side
10. Reflections

NewAge-Instrumental, Environmental

헨니 베커는 잠비아에서 1934년 출생하여, 6세 때 이모의 피아노 연주에 매료되어 15세 때 피아노를 배웠다. 1959년에는 자신의 재즈밴드를 창단하기도 했으며, 남아프리카공화국 요하네스버그에서 편곡자와 세션맨으로 일했다. 또한 Gallo Records 지사에서 프로듀서를 맡았고, 라디오와 TV 방송광고 음악을 작곡하기도 했다. 요하네스버그에서 시작한 리사이틀 투어 중 들른 캐나다에 1987년에 정착한 후, 음향전문가 댄 깁슨Dan Gibson(1922~2006)과 함께 10여 년 동안 13매의 앨범을 제작하였으며, 또한 자신의 솔로 뉴에이지 음악을 녹음하게 된다.

더블 플래티넘이라는 성공을 안겨 준 본작은 그의 명성을 국내에 전한 효시가 된 작품이다. 이 CD는 1995년 발매된 미국 라이선스로, 자연 효과음이 믹스되었다. (참고로 캐나다 발매반은 자연 효과음이 없다)

천둥소리에 이어 빗소리가 제법 시원할 정도로 쏟아지면서 시작하는 첫 곡 〈Old Friends〉는 느긋한 피아노 반주에 오케스트레이션이 중첩되고 맑은 피아노 멜로디가 이어지며 우리를 유년 시절로 회귀시켜준다.
〈Spring Rain〉은 팝 스타일의 곡으로 스트링 오케스트레이션과 함께 싱그러움을 더하면서 계절적 향수를 느끼게 된다.
〈Time Out〉은 봄비가 잠깐 그친 후 햇살이 선명하게 드러나는 물기 있는 풍경에서의 휴식시간을 드라마틱한 선율로 수채한다.
〈Hello Again〉은 다시 찾아온 봄에 대한 인사로, 유려한 피아노 찬가는 마치 꽃씨가 퍼지듯 녹아 흐른다.
〈First Light〉의 공간적 배경은 저녁의 해안가로 이동한다. 밀물 같은 오케스트레이션에 하나씩 불이 켜지면 더욱 깊숙이 공명되는 고요한 밤의 청명함이 서정과 함께 잦아든다.
푸르른 녹음에 둘러싸인 듯한 〈Heart〉는 투명하고 때 묻지 않은 청초함을 보여주며, 안식과 위로로 치유한다.
〈Reflections〉은 어느새 물이 불어난 강어귀에서 시작한다. 영화 「On Golden Pond 황금 연못」의 영상 이미지가 떠오르는데, 새소리에 이어 파도와 갈매기 소리가 더해지면서 평온한 바다에 이른다.

생명력 가득한 헨니 베커의 '봄비'에 흠뻑 젖으면, 싱그러움과 청량함으로 피톤치드 가득한 감상실이 된다.

Hennie Bekker
Summer Breeze

Northsound | NSCD 24142 | 1993 (1995)

1. June Dance
2. Summer Dawn
3. Chasing Dream
4. Algonquin Trails
5. Stormy Sunday
6. Georgian Bay Holidays
7. Afternoon Shadows
8. Moonlight Dance
9. Twililight Echoes
10. My Country Heart

NewAge-Instrumental, Environmental

사계四季의 첫 앨범 《Spring Rain》의 성공에 힘입어 이듬해 《Summer Breeze》를 발표하여 전작에 이은 플래티넘이란 성공을 거둔다.

글쓴이가 구입한 음반은 1995년에 미국 Northsound 레이블을 통해 발매된 라이선스 음반으로, 이 앨범 역시 자연 효과음이 혼합되어 있다.

〈June Dance〉는 야니Yanni를 연상시키는 활력의 춤곡으로, 초여름의  따사로움이 만개한다.

레이 린치Ray Lynch의 음악을 떠올리게 하는 〈Summer Dawn〉은 이  른 새벽부터 시작되는 여름의 체온이 플루트의 온풍으로 진해지며, 피아노가 평화로움 속에서 활기를 불어넣는다.

개구리와 풀벌레 소리가 시골의 여름밤의 정취를 들려주는 〈Chasing Dreams〉는 동화 같은 신비로움으로 채색된 달콤한 자장가이다.

캐나다 토인을 그리는 〈Algonquin Trails〉는 연민과 우울한 상념에 잠기게 하는 야상곡으로, 가장 서정적인 멜로디를 들려준다.

폭풍의 계절 〈Stormy Sunday〉는 레이 린치를 연상시키는 상큼한 신시사이저의 연주가 일품으로, 멜로디보다는 분위기로 이끌어가며 점점록의 기운이 뻗는 이색작이다.

〈Afternoon Shadows〉에서는 무더운 여름날 오후의 서정이 아주 느리게 전개되는데, 피아노의 느긋한 발걸음이 정겹다.

〈Twilight Echoes〉는 하프와 동양의 토속악기의 음색으로 여름 별자리에 관한 전설을 속삭이며, 별들은 화려한 은하수로 모여든다.

마지막 곡 〈My Country Heart〉에서는 깔끔한 기타 반주에 그의 향수를 재즈의 풍취를 담아 흘려보낸다.

전작에 비하면 피아노에 많은 악기를 첨가하여 보다 풍성하고 다양한 감성 사운드를 연출하고 있다.

여름나기를 위한 낭만 바람으로 가득한 본작을 뒤로, 그의 사계는 《Winter Reflec-tions, 1994》과 《Autumn Magic, 1996》으로 이어졌다.

뉴에이지 음악에 있어서 사계의 완성은 조지 윈스턴George Winston의 《Autumn, 1980》과 《December, 1982》, 그리고 헨니 베커의 《Spring Rain, 1992》과 본작으로 완성된 듯하다.

Hennie Bekker
Dreaming

Avalon Music | SOLCD93 | 1999

1. Entraced
2. The Veil
3. Billowing Bliss
4. Blessings
5. Astral Projection
6. Above the Minarets
7. Dreaming
8. Dalili
9. Costa de la Luz
10. Chih Nu
11. Adrift
12. Lucidity
13. Silent Embrace
14. Dreaming (reprise)

NewAge-Ambient, NewAge-World

192

창작력과 발전이 요구되는 예술인으로서 헨니 베커는 변화에 요구되는 다양한 결과물들을 만들어냈지만, 중반의 《Spa》를 비롯한 몇 힐링뮤직에서 등장하였던 유약한 신시사이저 음악은 그의 팬들을 만족시키지 못한 결과가 아닌가 생각한다. 그 후 자신의 독특한 이력을 반영하여 아프리카의 비트와 원주민의 음악 등을 삽입한 훌륭한 월드뮤직을 선보이기도 했다.

본작은 이색작으로, 신시사이저와 월드뮤직, 트립합 비트 그리고 예전과는 사뭇 다른 분위기의 키보드 멜로디를 들려준다.

그는 여러 곳에서 주제 동기를 사용한다. 여성 보컬이 등장하는 할렐루야 축가 〈Blessings〉, 그리고 캘리포니아 시에라네바다산맥의 봉우리들을 조망하는 〈Above the Minarets〉는 신시사이저와 코러스가 등장하는 월드 비트 작품이다.

가장 유수한 타이틀곡 〈Dreaming〉은 트립합 비트의 리듬에 화려한 신시사이저와 키보드 멜로디로 청상한 꿈길을 열어준다. 마치 하늘에 떠가는 하얀 구름처럼 가볍고 솜사탕처럼 달콤하며 샘물처럼 청정하다.

나이지리아 북부의 지명인 〈Dalili 달릴리〉는 경쾌하면서도 민속적인 향연으로 본격 아프리카 월드비트의 시작을 알리고 있다.

스페인의 지명이기도 한 〈Costa de la Luz 빛의 해변〉은 기타로 마감된 우울한 라틴 넘버이며, 중국의 칠월칠석 축제일을 지칭하는 〈Chih Nu〉는 동양의 옅은 시적 드라마가 열린다.

아름다운 키보드와 신시사이저 코러스 그리고 부드러운 일렉트로닉스로 이어지는 〈Adrift〉, 그리고 〈Lucidity〉는 따스한 신시사이저 심포니 속에서 여성 보컬이 서글픔을 자아낸다.

〈Silent Embrace〉는 흡사 반겔리스Vangelis의 내성적인 전자음악을 듣는 듯하다.

현재진행형인 'Dreaming'은 뉴에이지와 정말 잘 어울리는 테마가 아닐 수 없다. 꿈이란 무한의 가능성을 지닌 초자아의 잠재의식 활동이며, 욕구의 또 다른 표출이다. 이러한 꿈을 그는 흐릿한 가운데서도 영혼과의 대화를 통해 행복감에 설레는 감정을 황홀한 음의 심상으로 해몽하고 있으며, 그 시각적 공간감도 초현실적인 표상으로 마음을 사로잡는다.

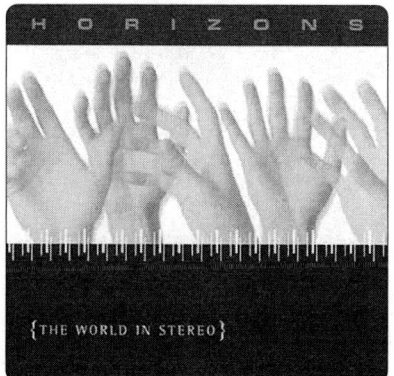

Hennie Bekker
Horizons

Abbeywood | HBM1377 | 1999

1. Hypnotico
2. Light Rays
3. Horizons
4. Aruna
5. A Dream Afraid of Waking
6. Ishavo
7. Dance the Dance
8. The World in Stereo
9. Mists of Dieng
10. Empyrean Dream

NewAge-Ambient, NewAge-World

지금은 캐나다에서 거주하지만, 그의 출생을 보면 잠비아에서 태어나 남아프리카 공화국에서 한동안 음악적 직업을 할 때가 있었다. 이러한 그의 경험이 이전 작품인 《Dreaming》에서 서서히 표출되었고, 《Jabula》, 《Kusasa》, 《Temba》 등으로 이어지는 일련의 'Tapestries'시리즈를 통해서 아프리카 월드뮤직 작품을 선보였다.

그의 뉴에이지 월드뮤직은 트레이드마크인 싱싱하고도 상큼한 신선도에서 벗어나지 않으며, 그리 무겁지 않은 일렉트로닉스에 장기인 피아노와 월드 보이스를 접목했다. 또한 그의 음악에서는 화려하고 환희 넘치는 축제가 연상될 정도로 밝은 컬러를 안고 있다.

가벼운 테크노 팝 음향과 원주민의 허밍, 그리고 샘솟는 신시사이저 반주는 문명의 때가 묻지 않은 초자연의 세계를 보여준다. 활력과 생기 그리고 신선함을 주는 남성 코러스와 아름다움을 더하는 여성 스캣이 조화되는 첫 곡 〈**Hypnotico** 최면술〉은 대표적인 좋은 예가 될 것이다.

공간감이 좋은 〈**Light Rays**〉에서는 로버트 마일스Robert Miles의 〈Children〉처럼 다소 팝적인 반주에 힘찬 피아노가 멜로디를 담당하고 있는데, 은근한 긴장감이 일품이다.

타이틀곡인 〈**Horizons**〉와 〈The World in Stereo〉에서는 케빈 새퍼 Kevin Saffer라는 인물의 내레이션이 첨가되고 힙합 비트와 전자음향, 여성 스캣과 원주민의 구음 등이 혼재되어 있어 새로운 맛을 준다.

힌두 신화의 등장인물로 붉은 태양을 의미한다는 〈**Aruna** 아루나〉에는 이슬람의 분위기가 줄곧 이완되며, 아프리카 원주민의 월드비트와 플루트 그리고 주술이 이어지는 〈Ishavo〉는 서정성이 돋보인다.

인도네시아 디엥고원의 풍광을 스케치한 〈**Mists of Dieng**〉은 신선한 걸작이며, 천공을 향한 꿈 〈**Empyrean Dream**〉에는 숭엄한 합창이 들려온다.

본작으로 푸른 하늘처럼 하나로 이어진 무한대의 글로벌리즘을 실현했다.
최근의 그의 음악은 앰비언트 휴식 음악에 치중하는 것으로 보인다.
60여 년의 음악 인생에서 60개가 넘는 음반을 녹음한 그를, 빌보드는 현대 캐나다의 팝 음악사에서 다작하고 가장 성공적인 인물 중 한 명으로 선정했다.

Hevia
Tierra de Nadie

Higher Octave | HOWCD 47631 | 1998

1. Busindre Reel
2. Naves
3. Si la Nieve
4. Gaviotes (Seagulls)
5. El Garrotin
6. El Ramu
7. La Linea Trazada (The Drawn Line)
8. Llaciana
9. Sobrepena
10. Borganaz
11. Anada

NewAge-World, Celtic

스페인 갈리시아 지방의 백파이프 가이타Gaita 연주자인 1971년생 카를로스 누녜즈Carlos Núñez와 함께 일렉트릭 백파이프의 아름다움을 전하는 호세 앙헬 에비아José Ángel Hevia는 1967년생으로 스페인 아스투리아스 출신이다.

누녜즈보다는 훨씬 먼저인 1991년에 셀프 타이틀로 데뷔하였지만, 공백기를 거쳐 2집인 본작이 발표되었을 때 이미 누녜즈는 유명인으로 이름을 떨치고 있었다.

하지만 그동안 단련 기간을 충실히 보낸 터라 본작은 스페인 차트에서 몇 개월 동안 1위를 고수했고 또한 음반판매고도 5개월 만에 3십만 장을 돌파할 만큼 대대적인 성공을 거두었다. 스코틀랜드의 전통악기로만 알려져 있을 뿐인 백파이프에 대해 폭넓은 이해에 대한 노력과 스페인의 셀틱 음악을 현대화된 기술로 창조한 업적은 스페인 내에서 가장 인정받고 있다.

세계시장 데뷔작이기도 했던 본작 《No Man's Land》은 미국에서는 Higher Octave를 통해 공개되었고 국내에도 라이선스로 출시되었다.

1994년 프랑스의 생 샤르띠에Saint Chartier 성에서 작곡한 〈**Busindre Reel**〉은 광활한 대자연 속에서 백파이프 악단의 행진을 만나게 되는데, 그의 백파이프는 새의 지저귐처럼 매우 가볍고 현란하다.

그가 어릴 적 공연했던 마을의 이름인 〈**Naves**〉에는 백파이프 악단의 행진과 교회성가대의 환상적인 코러스가 조우한다.

〈Si La Nieve 눈이 오면〉에는 눈 내리는 켈트의 고요한 밤 풍경이 구슬픈 멜로디와 구음으로 채색되고, 나뭇가지를 뜻하는 〈**El Ramu**〉는 슬픔이 밴 여성 민속합창으로 복음을 전한다.

역시 마을 이름인 〈**Llaciana**〉는 토속적인 민속합창과 퍼커션 그리고 백파이프의 축제와 행진이 뜨거우며, 오랜 세월을 함께 해온 자연의 바윗돌을 향한 우울한 영가 〈Sobrepena〉가 스산한 바람과 함께 스민다.

어린이를 위한 자장가 〈Anada〉는 맑은 피아노와 안식의 백파이프가 포근한 전원의 향긋한 숨결로 채워주며, 트랙 분리 없이 히든 트랙으로 이어지는 〈Corri Corri〉는 강한 비트와 함께 여성 민속합창과 백파이프의 진한 하모니가 장엄한 록 오케스트라를 완성한다.

같은 지구의 한 편에서 자생한 신성한 세계의 향기에 취해보고자 한다면 에비아의 백파이프 소리를 놓칠 수 없다.

Honest Touch
Memories from a Dream

Polytropon | CD008 | 2005

1. Prologue : Let Love Soar
2. A Lonely Ride
3. Dancing under the Moon
4. Moments with You
5. Like the Wind, the Wave & the Sand
6. Autumn Tear
7. And a Time for War
8. Luce Lontana
9. Withering Wish
10. Memories from a Dream
11. Then You Came
12. A Promise Forever
13. Epilogue : Lay All Your Love on Me

NewAge-Instrumental

그리스의 Honest Touch는 남성 키보디스트이자 작곡가, 지휘자이며 교육자인 사미 엘가자르Samy Elgazzar와 여성 클래식 피아니스트 포피 마니아다키Fofi Mania-daki의 듀오 프로젝트이다.

작곡가는 그리스 대중음악의 유명 작곡가 스테파노스 코르콜리스Stefanos Korkolis의 피아노협주곡 앨범을 시작으로, 그의 다수의 작품에서 오케스트레이션 편곡을 맡은 이력이 있다.

본작은 드럼, 퍼커션, 베이스, 기타, 바이올린 등 다양한 연주자들과, Amadeus Orchestra와 Philharmonia Bulgarica, Fons Musicalis Choir 합창단 그리고 소프라노 마리타 파파리주Marita Paparizou와 함께 발표한 유일작이다.

강력한 감정의 풍부함을 담아낸 이 앨범은 듣는 이를 심오하게 감동시킨다. 가끔 야니Yanni의 초창기 앨범들을 연상시키는 대규모 오케스트레이션에는 매우 섬세하고도 자연스러운 음표들이 무리 지어 파도처럼 부서진다.

〈Let Love Soar〉에서의 사랑의 기도는 야니의 팝적인 사운드를 연상시키며, 〈A Lonely Ride〉는 서정을 꽃피우는 서글픈 피아노 드라마이다.

〈Dancing under the Moon〉는 파파리주의 보칼리제가 열정을 분출시키며 전율로 청자를 휘감는다. 달을 타고 밤하늘을 여행하며 빛을 비추는 신화 속 여신의 마법에 걸린 듯 청자는 고혹감에 취해간다.

클래시컬한 중후함으로 활개치는 〈Moments with You〉는 바이올린과 피아노의 격정이 회오리를 일으킨다.

〈Autumn Tear〉은 비애의 영화음악처럼 농축되고 투명한 슬픔이 가을의 전원을 타고 흐른다.

전쟁 레퀴엠 〈And a Time for War〉에 이어, 〈Luce Lontana 머나먼 빛〉에서 또다시 등장하는 파파리주의 성스러운 보칼리제는 갈구와 염원을 넘은 기도의 서사이다.

바이올린을 위한 아다지오 〈Withering Wish〉에 이어, 〈A Promise Forever〉에서 이브 브래너Eve Brenner를 연상시키는 파파리주의 강렬한 성악 보칼리제가 피아노 전원곡과 함께 대미를 뜨겁게 장식한다.

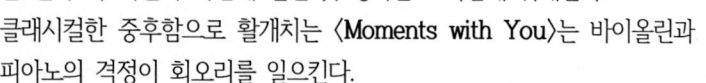

보칼리제를 중심으로 소개해 보았는데, 어느 곡 하나도 빠트릴 수 없는 본작은 그리스 컨템퍼러리 음악의 아름다운 현주소이다.

Interface
Slow Colours

IC-Digit | IC2231 | 1994

1. Running on Oxygene
2. Chips on Spliff
3. Cycles
4. The Last T-Rex
5. Slow Colours
6. Hypnotic Voyage
7. Desert City
8. Falcon's Flight
9. Sands of Time
10. Ten Deep

NewAge-Electronic

인터페이스는 컴퓨터 및 소프트웨어의 조작 방식을 말하는 공학적 용어지만, 이는 상호 작용의 의미로 많은 분야에서 사용되고 있다. 글쓴이도 오래전 학업을 거의 이 단어와 함께 보낸 것 같다.

이를 프로젝트명으로 한 독일의 뉴에이지 그룹은 트랜스 프로듀서 마이클 그로스 Michael Gross와 마르셀 테바흐Marcel Thebach라는 신시사이저 듀오로 결성되어 은은한 다운비트 팝 성향의 《Signs of Life, 1992》로 데뷔했다. 맑은 건반의 서정 〈Atmosphere〉와 사쿠하치의 긴장감이 흐르는 타이틀곡이 돋보인다.

두 번째 앨범 《Circles & Squares, 1993》은 재즈로 접근으로 보다 그루브가 넘치는 작품으로, 역시 긴장 어린 서정의 타이틀곡과 부드러운 숨결의 〈Heaven's Bell〉, 질주하는 전자음악 트랜스 〈Virtual Reality〉 등이 주목할 만하다.

본작은 인터페이스의 세 번째 앨범으로, 마르셀 테바흐가 솔로 활동을 위해 탈퇴하여 마이클 그로스가 혼자 완성했다. 전작들보다 보다 감각적인 다운템포의 트랜스들을 만날 수 있다.

장-미셸 자르Jean-Michel Jarre의 《Oxygene, 1976》 오마주로 느껴지는 〈Running on Oxygene〉에는 전자음소의 급박한 속도감에 호흡곤란이 올 것 같다. 산소를 태우는 듯한 붉은 열기의 에너지가 방사된다.

단순하지만 열정적인 이미지의 〈Cycles〉은 흡사 스위스 출신 DJ 로버트 마일즈Robert Miles(1969~2017)의 히트곡 〈Children, 1995〉처럼 프 로그레시브 하우스의 경쾌함도 맛볼 수 있다. 이는 보다 느긋하고 감미로운 버전인 〈Slow Colours〉으로도 만날 수 있는데, 맑은 키보드가 선명도를 점점 올린다.

〈The Last T-Rex〉은 안개처럼 샘솟는 우울하고도 신비한 전자음향이 거대한 공룡 시대의 막을 내린다.

〈Falcon's Flight〉 역시 하늘보다 더 높이 날며 지구를 조망하는 연민의  엘레지가 대기에 녹아든다.

〈Sands of Time〉은 포근한 심포니로 동양풍의 서사가 맴돌며, 〈Ten Deep〉에서는 마치 후속작을 예고하는 듯 다운비트의 유로댄스가 고개를 든다.

원색 풍선인형들의 설치미술을 담은 커버처럼 현대적인 기법이 돋보이는 본작은 이후 유행처럼 등장한 다운비트 팝 뉴에이지의 본보기가 되었다.

Interface
Trance-In-Action

IC-Digit | IC2307 | 1998

1. Lunatic Mission
2. Ultraviolet
3. Weightless
4. Stroke My Love
5. Longing
6. Take a Trip
7. More Dope
8. Hypnotic
9. Deeper
10. Force of Attraction
11. Range of Vision
12. Presentment
13. Tachycardia
14. Unmanned Satellite

NewAge-Electronic

신시사이저 연주자 마이클 그로스Michael Gross의 원맨 밴드가 된 인터페이스는 사이버 테크노 여전사를 커버에 올린 《Next Area, 1995》를 발표하며 강력한 클럽 일렉트로닉스로 돌아왔다. 〈Unmanned Satellite〉 등을 비롯한 대부분의 작품은 감상자의 신경을 무의식적으로 자극하여 춤추게 하는 현란한 스테이지를 설치하고 있다.

후속작 《Range of Vision, 1996》에 까지 DJ 클럽 테크노로 도발적인 본능에 취하게 하는 퍼포먼스를 이어갔는데, 전작이 거친 우주적 사운드라면 이 앨범은 첨단 도시적 감성에 더 가깝다. 한편 초기 파트너였던 마르셀 테바흐Marcel Thebach는 《Follow Me!, 1997》로 데뷔하며 우정의 경쟁관계를 이어간다.

본작은 인터페이스의 마지막 작품으로, 더 세련된 중독성으로 점철된 하이테크 트랜스 댄스 파노라마이다. 물론 사운드 헬스용으로 감상해도 매우 적합하다.

〈Lunatic Mission〉은 곡목처럼 후끈하게 땀으로 뒤범벅될 몽환의 클럽 댄스로, 미래의 로봇들이 격정적이면서도 규칙적인 율동으로 감상자의 뒤편에 선다.

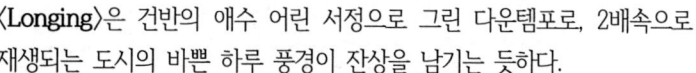

〈Ultraviolet〉 역시 청자를 테크노댄스 전사로 만드는데, 유로댄스의 독특한 심포닉한 분위기와 비트가 쪼개지며 열광으로 이끈다.

〈Longing〉은 건반의 애수 어린 서정으로 그린 다운템포로, 2배속으로 재생되는 도시의 바쁜 하루 풍경이 잔상을 남기는 듯하다.

〈Hypnotic〉에는 본작에 참여하고 있는 그리스 여성의 팝 보컬과 속삭임이 청자를 유혹하는데, 따스한 팬플루트와 같은 음소가 은은하게 최면으로 이끈다.

전작에서 타이틀 〈Range of Vision〉를 포함한 3곡이 커트되었는데, 〈Tachycardia〉은 블랙홀의 환상으로 심박수를 올려가는 비트의 열전이었다.

네 번째 앨범에서 커트된 〈Unmanned Satellite〉은 무중력의 공간에서 은은하게 랑데부의 기대감과 긴장감을 몰아간다.

젊은 층에게 환영받을 이 멋진 프로젝트는 기진맥진하지만 오히려 후련하고 짜릿한 쾌감마저 안겨준다. 파트너였던 마르셀 테바흐도 멋진 결실을 맺은 세 번째 마지막 앨범 《Ganja Grooves, 1999》을 발표했다.

Jaime Fernandez Garrido
Fantasia

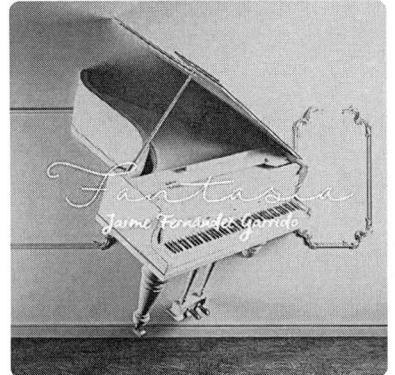

Fono Music | 1360 | 1996

1. Shalom
2. Noitina de Nadal
3. Coroa con Espinos
4. Te Amo
5. Fantasia
6. Abrente
7. O Noso Mar
8. Nunca Tal Cousa Vimos (marcos 2)
9. Tuyo para Siempre

New Acoustic

하이메 페르난데스 가리도는 1960년 스페인 갈리시아의 오렌세에서 출생하여 교육학 박사학위를 받았으며, 2022년까지 14권에 달하는 저서를 쓴 기독교 저술가이자 갈리시아 라디오 및 텔레비전의 「Nacer de Novo 부활」이란 프로그램의 감독이자 진행자이다. 또한 피아노 교사이자 작곡가이기도 하다.

아마도 본작은 그의 데뷔작이 아닐까 싶다. 촌스럽기 그지없는 커버로 발표되었지만, 재발매되면서 호감 가는 커버로 바뀌었다. 사실상 그에 대한 어떠한 정보도 없이 막연한 타이틀에 대한 기대로 본작을 구입하였지만, 크리스털처럼 맑고 투명한 피아노의 음운이 빗방울처럼 뚝뚝 떨어지는 피아노의 환상에 반하고야 말았다.

〈Shalom 샬롬〉이라는 유대인의 인사말로 시작되는 첫 곡은 정제된 멜로디를 현란한 주법으로 연주하였는데, 여림과 강한 타격이 반복되는 세련된 구성에 서정을 심어놓고 있다.

캐럴송 〈Noitina de Nadal 성탄 이브〉에 이은 〈Coroa con Espinos 가시면류관〉은 쇼팽Chopin을 닮은 선율로 웅장한 축복을 전한다.

격정적이고도 화려한 로망스 〈Te Amo 당신을 사랑합니다〉는 종교적인 의미이기도 한데, 열정과 떨림이 따사롭게 느껴진다.

타이틀곡 〈Fantasia〉는 클래시컬한 걸작으로 자연의 신비를 감동적으로 그려내는데, 리스트Liszt나 라흐마니노프Rachmaninoff 등 피아노 귀재들의 작품처럼 88개의 건반은 그의 감정 표출의 포로가 된다.

행복감이 전해오는 〈Abrente 진파랑〉도 수려한 클래식의 용모를 지닌 연주곡으로 멋지고도 아련한 결말을 보여주며, 파도 소리에 실려오는 바다의 야상곡 〈O Noso Mar 우리의 바다〉는 넘실대는 은파처럼 하얗게 부서지는 피아노의 시이다.

〈Nunca Tal Cousa Vimos (marcos 2) 우리는 그러한 것을 보지 못했네〉는 아주 빠른 속주로 연주되는 한 편의 드라마로, 격정을 넘어 비장하기까지 하며, 〈Tuyo Para Siempre 영원히 당신의 것〉은 부드러움과 너그러움이 넘치는 은혜에 대한 감사가 담겨있다.

때론 봄비처럼 때로는 거친 소낙비처럼 떨어지는 피아노의 유희와 전율은 자연의 두운으로 시작하여 작가의 감성적 각운으로 끝맺음하는 자유시이다.

Jay B. Jay
Over Seas

IC-Digit | IC710.077 | 1988

1. Flying Sea
2. Stream of Energy
3. Dolphin's Thoughts
4. Sea of Illusion
5. The Source
6. Sea of Secrets
7. Over Seas (Song for Anke)

NewAge-Electronic·Ambient

첨단 기술로 등장한 컴퓨터와 신시사이저를 이용한 전자음악 레이블 IC를 통해서 우리는 다양한 색깔을 지닌 음악을 만날 수 있다. 그중 컴퓨터와 미디, 신시사이저, 샘플링 등을 사용하지만 인공적이지 않은 소위 자연주의파 음악가들이 있으니, 다름 아닌 지이엔이G.E.N.E와 본작의 주인공 제이 비 제이가 대표적이다.

본명은 조슈아 벤 조슈아Joshua ben Joshua로 8세 때 클래식 피아노를 배우기 시작하여 다양한 재즈를 섭렵했고, 화성악과 클래식 작곡법을 배웠다. 28세 때는 미국의 버클리 음대에서 재즈 작곡법과 편곡법 등을 전공했다. 이후 그는 친구와 함께 이스라엘로 건너가 첨단장비를 갖춘 뮤직 스튜디오 경영자로 일하게 된다. 하지만 자신만의 미래를 위한 인생 음악을 만들기 위해 스튜디오를 떠날 것을 결심하고, 그의 희망에 대한 당연한 귀결로 받아들여지는 본작 《Over Seas》를 발표한다. 이 앨범으로 실력을 인정받은 그는 '작은 거인'으로 통하며, 그의 음악은 '범람하는 충동'이라고 IC 레이블은 설명하고 있다.

〈Flying Sea〉는 두 번째 곡과 함께 이 앨범에서 가장 돋보이는 곡으로, 시원스레 부서지는 파도 소리와 갈매기 울음소리로 비상을 준비하는 바다로  우리를 데려다 놓는다. 한적한 해변에서 먼바다로부터 불어오는 해풍에 이끌려 하얀 날개를 펴기 시작하고 하늘을 향해 낭만으로 부서진다.

레이 린치Ray Lynch의 연주를 듣는 듯 힘찬 우수가 시작되는 〈Stream  of Energy〉는 해류의 역동적인 모습을 보여준다. 결국 바닷가의 백사장과 바위를 어루만지며 또한 타격을 가하기도 한다.

〈Sea of Illusion〉에서는 팬파이프 음색이 묘한 잔향을 남기는 서두를 지나면 환상적인 신시사이저 음향과 코러스 그리고 전자드럼 연주로 끝없는 환영의 깊이를 파고든다.

물 흐르는 소리로 시작되는 〈The Source〉의 멜로디는 금관악기의 꾸밈음으로 지구를 감싸고 있는 거대한 젖줄로서의 바다를 훑어낸다.

〈Sea of Secrets〉에서는 신시사이저 코러스의 배합으로 신비하고도 장엄한 자연의 내구력을 탐사하고 있고, 이어지는 타이틀곡 〈Over Seas〉에서는 첫 곡에서 사용되었던 테마를 빠르게 재변형하여 바다를 찬미하는 그의 감정을 정리한다.

그의 유일작이 되어버렸지만, IC 레이블이 탄생시킨 명반 중 하나이다. 그는 결혼 후 자폐증 연구소를 운영했으며, 2011년에 사망했다고 한다.

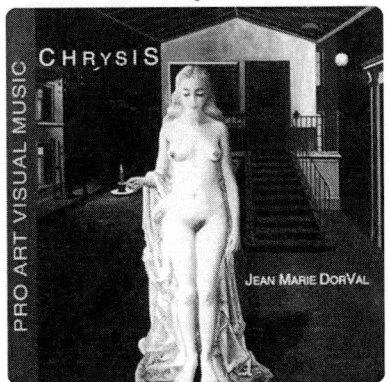

Jean Marie Dorval
Chrysis

Nightingale | NGH394 | 1994

1. Olympia
2. Seascape by Night
3. Procession
4. Hands
5. Wakened Forest
6. Last Railway Carriage
7. Chrysis
8. Temple
9. Ladies with Kites
10. Tribute to Fellini
11. Phases of the Monn III
12. Farewell

NewAge-Instrumental

장 마리 도발은 독특한 뮤지션이다. 회화에서 받은 느낌을 음악으로 표현한다. 〈전람회의 그림〉을 작곡하였던 무소륵스키Musorgsky, 그리고 들라크루아Delacroix 의 낭만주의 작품에서 영향을 받아 작곡했던 쇼팽Chopin을 언급하면서, 그는 벨기에 화가 폴 델보Paul Delvaux의 전시회에 보았던 초현실주의 작품들을 소재로 본작 《Chrysis》를 썼다고 했다.

델보는 고대의 폐허와 같은 공간에 치부를 드러낸 채 마치 마네킹처럼 고정된 나부裸婦상을 작품 속에 등장시킴으로써, 형이상학적인 공간 즉 내재적인 공간 속에 새로운 에로티시즘을 창조한 화가로 평가받고 있다. 또한 고전주의 화가 앵그르Jean Ingres풍의 정적인 고전주의적 구도의 독특한 양식을 확립하였다.

그리스 신화에 등장하는 크리시스Chrysis는 전쟁의 소용돌이에서 아픔을 겪는 비운의 여인으로, 델보의 고혹적인 여성상에서 보이는 그의 내면적인 꿈을 클래시컬한 연주의 화폭에 다시 담고 있다.

기관차의 출발 소리로 인도되는 〈Olympia〉는 그리스·신화의 세계를 현악으로 우아하게 그리고 있다.

〈Procession〉은 본작의 백미라 할 수 있는데, 볼레로풍의 리듬에 고풍스러운 중세의 낭만적 연주가 곁들여지는 황홀한 살롱음악이다.

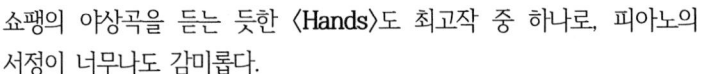

쇼팽의 야상곡을 듣는 듯한 〈Hands〉도 최고작 중 하나로, 피아노의 서정이 너무나도 감미롭다.

생명력이 넘치는 정원 음악 〈Wakened Forest〉에 이어, 슬픈 피아노의 시 〈Last Railway Carriage〉는 클래식 음악을 듣는 듯 그리움의 정서가 밀려드는 드라마이다.

오케스트레이션과 팀파니의 우렁찬 타악 그리고 기차의 발차 소리와 함께 연주되는 피아노협주곡 〈Chrysis〉는 다른 공간들이 중첩된 듯한 음악공간을 형성한다.

이태리 영화감독 펠리니Federico Fellini에 바치는 〈Tribute to Fellini〉는 그의 영화처럼 단조로운 멜로디로 다양한 톤의 영상을 구사한다.

드뷔시Debussy의 인상주의 음악을 듣는 듯한 〈Farewell〉으로 작별을 고한다.

평면적인 그림에서 영감받은 그의 회화 음악은 그 줄거리 속으로 청자를 흡인한다. 그래서 명화들은 트릭아트Trick Art처럼 매혹적인 영상으로 움직인다.

Jean Marie Dorval
Lise

Nightingale | NGH420 | 1995

1. Monsieur Renoir
2. Landscape
3. Esmeralda
4. Young Girls Flowers and Hats
5. Balconies and Sunshine
6. Lise
7. Beautiful Bathers
8. Letter to a Woman
9. The Clown
10. Portriat of Richard Wagner
11. Young Girls at the Piano
12. Sleeping Young Girl

NewAge-Instrumental

인상파 화가 르누아르Auguste Renoir의 작품을 통해 눈부신 색채와 미묘한 뉘앙스로 관능을 표현하고 있는 본작은 그의 두 번째 비주얼 뮤직으로, 여성의 이름 'Lise'는 르누아르가 1868년에 완성한 작품명이다.

르누아르는 도자 공장에서 그림을 그리다가 루브르 박물관을 관람한 후 화가가 될 것을 꿈꾸었다고 한다. 1862년에 모네Claude Monet 등을 알게 되었고 세잔Paul Cezanne과 피사로Camille Pissarro 등과 교류하며, 인상파의 기치를 든 1874년 전람회 이래로 눈부신 색채표현을 전개, 이때의 대표작들이 「물랭 드 라 갈레트의 무도회」와 「샤토에서 뱃놀이를 하는 사람들」 등이다.

1881년 이태리 여행 후 라파엘로나 폼페이의 벽화에서 감동받아 한층 담백한 색조와 뛰어난 화면구성으로 고전적인 경향을 띠게 된다. 본작 커버인 「목욕하는 여인들」이 이 시기에 완성되었다. 이후 인상파에서 벗어나 풍부한 원색 대비에 의한 독자적인 화풍을 확립하고, 1900년에 레지옹 도뇌르 훈장을 수상, 프랑스 미술의 전통을 계승한 뛰어난 색채가로서 근대미술의 명인으로 기록된다.

르누아르에 대한 존경을 표현한 〈Monsieur Renoir〉는 1910년 파리의 개인전에서 처음 선보인 자화상을 향한 인사이다.

〈Landscape〉에서는 낭만적인 근대의 한 풍경을 담담한 선과 화려한 색으로 표현한다.

〈Esmeralda〉는 빅토르 위고Victor Hugo의 「노트르담의 꼽추」를 바탕으로 그렸으나 르누아르는 그림을 파괴하여 사본만이 남아있다고 한다. 소프라노 마리 데프레Marie Deprez의 청아한 스캣이 퍽 애상적이다.

〈Yound Girls Flowers and Hats〉에 대한 해석은 왈츠와 행진곡의 박자를 혼용하면서 플루트와 피아노, 바이올린으로 채워져 있다.

여린 감수성으로 슬프고도 기운생동하는 율동을 구사하는 〈Lise〉에 이어, 강가의 새소리로 새로운 인상을 심어주는 커버스토리 〈Beautiful Bathers〉에는 사티Erik Satie풍의 피아노에 고혹적인 스캣이 낭만 무드를 재현한다.

〈Letter to a Woman〉에서는 속주 피아노의 강한 연탄으로 애잔한 사연을 쓸어내린다.

후기 낭만주의 작곡가 리하르트 바그너Richard Wagner의 초상을 그린 피아노협주곡 〈Portriat of Richard Wagner〉 등 사실상 전곡이 걸작이다.

Jean Marie Dorval
The Love

Nightingale | NGH468 | 1997

1. Judith
2. The Love
3. The Kiss
4. Field of Poppys
5. The Golden Knight
6. The Three Ages of Women
7. Silverfish (Mermaids)
8. Meadow And Flowers
9. The Hope
10. Schubert at The Piano
11. The Waltz with Sohja Knips
12. Beethoven Frieze

NewAge-Instrumental

202

그는 인도의 오쇼Osho에게 수련한 일본 출신의 현대 여류화가 미라 하시모토Mee-ra Hashimoto의 젠Zen 미술에 영감을 받은 《Ecstatic Zen, 1996》을 발표한 후, 이듬해 구스타프 클림트Gustav Klimt의 화려한 장식의 모더니즘을 《The Love》로 표현하여 회화 4부작을 완성한다.

클림트는 빈 출생으로, 동양적인 장식에 관심을 가지고 유겐트 양식Jugendstil의 회화를 완성한 작가이다. 특히 1898년부터는 독창적인 장식패턴에 템페라와 금박과 같은 독특한 기법을 구사하였다. 그의 회화는 인물화에서 특히 에로틱하며 유난히 긴 여체와 식물의 덩굴을 닮은 머리칼, 의상의 패턴 등이 특징적이다. 심지어 풍경에서는 과도한 라인들이 나타나기도 한다. 그의 상징주의 화법은 비엔나 분리파Sezession에서 황금시대를 거쳐 자연으로 회귀하는 단계를 거치며, 모더니즘의 또 다른 예술가 에곤 실레Egon Schiele에 적잖은 영향을 미쳤다.

화려하면서도 비장한 피아노곡 〈Judith〉는 클림트의 대표작이기도 한데, 적장의 막사로 자진하여 들어가 방심한 적장의 목을 베어 민족을 구했다고 전해지는 구약의 전설 속 여인이다.

황금색의 찬란한 피아노 음률이 낭만을 노래하는 〈The Love〉는 클림트의 「Goldfish」나 「Fulfillment」 그리고 미완성 유작인 「아담과 이브」에서 보이는 남녀의 정열적인 사랑을 그려냈다.

황금빛이 환희를 상징하는 〈The Kiss〉는 황홀한 순간을 포착한 로맨틱한 왈츠이다.

밝고 귀여운 동심 노래 〈Field of Poppys〉에 이어, 〈The Golden Knight〉에는 따사로운 오르간과 피리 그리고 작은북 등으로 불꽃놀이 축제를 벌인다.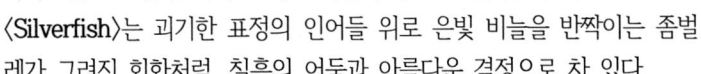

〈Silverfish〉는 괴기한 표정의 인어들 위로 은빛 비늘을 반짝이는 좀벌레가 그려진 회화처럼, 칠흑의 어둠과 아름다운 격정으로 차 있다.

눈을 감은 임산부의 화려한 옷 무늬가 눈길을 사로잡는 그림 〈The Hope〉는 고혹적인 슬픔이 밴 마주르카로 쇼팽Chopin의 시적인 표현을 차용하고 있으며, 1899년도 작품인 〈Schubert at the Piano〉에도 낭만적인 선율이 흐른다.

그의 클림트 연주집은 찬란한 황금의 모더니즘 시대로 거슬러 올라 유기적인 곡선이 흐르는 빅토르 오르타Victor Horta의 살롱과 아틀리에로 초대한다.

Jean Marie Dorval
Un Rêve D'Amélie

Un rêve d'Amélie
Jean Marie Dorval

Carrefours | 1021 | 2000

1. Amélie
2. Carrousel Á L'Envers
3. L'Orchestre en Bois
4. Une Fleur : Charline
5. Le Prince Charmant
6. Petit Poisson
7. Poupée Sucrée
8. Bébé en Rose
9. Une Étoile (La Dernière)
10. Les Nuages
11. Patins Á Roulettes
12. Princesse en Cristal
13. Vélo en Rouge
14. Fin D'un Rêve

NewAge-Ambient

장 마리 도발은 회화 음악 4부작을 완성한 후, 클래식 피아노 소품 앨범《The Waltz, 1999》와 우리에겐 명화 「The Sting 스팅」으로 알려진 전설적인 현대 피아노 연주자 스콧 조플린Scott Joplin 헌정 앨범《Scott Joplin's Ragtime, 1999》을 나이팅게일 레코드사를 통해 발표했다.

새천년에 레이블을 이적하여 발표한《Un Rêve D'Amélie 아멜리의 꿈》은 그의 작곡으로, 차이콥스키Tchaikovsky와 사티Satie에 영감을 받은 가상의 발레를 기획하고 쓴 작품이다.

(플롯은 상상인지 작곡가의 추억인지 밝히지 않았다) 그가 어린 시절 피아노를 배우고 있을 때 아멜리는 발레 레슨을 받고 있었고 둘은 대스타가 되기를 희망하며 친구가 된다. 어느 날 그녀는 회전목마가 거꾸로 뒤집혀 숲의 악단이 눈물을 흘렸고 그래서 춤을 출 수 없었던 꿈 이야기를 들려준다. 그는 잊을 수 없었지만, 세월이 흘러 아멜리는 기억하지 못했다는 동화 같은 이야기로, 주요 수록곡(4~13 트랙)들은 회전목마에 그려진 그림들 - 꽃, 매혹의 왕자, 작은 물고기, 장미꽃 아기, 마지막 별, 구름, 롤로 스케이트, 크리스털 공주, 빨간 자전거 - 이다.

그의 장기인 피아노는 들을 수 없지만, 다소 펑키한 신시사이저는 꿈 이야기인 만큼 안개 같은 몽상으로 흩날리며 내성적인 감성을 극대화하고 있다.

동심의 아픔을 그린 〈Carrousel Á L'Envers 뒤집힌 회전목마〉는 몽환의 안개 바람에 휩싸이는 왈츠로, 숲속 놀이동산에 홀로 남겨진 듯한 생소함에 현기증까지 감도는 환상곡이다.

〈Une Fleur : Charline 꽃 샬린느〉는 팬플루트 음색으로 구슬픈 주제를 이어가며 부드러운 전자음향이 안개처럼 퐁퐁 샘솟는다.

〈Le Prince Charmant 매혹의 왕자〉는 용감하고 씩씩한 어린 왕자의 대관식을 보듯 화려하고 서정적인 행진으로 그려진다.

〈Une Étoile (La Dernière) 마지막 별〉은 밤의 정령이 노래하는 애틋하고도 따스한 감정이 청명한 공기에 녹아든다.

〈Fin D'un Rêve 꿈의 끝〉은 세월이 흘러 아멜리가 그녀의 꿈을 기억하지 못하는 결말로, 추억을 더 이상 공유하지 못하는 시간에 대한 원망이 그려진 것 같다.

독특한 음악으로 확고한 아이덴티티를 들려주는 그의 음악은 재평가되어야 한다.

Jean-Michel Blais
Il

Arts & Crafts | A&C119 | 2016

1. Hasselblad 4
2. il
3. Dada
4. Nostos
5. Ad Claritatem Domine
6. Hasselblad 2
7. Budapest
8. Casa
9. Pour Johanne
10. Rondo Majeur (3 mains)

New Acoustic

장-미셸 블레는 1984년생으로 캐나다 퀘벡 출신이다. 음악 애호가 집안에서 10세 때 피아노를 배웠고, 트루아리비에리 음악학교에서 공부하던 중 한계를 느껴 세계여행을 단행했다. 과테말라, 독일, 아르헨티나를 떠돌다 몬트리올에 정착, 특수교육 교사로 경력을 쌓던 그는 즉흥연주와 작곡에 대한 애정을 발견하고 아파트에서 2년간 데뷔작인 본작을 녹음했다. 2015년에 Bandcamp를 통해 음원을 발표했는데, 이듬해 음반으로 정식 발매되었고, 2016년에 타임지에서 선정한 '올해의 베스트앨범 10'에 선정되며 널리 호평을 받는다.

그의 음악은 쇼팽Chopin, 라흐마니노프Rachmaninoff, 라벨Ravel과 같은 고전음악가와 미니멀 현대음악가 스티브 라이히Steve Reich, 필립 글래스Philip Glass, 사티Erik Satie, 그리고 얀 띠에르센Yann Tiersen 등에게서 영향을 받았다.

본작의 타이틀 'Il'은 일종의 언어적 유희라 했는데, 이태리어로 '그것, 혹은 하나'를 의미하지만, 실상 그의 두 번째 앨범임을 밝혔다. 첫 번째 앨범에 대해선 언급하지 않았지만, 어쨌든 본 타이틀은 작곡자 자신을 지칭하며, 자신과 관계된 타인(혹은 다른 것)을 의미한다고도 한다. 그래서 자신의 업라이트피아노 즉흥연주에 주위의 생활 소음들을 거르지 않고 자연스레 노출시킨다.

⟨il⟩을 들으면, 특히 새천년 이후의 현대 피아노 음악의 경향을 잘 감지할 수 있다. 한스 짐머Hans Zimmer가 음악을 맡은 영화 「Interstellar, 2014」에서 클래시컬하면서도 미니멀하며, 왼손과 오른손이 바뀐 듯 멜로디보다 무드가 곡을 이끄는 경향이 확연하게 드러났는데, 본 곡도 그러한 흐름에 있다.

⟨Nostos⟩는 그리스어로 '영웅의 귀향 서사시'를 일컫는데, 담백한 서주가 지나면 Bufflo라는 프로듀서의 신시사이저가 구름처럼 물결처럼 몰려오며 피아노는 드라마의 절정을 향해 아름답게 질주한다.

⟨Ad Claritatem Domine 주의 영광을 위하여⟩의 영롱한 피아니시모는 곡목처럼 종교적인 찬송의 기도를 올린다. 반딧불처럼 아른거리다 충돌하며 더욱 큰 빛으로 발산하다 서서히 환한 세상과 맞닥뜨리는 듯하다.

⟨Casa 집⟩은 햇살의 온화함이 고요하게 비추고, ⟨Pour Johanne 조안느를 위하여⟩는 친구 어머니의 비극적인 죽음을 기리기 위해 쓴 곡으로, 감정의 전반을 아우르는 포근함이 숨 쉰다.

Jean-Michel Blais
Dans Ma Main

Arts & Crafts | A&C151 | 2018

1. Forteresse
2. Roses
3. Outsiders
4. Dans Ma Main
5. Blind
6. God(s)
7. Igloo
8. Sourdine
9. A Heartbeat Away
10. Chanson

New Acoustic

데뷔작으로 일약 세상의 주목을 받은 신인 장-미셸 블레는 이듬해엔 그래미에 노미네이트된 영국계 캐나디안 일렉트로닉 뮤지션 CFCF와 EP 앨범 《Cascades, 2017》를 음원과 LP로 발표했다. 각 두 개의 솔로와 공동작곡, 그리고 현대음악가 존 케이지John Cage의 〈In a Landscape, 1948〉을 커버해서 총 5개의 음악을 수록했는데, 특히 〈Hypocrite 위선자〉라는 곡은 미니멀 현대음악의 서  정을 잘 보여주는 곡으로, 서서히 최면을 주입하는 듯한 전자음향과 피아노의 위력이 대단하다.

2018년 두 번째 앨범 《Dans Ma Main 내 손에》은 공직 《Cascades》를 통해 실험했던 전자음향과의 융합을 본격적으로 선보인다.

〈Roses〉는 암으로 사망한 친구의 모친을 기리는 음악으로, 여인의 일  생을 담은 뮤직비디오는 그의 음악이 얼마나 영화적인지 알 수 있다.

〈Outsiders〉는 미국의 낙서화가 장-미셸 바스키아Jean-Michel Basquiat 의 무언증에 영감을 받은 미니멀 작품으로, 언어와 예술에 대한 생각을 담은 것이다. 부드러운 감동이 강물처럼 흐른다.

〈Dans Ma Main 내 손에〉의 제목은 퀘벡 문학 르네상스의 전령사 엑토 드 생-드니 가르노Hector de Saint-Denys Garneau(1912~1943)의 시 「모든 길의 부서진 끝이 내 손에 있다」에서 따왔다고 한다. 세상과 삶의 창구로서의 감각 을 360VR 작품으로 제작했는데, 4면이 개방된 어두운 공간에 관람자를 고립시키며, 잔잔한 음악을 통해서 세상에 손을 내밀라고 말한다.

〈Blind〉는 인간의 한계에 대한 반성이라 말했는데, 더 나아가서 현대인  의 삶에서 도덕적 해이와 불감증으로 얼마나 많은 진실과 순리를 외면하고 살아가는지에 대한 성찰의 순간을 직면하게 한다.

〈Igloo〉는 싱어송라이터 사피아 놀린Safia Nolin의 동명의 곡에서 영감을 받은 것으로, 기억상실증에 걸려 유령처럼 방황하는 외로운 밤에 오롯이 자신을 발견하는 시공간이다.

다소 철학적인 본작으로 오로지 예술성으로만 평가하는 2018 폴라리스 음악상에 후보 지명되었다. 이후 영화음악 《Matthias & Maxime 마티아스와 막심, 2019》을 발표했으며, 체임버 클래식 《Aubades 아침의 음악, 2022》으로 또 다른 표현 기법 변주를 시도했다.

Jean-Michel Jarre
Zoolook

Dreyfus | 823 763 | 1984

1. Ethnicolor
2. Diva
3. Zoolook
4. Woolloomooloo
5. Zoolookologie
6. Blah Blah Cafe
7. Ethnicolor II

NewAge-Electronic·Ambient

1948년생 프랑스의 전자음악가 장-미셸 자르는 메가톤급 뮤지션이다. 광고와 공연, 영화음악 그리고 샹송 작곡가로 일했던 그가 《Oxygene, 1977》을 내놓았을 때의 반응은 과거 1889년 에펠탑Eiffel Tower이 선보였을 때와 결코 다르지 않았다. 그 독특한 조형미로 넘실거리는 산소음악은 오히려 숨을 멎게 했고, 이 괴기스러울 정도로 아름다운 전기분해 작품으로 미국의 피플지가 선정하는 '올해의 인물'로 선정되는 등 각종 매스컴에서 스포트라이트를 받았다.
《Equinoxe, 1978》는 찰나의 미묘한 신비를 표현하여 이목을 이었고, 《Magnetic Fields, 1981》에서는 기름과 물의 회화 마블링 같은 화려한 색채와 의도되지 않은 곡선미를 과시하였다.

본작 《Zoolook》은 현란한 색채의 대비와 익살스러운 실험으로 팝아트의 판타지를 펼쳐내고 있다. 본작을 처음 들었을 때의 충격은 25개국 언어의 남녀 보이스가 뿜어내는 진정할 수 없는 초현실적 쾌감이었다.
〈Ethnicolor〉에서 들려오는 남녀 보이스 믹싱과 공포를 넘어서는 초현실적 신비의 전자음악은 드럼이 가세하면서 더욱 미궁 속으로 몰아넣으  며, 명화 「Starwars, 1977」보다 실재적인 SF이다.
〈Diva〉는 무경계 예술가 로리 앤더슨Laurie Anderson의 섹슈얼한 보이  스를 위한 실험작으로, 혐오스러운 성대의 움직임과 함께 그녀의 입술 은 파격적이고도 도발적인 음성을 기묘하게 변형한다.
〈Zoolook〉에서도 묘한 음성 조각들은 리드미컬하게 배합되며, 〈Woolloomooloo〉에서는 회전하는 기괴한 4차원의 공간을 형성하고 있다.
실제로 패션쇼에서 많이 사용된 〈Zoolookologie〉은 뇌쇄적인 여성 보 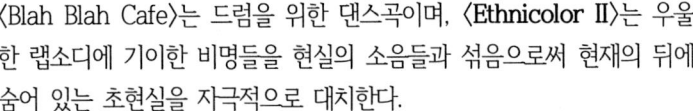 이스가 서서히 흥분시키는 가장 대중적인 작품이다.
〈Blah Blah Cafe〉는 드럼을 위한 댄스곡이며, 〈Ethnicolor II〉는 우울  한 랩소디에 기이한 비명들을 현실의 소음들과 섞음으로써 현재의 뒤에 숨어 있는 초현실을 자극적으로 대치한다.

본작은 밍크코트가 패션쇼에 등장하고 또 한편에서는 동물보호를 외치며 시위하는 파리지엔느의 이중적 현실의 단면을 꼬집기도 했지만, 얼룩말 패턴과 호피무늬 등의 전위적 의상이 처음 등장했을 때의 문화적 충격처럼 쉽게 사그라지지 않는 음향적 사건이었다.

Jean-Michel Jarre
Waiting for Cousteau

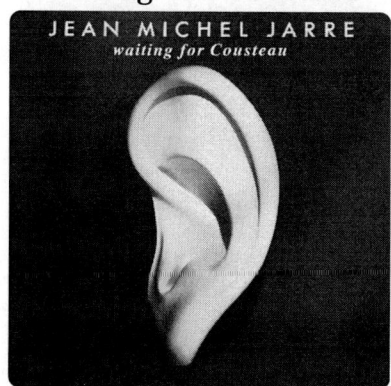

Dreyfus | 843 624 | 1990

1. Calypso
2. Calypso Part 2
3. Calypso Part 3 (Fin De Siècle)
4. En Attendant Cousteau

NewAge-Electronic·Ambient

1986년 자르는 NASA의 25주년을 기념하는 휴스턴 콘서트에 기용되었고, 인류의 삶이 우주공간으로 확장된 것을 축하하는 새로운 레퍼토리를 쓴다. 그리하여 제 29회 그래미 어워드에서 신설된 '뉴에이지 리코딩' 부문에 후보 지명된 7번째 스튜디오 앨범 《Rendez-vous, 1986》가 발표되었다. 특히 경이로운 전자교향곡 2번과 사운드 헬스풍의 4번이 많은 사랑을 받았는데, 챌린저호의 폭발로 동료 8인과 사망한 자르의 우주비행사 친구 로널드 맥네어Ronald McNair 헌정곡인 색소폰 진혼곡 〈Last Rendez-vous / Ron's Piece〉은 깊은 슬픔의 여운을 길게 남겨주었다.

이어 산업혁명을 새롭게 조명한 《Revolution, 1988》을 발표, 가장 기계적이고 어두운 전자음향을 들려주었으며 타이틀곡에서는 아라비아 사운드를 융합했다.

밝은 명도의 달콤한 신세계 〈Computer Weekend〉가 주목받았으며, 혁명에 숨겨진 비정함을 모른 채 희망으로 일자리를 찾아 떠나는 애틋한 운명을 그린 산업난민을 위한 심포니 〈The Emigrant〉를 수록했다.

본작은 프랑스의 환경생태 연구가 자크 이브 쿠스토Jacques-Yves Cousteau (1910 ~1997)에 헌정한 작품이다.

그는 프랑스의 해군장교, 탐험가, 생태학자, 영화제작자, 과학자, 사진가, 작가, 바다에 사는 모든 생물의 종류를 연구했으며, 스쿠버다이빙의 창시자이자 수중자가호흡장치SCUBA의 개발자이다. 프랑스에서는 대통령 이름은 잊어버릴지언정 쿠스토의 이름은 잊지 않는다고 할 정도로 유명세는 대단하다고 한다. 그의 첫 아내 시몬 쿠스토Simone Cousteau(1919~1990)도 최초의 여성 다이버이자 수중탐험가였으며, 두 아들도 부친의 뜻을 이었다. 영화 「로디세 L'Odyssée, 2016」는 이 위대한 쿠스토 가족들에 영감을 받은 작품이기도 하다.

칼립소는 쿠스토의 해양연구 선박명으로, 그리스·로마 신화에는 트로이전쟁을 승리로 이끌고 귀향하는 도중에 풍랑을 만나 표류하게 된 오디세우스를 사랑하여 여러 해 동안 자신의 섬 오기기아에 붙잡아 두었던 바다의 님프이기도 하다.

〈Calypso〉에는 바다 심연 속 신비의 풍경들이 다이내믹하게 출현하며, 무중력의 자유세상이 범람한다.

가장 주목하게 되는 심포니 〈Calypso pt.3〉에는 비교적 단순한 구성이지만 후반으로 갈수록 그 우렁찬 바다의 협주곡은 서정으로 붉게 물들인다.

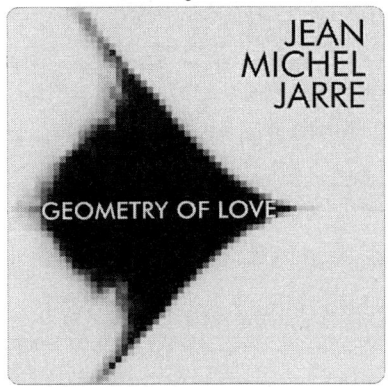

Jean-Michel Jarre
Geometry of Love

aero prod. | 2564 60693 | 2003

1. Pleasure Principle
2. Geometry of Love part 1
3. Soul Intrusion
4. Electric Flesh
5. Skin Paradox
6. Velvet Road
7. Near Djaina
8. Geometry of Love part 2

NewAge-Electronic·Ambient

장-미셸 자르는 영국의 천체 물리학자 스티븐 호킹Stephen Hawking의 우주론 저서 「A Brief History of Time」에 영감을 받은 《Chronologie 연대기, 1993》을 발표했는데, 5인의 여성을 커버로 한 이 앨범에서 자르는 '여인은 분명히 순환을 상징하며, 우리가 좋아하든 원하지 않든, 자매, 아내, 딸이건 우리는 여성과 연결되어 있다. 시간 개념에는 여성적인 요소가 많이 있다.'라고 부연했다. 특히 〈Chronologie 1〉은 시간의 순환에 대한 장엄한 찬가로 감동을 안겨주는 대서사의 심포니이며, 사운드 헬스 작품 4와 5번은 스위스의 시계회사 Swatch의 의뢰로 작곡한 곡이기도 하다.

이후 《Metamorphoses, 1999》와 《Session 2000, 2002》등의 실험작을 선보인 후, 노란색 바탕에 '사랑'이란 명제를 들고 10년 만에 다시금 여인을 커버에 올린 《사랑의 기하학》을 발표했다. 이는 프랑스 나이트클럽 VIP ROOM의 매니저 장 로슈Jean Roch의 요청에 의한 것이었는데, 지천명知天命을 한참 넘긴 그는 세련되고 인간적이며 은은한 우아미를 담아냈다. 그는 당시 여배우인 이자벨 아자니 Isabelle Adjani와 열애 중이었고, 그가 직접 찍은 이자벨 아자니의 누드사진을 시각디자이너 Ora-Ïto가 픽셀라이즈하여 커버에 입혔다.

프로이트Sigmund Freud가 가정한 정신과정의 기본인 쾌감원칙을 지칭하는 〈Pleasure Principle〉은 찰진 리듬과 중후한 질감의 오케스트레이션 위로 파도와 함께 다소 우울한 사랑의 물거품이 부유한다.

〈Geometry of Love part 1〉는 섹시한 리듬과 패셔너블한 감성으로 자유의 코드를 지닌 러브 바이러스를 침투시킨다.

미스터리한 분위기 속에 서서히 뜨거워지는 열기가 느껴지는 〈Skin Paradox〉, 점점 거친 숨을 몰아쉬며 맑은 피아노가 환희를 쫓는 〈Velvet Road〉는 서정적이며 몽환적이다. 감미로운 재즈피아노 워크가 빛나는 〈Near Djaina〉에 이어, 〈Geometry of Love part 2〉에서는 남녀 음성의 샘플링으로 밀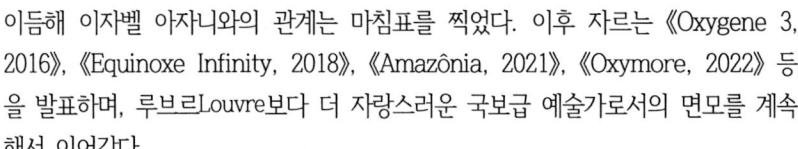
어를 나누는 듯한 러브 사운드를 들려준다.

이듬해 이자벨 아자니와의 관계는 마침표를 찍었다. 이후 자르는 《Oxygene 3, 2016》, 《Equinoxe Infinity, 2018》, 《Amazônia, 2021》, 《Oxymore, 2022》 등을 발표하며, 루브르Louvre보다 더 자랑스러운 국보급 예술가로서의 면모를 계속해서 이어갔다.

amberland   time beyond

JeBu Records | JBR04 | 2006

1. Plastic Heart
2. Tryptichon
3. Body of Venus
4. Mélange Eléctrique
5. Wendy
6. Crypton
7. Take Air
8. Golem
9. Obelisk
10. Resobar
11. Jade
12. Taximan
13. Granulat

NewAge-Electronic · Ambient

뉴에이지란 장르도 감상의 스타일이 참으로 다양하다. 일렉트로닉처럼 모든 감각을 집중해야 하는 부류가 있는가 하면, 환경음악과 같은 이러한 무드음악은 그저 재생시켜놓고 다른 일에 정신이 팔려도 좋은 음악이 있다.

또 다른 음악들은 소위 즐기게 되는 양상을 띠는데, 이는 조건반사적으로 음악과 청자의 중간지점에서 감흥의 반응을 이뤄낸다. 최근에 유행하는 일렉트로 라운지 스타일의 음악들은 자연스레 그 비트를 타고 몸으로 음악을 듣게 하는데, 그 편안하면서도 약간의 긴장을 가진 라운지 음악들은 현대적이고 도회지적인 감각파들에게 절대적인 호응을 받고 있다.

예전이 호텔라운지에서는 느슨한 엘리베이디 음악 혹은 경음익이라 불리기도 했던 이지리스닝을 들을 수 있었지만, 지금은 이러한 다운비트의 일렉트로 라운지 음악으로 대부분 바뀌었다. 잘 나가는 테마 레스토랑의 칠아웃chill-out뮤직도 마찬가지다.

IC 레이블을 통해 mAGEc이란 프로젝트명으로 활동했던 옌스 부헤르트는 2000년대에 들어서 자신의 음악 스타일을 다운비트 일렉트로 라운지 음악으로 구사하고 있다. 그의 팝적인 감각의 비트와 몽롱하면서도 세련된 일렉트로닉스가 빚어내는 감흥은 'Amberland'란 부제의 본작에서 그 묘한 관절과 신경의 긴장 어린 현상을 은근히 즐길 수 있다. 더불어 커버 역시 그의 아트워크라 한다.

천천히 긴장이 이완되며 온몸으로 신경을 타고 새로운 즐거움이 샘솟는 〈Plastic Heart〉, 그리고 〈Tryptichon〉는 좀 더 유니크한 비트와 기계음으로 트랜스를 불러일으킨다.

유려한 우주적 몽상으로 치닫는 〈Body of Venus〉에 이어, 기획 컴필 카페 델 마르Cafe del Mar의 음악처럼 이비사섬의 낭만으로 초대하는 〈Mélange Eléctrique〉는 바르바라 자네띠Barbara Zanetti란 가수의 보컬로 상큼한 팝 감각이 두드러진다.

독일 정통 일렉트로닉의 중후한 매력이 살아있는 〈Take Air〉, 신비를 간직한 뿌연 연무의 곡 〈Obelisk〉 등 모든 곡이 현대인의 감각에 잘 맞는 매끄러운 음향으로 채워져 있다.

느림의 미학 속에 즐거운 긴장감을 심어주는 본작은 여유 없이 바쁜 현대인들에게 육체적으로나 심적으로 세련된 희열을 주는 생활백서 중 하나이다.

Jens Gad Presents
Le Spa Sonique

BSC | X122 | 2006

1. Introduction
2. El Momento
3. Navajo
4. The Orbiting Suns
5. Blueshift
6. Silver Sands
7. Les Eaux Verts
8. Cape Blanc
9. Glass Palace
10. The Miracle of Illusion
11. Aureole

NewAge-Classical Chant·Pops (Vocal),
NewAge-Ambient

옌스 가트는 덴마크인 부모 아래 독일 뮌헨에서 1966년에 출생하였다. 그의 부모는 Jazz Kids란 밴드로 활동했던 뮤지션이었으며, 그 영향으로 어릴 때부터 드럼을 배울 수 있었다. 7세 때 기타를 배우면서 형제 토비Toby Gad와 함께 The Gad Rollers를 결성하고, 10세 때는 TV 프로그램에도 출연했다. 고교 시절 밴드 Blow Up을 거쳤고, 고등학교를 졸업하기 전인 1986년에 이미 안토니 몬Anthony Monn 이라는 전문 프로듀서와 함께 일하기도 했다.

그가 처음 대중음악계에 모습을 나타낸 것은 Fancy라는 아티스트의 《Contact》 앨범으로, 형제 토비와 함께 슬리브에는 작곡자와 연주자, 프로듀서로 기록되었다. 그 후 산드라Sandra의 싱글 〈Don't be Agressive, 1992〉에서 마이클 크레투 Michael Cretu와 조우한 것을 계기로, 이니그마Enigma의 《The Cross of Chan -ges, 1993》에서부터 《Voyageur, 2003》까지 공동 프로듀서이자 기타리스트로 활동하였다.

이후 아킬레아Achillea에 이어, 이니그마의 분신이라는 것을 의미하듯 Enigmatic Obsession란 프로젝트명으로 앨범을 내면서, 동시에 자신의 이름을 건 칠아웃 풍의 훌륭한 본작을 발표한다.

〈El Momento 순간〉은 이니그마의 환영적인 신시사이저 사운드에 스페인 갈리시아 출신의 가수 루이사 페르난데스Luisa Fernandez의 낭송과 가트의 전자기타가 부드러운 칠아웃 음악의 절정을 열어 보인다.

개인적으로 애청하는 〈Navajo〉는 그가 이니그마에서 들려준 멜로디를 믹스하고 있으며, 〈The Orbiting Suns〉는 드럼에 실리는 환상적인 스캣이 초현실적 상상을 하게 한다.

그의 스튜디오가 있는 스페인 이비사Ibiza의 해변으로의 은은하고 최면적인 파티 음악 〈Silver Sands〉, 녹색 물감을 풀어놓은 바다에 매혹적인 님프들의 음성으로 가득한 〈Les Eaux Verts 청록의 물〉, 아프리카 북서쪽에 위치한 케이프 블랑크섬을 노래한 〈Cape Blanc〉에는 어두운 바람의 전설이 연약한 여성 성악가 헬렌 홀릭Helene Horlyck의 보컬로 흐른다.

그리고 명작인 몽롱한 해변의 라운지 〈Aureole〉로 음의 광천은 계속해서 그 황홀감을 쏟아낸다.

황홀한 음의 스파에 긴장 어린 몸을 담그면, 난초 꽃향기가 물씬 밴다.

Jerry Goodman
On the Future of Aviation

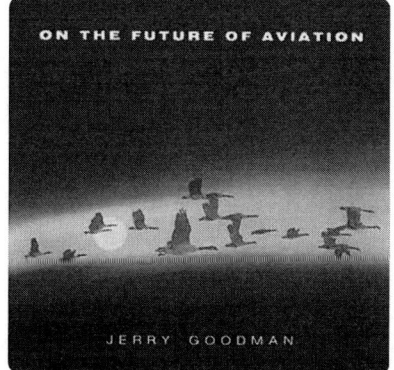

Private Music | 1301 | 1985

1. On the Future of Aviation
2. Endless November
3. Outcast Islands
4. Orangutango
5. Waltz of the Windmills
6. Sarah's Lullaby

NewAge-Jazz·Fusion

페터 바우만Peter Baumann이 뉴에이지 전문 레이블 Private을 설립하면서 다른 장르에서 활동하던 거대 뮤지션들을 영입했다는 것은 익히 알려진 사실이다.

커버드에어Curved Air, 록시 뮤직Roxy Music, U.K 등 록 그룹에 맹활약했던 키보디스트이자 바이올린 주자 에디 좁슨Eddie Jobson과 폴리스The Police, 에니멀스 The Animals등을 거친 기타리스트 앤디 섬머스Andy Summers 등과 함께 제리 굿맨도 그러한 경우이다.

그는 1943년생으로, 1960년대 후반 활동했던 그룹 플록The Flock의 멤버였고, 1970년대 기라성 같은 뮤지션 존 맥러플린John Mclaughlin, 빌리 코햄Billy Cobham, 얀 해머Jan Hammer 등과 함께 퓨전록의 역사를 대표하는 명작들을 쏟아냈던 밍 그룹 마하비슈누 오케스트라Mahavishnu Orchestra의 창단 멤버였다.

이러한 그가 10년 만인 1985년에 Private 레이블에서 내놓은 본작에서 그의 과거의 영광을 회상하게 하는 출중한 기타와 바이올린 실력을 접할 수 있다.

〈On the Future of Aviation〉은 심포니 연주에 커버의 보랏빛으로 물든 저녁 창공을 향해 끝없이 비행하는 철새들의 날갯짓처럼 록 전자기타와 퓨전 바이올린은 유려하게 날아오른다.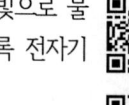

〈Endless November〉는 다소 둔탁해진 키보드에 전자기타로 계절감을 애상적으로 물들인다.

〈Waltz of the Windmills〉에서는 공명되는 전자기타의 저음과 린다 세어Linda Sear의 파스텔조 스캣을 접할 수 있다.

〈Sarah's Lullaby〉는 그의 감성적인 일면을 잘 표출하고 있는 명곡으로, 스캣에 이어 계속해서 굵어지는 바이올린 그리고 강렬한 전자기타가 바턴을 이어받는 서정의 릴레이이다.

이듬해 보다 남성적이고 역동적인 《Ariel, 1986》를 발표, 그의 바이올린이 휘황찬란하게 비상하는 〈Going on 17〉, 서정적인 〈Lullaby for Joey〉, 셀틱록 〈Broque〉, 바이올린과 피아노의 감성 협주곡 〈Once Only〉 등의 애청곡이 수록되었고, 마지막 앨범인 실황 《It's Alive, 1988》을 내고는 Private 레이블과 결별했다.

이후 조인트 앨범을 내다 다시 솔로로 재기한 《Violin Fantasy, 2016》는 거대한 스케일의 바이올린협주곡이었다.

Jia Peng Fang
Moonlight

Pacific Moon | CHCB-10063 | 2005

1. Winter River
2. Moonlight
3. Furusato
4. Tango of Asia
5. Forever
6. Mai Kyoku
7. What a Beautiful World
8. Ripples
9. Cherry Blossoms
10. Summer of Jiamusi

New Acoustic, NewAge-World

212

2000년대 초반에 상륙한 동양의 뉴에이지 음악 돌풍은 얼후Erhu라는 중국 민속 악기를 연주하는 지아 팽 팡으로부터 시작되었다.

그의 첫 앨범 《River, 1999》는 중국 주나라 초엽의 인물인 강태공이 권세와 벼슬을 버리고 초야에 묻혀 세월을 낚는 유유자적悠悠自適의 감상을 전달했고, 두 번째 앨범 《Rainbow, 1999》는 신선의 물심일여物心一如를 경험케 했던 작품이었다. 이들은 두 차례나 국내에 라이선스 될 정도로 인기를 누렸다.

중국 흑룡강성에서 출생한 그는 8세 때 얼후를 연주하기 시작했다고 한다. 중국 중앙민족악단에 입단하여 1985년에는 관현악 부수석 연주자가 되었으며, 1988년에 일본으로 건너가 동경 예술대학원에 입학하였다. 졸업 후 일본의 유명 작곡가들을 만나 음반을 제작하였고, 또한 히사이시 조Hisaishi Joe의 녹음에도 참여했으며, 1997년에는 카네기홀 콘서트에서 성공적인 반향을 얻어냈다.

그의 명성은 동남아를 비롯하여 일본과 미국 시장에서 잘 알려져 있고, 서서히 이태리를 시작으로 유럽에서도 환호를 얻어냈다.

본작은 달밤의 미음완보微吟緩步의 서정을 담아놓았는데, 그 소담하고도 정겨운 가락과 깊은 애수의 정취에 절로 콧노래를 흥얼거리게 한다.

가녀린 선율에 흠뻑 빠지게 되는 〈Winter River〉는 영화 「봄 여름 가을 겨울 그리고 봄」 중 새하얀 화폭의 한 장면이 자연스레 스쳐간다.

명곡 〈Moonlight〉에서는 항상 보름달이 뜰 때 물 한 그릇 떠놓고 자식이 잘 되길 바라는 우리네 어머니의 모습이 떠오른다.

고향에 대한 진한 향수를 〈Furusato〉에 담아내고, 탱고의 열정을 느낄 수 있는 〈Tango of Asia〉는 이색적인 크로스오버이다.

마치 영화 「시네마천국」의 동양 버전 같은 〈Forever〉는 지나간 희로애락의 인생 여정을 대뇌이게 하는 온화함이 깊다.

셀틱 음악으로 그 떠들썩하고도 흥겨운 축제의 풍물로 초대하는 〈Mai Kyoku〉, 자연을 향한 경배와 평화의 서정시 〈What a Beautiful World〉, 벚꽃의 향기와 함께 바람에 흩날리는 연분홍빛 봄의 찬가 〈Cherry Blossoms〉 등 동양의 평온함이 감도는 곡들로 가득하다.

그의 그윽한 월광月光은 열 폭의 병풍에서 각기 다른 서정의 묵향과 반응하여 방안을 가득 메운다. 역시 국내 라이선스로 소개되었다.

Jim Brickman
Simple Things

jim brickman simple things

Windham Hill | 01934-11589 | 2001

1. The Promise
2. Simple Things
3. Catching Twilight
4. Night Rain
5. Another Tuesday Morning
6. Gate 41
7. Waiting for You
8. Journey
9. Devotion
10. One and Only
11. Serenade
12. A Mother's Day
13. It must be You

New Acoustic, NewAge-Instrumental,
NewAge-Pops Vocal

'로맨틱의 왕자'라 불리는 짐 브릭만은 1961년생으로, 클리블랜드 음악대학에서 클래식을 연마했으나, 상업적인 팝에 더한 매력을 느껴 맥도날드, 밀러 맥주, GAP 등 광고음악을 맡기도 했다.

윈드햄 힐을 통해 《No Words, 1994》로 데뷔, 《Gift, 1997》, 《Picture This, 1997》, 《Destiny, 1999》, 《My Romance, 2000》, 《Love Songs & Lullabies, 2002》 등 발표하는 음반마다 빌보드 뉴에이지 앨범 차트에서 정상을 차지하며 가장 성공한 아티스트에 이름을 올렸다.

본작은 그가 마흔을 넘기며 발표한 것이지만 여전히 젊은 심장에서 방출되는 사랑과 열정을 느낄 수 있는 작품으로, 뉴에이지 앨범 차트 2위와 빌보드 앨범 차트 54위에 오르는 성공이 뒤이었다.

〈Night Rain〉는 밤에 내리는 비의 서정이 진한 고독감과 이유 없는 애상감에 청자를 노출시키는데, 뚝뚝 옷깃에 젖는 그 투명한 빗자국은 다른 상념마저 녹여낼 만큼 인상적이다.

〈Waiting for You〉는 다시 한번 여린 감상에 빠뜨리는데, 그 잔잔하면서도 서서히 열기가 발화되는 피아노의 어루만짐에 트레이시 실버만 Tracy Silverman의 비올라가 깊은 사랑을 보낸다.

자유로움을 온누리에 심어놓는 〈Journey〉에는 플루트와 퍼커션, 비올라와 바이올린이 가미되어 보다 풍요로운 사운드를 청량감 있게 만끽할 수 있다.

사랑의 복음서 〈Devotion〉의 온유함이 마음속 깊이 울림을 이룬다.
트립합 비트에 그의 맑은 피아노와 첼로가 마찰하며 향기와 온기를 발산하는 매력적인 걸작 〈Serenade〉는 달콤하면서도 감동 어린 서정을 동반한다. 본작에서 가장 아름다운 곡 중 하나로 기억될 듯싶다.

짐 브릭만의 로맨스는 세레나데처럼 마음을 열어 훈훈하게 하는 매력이 있다.
이후 윈드햄 힐에서 《Peace, 2003》와 《Grace, 2005》를 발표하며 그의 로망스는 점차 깊이와 너비가 확대되어 간다.
짐 브릭만은 피아노에만 한정 짓지 않는다. 가스펠처럼 평온한 보컬 곡 등 점차 다양한 색채의 작품을 발표하면서 대중들과의 호흡을 게을리하지 않고 있다. 2020년에는 그의 데뷔 25주년을 기념하는 편집앨범을 발표했다.

Jim Chappell
Living the Northen Summer

Music West | MWCD133 | 1989

1. June Dance
2. The Boy & the River
3. Passing Place
4. The Finest of Times
5. Storm Rider
6. Secrets in the Woods
7. Living the Northern Summer
8. Adventure No. 8
9. Dreams We Dreamt Together
10. Embrace of a Lifetime
11. Once in August
12. Golden Again

New Acoustic, NewAge-Jazz

1955년생 미국의 피아니스트 짐 채펠은 피아노를 위한 앙상블로 가장 편안한 팝 음악을 들려준다. 성공적인 2번째 작품 《Dusk, 1986》은 그의 데뷔작과 마찬가지로 자연에 대한 깊은 여운과 감동을 안겨준다. 정적인 구도에서 점차 큰 파장을 일으키는 열광의 테마 〈Spirit Prince〉, 여린 감정이 폭발하는 슬픔의 노래 〈Gone〉, 노을 끝에서 이는 스산한 바람결과 고독의 시 〈Dusk〉와 〈Venus〉 등은 그의 감성적 역량을 확인시켜 준 명연이었다.

본작은 재즈가 가미된 포크 앙상블 작품으로, 밝고 원색적이고 또한 강렬한 여름날의 휴가 이야기를 담아냈다.

따사로운 햇살 아래 축제의 흥겨움이 전해지는 〈June Dance〉은 성장과 젊음의 발랄함으로 채색되어 있다.

강렬하고 열정 있는 피아노의 타건이 비의 전조를 묘사하는 듯한 〈Storm Rider〉에서는 목덜미에서 선선한 기운이 느껴진다.

소프트 재즈피아노의 감성 선율 〈Secrets in the Woods〉는 진녹색의 향기가 코끝에 맴돈다.

그의 부친에게 헌정한 〈Embrace of a Lifetime〉는 여름날의 황금빛 노을처럼 고풍스러운 현악의 따사로움이 만연하고 색소폰의 복받치는 연민이 맑은 눈물이 되어 흐른다.

피아노의 트레몰로가 잔물결을 일으키며 바이올린 독주가 황금의 물감을 풀어놓는 풍경화 〈Golden Again〉도 본작의 백미 중 하나이다.

후속작 《Saturday's Rhapsody, 1990》에서는 기타리스트 마이크 마샬Mike Mar -shall과 퍼커션 주자 마이클 플러닉Michael Pluanick 외에 10인의 게스트와 9명의 현악단원들이 참여했다.

매우 내성적인 감성의 소유자로 만드는 〈The Rain〉은 왈츠 스텝의 우울한 피아노 독주에 클라리넷의 따사로운 노래가 이어진다.

마치 결혼식장의 입장을 앞두고 있는 신부가 마지막으로 대기실을 나서며 거울에 비친 자신의 모습에서 느끼는 감정을 그린 듯한 〈Woman in the Mirror〉와, 라이지아 페라Lygia Ferra라는 여성의 스캣과 색소폰의 우울한 블루스가 아름다운 보사노바 〈Estár Contigo - To Be with You〉도 잊을 수 없다.

Jim Chappell
Nightsongs & Lullabies

Nightsongs and Lullabies

Jim Chappell

Real Music | RM-0135 | 1991

1. Day's End
2. Indian Child
3. Song to Myself
4. Storytime
5. Alone
6. A Job Well Done
7. Lullaby
8. Friends with the Moon
9. Same Old Dream
10. Blanket of Stars
11. Soul

New Acoustic

Real Music 레이블의 대표적인 피아니스트로 자리 잡은 그는 미시건에서 태어나고 자랐다. 6세 때부터 음악에 대한 재능을 보여, 15세 때는 작곡과 교수법을 익히고, 18세 때는 전문 연주자로서 일하기 시작하면서 미국의 곳곳을 두루 옮겨 다녔다. 내쉬빌에서는 싱어송라이터로서 캐리어를 시작했고 LA로 거처를 옮기며 UCLA에서 현대무용음악 작곡을 공부한다.

그는 데뷔작《Tender Ritual, 1986》을 자주제작하여 내놓았는데, 만이천 장 이상을 판매하는 의외의 성과를 거두어 라이브투어도 열었다.

점점 팬들은 늘어났고 그의 앨범들은 미국의 뉴에이지 음악 차트에 오른다. 매우 성공적인 시작이었고, 당연한 반항이었다.

본작은 정신적인 평안을 심어주는, 작지만 매우 아름다운 작품으로 그의 대표작이다. 한 폭의 수채화를 보고 있는 듯한 투명한 회화적 기법은 곧 편안한 안정과 달콤한 꿈으로 접어들게 하며, 인간 본연에 잠재되어 있는 무의식과 같은 성질을 일깨워 주고 있다. 그의 피아노 외에도 게스트 뮤지션의 하모니카, 첼로, 플루트, 오보에 등의 하모니로 휴식과도 같은 풍부한 감성의 무드를 열어준다.

자신을 돌아보게 하는 향수의 소리 하모니카가 연주되는 첫 곡부터 전곡이 마음에 와닿는 걸작임을 인정하지 않을 수 없지만, 가장 애청하게 되는 부분은 아마도 〈Alone〉과 〈Lullaby〉가 될 것같다.

〈Alone〉은 피아니즘 위에 첼로가 덮여지는 클래시컬 작품으로 흡사 데이비드 달링David Darling의 서정적인 작품을 감상하는 듯한 느낌을 준다.

〈Lullaby〉는 자넷 사테인Jeanette Sartain의 솜털 같은 스캣이 피로한 육체와 영혼을 어루만져 준다. 특히 그녀의 음색은 프랑스의 릴리안 다비Liliane Davis의 수정 같은 느낌을 지녔고, 멜로디는 바브라 스트라이샌드Barbara Streisand가 영화에서 불렀던 〈Memories〉의 애틋함을 되살려 준다.

이렇듯 그가 이끌어내는 '지친 영혼을 위한 자장가'는 인간의 탄생 이전부터 준비된 고귀한 순결의 세상을 보는 듯하다.

1980년대 후반과 1990년대 초 그의 이름은 빌보드 뉴에이지 음악과 재즈 차트에 항상 있었다. 너무 일찍 맞이한 전성기, 그 최고점에 있었던 작품이 본작이다. 2005년 이후 휴지기를 보내다 다시 피아노 솔로작《Honey Wind, 2016》를 냈다.

Jim Wilson

Northern Seascape

Green Hill | GHD5226 | 1999

1. Northern Seascape
2. Django's Hope
3. Heart of Innocence
4. Sierra Snowfall
5. Anna's Blue Skies
6. Restless Sea
7. Mon Ami Eternel
8. Illuminara
9. Walk away Renee
10. Paul's Theme
11. Laura's World
12. Walk away Renee - *remix*

NewAge-Instrumental

216

미국의 작곡가 짐 윌슨은 7세 때 기타를 배우고 10세 때 작곡을, 14세 때 밴드 활동을 했다. 19세 때 LA에서 피아노 조율학원에 다니면서 1987년 TV시리즈 「Frank's Place」의 음악을 작곡했지만, 피아노 기술자로서 어쿠스틱 피아노의 Midi 적용법과 활용법 등을 음악가들에게 가르치며 명성을 쌓는다. 빌리 조엘 Billy Joel, 엘튼 존Elton John, 캐롤 킹Carole King, 폴 매카트니Paul McCartney, 브루스 스프링스틴Bluce Springsteen 등 유명인들과 이를 계기로 인연을 맺었다. 1997년 그를 스튜디오로 끌어당긴 것은 친구의 갑작스러운 죽음 때문이었다고 한다. 이는 14세 때부터 전문 연주자로 활동했던 당시의 꿈으로 되돌아가게 했고, 지금은 뉴에이지 피아니스트가 되었다.

국내 라이선스로 소개된 본 데뷔작에는 피아노 조율로 친분을 쌓은 댄 포겔버그 Dan Fogelberg, 데이브 코즈Dave Koz 등이 도움을 주고 있다.

포겔버그와의 공작인 〈Northern Seascape〉은 아일랜드의 신비한 서정으로 이끄는 셀틱포크로, 맑고 온화한 바람이 가슴속으로 불어온다.

싱그러운 〈Django's Hope〉는 위대한 미국의 로큰롤 가수로 버즈The Byrds와 Crosby, Stills & Nash의 멤버였던 데이비드 크로스비David Crosby의 아들 장고Django Crosby를 노래한 것이다.

〈Anna's Blue Skies〉는 나치 치하의 네덜란드에 숨어서 자신의 일기장 'Kitty'와 대화하며 어둠과 외로움과 두려움을 인내했던 안네 프랑크 Anne Frank에게 바치는 선물로, 아코디언의 우수가 가미된다.

그룹 토토Toto의 보컬과 건반주자 그렉 필린게인즈Greg Phillinganes와의 공작인 〈Restless Sea〉는 허밍으로 용기를 불어넣어 준다.

색소폰 연주가 데이브 코즈가 참여한 〈Mon Ami Eternel〉은 자신을 뮤지션으로 이끈 친구의 영정에 바치는 우정의 노래로, 영혼의 휴식을 위한 켈트의 향을 피운다.

또 하나의 백미인 〈Paul's Theme〉는 자신의 형제에게 헌정한 것으로, 첼로와 함께 피아노는 진한 우애를 아로새긴다.

후속작 《Cape of Good Faith, 2001》는 댄 포겔버그와 데비 존스턴 외에 팝 트럼펫 연주자 크리스 보티Chris Botti가 참여하였으며, 뉴에이지 차트 8위를 기록하는 성공을 거두었다.

Joaquín Taboada
Introspective

Nonprofit | 0503 | 2005

1. Wings
2. Outburst, Colours of May
3. Calm
4. Cat's Waltz
5. Forgotten Moss
6. Amid White Gardens
7. Evoking Something Near
8. Waiting the Winter to Pass
9. Everyday Heroes
10. Imaginary Landscape II
11. The Voice of Flowers
12. Rain on the Glass
13. Jota No.1 Arga

NewAge-Instrumental

가장 존경하는 피아니스트로 조지 윈스턴George Winston을 꼽은 호아킨 따봐다는 1969년생으로, 스페인 출신의 피아니스트이자 작곡자이다.

그의 음악 인생을 결정지었던 것은 마이클 니만Michael Nyman과 빔 메르텐스Wim Mertens의 피아노 음악이었다. 타파야Tafalla 예술학교를 거쳐, 파블로 사라사테 Pablo Sarasate 음악학교에서 피아노와 성악, 음악이론 등의 학위를 받은 후, 1990년대 초반 팝록 그룹의 키보드 주자로 활동했고, 1996년부터 스페인 Peralta Navarra 음악학교에서 음악언어와 피아노를 가르치는 교육자로 몸담았다.

첫 앨범 《Música Vespertina 저녁 음악, 2002》은 1990~2001년에 작곡된 모음집으로, 수록곡들은 mp3.com에서 뉴에이지외 클래식 차드에서 징상을 차시하는 성공을 거두었다.

두 번째 앨범 《Introspective》 역시 15년간의 작곡들을 모은 것으로, 2005년에 8개월의 재창조 과정을 거쳐 녹음되었다.

〈Wings〉는 기타의 트레몰로, 잔잔한 피아노, 나풀거리는 플루트 연주로 바람 부는 대평원을 그린 풍경화이다.

서정적인 피아노 감성이 최대로 드러난 걸작 〈Outburst, Colours of May〉에는 봄 향기가 가득한 수채화를 선보인다.

〈Cat's Waltz〉는 양철지붕 위에서 들려오는 고양이의 발걸음을 왈츠의 템포로 옮겨왔는데, 그 정겨움이 동심에 빠져들게 한다.

프리실라 에르난데스Priscilla Hernandez의 몽환적인 스캣과 키보드가 강력한 이끌림을 유발하는 최고작 〈Forgotten Moss〉은 12세기 성벽에 낀 이끼를 보며 기나긴 역사의 흐름을 느낀 감정을 반영하였다.

아내와 함께 쓴 〈Evoking Something Near〉은 삶에 대한 감사 없이 살아가는 현대인들에게 감사와 사랑의 마음을 가지라는 권고를 담았다.

곳곳에서 세상을 위해 지원하는 영웅들을 위한 헌정곡 〈Everyday Heroes〉는 따스한 정감과 웅장한 스케일에 의한 기승전결이 뚜렷하다.

이색적인 트랙 〈Imaginary Landscape II〉는 공명이 선명한 뉴에이지 월드이다.

개인적인 영향과 경험들을 들려주는 본작은 전곡이 귓가에 머무는 수작으로, 인터넷 공간을 통해 세계인의 환영을 받았던 이유가 명백하다.

Joaquín Taboada
Peregrinaje

Joaquín Taboada

Peregrinaje

Fermin Music | FM003KD | 2011

1. Wild Horses Running
2. Minotauro
3. Para Siempre
4. Niños
5. Aire del Sur
6. Nana
7. Bonsoir
8. El Crecimiento de la Hierba
9. Viento Frio
10. Jota Nº 1 Arga
11. Purrusamba de Valcarlos
12. Simon Zazpi
13. Peregrinaje
14. Tres Puentes

NewAge-Instrumental

218

호아킨 따봐다의 페나길라 식물원을 위한 앨범 《Jardín de Santos 성자의 정원, 2006》의 수록곡들은 미국의 독립레이블들이 발매한 편집앨범에도 실렸으며, 자연에서 영감을 받은 휴식과 성찰을 위한 음악 《Chillout Therapy, 2006》는 일렉트로닉 라인에 가까운 음악이라 한다.

한동안 휴지기를 가지고 발표한 《Peregrinaje 순례》는 그의 경계없는 자유로운 음악 영역들을 잘 보여준다. 삶을 순례길에 비유한 본작도 그의 경험들에 대한 감정을 농축한 것인데, 뉴에이지 음악이 주류지만 〈Para Siempre 영원히〉와 〈Bonsoir 안녕〉과 같은 팝 보컬도 수록하고 있다.

〈Wild Horses Running〉은 대자연의 경이로움을 기록하고 있는 심포니로, 뜨거운 전자기타의 포효와 함께 심장박동을 크게 뛰게 하는 영광의 음악이다.

〈Minotauro 미노타우로스〉는 그리스 신화에 등장하는 황소 머리에 인간의 몸을 한 괴인을 일컫는데, 그는 민속적이며 목가적인 전원곡으로 동심의 상상을 연다.

〈Niños 어린이〉는 순수한 눈망울에 대한 사랑의 찬가이며, 〈Nana〉는 온화한 현악 자장가로 희망과 평화의 꿈길을 여는 듯하다.

〈Aire del Sur 남부의 숨결〉은 스페인 안달루시아의 플라멩코 연주곡으로, 기타와 건반의 열정적인 섞임이 화려하다.

〈El Crecimiento de la Hierba 무성한 수풀〉은 아코디언과 첼로 이중주의 질감 대비가 매우 아름다운 왈츠로, 고혹적인 클래식처럼 들린다.

〈Jota No. 1 Arga〉, 〈Purrusamba de Valcarlos 발카로스의 푸루삼바〉, 〈Simon Zazpi 사이몬 삽피〉, 〈Peregrinaje 순례〉는 포크풍의 곡이며, 마지막 곡 〈Tres Puentes 세 개의 다리〉는 퓨전재즈의 기류가 흐른다.

다양한 표현 방법을 동원한 본작 이후 그는 클래식 트리오로 활동을 겸하면서 《Viento, Lluvia 바람, 비, 2021》를 냈는데, 이는 그의 정신적 스승인 조지 윈스턴George Winston, 빔 메르텐스Wim Mertens, 얀 띠에르쎈Yann Tiersen에 영감을 받은 피아노 솔로곡을 수록하고 있다.

글쓴이는 약간은 변칙이 있는 것에서 신선함의 희열을 점점 느끼게 되었는데, 그래서 호아킨 따봐다의 행보를 주목하지 않을 수 없다.

Johannes Schmoelling
The Zoo of Tranquillity

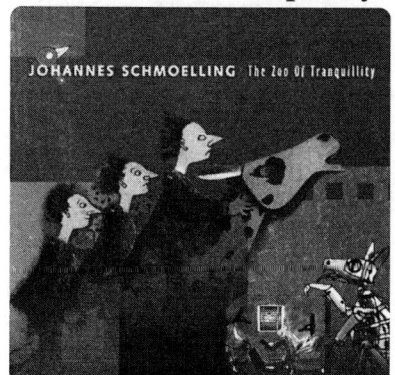

Erdenklang | 81042 | 1998

1. The Lawnmower
2. The Woodpecker
3. The Rise of the Smooth Automaton
4. Contemplating Mortality
5. The Anteater
6. The Zoo and Jonas
7. The Wedding Cake
8. The Zoo of Tranquillity
9. Fluid Memories (for Flo)

NewAge-Electronic, NewAge-Chamber

독일을 대표하는 전자음악 그룹 탠저린 드림Tangerine Dream에 몸담았던 1950 년생 전자음악가 요하네스 슈멜링은 1985년 말 그룹을 탈퇴하고 솔로 활동을 시작했다. 데뷔작 《Wuivend Riet 갈대숲 바람, 1986》에는 연극음악으로 사용된 〈Wuivend Riet pt.2〉를 수록했는데, 전위무용 무대 한복판에  있는 듯한 중독의 음악이었다.

본작은 두 번째 앨범으로, 영국의 기계를 다루는 예술가 폴 스푸너Paul Spooner 의 오토메타Automata 작품에서 영감을 받은 것이다. 오토메타는 18세기 영국 왕실 아이들을 위해 만든 나무 장난감으로, 기계적인 장치를 하여 움직이는 조형이다. 이는 300년 이상의 역사를 지닌 것으로 과학과 예술이 집목된 현대미술의 한 장르가 되었다.

슈멜링은 기계적인 순간의 정지와 움직임을 반복하면서 묘한 리듬을 만들어낸다. 또한 단순한 동작과 위트 있는 표정을 기발한 음의 조각으로 표현한다. 실제로 오토메타의 움직이는 기계적 소음들을 삽입하여 그 시각적인 이미지가 계속해서 꿈틀거리고 있으며, 인성의 사용과 변형으로 해학적인 의인화를 보여준다.

인공두뇌를 가진 잔디깎기 기계 〈The Lawnmower〉는 천진난만한 아  이처럼 마음대로 바닥을 이리저리 돌아다니며 쓰러졌다가 일어나고 부딪히는 코미디를 보여준다.

딱따구리 목각인형 〈The Woodpecker〉는 구애를 나누는 듯 로맨틱하  다.

개미핥기 인형의 독주회 〈The Anteater〉는 빠른 템포의 건반이 화려  하고, 〈The Zoo and Jonas〉는 구약성서의 인물로 바다에 던져져 물고기 뱃속에서 3일이나 있다가 기적적으로 살아난 요나의 우화이다.

〈The Wedding Cake〉는 수많은 화객들의 찡그린 축가와 신랑신부의  반복적인 키스, 결혼을 반대하는 이의 통곡이 연출된다.

등장인물들이 돌아가면서 개인기를 펼치는 듯한 무대음악 〈The Zoo  of Tranquillity〉에 이어, 〈Fluid Memories〉는 서글픈 건반의 신파극이다.

2007년 4월 국내에서 호기심과 유머를 자아내며 동심으로 되돌아가 상상력을 자극하는 폴 스푸너 전시회가 열리기도 했다. 다시 보고 싶은 유쾌한 체험이었다.

John Boswell
Trust

Heart of Space | 11085 | 1998

1. Take My Hand
2. On the Wind
3. From the Heart
4. I'll Carry You Through
5. Trust
6. Are You There
7. Glimpse of Time
8. Heart Full of Rain
9. Leaf Dream
10. Angel in the Ice
11. Cloud Vision

New Acoustic

1960년생인 존 보스웰은 부모님이 전문 뮤지션이었기 때문에 자연스레 예술적인 분위기에서 성장할 수 있었다. 고교 때 뮤지컬에 관심을 갖게 되었고, UCLA에 다니던 시절 피아노에 열정을 쏟았으며, 배우로 성장한 팀 로빈Tim Robbins과 함께 뮤지컬을 쓰기도 했다. 졸업 후 음악감독으로 프로덕션에서 일하며, 유명 TV 쇼 「General Hospital」과 「Santa Barbara」의 음악을 맡는다.

뉴에이지 음악가로서의 데뷔작 《The Painter, 1988》는 1994년 HOS 레이블에서 재발매되며 피아노 솔로의 걸작으로 인정받았다. 그는 화가가 캔버스에 그림을 그리듯 마음속에 떠오르는 영상을 음악으로 옮겼다고 이야기했다.

두 번째 앨범 《Kindred Spirits, 1989》는 피아노에 첼로와 오보에 그리고 현악 오케스트레이션을 가미하였으며, 수록곡 〈Night at the Beach〉에는 색소포니스트 데이브 코즈Dave Koz를 초대했다.

크리스마스 앨범인 《Festival of the Heart》에 이어, 《Count Me in, 1992》에는 셀틱포크와 재즈를 융합했다.

로맨스 연작인 본작에는 세션 키보디스트 마이클 제이Michael Jay와 우리에게 잘 알려진 첼리스트 마틴 틸먼Martin Tillmann이 참여했다.

따스한 위안과 포근함을 주는 복음과 안식의 찬가 〈Take My Hand〉를 시작으로, 〈On the Wind〉는 잔물결을 남기며 지나는 바람의 투명한 음률을 선명하게 재현한다.

소중한 사람으로부터 편지를 받았을 때의 감동을 그린 듯한 〈From the Heart〉는 현악 오케스트레이션이 뒤를 감싼다.

〈I'll Carry You Through〉에서는 마틴 틸먼의 첼로가 고독과 그리움의 정서를 온화하게 채색한다.

본작을 접했을 때 몇 번씩 반복 재생을 했던 〈Glimpse of Time〉는 멜로디보다는 분위기로 진행되는데, 그 간결한 음감에 포함된 수많은 감정이 유유히 흘러나온다.

짧지만 손끝이 시릴 정도로 슬픈 〈Angel in the Ice〉와 천국의 하프처럼 수정 같은 크리스털 피아노가 깊은 숨을 내쉬는 〈Cloud Vision〉도 아름다운 소품이다.

그의 섬세한 로맨틱 피아노 연가는 이듬해 《Love, 1999》로 이어졌다.

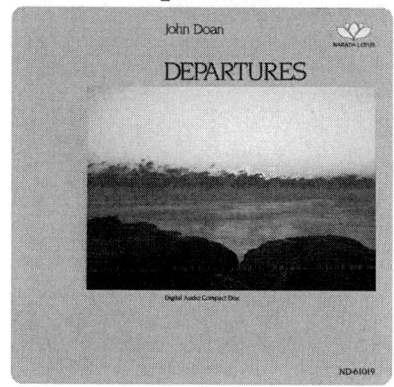

John Doan
Departures

Narada | ND61019 | 1988

1. Tra Amici
2. Leaving Dun Laoghaire
3. Wings of the Morning
4. Visit to Heaven
5. Winter's Eve
6. Beloved
7. Night Crossing
8. Anthem

New Acoustic

기타리스트 존 돈은 르네상스 류트Lute의 대가로, 11세 때 기타를 연주하기 시작하였다. 그 후 클래식기타에도 관심을 가지고 캘리포니아 노스리지대학에서 학위를 받았고, 네덜란드로 건너가 계속하여 르네상스 류트와 바로크 류트 외에도 하프 등을 배운다.

그는 많은 포크음악과 민요 등을 연주하였고, 레퍼토리에는 벌 아이브스Burl Ives, 래리 칼튼Larry Carlton, 쳇 에킨스Chet Atkins의 음악도 있었다. 그러던 중 뉴에이지의 명가 나라다에서 걸작 《Departures》로 그의 출발을 널리 알린다.

그의 이러한 데뷔를 축하라도 하듯 많은 친구들이 참여하였는데, 그중에는 우리에게 알려져 있는 나이트노이즈Nightnoise의 바이올린과 키보드주자 빌리 오스케이Billy Oskay 그리고 플루티스트 브라이언 더닝Brian Dunning이 있었다. 그 외에 《An Ras, 1991》로 데뷔하는 타미 헤이예스Tommy Hayes의 퍼커션, 동양적인 감성의 피아노 앨범 《In Fright, 1987》를 발표한 마이클 해리슨Michael Harrison도 우정 참여하고 있다.

〈Tra Amici 친구 사이〉는 그의 데뷔를 축하하는 친구들을 향한 고마움의 표현이다. 하프기타의 고고함과 플루트와 바이올린 그리고 퍼커션으로 이뤄진 4중주는 셀틱포크의 잔잔함으로 채워져 있다.

아일랜드의 항구도시 던리어리의 풍물을 그린 〈Leaving Dun Laoghaire〉는 마치 성스러운 고음악을 듣는 듯하고, 〈Wings of the Morning〉은 바로크 류트의 고고한 품격과 마이클 해리슨의 피아노의 현대적인 재즈 감각이 어우러진 명곡이다.

또 하나의 명작 〈Visit to Heaven〉은 혼성4중창 성악과 바이올린, 비올라, 첼로에 그의 하프기타가 완성한 고전적 종교음악으로 신비함과 성스러운 성가를 음미할 수 있다.

기타와 첼로의 따스한 포크 〈Winter's Eve〉, 사랑하는 이의 그윽한 눈길이 느껴지는 애상적인 느낌의 〈Beloved〉, 시간의 흐름에서 받은 즉흥적인 정감을 담백하게 표현한 에세이 〈Night Crossing〉에 이어, 신시사이저에 존 돈의 하프기타 솔로가 찬란한 황금빛을 남기는 찬가 〈Anthem〉을 들려준다.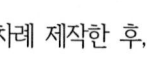

그는 PBS 방송국에서 고음악 악기들을 사용한 음악 스페셜을 두 차례 제작한 후, 투명한 셀틱 기타의 고전주의적 정신을 계속해서 이어갔다.

John Herberman
Rhythms of the Sea

Solitudes | CDG115 | 1995

1. Morning Song
2. Alone But for a Friend
3. Rolling Stones
4. Coastal Marsh
5. Song of the Sea
6. Wings above the Sea
7. On the Crest of a Wave
8. By the Lighthouse

NewAge-Environmental

1953년생 캐나다의 피아니스트 존 허버만은 45매가 넘는 뉴에이지 음반과 다수의 TV 시리즈 음악을 제작한 바 있는 35년 이상의 경력이다.

본작은 댄 깁슨Dan Gibson이란 사운드디렉터에 의해 탄생한 캐나다의 뉴에이지 음악 레이블 Solitudes에서 발표한 그의 초기작이다. 우리에게 잘 알려진 헨니 베커Hennie Bekker도 그와 함께 작업하기도 했다.

작곡과 편곡, 연주를 맡은 존 허버만의 낭만주의 피아노에 댄 깁슨의 자연음향들, 그리고 첼로, 플루트, 오보에, 잉글리시 호른, 바이올린, 기타 등의 악기들이 멜로디를 돕고 있기에 윤택하고 풍부한 맛을 더한다.

맑은 새소리와 가벼운 파도 소리, 그리고 시적인 존 허버만의 뭉클한 스타인웨이 피아노 멜로디가 아침 햇살처럼 희망을 쏟아내는 〈Morning Song〉은 청명한 해변의 아침 산책길을 열어준다.

〈Alone But for a Friend〉는 환한 플루트, 뒤이어 흘러나오는 애틋한 감정의 피아노 선율이 마음속에 그리움을 재생시킨다.

바닷새의 낭만적인 지저귐 속에 평화로움이 깃드는 〈Coastal Marsh〉은 피아노와 묵직한 첼로가 잘 어울리며, 〈Song of the Sea〉는 바다에 대한 추억을 잘 떠올려주는 명상곡이다.

9분이 넘는 〈Wings above the Sea〉는 해변 위로 거친 바람과 모래알과 함께 부서지는 파도에 대한 감상으로, 순환에 대해 생각하게 한다.

〈On the Crest of a Wave〉는 이 앨범에서 가장 돋보이는 곡으로 오히려 낙관적인 면을 보이는 듯하여 더더욱 슬픈 피아노로 기억된다.

항구의 뱃고동이 들리는 〈By the Lighthouse〉에서는 이내 저녁에서 밤으로의 시간적인 감정의 변화를 시적으로 노래하고 있다.

이 앨범을 듣고 있으면 바닷가가 보이는 창가에 앉아 하염없이 시간을 보내고 싶다. 하지만 얼마나 다행인가! 바다와는 멀리 떨어져 있어도 이렇게 바다가 전해지니 말이다. 본작이 가장 팬들의 사랑을 받고 있는 것은 바로 존 허버만의 시적 심상과 댄 깁슨의 시청각적인 교묘한 기술이 최대로 발휘된 이유일 것이다.

또 하나의 걸작인 《Piano Casades, 1998》는 그의 야마하 그랜드피아노가 계곡 물이 흐르는 숲속으로 들어와 있다. 서라운드로 녹음되어 더욱 촉촉하고 시원한 삼림욕을 체험하게 된다.

John Tesh
Monterey Night

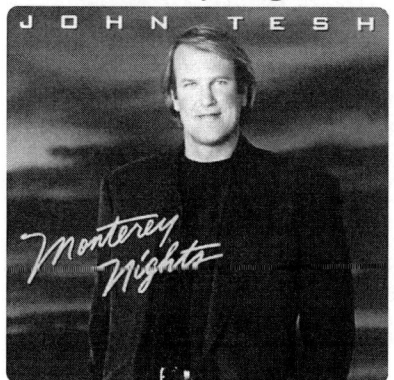

GTS records | 314 528 748 | 1993

1. The Key of Love
2. April Song
3. Goodnight Moon
4. The Waltz
5. Garden City
6. Concetta
7. The Games
8. In a Child's Eyes
9. Monterey Nights
10. Rhapsody in Love
11. The Endless Road
12. Wishing for Home
13. Bastille Day
14. April Song - *reprise*

NewAge-Instrumental

피아니스트이자 팝 작곡가 그리고 라디오와 TV 쇼 진행자이기도 한 존 테쉬는 1952년생으로, 6세 때 피아노를 시작하여 10세 때 이미 로큰롤 밴드에서 오르간과 트롬본을 연주했을 정도로 음악적 재능을 보였다. 노스캐롤라이나 주립대학교에서 음악과 통신학을 전공한 후, CBS 네트워크 뉴욕지사의 앵커로 근무했다. 1981년에는 CBS 스포츠 해설가로, 이후에는 아내인 메리 하트Mary Hart와 함께 진행하던 인기 연예 프로그램 'Entertainment Tonight'의 진행을 맡았다.

그러나 1986년 돌연 이 인기 절정의 프로그램을 그만두고 음악에 몰두하고 싶다고 선언하여 세간의 조롱을 받았는데, 열정적인 도전에 아내는 적극 후원했다. 불과 2년 뒤 훌륭한 피아니스트로 돌아온 그의 데뷔에 비평가들은 호평을 쏟아냈고, 반신반의하던 팬들도 열렬한 찬사를 보내기 시작했다. 이후 자신의 라디오쇼로 방송에 복귀하며 존경과 동경의 대상이 되었다.

본작은 캘리포니아주 몬터레이만의 로맨틱한 밤을 주제로, 이전에 발표된 앨범들에서의 히트곡과 신곡 3곡을 모은 앨범이다.

신곡 〈The Key of Love〉는 간결한 기타가 그리는 바닷바람과 파도를 닮은 피아노 위로 바이올린의 붉은 열망이 피어오르며, 〈Rhapsody in Love〉는 고혹적인 바이올린의 선율이 새털처럼 가볍다.

첫 앨범 《Tour de France, 1988》는 스포츠 앵커로 일하던 시절 자신이 다루었던 테마를 다룬 것으로, 〈The Endless Road〉는 긴장어린 템포에 부드러운 보이스 이펙트와 피아노 광시곡이 펼쳐진다.

〈The Waltz〉는 빌보드 뉴에이지 차트 5위에 오르는 성공을 거둔 두 번째 앨범 《Garden City, 1989》에서 커트된 곡으로, 눈물 어린 라틴 기타의 즉흥에 오케스트레이션이 웅장한 퓨전의 걸작이다.

〈The Games〉은 선수들의 영광에 바치는 심포니로, 올림픽과 아메리칸 게임을 테마로 한 세 번째 앨범 《The Games, 1992》 수록곡이다.

〈Monterey Nights〉은 격투 스포츠를 다룬 《Ironman, 1992》에서 커트된 곡으로, 손에 땀을 쥐게 하는 긴장과 흥분에 휩싸인다.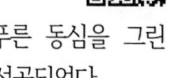

어린이들이 노니는 풍경소리에 맑은 피아노와 바이올린으로 푸른 동심을 그린 〈In a Child's Eyes〉은 《A Romantic Christmas, 1992》에서 선곡되었다.

앵커로서 스포츠 프로그램에서의 영감을 융해해낸 감수성이 놀랍기만 하다.

Jon Jenkins
Beyond City Light

Spotted Peccary | SPM-403 | 2005

1. The Calling
2. Zzyzx Road
3. Through City Light
4. Secrets of the Virgin
5. Legacy
6. Deep Sleep and Dying Embers
7. The Source
8. Sky of Surrender
9. Through Different Eyes
10. Forever

NewAge·Electronic·Ambient·Spac

존 젠킨스는 핑크 플로이드Pink Floyd, 제네시스Genesis, 마릴리온Marillion, 피터 가브리엘Peter Gabriel과 탠저린 드림Tangerine Dream 등의 프로그레시브록 마니아였으며, 귀로 들리는 음악 자체보다 풍부한 상상력을 경험하게 해주었다고 말한다. 그는 음악을 들으면서 힘과 공간의 균형에 대해 생각했고, 자신의 개념을 구현하기 위해 창작욕을 불태웠다.

그의 데뷔는 폴 랙키Paul Lackey와의 공동작업 《Continuum, 1995》으로 시작되었는데, 클래식과 앰비언트 그리고 월드뮤직이 혼연하고 있는 작품이었다. 4년 뒤 그의 정식 솔로 앨범 《Flow, 1998》를 발표하며 자신이 표현하고픈 음악뿐만이 아니라 청자가 원하는 음악을 하고 싶었다고 했다. 또한 그는 자신이 뉴에이지 음악을 행한다고 생각한 적이 없다고 말하기도 했는데, 이는 굳이 자신의 음악 영역을 뉴에이지에 한정 짓지 않겠다는 뜻이기도 했다.

두 번째 앨범인 본작은 예전에 비해 한층 성숙한 음악을 들려주고 있다. 자신의 신시사이저와 피아노, 기타, 퍼커션에 보이스 외에, 여성 보컬리스트 린다 서전트 Linda Sargent, 노르웨이 출신의 뉴에이지 음악가이자 전자기타의 에릭 월로Erik Wøllo, 데이비드 헬플링David Helpling과 관악주자 그렉 클램트Greg Klamt가 참여하여 더욱 충실한 결과물을 완성한다.

신비의 오프닝 〈The Calling〉은 여성 보컬의 환상이 적막을 깨고 부드러운 바람결을 가른다.

캘리포니아의 지명인 〈Zzyzx Road〉는 피아노가 은은한 긴장을 불러일으키며, 〈Through City Light〉에서는 그가 핑크 플로이드와 마릴리온의 영향을 받은 것을 증명이라도 하듯 록의 역동적인 면을 보여준다.

〈Secrets of the Virgin〉은 매혹적인 스캣이 강약의 신시사이저 음향 위로 흐른다.

〈The Source〉는 그렉 클램트가 연주하는 플루트의 숨결이 생명의 마법을 전한다.

린다 서전트의 향긋한 스캣이 세상에 스며드는 〈Through Different Eyes〉에서는 수많은 겹의 세상모습이 희미함과 명확함을 반복한다.

그가 따스한 전자음향과 함께 보여주는 파워풀한 공간 재생력은 유기적인 변화를 통해 끊임없이 청취자를 새로운 스페이스로 초대한다.

Jon Schmidt
Walk in the Woods

JS Production | JSP93002 | 1995

1. Good Times
2. Waterfall
3. Passages
4. Winter Wind
5. Walk in the Woods
6. Hymn of Spring
7. Bells of Freedom
8. Good Day
9. Tribute
10. Cherished Moments

NewAge-Instrumental, New-Acoustic

몇 되지 않는 존 슈미트의 음반들을 듣고 있으면, 그의 음악을 '행복비타민'이라 정의하게 된다. 그는 지나친 감상에 빠트리지 않으며, 또한 충분한 활력을 느끼게 해준다. 건강하고 건전하며 종교적인 규범들을 녹여낸 축복의 음악들은, 레몬향이 감도는 피아노 선율로 전미의 뉴에이지 팬들을 감화시키며, 그의 악보집은 뉴에이지 팬들의 열렬한 환영을 거두고 있다.

아내와의 사랑을 현란한 피아노 연주와 경쾌한 템포로 표현한 〈All of Me, 1991〉는 뉴에이지의 고전으로, 그가 추구하는 음악의 방향을 잘 알 수 있다.

본작도 초기작들의 커버에서 등장하는 피아노 삽화가 울창한 숲길 위로 비치는 푸른 희망의 하늘로 그려졌는데, 자연을 산책하며 내면과의 무한한 대화를 자연스레 유도하고, 그의 생기 넘치는 낙관적인 음악철학이 잘 반영된 작품이다.

대표곡 중 하나인 〈Waterfall〉은 장대한 스케일은 아니지만 콸콸 쏟아내는 낙수 아래서 힐링 수마사지를 받는 듯 상쾌한 피아노 선율의 감촉이 매우 좋다. 정말 피로가 싹 가시는 음악폭포수이다.

〈Passages〉는 고요한 오솔길에 들꽃들의 생생한 이야기들이 향기가 되어 아련히 머문다.

〈Winter Wind〉는 조지 윈스턴George Winston의 12월의 정서를 연상시키는 걸작이다. 윈스턴은 바람마저 잠든 고요함을 그렸지만, 슈미트는 끝내 잠이 든 바람을 깨워 시린 고독감으로 불어오게 한다. 이 겨울연가는 《Winter Serenade, 2004》에 수록된 〈Deep Winter·Prelude in B-Flat Minor〉로 그 아름다움을 이어간다.

기타가 협연한 〈Walk in the Woods〉은 평화로운 아침의 숲속 풍광이다. 풀잎에 맺힌 아침이슬이 발목에 스치듯 청명하기 그지없다.

〈Bells of Freedom〉은 복음과도 같이 찬란한 환희의 빛이 쏟아져 내린다. 청자는 두 팔을 벌리고 빙글빙글 돌고 싶을지도 모르겠다.

누이를 추모한 〈Tribute〉에는 오보에의 전원적인 스케치와 함께 감미로운 피아노가 소중했던 추억의 시간들을 들춰낸다.

〈Cherished Moments〉는 평화로운 가정의 한때를 포착한 찬가로, 찰랑이는 선율이 온유한 사랑을 음미한다.

Jon Schmidt
To the Summit

JS Production | 4157895 | 1999

1. Prelude (My Little Girl)
2. Rush Hour on the Escalante
3. To the Summit
4. Night Song
5. Game Day (Highland Games)
6. Air on the F String
7. Our Song
8. I Do - *Neal Middieton*
9. Can't Help Falling in Love
10. Sacred Ground

NewAge-Instrumental, New-Acoustic

미국의 저명한 피아니스트 존 슈미트는 1966년 독일인 이민자 가정에서 태어났다. 고전음악 연주자였던 부모 아래서 자연스레 음악을 접했고, 불가 8세 때 피아노 리사이틀을 가졌으며, 뮤지션이었던 아버지의 무대에 종종 함께 서곤 했다. 피아노교사가 되길 희망한 적도 있었으나, 만하임 스팀롤러Mannheim Steamroller에서부터 빌리 조엘Billy Joel 그리고 베토벤Beethoven에서 영향을 받은 그의 아름다운 작품은 마침내 《August End, 1991》로 첫선을 보인다.
콘서트홀에서 자주 팬들과 만나는 그는 데이비드 아켄스톤David Arkenstone, 존 테쉬John Tesh 등 많은 아티스트들과도 교류하고 있다.

그의 음악경력 10여 년을 자축하는 본작은 고전음악 피아니스트이며 항상 자신에게 영감을 준 아내에게 바치는 감사의 선물이기도 하다.

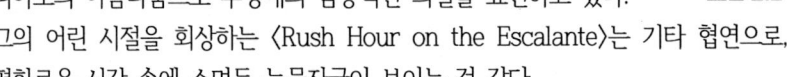

자신의 딸을 테마로 한 〈Prelude〉는 클래식 오케스트레이션과 청명한 피아노의 아름다움으로 부성애의 감동적인 희열을 표현하고 있다.
그의 어린 시절을 회상하는 〈Rush Hour on the Escalante〉는 기타 협연으로, 평화로운 시간 속에 스며든 눈물자국이 보이는 것 같다.
본작에서 가장 돋보이는 걸작 〈Night Song〉은 별빛이 총총한 밤하늘 아래 고요한 서정의 울림이 잔잔히 퍼진다.
백파이프 연주의 행진과 웅장하고도 역동적인 오케스트레이션이 시원한 〈Game Day〉는 솔트레이크시티의 하일랜드 고교 시절에 럭비 고교대항전에 출전했던 동료들과의 추억을 생각하며 썼다고 한다.
바흐Bach의 〈Air on the G String〉을 바탕으로 한 〈Air on the F String〉는 아내에게 바치는 곡으로, 현의 우아함이 최상에 이른다.
복음성가처럼 포근한 보컬 곡 〈I Do〉에 이어, 〈Can't Help Falling in Love〉는 로큰롤의 전설 엘비스 프레슬리Elvis Presley가 1961년에 발표한 팝의 명곡을 클래시컬 레게 버전으로 편곡한 것.
아내와 함께 본 영화 「On Golden Pond 황금 연못」의 감동을 그린  〈Sacred Ground〉는 전원적인 평화가 감도는 명연으로, 팬들이 가장 사랑하는 작품이기도 하다.

그는 2010년에 The Piano Guys라는 4중주 연주그룹을 결성하여, 열정적이고도 활기 있는 연주로 팬들의 환호와 사랑을 이어가고 있다.

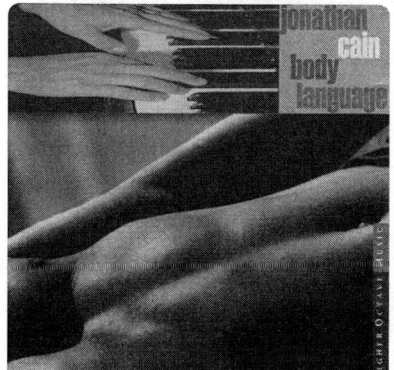

Jonathan Cain
Body Language

Higher Octave | HOMCD77596 | 1997

1. Paradiso
2. Body Language
3. Moonlight at Marbella
4. Crazy with the Heat
5. Even in My Wildest Dreams
6. Melt Away
7. I'll Always Remember
8. Cry for Love
9. Eeyes of Chacmool
10. Daydream
11. With Your Love

NewAge-Jazz·Fusion

우리의 실생활에서는 직접적인 말의 전달보다 행동으로 의사를 표현하고 전달하는 경우가 참으로 많다. 오히려 신체언어가 더 효력을 발휘하는 경우도 많은데, 이는 풍성한 감정 표현과 그 이상의 미묘함을 남기기 때문이다. 이러한 언어 위의 언어-보디랭귀지의 매력을 본작에서 상쾌한 재즈 필링으로 감상할 수 있다.

1950년생인 조나단 케인은 1973년 결성된 미국 샌프란시스코 록밴드 Journey와 1988년 결성된 하드록 그룹 Bad English에서 건반주자로 활약했다. 이후 솔로 팝록 앨범 《Back to the Innocence, 1994》를 발표한 뒤, 하이어 옥타브에서 《Piano with a Vicw, 1995》를 발표히며 뉴에이지 음악가로 진향한다.

두 번째 앨범인 본작에서 그의 피아노는 시원함과 쾌감을 불러일으킨다. 그의 피아노 연주는 블루 나잇츠Blue Knights의 키보드 워크와 닮았는데, 트립합 비트에 녹아든 재즈 임프로비제이션과 스윙감 등은 매우 상큼하고 싱그럽다. 〈Paradiso〉는 그루브와 함께 재즈피아노의 달콤하고도 희망적인 서정이 우리를 낙원으로 초대한다.

사랑의 언어 〈Body Language〉는 다이내믹한 리듬감과 임프로비제이션으로 로맨틱한 감정에 둘러싸인다.

서정적인 풍미의 〈Moonlight at Marbella〉는 스페인 남부 태양의 해변으로 초대하는데, 보사노바의 감미로운 추억에 젖어들게 한다.

타이트한 리듬과 색소폰의 열기가 후끈하게 느껴지는 〈Crazy with the Heat〉는 광활한 도시의 이미지를 녹여낸다.

베른발트 코흐Bernward Koch의 차가운 키보드와 닮은 〈Even in My Wildnest Dreams〉는 맑은 재즈기타가 합세하여 신선함을 더한다.

트립합 비트와 현란한 피아노 그리고 따가운 전자기타의 연계가 좋은 〈Melt Away〉, 그리고 〈Cry for Love〉는 열정적인 여름 로망스를 위한 곡이다.

재지한 기교가 많이 상쇄되어 있는 피아노곡 〈With Your Love〉까지 조나단 케인의 신체언어에는 말로는 형용할 수 없는 깊은 정서의 세밀함까지 담겨있다.

본작은 재즈 랭귀지를 위한 특별작이라 할 수 있으며, 이후 국내에 수입으로 소개된 《For a Lifetime, 1998》을 발표하고 2017년까지 활동을 이어갔다.

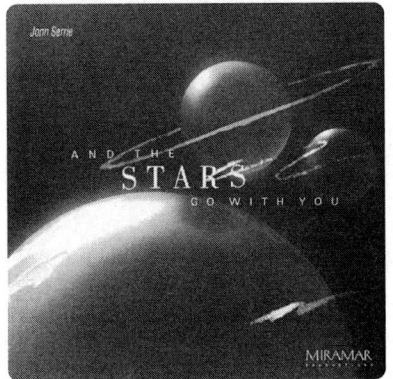

Jonn Serrie
And the Stars Go with You

Mirama | 09006-23003 | 1987

1. Gentle, the Night
2. Fantasy Passages
3. And the Stars Go with You
4. And with You 2
5. The Far River
6. Stratos

NewAge-Electronic·Ambient·Space

1986년 1월 28일 세계가 생중계를 통해 숨죽여 지켜보던 가운데 미국 케네디 우주센터에서는 우주왕복선 챌린저호가 카운트다운 끝에 발사된다. 불과 73초 만에 우주쇼가 연출하는 듯했으나, 이는 믿을 수 없는 폭발로 이어졌고 응원하던 탑승자의 가족들과 동료들은 오열했다.

그 탑승자 중에는 1만 1천 명의 후보자 중에서 선발된 행운의 여인 크리스타 매콜리프Christa McAuliffe가 탑승하고 있었다. 계획대로라면 우주선 안에서 원격강의를 하기로 되어 있었으나, 제자들이 지켜보던 가운데 비운의 별이 되고야 말았다. 그녀의 나이 37세였다.

1988년 뉴햄프셔주 콩코드에 위치한 새로운 천문대의 이름은 그녀를 기리기 위한 크리스타 매콜리프 천문대로 명명되었다.

이 천문대의 오프닝 프로덕션을 위한 작곡이 바로 본작인데, 제목으로도 그녀를 기리는 뜻을 엿볼 수 있다. 1986년 NASA를 위해 우주 프로젝트의 교수로 일하고 있었던 천체음악 전문가 존 세리가 이듬해에 발표했다.

가장 영향력 있는 스페이스 음악 작곡가인 그는 우주의 심오한 근원에 대한 물음으로부터 출발하여 공간의 영원한 깊이를 결합하며, 영적인 비전까지 접근하고 있다. '원본과 대상 사이의 베일을 제거하는 것이 목표'라고 이야기했는데, 그만큼 그의 음악은 실재적이다.

〈Gentle, the Night〉를 들으면 우리의 환상 속에 그려지는 우주의 이미지는 공간의 개념을 지워버리고 육감을 통해 재현된다. 빛과 소리, 운동과 원리 등이 신비한 음향을 통해 아름답게 연출되는 것이다.

〈Fantasy Passages〉에는 어둠 속에서 미세한 떨림과 함께 우주의 경이로움이 펼쳐진다.

우주로 사라진 별이 되어버린 크리스타 매콜리프, 그녀에게 바치는 우주 진혼곡 〈And the Stars Go with You〉와 〈And with You 2〉에는 맑고 투명한 크리스털을 뿌려놓은 듯 반짝이며 천상이 드리운다.

물 흐르는 지상의 모습처럼 별들이 흐르는 은하의 노래 〈The Far River〉에 이어, 〈Stratos〉에는 대기층이 미세하게 운동한다.

크리스타 매콜리프를 기리는 존 세리의 천체음악은 그녀가 꿈꾸었던 몽환적인 우주의 현실감이 공간을 해체하고 또 새롭게 창조되어 손에 잡힐 듯하다.

Jonn Serrie
Lumia Nights

Neuronium | VLT15172 | 2003

1. Lumia Nights
2. Lovers in Motion
3. Tidepools
4. Autumn Leaves
5. Starshower
6. Evening Shade
7. Deep Mystery
8. Lumahai
9. From Here to Eternity

NewAge-Electronic·Ambient·Space

"나는 교회 오르간을 연주했다. 그래서 전통적인 클래시컬 음악 속에 흐르는 악장에 관심을 가지게 되었다. 처음으로 전자음악을 들었을 때 그 질감에 깊은 감명을 받게 되었고, 공간과 비행에 대한 나의 다른 관심사는 아이디어를 그리기 위한 팔레트를 제공하는 것에 음악적 초점을 맞추게 되었다."

1980년대 후반부터 모습을 나타낸 존 세리의 스페이스 음악은 이미 세계적인 천문대에서 사용하고 있고, 또한 NASA가 주최했던 아폴로 2호의 달 착륙 30주년 기념 콘서트에도 초대되었다. 그리고 뉴욕 헤이든Hayden 천문대에서 영화감독 조지 루카스George Lucas Jr.와도 작업한 이력이 있다.

2003년 스페인의 전자음악가 미첼 호이겐Michel Huygen이 설립한 뉴로늄 레코드사를 통해 발표된 본작은 그의 오랜 음악 행보에서 외도한 작품이라 할 수 있다. 굳이 표현하자면 스페이스 라운지 음악이라 할 수 있는데, 감미롭고도 약간의 긴장감을 간직한 그의 음악을 듣고 있으면 천체의 쇼가 펼쳐지는 노천의 라운지에 와있는 듯한 느낌이다.

우주의 부드러운 숨결과 천체의 별빛이 프리즘을 통해 수만의 빛으로 쏟아지는 타이틀곡 〈Lumia Nights〉는 소리로써 빛의 축제를 펼쳐 보인다.

다이내믹한 운동성을 보여주는 〈Lovers in Motion〉은 첫 곡과 더불어 이 앨범을 가장 빛내주는 명연이다. 오로라의 신비한 광채를 보듯 로맨틱한 감동이 상상력을 증폭시킨다.

머무름의 여운과 자국이 서글픈 〈Tidepools〉에 이어, 그와 공동작업한 게리 스트라우소스Gary Stroutsos의 우드윈드Woodwinds 이펙트와 플루트로 마감된 샹송의 명곡 〈Autumn Leaves〉를 들을 수 있다.

로라 브랜틀리Laura Brantly라는 여성의 속삭임과 우주음악의 조합이 상큼하게 어울리는 〈Starshower〉는 촉촉한 머스크 향이 잔잔히 배어 나온다.

영화 「남태평양」의 배경이 된 해변과 계곡의 이름인 〈Lumahai〉에서는 뭉클하고도 신비한 전자음향의 파도가 밀려오며, 마지막 곡 〈From Here to Eternity〉는 신시사이저 음향에 흠뻑 젖게 되는 명상곡이다.

그의 우주공간은 낭만의 빛이 충만한 루미나리에luminarie 라운지이다.

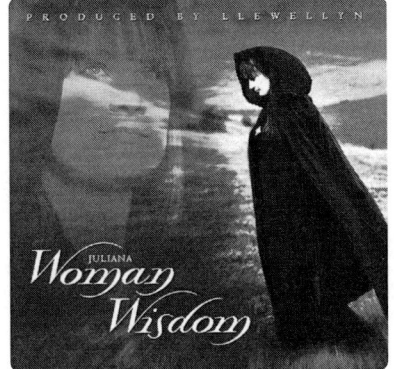

New World Music | NWCD516 | 2001

1. Runs with the Wind
2. Arianna
3. Marble Halls (Balfe)
4. Sacred Lake
5. Mermaids
6. Woman Wisdom
7. Lapis Heart
8. Guardian Angel
9. Wonders of Life

NewAge-Celtic

잉글랜드 출신의 여성 보컬리스트 줄리아나는 힐링뮤직과 셀틱 음악을 행하는 루얼린Llewellyn의 파트너이다. 메드윈 굿달Medwyn Goodall의 《Comet, 1999》과 테리 올드필드Terry Oldfiled의 《Across the Universe, 2000》에서 그녀의 맑고 고운 보이스를 과시한 바 있다.

그녀의 솔로 데뷔작인 본작은 루얼린의 걸작 《Moonlore, 2000》의 연장선에 있는 작품으로, 거의 모든 곡을 루얼린이 작곡했다. 그녀는 수호천사, 자기 믿음, 동물들 그리고 그녀가 좋아하는 켈트와 인어의 전설 등을 담아 영혼의 안식을 위해 노래한다.

성스러운 가스펠 아카펠라로 시작되는 〈Runs with the Wind〉는 본작에서 가장 돋보인다. 루얼린의 몽환적이고도 서정적인 켈트의 음률 속에서 잔잔히 공명되는 그녀의 보이스는 '그가 천상으로 안내하듯 다가올 때 그리고 미소 지을 때 나는 그에게서 특별한 사랑을 느끼네'라고 노래한다.

〈Arianna〉는 고대 희랍신화에 등장하는 테세우스의 연인 아리아드네가 고향으로 가서 돌아오지 않는 그를 기다리는 심정을 담은 것이다.

엔야Enya가 《Shepherd Moons, 1991》에서 노래한 Balfe의 고전 〈Marble Halls〉를 그녀의 샘솟는 듯한 달콤함으로 들을 수 있다.

호숫가에 이는 스산한 바람에 이어 들려오는 여인의 비가 〈Sacred Lake〉는 반전反戰에 대한 간절한 기도이다.

잔물결을 가르며 환상의 목소리로 남자들을 유혹하는 인어의 노래 〈Mermaids〉는 루얼린의 키보드가 마법적인 기운을 발하는 걸작품이다. 인어의 유혹에 루얼린은 '나는 물속으로 뛰어들 수 없네. 나에겐 아내와 아이들이 있어. 많은 남자들이 그들의 삶을 잃었네. 나는 물속으로 뛰어들 순 없지만, 당신이 나를 부르는 소리를 듣네.'라고 답가를 한다.

전 세계 여성들에게 전하는 희망과 사랑의 메시지 〈Woman Wisdom〉에 이어 자신의 온유한 마음을 노래한 푸른 빛깔의 〈Lapis Heart〉, 하프가 이끄는 천국의 길 〈Guardian Angel〉, 그리고 웅대한 행진곡풍의 〈Wonders of Life〉는 사랑의 환희를 노래한 팝 발라드이다.

여성 특유의 여리고 미세하며 포근한 감성을 잘 표현했던 잉글랜드의 줄리아나는 사랑의 전도사로서, 푸르고 감미로운 셀틱 복음을 전하고 있다.

Kamal
Silhouette

Nightingale | NGH-332 | 1989

1. Oregon Hills
2. On My Wings
3. Bonjour Nico
4. Shakuhaji Tales
5. Silhouette
6. Ebony Forrest
7. Sundance
8. Good Night

NewAge-Healing

카말은 명상가이자 수행자이기도 한 마틴 위버셸프Martin Oberschelp의 프로젝트로, 산스크리트어로 연꽃을 의미한다. 1956년생으로 독일 뒤셀도르프의 로버트 슈만 음악학교에서 클래식기타를 전공하였으나, 이에 한계를 느껴 재즈와 록밴드에서 베이스 연주로 선회했다. 1984년에 이르러 신시사이저와 전자악기를 접한 뒤 보다 복잡한 기악곡의 연주와 편곡의 가능성을 발견하고 1987년에 독일 뉴에이지의 명가 나이팅게일에서 고전으로 기록되는 본작을 발표하면서 현재까지 명상과 힐링뮤직의 거목으로 평가받고 있다.

그는 육체와 정신과 마음의 균형 잡힌 에너지를 지향하며, 스스로 치유되고 평정할 수 있는 내면의 거울과도 같은 음악을 창조한다. 그래서 침잠된 내면에 활기를 불어넣는 부드럽고도 다이내믹한 멜로디가 특징이다.

1990년대 초반에 본작은 국내에 라이선스로 소개되었고, 석양이 강물에 대칭되어 비치는 아름다운 커버보다 더 매혹적인 음악은 방송에서 많이 사용되었다.

광활한 공간 속에서 피어나는 맑고 투명한 멜로디 라인과 몽글몽글 샘솟는 신시사이저의 구슬과도 같은 음향들이 조화로운 율동을 보이는 〈Oregon Hills〉는 차분한 서정과 들뜬 발랄함, 강한 열정과 여린 슬픔을 오가며 감정의 굴곡을 아름다움으로 메운다.

우리의 내면에 날개를 달아주는 유연자적의 작품 〈On My Wings〉에서는 생기 있는 리듬 위로 번지는 단아한 동방의 선율에 매료된다.

방송음악으로 사용된 경쾌하고도 달콤한 작품 〈Bonjour Nico〉는 낙관과 희망의 향료를 선물한다.

사쿠하치의 아련한 메아리가 가슴 깊이 울리는 〈Shakuhaji Tales〉은 슬픔과 아픔을 위로하는 뜨거운 눈물의 시가이다.

플루트의 따스하고 서정적인 멜로디가 여유롭게 이완되는 〈Good Night〉은 긴장을 풀어주는 아로마향이 번진다.

그의 연금술 같은 치유와 명상의 선율은 《Blue Dawn, 1989》와 《Mysterious Traveller, 1992》 등의 걸작들로 이어졌고, 동양적인 운치를 재현한 타이틀곡이 멋진 《Papillon, 1998》은 미국의 NAV가 당해 선정한 'Best Ambient-New Age Music' 수상작이기도 하다. 지금은 호주에서 음악과 함께 수행하고 있으며, 다른 음악가들의 음악도 프로듀스하고 있다.

Nightingale | NGH-307 | 1989 (1985)

1. Clouds & Wings
2. Wu-Wei
3. Fantasy Dancer
4. Back Home
5. Commune
6. Sounds of the Heart
7. Relax
8. Inner Flame
9. Sounds of the Heart II

NewAge-Healing

카루네쉬는 1956년에 독일 켈른에서 출생한 브루노 로이터Bruno Reuter의 프로젝트로, 육체와 정신 그리고 영혼을 위한 명상과 퓨전음악을 행한다.

그의 첫 직업은 그래픽 디자이너였으나, 치명적인 오토바이 사고로 사경을 헤맨 2주간의 경험이 영혼에 대해 깊은 관심을 가지게 하였고, 곧 인도 아쉬람으로 거처를 옮기게 된다. 거기서 만난 수행자들의 모습에서 참선과 명상을 통해 현실의 고뇌에서 벗어나고 보다 영혼의 안식을 위한 자신의 업으로 음악을 선택하는 결정적인 이유가 되었다.

힌디어로 연민과 동정의 신을 지칭하는 카루네쉬로 이름을 정하고, 1984년 참선으로 저명한 나이팅게일 레이블을 통해 데뷔작《Sounds of the Heart》을 공개, CD로 1989년에 재발매되면서 음악가로서의 명성이 시작되었다.

뉴에이지 고전인 본작은 1990년에 국내에 라이선스로 소개되기도 했는데, 탐스러운 붉은 목단꽃이 그려진 커버의 담채화에서 느껴지듯 아름다운 선율에는 자연의 아름다운 향이 그윽하다. 동양적인 키보드의 맑은 선율이 부분적으로 기타로 Kitaro를 연상시키기도 하지만, 보다 가볍고도 단순한 멜로디에 풍성한 화성이 곁들어져 풍성하고도 달콤한 인상마저 준다.

유유한 선율이 연못 위로 흰 구름과 하늘을 그리는 〈Clouds & Wings〉은 담백한 평화 찬가로, 그의 대표곡이 된 지 오래되었다.

중국의 도Tao의 개념으로 순리 혹은 순환을 의미하는 〈Wu-Wei〉에는 생명수가 졸졸 흐른다.

방송과 광고로 많은 사랑을 받았던 소품 〈Back Home〉는 오랜 수행과 방랑을 마치고 귀향한 기쁨을 아기자기하고도 상큼한 음색들로 채워 넣었다.

쿠스코Cusco의 사운드를 연상시키는 〈Commune〉에 이어, 내면 탐험을 위한 성찰 음악 〈Sounds of the Heart〉가 애틋하고도 서정적인 마법으로 상념을 비워낸다.

개인적으로 애청하는 〈Relax〉는 마음의 상처를 따사롭게 감싸주는 치유음악이며, 생동과 활력을 차분하게 실어주는 〈Inner Flame〉역시 싱그러운 건강음악이다.

물이 흐르고 새가 지저귀는 마음속 낙원의 풍경 음악 〈Sounds of the Heart II〉에는 은은한 연꽃의 향이 피어오른다.

Karunesh
Colours of Light

Karunesh

colours of light

...a journey of the heart

Nightingale | NGH-308 | 1989 (1987)

1. Japanese Spring
2. Sweet Dreams
3. Dawnlight
4. Galadriel
5. Love Song
6. Lightdance
7. Magic Fields
8. Fantasy in Blue
9. Schabono
10. The End of a Day

NewAge-Healing

데뷔작 《Sounds of the Heart》와 함께 국내에 라이선스로 소개된 두 번째 앨범 《Colours of Light》도 뉴에이지의 클래식으로 평가받고 있다. 그의 음악이 생소하지 않고 친숙한 것은 동양적인 감성의 멜로디를 소유하고 있다는 것인데, 맑고 가벼운 사운드 스케일과 함께 부담스럽지 않은 정감을 만들어가며 휴식과 상상의 세계로 초대한다.

꽃내음이 흐르는 봄의 왈츠 〈Japanese Spring〉에는 어김없이 아시아 특유의 아련한 감상을 불러일으킨다. 쿠스코Cusco의 사운드를 연상시길 만큼 정겹다.

가볍고 소박한 낙원의 자장가 〈Sweet Dreams〉는 맑고 순수한 동심을 위한 희망과 꿈을 노란색으로 풀어놓는다.

글쓴이가 애청하는 〈Dawnlight〉은 서서히 흑백에서 자연이 색을 입는 찬란함이 따스함과 함께 은은하게 전해지며 애틋한 감동이 고인다.

계시와 물의 천사 〈Galadriel〉는 물안개와 함께 퐁퐁 샘솟는 물가를 중심으로 환상적인 동화 속 풍경이 연출되는데, 그 싱그러운 초록의 경쾌함이 매우 활기차다.

포근한 로맨틱 송 〈Love Song〉은 플루트의 부드러운 키스로 가득하며, 방송을 통해 잘 알려진 〈Lightdance〉는 역동적으로 발산되는 남성적인 매력을 풍긴다.

고요한 평화를 느낄 수 있는 〈Magic Fields〉는 소지로Sojiro의 토양을 연상하게 하며, 현대적이고 세련된 감각의 소프트재즈 〈Fantasy in Blue〉는 감미로운 도시 감성을 심어준다.

남미의 오두막을 지칭하는 〈Schabono〉는 맑은 건반의 스케치로 탁 트인 넓은 초원 위에 활력 있는 낭만을 채운다.

육체와 정신이 맑아지는 〈The End of a Day〉는 몽롱한 향기에 기분 좋게 취하게 되는 안식의 노래이다.

그의 뉴에이지 음악은 행복을 부르는 찬가이다.

1992년부터 하와이로 거주지를 옮겨 음악 작업을 해오고 있지만, 이와 같은 그의 초창기 사운드는 더욱 단단하게 뿌리를 내렸고, 20여 장의 디스코그래피는 굳건한 사랑을 받고 있다.

Karunesh
Global Spirit

Oreade | TAW 60342 | 2000

1. Call of the Tribes - *remix*
2. Ancient Secrets
3. Punjab
4. Native Rituals
5. Kubula Ma
6. Alibaba
7. Earthsong
8. Bombay Pure
9. Solitude
10. Earthsong - *reprise*
11. Earth Spirit - *bonus track*

본작은 뉴에이지뿐만 아니라 월드뮤직, 라운지 음악 애호가들에게도 환영받고 있는 카루네쉬의 베스트셀링 앨범이다.

앰비언트 일렉트로닉스의 질감과 특유의 동양적인 멜로디에 월드 비트와 민속 구음들을 잘 섞어낸 명작으로, 그동안 명상 음악가로서 명성을 얻었던 그의 음악 행렬은 본작에 이르러 다양성을 모색했으며 풍성한 사운드로 성공을 거두었다.

지구상에 흩어진 독특한 문화환경 속으로 재빠르게 공간여행을 하는 〈Call of the Tribes〉에는 삶의 애환을 녹여낸 춤사위가 이어지며, 〈Ancient Secrets〉에는 고대문명의 주술과 리듬이 지축을 흔든다.

인도 북서부에서 파키스탄 중북부에 이르는 광대한 농업지구 펀자브의 모습을 그린 〈Punjab〉는 심금을 울리는 구슬픈 여성 구음이 매혹적인 명연이다. 트랜스의 타블라Tabla, 감정을 증폭하는 댄스 리듬, 뜨거운 바이올린과 사쿠하치의 긴 한숨은 세계적인 프랑스의 라운지 앨범 《Nirvana Lounge》에  커트되기도 했다.

젊음과 용기를 구원하는 제례의식이 펼쳐지는 〈Native Rituals〉는 다  이내믹한 리듬에 반복적인 멜로디의 힘이 실리며, 흥겹고도 맑은 〈Kubula Ma〉에는 아프리카가 노래하는 삶의 축가가 이어진다.

아라비안나이트로 초대하는 〈Alibaba〉는 이슬람의 민속악기 나이 플루트와 수피 Sufi의 구음 등으로 신에 대한 찬양을 올린다.

이와 함께 프랑스 파리의 명물 부다바Buddha-Bar가 발매하는 컴필레이  션 앨범에 커트된 〈Solitude〉은 밤의 우울한 서정을 아시아풍으로 은은하게 채색한 걸작이기도 하다.

대지의 신에게 올리는 풍요를 기원하는 축시 〈Earthsong〉, 기타리스트  고비Govi가 참여한 〈Bombay Pure〉에는 진한 시타르Sitar의 몽환이 공기 중에 퍼진다.

2007년에 재발매된 버전에 보너스로 수록된 〈Earth Spirit〉은 부드러운 여성들의 민속 구음과 플루트 그리고 전자기타가 안식의 자장가를 슬피 목 놓아 부른다.

그의 훌륭한 월드 라운지에는 타문명의 강줄기가 한데 모이는 거대한 바다가 있다. 매혹의 물결로 일렁이는 황홀한 풍경이다.

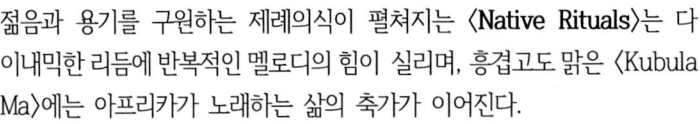

Keiko Matsui
Deep Blue

Planet Joy, A-Pro C&C | APCP-1087 | 2001

1. Deep Blue
2. Water for the Tribe
3. Across the Sun
4. Trees
5. Mediterranean Eyes
6. Rose in Morocco
7. Moonflower
8. Crescent Night Dream
9. To the Indian Sea
10. Mystic Dance
11. Midnight Stone - *Piano Solo*
12. Deep Blue - *Piano Solo*

NewAge-Jazz, NewAge-Instrumental

1961년 일본에서 태어나 도쿄에서 성장한 그녀는 5세 때부터 피아노 레슨을 시작했고, 팝가수 스티비 원더Stevie Wonder에서부터 고전음악가 라흐마니노프Rach -maninoff, 영화음악가 모리스 자르Maurice Jarre 그리고 퓨전재즈의 칙 코리아 Chick Corea에 이르기까지 폭넓게 영향을 받으며 고교 시절에 이미 작곡을 시작했다. 이후 일본여성대학으로 진학하여 아동문화학을 전공했지만, 야마하 음악 재단의 프로그램을 통해 음악교육을 계속 받을 수 있었다. 졸업 후 여성 퓨전그룹 Cosmos를 결성하여 활동했으나, 4장의 앨범을 발표했음에도 큰 주목을 받지는 못했다. 그러나 인생의 전환점이 된 계기는 사쿠하치 연주자이자 프로듀서인 카즈 마츠이Kazu Matsui와 1986년 결혼하여 미국으로 건너가면서부터이다. 자주제작한 데뷔작 《A Drop of Water, 1987》가 L.A. Times를 비롯한 각종 매체로부터 찬사를 받게 되었고, 이후 발표하는 앨범들은 각종 차트를 점령한다.

그녀의 감미로운 소프트재즈는 클래식과 팝 사이에 균형과 조화를 유지하며 싱그러운 피아노의 음색을 빌어 생기를 불어넣는다. 이 달콤한 매력에 거의 모든 음반들이 국내에 소개되었다.

미국에서는 나라다 레이블을 통해 소개된 본작은 마치 어머니의 뱃속에서처럼 몸을 웅크리고 잠이 든 듯한 커버가 호감이 간다. 그녀는 생명과 사랑과 여성으로서의 바다를 꿈꾸고 있다.

이미 드라마에 삽입되어 많은 인기를 끌었던 타이틀곡 〈Deep Blue〉은 심연에서부터 우러나오는 푸른 사랑의 광시곡으로, 후반의 트립합 비트에 실리는 열정적인 즉흥이 너무나 영롱하다.

도회지적인 세련미로 매혹을 발하는 퓨전재즈 〈Water for the Tribe〉에 이어, 〈Across the Sun〉는 상큼한 들꽃의 향기와 함께 고혹적인 자태로 춤추는 여인을 위한 무대가 펼쳐진다.

남편의 사쿠하치와 협연한 〈To the Indian Sea〉은 기승전결의 아름다운 서사를 들려주는 동양의 재즈 심포니이다.

애잔한 피아노의 드라마 〈Mystic Dance〉에는 끊임없이 파도와 같은 상념들이 밀려온다.

그녀의 피아노 터치는 날아갈 듯 가볍다. 정교한 멜로디 뒤에는 항상 재즈 즉흥이 꼬리를 문다. 비교적 단순한 이 구성은 섬세한 호흡으로 긴 여운을 남긴다.

Kenny Wen

A Flower is Not a Flower

Elite Music, Fun House | FHCO-1001 | 1996

1. A Flower is not a Flower
2. A Cat Named Ken
3. Selina's Song
4. Read My Mind
5. Between E and F
6. A Widow's Clock
7. Kite
8. I Can't be Your Man

NewAge-Instrumental

케니 웬의 네 번째 앨범 《Er-hu Game, 1992》은 라이선스로 소개되어 중국의 전통악기 얼후의 아름다움을 전했다. 그중 알비노니Albinoni의 〈Adagio〉가 국내 유명 아이돌 그룹의 팬픽Fan-Fic「사형수의 일기」에 사용되면서 많은 누리꾼들과 팬들의 주목을 받았다. 이 라이선스 앨범의 설명을 덧붙여본다.

대만 출신 케니 웬温金龍은 4세 때부터 피아노와 바이올린을 그리고 10세 때 천부적인 재능을 눈치 챈 선생님의 배려로 호금Erhu을 배우기 시작했다.

중학교 재학 시 이미 지역별 각종 음악대회에서 두각을 나타내어 호금 부문 일등상을 여러 차례 차지하기도 했다. 1981년 대만 건국 70주년 기념음악대회에서 대상을 수상하고, 독주회를 통해 중국 국악계의 천재로 알려지기 시작하면서 10대 우수 청소년에 뽑히는 영예를 안는다. 이외도 1983년과 1989년 두 번에 걸쳐 남아프리카공화국 Roodepoort-Eisteddfod 국제음악대회에서 민속악기 부문 금상 및 대상을 차지하며 중국 음악의 국제화에 공헌했다.

1991년 런던 모차르트 교향악단과 모차르트 〈바이올린협주곡 K216〉을 협연했으며 실황 앨범을 출반하는 등 끊임없이 음악적 기량을 과시하고 있다.

많은 사랑을 받고 있는 타이틀곡 〈A Flower is not a Flower〉은 류이치 사카모토Ryuichi Sakamoto가 작곡한 것으로, 중국의 당송팔대가 중의 한 명이었던 백거이白居易의 이루어질 수 없는 사랑을 노래한 한시 '화비화花非花'에 영감을 받았다. '꽃은 꽃이 아니고, 안개는 안개가 아니네. 깊은 밤에 찾아와, 날이 밝아 떠나가네. 찾아올 때는 봄날의 꿈처럼 잠깐이었건만, 떠나갈 땐 아침 구름처럼 흔적도 없네'

〈A Cat Named Ken〉는 다운템포의 세련된 발라드이며, 〈Read My Mind〉는 쓸쓸한 피아노 연주와 함께 애간장을 녹이는 얼후의 열정이 서서히 불타오른다.

브라스가 가미된 힙합 재즈 〈Between E and F〉에 이어, 〈A Widow's Clock〉에는 박력 있는 퍼커션이 강렬하게 비통한다.

사카모토의 작품인 〈Kite〉는 감각적인 힙합 비트가 만들어 내는 광활한 공간 속으로 얼후의 주선율이 교차하는 퓨전이다.

본작은 밤에 더 잘 어울린다. 감상적인 가을밤에 방에는 또 하나의 달이 차오르며 우리는 바람에 흔들리는 달맞이꽃이 된다.

Kevin Braheny
Galaxies

Hearts of Space | HS11004 | 1988

1. Galaxies Main Theme
2. Starflight 1
3. Ancient Stars
4. Milky Way Rising
5. Galactic Sky
6. The Southern Cross
7. Starflight 2
8. The Pleiades
9. Starflight 3
10. Winds (Proxima Centauri)
11. Intergalactic Space
12. Ice Forests of Orion
13. Lookback Time
14. Going Home
15. Starflight 4
16. Down to Earth

NewAge·Electronic·Ambient·Space

스페이스 뮤직의 일류 아티스트인 케빈 브라히니는 1952년생으로, 4세 때부터 피아노를 배웠으며 7세 때 작곡을 시작하였다. 11세 때 신시사이저 모듈인 Wood-winds를 다루었고, 일찍부터 재즈와 빅밴드, 펑크와 록을 경험할 수 있었다.
1971년에 일렉트로닉 뮤직이라는 신조류를 알게 된 후, 무그 신시사이저의 선구자인 말콤 세실Malcolm Cecil과 함께 작업했다. 1978년에는 이 아날로그 신시사이저보다 앞선 시스템을 직접 조립하였으며, 엔지니어와 프로듀서로 활동한다. 표현력 있는 사운드를 찾기 위해 장비들을 새로이 조작해 보고 창조를 거듭하는 방식을 취하면서 완성된 그의 스페이스 뮤직은 그에게 있어서 가장 본질적인 언어적 수단이라 말한다.
데뷔작인 《Lullaby for the Hearts of Space, 1980》는 라디오 쇼 「Hearts of Space」를 위해 녹음된 것으로, 그의 독창적인 Woodwinds 신시사이저 모듈에서 얻어낸 심포니를 경험할 수 있다.
대곡 구성의 《The Way Home, 1984》은 스페이스 뮤직의 명반으로 평가받았다. 특히 「나디아 연대기」 원작자인 C.S. Lewis의 동명의 공상과학소설을 읽고 난 후 1978년에 작곡된 〈Perelandra〉는 우주의 순환을 그리고 있는 명곡이다.

본작은 베스트셀러 도서 「Galaxies」의 저자인 Timothy Ferris가 제작하고 케빈 브라히니가 음악을 맡은 국제 신디케이트 플라네타리움 쇼의 오리지널 사운드트랙으로, 역시 우주음악의 걸작으로 평가받고 있다.
〈Starflight 1〉은 언제 들어도 그 환상적인 실재감의 전율을 절감하게 된다. 관악의 팡파르가 울리고 탄생하는 별들의 축제는 눈부시다.
〈Milky Way Rising〉의 달콤한 우주적 낭만은 고요로 시작하여 포근한 바람으로 감싸 안는다.
〈Intergalactic Space〉는 은하계 사이 공간을 면밀하게 훑는 관찰자의 오묘하고도 긴장 어린 마음을 엿볼 수 있다.
〈Going Home〉에서 들려주는 우주적인 온화함에는 아름다운 우수가 흐르며, 〈Starflight 4〉의 따사로운 환영감은 귀향을 축하한다.
〈Down to Earth〉는 재지한 찬가로 우주 속의 푸른 지구를 조망한다.

월식이나 수퍼문이니 하는 천체 이벤트가 메스컴을 통해 전해지기도 하는데, 본작을 재생시키면 감상실에 고요한 은하의 세계가 열린다.

Kevin Kern
In the Enchanted Garden

Real Music | RM2525 | 1996

1. Through the Arbor
2. Sundial Dreams
3. The Enchanted Garden
4. Butterfly
5. Straw Hats
6. Another Realm
7. Water Lilies
8. Fairy Wings
9. Paper Clouds
10. After the Rain

New Acoustic, NewAge-Instrumental

케빈 컨은 Real Music 레이블의 대표적인 아티스트로 성장했다. 맹인이라는 핸디캡에도 불구하고, 미묘한 터치로 내밀한 감정을 섬세하게 채색하는 예술가적 감성은 팬들의 뜨거운 주목과 사랑을 받기에 충분했다. 국내에서도 그의 대부분의 앨범들이 소개되어 가장 인기 있는 뮤지션 중 한 사람이 되었다.

데뷔작인 본작은 곱게 정제된 선율을 가지고 있으며, 이 선율들이 연계되면서 그려내는 스토리 역시 수필류의 진솔함과 생활 속에서 순간순간 받게 되는 짧은 감동들을 바탕으로 하고 있다.

그는 멜로디 라인 위주로 음악을 끌고 나가 쉽게 감성에 빠진다거나 여러 번 듣게 되면 쉽게 질린다거나 하는 우려를 인상주의적인 이미지 터치로 극복했다. 다른 악기들을 서버로 하여 메인악기인 피아노를 돕도록 고안하고 있다.

이미 대표곡으로 자리 잡은 〈Through the Arbor〉에는 갈색과 녹색의 자연 향이 부드럽게 감도는 나무그늘 아래의 휴식 음악이다.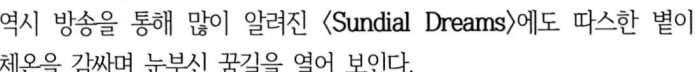

역시 방송을 통해 많이 알려진 〈Sundial Dreams〉에도 따스한 볕이 체온을 감싸며 눈부신 꿈길을 열어 보인다.

〈The Enchanted Garden〉에는 화려한 꽃잎이 바람에 떨어질 때 느끼는 아련한 애상감이 함께 밀려오는데, 맑은 포크기타의 서정도 가미되어 향기가 잔잔히 머문다. 역시 뉴에이지 팬들의 오랜 애청곡이다.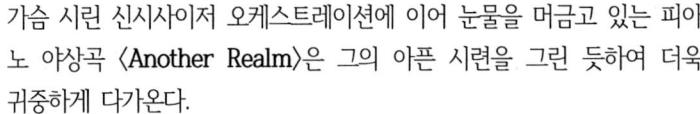

가슴 시린 신시사이저 오케스트레이션에 이어 눈물을 머금고 있는 피아노 야상곡 〈Another Realm〉은 그의 아픈 시련을 그린 듯하여 더욱 귀중하게 다가온다.

〈Water Lilies〉은 온화한 앙상블을 들려주고, 〈Fairy Wings〉는 클래시컬한 터치가 남기는 여운의 깊이로 낙관적인 묵상에 빠져들게 한다.

초록에 떨어지는 투명한 피아노 빗방울이 인상적인 〈After the Rain〉은 금방이라도 잠들 것만 같은 평화롭고도 나른한 서정이 이어진다.

거대한 프랑스식 정원의 아름다움을 담은 커버처럼, 본작은 회색 콘크리트 환경의 도시인들을 위한 정원 음악이다. 잎이 무성한 나무그늘 아래 등나무의자에 누워 책을 읽으며, 맨발로 잔디를 밟고 한적한 주말 오후를 보내는 영화 같은 전원 생활은 아마 모든 도시인들이 꿈꾸는 낭만일 것이다. 이러한 매혹과 동경은 케빈 컨의 낙관적인 시선으로 새롭게 스토리텔링 된다.

Kevin Kern
Summer Daydreams

Real Music | RM 2575 | 1998

1. Le Jardin
2. Once in the Long Ago
3. Twilight's Embrace
4. Water Tapestry
5. Pan's Return
6. Pastel Reflections
7. Whisperings
8. Summer Daydreams
9. Dance of the Dragonfly
10. Return to Love

NewAge-Acoustic

1958년생인 케빈 컨은 케빈 락 깁스Kevin Lark Gibbs가 본명으로, 시각장애인으로 태어났다. 성탄절과 인접한 생일 때문이었는지 그는 생후 18개월이 지나면서 캐럴송 〈Silent Night〉의 멜로디를 피아노로 연주한다. 4세 때 본격적인 피아노 레슨이 따랐고, 8세 때 곡을 쓰기 시작했으며, 14세 때 대중 앞에서 연주했다.

장애와 타협하지 않고 음악에 대한 집념 하나로 미시간 음대와 뉴잉글랜드 음악원 등을 거치며 사회에서 연주활동을 하던 그는 Real Music 사주 테렌스 얄롭Teren-ce Yallop에 발탁되어 세계적인 뉴에이지 피아니스트가 되었다.

본작은 그의 나이 불혹不惑에 발표된 세 번째 앨범으로 국내에 처음 그의 이름을 알린 명작이다. 자신의 피아노와 신시사이저 외에 게스트의 바이올린, 첼로, 클라리넷, 프렌치 혼 등의 실내악 구성으로 아련한 서정을 화폭에 담았다.

커버에는 인상파의 대표적인 화가 모네Claude Monet가 말년에 파리 근교의 전원도시 지베르니Giverny에 머물면서 자신의 예술적 판타지를 끌어내려 조성했던 정원Monet's Garden의 무지개다리를 포착하고 있다. 수련이 떠있는 연못 위의 일본식 다리에 살포시 내려앉은 아름다운 계절감을 케빈 컨은 모네의 시선보다 더 깊은 예감으로 그렸는데, 이가 우리의 마음을 감화시킨 〈Le Jardin 정원〉의 선율이다. 그는 모네의 정원을 단 한번도 보지 못했지만, 보다 이상적 정원의 시간적 추이를 우아하면서도 섬세한 터치로 재현했다.

눈시울을 촉촉이 적셔주는 〈Pastel Reflections〉는 볼 수 없는 그의 청회색 빛 눈동자에 비친 세상의 모습으로 비유되어 가슴이 아프다.

〈Summer Daydreams〉은 따사롭고 나른한 기온 속에서 여름이란 상상의 풍경을 그려보는 동심 어린 순수의 시간이다.

자유로운 신체에의 열망이 담긴 〈Dance of the Dragonfly〉는 멈춤과 비행이 자유로운 부드러운 율동이 전해지는 곡으로, 역시 방송을 통해 많은 사랑을 받았다.

클라리넷의 목가에 이은 피아노 로망스 〈Return to Love〉로 사랑이 넘치는 큰 세상을 위한 풍경화를 그려간다. 참고로 마지막 곡은 드라마 「가을동화」에 삽입되었다고 한다.

그가 그리는 세상은 분명 우리가 바라보는 것보다 아름다울 것이라는 생각을 하게 된다. 수차례나 내한하여 뜨거운 환호를 받았던 그는 무대로 사랑을 전도한다.

Kheops
Blue Siroco

Huks Music | DBKHD0215 | 2003

1. Southern Cross
2. The King's Twilight
3. After the War - *2003 Remix*
4. Window on the Sea
5. Liberty Wind - *2003 Remix*
6. The Cursed Island
7. Journey of Winter
8. The Red Seagull
9. Seoul by Song 2
10. A Prayer for the World
11. Blue Siroco
12. Knight of Oceans
13. Wind of Asia
14. Seoul by Song 1

NewAge-Ambient, NewAge-World,
NewAge-Classical Chant·Pops (Vocal)

방송광고를 통해 먼저 알려지긴 했지만, 피아노 일색인 국내의 뉴에이지 시장에서 에스닉풍의 음악이 라이선스 되었다는 사실만으로도 퍽 놀랍다.

케이옵스는 프로듀서 티모시 하겔슈타인Timothy Hagelstein의 아이디어로 결성되어 작곡가 애릴 로리Aril Laury가 리드하는 벨기에 그룹으로, 데뷔작 《Pyramix, 1995》와 국내에 첫 소개된 2집 《Balkans, 2000》이 발매되어 벨기에 특유의 깔끔한 곡 구성과 특징적인 에스닉 믹스를 과시한 바 있다.

2003년에 그들의 세 번째 작품이 국내에 공개되었는데, 예전보다 훨씬 업그레이드된 면모를 보여주고 있는 걸작이다. 게다가 〈진도아리랑〉을 샘플링한 월드퓨전 〈Seoul by Song 1 & 2〉로 한국 팬들에 사랑을 전했다.

지중해의 남쪽에서 불어오는 열풍인 시로코Sirocco의 근원을 향하는 〈Southern Cross〉는 마치 주의경보를 알리는 사이렌처럼 강렬한 멜로디와 벅찬 비트로 오감을 곤두서게 하는 글로벌 퓨전의 걸작이다.

월드비트에 무거운 그레고리안 성가가 실리는 〈The King's Twilight〉는 Gregorian의 음악을 팝재즈와 접목한 듯한 인상이다.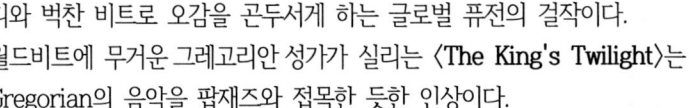

《Balkans》에 수록된 〈After the War〉와 〈Liberty Wind〉를 새로운 버전으로 들려주고 있는데, 원곡을 링크해 본다.

킹즈 싱어즈King's Singers가 참여한 듯한 〈Journey of Winter〉는 달콤하고도 담백한 허밍이 매혹의 팝 발라드를 들려준다.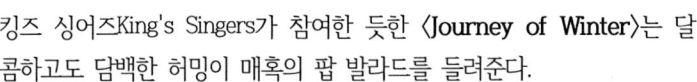

리드미컬한 비트와 신선한 신시사이저가 결합되는 〈The Red Seagull〉은 테크노 우주음악처럼 경쾌하며 흥겹다. 샘플링과 프로그래밍이 단연 돋보이는 이색작이다.

〈Wind of Asia〉에서는 중국의 북과 일본의 피리 그리고 타이의 구음 등 많은 요소들을 믹스하여 하나가 된 조형언어로 보여준다.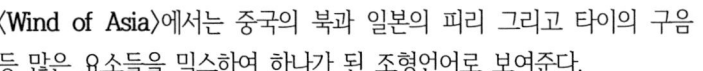

본작은 너무나 거세다. 푸른 열풍의 근원은 케이옵스이며, 그가 불러일으키는 푸른 열풍에 세상이 휩싸일 듯이 강렬하다.

"문화란 전 세계 사람들 사이의 조화와 평화에서 나오는 것이라고 생각한다. 케이옵스의 음악에는 국경이나 민족주의가 없다. 우리는 서로 다른 차이를 가진 세상들이 정신적인 하나가 됨을 꿈꾸고 음악은 거기에 다다를 수 있게 도울 수 있다고 생각한다."

Kim Skovbye
Aftermath

Fønix Musik | FMF1066 | 1993

1. Childhood Days
2. Parka
3. Portait of an Angel I
4. Portait of an Angel II
5. Chinese White
6. St. Michelle
7. Interfaces I
8. Afterglow
9. Interface II
10. Bells
11. Air
12. Aftermath

NewAge-Instrumental

북구 특유의 천상의 하프 선율을 들려주는 킴 스코비는 1955년 덴마크 코펜하겐에서 태어났다. 9세 때 기타 레슨을 시작으로 바이올린, 하프, 덜시머, 만돌린, 시타르, 부주키와 신시사이저 등을 배웠다. 그 후 포크그룹의 멤버로 활동하며 1978년에 앨범을 냈다. 솔로 앨범 《Shadow Boxer, 1986》 이후 클라우스 쉐닝 Klaus Schønning과 함께 《Scandinavia, 1990》와 《Heartland, 1991》를 발표하며 뉴에이지 음악에 첫발을 딛는다.

본작은 그의 3집으로, 전작들과 마찬가지로 클라우스 쉐닝과 비올라 연주자 모겐스 라스뮤젠Mogens Rasmussen이 게스트로 참가하고 있으며, 효과음과 악기들을 적절히 배합히여 단이하면서도 징돈된 사운느를 들려주는 그의 대표작이다.

코펜하겐에서의 어린 시절을 되돌아보며 작곡한 〈Childhood Days〉는 시크릿 가든Secret Garden의 사운드를 연상시키는 바이올린 비가이다.
〈Parka〉는 비올라를 연주해 주고 있는 라스뮤젠이 작곡했다. 이제는 작아져 버린 어린 시절 입던 파커를 소재로, 한 개구쟁이의 즐거웠던 시간들을 정겨운 선율로 경쾌하게 채색한다.
〈Portrait of an Angel Part I〉은 천사의 존재에 대한 어린 시절의 믿음이 사라진 현실의 서글픔이 녹아있고, 〈Part II〉는 그 시간으로 되돌아가서 천사의 자장가를 듣는 듯한 동화적인 분위기를 풍긴다.
바람과 소의 울음소리로 시작하는 〈Chinese White〉는 키보드 사운드 위로 바이올린과 비올라가 현악3중주처럼 서정적인 실내악을 구사하고 후반의 악센트를 시타르Sitar로 강조하는 아름다운 곡이다.
〈St. Michelle〉은 그의 친구에게 바치는 우정의 작품으로 아코디언과 기타가 대화하는 듯하다.
그의 최고 명곡인 〈Aftermath〉는 천둥과 빗소리와 함께 그의 바이올린과 덜시머 연주가 멜로디를 이끌어갈 즈음 덴마크를 대표하는 아트록 그룹 새비지 로즈Savage Rose의 여성 보컬리스트 아니세테 한센Annisette Hansen의 포효와 같은 애상의 스캣이 청자의 감성을 뒤흔든다.

이후 그는 이채로운 작업을 행하였는데, 톨킨Tolkien의 신비로운 소설 「호빗의 이야기」를 음악으로 쓴 《There And Back Again, 1997》과 영화 「반지의 제왕」을 재구성한 《The Rings vol 1&2, 2002, 2003》 3부작을 완성하였다.

Kitaro
Dream

DREAM | KITARO

FEATURING VOCALS BY JON ANDERSON

Geffen | GEFD-24477 | 1992

1. Symphony of the Forest
2. Mysterious Island
3. Lady of Dreams - *J. Anderson*
4. A Drop of Silence
5. A Passage of Life
6. Agreement - *J. Anderson*
7. Dream of Chant - *J. Anderson*
8. Magical Wave
9. Symphony of Dreams
10. Island of Life - *J. Anderson*

NewAge-Electronic·Ambient

'동방의 반겔리스Vangelis'로 불리는 1953년생 일본의 전자음악가 기타로는 본명이 다카하시 마사노리Takahashi Masanori로, 고교 시절 R&B 그룹 Otis Redding의 음악에 고무되어 전자기타를 독학하게 된 것이 음악을 향한 첫발이었다.

1970년대 초 The Far East Family Band라는 록그룹을 결성하고 2매의 프로그레시브록 앨범을 냈으며, 1972년 유럽투어 때 독일의 혁신적인 전자음악가 클라우스 슐체Klaus Schulze를 만나면서 신시사이저의 그 무한한 사운드의 매력으로 항로를 변경한다. 첫 독집《Astral Voyage, 1978》을 시작으로 고행하는 음악적 구도자로서의 깨달음을 음악에 녹여내며 현재까지 그는 동방의 선율을 대표해오고 있다. 그레이트풀 데드The Grateful Dead의 드러머 미키 하트Mickey Hart가 참여한《The Light of Spirit, 1997》의 〈The Field〉로 그래미의 두 번째 뉴에이지 시상식 후보에 올랐다.

본작《Dream》은 반겔리스와 수차례 협연하기도 했던 그룹 예스Yes의 보컬리스트 존 앤더슨Jon Anderson이 참여하여 보다 록적인 사운드를 열어주고 있다.

간명하지만 추상적인 판화작품으로 커버를 장식한 그의 꿈 이야기는 하늘과 땅이 잠든 녹색의 꿈〈**Symphony of the Forest**〉로 시작하는데, 단선율의 멜로디는 장대한 영화처럼 드라마틱하다.

존 앤더슨이 부드러운 음성으로 노래하는 서정적인 왈츠풍의〈**Lady of Dreams**〉은 마치 뮤지컬의 사랑의 테마를 듣는 듯 애절한 호소력과 강렬한 블루스풍의 연주가 가슴을 쓸어내린다.

파도에 떠밀려 당도하게 되는 삶의 땅〈**A Passage of Life**〉에는 플루트와 심포니가 그려가는 격동의 시간들이 밀려온다.

〈**Agreement**〉는 월드퍼커션에 선혈의 전자기타 그리고 존 앤더슨의 사랑과 신념과 자유에 대한 맹세가 비장하게 낭독되는 록오페라이다.

〈**Magical Wave**〉는 일본의 실험적인 민속극을 보고 있는 듯한데 긴장감을 최고조로 끌어올린다.

존 앤더슨의 클래시컬록 사랑의 찬가〈**Island of Life**〉로 막이 내린다.

1992년에 그래미 뉴에이지 부문 후보로 지명되었으나 수상은 불발되었다. 이듬해 올리버 스톤Oliver Stone 감독의 영화「Heaven and Earth」의 음악으로 골든글로브를 수상했다.

Kitaro
Gaia · Onbashira

Domo | 72438-45789-2-3 | 1998

1. Yamadashi
2. Misty
3. Gaia
4. Wood Fairy
5. Satobiki
6. Kiotoshi

NewAge·Electronic·Ambient

나가노현에서 약 1400년 동안 전승되어 온 온바시라Onbashira 축제는 동양의 십이간지 중 만 6년을 주기로 호랑이와 원숭이의 해에 열린다. 사전적인 의미로는 '성스러운 기둥'이란 뜻이며, 이는 축제의 가장 큰 상징물인 20미터의 길이, 3미터의 굵기, 10톤에 이르는 무게의 거목을 일컫는다. 이는 일본에서 가장 오래된 신사神社중 하나인 스와대사의 신전 기둥을 세우는 것에서 유래했는데, 먼저 신성한 산에서 목재를 벌목한 후 스와호수를 건너 4개의 신사 네 모서리에 각각 하나씩 총 16개의 기둥을 세우는 것이 그 클라이맥스이다.

가장 대표적인 구성 부문중 하나인 '야마다시Yamadashi'는 산으로부터 나온다는 의미로, 4월에 기행되며 거목에 밧줄을 묶은 채 산비탈을 타고 내려오는 과정이다. 가속도가 붙으면서 실제 사망자가 생기는 위험한 순간을 만들어내기도 한다. 5월의 '사토비키Satobiki'는 이 거목을 광장에 세우는 일종의 건축 작업으로 신사의 뼈대를 완성하는 기념식이라 할 수 있다. 그리고 이를 축하하는 기마행렬 '기오토시Kiotoshi'로 마무리된다.

기타로가 본작을 발표한 1998년에 어김없이 온바시라 축제가 열렸으며, 역시 그해 열렸던 나가노 동계올림픽 개막식에서 사토비키 부분을 연출하여 동양문화의 뿌리 깊이 연결된 도교道敎적인 철학과 사상을 세계에 전했다.

본작은 그리스 신화에 등장하는 '대지의 여신' 가이아Gaia의 신전 건축을 위한 온바시라 축제로, 우주에 깊이 잠든 가이아의 에너지를 깨워 우주적 공간에 또 하나의 우주인 인간의 내면세계를 연결하고 있다.

팬파이프의 음성과 슬라이드 기타가 아름다운 〈Yamadashi〉는 축문에 이어 산사를 진동시키는 북소리의 출몰과 함께 거대한 한판의 굿과 같은 제의가 연출된다.

〈Misty〉는 고요한 스와호수를 위한 플루트의 슬픈 자장가며, 에너지의 흐름이 폭풍처럼 펼쳐지는 〈Gaia〉에 이어, 〈Wood Fairy〉에서는 거목의 정령을 달랜다.

비 온 뒤 굳는 대지에 기둥을 세우기 위한 상정식이 열리는 〈Satobiki〉는 주술적인 피리와 남성 코러스가 엄숙하며, 〈Kiotoshi〉는 간절한 무가와 아련한 슬픔의 심포니가 웅장한 결말을 알린다.

그는 본작에서 자연이 준 리듬 위에 순수한 민속음악의 선율과 우주의 화성으로 완벽한 삼간三間의 교향시를 분출했다.

Kitaro
Thinking of You

Domo | 72438-48129-2-8 | 1999

1. Estrella
2. Mercury
3. Cosmic Wave
4. Harmony of the Forest
5. Fiesta
6. Thinking of You
7. Spirit of Water
8. Stream
9. Space II
10. Del Mar

NewAge-Electronic·Ambient

244

어린 시절 친구들이 붙여준 그의 별명 '기타로'는 '기쁨이 넘치는 남자'라는 뜻이라고 한다. 그가 국내에 이름을 알리게 된 계기는 1984년도에 국내에도 방영된 일본 NHK 다큐멘터리 「Silk Road」였다. 이 프로그램은 서방으로 전해진 비단의 이동로를 거슬러 동양문화의 전파를 살핀 것으로, 그는 제작진과 동행하며 고대 문명에서 느낀 영감을 고스란히 담아냈고, 이는 고전이 되었다.

새천년을 앞두고 발표한 본작은 자신의 분신처럼 아꼈던 피아노가 그만 수도관이 파열되는 바람에 못쓰게 된 것을 계기로 자신의 곁을 떠나간 많은 소중한 이들에 대한 감정을 표현한 작품이다. 그의 피아노 연주를 들을 수 있었다면 더욱 좋았으련만, 항상 장대한 대서사를 들려준 그의 디스코그래피에서 어쩌면 가장 개인적인 이야기를 담은 옴니버스 작품이라 할 수 있겠다.

찬란한 빛이 반짝거리는 기타로 특유의 음소와 동양적인 심포니로 우주의 탄생과 별의 생성을 그린 대서사 〈Estrella〉로 고귀한 인연에 대한 감사를 표한다.

기운생동이 끓어오르던 초창기 시절의 웅장한 스케일을 재현하고 있는 우주적 심포니 〈Cosmic Wave〉에는 마그마가 분출되는 듯한 특유의 신시사이저 음향과 코러스로 신성한 분위기를 연출한다.

깊은숨을 몰아쉬며 서서히 평정과 안식의 세계로 돌입하는 〈Harmony of the Forest〉도 특징적인 유유함과 은은함을 발산한다.

황홀한 기쁨과 우정을 나누었던 축제의 시간 〈Fiesta〉에는 애틋한 인디오 플루트의 숨결이 따뜻하게 전해온다.

얼후의 연가 〈Thinking of You〉는 슬픔이 번져가는 동양화의 담백한 멋에 젖게 되며, 신선의 낙원이 모습을 드러내는 〈Stream〉은 중국풍의 도Teo 사운드이다.

스페이스록 오디세이 〈Space II〉는 찬란하며 웅장하기 그지없는 우주 찬가이며, 온정과 사랑 그리고 희망의 미래를 비유한 〈Del Mar 바다에서〉는 바다의 일출을 짧지만 한방의 팡파르로 표현하고 있다.

《Mandala, 1994》, 《An Enchanted Evening, 1995》, 《Gaia·Onbashira, 1998》 등 다섯 번 그래미에 후보 지명되었고, 본작으로 제43회 그래미 최우수 뉴에이지 앨범상을 수상하였다. 이는 동방의 철학이 살아 숨 쉬는 그의 음악 앞에 서방세계가 표현한 존경심이었다.

Klaus Schønning
Nasavu

Fønix Musik | FMF1085 | 1982

1. Cygnus
2. Pyxis
3. Trix
4. Leda
5. Quetus
6. Turbulence
7. Nasavu

NewAge-Instrumental

덴마크가 낳은 세계적인 뉴에이지 뮤지션 클라우스 쉐닝은 1954년 코펜하겐에서 태어나 어린 시절부터 피아노를 연주하고 작곡을 하였으며, 신시사이저와 멀티트랙 리코딩을 배웠다. 덴마크의 뉴에이지 전문 레이블 피닉스 뮤직을 통해 데뷔작 《Lydglimt, 1979》를 발표하였는데, 이는 북유럽에서 최초의 뉴에이지 음반으로 기록되고 있다. 몇 편의 영화와 전시 음악을 작곡하기도 했던 쉐닝은 자신의 음악 활동을 지속함과 동시에 선배로서 여러 후배 아티스트들의 앨범에 참여하는 열정을 보여주기도 했다.

그의 음악은 어쿠스틱과 신시사이저가 융합된 심포니 스타일로 일찍부터 북유럽 특유의 감성으로 자신만의 세계를 확립하였고, 그의 명성은 자국 덴마크뿐만 아니라 독보적인 존재로 인식될 만큼 북유럽 뉴에이지를 대표하고 있다.

본작은 《Cyclus, 1980》에 뒤이어 발표된 세 번째 앨범으로, 타이틀 Nasavu는 덴마크의 국조國鳥, 즉 고니를 뜻한다. 연푸른 보랏빛의 하늘에 높이 비상하고 있는 두 마리의 고니가 일러스트 되어 있는 간결한 커버처럼, 7개의 수록곡은 고니의 생태계를 다룬 다큐멘터리 영상이 재생된다.

여름 밤하늘에 빛나는 백조자리를 주제로 한 〈Cygnus〉는 천체의 자리를 박차고 더 높이 비상하는 듯한 환상을 불러일으킨다. 리듬의 박동과 장대하게 몰아치는 오케스트레이션을 타고 맑은 빛이 반짝이는 그랜드피아노 연주로 끝을 맺는 본작의 으뜸이다.

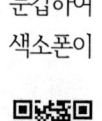

보석상자를 의미하는 〈Pyxis〉은 그의 전형적인 스타일을 벗어난 독특한 음악으로. 살롱에서 들려올 듯한 재즈적인 어프로치가 신선하다.

여성적인 우아함이 배어 있는 〈Trix〉, 그리스신화 속 제우스가 백조로 둔갑하여 사랑을 나누었던 여신을 노래한 〈Leda〉, 그리고 〈Quetus〉는 베이스의 색소폰이 전체를 이끄는 퓨전이었다.

육중한 무게감을 느낄 수 있는 〈Turbulence〉는 이 앨범의 클라이맥스로, 모진 비바람으로 인한 고니 떼의 역경과 시련이 그려진다.

엔딩 타이틀 〈Nasavu〉는 푸른 희망의 하늘로 힘찬 날갯짓을 하는 고니의 군무가 펼쳐진다.

쉐닝의 콘셉트는 작은 교훈으로 느껴지곤 했는데, 죽음의 위협이 도사리고 있는 가운데서도 질긴 생명력으로 살아가는 자연의 섭리가 감동적으로 그려진다.

Klaus Schønning
Locrian Arabesque

Fønix Musik | FMF1086 | 1985

1. Cosmix Syrinx
2. Calliope
3. Nadir
4. Celestial Mirage
5. Locrian Arabesque

NewAge-Instrumental

본작이 라이선스로 나왔을 때 단순한 호기심으로 그 LP를 손에 쥐어들었지만, 그 앨범을 듣고 난 후의 감흥은 쉽사리 잊히지 않았다. 그 당시 국내에서는 무명일 수밖에 없었던 그의 앨범은 당시의 광고 및 방송음악으로 소리 없이 내보내곤 했다. 참고로 국내 라이선스에는 전작 《Nasavu》의 전반 4곡이 보너스로 수록되어 있기도 하다.

본작은 전작을 발표한 후 약 3년이란 긴 시간을 걸쳐 준비되었고, 그의 중반기 걸작으로 손꼽힐 만큼 응집된 완성도가 빛을 발한다.

익히 방송과 광고음악으로 많이 사용되었던 첫 곡 〈Cosmic Syrinx〉의 정감 있는 멜로디는 흡사 기타로Kitaro의 멜로디를 연상시키는데, 그리스·로마 신화에 등장하는 헤르메스의 아들이자 목동의 신인 판Pan의 사랑을 거부하고 도망가다 갈대로 변해버린 아름다운 님프 시링크스의 이야기를 그린다. 갈대피리를 연주하는 듯한 동양적인 선율이 매우 아름답다.

역시 방송에 사용되어 우리에게 익숙한 곡 〈Nadir〉는 천문학 용어로 천장의 반대에 위치한 천저天底를 의미하는데, 맑은 하프와 건반의 화려함에 이어 거대하고 서글픈 심포니가 어우러진다.

〈Celestial Mirage〉는 전자기타의 테마와 웅장한 오케스트레이션의 교차가 절묘하다.

〈Locrian Arabesque〉는 쉐닝이 처음으로 시도한 20여 분에 달하는 대곡이다. 아름답기 그지없는 그랜드피아노의 서정이 그리고 실내악처럼 다소곳하게 들리는 그의 신시사이저의 따뜻한 미소가 시간을 더할수록 범람한다. 수잔 멘젤Suzanne Menzel이라는 여성의 스캣과 시원스럽게 현을 따라 울려 퍼지는 오토하프의 선율이 입혀질 때면, 장르를 뛰어넘는 신선하고도 흥미로운 연주가 자리 잡는다. 완전한 변화를 암시하는 전자음이 지나고 난 후 그의 장기인 아코디언이 향수를 더하고, 후반에 이르러 힘찬 역동성을 동반한 심포니가 전진한다. 가슴을 시원스레 뚫는 호쾌한 후반이 고조되면 앞서 등장했던 묘한 전자음향이 훌훌 날아가 버린다.

천문의 신비와 신화 그리고 문명으로 엮어진 본작은 국내 처음으로 북유럽의 신선한 뉴에이지 사운드를 유감없이 보여준 것으로, 그 특출함은 분명 완벽을 뛰어넘은 것이었다.

Klaus Schønning
Arctic Light

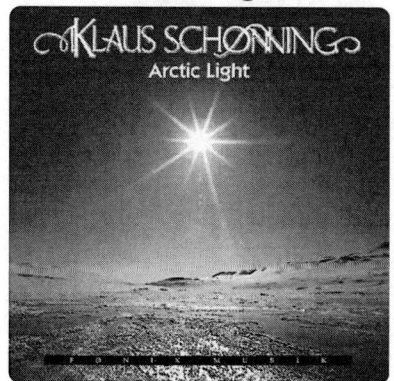

Fønix Musik | FMF1087 | 1987

1. Astralic Winds
2. Polar Ocean
3. Arctic Spring
4. Dark Side of the Earth
5. Nebula
6. Icarus
7. Nocturne

NewAge-Instrumental

클라우스 쉐닝의 다섯 번째 앨범으로, 멋진 커버와 함께 음악 역시 KS 마크를 보장하고 있다. 웅장함과 신선함으로 가득한 쉐닝만의 음악적 색채 말이다.

그의 주된 테마는 예전의 천체와 우주, 그리고 신화를 그려냈던 것에서 지구로 시선을 돌리고 있으며, 그 시작이 본작이다.

게스트 보예 막누센Boye Magnussen의 웅장한 드럼이 출발을 알리는 〈Astralic Winds〉는 별의 정령들이 내뿜는 북극의 모진 바람을 주제로 하고 있다. 휘몰아치는 바람이 잠잠해지고 난 후, 천체의 아주 맑고 냉랭한 밝은 하늘 속 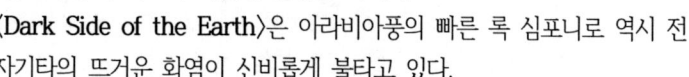 에서 반짝이는 아름다운 별들의 모습들이 서정적인 선율에 실려 다가온다.

〈Polar Ocean〉는 마치 깊은 잠에 빠져 있는 듯한 북극해의 차디찬 광경을 표현한 듯하다.

〈Arctic Spring〉은 쉐닝의 서정적인 건반 멜로디가 매력적인 작품으로, 사계절의 변화를 느낄 수 있는 우리나라의 봄처럼 따사롭게 느껴진다. 봄에 대한 희망이 후련함을 뛰어넘어 강렬한 자극을 주는 것은 페터 브란더Peter Brander 의 전자기타가 불꽃을 튀기기 때문이다. 10분이 넘는 중편으로 대작 '심포디세'의 기초가 되었던 훌륭한 곡이다.

〈Dark Side of the Earth〉은 아라비아풍의 빠른 록 심포니로 역시 전자기타의 뜨거운 화염이 신비롭게 불타고 있다.

북극의 밤하늘에서 펼쳐지는 성운을 그리고 있는 〈Nebula〉는 그랜드피아노와 애상에 가득한 아코디언 그리고 신시사이저 코러스로 미지의 세계를 환상으로 물들인다.

태양에 근접하여 밀로 만든 날개가 녹아 바다로 떨어진 신화 〈Icarus〉는 뉴에이지로 시작하여 호쾌하고 강렬한 록으로 끝맺음한다.

너무나 아름다운 결말 〈Nocturne〉의 서두는 마치 스위스의 연주그룹 스위트 피플Sweet People의 독보적인 투명성과 멜로디의 피아노 연주를 연상케 한다. 그의 장기인 신시사이저 심포니와 나란히 배열하여 영원히 뉴에이지 역사에 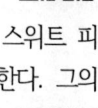 남을 만한 피아노 소품 명작을 탄생시켰다. 이미 광고를 통해 선보인 적이 있는데, 이 곡 때문에라도 본작은 몇 번이고 연이어 재생하게 된다.

Klaus Schønning
Symphodysse

Fønix Musik | FMF1032 | 1989

1. Phonimagine
2. Astralicestre

NewAge-Instrumental

1988년 봄과 여름을 거쳐 녹음되어 이듬해 발표한 작품인 '바다를 위한 교향시' 《Symphodysse》의 출발은 클라우스 쉐닝의 명성을 더욱 확고히 해준 명작 탄생의 신호였다. 1993년까지 4편의 1부를 완결하게 되는데, 전 앨범이 두 대곡을 수록하고 있다. 어쩌면 이는 비상업적인 요소일 텐데, 작가는 아랑곳하지 않고 들을 사람은 들으라는 식으로 '대곡 구성은 이렇게 하는 거야!'라며 주저함 없이 휘젓는다.

이 위대한 심포니들은 글쓴이의 기나긴 대학시절과 함께 했다. 아마 밤새 작업하며 고민하던 그 당시 가장 많이 들었던 곡이 쇼팽Chopin의 〈피아노협주곡 1~2번〉과 쉐닝의 〈심포디세〉였을 것이다. 30여 년이 지난 지금 들어도 자연의 에네르기가 솟구쳐 오르는 그 감동은 영원한 고전으로 인정할 수밖에 없다. 성능이 좋은 헤드폰이나 오디오로 감상해야 본작을 제대로 느낄 수 있는데, 어찌 보면 좀 까탈스러운 '하이엔드 뉴에이지 음악'이라고나 할까?

아주 멋진 2.3.4번 연작의 커버에 비해 본작의 커버는 그리 강한 인상을 주지 못한다. 곡명은 작가가 조합한 합성어로 보인다.

첫 곡 〈Phonimagine〉이 대양의 평화로운 아침을 맞이하고 있는 듯 맑고 가벼운 느낌이나, 두 번째 곡 〈Astralicestre〉은 어둠이 내린 바다의 육중하고도 숭엄한 격동을 표현한 교향곡이다.

어느덧 빗줄기가 하강을 멈추고 먹구름이 서서히 비껴가고 별이 나타난다. 은하수가 밤하늘에 자리 잡고 별의 정령들이 완전히 암흑을 몰아낸 후 바다를 향해 첨벙 뛰어내린다. 별의 축제를 위해 만물이 또 한 번 깨어나고 우주 속에서 불어오는 바람의 신들도 초대된다. 축포를 쏘아 올리듯 유성이 태어나고 북극성을 중심으로 원을 그리며 춤을 추면 웅장한 밤의 합창이 그 뒤를 잇고, 천체 속 깊이 울려 퍼지며 기묘한 묘기들을 선보인다. 고동이 숨이 가쁘게 울리고 장엄하게 밤하늘이 열리면 바닷속에서 잉태된 새로운 별들이 밤하늘로 탄생하고 또한 바다를 향해 사멸하기도 한다. 별은 동방에서 탄생한다고 했던가? 16분쯤에 이르면 마술의 주문처럼 아라비안나이트 풍의 멜로디가 베이스와 테너로 분리되며, 천체를 다스리는 강력한 에너지가 자연의 순리를 따라 급속도로 이동한다. 해상으로 천체의 폭풍이 몰아친 뒤 마법의 기운은 저 멀리 밤하늘 속으로 퇴색하고, 새벽하늘이 열릴 때 평상의 온화함을 되찾는다.

후련하고도 감동적인 이 곡은 뉴에이지 심포니의 최고 걸작이라 단언할 수 있다.

Klaus Schønning

Symphodysse II

Fønix Musik | FMF1042 | 1990

1. Clavision
2. Kaleidessay

NewAge-Instrumental

1989년에 이르러 종전과는 다른 대곡 구성의 심포디세 시리즈를 발표하면서 그의 특출한 창작력의 범위를 과시하였는데, 이 작품들은 분명 뉴에이지가 가지는 한계의 벽을 과감히 허문 명작이었다.

본작은 베를린에 위치해 있는 그의 스튜디오에서 1989년 가을에 녹음을 끝내고 그 이듬해인 1990년에 발표한 두 번째 역작이다. 전작처럼 20분이 넘는 두 개의 대곡으로 구성되었다.

그는 신시사이저를 비롯하여 샘플링 키보드, 미디, 바리오폰, 피아노, 지터, 하프, 기타, 아코디언, 퍼커션 등 무려 17가지에 달하는 악기를 직접 연주하고 있는데, 그의 이러한 연주 기량에 덴마크 특유의 민속 음악적 속성을 가미하여 장대한 오케스트라 사운드로 반도적인 대서사시를 스케치한다.

차가운 회색빛 대양에 시원스레 펼쳐지는 파도가 멋진 커버와 더불어 그는 인간이 자연에 보답할 수 있는 최상의 찬송가를 정성스럽게 심어놓고 있다.

첫 곡 〈Clavision〉은 일출광경을 본 경험이 있다면 다시 한번 그 환상을 다시 체험할 만큼 맑은 공기가 손끝에서부터 가슴을 감돌며, 일출의 섬광이 얼굴에 환히 비치는 청정무구의 천상을 그려낸다. 초자연적이며 지극히 생명적인 바다를 위한 피아노협주곡이다.

두 번째 심포니 〈Kaleidessay〉은 거장다운 광대한 스케일과 공감각적인 효과로 청자의 귀를 제압시킨다. 거친 파도의 효과음으로 일몰과 함께 폭풍우가 올 듯한 으스스한 기운을 분출한다. 일본의 민속악기 사쿠하치와 닮은 휘슬은 격렬함과 어두움을 불러오지만, 귀뚜라미 같은 풀벌레 소리를 등장하면서 거센 기운은 이내 잠잠해진다. 하프와 치터Zither가 그려가는 고요하고 투명한 멜로디 속에 우주의 질서를 투영하고 있으며, 휘슬의 숨 가쁜 호흡이 다시 한번 시작되는 순간 우리로 하여금 대자연 앞에 선 나약한 인간임을 깨닫게 한다.

그는 반겔리스Vangelis와 기타로Kitaro의 음악으로부터 영향을 받았다고 말한 적이 있는데, 그것은 지나친 겸손에 지나지 않는다. 견고하고 탄탄한 곡의 외양 속에 유유함과 최적의 핵심을 불어넣는 작곡 방식으로 그의 모든 작품은 하나하나 황금분할된다.

절대자가 창조해낸 아름다운 역동의 세계는 걸작이란 말로도 부족하다.

Fønix Musik | FMF1052 | 1991

1. Fonekatharsis
2. Bells of Copenhagen

쉐닝은 경이로운 음악 오디세이인 세 번째 심포니를 발표하며, 이로써 그의 뉴에이지 심포니는 절정에 다다른다. 이전의 작품과는 다른, 수록된 두 곡 모두 다 장대하고 무게 있는 구성을 취하고 있다. 커버가 주는 이미지처럼 말이다.

〈Fonekatharsis〉은 제목대로 하모니의 서정적이고도 낭만적인 카타르시스를 느낄 수 있는 관현악곡으로, 크게 4개의 장으로 구성되었다.

〈Bells of Copenhagen〉은 이듬해 TV 방송에서 덴마크 라디오 심포니 오케스트라와 함께 공연했던 곡이다. 서정의 느린 템포로 시작하다가 점차 흥분을 고조시키며 이국적인 인상을 준다. 8분여부터 시작하는

제3의 주제 역시 덴마크 특유의 아름다운 서정이 농후하며 아코디언의 숨결과 마주치는 파이프오르간 사운드는 장엄하다. 15분 정도에서 휘몰아치는 심포니 악장은 광활한 공간을 보여주듯 비트 있게 이어지며, 이윽고 코펜하겐의 교회종소리는 저녁놀 속으로 서서히 사라져간다. 참고로 그의 《Copenhagen, 1996》에서 6분여의 연주시간으로 이 곡을 짧게 다시 연주하기도 했다.

이 유틀란트반도의 아름다운 전원 교향곡 제3번은 평론가들에 의해서 그의 최고 앨범으로 추대 받았으며, 그의 가장 인기 있는 앨범으로 기록되고 있다.

이후 《Magic Cafe, 1992》를 발표하고, 마지막 심포디세를 1993년에 발표한다. 특히 〈Towards an Unknown Shore〉는 거센 풍랑에 맞서 범선을 타고 탐험하는 영광의 오디세이가 그려지는 애수의 명작이다.

쉐닝은 심포디세가 발표된 약 30년 만인 2020년에 심포디세 2부를 선보인다. 5~8번까지 음반이 아닌 음원으로만 출시된 점은 무척 아쉬우나, 오랜 시간을 훌쩍 뛰어넘은 노련함과 더욱 현대적인 감성으로 다채롭게 재현해낸 전자심포니 2부는 진화된 신비로움과 경탄할 만한 카타르시스로 가득하다.

NewAge-Instrumental

Global Flame | 80032 | 2011

1. Reflections
2. The Longing of the Mermaid
3. Sunlight in the Ripples
4. At the Brink of Eufrates
5. Chinese Twilight
6. Dawn
7. Daybreak at Yangtze
8. Flying High
9. Glimpses of Sound
10. Nightfall at Ganges
11. Spring Festival at River Mekong
12. Styx

NewAge-Ambient

본작은 클라우스 쉐닝의 2000년대 발표된 주옥같은 소품들만 골라 수록한 독일 라이선스 편집앨범으로, 매우 추천할 만하다. 주요 수록곡들 위주로 소개해 본다.

《Invisible Worlds, 2002》는 어린 시절부터 우리가 기억하는 엘프, 유니콘, 마법사, 요정 등이 노니는 판타지 세상을 주제로, 성장하며 잃어버린 순수한 동심 속으로 초대하는 어른들을 위한 동화집이다.

이 편집앨범에는 수록되지 않은 〈Echoes of the  East〉는 동방에서 들려오는 신비한 휘슬의 주술이 강력하다. 인도의 원색적인 풍물 속에서 아코디언의 서정에 휘말리며 청자를 매혹한다.

〈The Longing of the Mermaid〉는 물거품이 되어버린 인어공주의 가  슴 시린 사랑은 애수로 흐르며 아코디언의 눈물 어린 풍금이 청자의 가슴속으로 깊숙이 불어온다.

《Fairytales, 2005》 앨범은 쉐닝이 음악 인생 25주년에 덴마크 동화작가 안데르센H. Andersen의 탄생 250주년을 기념하는 것으로, 어린 시절을 풍요롭게 해 준 동화에서 영감을 받았다고 한다.

〈Flying High〉는 우렁차고 장대하며 스피디한 대 기의 결들이 정중동의 오디세이를 창출하는데, 「미운 오리 새끼」에 보내는 응원가가 아닐까 생각된다.

〈Glimpses of Sound〉은 고요한 연못에 이슬이 떨어지듯 잔잔하게 파  문을 그리는 건반의 서정에 전자심포니가 바람을 일으키는 걸작이다.

《Flow, 2009》는 Bandcamp.com에서 음원으로 발매한 작품인데, 다운템포에 현대적인 감성으로 작곡했다.

본 편집앨범의 타이틀인 〈Reflection〉은 그의 심  포디세 테마 중 하나이다. 세련되고도 신선한 편곡은 포근한 안개에 휘감기는 듯한 몽상곡이다.

〈Spring Festival at River Mekong〉은 장대한 동양미가 황홀하고,  〈Styx〉는 고요 속에서 역동적인 심포니가 기지개를 켠다.

Klaus Schønning
City

MUSIC BY KLAUS SCHØNNING

Music | 80032 | 2012

1. New Day
2. Traffic
3. The French Café
4. Metropolis
5. In the Park
6. Harbor Life
7. Street Dancer
8. Cars
9. Urban Moods
10. City Lights
11. Skyline by Night

NewAge-Ambient

아마도 본작은 쉐닝의 CD로 출시된 마지막 작품이 아닐까 싶다. 전혀 쉐닝에 기대하지 않았던 주제이기도 한데, 휘황찬란한 메트로폴리탄의 야경을 커버로 한 본작의 도시 예찬에는 다소 우울하며 재지한 감성이 부가되어 있다. 물론 심포니의 스케일은 여전하지만, 그 신선한 이채로움은 호감이 간다.

도시의 소음이 가득한 〈New Day〉는 긴장어린 도시 밤 풍경을 멜랑꼴리한 색소폰 랩소디가 그려간다. 새로운 희망의 내일을 꿈꾸며 서서히 흩어지는 인적만큼 조명으로 밝혀지는 야경은 다소 쓸쓸하다.
전자기타가 끌어가는 퓨전록 〈Traffic〉에서 헤어 나오면, 〈Harbor Life〉에서 광활한 밤바다로 뻗어가는 항구도시의 애틋한 서정이 힘차게 비행한다. 잠들지 못하는 연민이 느껴지는 것 같기도 하다.
차량들의 구상음을 삽입한 〈Cars〉는 도회지스러운 세련된 음감 속에서 다소 현기증을 일으키는 몽롱함이 밤의 정적을 타격한다.
변화된 그의 표현법을 직감하게 되는 〈City Lights〉는 쉐닝의 우울한 건반의 매력을 들려주는 서정적인 작품이다.
〈Skyline by Night〉은 그의 심포니 방식대로 표현한 도시를 위한 블루스록인데, 기타의 엘레지는 매우 시원스럽다.

이후 발표한 《Sanctum, 2014》는 그의 신시사이저와 교회 오르간 연주가 융합된 숭엄한 빛의 루미나리에이다. 그중 〈Vesper 저녁 기도〉는 애절한 바이올린과 웅장한 오르간의 조화가 아름답다.
《Palette, 2016》는 그의 작품과 바흐Bach와 비제Georges Bizet의 고전적인 음악을 새롭게 편곡하여 수록하였다. 〈Bells of Copenhagen〉의 리메이크 〈Indigo Waltz〉는 영화음악처럼 애상적이고 드라마틱하며, 〈Azure Movement〉는 바흐의 선율적인 조화가 인상 깊다.
《A Place Called Home, 2021》는 우주여행을 위한 음악으로, 〈Astro-naut〉에서는 여성 성악이 숭고한 생명체의 집으로서 드넓은 시공간을 찬미한다.

《Symphodysse 5,6,7,8, 2020》 이후 한 해 많게는 두 장씩 앨범을 발표하고 있는 노장의 왕성한 창작력에 기립박수를 보낸다.

Kristian Borregaard
Confluence

CONFLUENCE
Kristian Borregaard

Fønix Musik | FMF1039 | 1989

1. Confluence
2. Ophelia from Rhani Ghat
3. The Caves of Postojna
4. Koh-I-Noor
5. The Coyote's Song
6. Ways
7. Persian Santur
8. Conflunce - *reprise*

NewAge-Instrumental

뉴에이지만큼 시공간적 배경을 머릿속에 그려주는 회화성 짙은 장르도 없을 것이다. 우리에게 잘 알려진 윈드햄 힐과 나라다 레이블만 봐도 조지 윈스턴George Winston은 계절적 배경을 깔끔한 피아노 음역으로, 팅스태드와 럼벨Tingstad & Rumbel 듀오는 미국 애리조나주의 토양적 풍취를 담백하게 채색했다.

만일 하루가 시작되는 아침이 가장 잘 연상되는 작품이 있다면, 여기에 소개되는 크리스티안 보레가드의 본작이 될 것이다.

그는 1980년대 8000C라는 5인조 팝그룹의 키보디스트로 활동했는데, 그룹 해체 후 뉴에이지 음악가로 전향했다. 그의 데뷔작인 본작은 덴마크 고유의 서정성을 응축한, 하지만 세계적인 감성에 호소하고 있는 아름납고노 매력 넘치는 수작으로 이미 국내 광고와 방송의 시그널 음악으로 사용되어 왔다.

국내 광고음악으로도 사용된 적이 있는 타이틀 〈Confluence〉은 본작의 프로듀스와 편곡을 맡은 기타리스트 크리스티안 알바드Christian Alvad의 촉촉한 기타 솜씨가 돋보이는 걸작이다. 약 8분여 시간동안 상쾌하고도 신선한 아침 공기를 마시게 해 준다.

〈Ophelia from Rhani Ghat〉는 소프라노색소폰이 애잔한 멜로디를 이끌어가는 또 다른 명곡으로, 라니가트는 인도의 고대불교 성소聖所이다.

〈The Caves of Postojna〉는 슬로베니아의 종유석 동굴 포스토냐를 테마로 하였는데, 물 흐르는 효과음에 첫 곡에서 들려주었던 투명한 이미지를 연속해 간다. 모 여행사 광고에 사용된 적이 있다.

〈Koh-I-Noor〉 역시 라디오방송 코드 음악으로 사용되었는데, 재즈 코드를 도입한 그랜드피아노 솔로 연주가 신선하고도 세련된 곡이다. 이 제목은 페르시아어로 '빛의 산'이란 의미로, 영국에 수탈당한 인도의 보물명이다.  지금은 엘리자베스 여왕 왕관에 장식되어 있다고 한다.

〈Persian Santur〉는 투명한 기타 선율을 따라 흐르는 그와 동생의 허밍이 퓨전의 향기를 남긴다.

오늘의 계획을 다시 한번 훑어보는 시간에 본작과 함께 아침을 연다면 틀림없이 희망찬 하루가 되지 않을까 생각된다.

두 번째 앨범으로 퓨전재즈에 가까운 《Blue World, 1991》을 냈다.

253

Lab (The)
Homodigitalis

Neuronium | NRCD014 | 2003

Part.1 : The Body
1. Introduccion (El Cuerpo)
2. The Beginning
3. Targets
4. And I was Born
5. Emotions
6. La Muerte
   Part.2 : The Machine
7. Introduccion (La Maquina)
8. I am Working
9. Engranajes
10. The Sky
11. Reloj
12. Simply You (Part 1 & 2)
    Part.3 : The Future
13. Introduccion (El Futuro)
14. The Noise
15. The Colours
16. The Videogame
17. Walking Heads
18. Life Lab

NewAge-Electronic·Ambient

물리적인 공간을 넘어 컴퓨터로 가상공간에 이르는 이른바 디지털 시대는 이제 컴퓨터를 의식하지 않고 모든 사물이 네트워크를 통하여 교신 가능한 본격 유비쿼터스Ubiquitous라는 신세계가 진행 중인데, 이러한 디지털 환경에서의 인간을 호모 디지털리스Homo Digitalis라 부르는 것은 어쩌면 당연한 것인지도 모르겠다. 2003년 4월 마드리드의 국립도서관에서는 「호모 디지털리스」라는 주제로 작은 전시회가 열렸는데, 이는 컴퓨터와 빔 프로젝터로 디지털 인간에 관한 스토리를 영상과 음악으로 표현한 것이다.

모든 콘셉트와 스토리는 베르나르도 리바베라르데Bernardo Rivavelarde라는 디지털 시각 아티스트의 이미지 영화로, 음악은 신경생리학자 호세 꼬레데라Jose Corre -dera와 뇌파음향학 엔지니어 미겔 라사로Miguel Lazaro의 프로젝트 The Lab에 의해 구성되었다. 이 전시는 DVD로도 출시되었다.

이 호모 디지털리스는 육체, 기계, 미래라는 3개의 장으로 구성되어 있는데, 1장 육체는 탄생의 비밀과 자기복제가 가능한 신체적 특질을, 2장은 미리 계산된 코드에 의한 기계 창조 프로그램의 능력을, 3장은 상상하는 모든 것이 가능한 미래상을 담았다.

상상력을 유발하는 흥미로운 시나리오가 대단해 보이는 것은 The Lab의 음악 때문이다. 그들의 전자음악을 굳이 비교하자면 장-미셸 자르Jean-Michel Jarre의 《Revolution》미래판이라 할 수 있는데, 이 듀오는 풍성한 2인분의 사운드를 창조한다기보다 마치 서로가 디지털 신호체계의 0 또는 1인 것처럼 상당히 심플하면서도 유니크한 구성력을 선보인다.

불협화음 속에 밀려오는 음산함과 현란한 기계적 심포니를 타고 흐르는 슬픈 혼성 코러스, 굉음 속의 절망과 기쁨이 육체적인 대혼란을 반영하고 있는 듯한 1장 〈The Body〉에 이어, 2장 〈The Machine〉에는 파괴적이고도 규칙적인 리듬감이 기계적인 호흡을 유도한다.

지독한 환각과 자극적인 색채가 감도는 3장 〈The Future〉은 맵고 취할 듯한 윤활유 내음으로 폐를 자극하는 듯하다. 전체적으로 들어도 부분적으로 감상해도 무방하다.

본작을 통해서 그들은 대단히 기묘한 표현기법으로 디지털 노마드Digital Nomad로 살아가는 디지털 네이티브Digital Native의 미래에 대해 강한 물음을 제시한다.

Lambert
Sweet Apocalypse

Mercury KX | 481 5187 | 2017

1. Sweet Apocalypse
2. In the Dust of Our Days
3. Parasites to Ourselves
4. A Thousand Cracks
5. Signals
6. Waiting Room
7. Descending a Staircase
8. Blik
9. Licking Dew
10. Aftermath
11. Sleeping Dogs
12. The End

New Acoustic, NewAge-Ambient

폴 람버트Paul Lambert는 독일 함부르크 출신의 피아니스트이자 작곡가로, 두 개의 긴 뿔이 달린 사르데냐 가면을 쓰고 연주하는 캐릭터의 인물이다.

아이슬란드 출신의 올라퍼 아르날즈Olafur Arnalds와 요한 요한슨Johann Johann-sson(1969~2018), 미니멀리즘 작곡가 막스 리히터Max Richter, 네덜란드 출신의 욥 베빙Joep Beving 등 무경계 아티스트들과 맥을 같이하는 현대음악가로, 다소 공명이 짧은 업라이트피아노 특유의 통울림으로 미니멀 연주를 들려준다.

2014년 셀프타이틀로 데뷔했으며, 영화음악 앨범 《Hedi Schneider is Stuck, 2015》을 내기도 했다.

본작은 그의 네 번째 앨범으로, 다소 기괴한 느낌의 다른 앨범 커버에 비해 동화적인 상상을 부여하는 일러스트가 호감을 일으킨다. 빛이 발산되는 고대 동굴 밖으로 혹은 안으로 어린이와 동행하면 그 장소의 끝에는 어떤 광경이 펼쳐질까? 궁금증을 자아낸다. 타이틀도 '달콤한 묵시록'이라 기대가 배가 된다.

〈Sweet Apocalypse〉은 쉼표 없는 조밀한 음표 연주가 매우 독특한 감흥을 자아낸다. 이러한 규칙은 신시사이저 음향의 가감과 세기의 변화로 서사를 끌어간다. 본 커버를 그려가는 과정을 담은 또 다른 뮤비 영상도 재미있다.

〈In the Dust of Our Days〉의 초현실적인 판타지 뮤비도 명료한 인상을 남기는데, 서글픈 동요 같은 멜로디가 아련한 서정을 채운다.

〈Parasites to Ourselves〉는 세련되고 피아니즘의 인상주의를 들려주는 작품으로, 피아노의 투명과 두툼한 관현악의 불투명이 겹쳐지는 깊이감의 추이를 관찰할 수 있다.

〈A Thousand Cracks〉의 허밍이 가미된 탁한 비애감도 매우 드라마틱하다. 그가 표현하는 산산이 부서진 조각의 주체는 무엇일까?

〈The End〉에서의 몽롱한 피아노 저음의 음향 덩어리는 물속으로 가라앉는 돌멩이처럼 불안하게 흔들리며 잔향의 기포가 떠오르는 듯한 느낌이다.

곡목들은 매우 현실적인 것들이지만, 그의 피아노 음악은 마치 꿈속을 걷고 있는 듯한 몽환적인 시공간이다. 후속작 《True, 2019》에는 보다 꾸밈과 연출이 담백해지고 어쿠스틱의 묘미가 더 가까이 다가온 느낌이었다.

Lanvall
Auramony

Siwan Records | SRMC 5009 | 1999 (1995)

1. Overture (Transcending into the Light)
2. Red (My Will is My Way)
3. Orange (Cogito Ergo Sum)
4. Blue (The Path of Love)
5. White (Reflections in the Mirror)
6. Violet (The Mystic Charm)
7. Yellow (Brainstorm Dancer)
8. Green (A Midsummernight's Stream)
9. Epilogue (Like a Rainbow)

NewAge-Electronic·Ambient

본작은 라이선스로도 소개된 음반으로 슬리브의 설명을 빌리면, 랑발은 오스트리아 비엔나 출신이며 클래식피아노를 전공하다 9세 때 새로운 음악적 전환점이 된 기타를 접하고 록기타 주법을 터득하여 1994년에 데뷔작을 냈다.

1995년작 두 번째 앨범인 본작의 타이틀은 은은한 향기를 의미하는 Aura와 Harmony의 합성어로, 색에 대한 음악적 해석의 콘셉트 앨범이라 한다.

그의 음악에 들려주는 묵직한 심포니와 코러스는 클래식 음악의 이력에서 또한 작열하는 기타의 시원스러운 연주는 록에서 출발하고 있다.

〈Overture - Transcending into the Light〉는 엄숙한 오케스트레이션  과 천상의 코러스로 마치 창세기의 천지창조의 감동을 접하는 듯한데, 장중한 파이프오르간의 사운드는 거룩한 감흥을 증폭시킨다.

사색에 잠기게 하는 〈Orange - Cogito Ergo Sum〉는 키보드 반주에  전자기타와 플루트가 관대하고도 낙관주의적인 관념의 세계를 열어준다. 역시 코러스와 파이프오르간의 장중함으로 마무리되는 걸작이다.

〈Blue - The Path of Love〉는 성가대와 오케스트라 그리고 록밴드가  함께 연주하는 듯한 광대한 스케일이 돋보인다. 순수한 동심에서부터 간직해온 사랑의 감정처럼 따스하다.

순백의 미를 지닌 〈White - Reflections in the Mirror〉 역시 그의 화려한 기타의 선율에 밴 은은한 향기가 잔향이 되어 머문다.

선배 뮤지션 간달프Gandalf가 시타르를 연주한 〈**Violet - The Mystic**  **Charm**〉는 신시사이저의 화음 전이와 함께 코러스가 너무나 따스하다.

〈Yellow - Brainstorm Dancer〉는 전자기타의 서정적인 멜로디에 이어 코러스와 시원한 록풍으로 전개되며, 간달프의 키보드를 듣는 듯한 〈Green - A Midsummer -night's Stream〉은 평온한 자연의 축복을 안겨주다가 후반의 숭고한 파이프오르간 독주로 이어진다.

〈Epilogue - Like a Rainbow〉는 무지개의 화려한 색채 마술을 보는 듯한 대단원의 작품으로, 마법사 랑발은 또 다른 빛의 줄기들을 뽑아낸다.

본작은 점차 스케일이 확대되며 세밀하게 분리되다가도 서로 뒤섞이는 방법을 거듭하다가, 마침내 가산혼합처럼 밝은 한줄기 빛을 남기는 요술과도 같은 작품이었다. 세 번째 앨범 《The Pyromantic Symphony》까지 국내에 소개되었다.

Lesiëm
Mystic · Spirit · Voices

Monopol Records | M 5228 | 1999

1. Lesiem
2. Occultum
3. Fundamentum
4. Vivere
5. Open Your Eyes
6. Indalo
7. Liberta
8. Miracle Eyes
9. Una Terra
10. Mater Gloria
11. Veni Creator Spiritus
12. Lacrimosa
13. Floreat
14. In Taberna Mori
15. Ave Fortuna
16. Liberta - *Chor Version*

NewAge-Classical Chant

레지엠은 1999년 독일 프로듀서 스펜 마이젤Sven Meisel과 알렉스 벤데Alex Wende의 프로젝트로, 그레고리오 성가와 합창 음악에 록, 팝, 일렉트로닉 음악 등 현대 장르와 융합했다. 라틴어 가사는 토마스 플란츠Thomas Pflanz가 맡았으며, 두 번째 앨범까지 12인으로 구성된 Carl Maria von Weber 남성합창단에 남녀 솔리스트가 참여하여 신비롭고도 장엄한 사운드를 들려주었다. 먼저 데뷔한 프랑스의 이어러Era와 비슷한 시기에 등단했던 자국의 Cantara, Gregorian 등과 함께 이러한 음악을 선도했던 대표적인 팀으로 기억되고 있다.

본작은 그들의 대뷔작으로, 국내에 라이선스로 소개된 해인 2002년 미국에서도 발매되어 빌보드 뉴에이지 차트 1위에 올랐다.

첫 싱글로 커트된 히트곡 〈Fundamentum 전쟁의 신〉는 고대 로마 건국신화의 쌍둥이 형제 로물루스와 레무스를 찬양하는 곡이라고 한다. 이 중세풍의 신비는 이니그마Enigma와 핑크 플로이드Pink Floyd의 결합에 비유될 만큼 특징적인 반복구로 깊은 인상을 뇌리에 심어준다.

두 번째 싱글 〈Liberta 자유〉는 가스펠풍의 발라드와 볼레로풍의 행진곡이 융합되어 보다 부드럽고도 찬란한 광명을 들려준다.

세 번째 싱글 커트곡 〈Indalo 창조〉는 월드비트에 가사를 쓴 월드뮤직 가수 Lawrence Sihlabeni의 기적을 만든 창조주를 향한 경배의 찬송이 신비와 신선함을 동시에 전한다.

〈Vivere 삶〉은 마음속 사랑의 주와 함께라면 인간의 영혼은 불멸이 될 것이라는 교리를 전도하며, 뜨거운 록기타의 협연이 매우 강렬하다.

〈Veni Creator Spiritus 성령이여 오소서〉는 온유함에 강렬한 열망이 뒤섞이며, 여성 솔리스트의 낭송과 남성합창은 그리스도의 거룩한 은혜를 기린다.

레지엠은 이어서 《Chapter 2, 2001》를 발표했으며, 싱글 〈Navigator〉와 Lawrence Sihlabeni의 월드퓨전 〈Africa〉로 인기를 이어갔다. 미국에서는 《Illumination, 2003》이란 타이틀로 소개되었고 또다시 빌보드 뉴에이지 차트 1위를 거머쥔다.

마지막 앨범 《Times, 2003》에는 남녀 혼성합창단인 독일 오페라 베를린 합창단이 참여했고, 보다 다채로운 감흥을 선보였다.

257

Lex Van Someren
The Northern Light

Nightingale | NGH-376 | 1993

1. Fool for Truth
2. Pearl of Searching
3. Prayer for Tibet
4. Call for the North
5. Inside the Earth
6. Entering a Sacred Space
7. Monjika
8. Morning Flight
9. Intuitive Chant
10. The Northern Light
11. Ho-Nam-Wei
12. Eva's Song
13. Cosmic Vision

NewAge-Healing, Meditation

퍼포먼스 아티스트, 작곡가, 가수, 댄서, 그리고 광대로 열연하는 독특한 이력의 소유자 렉스 반 조머렌은 1952년 네덜란드 출생으로, 8세 때 네덜란드의 유명한 코미디언이자 배우인 툰 헤르만Toon Hermans의 눈에 띄어 그에게 연기를 배웠다. 대학원을 마친 후 Tai-Chi와 전통춤, 마임을 배웠고, 프랑스 로이하르Roy Hart 극장에서는 성우로 활약했다. 런던 피카디리극장에서 몇 개의 쇼를 올리고 노르웨이의 TV 쇼에 출연하는 등 자신의 프로그램을 들고 많은 나라를 여행하며, TV와 라디오, 큰 축제와 행사에서 재능을 발휘했다.

그는 명상음악과 만트라, 샤머니즘, 심포니, 댄스음악 등 다양한 음반도 발표했다. 그는 자신의 의도대로 가사가 없는 노래를 부르는데, 메시지를 담지 않지만 청중들에게 유일한 음절을 이용한 영혼의 목소리로 더 큰 메시지를 전한다. 이는 많은 음악 장르들을 살펴봐도 매우 이색적이고도 특별한 사례이다.

본작은 나이팅게일 레이블에서 발표한 것으로, 그는 기타와 보컬과 휘파람 소리만 담당했다. 그 외의 음향들은 게스트들의 몫으로, 키보드, 퍼커션, 색소폰 연주자들이 참여했다.

〈Pearl of Searching〉는 은은한 명상음악에서 재즈 색소폰의 풍성한 심포니로 변모한다.

서늘한 감성으로 신선한 환상세계를 연출하는 〈Call for the North〉에서 그의 중독적인 주문은 청자를 매혹의 땅으로 안내하며 색소폰의 주술도 햇빛을 더욱 강렬하게 한다.

휘파람 연주가 상큼한 예쁜 소곡 〈Morning Flight〉는 생동감 있는 퍼커션의 리듬을 따라 종달새가 청아한 목소리로 인사한다. 유명 뮤지션 제임스 아셔James Asher가 키보드 세션을 더했다.

바다도 바람도 숨을 죽인 밤, 북녘의 별빛을 찾아 홀로 강을 건너는 방랑자를 그린 〈The Northern Light〉에서 휘파람은 더욱 쓸쓸한 서정을 낳고 서서히 일기 시작하는 파도와 함께 잔잔한 애수가 증폭된다.

마지막 걸작이자 장대한 우주적 심포니 〈Cosmic Vision〉는 흐름과 울림으로써 조화와 평화를 노래한다.

우리에겐 생소하지만 네덜란드와 독일에서 인기는 대단한 모양이다. 그의 콘서트와 음반 활동은 성황리에 이어지고 있다.

Libera
Libera

libera

Erato | 3984 290 532 | 1999

1. Salva Me
2. Sanctus
3. Agnus Dei
4. Libera
5. Mysterium
6. Jubilate
7. Beata Lux
8. Dies Irae
9. Te Lucis
10. Sancta
11. Angelis
12. Lux Aeterna

NewAge-Classical Chant

영국의 음악감독 로버트 프라이즈맨Robert Prizeman(1952~2021)은 1993년부터 세인트 필립스 소년합창단과 함께 《Angel Voices》라는 앨범을 시작으로, 주로 잘 알려진 교회음악이나 대중음악 그리고 클래식을 들려주어 많은 주목을 받았다. 하지만 1999년에는 '리베라'라는 프로젝트로 오리지널 작품을 발표하게 이르며, 그 첫 번째 시도가 바로 본작이다.

리베라의 주인공 세인트 필립스 소년합창단은 7세에서 14세 이전의 남자 어린이들로 구성된 35명의 어린 천사들로, 순결무구한 천상의 세상을 연다.

소년의 맑디맑은 고음으로 시작되는 〈Salva Me 구원하소서〉는 심포닉한 신시사이저 음향과 함께 구원의 기도가 울려 퍼진다. '...폭풍이 가까이 왔을 때, 끝없는 밤으로부터, 저의 보이지 않음으로부터, 빛의 하늘로 날 수 있도록 자유롭게 하소서...'

파헬벨Johann Pachelbel의 〈캐논〉을 기초로 한 〈Sanctus 상투스〉는 거룩하고 영롱한 축복의 성가로, 많은 사랑을 받은 인기곡이다. 귀여운 성도들의 찬송곡은 더없는 마음의 평화를 안겨준다.

〈Agnus Dei 하나님의 어린 양〉에서는 엔야Enya의 느린 셀틱 음악을 듣는 듯한 착각을 주면서 서정적이며 애잔한 보이 소프라노 합창이 성스럽고도 조화로운 하모니를 만들어낸다.

프로젝트 테마곡 〈Libera 인도〉는 경건한 아카펠라로 시작하여 트립합 리듬과 함께 증폭되는 팝 감각이 탁월한 카타르시스를 열어준다.

스산한 셀틱 음악이나 미스터리한 영화음악의 사운드를 듣는 듯한 연주에 소년들의 허밍과 합창으로만 연주되는 〈Mysterium 비밀〉은 환상과 신비의 결정체로 비단결이 온몸을 휘감는 듯하며, 〈Beata Lux 축복의 빛〉는 웅장한 드럼이 박진감을 더한다.

탈리스Tallis의 〈캐논〉을 기초로 한 〈Te Lucis 그 날이 끝나기 전〉, 현대적인 트립합 비트와 애상적인 멜로디가 융합되는 〈Sancta 거룩〉, 그리고 신비한 서두에 이어 서서히 평정을 되찾는 마지막 곡 〈Lux Aeterna 빛의 한 가운데서〉에서는 나지막한 솔로와 천상을 넘나드는 코러스가 평화와 축복을 노래한다.

커버의 날갯짓하는 비둘기처럼 작은 목소리로 맑은 영혼의 울림을 이끌어내는 리베라의 사랑의 힘은 전 세계 음악계를 감동시키기에 충분했다.

Libera
Luminosa

Warner Classics | 0927 40117 | 2001

1. Vespera
2. Ave Maria (Bearbeitung)
3. Lacrimosa
4. Sacris Solemnis
5. Attendite
6. Gaudete
7. Silencium
8. Semele
9. Luminosa
10. Stabat
11. Veni Sancte
12. Sanctus II

NewAge-Classical Chant

리베라의 두 번째 앨범 《Luminosa》의 타이틀은 찬란한 빛을 의미한다. 커버에 그려진 백조처럼 보이 소프라노는 어김없이 순백의 순수를 심어다 준다. 때 묻지 않은 그 목소리는 천사들의 종교적 복음이 되어 청자의 방안을 축복이 넘치는 천국으로 변화시킨다.

하나님께 우리의 파수꾼과 수호자가 되어줄 것을 간청하는 〈Vespera 저녁기도〉에서 어린이들의 아카펠라와 독창에 이어 웅장한 심포니와 간 헐적으로 들려오는 파이프오르간의 조합이 이견 없는 명작을 들려준다.
클래식 명곡 카치니Giulio Caccini의 〈Ave Maria〉는 어린 성도 스티븐 게러티Steven Geraghty의 간절한 기도가 애달픈 감정에 머물게 한다.
〈Lacrimosa 눈물의 날〉은 고전음악가 생상Saint-Saens의 〈Le Carnaval de Ani -maux 동물의 사육제 중 7편 수족관〉을 편곡한 것으로, 벤 크롤리 Ben Crawley라는 꼬마친구의 대사를 읊조리는 듯한 창법 뒤로, 꿈결 의 물속을 걷고 있는 듯한 찰랑거림이 무척 환상적이다.
〈Sacris Solemnis 신성한 축제〉는 베토벤Beethoven의 〈교향곡 7번 -Allegreto〉을 성스러움을 더하여 편곡한 것으로, 이후 독일의 칸타라 Cantara도 〈Maximus〉라는 곡으로 커버했다.
평화를 기원하는 〈Attendite 들으소서〉, 중세의 통속적인 축제풍으로 전개되는 〈Gaudete 기뻐하라〉, 그리고 고요하고도 거룩한 〈Silencium 침묵〉은 온화한 바다로 향한다.
헨델Händel의 동명의 오페라의 아리아를 편곡한 〈Semele 세멜레〉는 극음악을 듣 는 듯하며, 타이틀곡 〈Luminosa 찬란한 빛〉은 드뷔시Debussy의 〈월 광〉의 멜로디를 차용하여 달빛에 홀린 피에로의 황홀감을 그리는 은은 한 인상이다.
마음의 안식을 안겨주는 묵상의 기도 〈Stabat 슬픔〉, 성인 남성 독창이 삽입된 오페라 〈Veni Sancte 오소서〉에 이어, 〈Sanctus II 상투스〉는 데뷔작 수록곡 〈Sanctus〉에 팝리듬과 남성합창을 더한 편곡 버전.

후속작 《Free, 2004》에서부터 음악감독 로버트 프라이즈만이 작고한 후 발표된 근작 《Forever, 2023》까지 가장 활발한 활동으로 장수하고 있는 이 천사들의 합창은 내한하여 뜨거운 환호를 받기도 했다.

Wind Records, C&L | CNLR0510 | 2000

1. Mimi
2. Nice Meeting You
3. A New Home
4. Crazy Ridiculous
5. Missing You
6. Daydreaming
7. Happy Together
8. Far away from Home
9. A Shadow of Myself
10. Sweet Talk
11. Cat's Paradise
12. Keeping You Accompanied
13. Heaven
14. Keeping You Accompanied - *piano solo*

New Acoustic

1969년생 중국의 린 하이林海는 작곡가인 부친의 영향으로 4세 때부터 피아노를 시작했다. 1988년 중국중앙음악대학에 클래식피아노 전공으로 입학하여 20세 때 전국 경연대회에서 두각을 나타냈으며, 이듬해 중국 대표로 국제 피아노콩쿠르반 클라이번Van Cliburn 콘테스트에 참가하여 당시 중국인으로서는 최초이자 유일하게 준결승까지 진출하는 성적을 거두었다. 졸업 후 중국과 대만에서 연주회를 갖는 한편, 영화와 TV 드라마 음악과 자신의 레퍼토리를 작곡하는 등 본격적인 음악가의 길을 걷기 시작한다.

《Reminiscences of Biejing, 1995》로 데뷔, 국내에도 첫선을 보인 《Moonlight Fronticr, 2002》이 그게 히드힘과 동시에 대만의 Golden Melody Award에서 최우수 연주 앨범에 선정되면서 작품성을 인정받는다. 음악평론가들은 오른손으로는 동양을, 왼손으로는 서구의 음악을 연주한다고 그를 평가했다.

이후 《A Floating City》, 《Pipa Image》, 《My Ocean》 등을 꾸준히 발표하면서 중국에서 가장 성공적인 피아니스트로 주목받았다.

본작은 아이가 없던 그의 부부에게 어느 날 다가왔던 집 잃은 고양이 미미Mimi에 대한 애정과 이별에 대한 각별한 추억을 담아낸 작품이다.

〈Mimi〉에는 집주인의 바쁜 연주활동으로 홀로 시간을 보내며 집사를 기다려야 했던 미미에 대한 연민이 따사롭고 애틋하게 그려진다.

무료한 일상에서 미미와의 첫 만남을 재즈풍으로 그린 〈Nice Meeting You〉, 새로운 가족과의 화목함을 그린 〈A New Home〉, 서정의 왈츠 〈Crazy Ridiculous〉에는 미미의 재롱에 빠져 변화하는 자신의 모습을 그렸다.

동양적인 감성 피아노가 그리움에 머무르는 〈Missing You〉, 건반의 유려한 마법으로 고양이 춤을 익살스럽고도 참신하게 표제한 〈Happy Together〉, 〈Far away from Home〉에는 빈자리에 대한 허전함과 그리움이 묻어난다.

인상주의 기법으로 명상에 잠기게 하는 〈Sweet Talk〉에는 흐르는 피아노에 엷은 허밍 그리고 바이올린이 나른한 평화로움으로 이끈다.

끝으로 소중한 추억에 대한 감사가 담긴 〈Heaven〉은 미미의 영혼을 위한 진심 어린 사랑이 흐른다.

애완동물이 유기되는 뉴스가 종종 들리는 가운데, 가슴을 따스하게 하는 작품이다.

Lito Vitale
Dia del Milenio

Ciclo 3 | 50055 | 2000

1. Dia del Milenio
2. Cabeza de Tigre
3. Liniers
4. Fusilamiento
5. Angel Eterno 1 Movimiento
6. Angel Eterno 2 Movimiento
7. Angel Eterno 3 Movimiento
8. Rayo Laser
9. Buenos Aires 2000 - *bonus*

NewAge-Classical Chant, NewAge-Fusion

1961년생인 리또 비딸레는 아르헨티나의 컨템퍼러리 음악의 주역으로 명작곡가이자 피아니스트이다. 음악교사였던 어머니에게 피아노 교육을 받았고 십 대에 누나 릴리아나Liliana와 함께 5인조 서정파 심포니 록그룹 MIA를 결성했다. 1976년부터 1979년까지 발표한 3매의 정규작들은 남미 프로그레시브록의 명반으로 군림하고 있다. 1980년대 이후 퀸텟으로 활동하며 반도네온 주자 디노 살루치Dino Saluzzi와 조우했으며, 2000년에는 라틴 그래미 어워드에서 베스트 탱고 앨범상을 거머쥔다. 그는 아르헨티나 특유의 서정적인 음악에 재즈와 탱고를 가미하여 독자적인 양식을 확립하였는데, 클래식에서 재즈, 탱고, 뉴에이지 등을 아우르는 무한계의 크로스오버 음악으로 수많은 영화음악과 극음악, TV, 발레곡을 발표한다. 사실상 라틴음악계에서는 그를 따를 자가 없을 정도로 남미의 많은 뮤지션들에게 존경받으며 지대한 영향을 끼치고 있다.

본작은 아르헨티나의 밀레니엄 특집 TV, 발레, 필름 등의 프로그램을 위한 음악으로 부에노스아이레스 합창단을 대동하여 완성한 걸작이다.

TV의 경축 프로그램 서곡 〈**Dia del Milenio** 세천년의 날〉은 유려하고 서정적인 피아노가 장대한 심포니와 합창과 함께 찬란한 빛을 쏟는다. 플루트와 반도네온이 가세한 퓨전 멜로디는 시큰하고도 감동적이다.

〈**Cabeza de Tigre** 호랑이의 머리〉는 필름을 위한 음악으로, 동명의 주제곡은 오케스트라와 합창이 클래식 미사곡을 연상시킨다.

피아노와 바이올린을 위한 〈Liniers 줄무늬〉은 목가적인 실내악이다.

〈**Fusilamiento** 집행〉에서는 서글픈 오케스트레이션 위에 따스한 플루트와 숭고한 코러스로 서사적인 교향곡을 들려준다.

무용가 훌리오 보까Julio Bocca의 발레 축하쇼를 위한 〈Angel Eterno 영원의 천사〉는 드라마틱한 현대음악으로, 역동적인 구조에 낭만을 심은 〈1 Movimiento〉, 숭엄한 영광과 은혜를 코러스와 피아노로 잇는 〈2 Movimiento〉, 영혼에 깃드는 평화와 희망의 대서사 〈3 Movimiento〉에는 북의 박동에 소프라노 솔로와 오보에가 볼레로의 대향연을 연다.

해변의 공원에서 거행된 축하쇼의 음악 〈**Rayo Laser** 레이저 쇼〉는 테너의 축시에 이어 전자기타가 화려하게 질주하고 비상한다.

장르를 초월하는 보다 열린 귀를 위한 총체작이라 할 수 있다.

Liz Story
Unaccountable Effect

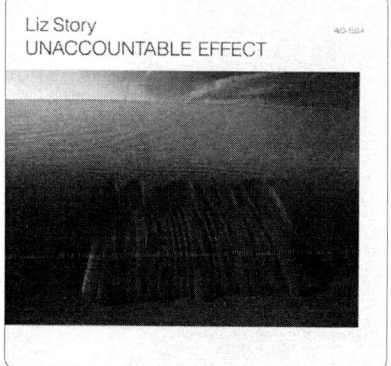

Liz Story
UNACCOUNTABLE EFFECT

Windham Hill | WD-1034 | 1985

1. Unaccountable Effect
2. Devotion
3. Mostly the Hours
4. Starfinder
5. Rope Trick
6. My Heart, Your Heart
7. Leap of Faith
8. Deeper Reasons

New Acoustic, NewAge-Instrumental

1957년생으로 캘리포니아 출신인 여류 피아니스트 리즈 스토리는 클래식 피아노를 배우며 자랐다. 뉴욕 클럽에서 재즈 피아니스트 빌 에반스Bill Evans의 연주를 들었던 것은 음악 인생을 결정지었던 중요한 계기가 되었고, 그의 추천으로 줄리아드 음악원에 들어가 재즈 피아니스트 샌포드 골드Sanford Gold에게서 레슨을 받았으며 독일 유학도 뒤이었다. LA로 돌아와 UCLA와 Dick Grove Music Workshop에서 음악교육을 계속했다.

레스토랑에서 직업 연주인으로 일하며 자신만의 음악을 위하여 작곡에 대한 열망에 휩싸였고, 이를 테이프로 녹음하여 윈드햄 힐 레코드사로 보낸 4일 만에 계약하고 데뷔작 《Solid Color, 1982》를 발표했다.

본작은 1990년대 초반에 국내에 라이선스로 소개된 그녀의 두 번째 앨범으로, 그녀의 이름이 유명해지는 계기가 되었다. 그녀의 스타인웨이 피아노는 환상적인 커버처럼 사막 위에 모래 그림을 그리며 즉흥의 자국을 새겨넣어 기대하지 않았던 우연의 효과를 거두고 있다.

〈Unaccountable Effect〉은 영화음악가로 두각을 보인 마크 이샴Mark Isham이 신시사이저를 담당했는데, 은은한 현대음악으로 시간에 따른 공간의 추이를 감지할 수 있다. 이는 다소 생소한 표현기법으로, 주요 멜로디 없이 피아노의 수많은 음소들이 각각의 솔리드 컬러를 발산한다.

피아노 한 대로 음의 오케스트라를 들려주는 〈Rope Trick〉는 화려한 기교에도 고혹적인 구조미를 완성하고 있다.

인상주의와 최소주의 음악에 대한 습작 〈My Heart, Your Heart〉은 고요 속으로 청자를 끌어당긴다.

흥겨운 리듬감을 보여주는 재즈 임프로비제이션이 탁월한 〈Leap of Faith〉, 그리고 자신의 자매를 위해 쓴 〈Deeper Reasons〉에는 밥 콘티Bob Conti라는 퍼커션 주자가 참여하여 다소 명상적이며 신비롭고도 무거운 음향의 불을 지핀다.

그녀의 데뷔 30년을 기념하는 《Night Sky Essays, 2011》는 12개의 별자리 이야기로, 화려하지만 담백한 이미지의 재즈 터치였다. 그중 〈Libra 천칭자리〉를 링크해 본다. 2023년에는 그녀의 데뷔 40주년 기념 콘서트가 카네기홀에서 열리기도 했다.

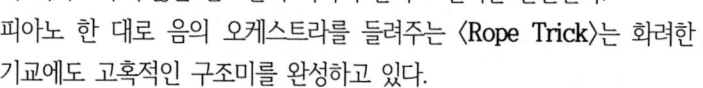

Llewellyn
Moonlore

New World Music | NWCD487 | 2000

1. The Mother
2. The Crone
3. The Chill Wind
4. The Maiden
5. Echoes of Ancient Stone
6. Sky Fire (Mandragora)
7. Across the Loch
8. The Laughing Lightning
   - Spirit of Mandrake
9. Hunter's Moon
   - The Wild Hunt

NewAge-Celtic

'10월 마지막 밤에 뜨는 달은 '사냥꾼의 달'이라고 불린다. 젊은 처자들은 그날 밤 푸른 달에서 반짝이며 산과 호수를 지나 자신 앞으로 떨어지는 아름답고도 창백한 달의 섬광을 보게 된다. 그들은 자신의 손바닥을 달을 향해 올리고 아홉 번의 깊은숨을 들이쉰다. 달빛으로 육체를 채우는 순간 자신의 육신이 달의 최면에 걸림을 느낀다. 처자들은 새벽이 오기 전 넓은 자갈길로 고된 여행을 해야 한다. 그 어떤 언질도 없고 수많은 위험이 도사리지만, 자신이 달빛에 홀린 이 꿈을 이겨내기 위해 바람과 바다와 불과 돌의 정령을 받아 이 여행을 끝내야 한다.'
이는 켈트족에서 전해 내려오는 달에 대한 전설이라 한다. 달의 마법적인 기운이 젊은 처녀들을 홀린다는 전설을 줄거리로 힐링뮤직의 대가 루얼린은 커버만큼이나 아름다운 작품을 발표하였다. 그리고 달에 홀린 줄리아나Juliana는 이 앨범에서 환상적인 스토리의 주인공으로 열연하고 있다.

안개가 걷히고 맑은 피아노와 이일리언 파이프, 휘슬, 기타, 플루트, 스킨 드럼이 품어내는 달의 전설의 시작 〈The Mother〉는 온화한 이미지의 셀틱 음악으로 엔야Enya를 연상시키는 허밍으로 물들어있다.
다소 암울하고 초자연적인 현상이 연출되는 심오한 작품 〈The Crone〉은 마법의 음악이며 어찌할 수 없는 운명적인 스토리를 예견한다.
〈The Chill Wind〉는 아름다운 플루트의 긴 숨에 이어 루얼린의 노래와 신비로운 음향이 스산하고 두려울 정도로 냉혹한 추위를 몰고 온다.
성스러운 축복의 음악 〈The Maiden〉에 이어, 〈Echoes of Ancient Stone〉에는 처녀를 고된 몽환에서 길을 인도해 줄 돌과 물과 태양과 불의 노래가 루얼린의 묵시적인 보컬로 몰아친다.
〈Sky Fire〉에는 젊은 처녀의 시련이 담긴 독백이 들려온다.
파도와 소용돌이를 헤치고 기나긴 여행을 해야 하는 처녀의 고뇌를 그린 〈Across the Loch〉는 다이내믹한 리듬과 피아노가 연민을 더한다.
〈The Laughing Lightning〉은 줄리아나의 스캣과 휘슬 그리고 심포니가 일체가 되어 숨 막히는 긴장 속으로 청자를 방치한다.

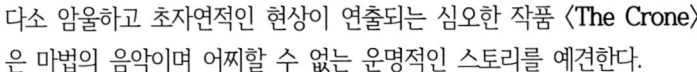

단순한 전설에서 이와 같이 장대한 음악을 뽑아낼 수 있다는 것은 루얼린의 역량을 그대로 말해주는 것이다. 콘셉트 앨범이지만, 하나하나를 쪼개어 들어도 가히 훌륭한 작품이다. 이 앨범은 빌보드 뉴에이지 차트 5위에 올랐다.

Llewellyn
Sacred Circles

New World Music | NWCD534 | 2003

1. Stardancing (into the light)
2. Sacred Space
3. Celtic Triple Goddess Part 1
   White Flower
4. Celtic Triple Goddess Part 2
   Oar Wheel
5. Celtic Triple Goddess Part 3
   Phantom Queen
6. The Ritual
7. Casting the Circle
   (Air-Fire-Water-Earth)
8. Release
9. Silver Wheel

NewAge-Celtic

'루얼린'이란 이름으로 활동하는 영국 뮤지션 제이미 트롯Jamie Trott은 레이키 Reiki 치료사이기도 한데, 치유와 명상의 음악가로서 동양철학에 대한 관심으로 빚어낸 많은 치유음악들은 사랑받고 있다.

본작은 《Moonlore》에서부터 본격 출발한 또 다른 그의 음악 줄기인 셀틱 음악의 연장으로, 만물에 대한 윤회輪廻를 주제로 했으며 그 소재는 켈트의 전설과 음악에서 찾았다. 다소 철학적인 내용을 담고 있긴 하지만 그 사운드는 로맨틱하다. 그의 음악적 파트너 줄리아나Juliana의 그윽한 보컬에 아이리시 휘슬과 기타 그리고 리코더 연주를 더하여 풍요로운 음향을 들려준다.

〈Stardancing〉은 역병과 흉년이 든 드루이드Druid 마을 소녀의 기도로, 맑은 보컬과 스캣, 애절한 휘슬과 풍부한 키보드 반주와 팝적인 리듬이 감동적으로 전개된다.

연주곡 〈Sacred Space〉는 자연이 빚어내는 마술처럼 피아노의 운율은 바다의 바람결처럼 서늘하고 리코더는 나목의 깊은 향내를 피운다.

세 부분으로 구성된 〈Celtic Triple Goddess〉는 전설로, 먼저 처녀를 상징하는 〈Part 1 White Flower〉는 안개와도 같은 뽀얀 스캣이 경쾌한 리듬에 실리며 바람결에 꽃씨가 흩날리는 봄의 기온으로 만연하다.

〈Part 2 Oar Wheel〉는 대자연을 잉태하고 성장시킨 어머니를 위한 자장가이며, 〈Part 3 Phantom Queen〉은 모든 시련과 풍파를 견뎌 낸 노부의 경배시라 할 수 있다.

〈The Ritual〉은 대자연과 신과 인간의 육체 속의 무한한 힘의 재생을 기원하는 젊은 처녀의 제례의식이며, 〈Casting The Circle〉은 지구를 구성하고 있는 4대 요소를 테마로 북소리와 긴장감을 불러일으키는 폭풍의 효과음 그리고 격정적인 멜로디를 흩뿌린다.

〈Silver Wheel〉에서는 1년이 지나고 새로이 사랑으로 태어난 젊은 처녀가 마을에 등장하면서 건강하고도 풍족한 마을이 된다는 해피엔딩의 결말을 들려준다.

이듬해에 발표한 《Mysts of Avalon》는 매리언 짐머 브레들리Marion Zimmer Brad -ley의 고전소설을 그린 것으로, 두루이드족의 한 여인이 마법사 멀린Merlyn이 피워놓은 보랏빛 안개를 뚫고 아발론Avalon섬에 당도하여 크리스털성에 사는 달의 여왕이자 지식의 여신인 케리드웬Cerridwen을 만나기까지의 서사를 담았다.

Luc Baiwir
Private Collection

iDeam Media | IDCD 0004 | 2002

1. Opus Hiram
2. The Legend of Hiram
3. Post Tenebras Lux
4. A Good Day for Freedom
5. In Memorium
6. Genesis
7. Linhai
8. Qi-Qi
9. Out of Time
10. Hiram Alive
11. In Pace
12. Quest for Light
13. Missing
14. Okeanos
15. The Temple of Solomon
16. Gloria Hiram
17. Song for Clara

NewAge-Ambient

266

벨기에 출신의 1958년생 작곡가 뤽 베위르는 '자연주의 작곡가' 혹은 '바다의 음악가'라고 불릴 만큼 그 재능을 인정받고 있다. 그는 많은 나라를 여행하며 얻은 아이디어와 영감을 자신의 음악으로 녹여냈고, 첨단기술과 예술 요소를 반영한 대규모의 라이브를 통해 많은 팬과 만났다.

대흥행작이었던 한 국내 영화의 하이라이트 부분에 그의 음악이 사용되면서 우리에게 처음 이름을 알리게 되었는데, 클래식의 영감으로 번득였던 《Et des Tene-bres Naquit la Lumiere 어둠은 빛을 낳고》는 국내 음악팬들에게 강인한 인상으로 자리하면서 성공을 거두었고, 약 1년 후에 다시 그의 베스트 음반이 라이선스로 소개되었다. 훌륭한 소품들을 압축해 놓은 본작을 들어보면 드라마틱하고 격정적인 구성력은 우리의 시각을 각별하게 확장시키며 뭉클한 감동을 자아낸다.

《Hiram, 1997》에 수록된 곡들부터 보면, 〈Opus Hiram〉은 트립합 비트에 단순하지만 애수의 멜로디가 반복되며 코러스의 가슴 시린 영광이 뒤잇는 명작이라 할 수 있다.

130여 명의 대규모 합창단이 노래하는 〈The Legend of Hiram〉의 웅장함은 칼 오르프Carl Orff의 오페라 〈Carmina Burana 카르미나 부라나〉 중 '운명의 여신'을 연상시킨다.

〈In Pace〉에서는 클래시컬 찬트의 성스러움에 록의 비트와 전자기타의 파워가 녹아내린다.

《어둠은 빛을 낳고》의 수록곡 〈Post Tenebras Lux 빛 속으로〉는 플루트 연주가 시적인 마법을 전한다.

그의 이름을 국내에 알린 명곡 〈Genesis〉는 소프라노의 솔로 아리아와 보컬리제가 영광과 감동을 이어간다.

《Adagios Dreams》 수록곡인 〈In Memorium〉는 오래된 기억을 떠오르게 하는 잔잔한 서정시이다. 〈제네시스〉와 함께 영화 「친구」에 사용되어 일약 그의 대표곡이 되었다.

신화 속에 등장하는 물의 신의 테마 〈Okeanos〉는 1990년에 행해진 해양해저 축제에 사용된 곡이라 한다.

그를 '신시사이저의 귀재' 혹은 '장-미셸 자르Jean Michel Jarre의 후계자'로 치부하기엔 역부족일 듯하다. 글쓴이에게는 '바로크의 계승자'로 기억되고 있다.

Ludovico Einaudi

Nightbook

Decca | 271 7286 | 2009

1. In Principio
2. Lady Labyrinth
3. Nightbook
4. Indaco
5. The Snow Prelude N.15
6. Eros
7. The Crane Dance
8. The Snow Prelude N.2
9. The Tower
10. Rêverie
11. Bye Bye Mon Amour
12. The Planets

New Acoustic, NewAge-Instrumental

1955년생 이태리 출신인 루도비코 에이나우디는 10대 때 기타로 작곡을 시작했다. 밀라노의 베르디 음악학교에서 수학했으며, 1980년대 초 현대음악가 루치아노 베리오Luciano Berio(1925~2003)에게서 클래시컬 작곡을 배웠다.

점차 그는 팝과 락, 월드뮤직, 포크 등을 섭렵하고 이들을 융합하는 자신만의 스타일을 확립해 간다. 영화음악과 TV 미니시리즈 음악을 맡으며, 1996년에는 이태리의 영화시상식 'Grolla d'Oro'에서 베스트 사운드트랙상을 받았다.

글쓴이는 《Le Onde 파도, 1996》과 처음 만났고, 마치 명품 장인과도 같은 고매한 클래시즘이 무척 인상 깊었다.

'밤의 서정시인'이라 별칭을 붙여주고 싶은 본작은, 은은한 아로마 향이 향긋한 프롤로그 〈In Principio〉에 이어, 점차 충동과 흥분으로 청자를 기묘하게 마비시키는 〈Lady Labyrinth〉가 피아노 박동으로 율동한다. 멜로디가 아닌 분위기로 은은한 관능을 묘사하는 듯하다.

〈Nightbook〉은 불면의 긴장이 녹아있는 작품으로, 여린 피아노 터치는 밤이면 더욱 예민해지는 오감의 문을 부드럽게 노크한다.

현악과 함께 연주한 〈Indaco 쪽빛〉에는 밤이슬 같은 피아노의 음률이 맺혔다가 구른다.

본작에서 가장 아름다운 피아노 솔로곡 〈The Snow Prelude N.15〉는 가장 고요한 정취로 침묵한 생명을 깨워준다.

또 하나의 걸작 소품 〈The Crane Dance〉가 어렴풋한 꿈결의 환상을 따스하게 연다. 피아노가 첼로의 마루 위에서 발레를 추는 것 같다.

〈The Tower〉는 타 뉴에이지 피아니스트들과 분명히 차별화되는 이미지이다. 회색의 도시풍경에서 그의 피아니시모는 점진적으로 탑을 쌓다가 긴장 어린 묘기를 부리며 결국 타워에 걸린 별빛이 된다.

〈The Planets〉에서도 그의 표현력에 감탄할 수밖에 없는데, 아쿠스틱으로 우주적인 무중력의 고요를 서술한다.

긴 침묵 끝에 이어지는 히든트랙 〈Solo〉로 마무리하고 있는데, 결국은 고독한 존재라는 것일까? 이는 타이틀곡을 느린 피아노 솔로로 녹음한 트랙이다.

제목처럼 자정이 지난 시간에 감상해야 그의 Nightbook이 더욱 생생함을 일러두고 싶다.

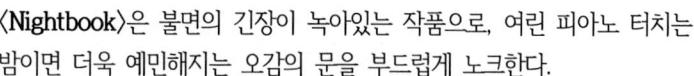

Ludovico Einaudi
Elements

Decca | 4811970 | 2015

1. Petricor
2. Night
3. Drop
4. Four Dimensions
5. Elements
6. Whirling Winds
7. Twice
8. ABC
9. Numbers
10. Mountain
11. Logos
12. Song for Gavin

New Acoustic, NewAge-Instrumental

루도비코 에이나우디는 흙, 물, 공기, 불 등의 자연에 영감을 받아 본작을 작곡했다고 하는데, 마치 석기시대 암각화의 도안을 연상시키는 직접 그린 예쁜 커버에서 미루어 짐작할 수 있듯, 인간과 함께 살아온 자연의 섭리뿐만 아니라 고대의 우주관까지도 녹여 낸 듯하다.

이 아름다운 걸작은 국내에 처음으로 라이선스 되어, 소량의 수입음반과 입소문으로 전파된 그의 독특한 뉴에이지 음악을 제대로 향유할 수 있는 기회가 되었다. 짧지 않은 해설지도 동봉되어 있기에 발매처의 성의에도 고마움을 표한다.

미니멀리스트로서의 에이나우디를 명확하게 보여주는 명작 〈Petricor〉는 숭엄한 호흡이라 할만하다. 이 제목은 돌과 천상의 구성요소를 의미하는 'Petros'와 혈액과 생명을 뜻하는 'Ikhôr'의 합성어라 한다. 현악의 따사로운 서정에 계속해서 반복되는 피아노 연주는 생명의 관 혹은 줄기 속으로 끊임없이 산소를 공급한다.

2014년 말 전 세계 스크린을 장악했던 화제의 영화 「Interstellar 인터스텔라」의 아름다운 사운드트랙들을 기억한다면, 아마도 이는 그 찰나의 우주적 감동을 재현해 주지 않을까?

밤의 서정시인답게 〈Night〉로 그 무드음악을 이어간다. 이는 잠든 대자연의 잔잔히 몰아쉬는 숨소리이다. 그 감미로운 하모니의 오케스트라는 지극히 따사롭다. 이미 광고에서 사용되어 친숙한 명곡이다.

점차 보폭을 넓히며 행진하는 〈Elements〉와 조금씩 힘과 속도를 달리하는 〈Whirling Winds〉는 현을 위한 미니멀 작품이다.

〈Twice〉는 두 시곗바늘처럼 하나가 되었다가 다시 짙은 그림자로 4인이 되는 듯한 유연한 무용수의 무대를 그리게 된다.

〈ABC〉는 그 의미와 영감의 객체를 알 수 없지만, 서글픈 미니멀 연주에 보이는 마네킹의 비디오클립은 언어가 가진 밝고 어두운 힘을 암시하는 듯하다.

〈Logos〉는 긴장을 극도로 펌프질하는 작품으로, 끝나는 순간 우리는 일시정지를 할 수밖에 없다.

멜로디에 익숙한 감상자라면, 그의 분위기 위주의 미니멀음악이 다소 멀게 느껴지겠지만, 미묘하게 반응하는 서정감과 감정의 추이는 다른 작곡가들에 비해 탁월한 변별력으로 다가온다.

Luz y Sombras
Luz y Sombras

Free Spirit | 01 | 2003

1. Anocheciendo
2. Luz y Sombras
3. Viaje sin Retorno
4. Tristeza Eterna
5. Promised Land
6. Persigue tu Destino
7. Yendo Hacia la Luz
8. Estrella Lunar
9. Designios Divinos
10. Viaje con Retorno
11. Amaneciendo
12. Luz y Sombras - *Remix*

NewAge-Classical, NewAge-Pops & Vocal

빛과 그림자를 의미하는 루쓰 이 솜브라스는 스페인의 이니그마Enigma로, 그레고리안 성가를 연상시키는 5인의 남성 코러스와 C. Vergara라는 여성의 팝 보컬, 트립합 비트, 내레이션과 팝적인 신시사이저의 조합으로 구현되었다.

주인공 이반 페르니아Iván Pernia는 레이블의 마케팅 담당자로 일했던 경력도 가지고 있으며, 스페인에서는 다큐멘터리, 영화와 TV 드라마 음악 등으로 유명한 작곡가 겸 프로듀서이다. 자신의 레이블을 통해서 데뷔작인 본작을 발표하였는데, 싱글 커트된 타이틀곡의 리믹스 트랙은 스페인의 여러 댄스 음반에 실렸고, 클럽에서도 좋은 반응을 얻었다고 한다.

본작은 어둠의 세상에서 삶의 진리와 영혼의 빛을 찾아 구도하는 수행자의 여행을 담은 것으로, 한편의 다큐멘터리처럼 드라마틱하다.

미스터리한 전조 〈Anocheciendo 어둠〉에 이어, 〈Luz y Sombras 빛과 그림자〉에는 남녀 보컬의 환한 하모니에 격렬한 전자기타의 굉음, 일그러진 음성 그리고 신비한 음향과 멜로디가 천국과 지상을 오간다.

〈Viaje sin Retorno 돌아올 수 없는 여행〉은 키보드의 눈물 어린 연주곡으로, 구도의 길을 연민과 동정의 눈으로 바라본다.

천둥소리와 건반의 규칙적인 반복이 이어가는 〈Promised Land 약속의 땅〉은 마음과 정신의 안식처를 찾기 위해 번뇌하고 수련하는 모습이 무겁고도 몽환적으로 그려진다.

〈Persigue tu Destino 운명과 박해〉는 변조된 남성 보컬과 성스러운 코러스가 마음속 악마와 천사의 대화를 듣는 듯하며, 서정적인 스패니시 팝 〈Estrella Lunar 달빛〉에서 후반의 동양적인 연주가 고혹적이고도 은은함을 발산한다.

깨달음과 희망의 숭고한 메시지 〈Designios Divinos 신성한 뜻〉에 이어, 천국으로의 여정 〈Viaje con Retorno 회귀와 여행〉은 본작의 백미 중 하나로 키보드 연주의 맑고 투명한 서정이 영롱하다.

결말 〈Amaneciendo 여명〉은 구름과 어둠이 사라지며 빛의 소리로 충만된다.

스페인에서 2집 《Mensajeros del Tiempo 시간의 전령》과 3집 《In Purgatorio 연옥에서》가 연이어 히트했다.

mAGEc
Natural Spirit

IC-Digit | IC87 2332 | 1999

1. Dharmakaya
2. Taqwa
3. Demonic Stream
4. Maha Shivarati
5. Biosphere
6. Khala Entreaty
7. Rainy Day
8. Earth Bound
9. Indian Summer
10. Liquid Island
11. Natural Spirit
12. Solar Winds
13. Golden Bowls

NewAge-Electronic·Ambient

1969년생 독일의 옌스 부헤르트Jens Buchert는 가장 인기 있는 다운비트 일렉트로닉 뮤지션 중의 한 사람이다. 영화와 미디어과학을 전공하였지만 뮤지션이며 비디오 프로듀서이자 사운드 엔지니어 그리고 뮤직 디자이너로 활동하고 있다. 칠아웃chill-out 음악에서부터 댄스 일렉트로니카 등 그의 팝 음악은 스페인, 이탈리아, 스웨덴, 호주, 미국에까지 잘 알려져 있다. 또한 「Star Trek」과 같은 장편의 다큐멘터리와 TV 음악을 위해 작곡한 것이 150편이 넘는다.

IC 레이블을 통해 mAGEc이란 프로젝트명으로 《Ritual Reality, 1996》이라는 다듬어지지 않은 젊은 실험정신을 표출했고, 이는 다시 《Bella Donna 미녀, 1997》로 이어졌다. 그리고 IC 레이블에서 마지막 작품으로 기록되는 본작을 발표한다. 그의 사운드모듈은 참신하기 그지없다. 마림바나 비브라폰을 크리스털로 개조한 듯한 맑고 투명한 음소로 멜로디를 이어가며, 차원이 감지되지 않는 무중력의 상태의 공간에 우리를 가두어 놓는다.

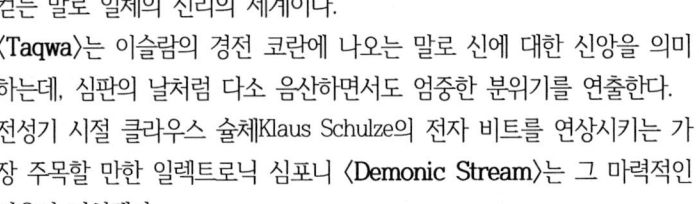

물 끓는 소리를 전면에 배치하고 묘한 트랜스와 함께 가벼운 중독성을 일으키는 〈Dharmakaya〉은 불교에서 말하는 부처의 절대적 본성을 일컫는 말로 일체의 진리의 세계이다.
〈Taqwa〉는 이슬람의 경전 코란에 나오는 말로 신에 대한 신앙을 의미하는데, 심판의 날처럼 다소 음산하면서도 엄중한 분위기를 연출한다.
전성기 시절 클라우스 슐체Klaus Schulze의 전자 비트를 연상시키는 가장 주목할 만한 일렉트로닉 심포니 〈Demonic Stream〉는 그 마력적인 기운이 넘실댄다.
〈Maha Shivarati〉는 카트만두의 성지 지명으로, 힌두교 시바Shiva신의 탄생을 축하하기 위한 축제가 열리는 곳이다. 우주의 최고원리라 여겨지는 신을 경배하기 위해 동양적 비트에 파괴의 음을 휘두른다.
〈Biosphere〉은 대자연의 숨과 박동을 열어놓은 공간음악으로, 구상음과 신비한 음소는 청자를 네팔이나 티베트 고원으로 데려가는 듯하다.
비를 흠뻑 맞고 싶을 정도로 그 촉촉함이 좋은 〈Rainy Day〉의 공감각은 신선한 그루브 라운지를 열어준다.

이후 새천년에는 Hydra라는 새로운 프로젝트로 활동을 이어갔다.

270

Magna Canta
Enchanted Spirits

Intentcity | ICCD80011 | 2004

1. Aethera el Terra
2. Hymn
3. Agnus Dei
4. Cantandus
5. Silentium
6. Recordare
7. Offizium
8. Ritmo
9. Gregoria
10. Alleluia
11. Spiritus Sanctus
12. Sancta Maria

NewAge-Classical Chant·Pops (Vocal)

마그나 칸타는 1999년에 The Weather Girl이라는 R&B그룹의 음반을 제작했던 주니어 데로스Junior Deros와 레이 프레데리코Ray Frederico라는 두 프로듀서의 찬트 프로젝트이다. 작곡가 사샤 더크Sascha Ducker와 10명의 성악가들에 의한 성가를 믹스하여 이어러Era와 레지엠Lesiem 등이 포진한 클래시컬 찬트 프로젝트에 도전장을 던진다.

2000년 싱글 〈Hymn〉에 이어, 데뷔작 《Deep Spirits》을 발표했다. 이에 2곡을 추가하여 《Gregorian Spirits》라는 타이틀로 2년 뒤 재발매했고, 또다시 2년 뒤 미국에서 《Enchanted Spirits》로, 호주에서는 《Magna Canta》라는 셀프 타이틀로 소개한다. 이들은 잘 발달된 댄스 비트와 키보드를 중심으로 팝 음악에 가까이 다가가 있으며, 대부분의 곡에서 남성 코러스를 후면에 그리고 여성 솔리스트의 팝 보컬을 전면에 배치하고 있다.

첫 싱글 커트된 〈Hymn〉은 다이내믹한 리듬에 남성 코러스와 여성의 솔로 기도문이 독특한 컬러의 톤으로 작용하면서 서정적인 오케스트랄 신시사이저와 함께 천국의 문이 열리는 걸작이다.

〈Agnus Dei 하나님의 어린 양〉는 이완되는 맑은 코러스와 다소 경쾌한 듯 빠른 리듬이 잘 매치되고 있는 하우스계 유로 댄스곡으로, 이어러나 레지엠과의 차이점을 분명히 보여준다.

로버트 마일스Robert Miles를 연상시키는 〈Cantandus 노래〉는 여성합창이 부드러운 댄스 비트의 향연을 이어간다.

숭엄한 남성 그레고리안 성가가 리드하는 〈Ritmo 해탈〉과 〈Alleluia 할렐루야〉는 이니그마Enigma 데뷔작의 남성 버전이라고 해도 될 만큼 유사한데, 특유의 기묘한 분위기는 글쓴이로서는 대환영이다.

〈Spiritus Sanctus 영혼의 상투스〉는 칼 오르프Carl Orff의 〈운명의 여신〉 테크노 버전을 듣는 듯 격정이 폭발하며, 파도 소리에 이어지는 지상의 심포니 찬트 〈Sancta Maria 천주의 마리아〉 등 후반부로 갈수록 그들의 지향점이 점점 더 가까워짐을 느끼게 된다.

2001년에는 아트 오브 노이즈Art of Noise의 〈Moments in Love〉을 맥시 싱글로 발표했으며, 더욱 막강한 댄스 비트를 실은 마지막 두 번째 앨범 《Mysterious World, 2004》를 발표했다.

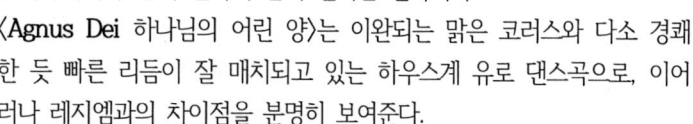

Maire Brennan
Whisper to the Wild Water

SonyBMG | EK 63659 | 1999

1. Follow the Word
2. Where I Stand
3. Hard to Break the Seal
4. To the Water
5. Whisper to the Wild Water
6. Peacemaker
7. Ageless Messengersl
8. In God's Presence
9. Life
10. Rinne Tu
11. Mary of the Gaels
12. Sign from the Hills
13. Be Thou My Vision

NewAge-Celtic

모야 브레넌은 1992년에 셀프 타이틀 《Maire 모야》로 국내에 처음 소개되었는데, 그녀가 아일랜드를 대표하는 그룹 클라나드Clannad의 리드싱어이며 엔야Enya의 친언니라는 사실은 잘 알려져 있다. 동생 엔야의 세계적인 성공에 가려졌지만, 모야의 음악은 동생과 비견되는 또 다른 아름다움이다.

두 번째 《Misty Eyed Adventures, 1995》와 세 번째 앨범 《Perfect Time, 1998》는 팝적인 엔야의 음악에 비해 더 깊고 신비한 향료를 느낄 수 있다.

네 번째 솔로 앨범인 본작은 아름다운 커버만큼이나 그녀의 고향 아일랜드에 대한 환상과 기대를 심어주는 작품이다. 엔야보다 나지막한 파스텔 같은 부드러운 목소리로 월드뮤직을 행하는 그녀의 속삭임이 원숙미를 더한다.

창조주의 말씀과 희망과 꿈에 대한 믿음을 노래한 〈Follow the Word〉는 현대적인 리듬과 민속악기의 합주가 절묘하게 융화되는 걸작이다. 부드러운 바람이 불어오는 탁 트인 대자연의 끝에서 민속적인 축복의 향연이 들려온다.

역시 수작인 〈Hard to Break the Seal〉은 먼저 손을 내밀어 믿음으로 사랑하라는 메시지를 생동적이면서도 아련한 서정으로 전한다.

하프의 맑은 선율과 소프트한 허밍이 돋보이는 〈To the Water〉는 꿈과 사랑이 부드럽게 흐르는 물가로 인도해 달라는 기도이다.

사랑으로 상처 입은 영혼을 다른 사랑으로 치유해 달라는 타이틀곡 〈Whisper to the Wild Water〉에는 콧날을 시큰하게 하는 아코디언의 우수가 흐른다.

어린아이의 귀여운 목소리가 삽입된 〈Peacemaker〉에는 사랑은 받는 것보다 주는 것이 낫고 우리가 죽으면 영생으로 깨어난다는 믿음을 가질 수 있게 자신을 피스메이커로 삼길 소망하고 있다.

가스펠 합창이 돋보이는 〈In God's Presence〉는 평화와 행복을 주신 하나님께 대한 경건한 찬양이다.

연주곡인 〈Mary of the Gaels〉, 그리고 민속음악 〈Be Thou My Vision〉까지 그녀의 아일랜드로의 초대장은 너무나 감미로운 감동이 서린다.

엔야의 멜로디는 쉽게 기억되지만 모야의 노래는 시간이 걸리는 만큼 잔향도 크다. 바다와 닿은 에메랄드빛 땅 아일랜드에서 검은색 드레스를 입고 서있는 그녀는 더 깊고 푸른 아일랜드의 내밀한 신념과 정서를 대변하고 있다.

Maire Brennan (Moya)
Two Horizons

Universal | 980 106-8 | 2003

1. Show Me
2. Bright Star
3. Change My World
4. Bi Liom
5. Is It Now (Theme)
6. Falling
7. Tara
8. Ancient Town
9. Show Me (Theme)
10. Sailing Away
11. River
12. Is It Now
13. Mothers of the Desert
14. Harpsong
15. Two Horizons
16. Show Me - *Jakatta remix*

NewAge-Celtic

아일랜드만의 깊고 푸른 밤의 정서로 찬사를 받았던 그녀는 뉴밀레니엄 시대에 들어서 다섯 번째 솔로작인 본작을 발표하였는데, 자신의 아일랜드 이름 Maire가 아닌 영어식 이름 Moya로 변경한 것이 눈에 띈다. 이는 보다 부르기 쉽고 기억하기 간단한 이름으로써 글로벌 아티스트를 희망하는 의도로 여겨진다.

두 수평선! 이 타이틀은 아일랜드의 수도 타라Tara에서 직접 목격한 경험에서 유출한 것으로, 그것은 달이 지고 동시에 해가 뜨는 감동적이고도 황홀한 자연현상이었다고 말한다. 달은 과거이며 해는 미래를 상징하는 개념으로서 수평선과 반대편의 지평선을 잇는 시공간 사이, 즉 현재의 시간이 아닌 또 하나의 현재 아일랜드를 노래하기 인했다.

1670년에 태어나 68세로 사망하기까지 시각장애를 딛고 전설적인 하프의 거장이 된 뮤지션 털록 오캐롤런Turlough O'Carolan의 인생으로 두 수평선의 의미를 느끼게 해주는 〈**Show Me**〉는 따스한 허밍과 모야의 서정적인 보컬로 구성된 본작의 테마이다.

어두운 지평선을 밝힐 미래의 빛을 소원하는 〈**Bright Star**〉는 트립합 비트와 오버더빙된 부드러운 가창이 하늘의 문까지 이른다.

대양으로의 향해가 펼쳐지는 〈**Sailing Away**〉는 웅대한 인생찬가이다. 파도의 위험이 도사리고 낯설고 외로운 타지에 도착하더라도 사랑과 용기를 가지고 항해를 이어가야만 하는 삶의 운명을 정중동으로 그린다.

멈춤 없이 속도를 달리며 강물이 흘러가는 듯한 〈**River**〉는 애틋하면서도 환상적인 여정이다. 길을 잃은 사랑을 찾아가는 자신을 어루만지고 두려움을 닦아달라고 소원한다.

희망을 잉태한 대자연의 맥박이 느껴지는 〈**Mothers of the Desert**〉는 희생의 삶을 살아가는 이 세상 모든 어머니의 꿈과 희망 그리고 마음의 평화를 염원하는 곡이다.

〈**Harpsong**〉은 성스러움과 애수로 가득한 연주곡으로 〈Tara〉에서의 감동을 재현하며, 불투명한 어둠에 별이 뜨는 〈**Two Horizon**〉에는 삶의 용기를 주창한다.

자신이 가장 만족스러운 앨범이라고 밝혔던 본작은 47회 그래미의 베스트 뉴에이지 앨범에 후보 지명되기도 했다. 원숙한 여성으로서 노래하는 가볍지 않는 삶의 철학은 시간을 거듭할수록 탐스러운 열매와 함께 그 뿌리도 깊게 뻗어간다.

273

Manheim Steamroller
Interludes

American Gramaphone | AGCD 373 | 1981

1. Interlude I
2. Interlude II
3. Interlude III
4. Interlude IV
5. Mist
6. Velvet Tear
7. Interlude V
8. Interlude VI
9. Amber
10. Interlude VII

New Acoustic

네오 클래시컬 음악의 선구자 중 한 사람으로 평가받는 칩 데이비스Chip Davis의 프로젝트 만하임 스팀롤러는 크레센도Crescendo를 의미하는 독일어 만하임 파우스트Manheim Faust에서 따온 것이라 한다.

그의 부친은 고등학교 음악교사였고, 모친은 여성 오케스트라단에서 트롬본 연주자로 활동했다. 4세 때부터 조모에게 피아노를 배우기 시작하여 6세 때는 간단한 악곡을 지을 수 있었다. 대학 졸업후 음악교사가 되었지만, 클래식 음악에 한계를 느낀 당시 뮤지컬 「Hair」의 편곡자 겸 프로듀서의 제의를 받고 교사 생활을 정리한다. 이 뮤지컬이 성공을 거둔 후 그동안 틈틈이 작곡한 곡을 들고 레코드 회사를 방문했지만, 그리 호의적이지 않은 반응에 1974년 자신의 레이블 아메리칸 그라모폰을 꾸린다.

돈을 벌기 위해 프로덕션 회사에 다니며 맡았던 광고음악이 히트하여 싱글로 발매했는데, 이는 빌보드 차트에 오르는 기대치 못한 성공을 거둔다. 두 번째 싱글은 2주 만에 골드를 그리고 두 달 만에 플래티넘을 기록했고, 27세의 나이에 'Country Music of the Year'에 선정되었다. 하지만 이는 자신이 원한 음악이 아니었기에, 번 돈을 끌어모아 자신의 음악에 투자했다.

데뷔작 《Fresh Aire, 1975》를 시작으로 연작을 발표했는데, 4집까지 사계四季를 개념화했으며, 5집은 천문학자 요하네스 케플러Johannes Kepler를, 6집과 1991년 제34회 그래미상을 받은 7집은 그리스·로마 신화가 그 주제였다.

본작은 1~4집까지 수록된 간주곡들만 따로 모은 편집앨범이다.

〈Interlude I〉은 비 내리는 자연 풍경의 효과음과 함께 내면의 슬픔이 물안개처럼 스며드는 명연이다.

작은 시내가 흐르는 숲속의 녹색 내음이 코를 간질이는 〈Interlude III〉는 정신적 평화를 안겨주고, 〈Mist〉는 현악이 따사롭다.

애잔한 드라마 〈Velvet Tear〉과 싱그러운 〈Interlude V〉은 1977년에 발표된 두 번째 앨범 발췌곡이다.

1979년 작인 세 번째 앨범에서는 가을의 서정이 잔잔한 〈Interlude VI〉와 〈Amber〉을, 1981년 4집에서 찬바람이 더욱 쓸쓸한 겨울소나타 〈Interlude VII〉를 선곡했다.

본작은 30년이 넘는 활동 기간을 기억하는 팬들의 영원한 베스트셀러로 남아있다.

Marcomé
Seven Seas

EarthTone | ETD-5602 | 1997

1. Breathe
2. Yéku
3. Kiss of the Night
4. Time to Follow...
5. Librarsi
6. Parada
7. All Alone
8. Memoria
9. Seven Seas
10. From within
11. Yéku (bonus edit)

NewAge-Pops Vocal, NewAge-Celtic

푹신푹신한 구름의 벽과 바닥의 틈 사이로 햇살이 쏟아지는 새하얀 공간에서 하얀 옷을 입고 둥둥 떠다닐 것만 같은 여자 마법사 마르꼰느는 캐나다 퀘벡 출신의 작곡가이자 키보디스트이고 보컬리스트이다.

그녀의 작곡력은 자유로운 밑그림으로, 앰비언트 키보드는 입체적인 움직임으로 그리고 청아한 보컬은 순백의 물감과 솜털과도 같이 따스한 재질감을 입힌다.

10여 년이 지난 시점에서 리마스터되어 새로운 커버로 재발매되기도 한 이 앨범은 그녀의 데뷔작으로 셀틱 음악 팬들에게 환영받을 작품이다.

시원한 바람처럼 포근한 그녀의 보컬이 맨실에 와닿는 〈Breathe〉는 산행하면서 정상에 올랐을 때처럼 자연의 미세하고도 생생한 에너지의 흐름을 느끼게 해준다.

야외에서 모닥불을 피워놓고 담소를 즐기는 그녀에게 불현듯 다가온 꿈 같은 이야기라고 소개한 〈Yéku〉는 반복적인 멜로디와 서서히 증폭되는 감흥으로 깊은 명상에 빠져든다.

밤이 주는 안온한 서정성을 월드 퍼커션과 셀틱 음악의 몽환으로 그린 〈Kiss of the Night〉은 우리의 육체에 보다 더 민감하고도 흥거운 자유로움을 불어넣는다.

부드럽고도 달콤한 허밍에 서서히 마취되는 듯 〈Time to Follow...〉에는 빙글빙글 세상이 돈다.

몽롱하고도 나른한 보사노바의 서정에 젖는 〈Librarsi 서적〉에는 기차나 혹은 자동차를 탔을 때 시야 옆으로 지나가는 그림들을 응시하면서 경험하게 되는 비행을 체험하게 된다.

한적한 휴양지에서의 느긋함과 아열대의 정취를 담은 〈Parada〉, 가스펠의 평온이 자리하는 〈All Alone〉, 그리고 내면의 고요를 향해할 때 부르는 요정들의 자장가 〈Memoria〉는 매우 포근하다.

연인과의 사랑을 담은 〈Seven Seas〉에는 바닐라 향의 흰 꽃잎들이 일렁이는 물결 속으로 눈처럼 떨어져 해변으로 밀려온다.

천공의 성에서 노래하는 칠대양七大洋의 연가는 많은 나라에서 소개되었고, 그녀의 고전으로 평가받고 있다.

두 번째 앨범 《River of Soul, 2006》에는 라틴과 중동, 재즈와 아프리카의 리듬을 섞어내어 지상의 이야기를 들려주었으며, 이후 치유와 명상음악을 선보였다.

Marcus Viana
Cancoes do Eden

MÚSICA DAS ESFERAS
MARCUS VIANA

CANÇÕES DO ÉDEN

Sonhos e Sons | SSCD012 | 1996

1. As Baleias e Nós
2. No Templo Invisível
3. Quando um Anjo nos Toca
4. A Borboleta Dourada
5. Lux Aeterna
6. Jardins de Shiva
7. Contemplação
8. Fragmentos
9. Canções do Éden
10. Adágio da Rosa

NewAge-Healing

마르쿠스 비아나는 1980년대 프로그레시브 심포닉 록그룹 사그라도Sagrado를 이끌었던 바이올리니스트로, 현재의 음악적 범위는 클래식과 팝, 월드뮤직, 영화음악, 무용음악, 뉴에이지 음악 등에 이르기까지 실로 방대하다.

그가 뉴에이지 앨범으로서는 처음 발표한 《Cancoes do Eden 에덴의 노래》는 치유와 휴식 그리고 명상을 위한 작품으로, 어쿠스틱 바이올린과 전자 바이올린 그리고 비올라를 비롯한 현악기에서 피아노, 브라질 만돌린, 퍼커션, 신시사이저 등을 연주한다. 또한 엷은 스캣과 명료한 자연의 음향을 믹스하여 호젓한 사색에 머물게 하며, 무엇보다도 동양적인 정서까지 느낄 수 있는 글로벌 음악을 선보이고 있다.

바다 생명에 대한 사랑을 그린 〈As Baleias e Nos 고래와 우리〉는 따스한 허밍과 애상적인 전자 바이올린으로 자연과의 명상적 교감을 부드럽게 그린다.

〈No Templo Invisível 보이지 않는 사원〉은 어느새 청자의 감상실을 동양으로 옮겨놓는데, 안개 낀 산사에서 들려오는 풍경소리가 우리를 반긴다.

〈Lux Aeterna 영원한 빛〉은 시간을 따라 흐르는 천체의 코러스와 무한공간을 가로지르는 신시사이저 음향이 숭고한 우주음악으로, 생과 사를 반복하며 끝없이 반짝이는 빛의 매트릭스를 표현하고 있는 바이올린의 마법이 청자를 둘러싼다.

수묵의 향기가 감도는 〈Contemplacao 명상곡〉은 동양음악의 퓨전으로 동양화의 깊은 여백처럼 간간이 선율이 흐른다. 그의 부드러운 허밍은 관조의 구음처럼 고요하고도 따스한 환상을 심어준다.

〈Cancoes do Eden 에덴의 노래〉는 부드러운 바람결과 잠잠한 풍경소리는 묵상의 공간을 재현하고, 평온한 허밍과 함께 실려 오는 바이올린의 꽃내음 가득한 떨림으로 이상향의 환상을 드러낸다.

바이올린을 위한 클래식 〈Adagio da Rosa 장미의 아다지오〉는 욕망과 열정이 녹아있는 애잔한 음률이 아름다움의 절정으로 미화된다.

그의 이상적 유토피아는 한 송이 연꽃이 진흙탕의 연못을 향기로 채운다는 계향충만戒香充滿의 의미와 함께 우리의 깊은 심성 속에서 구현된다는 고결한 메시지를 전하는 듯하다.

Marcus Viana
Terra

Sonhos e Sons | SSCD040 | 2000

1. O Hoje e a Eternidade
2. No Pulsar de Gaya
3. Aves do Paraíso
4. Bella
5. Madrigal
6. Dríades
7. O Espírito das Flores
8. Raga da Terra
9. As Pegadas do Mestre
10. Agnus Dei
11. Adágio para a Terra Mãe
12. Viagem pela Serra Encantada

NewAge-Instrumental

그의 부친은 브라질 최초의 음악작곡가 에이또르 빌라 로보스Heitor Villa Lobos 의 보조자로 일했기에, 그도 자연스럽게 음악을 접하며 13세 때부터 바이올린을 시작했다. 대학 졸업 후 미국 펜실베이니아의 하버타운 심포닉 오케스트라 단원 으로 활동하다가 고국으로 돌아와 팝 페스티벌에 참가, 1974년부터 10년간 다섯 번 출전하여 모두 우승했다. 약 7년간 미나스 제라이스Minas Gerais 심포닉 오케 스트라에서 수석 바이올리니스트로 활동하다, 1970년대 중반에 새로운 음악스타 일을 경험하고 아트록 그룹 새꿀라 새꿀로룸Saecula Saeculorum에 참여한다.

1979년에 프로그레시브록 그룹 사그라도Sagrado Coração da Terra를 결성하고 미 우퉁 나시멘투Milton Nascimento, 로보기스Lo Borges와 플라비오 벤츄리니Flavio Venturini 등 거대한 팝 아티스트의 녹음과 투어에도 참여했다.

1985년에 사그라도의 첫 앨범을 시작으로 걸작들을 선보이며 국제적인 명성을 얻었고, 이후 다수의 TV 시리즈의 사운드트랙도 담당하였다. 《Musica das Esferas 지구의 음악》는 2001년 라틴그래미에서 Best Pop Music Inst. Album 으로 선정되었고, TV 시리즈 「El Clon」의 테마 〈A Miragem 신기루〉  는 마이클 볼튼Michael Bolton이 〈All for Love〉로 번안하여 노래했다.

그는 새천년을 준비하며 지구의 모든 물질을 구성하는 4대 요소를 위한 연작 시리 즈를 발표, 첫 결실 《Acqua 물, 1998》에 이어진 두 번째가 본작이다.

무한적 지속성을 위한 서곡 〈O Hoje e a Eternidade 현재와 영원〉은 전자 바이올린의 따스하고도 풍부한 선으로 역사의 시간을 되새긴다.

태동을 알리는 의식의 북소리 〈No Pulsar de Gaya 천체와 대지〉에 이어, 〈Aves do Paraiso 낙원의 새〉는 생동감을 더한다.

대지의 아름다움에 대한 축시 〈Bella 美〉는 자연의 생로병사의 순리를  향해 잔잔한 바이올린으로 경배를 든다.

죽은 생명을 위한 진혼곡 〈O Espirito das Flores 꽃의 영혼〉은 천상 의 하프에 여성 스캣이 넋을 기린다.

〈Adagio para a Terra Mae 모태의 땅을 위한 아다지오〉는 현악을 위한 전원곡으로, 그 평온한 선율에 잠이 들것만 같다.

어머니의 육신과도 같은 대지를 향한 찬가집인 본작을 통해 땅이 주는 무한한 은 혜가 경이롭게 다가온다.

Marcus Viana
Aere

Sonhos e Sons | SCD033 | 2001

1. Recordando a Cidade Dourada
2. Portal do Tempo
3. Boddhisatwa das Nuvens
4. Aere
5. Devas e Pirilampos
6. Senhor do Amanhecer
7. Olhos da Alma
8. Pastoral
9. Contemplação do Azul
10. Catedral Eólica
11. Avis Migrans
12. Vento do Deserto
13. Silfos e Sílfides
14. Espiritual

NewAge-Instrumental

브라질 제일의 뮤지션 마르쿠스 비아나의 지구의 4대 요소 연작 중 그 세 번째 찬송가 《Aere 공기》이다. 생명의 숨과 소리에 깊은 인상을 그린 본작은 가볍고도 세밀한 청정의 소리로 그 빈 공간을 채우고 있다. 하지만 그 빔空에 대한 채움은 양적인 충만充滿이라기보다 개념적이고도 질적인 충분充分한 이미지이다.

〈Portal do Tempo 시간의 출구〉는 시제時制의 끝없는 영속을 찬양하는 스페이스 심포니라 할 수 있다. 쇼루Choro가수 리지아 자께스Ligia Jacques의 바람결처럼 부드럽고 평온한 스캣이 온누리에 울려 퍼지는 대자연의 심호흡이다.

하늘과 맞닿은 땅 티베트로 초대하는 〈Boddhisatwa das Nuvens 구름 아래의 부디샬바〉는 인디언 플루트로 고즈넉한 고원의 초상을 그려낸다.

천상을 향한 미사 〈Aere 공기〉는 숭엄한 신시사이저 코러스로 연주하여 영적 깊이를 표현하였으며, 짧지만 소중한 〈Olhos da Alma 영혼의 눈〉은 지그시 눈을 감으면 내면의 의식세계로 간다.

낭만적인 바이올린과 희미한 허밍이 아름다운 〈Pastoral 전원시〉는 단아하고 목가적인 정서가 샘솟는다.

〈Catedral Eolica 바람의 성당〉에서는 가녀린 여성 성악 아리아가 성스러운 묵상기도를 올리며, 〈Vento do Deserto 사막의 바람〉에서는 메소포타미아의 잔혹한 모래바람이 불어닥친다.

바람의 정령들의 전설을 노래한 〈Silfos e Silfides 요정과 요정〉는 피아노의 맑은 연주 위로 로산네 비아나Rosane Viana의 환상적인 스캣과 아련함을 더하는 전자 바이올린의 슬픈 하모니가 잔잔한 감동을 준다.

마지막 곡 〈Espiritual 령靈〉은 이 땅의 모든 영혼이 쉬어가는 공空을 향한 서정시로, 그 외면적인 자유영혼에 대한 안식을 기도하는 자장가라 하겠다.

본작에는 자연에서부터 인간의 육신 속으로 흡수되어 혈관을 지나 영혼의 심연에 이르는 공기의 섬세한 흐름이 끊이지 않는다. 그 대기는 아지랑이처럼 피어오르는 원초적인 생명의 에너지로 귀결되며 스스로 윤회하고 있다.

이듬해 마르쿠스 비아나는 《Ignis 불》을 발표하며 4부작을 완성했는데, 그의 독특한 음감은 브라질 특유의 문화에 근거한 것이었다.

Marcus Viana
Angeli Lacrima

Sonhos e Sons | SSCD077 | 2006

1. Unde Lucet In Aurora
2. Angeli Lacrima
3. O Salvatrix
4. O Quam Mirabilis
5. Splendor Archanorum
6. O Vivens Fons
7. O Quam Magnun Est
8. Sanctus
9. O Suavis Virgo
10. Sonus Et Vita
11. Ad Celestem Armoniam
12. Angeli Lacrima II
13. Super Sidera
14. Nunc In Tua Clara Voce

NewAge-Healing

마르쿠스 비아나는 그동안 자신 혹은 여성 보컬리스트를 기용하여 스캣을 활용했는데, 본작 《Angeli Lacrima 천사의 눈물》을 통해서 본격적인 여성 스캣을 위한 작품을 선보인다.

아리따운 모델 바바라 반 데 마스Barbara Wan Der Maas가 물 위에 앉아 있는 매혹의 커버를 젖히면. 여성 나이아나 파피니Naiana Papini의 목소리가 신화 속 님프의 노래처럼 영험하게 다가온다.

〈Unde Lucet in Aurora 여명의 빛〉에서는 일출과 동시에 다시 깊은 물속의 세상으로 가야 하는 님프의 노래가 새벽바람을 타고 잔잔히 울린다.

타이틀곡 〈Angeli Lacrima〉은 맑은 기타의 공명에 우수에 젖은 스캣과 바이올린 연주가 애절함을 더하고, 〈O Salvatrix 구세주여〉은 신시사이저 코러스의 뭉클함에 스캣 솔로가 영적 묵상으로 이끈다.

〈O Quam Mirabilis 이 얼마나 경이로운가〉는 전자 바이올린과 허밍으로 기적의 계시를 전한다.

〈Splendor Archanorum 숨겨진 비밀〉에는 로산네 비아나Rosane Viana 의 성악 보컬과 나이아나 파피니의 화사한 스캣이 길게 꼬리를 문다.

〈O Vivens Fons 생명의 샘〉에는 기쁨과 행복감이 생명력 있게 율동하며 우리의 영혼을 씻어준다.

무겁고 깊은 첼로의 슬픔에 이어 티베트 벨의 울림이 영혼을 울리는 〈Sonus Et Vita 소리와 삶〉, 동일한 테마를 피아노와 현악의 하모니로 들려주는 〈Angeli Lacrima II〉은 여린 감수성의 클래시즘이 가슴을 애잔하게 적시는 연주곡이다.

황홀한 천문의 명상 라운지 〈Super Sidera 별 위로〉는 무한대의 공간이 성큼 다가오며, 피아노와 전자 바이올린의 합주에 스캣이 노래하는 〈Nunc In Tua Clara Voce 당신의 투명한 목소리로〉에서는 긍정적인 삶에 대한 온유한 메시지를 담고 있다.

영혼과 육신의 안식음악 《Angeli Lacrima》는 아쉽지만 평온만을 남기고 사라진다. 서정적이지만 서글프지 않고, 마음을 격앙시키지만 감정을 비워내며, 순간을 노래하지만 영원에 머무는 요정의 목소리는 순수한 내면에서 들려오는 심성의 신비한 속삭임으로 남는다.

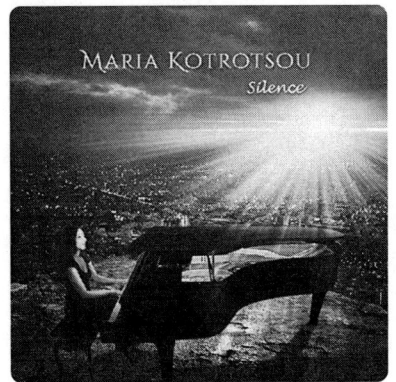

Maria Kotrotsou
Silence

Maria Kotrotsou | MK03 | 2017

1. Whispers
2. Pensées
3. Nous Deux
4. Last Words
5. Nostalgia
6. Don't Stop Dreaming
7. Silence
8. Your Eyes
9. Victory
10. Genesis

NewAge-Instrumental

그리스의 여성 작곡가이자 연주자인 마리아 코트로추는 피아노와 신시사이저 및 악기 앙상블로 분위기 있는 풍경을 만든다.

어린 시절 음악에 매료된 그녀는 6세 때부터 피아노를 배우고, 4년 후 런던 왕립 아카데미에 입학하여 뛰어난 재능을 발휘, 여러 수상도 뒤따랐다. 2005년 아테네 국립음악원 심사위원들의 축하를 받으며 졸업한 후 법학 공부도 마쳤다. 이후 파리의 사범대학으로 진학함에 이어 클래식 음악과 작곡에 대한 교육도 받았다.

그녀는 instselect 음악 스타일의 창시자이자 개척자로, 어쿠스틱과 전자악기의 이상적이고도 풍부한 믹스로 영화적인 풍경을 창조하는데, 청취자는 그녀의 음악에서 감정을 발견하는 수단으로 음악을 사용하며, 열정과 감정으로 가득 한 이미지와 이야기를 여행하게 된다는 것이다.

그녀는 파리에 거주하며 작업하고, 기악곡, 신고전주의, 전자음악, 뉴에이지 음악 등을 작곡하고 많은 가수들과도 협업한다.

데뷔작 《Passion, 2013》, 《March 27, 2015》, 《Silence, 2017》, 《In My Dream, 2020》를 발표한 바 있으며, 그녀의 공연은 전회 매진으로 전 연령대에서 사랑받고 있다.

본작은 그녀의 세 번째 디스코그래피로, 앰비언트, 보컬, 피아노, 첼로, 플루트 등의 조화로운 음악들을 담았다. 다소 곡 분위기는 서정적이고 어두운 편이지만, 일렉트로 앰비언트와 어쿠스틱 실내악의 교차 수록으로 지루하지 않다.

〈Pensées 상념들〉은 서정적인 실내악의 풍부한 선율들이 소중한 것들에 대한 그리움에 머물게 한다.

〈Last Words〉는 단순한 멜로디이지만 피아노와 함께 클래식컬한 화풍의 협주가 따사롭게 감싼다.

〈Nostalgia〉은 고국 그리스를 향한 그리움일까? 피아노 독주에 이어 점차 하나씩 하모니를 더하는 기악으로 고독의 감정선을 그려간다.

〈Silence〉는 '인스트셀렉터'라는 그녀의 가설대로, 청자로 하여금 회상에 빠질 수 있게 풍성한 감성라인을 선보인다.

〈Victory〉는 앰비언트 음악으로 신시사이저 건반과 어쿠스틱 협주가 반주와 멜로디를 주고받으며 다이내믹한 구성을 들려준다.

〈Genesis〉는 바이올린과 첼로, 플루트와 클라리넷과 피아노의 합주가 은은한 열기를 남긴다.

Mark Dwane
The Atlantis Factor

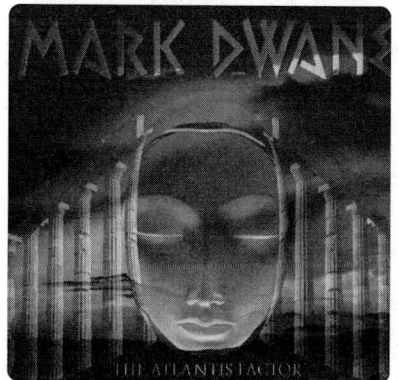

Trondant Music | DZS-086 | 1993

1. The Atlantis Factor part 1
   - Age of Order
2. Chalidocean
3. The Firestone
4. Isle of Poseidon
5. Song of the Dolphin
6. Dark Energies
7. Atlantean Magic
8. The Atlantis Factor part 2
   - Reign of Chaos
9. Eternalechoes

NewAge-Electronic·Ambient

신비의 탐험자인 1954년생 마크 드웨인은 사촌누이가 피아노 연주하는 것을 듣고 자랐고, 그가 처음 접한 일렉트로닉스 음악은 1950년대 SF 영화의 금자탑이라 불리는 「Forbidden Planet 금지된 세계」의 오리지널 사운드트랙이었다.

10세 때 기타를 배우기 시작하여 비틀스The Beatles와 지미 헨드릭스Jimi Hendrix 등 록사운드에 심취했으며, 프로그레시브록 기타리스트들을 좋아했다고 한다. 그러나 가장 그가 영향을 받았던 아티스트는 키스 에머슨Keith Emerson이었으며, 스티브 라이히Steve Reich, 슈톡하우젠Stockhausen 등의 현대음악에서부터 반겔리스Vangelis와 장-미셸 자르Jean-Michel Jarre 등의 전자음악가에 이르기까지 관심을 넓혀간다. 1975년에는 자신의 그룹 ORB를 결성하고 2장의 앨범을 냈으며, 아방가르드 그룹 Gong과 콘서트 무대에 섰다.

1981년에 솔로로 독립, 첫 앨범 《The Myth, 1984》를 통해 신화에 접근했고, 《The Monuments of Mars, 1988》에서는 우주여행의 여정을 담았으며, 《Angels, Aliens, and Archetypes, 1991》로 또 다른 생명체를 찾아 떠났다.

네 번째 디스코그래피 본작에서는 다시 지구로 돌아와 신화의 섬 아틀란티스로 향한다. 그만의 독특한 커버 아트처럼 그의 클래시컬록에 가까운 심포니의 신비는 살아 움직이는 스펙터클 파노라마로 재현되고 있다.

서사적인 사운드가 압권인 〈The Atlantis Factor part 1〉은 바람과 어둠이 몰려오면서 퍼즐처럼 서서히 조각이 맞춰지고 마침내 아틀란티스의 위용이 드러난다.

아틀란티스를 품고 있었던 바다의 연가 〈Chalidocean〉는 시원한 록의 드럼 위로 사쿠하치가 신호를 보내며 신시사이저 코러스가 화답한다.

전차를 타고 바다 위를 달리는 신화의 세상 〈Isle of Poseidon〉에서는 신시사이저 코러스의 숨결이 매우 절묘하다.

불안한 복선 〈Dark Energies〉에 이어, 〈Atlantean Magic〉에서는 기운생동의 교향악이 마법을 확장시킨다.

〈The Atlantis Factor part 2〉에서의 스산한 전자음향 폭풍은 거세어지며 아틀란티스는 어둡고 깊은 물속으로 침몰한다.

〈Eternalechoes〉는 영광의 아틀란티스에 보내는 연민의 랩소디이다.

아틀란티스에 대한 전설이 궁금하다면 역동적인 서사의 본작이 그 해답이다.

Mark Isham
Vapor Drawing

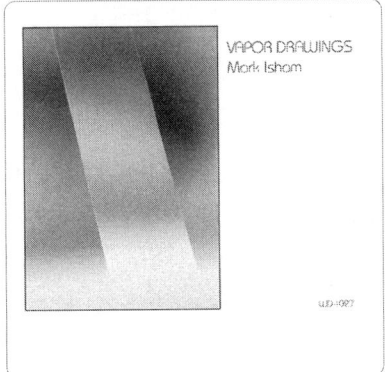

Windham Hill | WD-1027 | 1983

1. Many Chinas
2. Sympathy and Acknowledgment
3. On the Threshold of Liberty
4. When Things Dream
5. Raffles in Rio
6. Something Nice for My Dog
7. Men Before the Mirror
8. Mr. Moto's Penguin
   (Who'd Be an Eskimo's Wife?)
9. In the Blue Distance

NewAge-Ambient

할리우드 영화음악가로 잘 알려진 마크 이샴은, 뉴욕에서 1951년에 출생하여 집안의 음악적 환경으로 어려서부터 트럼펫과 피아노 그리고 바이올린을 배웠다. 샌프란시스코로 이사하여 몇몇 지역 오케스트라단에서 연주했으나 그의 관심은 재즈와 팝 그리고 록 음악이었다. 1970년대를 거치며 밴드활동을 하다가 신시사이저 프로그래밍을 배운 후 많은 팝과 재즈 아티스트들의 세션 음악가로 활동했다. 또한 베이스 주자 패트릭 오헌Patrick O'Hearn과 기타리스트 피터 마뉴Peter Maunu와 함께 Group 87을 창단하며 1980년에 다이내믹한 연주가 돋보이는 데뷔작을 발표한다.

이후 윈드햄 힐 레이블의 레코드 중에서 가장 이색적인 작품으로 기록되는 본작을 발표한다. 당시 본작은 어쿠스틱 사운드를 만들어갔던 윈드햄 힐을 통해 발표되었다는 것만으로 화제가 되었다. 그는 신시사이저, 트럼펫, 플뤼겔호른, 피아노, 소프라노색소폰, 전자퍼커션 등을 연주했고, 드러머 페터 반 후크Peter Van Hooke가 참여했다. 물론 재즈의 기운이 감돌고 어쿠스틱의 감성도 엿볼 수 있지만, 그 전반을 자리하고 있는 것은 일렉트로닉 사운드였다. 그 사운드의 순수성과 독특한 이미지의 연상성은 이후 영화나 필름 등에서 재능을 보이고 인정을 받는 사실을 쉽게 수긍하도록 만든다.

순수 미니멀 전자음악 〈Sympathy and Acknowledgment〉은 계속해서 동일한 감정이 샘솟는 듯하다.

초현실주의 화가 르네 마그리트René Magritte의 그림 제목에서 따왔다
는 〈On the Threshold of Liberty〉는 히트곡으로, 마치 전쟁영화의 결말에서 나올 법한 드라마가 트럼펫의 행진곡으로 연출된다.

〈When Things Dream〉는 서정적인 재즈피아노에서 시작하여 신시사
이저로 몽환을 연결한다.

일렉트로닉 삼바 퓨전 〈Raffles in Rio〉에 이어, 〈Something Nice for My Dog〉
는 유쾌한 제목처럼 반려견의 재롱을 계속 바라보고 있는 듯하다.

〈Men Before the Mirror〉는 그 서늘한 질감에 서스펜스 영화의 분위
기가 짙게 감돈다.

《Film Music, 1985》와 《Tibet, 1989》에 이어, Virgin에서 낸 《Mark Isham, 1990》은 제33회 그래미 베스트 뉴에이지 퍼포먼스 수상작이기도 하다.

Mars Lasar
Escape

Real Music | RM0033 | 1995

1. Inner Sanctum
2. Astronomer
3. Sensuality
4. Moonlight Cove
5. Waves
6. The Blessing
7. Escape
8. At One with You
9. Walkabout
10. The Anniversary
11. Accelerator
12. Amy's Lullaby II
13. Unity

NewAge-Instrumental

마스 라자의 앨범들이 꾸준히 사랑받고 있는 것은 다이내믹한 음의 건축에 기인하며, 그 재료들은 클래식의 역동적인 형식과 록의 에너지, 그리고 뉴에이지의 서정에 자신의 성장의 배경이 된 호주의 독특한 자연환경이라 할 수 있다.

11세 때부터 음악교육을 받았던 그가 주로 들었던 음악은 릭 웨이크먼Rick Wake-man, ELP의 키스 에머슨Keith Emerson, 핑크 플로이드Pink Floyd 등이었다. 이들의 영향으로 전자음악에 관심을 가지게 되었고, 당시에 작곡한 곡으로 시드니의 오페라 하우스에서 거행된 청소년 작곡 경연대회에서 우승을 차지한다.

16세 때는 그룹 IQ를 결성하여 마이크 올드필드Mike Oldfield의 공연 오프닝에 섰고, 18세 때는 일본 도쿄에서 열린 페이쇼에서 연주했다. 또한 케이트 부쉬Kate Bush와 듀란 듀란Duran Duran, 알란 파슨스Alan Parsons 등 굵직한 해외 스타 공연에도 무대에 섰다. 이러한 청소년기의 활약을 인정받은 후, 미국으로 건너가 한스 짐머Hans Zimmer가 담당했던 영화 「Days of Thunder」의 음악과 가수 실Seal의 음악 작업에도 참여하였다.

데뷔작 《Olympus, 1992》가 빌보드 뉴에이지 차트 톱 10에 오르는 대성공을 거두며, 《The Eleventh Hour, 1994》에 이어 세 번째로 본작을 발표했다.

성소聖所로서의 영험을 그린 걸작 〈Inner Sanctum〉은 팝과 재즈, 클래식의 멜로디 라인으로 신비로움의 형체와 감동의 조형을 매우 로맨틱하면서도 우아하게 그려냈다.

〈Astronomer〉는 우주를 향하여 생동하는 대지의 에너지가 원대한 기운을 분출한다.

〈Moonlight Cove〉에서는 해양도시의 야경을 잔잔한 재즈풍으로 때론 강렬한 심포니로 묘사하며, 〈Waves〉는 민속 리듬과 현대 재즈피아노의 만남이 너무나 달콤하다.

서늘한 신시사이저 오케스트레이션의 마법이 마치 구름 속을 향해하는 듯한 〈At One with You〉는 몽환의 수작이며, 종달새의 노래와 뮤직박스를 통해 흘러나오는 자장가 〈Amy's Lullaby II〉는 애상적이다.

이듬해 잘 알려진 《The Music Of Olympic National Park, 1996》를 비롯, 4개의 앨범들 더 제작하는 등 폭풍 같은 창작력을 보여주었다.

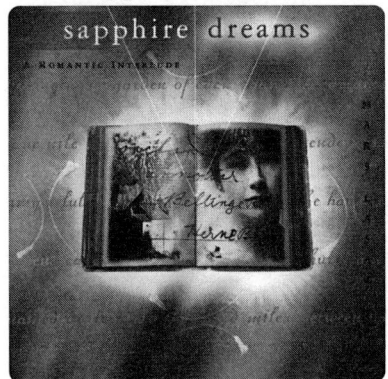

Mars Lasar
Sapphire Dreams

Real Music | RM 0044 | 1998

1. Belonging
2. Garden of Eden
3. Sapphire Dreams
4. Blue Nile
5. Fear & Tenderness
6. Amy's Lullaby III
7. The Haunted
8. Seven Tears
9. Forgiven
10. Oasis
11. A Hurricane Named Desire
12. Ten Thousand Miles Between Us

호주 출신의 심포니 마에스트로 마스 라자의 새로운 모습을 접할 수 있는 작품이다. 서정적인 피아니스트로서의 그를 만날 수 있는데, 내밀한 터치에 의해 퍼지는 따스한 감성은 매혹을 넘어서고, 머물렀다 간 자리에는 아련한 자국이 길게 남는다. 불변과 성실을 상징하는 가을의 푸른 보석 사파이어로 사랑을 맹세한 간주곡들은 영롱한 광채로 아른거린다.

유유히 흘러가는 안온한 발라드 〈Belonging〉에서부터 맑은 피아노의 달콤한 선율이 뭉클함을 더한다.
로맨스의 걸작이라 할 수 있는 〈Garden of Eden〉은 마치 선악과를  베어 문 한 쌍의 남녀가 눈물을 흘리며 쫓겨난 후 버려진 에덴동산의 쓸쓸함을 그린 듯한 쓸쓸함으로 다가온다.
〈Sapphire Dreams〉은 사랑의 결정을 꿈꾸어 왔던 요람 속에서의 고  귀한 순간을 그렸으며, 꿈결과도 같이 따사로운 오케스트레이션의 현이 사랑의 감정을 그려가는 〈Fear & Tenderness〉도 잊을 수 없는 명연이다.
연작인 히트곡 〈Amy's Lullaby III〉에는 바닐라 향이 나는 꿈의 선율  로 가득 채우고 있는데, 흡사 그의 피아노는 하프처럼 들리기도 한다.
〈The Haunted〉는 멜로디가 아닌 무드가 선도하는 상황음악으로, 매우 고풍스럽고도 신비한 매력이 있다.
따뜻한 포옹으로 다정함이 느껴지는 〈Seven Tears〉에는 사랑의 감동이,  은은한 클래식 터치가 깊은 여운을 주는 〈Oasis〉에는 정신적인 충만감이 그려진다.
두 끝 곡도 낭만적인 드라마 사운드트랙처럼 감미롭기 그지없다.

유사한 악곡 형태의 많은 음악이 존재하지만 그의 피아노 서정은 형용할 수 없는 특별한 매력을 지니고 있다. 아마도 이는 자연환경에서 받은 감각이 음악적 모더니즘에 더해져서 일 것이다.
사랑하는 이에게 마음을 전해야 한다면 본작은 가장 특별하고 의미 있는 선물이 될 듯싶다. 적어도 마스 라자는 사파이어 이상의 감동을 전해줄 것이기 때문이다.

NewAge-Instrumental

Martin Tillman
Eastern Twin

Unitone Recordings | 13702-5101 | 2000

1. Odessa
2. Nothing on My Mind
3. Amadeus on the Nile
4. Eastern Twin
5. Close to Water
6. Ceremony
7. Trans Mojave
8. 7 Saris
9. Rue Sibelius

NewAge-Instrumental

마틴 틸먼은 스위스 1964년생으로, 컨템퍼러리 첼로 음악교육을 받았고 미국 서던 캘리포니아 대학에서 1989년에 석사학위를 받았다. 얼터너티브 록그룹 베터댄 에즈라Better Than Ezra, 테드 호킨스Ted Hawkins, 시카고Chicago, 트레이시 채프먼Tracy Chapman 등의 세션 연주 등 다양한 경험을 쌓으며 자신의 첼로 스타일을 확고히 하게 이른다.

고국 스위스에서 솔로 앨범 《Lingo, 1996》을 발표했고, 마이클 호페Michael Hoppe의 《The Poet, 1997》와 《Afterglow, 1999》에 참여했다.

그리고 대망의 미국 시장 데뷔작 《Eastern Twin》을 발표한다.

신시사이저를 비롯한 키보드를 담당하고 있는 돔 베드빅Tom Vedvik은 두 곡에서 가사를 쓰기도 했다. 본작에서 마틴 틸먼의 첼로는 그가 그동안 마이클 호페의 음악에서 들려주었던 것과는 다른 질감이었다.

〈Odessa〉는 점차 증폭되는 서두를 지나 슬픔을 머금은 첼로의 묵직한 저음과 트립합 비트, 그리고 전자기타의 시원한 애드리브로 서정적인 감성을 불러일으킨다.

〈Nothing on My Mind〉는 트립합 비트와 키보드의 앰비언트 그리고 리스베스 스콧Lisbeth Scott의 맑은 여성 스캣과 팝 보컬이 잘 믹스된 앙상블이다.

'나일강의 아마데우스'라는 제목답게 정글 음악으로 변신하는 〈Amadeus on the Nile〉은 이집트의 황량함으로 채워진 앰비언트 작품으로, 콩가드럼의 주술적인 마법, 그의 체감되지 않는 미온의 일렉트릭과 어쿠스틱 첼로, 그리고 서서히 중압을 시도하는 피아노 연주가 일품이다.

〈Eastern Twin〉은 타블라의 자극적인 향내와 샘플링된 여성 구음의 주술이 만들어내는 신비한 이슬람 월드뮤직의 걸작이다.

은은한 긴장의 라운지 〈Close to Water〉에서 리즈베스 스콧의 촉촉한 보컬과 생동하는 연주가 오아시스 카페로 초대한다.

타이틀곡과 연계된 월드뮤직의 불꽃 〈7 Saris〉에 이어, 첼로 솔로작인 〈Rue Sibe-lius〉는 자유자재로 표현되는 컨템퍼러리 음악의 멜로디를 감상할 수 있다.

본작은 컨템퍼러리 뮤직에서부터 월드뮤직, 일렉트로 앰비언트, 줄곧 긴장을 늦출 수 없는 팝 라운지 음악까지 너무나 다채롭다. 마틴 틸먼의 팔레트는 모래바람이 강렬한 태양빛에 내리쬐어 석영에 반짝이는 스펙트럼과도 같다.

Martin Tillman
A Year in Zurich

Tillmanji Records | MT1001 | 2004

1. Spontaneous in Portfolio
2. Bossalino
3. Eileen
4. Bachwards
5. Tangobay
6. Reoccuring Dream
7. White Oleander
8. Poeme pour Catherine
9. Spirit
10. February in Mazuria
11. Is It Me or the Moon Passing
12. Leaving Zurich
13. Autumn in Paris

NewAge-Instrumental

우리에게 첼로의 멋을 전해 준 아티스트 중 한 사람인 마틴 틸먼은 15년간의 LA 생활을 잠시 접고 자신의 고향 스위스 취리히로 거처를 옮겼다. 본작을 발표하기 2년 전, 눈 덮인 알프스와 벽돌로 지은 굴뚝과 지붕 정원들이 내려다보이는 아파트로 와서 고향에 대한 안온한 서정에 고무되어 그랜드피아노를 구입한다.

어려서부터 클래식 음악을 사랑하는 가정환경으로 피아노를 배운 그는 딜레마를 이기지 못하고 두 대의 그랜드피아노가 놓인 방의 문을 손수 잠가버린 씁쓸한 기억이 있었다. 그 후 첼로로 전향하여 뮤지션으로서 또다시 힘든 슬럼프를 겪으며, 그 도피로 「Hannibal」, 「The Ring 2」, 「Ali」 등의 영화음악에 손을 댔다.

그는 2004년 귀향歸鄕의 내밀한 감정의 충동으로 다시 피아노 덮개를 열고 첼로와 함께 본작을 발표한다. 이전 앨범에서 취하였던 에스닉의 실험 대신 그 자리에 피아노의 여린 클래시즘을 심어놓았다. 오랫동안 타향살이를 했던 한 인간으로서 의미를 가지면서도 뮤지션으로서도 더 큰 완숙미를 거두었다.

〈Spontaneous in Portfolio〉에서 나약함으로 떠난 자신을 다시금 반겨주는 고향의 변함없는 미소에 성찰하는 마음으로 지난날을 술회한다. 클래식과 재즈 필링을 접목한 〈Bossalino〉는 피아노와 첼로로 슬픔에 잠긴 열정을 연주하며, 1992년에 작곡하고 12년여 만에 녹음한 첫 피아노 작품 〈Eileen〉 역시 애상적이다.

〈Bachwards〉는 바흐에게 붙이는 라르고풍의 시이며, 〈Tangobay〉는 부에노스아이레스에서 들었던 탱고의 열정과 서정을 떠올리며 작곡한  것이다.

아내의 고향이기도 한 폴란드에서 모든 일을 중단하고 자신에 대한 환멸로 가득 차 있을 무렵 다시 그의 창작욕을 끌어낸 〈February in Mazuria〉, 그리고 〈White Oleander〉는 독감에 몸져누운 아내를 위한 건강과 사랑  의 기도이다.

〈Poeme pour Catherine〉와 〈Spirit〉에는 아픈 시련을 감싸주는 따사로운 위로가 있고, 밝고 차분한 첼로곡 〈Leaving Zurich〉은 1년간의 취리히의 생활을 마감하는 작품으로 그를 반겨준 데 대한 감사가 있다.

마틴 틸먼의 고향방문기는 출국을 앞두고 첼로를 손질하는 현재의 모습으로 종결되었지만, 푸른빛의 향수는 첼로에 그윽하게 녹아들어 따스한 감동으로 남는다.

Matthias Thurow
Cornucopia

Erdenklang | IRS971.162 | 1987

1. Chronological Order
2. Conquest
3. Transmigrant
4. Awakening
5. Intermission
6. Detour
7. Hunch

NewAge-Electronic·Ambient

마티아스 투로는 1949년 독일 출생으로 일곱 살 때부터 바이올린을 배웠고, 12세 때 대중 앞에서 콘서트를 하기도 했으며, 1970년에는 아트록 그룹 오이렌스피겔Eulenspygel의 멤버로 활동하였다.

대학에서는 독일어와 정치학을 배웠고 작곡과 더블 베이스로 전공을 바꾸었다.

1973년에는 재즈 피아니스트 볼프강 다우너Wolfgang Dauner와 함께 음악 작업을 했고, 1979년에는 어린이 라디오를 위한 작품《Cuckoo And The Fire Brigade Man》로 독일 레코드상을 수상했으며, 1984년에 빈 페스티벌의 일환으로 New Dance New Wave 발레음악의 작곡을 의뢰받아《Limon Technik》를 발표했다.

1985년부터 작곡해온 작품들을 모아 발표한 이 데뷔작의 타이틀은 '보배의 뿔'을 의미한다. 오래전 국내에 라이선스로 발매되었으며, 수록곡〈Detour〉가 전문 음악방송의 시그널로 사용되면서 인기를 얻었다.

마티아스 투로의 일렉트로닉스는 드라마 및 무용음악을 담당했던 이력에서 짐작되듯 줄곧 긴장감이 감돌며 은은하면서도 분명한 색채를 지닌다.

전위적인 무대음악〈**Chronological Order**〉는 금속성과 기계의 중후하고도 맑은 타악으로 창작된 음악이다.

감동적인〈**Conquest**〉는 서서히 증폭되는 신시사이저로 격동의 순간을 시각화한 걸작이다.

키보드로 창출해 내는 인성의 콜라주 작품〈Transmigrant〉에는 테너색소폰의 황홀한 즉흥이 이어지며, 뱃고동 소리와 기상나팔로 서서히 눈을 뜨는 바다 이야기〈Awakening〉는 후반부에서 대위하는 심포니가 이채롭다.

인기곡〈**Detour**〉는 맑은 새소리 그리고 서정적인 로스비타 마이어Roswitha Maier의 오보에 연주와 점차 규칙적인 파장을 일으키는 신시사이저가 익숙하지 않은 우회로의 신비한 풍경을 포착하고 있다.

다소 불안을 유발하는〈Hunch〉는 신시사이저가 만들어내는 가상적인 실험으로 전위적인 무용음악을 들려준다.

커버에서 느껴지듯 그는 피카소의 인터뷰에서 고무되어 색채를 반영한 음향을 탐구하고자 했다고 한다. 금속 뿔에서 쏟아져 나오는 무지개처럼 그의 음향은 조형적 입체미가 뛰어나다.

이듬해 본작과는 또 다른《Melancholia》앨범을 발표하였다.

Megabyte
Crystal Universe

IC-Digit | IC2216 | 1993

1. The Logos
2. Cosmic Rain
3. Twilight
4. Echoes of Tikal
5. Total Eclipse
6. Sun of Re
7. Harmonia Mundi
8. Touch of Magic
9. Crystal Universe
10. ASSCom

NewAge·Electronic·Ambient

아이러니하게도 두 멤버의 성을 딴 듀오그룹 메가바이트는 작곡 및 신시사이저 연주가 아만다 메가Amanda Mega와 빌리 바이트Billy Byte를 원년 멤버로 《Power -play, 1987》를 발표하며 데뷔했다. 두 번째 앨범부터 프로듀서 레로이 맥비트 Leroy Mcbyte와 막스 메가 주니어Maxx Mega Jr.가 이어받았다.

그들의 4집인 본작은 1993년 12월 9일에 거행된 뮌헨 천문대와 메가바이트의 합작 라이브 「Crystal Universe」라는 우주쇼 프로그램의 사운드트랙으로. 그들의 디스코그래피 중 가장 이색적인 작업이었다.

첫 곡 〈The Logos〉에서는 서서히 천체가 열리며 위성이 눈을 뜨는데, 마치 영화의 서막 같은 묵직한 심포니가 드라마틱하게 연주된다.

〈Cosmic Rain〉에는 말라버린 우주의 소생, 성장 그리고 미래 현상에 대한 물음들이 내레이션으로 제기된다. 명장 반겔리스Vangelis의 《Soil Festivities》를 연상시키는 촉촉함으로 우주의 모습을 재창조하고 있다.

〈Twilight〉은 갑작스러운 강력한 타음과 함께 맑고 투명한 그랜드피아노의 환상적인 음률들이 섬광처럼 흘러내리는 수작이다.

바람, 우주의 먼지들이 불어오고 따스한 리드악기와 키보드의 연주가 상황을 묘사하는 〈Echoes of Tikal〉, 우주가 빛을 삼켜버리는 칠흑의 긴장감 〈Total Eclipse〉, 천지창조에 관한 스토리가 내레이션으로 등장하는 〈Sun of RE〉에서는 민속음악이 심포닉록으로 전환된다.

〈Harmonia Mundi〉는 그레고리안 성가와 팬플루트 그리고 화려한 재즈록과의 믹스로, 조화와 질서 그리고 율동을 재창조한다.

미래의 우주에 대한 내레이터의 메시지가 등장하는 〈Touch of Magic〉는 경이로운 음소들과 신서팝 그리고 록의 비트가 침투한다.

타이틀곡 〈Crystal Universe〉는 여태껏 들려주었던 트랙들의 테마를 선별하여 하나의 곡으로 재구성한 것이다.

〈ASSCom〉은 15여 분에 달하는 연주시간이 전혀 지루하지 않을 다양한 기법들로 응축하고 있는데, 그 다이내믹한 파노라마가 무척 경쾌하다.

뉴에이지 일렉트로닉스에서 가장 주목할 만한 작품 중의 하나라 할 수 있는데, 익히 그들이 선보였던 팝록적인 부분과 반겔리스풍의 심포니를 잘 섞은 유니크함으로 메가바이트는 그들의 최고 걸작을 탄생시켰다.

Megabyte
Coral Sand Paradise

MEGABYTE "CORAL SAND PARADISE"

The Seychelles -
Unique by a 1000 miles!

IC-Digit | IC2228 | 1994

1. Flight HM 751
2. Coral Strand
3. Market Wife
4. Coco de Mer
5. Hommes des Bois
6. Vallee de Mai
7. Schooldays
8. Save the World
9. Fantasea

NewAge-Electronic·Ambient

메가바이트는 옐로Yello, 아트 오브 노이즈Art of Noise, 알란 파슨스Alan Parsons, 반겔리스Vangelis, 얀 해머Jan Hammer 등 굵직한 아티스트에 영향을 받았다고 한다. 그래서 혁신적인 전자음악 레이블 IC에서도 팝록적인 사운드로 각광받았다.

본작은 메가바이트의 5집으로, 인도양에 있는 아프리카의 가장 작은 섬나라 세이셸Seychelles의 관광과 휴양을 위한 음악이다. '낙원'이라 하면 특히 많은 뉴에이지 음악가들의 주제가 되어왔고, 데뷔작에서부터 2집 《Go for It! 1990》, 3집 《Island Energy, 1992》에까지 바다음악을 선보였던 메가바이트에게는 어쩌면 식상한 소재일지 모르겠다. 하지만 산호모래로 뒤덮인 낙원 기행문은 그 독특한 감흥을 매우 로맨틱하게 표현하고 있다.

낙원에 도착을 알리는 〈Flight HM 751〉의 세밀한 구상음과 신세계의 풍광들이 벌써 낭만으로 기대를 한껏 부풀게 한다.

〈Coral Strand〉는 해변에 위치한 유명 호텔로, 낙원 속의 작은 낙원의 캐주얼한 여흥을 위한 달콤한 보컬 테마곡.

순박하고도 웃음으로 반겨주는 현지인을 소개하는 〈Market Wife〉는 세이셸의 민속음악을 사운드 헬스풍의 전자음향으로 들려준다.

〈Coco de Mer 코코드멜, 바다의 코코넛〉은 세이셸의 야자나무 열매로, 여성의 엉덩이와 그 생김새가 흡사한 모양의 견과라고 한다, 신기한 모양에 대한 감상은 쓸쓸한 기타의 출렁임으로 표현한다.

〈Hommes des Bois 숲속 남자〉는 장-미셸 자르Jean-Micjel Jarre를 연상시키는 전자음악으로, 기묘한 인상에 대한 단순한 멜로디의 반복이 질주하는 듯한 느낌이다.

〈Vallee de Mai 5월의 계곡〉에는 유네스코에 세계 문화유산으로 지정된 자연공원에 대한 감흥을 담았으며, 〈Schooldays〉는 아이들의 웃음으로 가득한 일렉트로 레게이다.

서정적이며 낭만적인 캠페인송 〈Save the World〉는 보컬과 심포니 그리고 색소폰의 열망이 이어지며, 〈Fantasea〉는 마치 속주의 천체음악을 연상시킨다,

주제도 그러하지만 메가바이트의 형식을 빌리면 팝록으로 치환되는 것 같다. 이 낭만적인 기행 음악 이후, 마지막 앨범 《The Cut, 1996》을 발표하였다.

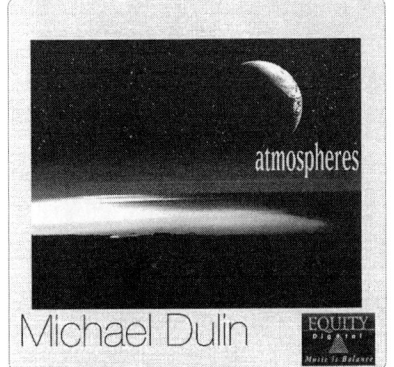

Michael Dulin
Atmospheres

Equity | ED-3004 | 2003

1. Atmospheres
2. Once upon a Time
3. Mirage
4. Common Faith
5. Bedtime for Little John
6. Nocturne
7. Duet
8. The Highlands
9. A Song for Jan
10. Morning Clouds
11. Night Rhythms

New Acoustic, NewAge-Instrumental

미국의 피아니스트 마이클 덜린은 2세 때부터 음악에 대한 재능을 보였다고 한다. 알라바마 예술학교에 이어 버밍엄서던대학에 다니던 시절 권위 있는 알리 로빈슨 스테펀Alys Robinson Stephens 피아노상을 두 번이나 수상했고 피아노로 학위를 받았다. 뉴욕으로 건너가 줄리아드 음악원에서 음악교육과정을 전공했으며, 마침내 카네기 홀에서 열린 국제 피아노콩쿠르에서 정상을, 그리고 뉴욕의 제2회 국제 오디오-비디오 콩쿠르에서 은메달을 수상한다.

또한 전설적인 모타운Motown 사운드를 행했던 Temptation의 건반주자로 활약했으며, 라디오와 TV, 연극과 영화음악에도 참여하고 프로듀서와 세션 음악가로도 활동했다.

첫 뉴에이지 앨범《The One I Waited for, 2003》는 그해 미국 최고 권위의 뉴에이지 음악 사이트 NARNew Age Reporter 차트에서 3개월간 정상에 머물렀다. 그해 말 발표된 두 번째 앨범《Atmosphere》는 NAR LifeStyle Music Award 피아노 부문에서 최고의 연주 앨범으로 선정되었다.

이 두 앨범을 편집하여 2005년 조용히 선보인 국내발매작《The Way Home》은 그의 스타인웨이 피아노를 통해 울리는 섬세하고도 유려한 터치를 확인할 수 있는 작품으로 〈The Way Home〉, 〈First Love〉 등이 많은 사랑을 받았다.

별이 가득한 밤하늘처럼 꿈결을 타고 유유하게 번지는 〈**Atmospheres**〉는 걸작으로 그의 멜로디는 은하수처럼 환하다.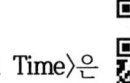

간결한 멜로디 속에 순수함을 느낄 수 있는 〈**Once upon a Time**〉은 지난날 소중한 추억 속의 그림일기를 영롱하게 들려준다.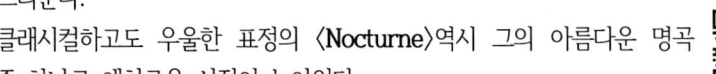

피아노 자장가 〈Bedtime for Little John〉에는 동심에 평화와 사랑을 따뜻하게 드리운다.

클래시컬하고도 우울한 표정의 〈**Nocturne**〉역시 그의 아름다운 명곡 중 하나로 애처로운 서정이 녹아있다.

투명함의 극치를 창출하는 〈Morning Clouds〉에는 여린 감수성에서 발현되는 슬픔이 흐르며, 이채로운 〈**Night Rhythms**〉은 도회지적인 소프트재즈로 도시의 밤공기가 시원하다.

성실한 기독교인으로서 행복을 위한 삶을 영위하고 있는 그는 로맨티시즘에 근거한 작품들을 계속해서 발표하였다.

Michael Dulin
Follow the River

Equity | ED-3007 | 2008

1. Follow the River
2. A Mother's Love
3. Chasing the Wind
4. Farewell
5. Siren Song
6. Nimrod
7. Regret
8. Teatime for Emily
9. Family Bible
10. April Showers
11. Promised Land
12. Letter from Home
13. Gone Fishin'

New Acoustic, NewAge-Instrumental

마이클 덜린의 피아노 터치는 물방울과도 같다. 비온 뒤 느끼게 되는 촉촉함처럼 생기에 선명함을 가져다준다. 그가 자연을 테마로 완성한 《Follow the River》은 섭리와 진리에 대한 삶의 반영이었다. 자연이 곧 사람이며 인생이라는 것이다. 정통 클래식 교육을 받아서인지 그의 음악에는 기품 있는 고전의 형식들이 뉴에이지와 재즈 혹은 팝적인 필링과 함께 나타난다. 화려하지만 가볍지 않은 자신만의 음악 양식 위에 크리스천의 생활양식이 배어있는 듯 순결하고 평온한 마음의 양식까지 불어넣고 있다.

작은 시내를 따라 내려가면 어느덧 붙이있는 드넓은 깅을 만나게 되는 것처럼 〈Follow the River〉에는 성장하는 인생사를 담담하게 그려냈다. 중간중간 등장하는 중후한 저음은 강의 변화를 표현한 듯 청자는 강줄기를 따라 흐르는 잎사귀처럼 긴 여행을 하게 된다.

본작에서 가장 손이 많이 가는 〈Farewell〉은 자연의 계절을 위한 이별곡으로, 그의 피아노는 마지막 겨울의 끝자락에서 녹는 얼음물처럼 뚝뚝 흘러내린다.

새벽의 물안개와 함께 신선한 공기를 타고 전해지는 〈Siren Song〉은 오케스트레이션과 피아노로 몽롱한 낭만을 만들어내는 걸작이다.

성서에 등장하는 수렵가 니므룻을 테마로 한 〈Nimrod〉은 자연에 묻혀 순응하며 살아가는 환경주의자들을 위한 초록 찬가이다.

〈Teatime for Emily〉에서는 '에밀리 부인을 위한 티타임'이란 제목처럼 햇살이 창을 통해 들어오는 행복한 일상의 단편이 제법 경쾌하다.

〈April Showers〉는 봄바람이 불 때 흰 눈처럼 떨어지는 벚꽃나무 가로수 길의 풍경을 보는 듯한 음악으로, 정겨움의 뉴에이지로 시작하여 화려한 클래식으로 끝을 맺는 우아한 명작이다.

그리움에 호젓이 젖게 되는 〈Letter from Home〉에 이어, 〈Gone Fishin'〉은 소프트재즈와 컨트리풍의 음악을 가미하며 감흥을 증폭한다.

강을 따라간 마이클 덜린의 여행에는 다양한 시선에서 접했던 에피소드가 가득하다. 자연에서 시작하여 사람의 추억으로까지, 흐르는 강물과 연결된 작지만 소중한 경험들이다. 그 피아노 터치에 따뜻한 마음과 풍부한 감성이 깊게 배어있다.

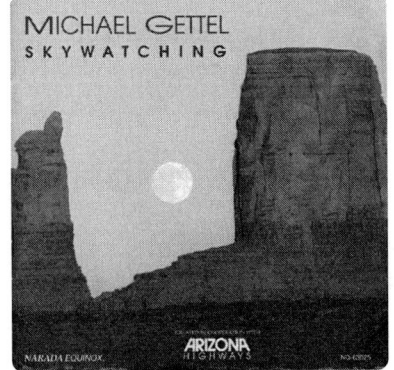

Michael Gettel
Skywatching

Narada | ND-63025 | 1993

1. Anasazi Roads
2. Skywatching
3. Windows and Walls
4. Prelude : First Snow
5. Sacred Site (In Ruins)
6. Wellspring
7. Prelude : Kiva
8. Sipapu
9. Tekohananae (To the Morning)
10. Prelude : Stillness
11. Scent of Rain
12. Where the Road Meets the Sky

NewAge-Instrumental, NewAge-Fusion

292

《San Juan Suite, 1988》로 뉴에이지 음악계에 등단한 마이클 게텔은 미국 시애틀 출신으로, 음악교사이며 환경보호론자이고 또한 독실한 기독교인이다.

뉴에이지의 명가 나라다에서 자연에 대한 테마들을 피아노에 기초한 앙상블로 빚어냈는데, 그의 디스코그래피 중 대표작으로 평가받는 것이 본작이다.

그가 여행한 미 남서부 고대 인디오의 땅 아나사지Anasazi의 유적들과 사막 등 자연의 파노라마를 담은 것으로, 애리조나 하이웨이Arizona Highways라는 잡지사의 후원으로 성사되었다.

그의 디스코그래피 중에서 큰 스케일과 역동적인 면모를 갖추었는데, 폴 스피어Paul Speer, 낸시 럼벨Nancy Rumbel, 리처드 워너Richard Warner등 유명 뮤지션들 외에도 4명의 게스트가 참여했으며, 데이비드 란츠David Lanz가 한 곡에서 우정 참여하고 있다.

자연이 빚어낸 시간과 문화의 자국들에 대한 경의를 표현한 〈Windows and Walls〉에서는 낸시 럼벨의 오보에가 산세를 거스르며 게텔의 피아노는 물이 되어 고인다.

〈Prelude : First Snow〉은 케텔과 데이비드 란츠의 두 대의 피아노를 위한 서정시로, 곱고 청아한 공기의 흐름을 그리는 명작이다.

천년의 세월을 버텨온 암석들에게 바치는 〈Sacred Site〉는 붉은 파스텔 색으로 물들이는 신시사이저 코러스와 오보에가 혼을 기리며 잔잔 기타가 블루스록을 주도한다.

계곡을 흐르며 생명을 지켜주었던 눈과 빗물에 대한 노래 〈Wellspring〉은 평화롭고 유려한 기타와 피아노가 효과음과 함께 봄을 부른다.

시원한 록 연주의 〈Sipapu〉는 아나사지에서 제례의식이 치러졌던 키바Kiva의 구멍을 훑고 있으며, 〈Prelude : Stillness〉에는 공간을 청명하게 울리는 솔로 피아노의 정적인 침묵이 머문다.

애리조나 하이웨이를 지나며 하늘과 맞닿은 그 길에서 오랫동안 수많은 여행자들이 느꼈을 감정을 되뇌며 과거와 공감하는 에세이 〈Where the Road Meets the Sky〉가 희망을 품는다.

본작에서 그는 시공간을 거슬러 또 다른 사람들과의 교감을 통해 얻는 성찰로써 성숙한 인생을 향한 '하늘바라기'를 권유하고 있는 듯하다.

Michael Gettel
The Art of Nature

Narada | 63032B | 1995

1. Light on the Land
2. When All is Quiet
3. Watershed
4. Shelter
5. Fire from the Sky
6. Solace
7. Where Eagles Soar
8. Midsummer
9. Crosswind

NewAge-Instrumental

나라다 레이블의 대표적인 피아니스트 중 한 사람인 마이클 게텔은 그의 대부분의 작품들이 국내에 라이선스로 출시되었기 때문에 많은 뉴에이지 음악팬의 라이브러리를 차지하고 있을 듯하다.

나라다만의 독특한 사운드 디자인과 그의 자연에 대한 경건함 그리고 섬세한 감수성을 개인적으로 처음 접하게 된 작품이라 각별한 애정을 느끼게 된다.

《Skywatching, 1993》과 《The Key, 1994》에 이어 여성 뮤지션 낸시 럼벨Nancy Rumbel과 색소포니스트 리처드 워너Richard Warner, 베테랑 베이시스트 샌딘 윌슨Sandin Wilson, 기타와 보컬의 랜디 셔우드Randy Sherwood 등 총 8명의 게스트가 참여하여 본작을 빛내주고 있다.

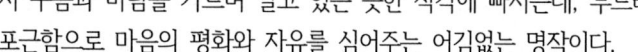

〈When All is Quiet〉는 고요한 신시사이저와 영롱하면서도 가녀린 피아노 사이로 흘러나오는 랜디 셔우드의 스캣이 푸르른 색상을 더한다. 그래서인지 구름과 바람을 가르며 날고 있는 듯한 착각에 빠지는데, 부드러움과 포근함으로 마음의 평화와 자유를 심어주는 어김없는 명작이다.

〈Watershed〉은 시원한 드럼이 피아노 물줄기를 더욱 역동적으로 해주며, 다양한 악기들이 이를 거들며 생기 있는 풍경을 그린다.

오보에가 노래하는 서정적인 목가 〈Shelter〉는 맑고 투명한 자연의 회화적 인상이다.

〈Solace〉에는 피아노와 허밍을 비롯한 앙상블로 자연의 은혜로움에 경배를 든다. 퓨전의 시원한 바람이 좋다.

다행스럽게도 〈Midsummer〉은 땡볕이 내리쬐는 한낮의 풍경이 아니다. 어둠 속의 정겨운 풀벌레 소리와 별을 헤는 피아노의 서정 그리고 시원한 바람의 오케스트레이션은 호젓한 정취를 안겨준다.

유독 짝수번호를 달고 있는 트랙들이 글쓴이의 감성을 자극하는데, 마이클 게텔의 진심 어린 자연에의 정서는 풍부하면서도 세밀하다. 더함도 없고 부족함도 없는 정량적인 뉴에이지의 전형적인 사운드라 생각된다.

그의 자연 탐미 앙상블은 계속되었으며, 싱그럽고 섬세한 터치로 사랑받고 있는 여성 피아니스트이자 그의 아내인 엘리자베스 내커래토Elizabeth Naccarato와 함께 《One Piano, 2001》을 발표, 피아노 솔로의 간명한 서정을 전하기도 했다.

Michael Hoppe
Simple Pleasures

IC-Digit | IC2197 | 1993

1. Children's Waltz
2. Lincoln's Lament
3. Silver Screen Romance
4. Roses on Toast
5. Moonlight Bossa
6. October
7. Circus Dream
8. See You in My Dreams
9. Magda's Waltz
10. Through the Window
11. Homeland Theme
12. The Parting
13. Elegy

NewAge-Instrumental

마이클 호페는 독특한 경력을 지닌 아티스트이다. 메이저 레이블 Polygram에서 1984년까지 A&R 담당 이사로 재직하며 반겔리스Vangelis와 장-미셸 자르Jean-Michel Jarre, 기타로Kitaro 등 뉴에이지 거장으로 평가받는 음악인들을 발굴했다. 또한 아바Abba와 더후The Who와 같은 최고의 팝과 록의 전설을 만들어냈으며, 여러 수상식에서 영화음악가로 모습을 드러내기도 했다.

이러한 예리한 안목은 음악 비즈니스의 이력을 접은 후 1988년부터 시작된 그의 음악세계에서 잘 드러난다. 이지적이며 우아한 명작들 《The Yearing, 1991》, 《The Dreamer, 1993》 등은 꾸준히 사랑받는 히트작들이다.

본작은 영국의 신개척지로의 이주를 다룬 영화음악 《Homeland, 1989》의 수록곡을 위주로 새롭게 각색하고 신곡을 담은 것으로, 바이올린 연주자 제임스 시털리 James Sitterly와 플루티스트 팀 위터Tim Wheater가 참여한 스테디셀러이다.

광고와 방송으로 잘 알려져 있는 로맨틱 소품 〈Children's Waltz〉는 꿈결같이 달콤하며 예쁜 피아노 자장가로, 그의 친구인 윌리엄 고흐 William Gough의 동명의 시에 영감을 받아 작곡했다.

〈Lincoln's Lament〉는 미국의 16대 대통령 링컨Abraham Lincoln이 남북전쟁에서 아들 다섯을 잃은 Bixby 부인에게 보낸 애도의 편지에 고무되어 쓴 곡으로, 그 존경심을 피아노와 바이올린 합주로 표현했다.

정신적인 음악 스승인 러시아 작곡가 라흐마니노프Rachmaninoff에게 바치는 〈Silver Screen Romance〉는 낭만으로 물들어있다.

부드러운 플루트가 가세하는 폭스트롯 리듬의 포크댄스음악 〈Roses on Toast〉, 1950~60년대의 유럽 영화에서 영감을 받은 〈Moonlight Bossa〉는 우수에 젖은 가벼운 보사노바풍의 작품이며, 〈October〉 역시 고혹적인 멜로디로 멜랑꼴리의 감성을 자극한다. 회전무대 위로 양철북을 맨 광대들의 왈츠가 연출되는 〈Circus Dream〉에 이어, 〈See You in My Dreams〉는 1940년대 스윙 스타일로 흑백시절의 서정을 담았고, 〈Magda's Waltz〉는 사랑하는 가족의 죽음 뒤로 그리움을 표현한 곡이다.

다른 많은 아티스트들에 의해 연주되고 있는 히트곡 〈The Parting〉에 이어, 〈Elegy〉는 이탈리아가 배출한 세계적인 영화음악가 엔니오 모리꼬네Ennio Morricone의 우수적인 선율에 고무된 가을날의 서정시이다. 사실 전곡이 수작들이다.

Michael Hoppe
Afterglow

Hearts of Space | 11091 | 1999

1. Waiting
2. Shadows Fall
3. Long Ago
4. Land of Serenity
5. Longing
6. Lady of Silence
7. Thousand Whispers
8. Reckoning
9. Distant Call
10. Listening Wind
11. Thoughts of You
12. Salvation
13. Waiting (Reprise)

NewAge-Instrumental

저녁놀만큼이나 화가와 음악가에게 인상적인 영감을 주는 자연의 마술은 아마 없을 듯하다. 서서히 빨갛게 물들어가는 저녁놀의 마법과도 같은 색채는 보는 이로 하여금 감상에 젖기에 충분한 환상을 이끌어낸다.

본작은 오랜 시간 함께 연주했던 스위스 출신의 첼리스트 마틴 틸먼Martin Tillmann과 플루트 연주가 팀 위터Tim Wheater를 참여시킨 작품으로, 스테레오지의 '올해의 앨범'에 선정되었으며, 2000년 미국의 독립음반협회가 뽑은 '올해의 최고 뉴에이지 앨범'이라는 영광을 얻었다.

〈Waiting〉에서는 비 내리는 창가를 응시하며 벽난로 속으로 인한 초콜릿 향내를 품어내는 모닥불을 피우고 누군가를 기다리는 농가의 아낙이 그려진다.  짙은 커피 빛의 첼로가 애상감을 자아내는 이 '현을 위한 아디지오'에는 말 없는 그리움이 고인다.

〈Shadows Fall〉은 하늘거리는 촛불에 비친 그림자의 은은한 움직임이 팀 위터의 플루트로 부드러운 명암의 서정을 그린다.

〈Long Ago〉는 빛바랜 사진첩 속에 묻어두었던 선명한 추억들에 대한 인상을 첼로로 되뇌며, 동양의 한의 정서까지 느낄 수 있는 〈Longing〉  은 인고의 시간을 위한 플루트와 첼로의 진혼곡이다.

연인에게 보내는 잔잔한 무언의 밀어 〈Thousand Whispers〉에는 애  틋한 심정이 깊다.

첼로의 심장과 플루트의 입술로 즉흥적인 하모니를 이끌어 내는 〈Reckoning〉, 그리고 〈Thoughts of You〉는 질박한 첼로의 음색으로 그리움의 편지를 담담히 읽어 내려간다.

전체적인 본작의 인상은 마치 영화의 줄거리처럼 이야기 구조로 되어 있다는 것이다. 그의 영화음악가로서의 이력으로 미루어보면 그리 놀랄만한 것도 아니지만, 그의 문학적 서사는 영화의 시간을 넘나드는 장면성에 기초하며 매우 극적이다. 그는 자신의 메시지를 가장 잘 표현해 낼 줄 아는 두 뮤지션과 함께 온몸에 휘감길 듯이 절묘한 하나의 앙상블을 일궈냈다.

마이클 호페의 음악을 듣는다는 것은 가장 원숙하고 가장 서정적인 곡을 듣는 것이다. 앙상블 연주음악도 솔로 앨범도 충분한 만족감을 줄 것이다.

Michael Jones & David Darling
Amber

Narada | ND61014 | 1987

1. Rainfall
2. Sunshine Canyon
3. Indian Summer
4. Wu Wei
5. After the Sun
6. Dreamlight
7. Shadows of the Moon

New Acoustic

캐나다 출신의 피아니스트 마이클 존스(1942~2022)의 데뷔작 《Pianoscapes, 1982》는 곧 뉴에이지 전문 레이블 나라다의 시작을 알리는 신호였다.

이후 《Seascapes, 1984》와 《Sunscapes, 1986》등 일련의 풍경화 작품집을 내놓으면서 그의 아련한 피아노 터치는 더더욱 인상적으로 변모하게 되고, 데이비드 란츠David Lanz와 함께 나라다의 역사를 대표하는 유명 아티스트로, 그리고 전 세계의 뉴에이지 팬들에게 사랑받는 피아니스트로 추억되고 있다.

그는 초기에 발표하였던 피아노 솔로를 접고 1987년에 이르러 본격 앙상블 작업에 돌입하게 되는데, 그의 첫 번째 성공작이 바로 컨템퍼러리 첼리스트 데이비드 달링David Darling과 함께 발표한 본작이다.

피아노와 첼로, 마치 실내악의 단아함을 연상케 하는 이 성공적인 협연은 피아니스트 마이클 존스의 음악세계뿐만 아니라 첼리스트 데이비드 달링에게도 성장의 계기가 되었음은 물론이고, 단편적인 이벤트에 그치지 않고 뉴에이지 명연으로 기억되기에 충분하다.

〈Rainfall〉은 데이비드 달링의 곡으로 그의 근작들의 모델이 되어왔던 고전이다. 그저 물멍에 사로잡히게 하는 무상무념의 곡으로 피아노와 첼로가 곧 빗소리이다.

가장 아름다운 명곡 중 하나인 〈Sunshine Canyon〉에는 서서히 굴곡을 따라 흐르는 명도대비가 애상적으로 흐른다.

〈After the Sun〉은 마이클 존스의 피아노 솔로로 역시 마이너의 애잔함이 기품 있게 전개된다.

〈Shadows of the Moon〉은 첼로와 피아노의 완벽한 결합을 보여주는 곡들로 애상의 절정을 느낄 수 있다. 감상주의자들에게는 치명적인 작품으로, 가만히 듣고 있어도 눈가가 촉촉해진다.

이 작품의 성공으로 그해 발매된 편집앨범 《Narada Sampler #3》에 〈Rainfall〉, 〈Indian Summer〉, 〈Shadows of the Moon〉 3개의 트랙을 커트하여 수록하는 나라다의 배려가 있었다. 국내에서는 본작이 라이선스로 소개되지는 않았지만, 《Sampler #3》이 다행스럽게 발매되어 많은 사랑을 받았다.

많은 명작들을 쏟아낸 나라다 레이블의 앨범 중에서 1980년대를 대표하는 마스터피스이다.

Michael Jones
After the Rain

Narada | ND61020 | 1988

1. After the Rain
2. Morning Mist
3. Water's Edge
4. Spring Song
5. Swallows in Flight
6. Aspen Summer

New Acoustic

우리가 올림픽을 개최하며 애국심에 고취되어 있었던 1988년, 또한 나라다 레이블에 있어서도 정말 역사적인 한 해였다. 아마도 나라다 레이블은 설립될 당시 뉴에이지 거대 레이블로 성장하리라고는 예상도 못 했을 것이다. 하지만 1988년에 나라다는 일약 대성장을 기록한다. 바로 그 성장의 열쇠를 쥐고 있었던 아티스트가 바로 《Cristofori's Dream, 1988》을 발표하여 명예와 상업적인 성공을 나라다에 안겨준 데이비드 란츠David Lanz라는 사실은 뉴에이지 역사의 일부가 되었다.

마이클 존스 역시 그의 최고의 앨범 《After the Rain》을 동년에 발표하였다. 마이클 존스가 나라다에 봄비를 내렸고 데이비드 란츠가 씩을 틔웠다고 할 수 있나.

데이비드 달링과 협연한 《Amber》에 이어 본작에서도 앙상블의 연주 형태를 고스란히 유지한다. 데이비드 달링의 첼로, 오보에와 잉글리시호른 연주자 낸시 럼벨Nancy Rumbel을 비롯하여 퍼커션과 플루트 연주자들과 함께한 본작에서 더욱 윤택한 연주를 선보이고 있다. 봄에서부터 초여름까지의 계절적인 풍경을 화폭에 담아낸 본작의 풍경화는 흡사 인상주의 화가들의 작품들을 머릿속에 떠올려준다. 커버에서처럼 비온 뒤의 깨끗하고 생생한 컬러를 드러내는 푸른 신록, 그리고 줄기를 타고 흘러내리는 몽글몽글한 빗방울과 따사로운 햇볕의 반사로 시각적인 환기를 자아낸다. 이렇듯 그의 피아노 연주는 꾸밈없는 빗방울이 되어 움  직인다. 통통 튀기도 하고 흘러내리기도 하면서 자연의 평화로움을 선사하고 있다. 그래서 타이틀 〈After the Rain〉은 명곡이 되었다.

전작의 라인업에 낸시 럼벨의 특기가 발휘된 〈Water's Edge〉 역시 고  인 빗물 속에 담근 손의 시원한 촉감과 손끝으로부터 흡수될 듯한 물의 생명력이 전해지는 아름다운 소품이다.

비 온 뒤 푸른 하늘을 가르며 날아가는 제비의 선을 통하여 또 다른 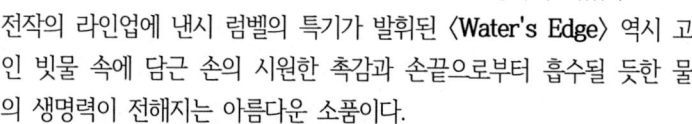 창공을 분할해 내는 〈Swallows in Flight〉도 그의 청각적인 황금비로 잘 재단된 작품이라 할 수 있다.

봄비를 흠뻑 맞은 추억을 마지막으로 경험했던 때가 언제였을까? 본작은 메마른 가슴에 활력소와 청량제가 되어줌은 물론이고, 언제나 비를 맞고 들과 숲속을 뛰어놀았던 그 어린 시절로 돌이켜 주는듯하여 각별한 애정을 느끼게 된다.

Michael Jones
Magical Child

Narada | ND61027 | 1990

1. Sunrise
2. Spring Meadow
3. Lullaby
4. Country Danse
5. Prayer
6. Magical Child

New Acoustic

마이클 존스의 앨범을 들을 때마다 느끼는 것이지만, 그의 음악에는 기억에 남을 만한 멜로디가 별로 존재하지 않는다. 우리에게 잘 알려진 앙드레 가뇽Andre Gag-non이나 유키 구라모토Yuhki Kuramoto, 또는 동 레이블에 소속되었던 데이비드 란츠David Lanz와 확연히 구분되는 것이 바로 이러한 특징이다.

캐나다인 자연주의답게 그는 색다른 점묘의 방법으로 무드를 창안해 낸다. 재즈의 싱그러움과 평화로운 분위기, 인상적인 터치, 여린 음의 충만한 나열로 구성하여 호젓하게 느껴지는 사색과 독특한 서정성을 불어넣는 것이다.

역시 전작들과 같이 첼리스트 데이비드 달링David Darling, 오보에와 잉글리시호른 연주자 낸시 럼벨Nancy Rumbel, 플루트에 카렌 도어Karen Doe가 참여하여 앙상블을 일군 본작은 어린아이의 창조적인 동심에 헌정한 작품으로, 꽃이 만발한 들의 풍경을 비 오는 창을 통해 본 초록 커버가 매우 촉촉하다.

긴장을 이완시키는 작은 감동을 자연스럽게 표현하고 있는 〈Sunrise〉는 14분이 넘는 연주시간에도 불구하고 유려함과 고즈넉함, 매끄러움과 시각을 간질이는 감동을 잘 포착한다.

〈Spring Meadow〉는 봄에 대한 아름다운 한 편의 서정시로 아지랑이가 피어오르는 계절적인 풍경이 잘 묘사되었는데, 특히 그의 피아노 임프로비제이션이 화려하게 펼쳐지는 무수히 가벼운 터치들은 아름다운 춘몽의 단편을 보여주는 걸작으로 인정하지 않을 수 없다.

〈Lullaby〉에선 묵직한 피아노의 저음과 따스한 첼로, 그리고 부드러운 플루트가 밤의 마술적인 기운을 뿜어낸다. 천사와 같이 잠든 어린 동심의 평온감이 따사롭다.

〈Prayer〉는 마치 어머니와도 같다. 이 세상의 모든 평화가 담긴, 잠든 어린아이의 순진무구한 얼굴을 바라보는 어머니의 그윽한 눈길에 자식의 미래에 대한 기도가 담겨 있음은 동서양이 다를까!

그의 음악은 들으면 들을수록 진가를 발휘한다. 백색도 아니고 그렇다고 강렬한 컬러가 있는 것도 아닌, 미색의 자연스러운 아름다움 느끼게 하는 아티스트가 마이클 존스이다.

20여 년간의 음악 인생 그리고 창의적인 리더십에 관한 세 권의 저자이기도 한 그는 떠났지만, 그의 음악은 팬들에게 창의적인 리더로서 영원히 기억될 것이다.

Michael Manring
Unusual Weather

Windham Hill | WD1044 | 1985

1. Welcoming
2. Huge Moon
3. Almost April
4. Unusual Weather
5. Sung to Sleep
6. Thunder Tactics
7. Longhair Mobile
8. Homeward
9. Not Even the Summer
10. Sightings
11. Big Feelings
12. Thunder Tactics Reprise
13. Manthing

NewAge·Jazz·Fusion·Chamber

일렉트릭 베이스란 악기를 음악의 전면으로 내세운 마이클 맨링은 재즈, 뉴에이지 음악, 록 등의 음악 마니아들에게 꽤나 지명도 있는 뮤지션이다.

그는 스승이자 슈퍼 재즈록 그룹 웨더 리포트Weather Report의 베이시스트였던 자코 파스토리우스Jaco Pastorious의 Flatless Bass에 고무되어 마치 어쿠스틱 현악기처럼 부드러운 여음으로 베이스의 새로운 영역을 개척한 것으로 이름이 높다. 1960년 미국 워싱턴에서 출생하여 고교시절 밴드에서 베이스를 연주했으며, 1979년에서부터 1982년까지 워싱턴의 퓨전그룹 Natural Bridge에서 재능을 연마했다. 기타리스트 마이클 헤지스Michael Hedges와 함께 연주를 시작하고, 헤지스의 인드햄 힐 데뷔작 《Breakfast in the Field, 1981》에 이어 윌리엄 애커맨 William Ackerman의 앨범에도 참여했다.

첫 앨범인 본작에서 그는 베이스 외에도 보컬과 퍼커션, 피아노, 신시사이저와 첼로 등을 연주하였으며, 다양한 세션 뮤지션들과 함께 넉넉하고도 시원한 감각의 음악을 연출했다. 국내에도 라이선스 되어 많은 호응을 얻었다.

대표곡인 〈Welcoming〉에서는 초겨울의 아침처럼 얼굴에 와닿는 청정의 공기와 드높은 하늘의 이미지가 그려진다. 밥 리드Bab Read의 색소폰은 기대와 희망으로 부풀어 오른다.

〈Huge Moon〉의 남성 스캣은 솜털처럼 부드럽고 또한 우아한 운치마저 불러일으킨다.

폴 윈터Paul Winter의 향수적 표현과 닮은 〈Not Even the Summer〉는 스캣의 애상감으로 그리움의 파장을 잔잔히 전한다.

〈Sightings〉에서는 비상하며 조감하는 색소폰 아래로 피아노와 일렉트릭 베이스가 엮어진 음악마을이 보이는 것 같다. 그 활력으로 안온함과 자유로움을 안겨준다.

그는 본작 《이상 기후》로 청자들에게 매우 상쾌한 기후를 선물했다.

이후 기타의 마이크 마샬Mike Marshall, 바이올린의 데롤 앵거Darol Anger, 피아노의 바브라 하이비Barbara Higbie와 함께 수퍼그룹 몽트뢰Montreux를 결성하여 두 매의 퓨전 체임버 레코드를 선보였다. 솔로작으로는 《Toward the Center of the Night, 1989》와 《Drastic Measures, 1991》에 이어 명작 《Thonk, 1994》를 발표, 지금도 그의 일렉 베이스는 유효하다.

Fortuna | FOR023 | 1984

1. Communique / Approach Spiral
2. Nucleotide
3. Transfer Station Blue
4. View from the Window

명그룹 산타나Santana 출신의 전설적인 드러머 마이클 쉬리브Michael Shrieve와 독일 일렉트로닉스의 대부 클라우스 슐체Klaus Schulze가 만나 탄생시킨 본작은 식을 줄 모르는 두 대가의 뜨거운 예술혼이 펌프질되는 일렉트로닉스의 명작이다.

1990년대 초반에 국내에도 라이선스로 선보인 이 작품은 록 마니아들에게 더 화제가 되었다. 록과 프로그레시브, 사이키델릭, 스페이스, 뉴에이지 등이 혼합되어 쏟아내는 파워와 기묘한 서정의 숨 막히는 접전은 대등한 균형미를 이루며, 그들의 다양하고도 방대한 기력에 가히 포박될 수밖에 없었다.

〈Communique / Approach Spiral〉은 끊임없는 최면의 한계를 내달리는 작품으로, 마이클 쉬리브의 다이내믹하고도 폭발적인 불꽃 드럼이 최대로 발휘된 곡이라 할 수 있다. 클라우스 슐체의 신시사이저가 만들어내는 평면적인 공 간을 드럼과 퍼커션이 충격과 힘을 전달하면 프렉탈의 패턴으로 꼬리를 물고 변이한다.

생물학 용어를 곡목으로 선정한 〈Nucleotide〉는 어두운 적막 속에 정체를 알 수 없는 생명체의 공간을 재현하였는데, 그 불분명한 존재들은 너무나도 급히 움직여서 무방비의 청자들을 깜짝 놀라게 한다.

〈Transfer Station Blue〉에는 다소 팝록적인 후렴구가 있다.

감미로운 디지털 음악 〈View from the Window〉는 바람을 따라 계속해서 움직이는 매혹의 풍경을 연출한다. 마이클의 형제인 게스트 케빈 쉬리브Kevin Shrieve의 전자기타 연주가 다소 나른함을 주고, 클라우스 슐체의 디지털 음소들은 부딪치며 귀를 간질인다. 다소 우울한 분위기를 띠지만 그 기분 좋은 향기에 취해 몽롱함을 피할 수 없다.

전자음악의 순수함과 공격성을 반영한 이 두 귀인의 합작은 언제 들어도 그 세련미에 감탄하지 않을 수 없다. 그리고 지독히도 주체적이며 오히려 독단적이다. 그들의 카리스마에 이끌려 지쳐도 그 독특한 음의 공간은 일렉트로닉스 최상의 진수를 보여주고 있다.

NewAge-Electronic

Michael Stearns
The Lost World

Hearts of Space | HS11054 | 1995

1. Kama Meru
2. Lost World Theme
3. Imu Paru
4. Maripak : The Last Pierodactyl
5. Matawai : Killer of Men
6. Sabana
7. Volcano
8. Auyan
9. Warao
10. St. Francis
11. Crystal Canyon
12. Lost World Reprise

NewAge-Electronic·Ambient·Space

유럽의 뉴에이지 일렉트로닉스가 우주와 인간 심리의 상관관계를 테마로 하고 있다면, 미국의 뉴에이지 일렉트로닉스는 자연현상의 탐구라 할 수 있다.

스티브 로치Steve Roach와 함께 미국의 뉴에이지 일렉트로닉스를 대표하는 유명 음악인 마이클 스턴스는 《The Lost World》라는 지극히 아름답고 위대한 음악 작업을 훌륭하게 완수했다. 베네수엘라 로라이마산의 지명인 'The Lost World'는 지각의 융기로 인하여 다른 세계와 격리된 비경秘境의 세계이다.

영국의 소설가 코난 도일Arthur Conan Doyle이 1911년에 발간한 동명의 소설은 마이클의 유년 시절에 깊은 감명을 주었다고 한다. 그는 1990년에 이를 직접 여행하고 여기에서 직접 채취한 오염되지 않은 자연의 원음들로 낙월한 기술적, 예술적 감각을 거쳐 본작을 창작하였다. 이 웅대한 자연의 고동치는 맥박은 가슴 뭉클한 감동 그 이상의 세계를 체험하게 한다.

베네수엘라 사바나 지역명인 〈Kama Meru〉에서 계곡 위로 나타나는 태초의 모습을 훑으며, 〈Lost World Theme〉는 홀로코스트가 시작될  듯한 두려운 예감 속에 지신地神의 구슬픈 멜로디가 울려 퍼진다.

목관피리로 이어지는 〈Imu Paru〉에는 원시림을 깨우는 듯한 주술적인 리듬이 거대한 자연 속에서 방사하며, 〈Maripak : The Last Pterodactyl〉는 어린아이들의 천진난만한 목소리로 평화로운 풍경을 들려주지만 이내 위협적인 익룡의 출현을 예고하는 듯 긴급한 북소리가 진동한다.

〈Matawi : Killer of Men〉은 생명의 주술음과 함께 거칠게 몰아치는 바람 속으로 잃어버린 세계의 테마가 들려오며, 아름다운 천사가 부르는 자연 찬미 〈Sabana〉, 코스타리카의 아레날Arenal 화산에서 채집한 자연 음원이 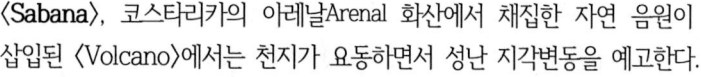 삽입된 〈Volcano〉에서는 천지가 요동하면서 성난 지각변동을 예고한다.

베네수엘라 남부의 라그란사바나La Gran Sabana에 위치한 바위산 〈Auyan〉은 자연의 위세를 슬픈 구음으로 위로한다.

〈Warao〉는 오리노코Orinoco강의 수많은 삼각지를 터전으로 살아왔던 와라오족을 테마로 했으며, 파이프오르간이 작열하는 〈Lost World Reprise〉에 이르러 밀림의 장대한 기운을 온몸으로 느끼게 된다.

영화 「Jurassic Park 쥬라기 공원」에서 'The Lost World'는 선사의 자연이 만들어낸 최고의 미스터리로, 본작 역시 무릎을 꿇게 하는 아이맥스IMAX 명작이다.

Michel Pépé
La Source D'Emeraude

MP Productions | MP7374 | 2002

1. La Valleé des Anges
2. Rêve Magique
3. Terra Incognita
4. Les Couleurs de l'Amour
5. Natura Immortalis
6. La Source d'Emeraude
7. Les Senteurs Célestes
8. In Paradisum
9. Transparence
10. La Pierre Sacrée
11. L'Esprit du Soleil
12. Pacificus
13. Liberta
14. L'Elixir de Joie

NewAge-Healing·Environmental

302

이탈리아인 부모 아래 1962년 파리에서 출생한 미셸 페페는 프랑스의 웰빙과 휴식 음악에 있어서 가장 재능 있는 음악가 중 한 사람으로 평가받는다.

7세 때부터 피아노를 배우고 기타와 작곡을 독학으로 터득한 그는 전자음악을 기본으로 힐링뮤직에 관심을 가지게 된다. 1989년부터 자신이 작곡하였던 클래시컬하며 심포닉 하모니의 몇 앨범을 발표하기 시작하였는데, 이미 10여 장이 넘는 수려한 디스코그래피들은 자연과 탐험 그리고 휴식과 요가를 주제로 한 TV프로그램에 사용되고 있다. 자신의 프로덕션을 통해 음악을 배급하고 음반을 발표하고 있다.

본작 《La Source d'Emeraude 에메랄드의 샘》은 그의 힐링뮤직의 이력을 살필 수 있는 좋은 예시이다.

〈Rêve Magique 마법의 꿈〉는 에메랄드빛이 가득한 마법의 꿈결로 이끄는데 미성의 여성 마리온 또마Marion Thomas의 스캣과 담백한 기타 그리고 저음의 남성 코러스로 싱그러운 기운이 샘솟는다.

하프의 선율이 아름다운 〈Terra Incognita 미지의 땅〉은 휘슬과 함께 천국의 휴식 세계와 교감하게 하며, 〈Natura Immortalis 불멸의 본질〉는 가슴 속을 파고드는 바순의 슬픔으로 영생불멸의 자연의 자생력을 길게 이어간다.

〈Les Senteurs Célestes 하늘의 향기〉는 하프의 청정한 결속으로 투명하고도 파란 스캣이 이어지며, 플루트의 멜로디가 서정의 꼬리를 물고 풀벌레 소리가 들리는 밤의 수풀로 내려와 앉는다.

물방울처럼 뚝뚝 떨어지는 피아노의 음운이 아름다운 〈Transparence〉, 그리고 〈La Pierre Sacree 신성한 돌〉는 켈트의 향이 가득한 음악으로 순교자들의 행적들을 그린 듯 신시사이저 코러스와 플루트로 감동을 이끌어 간다.

〈Pacificus〉는 여성 그레고리안 성가와 마리온의 보컬로 평화를 염원하는 간절함을 담고 있다.

본작은 내추럴 사운드와 함께 산뜻한 민트향을 풍기며 갈증 어린 우리의 심신을 촉촉이 적시어 주고 새롭게 조율한다. 초록의 나뭇잎들이 떠다니는 에메랄드의 샘에 매일 밤 발 담그고 싶다.

Mike Oldfield
Tubular Bells III

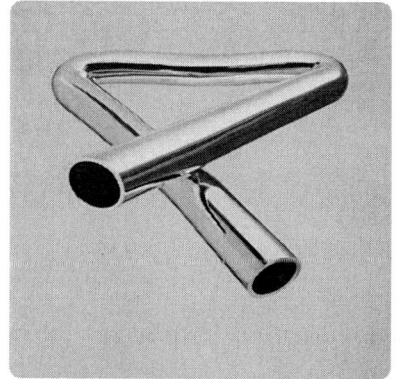

Warner | 3984243492 | 1998

1. Source of Secrets
2. Watchful Eye
3. Jewel in the Crown
4. Outcast
5. Serpent Dream
6. Inner Child
7. Man in the Rain
8. Top of the Morning
9. Moonwatch
10. Secrets
11. Far Above the Clouds

NewAge-Electronic·Ambient

1953년생인 영국의 마이크 올드필드는 《Tubular Bells, 1973》로 세계적인 아티스트가 되었다. 물론 대중적으로는 팝 넘버 〈Moonlight Shadow〉와 영화 「The Killing Fields」의 작곡자로 더 잘 알려졌지만, 튜불라 벨에 대한 애착은 《Tubular Bells II, 1992》, 《Tubular Bells III, 1998》, 《The Millenium Bells, 1999》, 《Tubular Bells 2003》로 이어져, 튜불라 벨은 그의 닉네임이 되었다.

튜불라 벨의 소리가 섬뜩하다는 이야기를 접하게 되는 건 순전히 데뷔작이 영화 「The Exorcist」에 삽입되었기 때문이라고 일축할 수 있다. 오히려 그의 음악은 색다른 기타 연주와 신시사이저 오케스트레이션 오버더빙으로 대표할 만하며, 이는 애처로울 만큼 감미롭고 뽀얀 인개처럼 부드럽다.

이 연작 외에도 목가적인 정취가 빛나는 걸작 《Ommadawn, 1975》을 남겼다.

본작은 전작들에 비해 에스닉 향기가 물씬 묻어 있다. 월드비트를 용해했고 여성 월드뮤직 아티스트 아마르Amar를 초빙하였다. 멜로디도 제3세계의 애환의 정서가 구슬프게 다가온다.

첫 곡 〈Source of Secrets〉는 맑고 투명한 그의 피아노와 영롱한 튜  불라 벨의 타음, 그리고 광대한 스케일의 공간이 돋보이는 신시사이저 와 구슬픈 기타 연주 속에서 구음이 애달픔을 자아낸다.

전자기타의 서정이 깊게 파고드는 〈Jewel in the Crown〉에서는 댄스  비트에 아마르의 슬픈 낭송이 이어진다.

스페인의 셀틱포크 그룹 루아나루브레Luar Na Lubre의 홍일점 보컬리스트 로사 쎄드론Rosa Cedron의 스캣이 온화하고도 포근하게 전해지는 〈Inner  Child〉는 가장 돋보이는 명연이다. 조잘거리는 어린이들의 목소리와 불 타오르는 기타의 강렬한 심포니 속에서 천상의 환상을 불러온다.

달밤의 정령이 검은 비단 위로 광채를 수놓는 달맞이 곡 〈Moonwatch〉는 호젓 할 정도로 서늘하고도 맑은 기운이 잦아든다.

〈Far Above the Clouds〉는 꼬마의 이야기와 함께 강렬하게 타격되는 튜불라 벨, 끊어질 듯 울부짖는 전자기타, 그리고 급속도로 고조되는 행진곡의 비트가 한꺼번에 쏟아진 후 맑은 새소리로 평정을 되찾는다.

그는 자신이 뉴에이지 뮤지션으로 불리는 것을 혐오스러워한다지만, 많은 뉴에이지 음악팬은 그의 음악을 계속해서 즐겨듣기 할 것이다.

Mind over Matter
In Search of Eternity

IC-Digit | IC720.166 | 1992

1. Journey to Eternity
1-1. Behind the Gates of Samsara
1-2. At The Seam of Forever
1-3. The Lotus is Opening
1-4. Whispers from Beyond
1-5. In Touch with Eternity
2. Monolith
3. Pilgrims of Eternity
4. Dawn

NewAge-Electronic·Ambient

마인드 오버 매터는 IC 레이블 아티스트 중에서 따스한 감성의 전자심포니를 들려준 클라우스 호프만 후크Klaus Hoffman Hook(1951~2017)의 프로젝트이다.

전자음악의 메카 베를린 스쿨 출신으로, 데뷔작 《Music of Paradise, 1986》, 《The Colours of Life, 1988》, 《Trance 'N' Dance, 1989》를 발표한 후 무려 3여 년의 긴 준비 시간을 보내고 역작인 본 앨범을 발표했다.

"이웃에 살던 불교 수도승들을 알게 된 1991년 여름, 본 앨범의 주제인 영원성에 대해 생각하게 되었다. 그들은 쾰른과 멀리 떨어지지 않은 독일 국경 근처의 작은 마을에서 종교의식을 거행하곤 했었는데, 거기서 나는 티베트인이 매일 행하는 다양한 제례의식을 통해 해탈의 경지에 이를 수 있도록 불도를 닦는 심오한 라마교 관습을 경험했다. 처음에는 놀라웠지만 아직도 이국땅에서 사는 그 수도승들은 그들의 다채로운 상징과 해명할 수 없는 영원한 진실의 존재에 대한 나의 탐색을 적극 반영하고 있었고, 그들은 또한 일상적인 일의 가면을 숨긴 채 아직도 우리의 진실을 감동시키고 있다. 나는 그 티베트인이 염원하는 자유를 곧 성취할 수 있기를 중심으로 희망한다."

첫 곡 〈Journey to Eternity〉은 다섯 파트로 이루어진 조곡으로, 처음 영원의 문으로 들어설 때의 그 떨림으로 시작된다.

〈At the Seam of Forever〉는 작렬하는 기타와 드럼 사운드가 멋진 프로그레시브풍의 곡이다.

일락의 세계가 열리는 〈The Lotus is Opening〉는 세련된 록으로 변모하며, 〈Whispers from Beyond〉는 정신적인 탐색이 돋보인다.

〈In Touch with Eternity〉에서는 종교적 카타르시스를 보여주는 인성 역시 기막힐 정도로 강력한 흡인력을 내재하고 있으며 그의 경험을 힘찬 드러밍으로 마무리한다.

전자음악가 패트릭 코스모스Patrick Kosmos와의 공작인 〈Monolith〉은 세속의 쾌락과 유혹을 던져버리고 고행하다 내세로 떠나는 고행자의 일생을 강렬하고 서정적인 프로그레시브록으로 담아냈다.

웅장한 오르간이 서두를 장식하는 〈Pilgrims of Eternity〉는 안드레아스 베슬러Andreas Besler의 베이스 기타가 시원스레 이완되는 심포니이며, 마이클 그뤼테리히Michael Grüterich의 키보드가 합세한 〈Dawn〉에는 그의 진심 어린 바람을 담았다.

Mind over Matter
Palace of the Winds

IC-Digit | IC87 2243 | 1995

1. Shangri-La
2. In a Mogul's Garden
3. Air India
4. Rainy Kathmandu
5. Sri Ram
6. Roof of the World
7. Himalaya
8. Shangri-La - *short version*

NewAge-Electronic·Ambient

초강력 심포니 〈Ganga〉를 수록한 실황 《Live in Concert, 1993》에 이어, 본작은 마인드 오버 매터의 6집이다. 대부분의 곡에서 록 비트와 전자기타가 등장하고 서정적인 전자음향이 더욱 풍부해져 그의 최고작 으로 손꼽힌다. 1993년과 1994년에 여행한 네팔과 인도의 풍물들을 소재로 했다.

'마음속의 해와 달', '이상향'을 뜻하는 티베트어 〈Shangri-La〉는 존 앤 반겔리스 Jon & Vangelis의 음악을 연상시킬 만큼, 자신의 아내이자 여성 보컬리스트 다지 Dagi의 이펙트 보컬과 페터 크루거Peter Kruger의 플루트 연주, 그리고  기타와 드럼이 현란히 발산하는 록사운드에 넋을 잃게 뇌는 병작이 다. 18분여의 대곡으로, 5분여의 짧은 연주도 수록하고 있다.

몽골의 풍물소리를 삽입한 〈In a Mogul's Garden〉은 신시사이저가 서서히 조심 스럽게 고조되면서 민속음악을 자연스레 섞어내고 있다. 그의 장기인 멜로트론과 전자기타의 탄력 있는 순애보가 더해진다.

키보드 게스트 게오르그 마르Georg Mahr와의 공작인 〈Air India〉는 흥 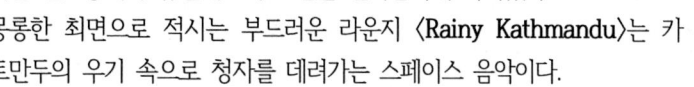 겨운 댄스풍에다 퓨전재즈의 느낌을 전자음악에 녹여냈다.

몽롱한 최면으로 적시는 부드러운 라운지 〈Rainy Kathmandu〉는 카  트만두의 우기 속으로 청자를 데려가는 스페이스 음악이다.

인도의 풍물을 느낄 수 있는 〈Sri Ram〉은 종교적 기운이 감도는 숭고  한 시타르Sitar에 뒤이어 주술적인 드럼이 나타난다. 플루트가 그 위에 놓이고 다지의 부드러운 보컬이 고대 전설을 들려주고 있다.

〈Roof of the Would〉는 1976년 실황으로, 반겔리스 스타일의 묵직하고 광택 있 는 키보드가 돋보인다.

1993년 라이브 버전인 〈Himalaya〉는 후크 외에도 두 명의 게스트가 신시사이저 에 가세했다. 지구의 척추 히말라야를 밀착해서 따라가는 장대한 여정이 부드러 운 신시사이저 숨결로 그려진다.

이후 《Shambhala, 1997》, 《Avatar, 1998》을 발표했으며, 《Under the Stars, 2000》는 IC 레이블에서의 마지막 작품으로 기록되었다.

레이블을 옮겨 발표한 《Psychelic Breakfast, 2003》에 이어, 그는 코스믹 호프 만Cosmic Hoffmann이라는 또 다른 프로젝트로 사이키델릭 일렉트로닉스 사운드 를 담금질하기도 했다.

Missa Johnouchi
Kurenai

Pacific Moon | PMR-0040 | 2003

1. Legend of the Mountain
2. Dream Land
3. Kurenai
4. Pilgrimage
5. Sea Wind
6. Deja Vu
7. Full Moon Bay
8. Shanghai Twilight
9. Desert Walk
10. Lawrence
11. Silky Sky
12. End of the Silk Road

New Acoustic, NewAge-World

우리가 첫 대면한 일본 뮤지션 미사 조노우치의 데뷔작 《Asian Blossoms, 2000》은 매화꽃이 흩날리는 향기로운 달밤의 정취를 안겨주었다. 동양의 감성을 전하는 피아노와 민속악기와의 앙상블에 세계는 아낌없는 찬사를 보냈다.

그녀는 1960년생으로, 1988년부터 음반 녹음 및 연주 활동을 시작하였다고 한다. 프랑스 파리에서 편곡자이자 지휘자인 거장 장 끌로드 뻬띠Jean Claude Petit 밑에서 오케스트라 연주와 지휘법을 수학하였으며, 파리 국립오페라극장 오케스트라를 지휘한 최초의 여성이 되었다.

그 후 지아 팽 팡Jia Peng-Fang과 함께 Pacific Moon을 대표하며 작곡가이자 다중 연주자로서의 훌륭한 면모를 꾸준히 선보였는데, 일본 영화와 TV 드라마 음악을 포함한 독창적인 레퍼토리는 4천 곡을 넘는다고 한다.

두 번째 앨범 《Road to Oasis, 2002》에 이어 '저녁놀의 붉은빛'을 의미하는 본작은 사운드의 다양화를 시도한 작품이다. 피파Pipa의 샤오 롱Shao Rong, 얼후Erhu의 류 펑Liu Feng, 구쟁Guzheng의 장 샤오킹Jiang Xiao-Qing, 양금Yangqin의 장 웨이 웨이Zhang Wei Wei 등이 참여했고, 오케스트레이션도 부각되어 있다.

고대의 영적 구도자들의 노래 〈Legend of the Mountain〉는 산자락 너머로 번지는 일몰의 붉은 핏빛처럼 구슬프며 진하다.

얼후가 담담하게 시조를 읊는 듯한 〈Kurenai〉은 시간이 흐르면서 더욱 붉게 물드는 저녁 하늘의 교태처럼 선율이 곱고 빼어나다.

유라시아 파노라마 〈Pilgrimage〉는 큰 사운드 스케일 속에 중동과 티베트 그리고 아시아의 멜로디가 한데 섞이는 걸작이다.

피아노 솔로 〈Deja Vu〉는 지금은 폐허가 되었지만 과거의 융성했던 실크로드를 향해 눈물이 맺히며, 공간감이 느껴지는 〈Desert Walk〉에서는 얼후의 외로운 서정이 마음에 와닿는다.

고전명화 「아라비아의 로랜스」에 고무된 〈Lawrence〉는 대상의 행렬이 장대하게 그려져 있다.

본작에서 친화적인 동양의 자연관에 따라 붉은 핏빛에 감추어진 달의 시기詩歌는 시간이 갈수록 그윽함과 온화함을 더한다. 이후 신작과 히트곡을 피아노로 연주한 《Kataribe》에 이어, 파리 국립극장 오케스트라의 연주를 보너스로 수록한 《Kuge》을 내놓았다. 2006년에 유네스코의 평화의 기수로 선정되기도 했다.

Monica Ramos
Moai

MNW Records | 657036 3001 | 1997

1. Deep Silence
2. The Morning Breeze
3. Ocean
4. The Eternity
5. Moai
6. Sonic Beat
7. Pondering
8. Lost Love
9. Merlene
10. Waiting for you

NewAge-Pops (Vocal), NewAge-World

모니카 라모스는 칠레 태생으로, 9세 때인 1973년 피노체트 독재를 피해 그녀의 부모는 자녀를 데리고 스웨덴으로 망명했다. 그녀는 스톡홀름 왕립음악원에서 클래식 하프를 6년 동안 공부했으며, 유럽의 오케스트라에서 연주했다.

그녀는 클래식 앨범 《Moni》 이후, 세계시장 데뷔작 《Moai》를 발표했는데, 이는 어린 시절 칠레에 대한 추억을 간직하고 있는 앨범이다.

칠레에서 3천 700여 킬로미터 떨어져 태평양 망망대해에 떠 있는 이스터Easter섬은 칠레와 폴리네시아 문명을 동시에 지니고 있다. 이 섬에는 누가 어떻게 만들고 운반하였는지 모를 기대석상 모아이Moai가 900여 개 있다. 특이한 것은 이 석상들이 바다를 등지고 평야를 바라보고 있다는 것이다. 원주민의 이야기에 의하면 모아이는 바다로부터 침략하는 외세를 방어하고 자손을 보호하는 그들의 조상의 모습이라 한다.

그녀는 이 모아이를 동경했고, 6세 때 임종을 지키지 못한 채 돌아가신 할머니께 쓴 시와 편지를 토대로 본작의 스페인어 가사를 썼다. 주특기인 하프 외에도 타블라나 기타, 바이올린 등의 현악기 연주자들을 초대하였다.

무거운 안갯속으로 서서히 모습을 드러내는 기억 속 모아이의 첫인상을 담은 〈Deep Silence〉에 이어, 상쾌하고 상큼하며 신비롭고 촉촉한 음악 〈The Morning Breeze〉는 광활함이 살아 움직이는 걸작으로 해설자적인 입장에서 속삭이는 매혹적인 보컬은 귓가에서 계속해서 맴돈다.

천사의 화려한 하프 연주가 밤하늘을 밝게 수놓는 〈The Eternity〉은 묵직한 신시사이저 음향 속에서 어쿠스틱 기타의 연주가 맑게 공명한다.

강한 트립합 비트와 매끄러운 하프로 일렉트로닉스의 퓨전이 항해하는 〈Moai〉, 하프의 테크노 라운지 〈Sonic Beat〉, 그녀의 보컬이 돋보이는 〈Pondering〉는 사랑을 주제로 한 감미롭고 서정적인 노래이다.

하프와 바이올린의 서정이 애틋한 연주곡 〈Merlene〉도 본작의 백미 중 하나이다.

후속작인 《Behind That Light, 2001》에는 프랑스 최고의 DJ 중의 한 사람인 끌로드 샬Claude Challe의 《SUN》 앨범에 리믹스 버전을 커트한 히트곡 〈Para un Angelito / For a Little Angel〉이 수록되어 있다.

Moodswings
Horizontal

Water Music | 302-060-223 | 2002

1. Storm in a Teacup
2. Opium
3. Interior Design
4. The Path of Least Resistance
5. Blue Topaz
6. Velvet Garden
7. Opium (@45 degrees)
8. Storm in a Teacup (@135 degrees)
9. Melted Teacup
10. Seems to Remind Me (of Love)
11. Into the blue - *vocal remix*
12. Clair de Lune

NewAge-Electronic·Ambient

308

스튜디오에서만 주로 활동해 온 두 프로듀서 제임스 프레드 훗James F.T Fred Hood과 그랜트 쇼비츠Grant Showbiz가 의기투합하여 1989년에 결성한 프로젝트 Moodswings은 《Moodfood, 1992》로 데뷔, 싱글 〈Spiritual High〉가 라디오에서 크게 히트했다. 이듬해 EP 《Live at Leeds, 1994》와 《Psychedelicatessen, 1997》을 내고 오랜 공백기 끝에 본작을 발표한다. 하지만 이는 제임스 프레드 훗의 독집으로, 팝적인 성향은 제거되고 앰비언트로 선회하고 있다.

이 몽롱한 전자음향은 커버와 앨범 내지에 소개된 사진에서처럼 현대미술의 비디오 작품을 보는 듯 기묘한 영상을 제공하는데, 줄곧 일렁이는 듯한 사운드 감각으로 현기증과 멀미를 적잖게 동반한다. 서서히 물에 풀린 잉크처럼 융해되고 녹아 없어지는 듯한 환각은 결국 물이 몸에 완전히 스며들어 투명인간이 되는 비현실의 상황에 내몰리게 된다.

무의식의 긴 트랜스 〈Opium〉에 이어, 뉴에이지로 전향하기 이전의 탠저린 드림 Tangerine Dream의 사운드를 연상시키는 〈Interior Design〉는 실내를 떠도는 공기의 흐름처럼 부유하는 사운드로 마감되어 있다.

클래식 오케스트레이션에 게스트 피아니스트 리즈 업처치Liz Upchurch의 스타인웨이 그랜드피아노가 슈만Schuman풍의 낭만을 전하는 〈The Path of Least Resistance〉의 온후한 아름다움은 무결하다.

드뷔시Claude Debussy의 〈Clair de Lune 달빛〉을 감미롭고도 몽롱한 천체 라운지 음악으로 리믹스한 〈Blue Topaz〉는 황홀함의 극치이다.

〈Seems to Remind Me〉는 하모니카와 묘한 호흡과 여가수 줄리 크루즈Julee Cruise의 맑은 보컬 그리고 육감적이기까지 한 비트가 환상에 환상을 거듭한다.

줄리의 보컬이 이어지는 〈Into the Blue - vocal remix〉는 〈Blue Topaz〉의 보컬 버전이며, 기타의 변성이 향긋하고 상큼한 뉘앙스로 비교적 원곡에 충실하게 연주하는 〈Clair de Lune〉도 좋다.

《Horizontal》의 분량은 두 매의 디스크에 채워져 있다. 긴 연주시간 동안 이들은 물에 빠뜨리고 은은한 빛을 투과시킨다. 마침내 수조에서 빛이 굴절되며 물과 인간과 빛이 뒤범벅되는 기묘한 이미지의 인상은 굳이 앰비언트 마니아가 아니더라도 충분히 특별한 경험으로 새겨질 것이다.

Mysteria
Tempting the Muse

Intentcity | ICCD80020 | 2006

1. Closer to Heaven
2. Elysian Fields
3. Sky Chill
4. Tempting the Muse
5. Elixer for Sunset
6. Lift
7. In My Soul
8. The Loveliest Sin
9. Awake inside a Dream
10. Lovers Embrace
11. Star Gazer

NewAge-Classical Chant·Pops (Vocal)

미스테리아는 기타리스트이자 키보드 연주자 마크 앨리슨Mark Adams Allison이 이끄는 프로젝트로, 그는 이미 1999년 Neurodisc 레이블을 통해 Phobos라는 이름으로 훌륭한 셀프 타이틀 뉴에이지 앨범을 낸 적이 있다.

자신의 이름으로 《Star Machine, 2001》이란 일렉트로닉팝 앨범을 낸 후, 레이블을 옮겨 본작을 발표한다. 이 앨범의 제작에는 X-Cultures라는 막강한 월드비트를 구상했던 프로듀서 브라이언 웨이Brian Wayy가 도움을 주었다.

그레고리오 성가와 보컬로 은은하고도 고고한 사운드로 하늘 너머의 성스러운 경지에끼지 구름다리를 얼어 보이는 〈Closer to Heaven〉에는 감출 수 없는 흥분과 황홀감이 있다.

뮤즈 돈마리 포씨아Dawn Marie Poccia가 노래하는 창공의 마법 라운지 〈Sky Chill〉에는 대기의 감촉이 부드럽게 온몸을 휘감는다.

〈Elixir for Sunset〉은 붉은 노을 같은 여성 구음과 마법을 부르는 플루트 음색으로 일몰의 아름다움과 격정의 연금술을 빚어낸다.

Moby의 〈Porcelain〉의 멜로디를 변조하기도 한 〈Lift〉에서는 그 상쾌한 몽환과 유혹적인 중독이 끝없이 비상한다. 남성의 3세계 구음이 최면을 걸기 때문인지 전곡과는 다른 기묘한 분위기 때문인지 본작을 들을 때면 항상 반복하게 된다.

그의 장기인 전자기타와 여성 게스트 스테파니 오카다Stephanie Okada의 보컬로 델리리엄Delirium의 어두운 소리를 연상하게 하는 얼터너티브록 〈Awake inside a Dream〉이 지나면, 월드뮤직 스타 나타샤 아틀라스Natacha Altas가 우정 참여하여 더욱 신비하고도 관능적인 그루브를 연출하는 〈Lovers Embrace〉이 희열로 유혹한다.

본작은 데릴리엄Delirium이나 이니그마Enigma의 향기보다는 오히려 Moby 등을 비롯한 일렉트로팝의 상큼함이 더 짙다. 포스트모더니즘 시대에 이토록 많은 아티스트들이 신이 중심이 된 중세와 인간의 이성 시대 르네상스로 회귀하는 이유는 포스트모던의 새로운 신화를 꿈꾸며 새로운 음향을 찾기 위함일 것이다.

미스테리아의 감동적인 요소는 팝과 클래식의 크로스오버와 다문화를 담은 하이브리드, 게다가 시간을 뛰어넘는 공존 등의 혼합비례에 있었다.

두 번째 미혹은 좀 더 늦은 《Chasing the Divine, 2011》로 찾아왔다.

Mythos
Mythos

Higher Octave | HOMCD46572 | 1998

1. Brazil
2. June
3. Sunless Sea
4. November
5. Planinata
6. La Cathedral
7. The Odyssey
8. Angels Weep
9. The Nile
10. Motif
11. Sirens
12. Prelude
13. Introspection
14. Evolution
15. Premonition
16. Paradox

NewAge-Instrumental

미소스는 종합선물세트 같은 다채로운 사운드로 다이내믹한 음악을 들려주는 캐나다 듀오이다.

법학과 인문학 전공인 폴 슈미트Paul Schmidt는 얼터너티브록 밴드 Rymes with Orange의 키보디스트를 거쳐, 영화와 TV 프로그램을 위한 작곡을 하다가 다양한 스타일의 기타리스트 밥 듀스Bob D'Euth를 만나 1995년에 미소스를 결성했다.

첫 앨범 《Introspection, 1996》과 두 번째 앨범 《Iridescence, 1997》은 캐나다 내에서만 유통되었지만 좋은 평가를 받았고, 미국 시장 데뷔를 위해 본작을 발표한다. 이는 1집에서 8곡을, 2집에서 7곡을 그리고 신곡 하나를 수록하고 있는 편집앨범으로, 빌보드 뉴에이지 차트 18위에 오르는 성공을 거두었다. 비평가들은 재즈, 가스펠, 다양한 월드뮤직에 영향을 받은 미소스의 음악에 찬사를 보냈다. 특이한 것은 두 주무기인 피아노와 기타 외에도, Jennifer Scott라는 캐나다 재즈 싱어와 합창단원인 Christine Duncan의 여성 보컬을 많이 활용하고 있다는 것이다. 물론 가사 없는 스캣이다.

전작 《Iridescence》 수록곡부터 살펴보면, 우울하지만 강렬한 인상의 삼바 기타를 위한 앰비언트 〈Brazil〉에는 은은한 긴장감이 흐른다.

리드미컬하고도 뜨거운 열정을 느낄 수 있는 계절곡 〈June〉은 청명하고 간결한 매력이 있다.

재즈와 댄스 비트가 팝적인 감각을 잘 보여주는 〈Sunless Sea〉, 월드뮤직 보컬과 기타합주가 돋보이는 〈Planinata〉, 그리고 〈Motif〉에는 강렬하고도 화려한 피아노가 활개를 친다.

다음은 《Introspection》에 실린 곡들이다.
댄스 비트에 월드뮤직 보컬이 강렬한 곡 〈November〉는 계절적인 연작의 시초가 되었으며, 〈The Nile〉는 흡사 이집트의 민속음악을 듣는

듯하고, 〈Sirens〉는 소프라노 보칼리제가 신비한 클래시즘을 들려준다.

또한 시적인 클래식 소품으로 기타 트레몰로가 인상적인 〈Prelude〉와 애상적인 피아노 터치가 인상적인 백미 〈Introspection〉, 그리고 상큼한 팝 보컬이 빛나는 〈Paradox〉도 자랑스럽다.

전혀 지루하지 않은 풍성한 스타일의 뉴에이지 음악을 들려주었던 본작으로, 무서운 신인으로서 그 재능을 널리 인정받았다.

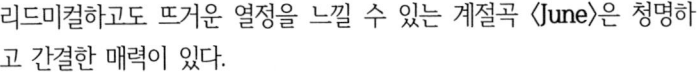

310

Mythos
The Reality of a Dreamer

Higher Octave | HOMCD49807 | 2000

1. Alchemy
2. Kaleidoscope
3. Venice
4. Vision I
5. Requiem
6. Solstice
7. Fantasy
8. Destiny
9. Reveries
10. The Ring
11. Redemption
12. Vision II

NewAge-Instrumental

미소스는 셀프 타이틀 앨범의 성공에 힘입어 2000년에 새로운 작품을 선보인다. 물론 여전히 그들은 뉴에이지 작품에 클래식의 구성, 앰비언트의 질감, 월드뮤직의 색채, 그루브한 일렉트로닉스, 재지한 하모니, 팝적인 리듬 등을 용해하였고, 역시 전작의 성공을 이어 나간다.

'몽상가의 진실'이란 매력적인 타이틀로 밀레니엄 시대에 발표한 그들의 통산 4집 앨범 역시 너무나 매력적인 음악들로 가득하다. 커버는 또한 어떠한가! 전작의 이미지를 담은 환상적이고도 신비스러운 일러스트로, 자신들의 신화적인 초상을 내비치고 있다. 재즈 싱어 Jennifer Scott와 함께 소프라노 Christine Duncan이 참여했다.

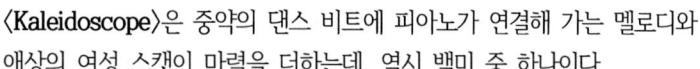

〈**Alchemy**〉는 슈미트의 뭉클한 피아노와 듀스의 기타가 완벽한 조화를 거둔 걸작으로, 클래시컬하고도 단순한 테마에 세련된 음가들로 단장하여 서정적이면서도 묵직한 무게감을 연출하는데 성공했다.

〈**Kaleidoscope**〉은 중약의 댄스 비트에 피아노가 연결해 가는 멜로디와 애상의 여성 스캣이 마력을 더하는데, 역시 백미 중 하나이다.

〈**Venice**〉는 기타 트레몰로와 소프라노 보컬이 물결이 넘실거리는 낭만을 묘사하며, 후반의 즉흥 보컬과 록적인 연주가 시원스럽다.

긴박한 영화의 한 장면을 보는 듯한 〈**Requiem**〉은 중후한 일렉트로닉스와 코러스가 신성함과 장중함을 던져준다.

피아노를 위한 작품 〈**Fantasy**〉에는 순백의 구름으로 뒤덮인 천사의 세상이며, 〈**Reveries**〉는 흡사 영화 「The Deer Hunter 디어 헌터」의 테마를 연상시키는 짧지만 아름다운 기타 소품이다.

끝으로 〈**Vision 2**〉는 강한 댄스 비트에 파스텔조의 크리스틴 던컨의 노래가 달콤하면서도 고혹적인 정감을 남긴다.

한 앨범에서 여러 특징이 출몰한다면 자칫 무개성에 가깝게 느껴질 수 있는데, 미소스는 이런 많은 요소를 한 매듭으로 엮어 독특한 개성을 발산시킨다. 이러한 무기로 한 해에도 많은 작품이 쏟아지는 뉴에이지 계에서 우뚝 설 수 있었다.

이후 그들은 《Eternity, 2002》 앨범으로 그들의 신화를 이어갔으며, 근작 《Eros, 2018》에 이어 신작과 히트곡을 엮은 25주년 기념작 《XXV, 2021》 등 계속해서 새로운 신화를 쓰고 있다.

Nacho Cano
Un Mundo Separado por el Mismo Dios

Virgin | 840 076 | 1994

1. El Patio
2. El Profesor de Danza
3. El Waltz de los Locos
4. El Pais de los Cementos
5. El Patio - *Piano*
6. Un Mundo Separado por el Mismo Dios
7. El Dolor del Agua
8. El Piano, el Violin y la Guitarra
9. El Profesor de Danza (Versión)
10. La Batalla
11. Vaikuntha
12. La Batalla - *Piano*
13. La Batalla - *Orquesta*
14. Un Mundo Separado por el Mismo Dios (Final)

NewAge-World

본명이 까노 안드레스Cano Andrés로 1963년 마드리드 출생인 나초 까노는 월드 뮤직 팬들에 있어서 그 지명도가 확 달라진다. 친형 호세 까노José María Cano와 형의 동창인 여가수 안나 또로하Ana Torroja와 함께 1982년에 결성한 3인조 팝 그룹 메까노Mecano의 멤버로서, 공식 해체된 2005년까지 무려 20여 년이 넘는 세월 동안 스패니시 팝의 아이콘으로 군림했다. 그는 작곡과 편곡은 물론, 다른 가수들의 프로듀서로도 활동했으며 영화음악도 맡은 바 있는 실력파 뮤지션이다. 그의 첫 솔로 앨범인 본작에 유명 기타리스트 비센떼 아미고Vicente Amigo와 자신이 제작한 바 있는 가수 메르세데스 페레르Mercedes Ferrer 등을 비롯한 많은 가수들과 연주자들을 참여시킨다. 이는 클래식과 플라멩코와 월드뮤직이 섞인 콘셉트 앨범으로 당시 메까노가 행했던 대중적이고 상업적인 음악과는 거리가 있었다. 그는 현대인들의 삶의 기억 저편으로 소외된 이야기들을 구성하여 그들의 삶의 목소리에 귀 기울이길 원했는데, 불교신자이며 채식주의자인 그가 이후 1998년에 인도 여성과 아동들을 위한 자선사업재단 사베라기구Fundación Sabera를 창설하게 되는 것과도 무관하지 않다.

조카인 마까레나Macarena의 어린이 보컬을 삽입한 〈El Patio 파티오〉는 라틴 기타가 청명한 퓨전으로, 행복한 동심의 장소를 떠올려준다.
〈El Profesor de Danza 무용선생님〉은 실제 발레리나 교습의 구상음을 삽입했으며 삶의 단편으로 인생을 대유한다.
〈El Waltz de los Locos 미치광이의 왈츠〉는 타의에 의해 격리되어 살아가는 지체장애인들을 위한 노래로, 이 드라마에는 실제 지체장애인들의 음성이 담겨있으며 뮤직비디오도 감동을 준다.
인간미가 점차 사라져가는 현대사회를 그린 〈El Pais de los Cementos 시멘트의 나라〉에 이어, 〈Un Mundo Separado por el Mismo Dios 또 다른 신을 위해 분리된 세상〉은 종교분쟁을 소재로 진정한 이해와 사랑의 의미를 전 세계에 묻고 있다.
죽음으로 내몰려지는 고래를 위한 진혼곡 〈El Dolor del Agua 물의 고통〉는 환경보호단체 그린피스Greenpeace에 헌정한 작품이다.
오케스트라처럼 조화로운 세상의 모습을 꿈꾸는 〈El Piano, el Violin y la Guitarra 피아노, 바이올린, 그리고 기타〉에 이어, 〈La Batalla 전쟁〉은 평화의 소중함을 그린 뮤지컬이다.

Nadama
Healing Touch

Malimba Records | MB6012 | 2000

1. Waves of Love
2. Rain of Light
3. Straight from the Heart
4. Healing Tought
5. Innocence
6. Touching Beauty
7. Opening
8. Shower of Flowers
9. Remembrance
10. Disappearing

NewAge-Healing

2000년대 들어서 '힐링'이란 말이 꽤나 주목받고 있는데, 현대인들에게 스트레스를 풀어주고 편안함을 주는 가장 전망 있는 서비스산업으로 발전하고 있다.

일본 도쿄에 있는 힐링 가든Healing Garden이란 카페에서는 산소가 공급되는 실내에서 아로마 향이 나는 베개를 안고 힐링뮤직 즉 안티스트레스 음악을 들을 수 있어 고객들로부터 대단한 호평을 받았다고 한다. 이를 시작으로 음이온과 발마사지 그리고 개인마다 각각 다른 힐링뮤직을 골라 들을 수 있는 힐링카페가 점차 확산되고 있으며, 힐링뮤직을 전문적으로 발매하는 레코드회사도 생겨났다.

니디미는 신흥 레이블 마림바를 통해서 《Heart To Heart, 1995》와, 동 레이블 소속 관악기 주자 샤스트로Shastro와 함께 《Zen Notes, 1999》를 발표한 이력이 있다. 그가 새천년의 선물로 발표한 멋진 힐링뮤직 《Healing Touch》는 이러한 이력이 바탕이 되어 집결된 훌륭한 결과물이었다.

섬세하고도 잔잔한 감동을 실어주는 그의 맑은 피아노와 오케스트레이션, 그리고 자연적인 효과음 등은 이미 다른 아티스트의 음반에서도 볼 수 있는 편성이지만, 그의 음악은 생명을 향한 따스함과 고귀함, 그리고 활력을 주는 마법 같은 힘을 지니고 있다.

이 앨범에서 가장 아름다운 곡 중 하나로 꼽을 수 있는 첫 곡 〈Waves of Love〉는 바다의 고래의 울음소리를 삽입하고 있으며 상처받은 마음을 어루만져 주는 사랑의 힘을 느낄 수 있다.

피아노의 인상적인 터치를 감상할 수 있는 빛의 연가 〈Rain of Light〉는 더없이 촉촉하고, 전자음악의 기법이 섞인 타이틀 〈Healing Touch〉는 후련한 감정을 부여해 준다.

어린 아기의 맑고 천진한 웃음소리와 새 그리고 시냇물 소리가 믹스된 〈Innocence〉는 세상 모든 것이 신기하게만 보이는 어린이의 맑고도 궁금 어린 두 눈이 그려진다.

최고 걸작인 〈Remembrance〉는 아름다운 신시사이저와 단아한 클라리넷, 그리고 절제된 그의 맑은 피아노가 아름답지만 슬픈 이야기를 들려주는 듯하다.

자신이 거주하고 있는 하와이에서 녹음한 본작은 아름다운 연꽃 사진이 실린 커버처럼 휴식과 요가 그리고 명상을 위한 교과서라 할 수 있다.

Nadama
Love is

Malimba Records | MB1712 | 2004

1. Gift of Love
2. Love in the Air
3. Sweet Surrender
4. Rose of the Heart
5. Dancing in Your Garden
6. Deeper into Love
7. Love is
8. In the Rain
9. Together Alone

NewAge-Healing

314

웰빙Well-Being 코드를 타고 국내에도 낯설지 않은 음악 용어가 되어버린 힐링뮤직은 마음을 편안하게 만들고 위로를 주는 음악이다.

물론 좀 더 과거를 거슬러 올라가면 병원에서 심리치료나 심신회복 등을 위해 음악을 사용하였다는 것은 이미 널리 알려진 이야기이며, 또한 제2차 세계대전을 거치면서 병사들의 사기충천과 정신적인 회복 등을 위해 가벼운 연주음악을 사용하였다는 기록도 있다.

급속도로 변해가는 세상에서 바쁘게 살아가는 현대인들의 안티스트레스와 건강의 지대한 관심은 자연스레 고조되었고, 뇌호흡과 명상, 단학수련, 스트레칭 요가 및 마사지 등의 건강요법에 이어 힐링뮤직은 기능성을 발휘하는 상업음악이 되었다.

나다마는 로맨틱한 본작을 통해서 그의 트레이드마크인 한없이 부드러운 피아노와 엷은 오케스트레이션으로 사랑에 대한 아홉 개의 이야기를 소개하고 있다.

커버에는 서양란의 하얀 꽃을 사용하였는데, 이는 아마도 많은 보살핌 속에서만 그 꽃망울을 틔우고 은은한 향을 내는 그것처럼 사랑의 의미 역시 그러하다는 오쇼Osho의 뜻과도 무관하지 않다.

기쁨과 축복이 넘치는 사랑의 찬가 〈Gift of Love〉는 일렉하프와 피아노의 온유함이 탁월하며, 〈Love in the Air〉는 은은한 난꽃의 향기처럼 사랑의 감정을 표현한다.

맑은 영혼을 가진 연인들을 그린 〈Sweet Surrender〉는 데이비드 란츠David Lanz를 연상시키는 잔잔하고 깊은 멜로디를 감상할 수 있다.

〈Dancing in Your Garden〉는 국내 라이선스로도 소개된 적이 있는 데바 프리말Deva Premal과 많은 힐링음반 작업을 하였던 마이텐Miten의 작품을 편곡한 것이며, 〈Deeper into Love〉는 가슴 깊이 파고드는 로망스 피아노의 수작이다.

또 하나의 백미로 꼽을 수 있는 〈In the Rain〉은 피아노의 투명한 광택이 너무나 아름다운 서정적인 작품으로, 토마스 나이드Thomas Nied의 〈Waltz in the Rain〉을 편곡했다.

나다마는 본작을 통해 우리에게 잘 알려진 고린도 전서 13장의 내용처럼 서로를 공유하는 불멸의 영혼과 사랑에 대해 가볍지 않은 심오한 의미를 전하고 있다. 사랑이 곧 최고의 치유 방법이라는 것이다.

Nadia
This is My Life

Neuronium | NRCD031 | 2005

1. I'll be There
2. Barroque
3. This is My Life
4. Stones Became Hearts
5. Love Waves
6. Mozartiana
7. Prophecy
8. Breath
9. There's Nothing You Can Do
10. Imagine
11. Pucciana

NewAge-Pops (Vocal),
NewAge Instrumental

여성 뮤지션 나디아는 태국 출신의 싱어송라이터이다. 그녀에 대한 프로필은 찾기가 쉽지 않은데, 스페인의 뉴로니움 레이블에서 그녀가 살아온 삶을 진솔하고도 매우 아름답게 그린 일렉트로닉 오페라 앨범을 냈다.

회색의 콘크리트 바닥과 그 어떤 장식도 없는 회벽의 심플한 공간에 체스트필드 소파를 배치한 커버는 컨템퍼러리 음악과 클래식 음악의 믹스-매치를, 그리고 3인용 소파는 과거와 현재 그리고 미래의 자신의 모습을 상징하고 있는 것처럼 보인다. 그러나 시간의 흐름에 따른 그녀의 사진첩은 마치 영화의 시놉시스 구성처럼 과거와 현재, 그리고 미래를 뒤섞어 놓고 있다. 이러한 개념에 따라 피아노와 신시사이저, 그리고 자신의 독백과 팝과 성악 보컬을 설묘하게 결합했다.

〈I'll be There〉는 지금은 떨어져 있지만 자신의 가슴속에 자리한 가족들과 함께 영원히 머물고 싶은 바람을 담은 것으로, 이브 브레너Eve Brenner를 연상시키는 고혹적인 성악 보컬에 은은한 감정을 싣는다.

〈Barroque〉는 뭉클하면서도 웅장한 신시사이저 오케스트레이션 위로 열정적인 피아노 연주와 여성 성악 2중창을 담아 과거를 회상하는 걸작이다.

〈This is My Life〉은 호소력 있는 고백과 가창이 서정적인 멜로디를 따라 흐른 후, 클래식 성악과 작열하는 일렉트로닉 사운드가 매끄럽게 콜라주 된다.

〈Stones Became Hearts〉는 느긋하면서도 교회 종소리를 삽입하여 고해성사하는 듯한 부드러움과 엄숙함을 공존시키며, 〈Love Waves〉는 애틋한 피아노에 남녀 대화가 삽입된 드라마이다.

〈Mozartiana〉에서부터는 보컬을 배제하고 오로지 피아노와 오케스트레이션을 위한 음악들이 연계되고, 〈Breath〉는 피아노와 첼로의 음색이 교감하는 듯한 따스한 숨결이 살아있다.

현악이 두툼한 심포니 〈Imagine〉에는 고전적 아름다움이 짙게 물든다.

동양 여인의 노래는 발표 당시 스페인에서 많은 주목을 받아 베스트셀러로 기록되었다. 이후 본작과는 성격이 전혀 다른 일렉트로 앨범 《Talking To Myself, 2008》을 발표했다고 한다.

315

Naoyuki Onda
Dream

Pacific Moon | PMR-0010 | 1999

1. The Breath of Grass Land
2. Heartland
3. Silver Moon
4. Brookside
5. Night Sky
6. Distant Vista
7. Winterfall
8. A Day in Spring
9. Yadana Yadana
10. Dreams

NewAge-Jazz·Fusion, NewAge-World

Pacific Moon은 서방에 잘 알려져 있지 않은 중국과 일본의 민속악기로 수묵의 젠Zen 사운드를 들려주어 거대 뉴에이지 시장에서 오리엔탈 신드롬을 일으켰다. 또한 재스민 향 스틱과 한자가 적혀있는 커버 또한 화제가 되기에 충분했다.

국내에도 평온한 달의 매력을 전하는 많은 아티스트들이 소개되었는데, 그중에 국내에 데뷔작 《Dream, 1999》이 라이선스로 소개된 나오유키 온다는 그 매력이 좀 색다르다.

그는 이미 고교 시절부터 키보드에 관심을 가지고, 대학 시절에 본격적으로 전문 연주인으로서의 자질을 갖추기 시작했다. 일본 대중음악계에서도 다른 J-Pop 가수들의 앨범에서 탁월한 피아니스트로 작곡가로 그리고 편곡자, 프로듀서로 활동 하였다. 이에 뉴에이지 음악가라는 이력을 하나 더 추가한다.

본작에는 중국의 얼후Erhu의 달인이라 불리는 지아 팽 팡Jia Peng-Fang, 일본의 가야금이라 할 수 있는 교토Koto 연주자 미즈요 고미야Mizuyo Komiya 등이 참여 하여 참신한 동양의 컨템퍼러리 음악을 선사하고 있다.

〈The Breath of Grass Land〉는 서늘하고도 신선한 숨결이 피부에 와 닿는데, 부족한 동양의 5음계로 너무나 충만한 현대미를 느낄 수 있다.

〈Heartland〉에는 그의 피아노 반주와 지아 팽 팡의 얼후가 일찍 찾아  온 봄이 매화를 개화하듯 그윽한 여백의 동양화를 담채한다. 동서양의 하이브리드 걸작.

〈Silver Moon〉에서의 간질이는 교토의 떨림은 연못에 드리운 달을 잠재우고. 사 쿠하치의 밤바람이 물결을 살살 흔든다. 호젓한 동양의 월광곡이다.

〈Brookside〉는 그의 피아노를 위한 곡으로, 시원하게 흐르는 물줄기가 손에 잡히는 듯하다.

〈Night Sky〉에서는 동양적 퓨전재즈의 밤바람이 옷자락을 우아하게 나  풀거리게 하고, 달콤한 꽃향내가 몸에 밴다.

〈Dreams〉의 피아노 자장가는 마치 견우가 직녀를 꿈에서나마 만나듯 그리움의 정서가 몽상적으로 꿈틀거린다.

그는 이후 《Ancient City Piano Collection, 1999》라는 편집앨범에 참여하여 독 집에는 수록되지 않은 피아노 솔로 4곡을 수록했으며, 《Snow Piano Collection, 1999》에도 3곡을 수록했다.

Naoyuki Onda
Wings in the Dawn

Pacific Moon | CHCB-10029 | 2001

1. Wings in the Dawn
2. Sunlight
3. Seaside
4. Train for Home
5. Clear Night in Winter
6. Days of Childhood
7. From the Cape
8. Remembering Home
9. Zooming Clouds
10. Daydream
11. Wings in the Dawn - *remix*

NewAge·Jazz·Fusion

매우 독보적인 위치에 있는 Pacific Moon 레이블에 유명 아티스트가 많지만, 그들에 비해 그다지 유명세가 덜한 나오유키 온다를 개인적으로 아끼는 이유는 피아노라는 악기에 대한 동경 외에도 동서의 균형미 있는 그의 절충주의 마법에 단단히 홀렸기 때문이다. 막걸리 칵테일이 주는 오묘한 산뜻함처럼 그 신선함의 강도는 쉽게 각인되어 중독되는 멋이 있다.

특히나 2집인 본작은 더 풍부한 맛을 제공하고 있으며, 커버 또한 그의 피아노 음색의 색채를 닮은 듯하여 애장반이 아닐 이유가 없었다. 본작 역시 데뷔작을 빛내준 게스트들이 참여했다.

명곡이라 할 수 있는 〈Wings in the Dawn〉은 상큼하고도 시원한 힙합 보사 리듬에 청명한 재즈피아노와 사쿠하치가 새벽의 단잠을 개운하게 깨운다. 동이 틀 즈음 날갯짓을 준비하는 새들의 약동처럼 신선한 공기를 심호흡하게 하며, 출근길의 발걸음을 너무나 가볍게 만든다. 끝으로 수록된 리믹스 버전은 느긋한 템포에 보다 웅장한 스케일로 연출된다.

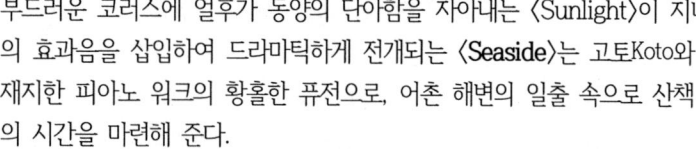

부드러운 코러스에 얼후가 동양의 단아함을 자아내는 〈Sunlight〉이 지나면, 파도의 효과음을 삽입하여 드라마틱하게 전개되는 〈Seaside〉는 고토Koto와 재지한 피아노 워크의 황홀한 퓨전으로, 어촌 해변의 일출 속으로 산책의 시간을 마련해 준다.

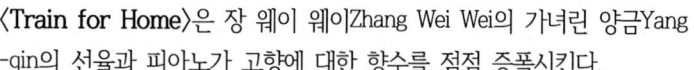

〈Train for Home〉은 장 웨이 웨이Zhang Wei Wei의 가녀린 양금Yang-qin의 선율과 피아노가 고향에 대한 향수를 점점 증폭시킨다.

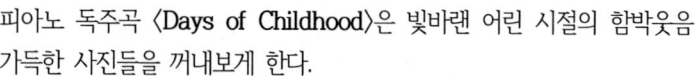

피아노 독주곡 〈Days of Childhood〉은 빛바랜 어린 시절의 함박웃음 가득한 사진들을 꺼내보게 한다.

비 내리는 소리에 싱그러운 피아노의 터치를 느낄 수 있는 〈Zooming Clouds〉는 다시 현대적인 팝 감각으로 윤색되어 다이내믹한 감정의 활력을 느끼게 된다.

데뷔작의 〈Dreams〉을 잇는 〈Daydream〉의 아련한 느낌은 흘러가는 시간들을 부여잡고픈 여린 심성을 그린 듯하다.

동양의 선율과 서양 재즈 코드의 놀라운 결합으로 신선한 하이브리드 음악을 선물하는 본작은 나오유키 온다의 독특한 미학과 훌륭한 퓨전 능력을 보여주는 수작이다.

Nautilus
In Search of Castaways

BSC | 398 6691 | 2004

1. Prelude
2. Time to Turn
3. Archaeopteryx
4. Shadow Nights
5. Back on Earth
6. In Search of Castaways
7. Luna and the Friend of Mine
8. Silence
9. Paganel's Dream
10. The Final Discovery
11. A Friendly Farewell

NewAge-Electronic·Ambient

318

앵무조개를 의미하며, 1800년 미국의 공학자 R.풀턴이 프랑스에서 건조한 잠함정의 이름이기도 한 노틸러스는 마틴 루드비히Martin Ludwig와 랄프 오벨Ralf Obel이 의기투합하여 결성한 독일의 일렉트로닉스 그룹이다.

주목할 만한 전자음악앨범《Rising Ballon, 1998》로 데뷔하였는데, 이는 19세기 프랑스 소설가이자 근대 공상과학소설의 선구자인 줄 베른Jules Verne의 「풍선기구의 5주」을 모티브로 한 것이었다. 후속작《Underground Visions, 1999》는 지저여행地底旅行을,《Solar Moon, 2000》를 발표하면서 우주음악으로 베를린 전자음악의 아름다움을 과시했다. 이어 기타리스트 베너 스트라츠Werner Stratz를 받아들여 록 필링을 살린 걸작《North Pole Pilgrim, 2002》을 발표했다.

2004년에는 랄프 오벨이 탈퇴하고 키보드 주자 랄프 바이든Ralf Weiden를 받아들여 본작을 내놓았는데, 그들이 'Lounge·Art Rock'이라 소개할 만큼 록 필드의 귀인인 데이브 길모어Dave Gilmour와 피터 그린Peter Green을 연상시키는 베너 스트라츠의 전자기타가 대단한 힘을 발휘한다. 개념은 지리학자 자끄 파가넬Jacques Paganel의 논문 「In Search of Castaways : South America」와 연계된 것이었지만, 베른의 「해저 2만 마일」에서도 충분히 고무된 것이라 여겨진다.

〈Prelude〉은 전자기타와 오르간 반주로 따스한 애수가 흐르는 블루스 록이며, 미지의 바다로의 긴장감이 엄습하는 〈Time to Turn〉은 기타 리프와 코드의 변형과 직선적인 신시사이저에 전자기타의 임프로비제이션이 불꽃을 피운다.

쥬라기 시대 시조새의 생태를 극화한 듯한 〈Archaeopteryx〉는 장대한 신시사이저에 샘플링 여성 스캣이 따스한 기후를 연출하며, 〈Back on Earth〉에는 독일 정통 일렉트로닉스가 펼쳐진다.

20분여의 대작 〈In Search of Castaways〉는 핑크 플로이드Pink Floyd의 발단, 뉴로늄Neuronium의 전개, 탠저린 드림Tangerine Dream의 위기, 빗소리와 함께 거세게 몰아치는 핑크 플로이드의 절정, 슐체Klaus Schulze의 결말에 이르는 전자 파노라마이다.

반겔리스Vangelis를 연상시키는 〈The Final Discovery〉도 감동 어린 걸작이다.

손에 땀을 쥐게 하는 노틸러스의 미지 탐험 보고서와 함께 전작도 추천한다.

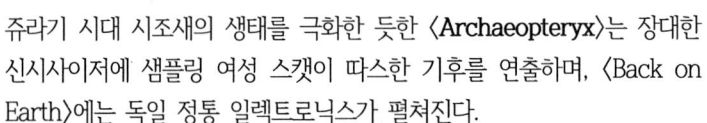
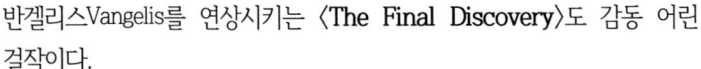

Neuronium
From Madrid to Heaven

Thunderbolt | CDTB064 | 1987

1. Introduction
2. Pt. 1
3. Pt. 2
4. Pt. 3
5. Pt. 4
6. Pt. 3 - *main theme / studio version*

NewAge-Electronic·Ambient

뉴로니움은 스페인 출신의 전자음악가 미켈 호이겐Michel Huygen의 솔로 프로젝트 그룹이다. 그는 인간의 정신세계와 육체 간의 관계Psychotronic를 전자음악으로 표현하고자 했던 진보적인 뮤지션이었다.

1975년, 스페인의 프로그레시브 뮤직이 최전성기를 맞을 무렵, 그는 자신이 결성했던 Suck Eletronic이라는 사이키델릭록 그룹을 떠난 후 뉴로니움을 결성한다. 데뷔작은 핑크 플로이드Pink Floyd와 클라우스 슐체Klaus Schulze에 영향을 받은 사이키델릭 뮤직이었으나, 그는 실험과 노력을 통하여 자신만의 독특한 전자음악 세계를 개척하게 된다. (*시완레코드 소개 중에서*)

최초의 실황 앨범 《From Madrid to Heaven》은 네 개의 부분으로 나누어진 조곡 형태의 대작으로, 1987년 10월 3일 마드리드에서 녹음되었으며 컴퓨터그래픽 영상과 함께 연주되었다고 한다.

여성 아나운서의 40여 초의 소개가 끝나고 〈Part 1〉이 연주된다. 개구리 울음소리와 서정적인 선율을 따라 모래알처럼 수없이 쏟아지는 전자음향은 최고의 신비로움을 선사한다. 두려운 전조가 혼란을 지나 서서히 잠이 들고, 팬파이프의 음색은 서정성의 극치를 보여준다. 청명하기 그지없는 밤하늘을 머릿속에 그려주면서 마치 오로라처럼 시시각각으로 변하는 인상적인 음의 요소들은 한곳으로 뭉치기도 하고 흩어지기도 한다. 빛과 어둠이 섞이고 시간과 공간이 흐르며, 파괴와 카오스가 일대의 변혁과 재탄생을 불러온다. 다시 도입에서 들려주었던 개구리의 울음소리가 고요 속에 울려 퍼진다.

〈Part 2〉는 평화로운 우주와 심리의 세계를 병치시킨 듯 서정적인 사운드에 금속색채의 광택이 시각을 어지럽힌다.

〈Part 3〉은 균일한 파워 속에 풍부한 사운드가 성장하고 있으며, 록적인 매력까지 발산하는 중후하고도 명쾌한 곡이다.

〈Part 4〉에서는 마그마의 열기를 지닌 뜨거운 음향이 끓고 있다. 서서히 율동을 개시하며 심포니가 전면으로 나설 때 비트는 되살아나고, 기운찬 전자음향들이 한데 모여 화합하며 부피와 중량감을 계속 더해간다. 미래의 환상을 담은 듯한 강렬하고 웅장한 심포니가 막을 내리고 이윽고 들리는 팬들의 갈채와 박수...

잘 알려진 대가들의 작품과 비교해도 모자람이 없는 본작은 자신만의 독특한 텍스처로 완성한 명작으로, 전자음악의 팬이라면 필청 앨범이라 하겠다.

Neuronium
Numerica

Thunderbolt | CDTB082 | 1990

1. 500 Years
2. Deep Illness of Love
3. Promenade
4. The Power of Your Smile
5. Numerica
6. The Maze
7. Extreme Limits
8. Au Revoir (See You Later)

NewAge-Electronic·Ambient

320

본작은 바르셀로나에 위치한 그의 스튜디오에서 1989년에 리코딩되어 이듬해 발표된 뉴에이지 걸작이다. 이 타이틀은 라틴어로 '숫자'를 의미하지만, 새로운 외계생명체 뉴로니움이 사는 상상의 신대륙이라 해도 될 듯싶다.

금속광택을 느낄 수 있는 그의 독특한 전자음향이 불길을 내뿜으며 시작되는 〈500 Years〉는 웅장한 심포니로 청각을 제압시킨다. 멜로디어스하며 다소 차가운 감성이 숨 쉬는 전자음향은 마치 서양사에서 봉건주의가 막을 내리고 르네상스와 종교개혁으로 획득한 근대 500여 년의 역사를 지칭하는 듯 서글픈 감격에 묻힌다. 일렉트로닉 심포니의 진수를 맛볼 수 있으며, 이미 국내에서 광고음악으로 사용된 적이 있다.

실크의 촉감처럼 매끄러운 전자음향이 상사병의 증상을 나타낸 것이라면 〈Deep Illness of Love〉의 부드럽고 포근한 전자음향은 계속 흘러도 좋지 않을까 싶다. 〈Promenade〉은 퍼커션의 리듬에 안개같이 뽀얀 전자음향이 출몰한다. 물 분자처럼 튀어나오는 건반의 아르페지오에 신시사이저 코러스가 서정성의 극치를 보여주는 멋진 명곡 〈Numerica〉에서는 미켈 호이겐의 비옥한 파라다이스가 신비한 모습을 드러낸다.

〈The Maze〉는 맑고 투명한 현악의 떨림을 모방하는 건반 연주에 싸늘한 음원들이 출몰하며 혼란을 거듭한다.

15분이 넘는 중편 〈Extreme Limits〉는 밝음에서 어둠으로 일렉트로닉스에서 현대음악으로 진화하는 듯한 구성이다. 후반으로 가면 더욱 다양한 컬러의 레이저 광선을 어지럽게 쏘아 내므로 처음 듣는 이에겐 약간의 인내를 요구하기도 한다. 〈Au Revoir〉은 타이틀곡의 또 다른 연주 버전으로, 이완된 어쿠스틱 버전처럼 들린다. 꿈속에서나 탐험할 수 있는 그의 이상향적 세계를 향해 잠에서 깨어나 아침마다 작별 인사를 해야 하는 아쉬움으로 일렁인다.

온몸에 붉은 종기가 난 회색빛 피부의 외계인이 한 나체 여성을 두 손으로 번쩍 들어 올리고 있는 커버의 SF 일러스트가 인상적인데, 재킷 디자인은 호세 메나 Jose Mena라는 그래픽 작가가 맡았다.

특징적인 커버보다 더 참신하고 독특한 음악의 세계가 바로 누메리카이다. 독창적인 천지창조를 완성해 낸 그에게 박수를 보낸다.

Neuronium
Azizi

Neuronium | NRCD012 | 2002

1. Torre Agbar
2. Diagonal Mar
3. Azizi
4. Evening in Warsaw
5. Kisangani Man
6. Audrey in Africa
7. Kevlar Way
8. Universo Reiki
9. Azizi (Radio Edit)

NewAge·Electronic·Ambient

오랫동안 자신이 창안한 누메리카Numerica 행성의 에일리언으로 존재했던 미켈 호이겐Michel Huygen은 이상세계에서 빠져나와 최근 2000년대에 접어들면서 음악사업에 본격적으로 뛰어들었다.

자신의 알리아스인 뉴로니움으로 레코드사를 설립하면서 1992년 10월에 자신의 스튜디오에서 반겔리스Vangelis와 협연한 《In London》 싱글을 재발매함과 동시에 일렉트로닉계의 여걸 콘스탄스 뎀비Constance Demby와 수잔 치아니Suzanne Ciani의 재기작, 그리고 스페이스 뮤직의 대가인 존 세리Jonn Serrie의 앨범, 컴퓨터음악가 아미르 바기리Amir Baghiri의 앨범을 발매했고, 또한 신예 음악가들을 발굴했다. 그리고 캐나다의 신시사이저 귀인 빠스깔 랑귀랑Pascal Languirand와 함께 Cybernium이란 프로젝트를 동시에 거행하였고, 또한 디지털 이미지에 관심을 가져 앨범 커버를 디자인하는 등 실로 바쁜 나날을 보냈다.

그의 공식 31번째 앨범인 《Azizi》의 타이틀은 동아프리카 주변의 통용 언어인 스와힐리어로 '값어치 있는 보배'를 의미한다.

〈Torre Agbar 타워〉은 프랑스의 세계적인 건축가 장 누벨Jean Nouvel이 설계한 바르셀로나의 랜드마크인 수자원관리센터의 위상에 감명을 받아 작곡한  것으로, 그의 절정기 시절의 음악을 회고시켜 줄만큼 신비스러운 신시사이저 음향이 가득한 심포니이다.

〈Diagonal Mar 사선의 바다〉는 바르셀로나의 쇼핑몰 빌딩 이름이기도 한데, 여성 스캣과 함께 그의 바람결 같은 천체의 소리 마술이 등장한다.

〈Azizi〉는 《Numerica》 앨범을 연상시키는 서정적인 키보드 사운드를  만날 수 있는데, 여성 월드보컬과 스캣 그리고 감각적인 일렉트로닉 라인 등이 아름답게 조화된 걸작이다.

은막의 스타 오드리 헵번Audrey Hepburn의 추모 10주기를 기리는 〈Audrey in Africa〉은 1993년 사망하기까지 5년간 아프리카에서 기아에 허덕이는 어린이를 구한 천사의 영원한 모습을 재생한다. 그녀가 주연한 「Nun's Story 파 계, 1959」의 공간적 배경이 된 키상가니Kisangani 정글을 묘사하는 심포니가 무겁다.

〈Universo Reiki〉는 그가 첫 곡에서 들려준 여성 스캣과 맑은 심포니로 유연한 명상의 시간을 가지게 한다.

Neuronium
Essentialia

Domo Music | 73257-2 | 2019

1. Nihilophobia
2. Tenderness
3. Mystykatea (The Ademian Line)
4. Psychic Smell
5. Santa Monica Promenade
6. Regina Maris
7. Momenta Mirabila
8. You
9. Ephymera
10. Neptuniana
11. Coralina
12. Blue Ashes
13. Peace from Your Eyes
14. Les Tours du Silence

NewAge·Electronic·Ambient

1954년 벨기에 출생으로 스패니시 일렉트로닉스를 대표하는 미켈 호이겐Michel Huygen의 음악 인생은 40여 년이 훌쩍 넘었다. 그 시간만큼 디스코그래피도 매우 방대한데, 본작은 신곡 2곡과 함께 대부분을 새천년 이후의 작품들로 선곡하여 엮었다. 마지막 곡을 제외하면 3~5분 내의 연주시간으로 듣기에도 부담 없고 선곡도 탁월하기에 그의 음악을 훑기엔 경제적으로도 훌륭한 가성비의 앨범이다.

무無에 대한 두려움을 뜻하는 〈Nihilophobia〉는 2008년 발표된 동명 앨범의 타이틀로, 맑고 신비로운 음향이 어두운 밤하늘에 별을 띄우는  듯하다. 평화로움이 가득한 〈Momenta Mirabila〉도 동일 앨범 수록곡. 〈Tenderness〉는 《Extrisimo, 1991》 수록곡으로, 애틋함이 가득한 연가의 드라마가 이어진다.

2005년 발표된 동명 앨범의 타이틀곡 〈Mystykatea〉는 신비의 샘이라 해도 될 만큼 발끝에서 머리까지 상승하며 청자를 서정적으로 감싼다. 〈Psychic Smell〉는 《ExoSomnia, 2012》 수록곡으로, 기타에 매혹적인  여성의 서글픈 스캣이 메아리친다. 이어 애조 띤 건반과 거친 비트박스가 가미되어 감흥을 증폭시킨다.

〈Santa Monica Promenade〉는 《Kryptyk, 2018》에 수록된 것으로, 2002년 발표작 타이틀곡 〈Azizi〉과 동일한 작품이다.

〈Regina Maris〉는 《Hydro, 2001》 수록곡으로, 교회 종소리와 함께 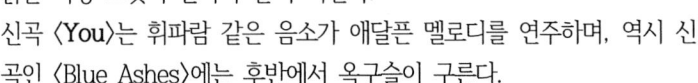 맑은 여성 스캣의 찬가가 울려 퍼진다.

신곡 〈You〉는 휘파람 같은 음소가 애달픈 멜로디를 연주하며, 역시 신곡인 〈Blue Ashes〉에는 후반에서 옥구슬이 구른다.

《Lysergic Dream, 2017》에서 커트된 〈Ephymera〉에도 아련한 여성 스캣이 덧없는 백일몽을 달래듯 위안의 송가를 노래한다.

《Hydro 2, 2010》의 수록곡인 〈Neptuniana〉와 〈Coralina〉, 《Sybaris, 1991》의 수록곡인 〈Peace from Your Eyes〉에 이어, 《Digital Dream, 1980》  에서 선곡된 대곡이자 걸작 〈Les Tours du Silence 침묵의 탑〉에는 거친 전자음향의 향연이 범람한다.

사이코트로닉Psychotronic이라 명명되는 그의 음악은 매끄럽고 홀로그램 광택이 번들거리는 그만의 특징적인 전자심포니로 확고부동한 경계선을 지닌다.

Nicholas Gunn
Through the Great Smoky Mountains

nicholas gunn

THROUGH THE
GREAT SMOKY MOUNTAINS
[a Musical Journey]

GeminiSun Records | GSR4010 | 2002

1. Call of the Wild
2. The Highest Point
3. Cades Cove
4. Chieftain's Song
5. The Place of Blue Smoke
6. Azaela Sunrise
7. Trail of Tears
8. Awakening
9. Ramsey Cascades
10. Passage Through Ancient Relics
11. Dance of Light

NewAge-Environmental,
NewAge-Celtic·Native American

플루티스트면서 다중 악기 연주자인 니콜라스 건은 1968년 영국의 로체스터에서 출생하여 왕립음악원에서 플루트를 배웠다. 이후 그는 미국 캘리포니아로 옮기면서 남서부 지역의 자연과 인디오의 정신을 음악에 담아 첫 앨범 《Afternoon in Sedona, 1993》를 발표했다.

Real Music과 계약한 그는 다양한 시도로 흥겹고도 밝은 사운드를 구사한 《The Sacred Fire, 1994》를 시작으로 깊은 공간감이 전해지는 환경음악 《The Music of Grand Canyon, 1995》, 라틴의 열정이 살아 숨 쉬는 고대문명의 찬가 《Cross-roads, 1996》, 인디오에게 바치는 영혼의 노래집 《Passion in My Heart, 1998》등 베스트셀링 앨범들을 연속으로 발표하면서 명성을 쌓았다. 이후 자신의 레이블을 통해 계속해서 자신의 음악을 더욱 견고히 하고 있다.

본작은 《The Music of Grand Canyon》와 자신의 레이블에서 처음 발표한 《Return to the Grand Canyon, 1999》을 잇는 국립공원 음악 시리즈 중 하나로, 테네시주 스모키마운틴으로의 기행이다. 자연의 소리를 배경으로 그의 플루트는 공명이 깊은 퍼커션과 어쿠스틱 기타, 피아노, 신시사이저 등의 정교한 오케스트레이션을 이끌며 애상적인 서정을 녹여낸다.

〈Call of the Wild〉는 깊은 밤의 적막을 깨고 자연의 벅찬 맥박이 들려오는 숭엄한 서두이며, 〈Cades Cove〉는 자욱한 안개 아래로 계곡물 소리가 들려오는 신성한 청정무구의 세계이다.

〈The Place of Blue Smoke〉은 스펙터클 음향의 대서사로, 그의 플루트는 인디오의 눈물을 위로하듯 푸른 안개를 피우며 퍼커션도 마치 제례의 북소리인 양 슬피 울린다.

고대 인디오의 영혼을 달래는 플루트의 비통한 영가 〈Awakening〉에 이어, 〈Ramsey Cascades〉는 역동적인 환상 오디세이로 매우 신선한 기법의 연주에 젖게 된다.

〈Passage Through Ancient Relics〉는 평화로운 안식과 희망을 위한 장대한 하모니로 포근한 드라마를 심어준다.

환경 보호주의자이기도 한 그는 자연에 스민 인류의 문명의 시간들을 끌어낸다. 그의 플루트는 특유의 긴 호흡으로 우리의 정서와 감정을 가볍게 비상시키며 영혼을 치유하고 활력을 불어넣는다. 대자연을 향한 그의 경의는 계속되고 있다.

Nightnoise
At the End of the Evening

Windham Hill | WD1076 | 1988

1. Windell
2. Of a Summer Morn
3. Hugh
4. Jaunting
5. Courtyard
6. Bring Me Back a Song
7. Snow on High Ground
8. At the Races
9. Forgotten Carnival
10. Cuillin Hills
11. Her Kansas Sun
12. End of the Evening
13. Swan

NewAge-Jazz·Fusion·Chamber

많은 뮤지션이 포진했던 윈드햄 힐에서도 나이트노이즈는 오랜 세월 셀틱 음악과 채임버 재즈 그리고 클래시컬 음악으로 규범적인 퓨전을 일궈낸 영웅이었다.

아일랜드 출신인 기타리스트 마이클 오도네일Mícheál Ó Domhnaill과 미국 출신 바이올린 연주자 빌리 오스케이Billy Oskay가 결성 멤버로, 윈드햄 힐에서 1984년 셀프타이틀 앨범으로 등단하였다.

그 후 오도네일은 자신의 누이인 피아노와 건반 주자 트리나 니 도네일Triona Ni Dohmnaill에게 멤버로 활동할 것을 권유하였고, 아일랜드 태생으로 미국 버클리에서 음악을 공부하고 있었던 플루티스트 브라이언 더닝Brian Dunning을 영입한 두 번째 앨범《Something of Time, 1987》에 이어, 세 번째로 발표한 작품이 본작이다. 특히 이 앨범은 국내에도 라이선스로 소개되어 많은 애호가들의 지지를 받았던 뉴에이지 퓨전의 명작이었다.

그들의 대표곡 〈Windell〉은 리드미컬한 기타 연주로 독특한 리듬감을 발산시키며 켈트의 향을 고이 간직한 플루트와 맑은 키보드, 연한 바이올린 연주 등 멤버들의 절묘한 호흡이 절정을 이룬다.

여름날 아침의 서정을 아일랜드 풍으로 들려주는 〈Of a Summer  Morn〉에 이어, 역시 국내에서 히트하였던 〈Hugh〉에서는 청명하고도 발랄한 피아노 연주가 보석처럼 빛을 발한다.

바이올린과 피아노의 슬픈 서정이 고조되는 〈Courtyard〉는 고독감을 불러온다.

〈Bring Me Back a Song〉는 전자오르간에 기타와 플루트 그리고 바이올린이 합세하면서 컨트리풍의 전원적인 맛을 더해주며, 피아노와 스캣이 만년설  에서 받은 정감을 재지하게 연주한 〈Snow on High Ground〉의 쓸쓸한 풍경도 좋다.

콧날을 시큰거리게 하는 아코디언의 추억 〈Forgotten Carnival〉에 이  어, 타이틀곡인 〈End of the Evening〉은 도네일의 맑은 보컬이 평화로운 셀틱포크로 우리를 맞이한다.

나이트노이즈의 셀틱 향 짙은 체임버 재즈의 위력은 이듬해《The Parting Tide, 1990》로 이어갔으며, 마지막 앨범《The White Horse Sessions, 1997》을 발표하고 2003년에 공식적으로 해체되었다.

Nomak
Calm

Huge Soul | HSCP 001 | 2007

1. Anger of the Earth
2. Spiritual Home
3. One Fist (feat. Pismo)
4. Elemental Music - *feat. Melodee*
5. Geishas in the Days - *feat. Pismo*
6. Force for Truth
7. Diaphanous Air
8. Hi, Mom! ~ A Prayer for
   World Peace - *feat. Abstract Rude*
9. If I was Pease - *feat. Fat Jon*
10. Ultimate Eternity
11. Blessing Dance
12. 1st Commandment is...
    - *feat. Aaron Phiri*
13. Time of Reflect - *feat. Tor*
14. Sanctuary

NewAge-Pop, NewAge-Electronic

본작은 뉴에이지 음악이 아니라 인스트루멘탈 힙합, 혹은 칠아웃으로 분류된다. 그러나 뉴에이지 작품에 견주어도 될 만큼 본작에는 매우 아름다운 작품들이 수록되어 있다.

노막은 일본 출신의 힙합 프로듀서 마사시 카몬Masashi Kamon의 프로젝트로, 《Combine, 2005》로 데뷔, 본작은 그의 3집에 해당한다.

본격적인 힙합 음악들은 논외로 하고, 그의 힙합 연주곡 혹은 칠아웃 뮤직 작품들이 그 대상이다.

온라인에서 뽑은 그의 인기 베스드 1위 〈**Anger of the Earth**〉는 세련된 힙합 비트에 피아노의 참신하고도 경쾌함을 스크래치 기법을 사용하여 더욱 다이내믹한 리듬을 조합한다.

〈**Spiritual Home**〉는 흥겨운 리듬 위에 엷게 담채된 피아노와 멜로디를 이끄는 클라리넷, 천사의 코러스 여음을 조합하여 사랑과 평화의 성지로서의 가정을 낭만적으로 채색하고 있다.

묘한 트랜스를 만들어내는 규칙적인 비트에 중첩되어 신비감을 자아내는 보컬 이펙트와 류이치 사카모토Ryuichi Sakamoto를 연상시키는 맑은 피아노가 어우러져 은은하고 아련한 환상을 심어주는 〈**Force for Truth**〉에는 도회지적인 감성이 흐른다.

〈**Diaphanous Air**〉는 신선함과 따스함이 겹을 이루며, 너무나 아름답고 눈부신 천국의 하모니와 애상적인 플루트의 은빛 날개가 활짝 펼쳐지는 〈**Ultimate Eternity**〉은 하얀 순수의 세상을 향하여 찬양한다.

드럼비트에 플루트와 클라리넷의 서정적인 기도 〈Blessing Dance〉, 그리고 무성한 안개와 함께 안식을 향한 행렬이 트립합 비트를 타고 숭엄하게 연출되는 〈**Sanctuary**〉는 명작이다.

본작에 수록된 몇 작품들은 다른 뉴에이지 앨범에서도 들을 수 없는 참신한 감각의 인상을 심어주며, 그의 다른 앨범들과 비교해도 뉴에이지 팬의 입장에서는 월등하다. 새하얀 커버에 미세한 바람의 율동으로 하늘거리는 버들잎처럼 침잠의 세계에서 은은하게 발화되고 순화되는 감정을 관찰할 수 있다. 그의 힙합 비트는 전혀 두드러지지 않으니 선입관은 접어두어도 좋다.

본작의 인기에 이어 이듬해에 리믹스 버전 《Recalm》을 내놓았다.

Oceania

Point Music | 314 536 775 | 2000

1. The Trumpet
2. Union
3. Warrior
4. Goddess of Music
5. People
6. Cicada
7. Farewell
8. The Month
9. Self-Determination
10. Warrior - *Bullit Park Remix*
11. Union - *7" Short Edit #1*

NewAge-World

326

1960년생으로 영국 출신의 재스 콜맨Jaz Coleman은 인더스트리얼록과 포스트펑크 그룹 킬링 조크Killing Joke를 거쳤으며, 이후 다양한 세계의 문화에 관심을 가지고 많은 악기를 섭렵했다. 또한 아트 오브 노이즈Art of Noise의 앤 더들리Anne Dudley, 롤링 스톤스Rolling Stones, 사라 브라이트만Sarah Brightman 등 많은 유명 스타들과 음악 작업을 한 일렉트로닉 뮤지션이다.

뉴질랜드 원주민인 히네웨히 모히Hinewehi Mohi는 마오리Maori족의 문화 속에서 성장하여 토속어로 노래하는 여가수이자 작곡자이다.

이 두 귀인이 만나 탄생한 월드 프로젝트 오세아니아는 밀레니엄의 개장과 발맞추어 의미 있는 음악을 선보인다.

1642년 네덜란드의 아벨 타스만Abel Tasman에 의해 최초로 발견된 마오리인의 땅 뉴질랜드는 '길고 하얀 구름의 나라'란 의미의 아오테이어러우어Aotearoa로 불리었다. 이후 제임스 쿡James Cook 선장의 항해 끝에 1840년 영국의 식민지가 된 이래로 오늘날 희석되어 가는 마오리의 정신과 문화를 되새기고자 본작을 창작한다. 아름다운 이 음악에서 우리는 이니그마Enigma나 혹은 딥 포레스트Deep Forest를 떠올리고, 어떤 때는 엔야Enya와도 같은 보컬을 접하게 된다.

〈The Trumpet〉에는 현실에 대한 직시를 암시하는 경고의 나팔소리와 함께 두려움과 흥분의 비트와 주술이 밀림을 뒤덮는다. 그녀의 목소리는 마치 어린 소년처럼 순수하게 느껴진다.

웅장한 남성 코러스와 함께 생동감이 느껴지는 〈Union〉은 자유와 정의와 평화의 이상을 노래하며 자긍심을 고취하는 멋진 히트곡이다.

〈Goddess of Music〉는 뇌성마비로 태어난 히네웨히 모히의 딸을 위한 것으로, 목관악기로 그린 초원에서 마음대로 뛰어놀길 바라는 모정이다. 이는 마오리의 후예들을 상징하는 것이기도 하다.

〈Cicada〉에는 미래와 꿈에 대한 신념을 노래했으며, 바이올린의 서주에 이어 포근한 서정으로 민족과 땅과 삶과 자신을 향한 사랑을 주창하는 〈Farewell〉 역시 본작을 빛내준다.

고향땅을 바라보며 눈물의 의지를 다지는 〈Self-Determination〉에는 연민과 응원을 보낼 수밖에 없는 호소력이 절절하다.

본작은 세계적인 성공을 거두었고 《Oceania II, 2002》가 뒤이었다.

Oliver Serano Alve
Vida para Vida

Sattva Music | SMA035 | 1992

1. Dancer of My Mind
2. A Miracle on Saxophone
3. Tocar para Sarakali
4. East European Liberty
5. Alexander's Journey to the East
6. Touch Higher Musical Consciousness
7. Vivekananda's Journey to the West
8. Macao Kyoto
9. Brother Go on
10. Oliver's Higher Love
11. Ling Dolma Shih-Tzu
12. Vida Para Vida

NewAge-World

청소년기에 세계를 방랑했던 올리버 샨티Oliver Shanti(1948~2016)는 독일로 돌아와 뮌헨에서 키보디스트 파이트 바이만Veit Wayman와 다중 악기 연주자 마고 폴-샨티Margot Vogl-Shanti와 함께 '중생'을 의미하는 Sattva 레이블을 설립했다.

데뷔는 그룹 Inkarnation의 이름으로 발표한 《Frieden Shanti Peace, 1985》이 그 시작이었다. 두 번째 앨범을 제작한 후, 올리버 샨티와 친구들Oliver Shanti & Friends의 이름으로 《Listening to the Heart, 1987》를 발표했다.

이듬해에는 올리버 세라노-알베라는 이름으로도 데뷔했는데, 본작 《Vida para Vida 생을 위한 삶》은 세 번째이자 마지막 프로젝트로, 젊은 시절 다양한 경험으로 체득한 인생에 대한 깊은 철학과 문화를 담아낸 수작이나.

록풍의 연주에 바이올린의 화려한 몸놀림과 플루트의 진한 애수를 자아내는 〈Dancer of My Mind〉에서는 검은 옷을 입은 무희의 그림자가 조명을 따라 형체를 변형한다.

〈Tocar para Sarakali〉에는 플라멩코 기타와 보컬 그리고 리듬과 집시 바이올린이 가세하며 뜨거운 감정의 불꽃을 내뿜는다.

헬레니즘의 정취 〈Alexander's Journey to the East〉는 특징적인 민속 리듬 위로 메아리를 발산하는 플루트의 마법이 걸리며, 요염한 듯 격렬한 무희의 벨리댄스가 이어진다.

부드럽고 감미로운 바이올린의 서정시 〈Touch Higher ~〉에 이어, 서양에 힌두 철학을 설파한 인도의 종교개혁자 비베카난다를 그린 〈Vivekananda's Journey to the West〉에서는 팝과 인도 민속음악, 보컬과 바이올린 등 웅장한 소리의 경배로 존경을 표한다.

동방의 문물 기행 〈Macao Kyoto〉에는 얼후의 진한 향수가 매혹적인 신비로 물들이며, 역동적이며 감미로운 재즈의 향연 〈Brother Go on〉에서는 따스한 색소폰의 긍정적인 권고가 전해진다.

서정적인 심포닉록 〈Oliver's Higher Love〉에서는 바이올린의 선율로 우주적 사랑을 전파하고, 거대한 문명을 향한 노래 〈Ling Dolma Shih -Tzu〉에서는 중국의 독특한 풍물들을 집약했다.

인도의 수행자들에서 그 영감을 받은 듯한 범우주적 대서사 〈Vida para Vida〉는 연약한 어린 아기와 신성한 동물 코끼리를 등장시키면서 현생의 의미를 되새긴다.

Oliver Shanti & Friends
Well Balanced

Sattva Music | SMA007 | 1995

1. Well Balanced
2. Indian Ceremony
3. Fight without Fear
4. You Can Hear Them Dancing
5. Heya Heya
6. Axtu Leman Sumix Sacred Mountain
7. Four Circles of Life
8. We Could Have Been Brothers
9. Chief White Bear's Trance Dance
10. Wilderness
11. Amitabha
12. Medicine Man's Other Room

Newage-World

독일 함부르크에서 태어난 울리히 슐츠Ulrich Schulz(1948~2016)의 어린 시절은 정말 집시와도 같았다. 13세 때 함부르크에서 반전운동 가두 시위대를 쫓아다녔으며, 이듬해 파리와 카리브 해를 방황했다. 16세 때는 암스테르담, 베를린, 캘리포니아 및 북아프리카로 떠돌았는데, 이 기간 동안 나이트클럽에서 노래를 불렀고 허드렛일도 서슴지 않았다. 이때 저명한 포크 뮤지션 도노반Donovan 등 많은 포크 및 팝 음악에 종사하는 사람들과 친분을 쌓았고, 레바논 바알벡Baalbeck에서 열린 음악 축제에 참가하고 동양음악에도 심취, 1973년에 급기야 모습을 감춘다. 1980년에야 인도 갠지스강 유역 마을의 한 병원에서 일하는 그를 발견하고 친구들은 유럽으로 돌아갈 것을 권유했다. 이로써 올리버 샨티Oliver Shanti라는 이름으로 본격적인 음악가의 여정이 시작되었다.

치페와Chippewa 부족장인 White Bear이하 22명의 인디오 협력으로 제작된 본작은 아메리카 인디오의 음악을 근원으로 앰비언트, 스페이스 뮤직, 월드 트랜스 등이 견고하게 배합되어 있다. 자연의 이치를 닮은 중용의 삶을 살았던 인디오의 뼈아픈 반성과 슬픈 영혼을 위로하는 제의祭儀가 한바탕 펼쳐진다.

〈Well Balanced〉는 국내드라마 「여인천하」에 삽입되어 잘 알려졌는데, 긴장감 넘치는 서두의 퍼커션 연주에 이은 여성의 애조 띤 보컬과 아픔을 노래하는 인디언 플루트, 전자기타의 걸출한 연주가 압권이다.

비운의 아메리카 역사를 노래한 〈Fight without Fear〉에는 우월한 문명의 침공과 대란, 살육과 공포가 교차되며, 〈You Can Hear Them Dancing〉에는 조앤 세난도Joanne Shenandoah의 노래가 비록 문명에 침탈당하였지만 인디오의 피는 식지 않았다는 것을 탄식하는 듯하다.

〈Heya Heya〉는 "헤야헤야"를 부르짖는 굿으로 구슬픈 한을 풀어내는 걸작이며, 〈Axtu Leman Sumix Sacred Mountain〉은 자연과 신에 대한 간절한 원망과 자조 등이 서린 연주곡이다.

싱글로도 커트된 올리버 샨티의 명곡 〈Four Circles of Life〉은 인생의 진리를 주술로 풀어내며, 〈Chief White Bear's Trance Dance〉에서는 족장 White Bear가 통한을 삼킨다.

〈Wilderness〉에서는 광활함과 척박한 자연 속에서 자연을 닮아가며 살아왔던 끈질긴 인디오들의 삶이 투영되며, 〈Medicine Man's Other Room〉은 살아남은 인디오의 마음을 잘 담아낸 곡으로 플루트와 인디오 주술이 시린 가슴을 달랜다.

Sattva Music | SKV077 | 1998

1. L'Ultime Arbre
2. Nuur El Ab
3. Onon Mweng - Rainbird
4. Allah Akbar
5. Olugu Zamba
6. Wise
7. Seven Times Seven - Govinda
8. M-Fie Nti One Biaa
9. Al Atfaal
10. Santo Cristo del Angeli
11. Radha Raman
12. Simplement l'Amour

NewAge-World

본작은 올리버 샨티의 월드뮤직을 집대성한 앨범이다. 인도에서부터 아프리카까지의 여행을 통해 느꼈던 감상들을 열두 개의 각기 다른 나라에서 만난 40여 명의 음악가들을 초청하여 완성했다. 아프리카, 중동, 인도, 유럽에서 미국까지 각 나라의 고유한 문화의 접목을 통해 글로벌한 음악을 선사하고 있다.

세계로의 초대 〈L'Ultime Arbres 마지막 나무〉는 정말 신선한 작품임에 틀림없다. 아프리카의 뱀부플루트와 보컬은 어느새 중동의 멜로디와 섞이며, 자연에 대한 예찬을 활기 있게 그려낸다.
〈Nuur El Ab〉는 엉혼의 인식서를 주는 신에 대한 산송가로, 애산한 백 보컬과 맑은 여성의 아름다운 보컬과 허밍이 매혹적인 걸작이다.
〈Onon Mweng - Rainbird〉은 라운지풍의 발라드로 혼성 보컬에 이어 아프리카 리듬과 신시사이저의 뭉클한 몽환이 가득하다. 라운지 음악 앨범 《Buddha-Bar II》에도 커트되었다.
〈Olugu Zamba〉는 트립합 비트에 실리는 혼성 보컬의 아름다움과 작열하는 전자기타가 시원하고도 장대한 감동을 전한다.
인도의 Radha Raman Ensemble이 참여하고 있는 〈Wise〉에서는 묵직한 신시사이저의 음향에 실리는 임프로비제이션 플루트와 웅장함마저 감도는 남성 보컬, 탄력적인 타블라의 주술적인 연주를 들을 수 있다.
〈Seven Times Seven - Govinda〉는 인도풍의 곡으로 향신료와도 같은 진한 타블라와 애절한 남성 보컬이 융합되며, 합창단과 월드 솔리스트  들이 참여한 〈M-Fie Nti One Biaa〉도 아름다운 작품이다.
〈Al Atfaal 어린이〉에서는 여성 백 보컬의 하모니와 리드보컬, 안개와  도 같은 보컬 이펙트, 민속적인 퍼커션의 향연이 펼쳐지며 중동에서 인도, 그리고 셀틱 음악까지 수용하고 있다.
명작 〈Santo Cristo del Angeli〉는 민속적이고 주술적인 리듬이 육중 하며, 특히 여성 보컬과 합창단이 빚어내는 절묘한 하모니는 천국의 모습을 투영한다.

결코 단편적이지 않은 본작에서 많은 에스닉 요소들이 꼬리를 물고 이어지며, 또한 중첩되고 하나가 된다. 진정한 월드뮤직 퓨전으로서 뉴에이지 월드의 최고작 중 하나이며, 또한 뉴에이지 월드가 나아가야 할 방향을 제시한 이정표였다.

Oliver Shanti & Friends
Medicine Power

Sattva Music | SMA017 | 1999

1. Slow Changes
2. Medicine Power Men
3. Shamboo Wokantonka
4. Navajo Prayer Song
5. White Bear's Medicine Dance
6. Eagle Wabun Medicine Dance
7. Red Indian's Right to Live
8. Golden Eagle's Soaring Dance
9. Choctaw Shadownese Song
10. Mother Earth's Tartaruga Song
11. The Mudjekeewis Flute Song
12. Hinayana Vision
13. Medicine Energy Pow Wow
14. Medicine Spirit Shine on

NewAge-World·Native American

330

본작은 전작 《Well Balanced》에 이은 아메리카 인디오 음악의 걸작으로, 비범한 음악성이 결집된 올리버 샨티의 3대 명반 중 하나이다.

타이틀 'Medicine Power'는 인디오들의 정신적인 힘을 의미한다고 한다. 이 작품에는 아파치Apache와 나바호Navajo를 비롯한 많은 부족의 악사들을 초대하였고, 가슴속으로 파고드는 인디오 여성의 보컬과 고대 제사장의 구음과 주문, 육신을 박동하게 하는 퍼커션을 전면으로 내세워 본작을 완성하였다.

〈Slow Changes〉는 여성 보컬의 아름다운 하모니로 물질주의 세상에 노출되어 변화되어 가는 세월의 무상감을 노래하고 있으며, 〈Medicine Power Men〉은 인디오의 자긍을 고취시키는 밝고 경쾌한 음악으로 힘찬 북소리와 함께 점차 몽롱한 트랜스를 끌어낸다.

〈Navajo Prayer Song〉에는 여성들의 기도문과 다소 주술적인 리듬 그리고 반복적인 멜로디에 인디오의 평화에 대한 염원을 담았다.

〈White Bear's Medicine Dance〉는 블루지한 전자기타와 White Bear의 주술, 묵직한 애수를 자아내는 신시사이저 음향, 애조 띤 플루트 멜로디, 댄스 비트 등이 잘 어우러진 수작이다.

비극적인 내용의 〈Red Indian′s Right to Live〉에서 과거에서 침탈당하고 현재에서 차별받는 인디오들의 삶의 고뇌가 느껴지며, 부족의 수호신을 테마로 한 〈Golden Eagle's Soaring Dance〉는 영원할 것으로 믿어왔던 평화와 자연에 대한 그리움으로 나타난다.

월드비트의 걸작 〈Choctaw Shadownese Song〉는 암울함을 더하며, 〈Medicine Energy Pow Wow〉에서는 인디오의 자긍을 잃지 않기를 기도한다.

71분이란 긴 연주시간을 통해 올리버 샨티는 영혼과 내면에 흐르는 인디오의 정신적인 힘을 모았으며, 또한 음악으로 그들을 응원했다. 이후 스페인과 알제리, 이스라엘, 파키스탄 등을 돌며 문화와 정치적인 분쟁을 소재로 한 월드뮤직 앨범 《Alhambra, 2002》를 출반했는데, 이는 그의 마지막 앨범이 되었다.

이후 2009년 올리버 샨티는 믿지 못할 실망감을 안겨주는 범죄 사건에 연루되어 징역형을 선고받아 예술가이자 세계인의 정신적인 친구로서 큰 오점을 남기고야 말았으며, 2016년에 68세의 나이에 사망했다.

Oliver Renoir
Mare Nostrum

Ellébore | ELL 55972 | 2000

1. Envie de Mer
2. Poseïdon
3. Océan Indien
4. End of Time
5. Mare Nostrum
6. The Endless Sea
7. Water Music
8. Taxifolia
9. Deep Green
10. Marées Noires
11. Cap Horn
12. Save the Sea

NewAge-Instrumantal, NewAge-Electronics

올리비에 르누아르는 프랑스 출신의 프로듀서로 Falone, Kristy, Dream Beat, After Touch에 이르는 등 유로댄스 그룹들과 작업하면서도 1990년대 중반부터 뉴에이지 작품을 발표하고 있는 저명한 뮤지션이다.

본작 《Mare Nostrum 우리의 바다》는 제목처럼 대양을 위한 심포니이다.
바다의 이미지를 그대로 보여주는 효과음과 잔잔한 바람과 파도를 형상화하는 건반이 특징적인 〈Envie de Mer 바다의 선망〉는 가슴이 탁 트일 만큼 시원하다.
천둥을 뚫고 명마가 끄는 전차를 타고 바다 위를 달리는 해신을 주제로 한 〈Poseïdon 포세이돈〉은 광활하면서도 긴장감이 서려있는 오케스트레이션과 보이스 샘플링 그리고 건반이 아름다운 서사를 쓴다.
〈Océan Indien 인도양〉은 활기가 느껴지는 원색의 아름다움을 과시하고 있는데, 놀랍게도 곡 중간에 국악 「심청전」의 창 일부가 삽입되어 있기도 하다.
장엄미사 〈End of Time〉에는 남녀 보컬이 신비감을 더하고 불안감이 주위를 감돌며, 〈Mare Nostrum 우리의 바다〉는 살아있는 생태계의 모체로서의 바다에 바치는 찬가로, 웅장한 오케스트레이션이 가슴을 떨리게 하는 걸작이다.
끝없이 펼쳐지는 대해 앞에서 인간은 그저 작은 미물임을 깨닫게 되는 〈The Endless Sea〉는 댄스 비트의 박력과 함께 베이스의 굉음이 시원스럽다.
급격히 변하는 댄스 비트에 현기증을 유발하는 해초에 관한 심각한 보고서 〈Taxifolia〉, 그리고 〈Deep Green〉는 색소폰 주자 빠트릭 부르고엥Patrick Bourgoin이 바다의 숨소리를 묘사한다.
해양선박사고에 대해 경각심을 일깨우는 〈Marées Noires 기름유출〉은 휘몰아치는 태풍과 심장을 죄어오는 무거운 압박이 댄스 비트와 기타의 엘레지로 여운을 남긴다.
바다의 맥박이 느껴지는 강력한 일렉트로 심포닉으로 무장한 〈Cap Horn〉에 이어, 〈Save the Sea〉에는 간디Mohandas Gandhi의 바다의 의미를 담았다.

간명하면서도 힘이 넘치는 본작에는 지구 자연을 여행한 후 느꼈던 보전을 위한 사랑의 마음과 파수대로서의 정신이 녹아있다. 뮤지션으로서의 실력 또한 탁월하지만 한 인간으로서의 따스한 본성이 더 자극하는 작품이었다.

Oliver Renoir
Mekong

Voxterrae | VT0226 | 2009

1. Back to Ocean
2. The Night Train
3. Spring Girl
4. Cinnomon
5. Flower of Mekong
6. Serenitea
7. Village Rain
8. Asia Moon
9. Player
10. For Women
11. Morning
12. Thai Fly

NewAge-Instrumantal, NewAge-World

올리비에 르누아르는 독특한 세계 문화를 경험하고 그 여정을 음악으로 선보였는데, 《Monsoon, 2000》에서 종교적이고도 철학적인 인도인의 삶을, 《Umok, 2000》에서는 온통 흰 눈과 얼음으로 뒤덮인 북극 근처 이뉴잇Inuit족이 자연과 동화된 삶의 모습을, 《Samarkand, 2001》를 통해 중앙아시아의 광대한 대초원에서 살아가는 유목민들의 인생을 조명하였으며, 《Africall, 2005》을 통해 대륙의 생성과 시작된 인류의 첫 시간을 간직한 요람으로서의 아프리카를 서정으로 담아냈다.

'히말라야에서 중국해에 이르는 여행'이란 부제의 본작은 중국의 티베트에서 발원하여 미얀마, 라오스, 타이, 캄보디아, 베트남을 거쳐 남중국해로 흐르는 메콩강을 테마로, 그 주변지역에서 살아가는 인간사의 일면을 통해 자연과 인간의 조화로운 공생의 의미를 일깨우고 있다.

그의 신시사이저 오케스트레이션도 훌륭하지만, 무엇보다도 본작을 특별한 것으로 만드는 것은 《Monsoon, 2000》에 참여한 적이 있는 베트남계 프랑스 여인 리 츄Lê Thu의 보컬을 전면에 등장시킨 것이었다. 이는 월드뮤직으로의 범위를 확장시킨 표현 중 하나로, 매우 강력한 구성요소이다.

〈Back to Ocean〉은 푸르른 바다로 향해 붉은빛의 돛을 올리는 장정이 시작되며, 리 츄의 간결하고도 동양적인 가창이 물살을 가른다.

〈The Night Train〉에서는 고요한 밤하늘 아래 메콩강의 근원을 향해 새하얀 연기를 내뿜는 기차가 달려간다. 얼후Erhu의 단조로운 가락과 리 츄의 단아한 자장가에 여행자는 그리움을 안고 단잠을 청한다.

따가운 햇살 아래 모자 논Nonh을 쓰고 일터로 향하는 어린 베트남 소녀들의 고된 동심을 노래하는 〈Spring Girl〉, 검붉은 밭에서 노동자의 하루가 그려지는 〈Cinnomon〉는 계피 향을 가득 채운다.

계절적 미경을 탐하는 〈Flower of Mekong〉에는 매혹적인 스캣을 따라 이름 없는 들꽃들의 향기가 흐르며, 범람하는 키보드 연주에 리 츄 의 노래가 감탄을 자아내게 하는 〈Village Rain〉은 싱그러운 초록과 붉은 토양이 물기를 받아 더없이 촉촉함을 전달하는 걸작이다.

장대한 여정을 통해 그는 지구와 하늘의 신비를 이야기하며, 동아시아의 황금빛 모래 그림으로 음과 양의 곡선적 조화를 그린다. 그 균형은 고유한 소리 탐험을 위한 경로의 전편에 흐르고 있다. 정말 매혹적인 음반이다.

Oracle
Oracle

BMG | 74321 262722 | 1994

1. Oracle · *single vers.*
2. Fjords
3. Canyon
4. Valley Music
5. Amazon
6. Outerbank
7. Harvest
8. Telluride
9. Kauai
10. Kilimanjaro
11. Morning Dew
12. Gaia
13. Oracle · *extended vocal mix*

NewAge-Classical Chant

그레고리안 성가는 대 그레고리오 교황의 이름을 따서 붙인 성가이다. 이는 본래 중세 유럽의 수도원에서 시작된 미사 성가로, 무반주에 남성이 부르는 가톨릭교회의 전례음악이었다. 7세기 초에 그레고리오 교황에 의해 유럽에 구전되던 음악들을 모아 채보한 것이므로 세계에서 가장 오래된 음악인 셈이다. 이는 천 년이 넘는 세월 동안 불리며 탈속의 경건함과 신성함을 불러일으켰다.

그동안 가톨릭의 세계에 머물렀던 그레고리안 성가는 팝과 접목하며 가장 친숙한 대중음악의 재료가 되어 뉴에이지 음악에서도 그 묵상을 손쉽게 즐길 수 있다.

본작은 국내에는 1995년에 리이선스로 소개되어있는데, 인간의 물음에 내한 신의 답, 즉 신탁神託을 의미하는 오라클의 첫 앨범으로, 기타와 건반주자이자 프로듀서 조 테일러Joe Taylor의 프로젝트이다. 그래미에 노미네이트되기도 했던 그는 베테랑 기타리스트이자 작곡가로, 뉴욕을 중심으로 라이브와 스튜디오 세션맨으로 활동했으며, 도나 썸머Donna Summer, 키스 다이아몬드Keith Diamond, 데이브 코즈Dave Koz 등 유명 아티스트의 프로듀서를 맡았다. 그리고 CBS TV 시리즈인 「Golden Years」에서부터 디스커버리 채널의 「SpyTek」 등 사운드트랙의 작곡자였다. 재즈 기타리스트로서 자신의 솔로 앨범을 낸 그는 RCA Victor 레이블에 스텝 프로듀서로 활약하면서 색다른 프로젝트 오라클을 구상한다.

그는 Choir of Mount Angel Abbey와 The Mount Angel Seminary Choir를 대동했고, 이들의 거룩한 찬가에 월드 구음과 자연의 생생한 효과음에 신비한 음향을 혼합했다.

무겁고도 강렬한 전자기타가 활활 타오르는 어둠의 묵시록 〈Oracle〉은 짜릿하며, 파도에 실리는 구원의 여정 〈Fjords〉는 마음과 정신을 맑게 비워낸다.

매서운 바람 소리에 이끌리는 시련의 풍경 〈Canyon〉, 폭우가 몰아치는 〈Valley Music〉은 환영의 메아리가 들리며, 안식 노래 〈Harvest〉에 이어지는 여명의 기타 〈Telluride〉는 침울하다.

카우아이섬이 노래하는 바다를 향한 복음 〈Kauai〉, 대지의 울음이 들리는 〈Gaia〉 등 공간을 이동하며 대자연 속에서 울리는 영적이고 숭고한 천국의 목소리는 안식의 세계이다.

두 번째 앨범 《Pool of Dreams, 1998》는 켈트의 전설이 그 주제였다.

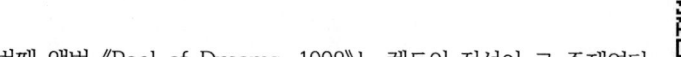

Øystein Sevåg
Link

Windham Hill | 01934 11123 | 1993

1. The Door is Open
2. There's a Monk in My Garden!
3. Miles Near
4. Miles Away
5. Trust Your Wings
6. The Long Night
7. Dance of Angels
8. Picture
9. Afrikan Flower
10. The Door is Still Open
11. Link
12. Memory
13. My Heart

NewAge-Instrumental,
NewAge-Jazz·Fusion·Chamber

무라카미 하루키Murakami Haruki의 「노르웨이 숲 - 상실의 시대」의 제목은 비틀스의 노래 〈Norwegian Wood 노르웨이산 목가구〉에서 따왔으나 오번역으로 인해 '노르웨이 숲'으로 알려졌다고 한다. 본국에서는 존재하지 않는 지명이지만, 문학적인 제목은 피오르드의 풍경과 침엽의 수림 이상의 동경을 안겨준다.

외이스텐 세복은 글쓴이에게 처음 노르웨이의 숲의 문을 열어준 뉴에이지 아티스트로 기억되고 있다. 그는 1957년생으로 노르웨이 뉴에이지를 대표하는 유명 뮤지션이다. 5세 때 피아노 레슨을 시작하여, 10세 때 록밴드에서 베이스를 연주했다. 그러나 클래시컬 음악으로 다시 돌아와 피아노와 플루트를 배운다. 오슬로 왕립음악원에서 작곡을 전공하고, 신시사이저에 대한 관심과 열정으로 일렉트로닉 독집 《Close Your Eyes and See, 1989》를 발표, 이 앨범은 늦은 1991년이 되어서야 빌보드 뉴에이지 차트 8위를 기록한다.

그 후 5년여간 스튜디오에서 오랜 시간을 보낸 후 무려 12명의 게스트 뮤지션을 초대하여 완성한 본작을 윈드햄 힐을 통해 발매함으로써 세계시장에 뛰어들었고, 비평가들의 호평과 함께 빌보드차트 7위에 오르는 성공을 거둔다.

〈The Door is Open〉은 기타에 이어 퍼커션과 건반이 스산한 바람과 슬픔 어린 안개가 문을 열고 잔잔히 들어올 것 같다.

테너색소폰이 읊는 광활한 사색공간의 시 〈Miles Away〉는 재즈블루스이며, 그 사색공간에 비행의 선이 그려지는 〈Trust Your Wings〉는 보사노바 리듬 위에 색소폰의 넋두리와 건반의 위안이 절묘하다.

연주시간이 짧지만 주목할 만한 소품 〈The Long Night〉는 긴긴 겨울밤의 외로운 서정을 맑고 영롱한 건반으로 표현하고 있다.

도회지적인 〈Link〉에는 격정적인 기타의 떨림 위로 단순한 색소폰의 어두운 랩소디가 짙게 깔린다.

서정의 무드 〈Memory〉는 뽀얀 안개로 둘러싸여 바람에 이미지가 아련히 흔들리며, 팻 메스니Pat Metheny의 곡을 듣는 듯한 〈My Heart〉는 전자기타와 건반 그리고 부드러운 오케스트레이션으로 다소 우울함을 남긴다.

노르웨이 우수가 세계적인 감성과 링크되어 있는 본작은 그의 명성을 세계에 알린 신호탄이었다. 이 앨범의 성공으로 데뷔작도 재발매되었다.

Øystein Sevåg
Global House

Windham Hill | 01934 11148 | 1995

1. Song from the Planet
2. Global House
3. Norwegian Mountain
4. Birds Flying
5. Evening
6. Thundernight
7. Psalme
8. Joy
9. Reflection
10. Back in the Jungle
11. Paris
12. Behind the Mirror

NewAge-Instrumental, NewAge-Ambient

과거 덴마크와 스웨덴의 속국이기도 했던 노르웨이는 「인형의 집」으로 유명한 문학가 입센Henrik Ibsen의 의뢰를 받아 페르귄트와 솔베이지의 사랑을 극화한 〈페르귄트 조곡〉의 작곡가 그리그Edvard Hagerup Grieg의 조국이었다.
수도 오슬로는 매월 10월에 최첨단 현대음악 페스티벌이 개최되는 도시이며, 국제적인 명성을 쌓은 크로스오버 소프라노 시셀Sissel과 담백한 포크 사운드로 이미 국내 월드뮤직 팬들을 감동시킨 바 있는 안네 바다Anne Vada 등 이처럼 노르웨이는 음악적인 풍부한 자산을 보유한 문화국이다.
뉴에이지 음악계에서는 외이스텐 세복이 일렉트로닉스와 어쿠스틱과의 조화와 균형을 통해 어둡지만 따스한 사운드로 특별한 북구의 깊싱을 신보인나.

세계적인 성공작 《Link》에서 들려주었던 낭만적인 노르웨이 숲에 1995년 그는 《Global House》를 짓는다. 이 지구촌 여행기를 건축하기 위해 전작과 마찬가지로 12명의 게스트를 초청했으며, 그 명단에는 1960년생의 트럼펫 연주자 닐스 페터 몰베르Nils Petter Molvær와 다음 앨범에도 참여하게 되는 기타리스트 래키 패테이Lakki Patey의 이름도 눈에 띈다.
푸른 지구의 중심으로부터 들려오는 퍼커션에 서정적인 키보드와 장엄한 파이프오르간의 울림이 성스러운 〈**Song from the Planet**〉, 지구  도시의 현대문명을 댄스 비트와 색소폰 블루스로 노래하는 〈**Global House**〉, 그리고 〈**Norwegian Mountain**〉은 색소폰과 건반이 그려가는 우울한 전자심포니이다.
신비로운 시네마테크 〈**Thundernight**〉에는 즉흥적인 희열로 넘쳐흐  며, 슬픈 운명의 찬송가 〈**Psalme**〉는 한편의 클래식이다.
케니 지Kenny G.의 재즈 팝 감각을 느낄 수 있는 〈**Joy**〉에 이어, 현을 위한 아다지오 〈**Reflection**〉에서 또다시 애상감이 흐른다.
점점 자신의 땅을 잃어가는 정글과 소수 부족을 향한 연민이 느껴지는 〈Back in the Jungle〉, 예술과 낭만의 상징 파리의 안개 낀 풍경을 보며 애수에 젖는 슬픈 샹송 〈Paris〉에 이어, 다시 처음으로 돌아가 뜨거운 가슴으로 지구를 바라보는 〈Behind the Mirror〉로 끝맺는다.

크지 않은 스케일에 재즈와 월드뮤직 등 다양한 요소와 접목되었지만, 정갈한 그의 북구 사운드는 녹색 지구를 다시 돌이켜 보게 하는 힘이 있다.

Øystein Sevåg & Lakki Patey
Visual

Windham Hill | 01934 11182 | 1996

1. Painful Love - *prologue*
2. Painful Love
3. The Mountain
4. Motion
5. Tojojo
6. India
7. Here and Forever
8. The Old Man
9. Windwave
10. Egypt
11. Cahuita
12. The Shade of Tojojo
13. Rio Amazonas
14. Painful Love - *epilogue*

NewAge-Ambient

그는 17세 때 고전음악학교에서 만난 기타리스트 래키 패테이Lakki Patey와 함께 첫 듀오 작품《Windflowers, 1983》을 발표했는데, 이는 당해 노르웨이의 그래미 시상식이라 할 수 있는 Spellemannsprisen에 후보 지명되었다.
본작은 그와의 오랜 우정을 기념하는 두 번째 프로젝트로, 지구촌의 다양한 사랑 이야기가 그 주제이다.
이전의 외이스텐 세복의 다이내믹한 음악을 기대하는 것은 금물이며, 곡명에서 예상되는 월드뮤직의 요소도 거의 드러나지 않는다. 결론을 말하면 기타 로망스를 위한 서정적인 앰비언트 음악으로 채워져 있다고 해야 할 것이다. 다섯 곡만이 공동작이지만 두 악기의 일관된 흐름은 정적이며 은은한 통일성을 보여준다.

주제인 슬픈 사랑의 조곡〈Prologue - **Painful Love** - Epilogue〉는 너무나 아름답다. 피아노와 클래식기타의 맑은 선율 위로 죽음과도 가까이 있는 듯한 처절한 검은 눈물이 뚝뚝 떨어진다. 노르웨이의 대표적인 근대화가 뭉크Edvard Munch의 작품에서 보이는 핏물 같은 저녁놀에서 느껴지는 불안과 소리 없는 절규의 비명이 아스라이 매달려있다.
붉은 열정의 비참한 고독의 기타 엘레지〈Tojojo〉에 이어,〈India〉에는 사리Sari를 쓴 인도 여인의 운명이 무겁고도 두렵게 그려진다.
〈The Old Man〉은 먼저 인생을 경험한 노장들의 지혜로움에 바치는 신비하고도 침울한 찬가이며,〈Windwave〉는 눈물을 증발시키는 서늘한 바람의 위로곡이다.
코스타리카 카리브 해변의 지명인〈Cahuita〉는 패테이가 영향을 받은 존 맥러플린John McLaughlin의 재즈록 그룹 마하비슈누 오케스트라Maha -vishnu Orchestra의《Apocalypse》의 분위기를 간직하고 있다.
〈Rio Amazonas〉에서는 기타와 키보드의 담백하고도 시적인 음률에 또다시 명한 눈시울이 촉촉해진다. 마치 고통스러운 상처로 남아있는 사랑과 영혼을 정화하는 듯하다.

외이스텐 세복의 구성진 악곡보다는 패테이의 서정적인 기타의 매력이 한발 더 빨리 다가온다. 북구의 음악이 차갑다는 그런 선입관은 본작에서 완전히 버려도 좋겠다. 사랑의 부조리한 슬픔을 깨끗하게 그려낸 그들의 전람회는 성공적이었으나 너무나 아픈 경험이다.

Øystein Sevåg
Bridge

Hearts of Space | 11081 | 1997

1. Seed
2. Spiral
3. Circle
4. Hanging Gardens
5. Chorale
6. Pulse
7. The Hermit's Horse
8. White Wings
9. Cobalt
10. Annual Rings

NewAge-Instrumental

외이스텐 세복이 윈드햄 힐에 작별을 고하고 하츠 오브 스페이스 레이블로 이적하여 발표한 네 번째 앨범으로, 가장 큰 음향적 스케일을 보여주고 있다.

50인의 현으로 이루어진 런던 필하모닉 오케스트라와, 바이올린과 비올라 주자인 독일인 아내 마리아 세복Maria Sevåg이 참여하여, 보다 클래시컬한 연주를 들려준다. 세복도 투명한 크리스털 구슬과도 같은 키보드 대신 그랜드피아노를 연주하고 있다.

또한 색소폰을 위시하여 열띤 즉흥을 보여주는 재즈 성향에 티베트 만트라Mantra 보컬리스트 소냐 론스워드Sonia Loinsworth의 참여로 본격적인 보컬도 포함한 월드뮤직을 들려주기도 한다. 이처럼 이날로그의 순힌 음싱을 기본으로 건축한 그의 다리는 매우 정교한 조형미를 뽐낸다.

현대적인 서두 〈Seed〉는 퍼커션과 전위적인 월드 보이스 그리고 베이스기타의 뜨겁고 거친 음성이 돋보이는 호쾌한 블루스록이다.

런던 필하모닉 오케스트라를 배경으로 세복의 그랜드피아노가 달콤함을 전하는 〈Spiral〉은 연주시간이 짧아 너무나 아쉽다.

자연의 진리를 향한 찬가 〈Circle〉는 현과 소프라노색소폰의 감동적인 서사를 연출한다.

색소폰의 관조적인 전원곡 〈Hanging Gardens〉에 이어, 소냐 론스워드의 월드 보이스가 카리스마를 뽐어내는 〈Chorale〉는 무결점 크로스오버이다.

퓨전록 〈Pulse〉에 이어지는 현을 위한 심포니 〈The Hermit's Horse〉는 가슴 깊이 비애미를 전하며, 평화의 천국으로 인도하는 〈White Wings〉에는 복음을 담은 셀틱송이 울려 퍼진다.

아내와 함께 작곡한 바이올린을 위한 진혼곡 〈Cobalt〉은 숭고미를, 육중하고도 침울한 오케스트라의 교향시 〈Annual Rings〉는 비장미를 남긴다.

그의 독특한 작가정신은 이 아름다운 다리 건너편에 10개의 음악천국 이야기를 남겨놓았다. 이미 많은 분이 그 다리를 밟았고, 뉴에이지뿐만 아니라 클래식과 재즈, 월드뮤직 등을 아우르는 독특하고도 깊이 있는 조형감각에 빠져들었다. 아름답고도 멋진 상상나라로 건너는 그 다리는 여전히 가까이에 있다.

Øystein Sevåg
Space for a Crowded World

Siddhartha Spiritual Music | SSRLP14 | 2012

1. Landing
2. Urban Nocturne
3. Gentle
4. Song from Another Place
5. A Butterfly's Dream
6. Time Shadows
7. A Sparkling Point of View
8. Lights After Dark
9. Call
10. Contact
11. Stroke of the Wing

NewAge-Electronic

338

외이스텐 세복의 1990년대는 걸작 행렬로 이어졌지만, 2000년대에 들어서 그의 인기는 세계에서 물러나 자국에 머물러있었다. 그럼에도 자신의 베스트트랙에 스칸디나비아 신문잡지사의 1957년생 여성 저술가 크리스틴 플루드Kristin Flood의 낭송으로 구성된 시화집《Amor Fati 운명애運命愛, 2002》를 발표했으며, 동양적 문화로의 접근이 돋보이는《Caravan, 2005》에 이어, 우울한 솔로 피아노로 마감된 드라마틱 음악 단편집《Based on a True Story, 2007》, Global House Band와 함께 퓨전록을 들려준《The Red Album, 2010》로 이어진다.

2010년대에 들어 첫선을 보인 본작은 그동안의 침체기(?)를 거뜬하게 만회하고 있는 걸작이다. 먼저 이전 사운드를 기대한다는 것은 금물이라 말하고 싶다. 그는 이 우주음악에서 무궁한 공간을 부드럽고 아름답게 탐색했고, 감미로운 명상과 상상과 환상의 장벽을 활짝 열어두었다.

귀향을 앞두고 대기권으로 진입하는〈Landing〉에는 아름다운 푸른 지구 모습에 대한 무한한 감탄사를 연발한다. 포근한 신시사이저 음향을 뚫는 피아노의 고요한 재즈 터치는 벅찬 평온함을 불러온다.

〈Urban Nocturne〉에서는 감상자를 무중력의 자유로움으로 유영하게 한다. 이 푸른빛이 가득한 야상곡은 물속 같다.

〈Gentle〉의 신비로움과 생명력은 피아노 음률로 현기증마저 유발한다.

차디찬 겨울밤 설원을 가르는 바람 음악〈Song from Another Place〉와 광속의 음향이 되어 찬란한 마법을 들려주는〈Lights After Dark〉에는 독일 출신의 바바라 부크홀츠Barbara Buchholz라는 게스트가 테레민Theremin을 연주하였는데, 이는 1924년 소련의 음향물리학자 레온 테레민이 발명한 전자악기라 한다.

몽환적인 천국의 음향 공간〈A Butterfly's Dream〉에는 피아노의 고요한 로망스가 감돌며,〈A Sparkling Point of View〉에는 시원하고도 새콤달콤한 라운지가 점차 열기에 휩싸인다.

〈Contact〉는 본작의 절정으로, 베네딕트 토르게Benedicte Torget라는 1971년생 노르웨이 여가수가 참여하여 서정적인 스캣을 들려준다. 그는 그녀의 데뷔작《After a Day of Rain, 2008》을 공동프로듀서로서 그리고 연주가로서 참여한 바 있었다. 월드 구음과 함께 아련한 감동을 남겨주는 걸작이다.

Pangea
Pangea

Warner | 61947 | 1996

1. Introduction to Pangea
2. Memories of Pangea
3. M'ganga's Devotion
4. Tanganyika Secret
5. Mangbetu Girl
6. Sanza's Spirit
7. Back to Kirisoke
8. Happy Threshing
9. River Dawn
10. Kiranga Beat
11. Wayer and Fire
12. Outro

NewAge-World

팬게아는 딥 포레스트Deep Forest의 프로듀서로 활동했던 댄 렉스먼Dan Lacksman의 프로젝트이다. 그는 타이완의 디팡Difang을 발굴하기도 했는데, 그가 벨기에에서 녹음한 본작은 뉴에이지 월드의 전형을 들려준다.

신비한 신시사이저 음향에 이어 내레이션으로 팬게아의 기원을 거슬러 올라가는 〈Introduction to Pangea〉에서 지구가 탄생과 함께 지금의 오대륙이 아닌 하나의 큰 대륙으로 존재했으며 이것이 바로 태초의 육지 팬게아라고 소개한다.
최고의 백미 〈Memories of Pangea〉에서는 인류의 가장 오래된 역사가 숨 쉬는 아프리카로의 시간 여행이 시작된디. 원시 구음과 어린 토인들의 순진무구한 목소리는 희망과 진실을 표방하고 있다. 이니그마Enigma를 연상시키는 사쿠하치의 길고 긴 호흡과 트립합 비트가 더해져 정말 신비롭고도 참신한 사운드를 이뤄낸다.

세 번째 곡부터는 보다 민속적인 색채가 강해지고 원초적인 비트와 즉흥적인 구음이 더더욱 강세를 더한다. 파워풀한 월드뮤직 〈M'ganga's Devotion〉에 이어, 아프리카 탄자니아로 초대하는 〈Tanganyika Secret〉은 비밀스러운 읊조림과 신비를 더하는 어린 토인의 하이톤 보컬이 돋보인다.

〈Back to Kirisoke〉에서는 현대적인 기술과 고대의 음악이 만나는 독특한 감각의 음악으로, 대지에 대한 포근한 향수가 깔려있다.
흥분된 리듬과 독특한 민속음악으로 농경 축제가 벌어지는 〈Happy Threshing〉, 밤의 정령들이 서서히 밝아오는 팬게아의 세상에서 강물로 뛰어드는 〈River Dawn〉은 신성한 신화가 그려진다.

〈Kiranga Beat〉에 이르면 케냐의 민속 타악 드럼의 박동이 대지를 흔든다.
생명의 물줄기와 문명이 시작되는 감동적인 장면 〈Water and Fire〉는 마지막을 장식하는 또 하나의 걸작으로, 두 손을 부딪히며 축제를 여는 토인들과 감사의 기도를 올리는 듯한 제사장의 목소리, 그리고 악대의 행렬 등이 어우러지면서 다큐멘터리를 보는 듯한 묘한 감흥에 취하게 된다.

보잘것없는 커버로 음악까지 깔보면 곤란하다. 인류 역사에 대한 동경과 신비가 상큼한 감칠맛으로 녹아든 본작을 듣고 있으면 '만약 다섯의 대륙으로 갈라지지 않고 팬게아의 시대가 계속되었다면 과연 우리는 또 어떠한 모습을 하고 있을까?'라는 상상을 하게 된다.

Neuronium | NRCD005 | 2003

1. Renaissance
2. Across the Rainbow
3. Perdre ses Ailes
4. Vivre
5. Mediterra
6. Rever en Toi
7. Le Coeur a L'Envers
8. Lui Donner Mon Ame
9. Les Mots Enchantes
10. Solo Pensamdo en Ti
11. Mascaras
12. Luz de Luna

NewAge-Electronic·Ambient,
NewAge-Pops (Vocal)

빠스칼 랑귀랑은 캐나다 출신으로, 1980년대 Trans-X라는 디스코 댄스그룹을 결성하여 〈Living on Video〉라는 싱글로 빌보드 차트 61위를 기록한 이력이 있다. 전 세계적으로 250만 장 이상 판매된 이 앨범은 프랑스에서 1위를 기록하는 등 유럽에서도 큰 성공을 거두었다. 이 싱글은 이후 20곡 이상의 커버 버전을 탄생시켰고, 지금까지도 Trans-X의 활동은 지속되고 있다. 또한 그는 솔로 앨범도 병행하였는데, 세계적인 전자음악가 미첼 호이겐Michel Huygen과 조우하여 본작을 발표한다. 미첼 호이겐은 두 곡을 작곡해 선물했다.

본작에서 들려주는 그의 음악은 샹송풍의 일렉트로닉 팝이라 해야 할 듯싶다. 그의 맑은 미성과 아름다운 전자음악의 융합은 그의 노련한 음악적 이력답게 교묘하며 참신하다.

묵직하고 웅장한 전자음악 심포니에 맑은 키보드의 선율이 심미적인 타이틀곡 〈Renaissance〉는 큰북과 팀파니 그리고 신시사이저 코러스 등을 사용하여 장대한 고전을 재흥한다.

어눌한 키보드의 연주와 미성의 보컬이 빚어내는 무지갯빛 환상곡 〈Across the Rainbow〉, 그리고 천사의 슬픈 사연을 이야기하는 듯한 〈Perdre Ses Ailes 날개를 잃어버리고〉는 호소력 있는 보컬과 타블라 그리고 하프 등이 공간적 배경이 된다.

플라멩코 기타로 시작되는 〈Vivre 삶〉은 가벼운 댄스 리듬에 부드러운 삶의 서정을 이야기하는 일렉트로닉 샹송이다. 스페인어 버전인 〈Solo Pensando en Ti 외로이 너를 생각하지〉도 수록되었다.

연주곡 〈Mediterra 지중해〉에는 낙천적인 맑은 키보드 멜로디와 아랍풍의 모래바람이 트랜스를 만들어낸다.

엔야Enya의 사운드를 연상시키는 〈Lui Donner Mon Ame 그가 내 마음을 주었어요〉는 뽀얀 안갯속에서 모습을 드러내는 서정적인 독백조의 로망스였다.

우울한 여성 성악 보컬리스가 클래시컬한 오케스트레이션에 눈물자국을 남기는 연주곡 〈Mascaras〉는 걸작이며, 연주곡인 〈Luz de Luna 달빛〉은 오르간을 통해 찬란한 광명의 세계로 인도한다.

본작은 살롱문학처럼 고상하고 우아하다. 이후 미첼 호이겐과 함께 Cybernium 프로젝트로 《LSD》를 발표, 거친 일렉트로닉스를 과시하기도 하였다.

Patrick Kosmos
Planet News

IC-Digit | IC710.133 | 1991

1. Faith (Part 1-2)
2. Argon
3. Tantra (Part 1-3)
4. Lophophora
5. Mutara Nebula
6. Kobayashi Maru

NewAge-Electronic·Ambient

어린 시절 흑백 TV로 본 외화 「스타트랙」은 당시 미래 우주에 대한 스토리로 큰 인기를 누렸다. 보석처럼 빛나는 은하 세계에서 기묘하게 생긴 우주인들과 지구의 인간 사이의 우정과 전쟁... 아마도 우주 시대가 도래하면 우리는 TV에서 생방송으로 이 주인공들의 새로운 행성 뉴스를 접하게 될지도 모르겠다.

패트릭 코스모스는 벨기에의 유명 스튜디오에서 사운드 엔지니어이자 프로듀서로 일했다. 그는 1970년 초반부터 음악가로 활동하였는데, 초창기 음악은 탠저린 드림Tangerine Dream, 아쉬라템펠Ash Ra Tempel과 클라우스 슐체Klaus Schulze 등의 사운드와 베를린 스쿨의 영향력을 받은 것이었다. 1990년까지 약 3년간 100회가 넘는 콘서트를 거행했다.

그 후 독일의 IC 레이블과 계약하고 스튜디오와 콘서트 현장에서 녹음한 음악들을 3장의 음반에 담아 공개하였는데, 《Cosmic Resonance》, 《Comet's Tale》, 그리고 1989년 봄 스튜디오 라이브를 담은 본작 《Planet News》가 그것이다.

플루트가 서정적인 〈Faith〉는 우주인들과의 평화 조약을 서정적으로 그려낸 듯하다.

이어지는 속보! 어느 우주의 귀퉁이에서 거대한 아르곤 기체 덩어리가 발견된 것일까? 이펙트 보컬과 정적이면서도 매끄러운 신시사이저 음향으로 18번 화학원소인 〈Argon〉을 이야기한다.

〈Tantra〉는 우주적 신앙과 철학에 대한 교양 뉴스로, 우울한 심포니에 거칠고 묵직한 신시사이저에 무시무시한 보컬 이펙트가 가미되며, 다시  서정적인 건반에 플루트의 묵시적인 입김이 발산된다.

환각 선인장의 새로운 효험에 대한 생물 뉴스 〈Lophophora〉는 몽환적이다.

「스타트랙 II : 칸의 분노」에서 맹렬한 우주전쟁의 격전지였던 〈Mutara Nebula 무투라 성운〉는 사고 소식이다. 천체의 빛을 삼킨 듯 음산하고 차가운  블랙홀에 이어, 보컬 이펙트의 거친 호흡소리로 망령처럼 우주선을 교란시킨다.

「스타 트랙」에서 사관 후보생들이 치른 자격시험을 일컫는 〈Kobayashi Maru〉는 색소폰이 평화로운 우주를 꿈꾼다.

이후 사이버 우주를 담은 《Virtual Reality》을 발표했고, 새천년이 넘어 힐링과 명상의 전자음악을 선보였던 그는 2015년 작고했다.

Patrick O'Hearn
Between Two Worlds

Private | 2017 | 1987

1. Rain Maker
2. Sky Juice
3. Cape Perpetual
4. Gentle was the Night
5. Fire Ritual
6. 87 Dreams of a Lifetime
7. Dimension D
8. Forever the Optimist
9. Journey to Yoroba
10. Between Two Worlds

NewAge-Electronic, Ambient

패트릭 오헌은 1954년생으로 LA에서 출생하여 오리건에서 성장했다. 15세 때부터 클럽에서 연주활동을 시작했고, 고교 졸업 후 시애틀의 코니쉬 예술대학을 다니며 베이스를 독학한다.

1973년 다시 샌프란시스코로 돌아온 그는 다양한 아티스트들과 함께 교류를 쌓아가며, 투어 때 만난 프랭크 자파Frank Zappa에게 입단을 제의받고 약 2년간 몸담았다. 1979년에는 마크 이샴Mark Isham과 피터 마뉴Peter Maunu과 함께 퓨전록 그룹 Group 87을 창단했고, 동시에 1981년 프랭크 자파 밴드의 전위적인 드러머 테리 바지오Terry Bozzio의 제의로 뉴웨이브 팝그룹 Missing Persons의 멤버로도 활약했다.

그러다가 1984년, Private 레이블을 설립한 탠저린 드림Tangerine Dream 출신의 페터 바우만Peter Baumann은 그를 뉴에이지 음악의 세계로 끌어들였다. 거기에는 마하비슈누 오케스트라Mahavishnu Orchestra의 바이올린주자 제리 굿맨Jerry Goodman과 록시 뮤직Roxy Music의 키보디스트 에디 좁슨Eddie Jobson도 있었다.

평론가들의 극찬을 받았으며 당시 신생 레이블 프라이빗의 정체성을 구축하는데 큰 역할을 했던 《Ancient Dreams, 1985》에 이어 발표한 본작은 1988년 그래미상 베스트 뉴에이지 퍼포먼스 부문에 후보 지명되었던 히트작이다.

〈Rain Maker〉에서부터 다소 무거워진 그의 전자사운드를 감상하게 되는데, 비구름의 그림자 밑으로 천둥과 빗줄기가 전쟁을 준비한다.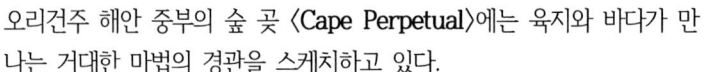

오리건주 해안 중부의 숲 곳 〈Cape Perpetual〉에는 육지와 바다가 만나는 거대한 마법의 경관을 스케치하고 있다.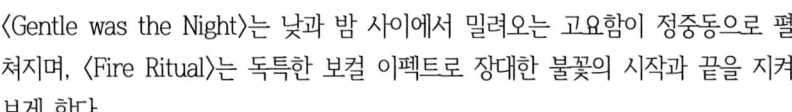

〈Gentle was the Night〉는 낮과 밤 사이에서 밀려오는 고요함이 정중동으로 펼쳐지며, 〈Fire Ritual〉는 독특한 보컬 이펙트로 장대한 불꽃의 시작과 끝을 지켜보게 한다.

걸작인 〈Dimension D〉는 다소 심각하지만 서정적인 분위기를 띠는데, 적막 속에 숨겨진 우주의 포효가 들려온다.

리드미컬한 퍼커션 작품 〈Forever the Optimist〉는 Private 레이블 특유의 역동적인 활력과 달콤함이 숨 쉬며, 〈Journey to Yoroba〉에는 강렬한 댄스 비트의 재즈 퓨전이 이어진다.

〈Between Two Worlds〉는 난류와 한류가 뒤섞이는 듯한 포근한 느낌의 재즈 심포니이다.

Patrick O'Hearn
Rivers Gonna Rise

Private | 2029 | 1990

1. Homeward Bound
2. The Stroll
3. Glory for Tomorrow
4. Acadia
5. Forgiveness
6. April Fool
7. Reunion
8. A Brief Repose
9. Subtle Persuasion
10. Portobello Locks

NewAge-Electronic, Ambient

베이시스트 패트릭 오헌은 1980년대 초 웨이브 팝그룹 Missing Persons의 멤버로 활동할 때, 비틀스의 엔지니어로 활약한 바 있던 켄 스코트의 도움으로 신시사이저에 눈을 떴다고 한다. 자신의 베이스와 함께 만들어 내는 힘 있고 깔끔하면서도 결코 가볍지 않은 사운드는 많은 다양한 경력을 거치면서 확립한 이미지였으며, 그것은 보다 록에 지반 위에서 곧게 설 수 있었다.

Private 레이블에서 세 번째로 발표한 본작은 라이선스로 소개되어 많은 뉴에이지 팬들뿐만 아니라 록 마니아들에게도 사랑을 받았던 작품이다.

게스트 뮤지션들을 살펴보면 함께 Group 87로 동고동락했던 기타리스트 피터 마뉴Peter Maunu와 색소폰 연주자 마크 이샴Mark Isham이 참여하여 있음이 눈에 띈다. 그래서인지 이 앨범의 사운드는 전체적으로 밝고 활력에 차있다.

처음으로 우리를 반기는 곡은 광고음악으로 친숙한 히트곡 〈Homeward Bound〉이다. 설렘으로 꽉 찬 이 신시사이저 음악은 매우 쾌청한 하늘과 길게 뻗은 신작로를 영상화시킨다. 주변의 수목과 새들은 환영의 인사를 하듯 비켜서고 점점 기대감의 흥분은 폭발할 듯하다. 간결함이 강렬한 무기가 된다.

신시사이저의 질감이 좋은 〈The Stroll〉은 회색빛 안개에 싸인 듯한 서늘함이 인상적이다. 소프트재즈의 달콤함도 좋다.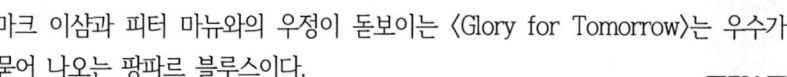

마크 이샴과 피터 마뉴와의 우정이 돋보이는 〈Glory for Tomorrow〉는 우수가 묻어 나오는 팡파르 블루스이다.

자연을 향한 벅찬 퓨전의 서정시 〈Acadia〉에 이어, 〈Forgiveness〉는 다소 우울한 베이스의 랩소디가 우리의 감성을 사로잡는다.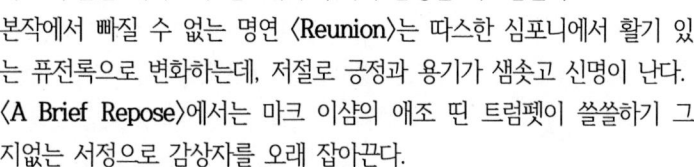

본작에서 빠질 수 없는 명연 〈Reunion〉는 따스한 심포니에서 활기 있는 퓨전록으로 변화하는데, 저절로 긍정과 용기가 샘솟고 신명이 난다.

〈A Brief Repose〉에서는 마크 이샴의 애조 띤 트럼펫이 쓸쓸하기 그지없는 서정으로 감상자를 오래 잡아끈다.

글쓴이에게는 패트릭 오헌과의 첫 만남이었는데, 손때라도 묻을까 조심스레 LP를 꺼내어 듣곤 했던 학창 시절을 회상하게 하는 추억 어린 앨범 중 하나로, 신선한 감흥은 여전히 커버만큼이나 인상적이다.

Patrick O'Hearn
Indigo

Private | 2091 | 1991

1. Devil's Lake
2. Sacrifice
3. Coba
4. Upon the Wings of Night
5. Sacred Heart
6. The Beauty Within
7. Desire
8. The Ringmaster's Dream
9. España

NewAge-Electronic, Ambient

그의 주술적인 음악은 금방이라도 전설 속의 영혼이라도 불러낼 태세이다. 이 검은 수사복을 입은 패트릭 오헌의 여섯 번째 경배의 주문 《Indigo》는 영원한 테마인 고대의 신화적 신비로움을 보다 생생하고도 간명한 미니멀리즘으로 들려준다. 그의 음악은 군더더기가 전혀 없는 말끔한 록과도 같은 바탕이며, 급하지 않은 속도감과 반복적이고도 부자연스런 동작들에 오묘한 색채를 입힌다. 하지만 대부분 어둠 속에서 거행되고 빛을 흡수하는 성질로 온몸의 감각기관을 곤두서게 만든다.

깊고 푸른 칠흑 같은 고요함 속에서 심상치 않은 물살이 일며 주위가 점점 싸늘해지는 공감적인 스페이스 음악 〈Devil's Lake〉의 몰입감은 최고치를 경신한다.
〈Sacrifice〉는 신성하지만 숨죽이는 고요속에서 경악을 불러일으키는 긴장감이 꼬리에 꼬리를 문다.
신시사이저의 모래알 같은 고운 질감을 따라 베이스의 저음이 흐르는 〈Coba〉는 끊임없는 동굴을 탐험하는 느낌이다.
마크 이샴Mark Isham이 호른을 연주한 〈Upon the Wings of Night〉은 비정하고 건조한 이미지의 회색 시멘트 도시를 조망하고 있는 듯하다. 시네마틱한 감성이 안개처럼 잔잔히 깔리는 음악이다.
깊이 잠든 감정의 바닷속으로 서서히 침몰하는 듯한 〈Sacred Heart〉에는 심장 박동마저 가빠지며, 공명과 탄력이 좋은 퍼커션과 서늘한 베이스의 연주가 너무나 조화로운 〈Desire〉는 장대한 신시사이저 음향과 함께 근육의 신경을 꿈틀거리게 한다.
빛이 떨어지는 맑은 키보드의 몽상과 긴장의 끝을 내달리는 서커스 드럼이 강한 대비를 보이는 〈The Ringmaster's Dream〉은 보다 압도적인 연상성을 발휘한다.
〈España〉에 이르면 회색빛 대기를 흐르는 낭만적인 바람에 가슴이 시원해진다.

쪽빛의 신비스러운 환상을 연출했던 본작은 Private 레이블에서의 마지막 앨범이었다. 이후 보다 부드러운 《Trust, 1995》와 과거로의 회귀를 보여준 《Metaphor, 1996》, 그리고 평론가들의 극찬을 받았던 《So Flows the Current, 2001》를 발표하고, 자신의 레이블에서 회화적인 실험을 이어갔다.

Paul Halley
Pianosong

Living Music | LD0009 | 1986

1. Pianosong
2. Kites in the Wind
3. September Nocturne
4. Meadows of Loose Horses
5. Moons of Jupiter
6. Fisherman
7. St. Leonid
8. The Road Taken
9. Within the Mind of Thomas
10. Anthem

New Acoustic, NewAge-Jazz

영국 럼포드에서 1952년에 태어나 캐나다 오타와에서 성장했던 폴 할리는 4세 때부터 재즈 피아니스트이자 교회오르간 연주자였던 부친에게서 피아노를 배우기 시작했다. 16세 때 토론토 국립음악원으로 진학했고, 케임브리지대학교 음악학부의 장학생으로 다시 영국으로 돌아왔다. 수많은 수상 경력과 연이은 학업을 병행하면서 1974년 자마이카에서 영어를 가르치기도 했는데 그때 레게음악을 배울 수 있었다.

1977년에 그는 뉴욕의 세인트존 대성당St. John the Divine에서 파이프오르간과 성가대 지휘자로 일하기 시작했으며, 1980년에 폴 윈터 콘소트Paul Winter Consort의 건반주자로 입단했다.

첼리스트 유진 프리즌Eugene Friesen과의 공작인 《New Friend》에 이어, 세인트존 대성당에서 파이프오르간과 그랜드피아노를 연주한 독집인 본작을 녹음한다.

그의 대표 명곡 〈Pianosong〉은 자신의 상징인 피아노를 위한 시이다. 파이프오르간의 영험한 숨결을 배경에 두고 감미로운 사랑의 순간을 그려간다.

동심의 순수한 미소가 담긴 〈Kites In The Wind〉는 재즈적 어프로치와 함께 싱그러움을 더한다.

가을을 맞는 문턱에서의 호젓한 서정을 그린 〈September Nocturne〉에 이어, 〈Meadows of Loose Horses〉에서는 유니크한 재즈피아노 랩소디를 감상할 수 있다.

잔잔한 인상주의의 향기가 공명되는 명연 〈Moons of Jupiter〉에도 그의 파이프오르간은 아련한 빛을 발산하며, 〈Fisherman〉에는 갈라지는 물살의 율동처럼 유려한 선을 그리며 고독이 피어난다.

침울한 클래식 〈St. Leonid〉에 이어, 스르르 눈이 감길 듯한 포근한 자장가 〈Within the Mind of Thomas〉, 그리고 음악에 대한 따사로운 열정을 써 내려가는 〈Anthem〉이 영롱하다.

폴 할리의 감정 표현은 아름다움을 넘어서 신성한 종교의 신비로운 힘이 공존하는 듯하다. 소리 없이 마음을 적시는 그의 음악에 계속해서 불안한 가슴을 내맡겨두고 싶어진다.

그의 두 번째 솔로 작품집은 《Angel on a Stone Wall, 1991》로 이어졌다.

Paul Halley
Triptych

Pelagos | PEL1003 | 2000

1. Rejoicing
2. The Jig is Up
3. Middle Earth
4. Toccata Andromeda
5. Maris Stella
6. Outer Hebrides
7. Shores of Ironbound
8. My Ladye Sarabande
9. Sands of Time
10. The Breughel Boys
11. Evening Song
12. Requiem for Dmitri

New Acoustic, NewAge-Jazz

346

맨해튼의 세인트 존 더 디바인 대성당Cathedral of St. John the Divine의 오르간 연주자로도 활약했던 폴 할리의 음악 협업은 예상의 범위를 넘어설 만큼 다양했는데, Chorus Angelicus 합창단과 함께 《Voices Of Light, 1994》를 시작으로, 미국 여성 가스펠 싱어 Theresa Thomason의 앨범과 합창단 Gaudeamus의 클래시컬 음악 《Sacred Feast, 1999》를 지휘했다.

새천년에 이르러 그는 다시 주목할 만한 독집을 냈는데, 커버에서 보여지는 대로 교회 제단 위의 세 폭짜리 그림을 뜻하는 《Triptych 트리프티카》이다.

이는 그의 건반악기를 위한 모험으로, 애틀랜타의 Spivey Hall에서 Ruffatti 오르간과 Steinway 피아노 그리고 Carl Dudash 하프시코드로 그린 트리오 음악이다. 단독으로 혹은 함께 사용하면서 대위법을 동시에 담아 생동감이 넘치는 교향악적인 색채감각을 선보인다. 그의 작곡은 클래식과 켈트 음악, 민요, 환상의 요소를 섞어내는 절충주의로, 다양하고도 아름다운 충만적 경험을 하게 한다.

첫 문을 여는 〈Rejoicing〉의 재즈피아노 춤곡은 그 달콤함이 진하며, 하프시코드가 가세하는 〈The Jig is Up〉의 고전적인 발랄함으로 이어진다.

〈Toccata Andromeda〉는 바흐의 시대와 현대를 섞으며 세 건반의 조화로운 진면목을 다채롭게 변주한다.

오버더빙된 피아노의 마리아 찬미가 〈Maris Stella〉는 영롱한 빛이 반짝이며, 스코틀랜드의 고혹적인 풍경들을 파이프오르간으로 장대하게 그리는 〈Outer Hebrides〉은 벅차다.

피아노의 현대적인 서정의 감성을 오르간의 협주와 함께 빚는 〈Shores of Ironbound〉는 바다, 땅, 안개를 주제로 한 민요이며, 〈My Ladye Sarabande〉는 다시 바로크풍의 고고한 우아함으로 매료시킨다.

미래를 기대하고 과거를 존중하는 희망의 노래 〈Sands of Time〉는 잔잔함이, 〈Evening Song〉에는 아련함이 은은하게 흐른다.

사랑과 슬픔의 교향시 〈Requiem for Dmitri〉는 러시아의 장중한 낭만주의가 현대적으로 해석되어 감미로운 서정은 점점 앞이 보이지 않는 폭설처럼 휘몰아친다.

그의 디스코그래피뿐만 아니라 뉴에이지 음악계에서도 가장 이색적인 편성의 건반 하모니를 들려주는 명연으로 기억될 것이다.

Paul Haslinger
World without Rules

Hearts of Space | rgb504 | 1996

1. World without Rules
2. Urban Source Code
3. Dismissal of the Hemisphere
4. Monkey Brain Sushi
5. Be-Bop in Baghdad
6. Asian Blue
7. Desert Diva
8. Rainmaker's Dream
9. Le Sens du Sens
10. Global Ghetto
11. The Closing of the Circle

NewAge-Electronic·Ambient,
NewAge-World

폴 하슬링거는 1962년 오스트리아 출생으로, 탠저린 드림Tangerine Dream을 거쳤다. 그가 재직시 발표한 음반이 바로 프로그레시브 일렉트로닉 그룹으로서 작별을 고하게 되는 마지막 앨범《Under Water Sunlight, 1986》이다.

10년이 지난 후 그는 Hearts of Space 산하 테크노 레이블에서 솔로로 아주 기발한 작품을 발표했는데, 그 앨범이 그의 변화된 사운드를 암시하는《World Without Rules 무법천지》였다. 그가 본작에서 가장 큰 중점을 둔 부분은 리듬이다. 세련되고 다소 여린 듯한 박동에서 시작하여 점점 강렬하고 원시적인 트립합 비트가 폭발한다. 두 번째로는 월드뮤직과의 합류이다. 이 역시 원시적인 비트와 어울려 하나로 뭉쳐지는 독특함 중의 하나로, 인도의 가멜란과 민속음악 그리고 코러스 등이 절묘하게 섞여 있다.

이들 두 가지의 큰 장점들이 섞여 들리는 소리 집합체는 가히 세계적 혹은 탈부족적이라 할 만하다. 인도의 신화에나 등장할법한 고대신의 모습과 동양의 팔괘, 하나를 의미하는 원형 그리고 불의 이미지가 강조된 커버를 열어젖히면 현실의 극단적인 모습을 만나게 된다.

성악 여성 보컬에 이어 민속음악 선율이 가미되는 〈World without Rules〉에는 절제와 제약이 없는 무시무시한 타락 세계로 인도한다.

테크노 비트 위에 마크 이샴Mark Isham의 우울한 트럼펫의 랩소디를 들려주는 〈Urban Source Code〉, 앰비언트 음악가 로렌 네렐Loren Nerell의 가멜란이 더해지는 〈Dismissal of the Hemisphere〉, 그리고 〈Monkey Brain Sushi〉는 원초적 본능으로 자제력을 무너뜨릴지도 모른다.

〈Asian Blue〉는 민족주의 색채를 발산하는 여성 보컬이 매력적이며, 〈Desert Diva〉는 게스트 찰리 캠파나Charlie Campagna의 전자기타가 불꽃을 뿜는 뜨겁고도 강렬한 곡이다.

〈Rainmaker's Dream〉은 불투명한 암흑세계이며, 〈Global Ghetto〉는 원시적인 리듬감에 마크 이샴의 트럼펫과 정신을 혼미하게 하는 여성 보컬이 얽혀있다.

어둡고도 미학적인 앰비언트, 충격 속으로 몰아넣는 비트, 극도의 비약으로 몰고 가는 보컬의 드라마가 있는 본작은 뉴에이지 월드 트랜스의 수작이라 할 수 있다.

Paul Schwartz
State of Grace : Turning to Peace

Hearts of Space | rgb504 | 1996

1. Magnificat
2. Turning to Peace
3. Curacion (Sunlight on Water)
4. Stabat Mater
5. Quia Respexit
6. Fear Not
7. Et Misericordia
8. Suscepit Israel
9. Ave Maria
10. Gloria
11. Let Me

NewAge-Classical Chant·Pops (Vocal)

1956년생인 폴 슈워츠는 미국의 레코드 프로듀서이자 작곡가로, 1960년대 브로드웨이와 할리우드에서 활동하였던 작곡가 아더 슈워츠Arthur Schwartz의 아들이다. 폴은 클래식 음악계에서 활동하다가 피처버그 심포니 오케스트라의 객원 지휘자로 활동하면서 앤드류 로이드 웨버Andrew Lloyd Webber의 뮤지컬 「오페라의 유령」의 음악감독을 맡기도 했다.

1997년에 라이선스로 소개된 《Aria》로 클래식 오페라의 아리아를 크로스오버 하였는데, 여성 솔리스트 레베카 루커Rebecca Luker와 스트링 오케스트라를 참여시켜 큰 성공을 거둔다. 이듬해 비틀스The Beatles의 음악을 클래식하게 편곡한 작품 《Revolution》을, 이어 국내에 소개된 《Aria 2 : New Horizon, 2000》로 빌보드 클래시컬 크로스오버 차트에 히트를 기록한다. 윈드햄 힐에서 발표한 《State of Grace, 2001》로 빌보드 뉴에이지 차트에 올랐고, 진두지휘한 《Earthbound, 2002》에 이어 본작을 발표한다.

이는 성모 마리아의 순례와 관련 있는 두 라틴어 'Magnificat'와 'Stabat Mater'를 기본으로 구성되었으며, 전작과 마찬가지로 Crouch End Festival Chorus와 함께 클래식 하프 주자 헬렌 턴스톨Helen Tunstall, 그리고 록의 전설적인 기타리스트 카를로스 산타나Carlos Santana를 다시 초빙하였다. 또한 솔로 앨범을 낸 리스베스 스콧Lisbeth Scott와의 협력도 계속되었다.

천상의 코러스가 전하는 성가 〈Magnificat 찬미하라〉는 다운비트에 신비스러운 키보드 음향이 풍성한 라운지풍의 음악이며, 여성 솔로의 호소력 있는 음성이 전하는 평화의 메시지 〈Turning to Peace〉에 이어, 〈Curacion〉는 산타나의 블루지하면서도 멋진 록기타 연주곡이다.

그리스도가 십자가에 못 박혀 죽었을 때 그를 애도하는 마리아의 비가 〈Stabat Mater 성모통고〉에 이어, 〈Quia Respexit 주 날 돌보사〉에서는 거룩한 하모니로 천국의 문을 열어준다.

〈Ave Maria〉는 현악에 애절한 비올라 솔로와 리스베스 스콧의 맑은 영혼의 축가가 이어진다.

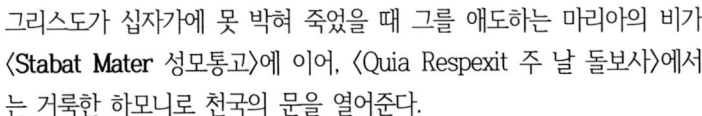

본작은 NARNewAge Reporter가 수여하는 2004 Lifestyle Music Award에서 Best Cover Art와 Best Neo-Classical Album을 수상하였으며, 이후에 발표한 《State of Grace III》는 Album of the Year까지 세 부문의 상을 받기도 했다.

Paul Winter
Common Ground

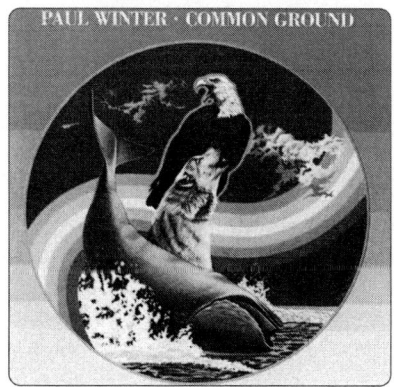

A&M | 7502-13344 | 1978

1. Ancient Voices (Nhmamusasa)
2. Eagle
3. Icarus
4. The Promise of a Fisherman
5. Ocean Dream
6. Trio
7. Common Ground
8. Lay Down Your Burden
9. Wolf Eyes
10. Duet
11. Midnight (Minuit)
12. Trilogy

NewAge-Environmental,
NewAge-Chamber

뉴에이지 음악의 선구자 중 한 사람으로 평가받는 명인 폴 윈터는 1939년생으로, 대중에게 알려진 계기는 1961년 인디애나주 노터데임Notre Dame대학에서 개최되었던 학생 재즈페스티벌에서 우승하면서부터였다. 심사를 맡았던 프로듀서이자 뮤지션 존 하몬드John Hammond는 빌리 홀리데이Billie Holiday와 밥 딜런Bob Dylan을 발굴한 인물이기도 한데, 그는 Columbia 레코드사와 계약을 주선했다.

이후 재즈에 각종 아프리카, 아시아, 그리고 남아메리카 문화에서 체득한 음악적 요소를 포함시킨 후, 1967년 폴 윈터 콘소트Paul Winter Consort 밴드로 태어난다. 멤버 중 기타리스트 랄프 타우너Ralph Towner, 오보에 주자 폴 맥캔들리스Paul McCandless, 시타르와 타악기 연주자 콜린 월콧Collin Walcott는 신화적인 새스그룹 Oregon를 결성하기도 했다.

그는 환경문제에 관심을 가지고 그린피스Greenpeace 조직의 일원으로 활동하기도 했는데, 무분별한 포경으로 위협받던 고래의 생태소리를 본작에 리코딩한다. 특히 본작은 평론가들이 찬사를 보냈던 최고 명반 중 하나로, 커버에는 인간의 이기로 멸종위기에 처한 흰머리독수리와 늑대 그리고 고래를 그려 넣어 공생의 터전을 호소하고 있다. 바다표범과 물개 그리고 색소폰을 연주하는 자신의 모습을 담은 《Calling, 1980》은 본작의 연작이기도 하다.

〈Icarus〉는 밀랍으로 된 날개를 달고 하늘을 향해 날다 태양열에 그 날개가 녹아 에게해로 떨어져 죽은 그리스 신화의 인물이다. 그의 1972년도 역사적인 명반에 수록된 재즈 기타리스트 랄프 타우너의 보사노바풍의 명곡을 편곡한 것으로, 행진곡풍의 드럼과 여성 보컬, 폴 윈터의 색소폰, 데이비드 달링David Darling의 첼로가 미지에 대한 인간의 동경을 들려준다.

〈Ocean Dream〉은 그린피스 활동에서 제작된 것으로, 혼성 보컬과 파도소리로 위협받는 자연의 현실을 그렸다. 종결부의 고래 Humpback의 울음소리는 고통받는 비명소리로 가슴을 파고든다.

〈Common Ground〉는 브라질의 보사노바 가수 이방 린스Ivan Lins가 시를 붙인 민요 〈Velho Sermao 오래된 설교〉를 편곡한 것이다.

〈Wolf Eyes〉는 조안나 맥루어Joanna McLure의 동명의 시에 고무되어 처음 알게 되었던 늑대 Jethro의 죽음을 애도한 작품이다. 늑대의 울음소리와 무거운 피아노, 혼을 달래는 듯한 보이스, 폴 윈터의 색소폰이 잔잔한 감동을 주는 명작이다.

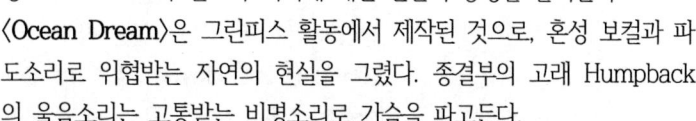

Paul Winter
Sun Singer

Living Music | LD0003 | 1983

1. Sun Singer Theme
2. Hymn to the Sun
3. Dolphin Morning
4. Reflections in a Summer Pond
5. Dancing Particles
6. Winter's Dream
7. Heaven within
8. Big Ben's Bolero
9. Sun Singer

NewAge-Environmental,
NewAge-Chamber

1980년대 이래로 환경과 자연을 위한 공공의식을 고취했던 그는 비영리적 단체 리빙 뮤직Living Music을 설립하였다. 《Sun Singer, 1983》와 《Canyon, 1985》 등은 이러한 그의 의도가 잘 드러나 있다.

《Sun Singer》는 로댕Rodin의 제자이자 스웨덴의 표현주의 조각가 칼 밀레Carl Milles의 청동상에서 영감을 받은 작품이다. 이는 미시건 주립대학교의 상징조형물이기도 한데, 이 로마시대의 군인상은 'Sparty'라는 별명을 가지고 있을 정도로 늠름한 위세를 자랑하고 있다. 커버에는 태양을 향해 두 팔을 벌리고 있는 동상의 뒷모습을 강렬하게 포착하여, 마치 태양의 신 아폴로가 태양을 안고 지상에 내려온 듯한 모습에서 이상적인 조형미를 느낄 수 있다.

태양의 찬가를 담았던 본작은 소프라노색소폰의 폴 윈터, 키보디스트 폴 할리Paul Halley, 퍼커션 주자 글렌 베레즈Glen Velez 트리오 편성으로 녹음되었는데, 심플한 연주 편성임에도 얀 가바렉Jan Garbarek의 명작 《Officium, 1994》처럼 숭고한 아름다움을 여과 없이 표출한다. 물론 얀 가바렉의 금색 광택과는 또 다른 깊이가 있지만, 색소폰 멜로디는 성가처럼 영혼을 울리는 슬픔으로 다가온다.

바흐Bach의 고전을 편곡한 〈Hymn to the Sun〉는 유려한 피아노와 긴 호흡을 내뿜는 색소폰의 2중주 작품으로, 뜨거운 눈물을 고이게 할 만큼 진한 감동을 준다.

팡파르로 시작되는 〈Dolphin Morning〉은 자연의 생명력에 대한 서정시로, 폴 할리의 뷔젠도르퍼 피아노의 잔물결과 파이프오르간이 토하는 성스러운 기운이 숭엄한 장관을 연출한다.

글렌 베레즈의 잡음 섞인 드럼 속주에 순결한 색소폰의 임프로비제이션 잔향과 은은한 열기를 실은 하프시코드가 고혹적인 애상감을 자아내는 〈Dancing Particles〉는 완벽한 호흡이 감탄할 만하다.

재즈적인 어프로치의 〈Big Ben's Bolero〉는 당당한 위세가 느껴진다.

더없이 평화로운 세계 〈Winter's Dream〉과 청명함에 젖어드는 슬픔 〈Heaven Within〉, 그리고 금빛 찬란한 태양의 은총 〈Sun Singer〉는 오랫동안 애청되고 있는 명곡들이다.

공해로 파괴되는 지구의 환경을 되돌아보게 하는 본작은 한 곡도 놓칠 수 없는 명작으로, 팬들에게 가장 사랑받고 있는 스테디셀러로 기록된다.

Paul Winter
Spanish Angel

PAUL WINTER CONSORT

Spanish Angel

RECORDED LIVE IN SPAIN

Living Music | LD0027 | 1993

1. Fare Well
2. Spanish Angel
3. Suite from "The Man Who Planted Trees"
4. Oak Theme / Todo Mundo
5. Winter's Dream
6. River Run
7. Almeria Duet
8. Montana
9. Music for a Sunday Night in Salamanca
10. Appalachian Morning
11. Dancing Particles
12. Blues for Cadiz

NewAge-Environmental,
NewAge-Chamber

1992년 스페인 투어의 실황을 담은 본작은 36회 그래미 시상식에서 베스트 뉴에이지 앨범으로 선정되었다.
소프라노색소폰의 폴 윈터가 본 투어에 앞장섰고, 퍼커션주자 글렌 베레즈Glen Ve-lez, 첼리스트 유진 프리즌Eugene Friesen, 여성 플루티스트 론다 러슨Rhonda Larson, 베이시스트 엘리엇 워도피안Elliot Wadopian, 그리고 키보디스트 폴 할리Paul Halley가 그를 따랐다.

⟨Fare Well⟩은 건반주자 폴 할리가 투어 기간에 작곡한 것으로, 6년간 폴 윈터 콘소트에 몸담았던 론다 러슨과의 미지막 공연을 기념하고 그녀의 노고에 바치는 이별곡이다. 특히 진한 우정과 애틋한 감정이 절정에 달하는  플루트 솔로는 너무나 아름답다.
유진 프리즌의 곡 ⟨Spanish Angel⟩은 스페인의 플라멩코 기타리스트  파코 데 루치아Paco de Lucia의 음악에 감명받아 그랜드캐년을 소재로 썼던 《Canyon, 1985》 중 ⟨Bright Angel⟩의 테마로 선보였었다.
⟨Suite from "The Man Who Planted Trees"⟩는 프로방스의 외로운  양치기의 이야기를 다룬 프랑스 소설가 장 지오노Jean Giono의 「The Man Who Planted Trees」를 음악화한 것으로, 전반부 ⟨Ballad of the Forest⟩와 ⟨The Tree Planter⟩의 접속이다. 후반부인 ⟨Oak Theme / Todo Mundo⟩는 별도로 연주되었다. 잔잔한 피아노 선율과 오히려 고독함을 지나 성스러움마저 느껴지는 플루트와 색소폰의 호흡이 감동적이다.
새소리로 시작하는 ⟨River Run⟩은 《Canyon》에 수록된 명작으로, 계 곡을 따라 흐르는 역동적인 물길의 모습을 열정적인 협연으로 들려준다.
⟨Almeria Duet⟩은 첼로와 피아노를 위한 듀오 작품으로, 완벽한 임프  로비제이션이 돋보인다. 이들의 아름다운 듀오는 연주했었던 스페인의 도시 알메리아의 이름을 딴 것이다.

앨범 《Prayer for the Wild Things, 1994》으로 연이어 그래미상을 수상한 그는 《Celtic Solstice, 1999》, 《Silver Solstice, 2005》, 《Crestone, 2007》, 《Miho : Journey To The Mountain, 2010》로 그래미 수상의 행렬을 이어갔다.
그는 지구사랑을 실천하는 가장 모범적인 공인이자 숭고한 음악의 창조자로, 뉴에이지 음악의 역사에 영원히 남을 것이다.

Penny Rodriquez
The Contemplative Collection

Penny Rodriquez | PLR006 | 2001

1. Sonnet
2. I Want Jesus
3. O Breath of Life / Breathe on Me, Breath of God
4. Jesus, Lover of my Soul
5. He Hideth My Soul
6. Be Thou My Vision
7. In the Sweet by and by
8. Fairest Lord Jesus
9. When I Survey the Wondrous Cross
10. If Thou But Suffer God to Guide Thee
11. Jesus, Priceless Treasure
12. O the Deep, Deep Love of Jesus
13. Expression of Gratitude
14. Take My Life
15. Trust and Obey
16. The Gift
17. O Sacred Head, Now Wounded
18. I Need Thee Every Hour
19. Jesus, The Very Thought of Thee
20. Reflections
21. The Old Rugged Cross
22. Tis So Sweet to Trust in Jesus
23. Just a Poor, Wayfaring Stranger
24. The River is Wide
25. This is My Father's World
26. Tis a Gift to be Simple

New Acoustic

페니 로드리게스는 피아니스트이자 작곡가로 부모가 선교사로 봉사하던 페루의 정글에서 6세부터 피아노 연주를 시작했고, Moody/American Conservatory of Music에서 피아노 연주 학위를 받았다. 1990년대 초부터 앨범을 발표하면서 그녀의 안식과도 같은 평화의 세계를 보여주었다.

정확한 디스코그래피는 알 수 없으나, 본작은 앞서 발표한 《Midnight Clear, 2000》를 제외한 6장의 앨범에서 선별하여 수록한 편집앨범이다.

자신의 오리지널 곡 이외도 가스펠 송을 피아노로 들려주고 있는데, 그녀의 피아노 솔로는 마음을 차분하게 가라앉히는 힘이 있다.

너그럽고 낭만적인 피아노 소곡 〈Sonnet〉은 제목답게 아름다운 한편의 서정시가 연상된다.

〈I Want Jesus〉는 멜로디가 아름다운 민요를 클래시컬하게 편곡하여 들려주고 있는데 너무나 간절하여 애달프기까지 하며, 〈Jesus, Lover of my Soul〉과 유명한 가스펠 송 〈He Hideth My Soul〉은 맑은 영혼으로 충만해 있다.

〈If Thou But Suffer God to Guide Thee〉와 〈Jesus, Priceless Treasure〉는 순결의 의미가 채워진다.

자작곡인 〈Expression of Gratitude〉와 숭고한 〈The Gift〉에는 감사하는 진실한 마음을 담았다.

짧은 마지막 자작곡 〈Reflections〉에는 자신의 믿음을 반영하고 있으며, 영국 민요인 〈The River is Wide〉에는 지혜가 간절하고, 누구나 한 번쯤 불러보았을 가스펠의 명곡 〈This is My Father's World〉도 들을 수 있다.

페니 호드리게스처럼 가스펠에서 뉴에이지로 접근하여 기독교 신자들에게 환영받는 작품이 많다고 한다. 이 작품은 존재하지도 않지만 조심스럽게 '뉴에이지 가스펠'이란 특별한 장르를 붙여본다.

평온과 안식을 심어주는 그녀의 연주곡은 조지 윈스턴George Winston이나 유키 구라모토Yuhki Kuramoto의 시적이고도 서정적인 선율을 사랑하는 분들에겐 더없이 사랑스럽고 감동 어린 은총이 되어줄 듯하다.

Peter Buffet
Spirit Dance

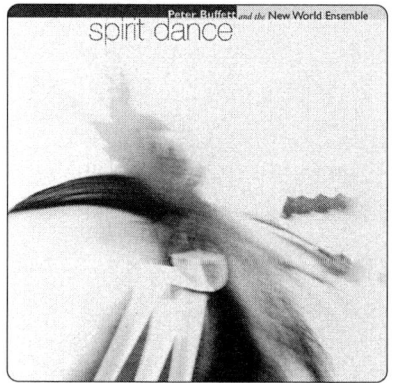

Hollywood | HR62051 | 1997

1. Coashellenqua
2. Hidden Heritage
3. Eagle Above
4. Death Song
5. Place Where the Crying Begins
6. Celebration Song
7. Spirit Dance Prelude
8. Spirit Dance
9. New Moon Waltz
10. Dream
11. Nothing Like Home
12. Auglaize River, 1830

NewAge-Native American

미국 네브래스카주에서 1958년에 출생한 피터 버핏은 스탠퍼드 대학 시절, 그의 아파트를 스튜디오로 개조하여 수많은 광고, 텔레비전, 그리고 영화의 사운드트랙 작업을 하던 중, 나라다 미스티크Mystique 레이블의 두 번째 등록 작품 《The Waiting, 1987》으로 데뷔했다. 특히 이 앨범에서는 〈New West〉  와 〈One More Time〉이란 작품으로 사랑받았다.

《One by One, 1989》는 피아노 멜로디와 미국식의 장대한 오케스트레 이션이 잔잔한 감동을 주는 〈Trail of Tears〉와 타이틀곡이 인상 깊다.  그리고 영화배우 케빈 코스트너Kevin Costner에게 영화 「Dances with Wolves」 에 대한 계획을 듣고 두 번째 앨범에서 몇 곡을 추려 카피를 보냈다. 실제 영화 에 사용된 아주 짧은 〈Fire Dance〉는 존 베리John Barry의 OST에 수록되지 않 았지만, 세 번째 앨범 《Lost Frontier, 1991》에 수록된다. 이 앨범에서 들려 준 아메리칸 인디오 음악은 미국 음악 평론가들에 의해 많은 호평을 얻었다.

1992년에는 북미 인디언 언어로 슬픈 노래를 뜻하는 타이틀 《Yonnondio》를 발 표, 이는 19세기 미국 시인 휘트먼Walt Whitman의 시집을 음미하다 찾아낸 단어 였다. 점차 아메리카 인디언의 문화에 관심이 집중되면서 한층 세련되  고 진보된 퓨전 사운드를 보여주었는데, 그중 타이틀 〈Yonnondio〉은 영혼의 안식이 느껴지는 혼성보컬이 아름다운 작품이었다.

이후 Sony를 통해 CBS의 인디오 다큐멘터리 OST 《500 Nations : A Musical Journey, 1994》를, Hollywood 레이블에서 전통민요를 각색한 《Star of Wonder, 1996》에 이어 New World Ensemble과 함께 본작을 발표한다.

본작은 이미 월드뮤직의 경계 안으로 바짝 들어서 있었다. 월드비트와 인디오 찬 트, 그리고 잔잔한 신시사이저와 록풍의 전자기타의 임프로비제이션 등은 본격적 인 비상을 준비했고 그 감동적인 날갯짓은 아름답다고밖에 설명할 수 없다.

〈Hidden Heritage〉, 〈Eagle Above〉와 〈Death Song〉 등에서 남성 인디오의 묵시적인 구음이 영혼의 세계로 인도하며, 생동하는 〈Spirit  Dance〉는 맑은 중창과 사쿠하치 플루트의 주술이 격정에 치닫는다.

〈Dream〉은 인디오의 정신처럼 영롱한 피아노와 북소리 그리고 인디오 플루트의 합주가 돋보인다.

무엇보다 아름다운 감동의 〈Auglaize River, 1830〉은 수전 질케Susan Zielke라는 여성 보컬이 빛나는 걸작이다.

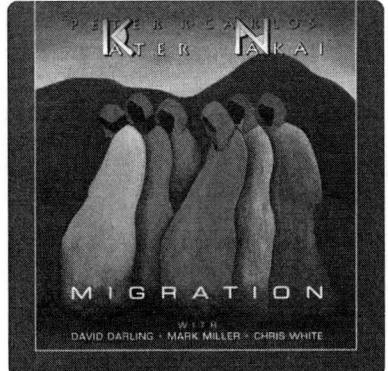

Peter Kater & R. Carlos Nakai

Migration

Silver Wave | SD704 | 1992

1. Wandering
2. Initiation
3. Honoring
4. Stating Intention
5. Surrender
6. Embracing the Darkness
7. Lighting the Flame
8. Transformation
9. Quietude
10. Becoming Human
11. Walking the Path
12. Service

NewAge-Native American

1958년생인 미국의 피아니스트 피터 카터와 1946년생인 인디오 플루트 연주자 카를로스 나카이가 그들의 음악성을 유감없이 표출하였던 작품이 바로 본작이다. 그들의 인연은 《Natives, 1990》 앨범에서 시작되었으며, 이전 앨범들에서 게스트 뮤지션으로 초대된 바 있었던 첼리스트 데이비드 달링David Darling, 색소포니스트 마크 밀러Mark Miller, 그리고 보컬리스트 크리스 화이트Chris White 등이 참여해 본작을 더욱 빛내주고 있다.

본작의 타이틀은 '이주'이다. 커버에는 여섯 명의 수사복을 입은 고행자들이 한 방향으로 고개를 숙인 채 걷는 모습이 그려져있다. 이는 단지 피상적인 이동의 의미가 아니라 인간의 탄생과 종교적 입문, 죽음 그리고 또 다른 세상으로 이어지는 '영혼의 거듭남'이라 그는 말하고 있다.

순수한 투명감이 빛을 발하는 〈Wandering〉에 이어, 〈Initiation〉는 입문을 앞둔 인간의 마음처럼 다소 떨리는 듯 고요가 흐른다.

〈Honoring〉은 대지에서 들려오는 피리소리가 지나가고 여성 스캣이 해방과 자유를 음유하는 듯하다.

가톨릭 미사를 지켜보고 있는 듯한 〈Surrender〉에서 피터의 피아노는 슬픔을 최고조로 이끌어간다.

〈Embracing the Darkness〉은 플루트와 휘슬을 위한 작품으로 허공의 소리가 길게 꼬리를 남기며, 영혼과의 만남을 의식하는 〈Lighting the Flame〉는 침례浸禮이며 구원이고 열반의 세계이다.

〈Transformation〉은 피아노 반주, 플루트 멜로디, 크레센도와 데크레센도, 고음으로까지 치닫는 열정적인 첼로가 영혼의 고행을 통해 순수함을 회복하는 듯하다.

여성 아카펠라 허밍을 위한 〈Service〉는 영혼의 분리로부터 초월하여 정신적인 환희와 축복에 젖어들게 한다.

영적인 세계로까지 길을 활짝 열어놓고 있는 본작에서 하지만 그들이 펼치는 일종의 굿과 같은 한풀이는 하늘에까지 당도하지 못하고 그저 내적으로 감정을 삭이는 듯하여 더더욱 감정을 증폭시킨다.

이후 환상의 듀오는 1800년 중반 이래 미국 인디오들의 삶을 그린 TV 미니시리즈 「How The West Was Lost」의 음악을 맡기도 했다.

Peter Kater & R. Carlos Nakai

Through Windows & Walls

Silver Wave | SD929 | 2001

1. Windows and Walls
2. When Worlds Collide
3. Moments Like This
4. Walk with Me
5. If Walls Could Speak
6. I Know You
7. Remember When
8. Child's Play
9. Recognition

NewAge-Native American

독일 뮌헨에서 출생한 피터 카터는 4세 때 미국 뉴저지로 와서 7세 때 피아노 레슨을 시작했다. 10대 때는 로큰롤에 대한 관심과 함께 고전음악도 배웠으며, 18세 때는 콜로라도주 볼더로 옮겨 즉흥음악을 연주하면서 10여 년이 넘는 시간을 보내고, 버지니아에서 Earth Sea라는 스튜디오를 설립한다.

1990년대부터 Silver Wave 레코드사를 통해 인디오 플루트 연주자 카를로스 나카이R. Carlos Nakai와 함께 북미 인디언의 음악을 선보이며, 이 분야에 있어 중요한 위치를 차지한다.

뉴밀레니엄 지나 발표한 본작 역시 네이티브 아메리칸 뮤직의 걸작이라 평가받았다. 기존의 단아하고 소박한 구성에서 벗어나 그의 피아노는 즉흥적인 예술기법으로 더욱 발전되었으며. 더불어 나카이의 연주 역시 비운의 인디오 역사에서 비롯된 북받치는 설움은 더욱 진하게 응축되었다.

아름답기 그지없는 〈Windows and Walls〉에서부터 인디오들의 슬픈 영혼을 위로하는 엘레지가 온화하게 대지를 적신다.

〈When Worlds Collide〉는 역사에 잠든 인디오의 영혼을 깨우는 제례 같다. 평화를 향한 찬가가 점점 뜨거워지는 감동과 승리의 순간이다.

서정의 피아노 발라드 〈Moments Like This〉는 은은한 피아노 연주가 플루트와 함께 평온한 안식의 세상으로 잠들게 한다. 그러나 뼈아프고 지울 수 없는 상처는 잠들지 못하는 것 같다.

〈If Walls Could Speak〉의 신비로운 평화로움에는 눈물이 끊임없이 흐르며, 사라진 옛 모습에 진한 노스탤지어가 주위를 빙 둘러싼다.

〈Remember When〉에서는 깨어질 듯 맑은 피아노의 서정과 함께 그리움과 애환이 하늘에 푸르게 멍든다.

〈Recognition〉는 현실을 인식한 듯 쓸쓸한 바람이 자욱하다. 인디오의 끝나지 않은 투명하고도 맑은 살풀이가 처연하기 그지없다.

솔로보다는 협연에서 완벽한 재능을 유감없이 발휘하는 이 두 뮤지션의 공작들은 하나같이 아름다운 하모니를 들려주지만, 그중 본작은 가장 절정에 달한 서정의 꽃이었다. 본작을 기점으로 네이티브 아메리칸 뮤직의 대가들로 우뚝 섰다.

이후 피터 카터는 그래미에 수차례 후보 지명되었으며, 마침내 《Dancing on Water, 2017》와 《Wings, 2020》으로 뉴에이지 베스트 앨범상을 수상했다.

Peter Maunu
Warm Sound in a Gray Field

Narada | ND-62010 | 1990

1. Warm Sound in a Gray Field
2. My Sky at Twilight
3. The Passenger
4. Three Spirals
5. The Whirling Dervish
6. Corridors and Cathedrals
7. Out of the Red Mist
8. Broken Blossoms

NewAge-Instrumental, NewAge-Electronic

양대 레이블로 먼저 이름을 알린 윈드햄 힐은 보다 재즈와 가까워서 뉴에이지 음악의 목소리를 냈다면, 나라다는 다양한 범주의 사운드를 한데 모아 자신만의 독특한 차별점을 구상하고 실현하여 질 좋은 상업음악들을 많이 양산했다.

나라다 미스티크Mystique 레이블이 내놓은 걸출한 명반 중의 하나인 본작도 자랑할 만한 새로운 기준과 영역을 보여주며, 강렬한 카타르시스를 안겨주었다.

그 주인공 피터 마뉴는 영화음악가로 명성을 얻은 트럼펫 연주자 마크 이샴Mark Isham과 자신만의 일렉트로닉록 연주곡으로 성공한 베이시스트 패트릭 오헌 Patrick O'Hearn과 함께 그는 Group 87이라는 연주그룹의 멤버였다. 이 그룹은 성공적인 데뷔이후 마크 이샴과 함께 2인조로 축소되어 두 번째 음반을 발표했지만 상업적 실패로 해산하고야 만다. 마크 이샴은 먼저 윈드햄 힐에서 독집을 냈고, 패트릭 오헌은 신흥레이블 Private으로, 그리고 피터 마뉴는 나라다로 뿔뿔이 흩어졌다.

하지만 이 훌륭한 기타리스트의 독립을 축하하기 위해 예전의 두 전우가 출전하였으며, 윈드햄 힐이 내놓은 일렉트로닉 앨범《Soul of the Machine, 1987》에서 피터 마뉴가 프로듀스 한 〈Water Trade〉의 작곡가이자 연주인인 마이클 화이틀리Michael Whiteley도 우정을 보여주었고, 3명의 게스트가 더 참여했다.

전자기타의 치솟는 불꽃과 서서히 잠식하는 신시사이저 스모그에 휩싸  이는 명연 〈Warm Sound in a Gray Field〉는 슬픈 미래도시의 운명을 보는 듯 쓸쓸한 록풍의 엘레지는 차가운 심장을 녹인다.

가슴이 탁 틔는 무한의 공간에서 느끼게 되는 한적함과 홀가분한 해방  감이 녹아있는 〈My Sky at Twilight〉, 록 에너지가 충천한 서정적인 연주곡 〈The Passenger〉에는 지축이 흔들린다.

은은한 열기가 전해지는 〈Three Spirals〉에는 정적인 몽환이 꿈틀거리며, 월드 퍼커션의 트랜스가 이목을 집중시키는 〈The Whirling Dervish〉는 이슬람 수피의 회전명상춤을 현대적인 뉴에이지의 감성으로 엮어내고 있다.

〈Corridors and Cathedrals〉에서는 숭엄하고 성스러운 공간의 조형 에서 마크 이샴의 트럼펫 팡파르가 오랜 과거를 이야기한다.

유일한 독집인 본작 이후 스튜디오 세션맨으로 돌아갔다가 2018년부터 조인트 앨범을 내기 시작했다.

Peter Mergener & Klaus Hoffmann-Hoock

Visions of Asia

BSC | 398.6729.2 | 2006

1. Cinnamon
2. Waterchimes
3. Road to Mandalay
4. Dreams of Tibet
5. Deuda
6. Shakti
7. Visions of China

NewAge-Electronic · Ambient

오리엔탈리즘은 세계적으로 부는 예술적 반향 중 하나이다.

독일 전자음악계의 2세대라 할 수 있는 두 명인이 동양미에 찬사를 표하였는데, 그 주인공들은 1980년대 전자음악계의 새로운 비전을 제시하였던 소프트웨어 Software의 1951년생 핵심 멤버 페터 머게너Peter Mergener와, 마인드 오버 매터 Mind over Matter라는 걸출한 심포닉 프로젝트를 선보였던 클라우스 호프만 후크 Klaus Hoffman Hook(1951~2017)였다.

사실상 그들의 조우는 1980년대 중반으로 거슬러 올라가는데, 당시 IC 레이블에서 페터 머게너는 수많은 데모 테이프 중에서 네팔의 부디즘에 영향을 받은 따스한 멜로트론 연주로 자신을 감탄시킨 클라우스 호프만 후크를 골라냈다. 그리고 걸작 《Trance 'n' Dance》에서 〈Spacelab〉의 리코딩에 페터는 기꺼이 참여하였다. 이 인연은 20여 년이 지난 후 《Visions of Asia》라는 보다 크고 아름다운 열매를 맺었다. 이 작품은 전성기 소프트웨어의 맑은 디지털 음향과 중후한 록풍의 마인드 오버 매터 사운드를 동시에 느낄 수 있다.

고유한 향료 〈Cinnamon〉에 대한 인상을 연주한 첫 작품은 동양의 선율에 매끄러운 전자음향과 라운지 비트를 절묘하게 섞어냈다.

물 흐르는 소리와 새소리 등 자연의 효과음을 삽입한 〈Waterchimes〉은 신선의 자연 경지를 그려낸 선禪의 음악이다.

미얀마의 이라와디강 서쪽 연안에 위치한 불교 도시 만달레이로의 여정을 담은 〈Road to Mandalay〉는 남성의 월드 구음과 함께 시원하면서도 작열하는 기타의 임프로비제이션과 멜로트론의 뭉클한 음향이 강력한 몽환으로 안내한다.

그의 영원한 테마 〈Dreams of Tibet〉은 영롱한 신비로움에 대한 회답으로, 부드럽고도 맑은 심포니로 서정을 그린다.

시바Shiva의 아내이자 최고 여신으로 힘과 능력을 의미하는 〈Shakti 삭티〉는 박진감과 심장박동마저 가쁘게 하는 속도감으로 무장하였으며, 기타로Kitaro의 단아한 선율을 연상시키는 〈Visions of China〉에서 신시사이저 코러스와 투명한 현의 울림으로 담백한 여백을 향유하고 있다.

예전의 활활 타오르던 불꽃은 노련함으로 잘 다듬어졌고 또한 서로의 장점들을 잘 융해해 낸 이 아시아 찬가로 과거의 영광을 회복했다.

Peter Pritchard
Harmonic Piano

White Cloud | 11001 | 1993

1. Rotoiti Dawn
2. Morning in the Bush
3. Valley of the Deer
4. Clouds over Mount Aspiring
5. Autumn in Otago
6. Arthur's Pass
7. Seascape
8. High Blue Sky
9. Homecoming

New Acoustic

뉴질랜드 출신의 피아니스트이자 다중 악기 연주자인 피터 프리처드는 12세 때부터 피아노를 배웠고, 드럼과 키보드도 연마했다.

데뷔작인 《Beginnings, 1987》을 카세트로 발매한 후, 클래식 레이블로 잘 알려진 Naxos의 뉴질랜드 자회사인 White Cloud 레이블에서 처음 발표한 본작은, 발매한 달 만에 미국 빌보드 200 앨범 순위에 오르는 성공을 거두었다.

'Studies for The New Zealand'라는 부제에서 그의 피아노를 하모닉 피아노라 칭했는데, 전자피아노의 효과처럼 여음이 풍부한 녹음으로 남반구 대자연의 물기 어린 풍경을 재현한다. 그가 뉴질랜드의 컨템퍼러리 음악계를 대표할 만한 인물이 된 이유는 바로 이 하모닉 피아노 사운드라 할만하다.

본작의 프로듀서는 우리에게 Mark-Almond로 잘 알려진 영국의 싱어송라이터 존 마크Jon Mark(1943~2021)가 맡았다.

〈Rotoiti Dawn〉는 뉴질랜드 북섬의 베이오브플렌티 지역 호수의 여명에 대한 감동을 잔잔히 서술한다. 그의 하모닉 피아노는 고요한 은빛 표면에 파문을 그려가며 깊은 잠에서 깨어나는 호수를 만날 수 있다.

〈Morning in the Bush〉은 초록의 채도를 올려가며 싱그러움이 감돈다.

〈Valley of the Deer〉에서는 서정의 여백이 잔잔히 흔들리며, 여유로움이 부드럽게 펴진다.

〈Clouds over Mount Aspiring〉는 국립공원인 뉴질랜드에서 가장 높은 어스파이어링산 위로 흐르는 하얀 붓 터치를 영롱하게 입체화한다.

〈Autumn in Otago〉는 그리움의 정서가 투명하게 덧입혀지는 듯 피아노 터치가 감미롭다. 서서히 옷을 갈아입는 아련한 감흥이다.

〈Arthur's Pass〉는 뉴질랜드 남섬 셀윈에 위치한 서던 알프스 타운으로, 골드러시 때 횡단을 위한 터널 기지로 건설되었다고 한다. 그래서인지 연민을 느낄 만큼 서정적이다.

〈High Blue Sky〉는 연주시간이 다른 곡에 비해 현저히 짧은 편이지만 청명한 하늘색의 수채가 촉촉하다.

충만한 자연의 풍광을 담백하게 터치하는 그의 손놀림은 연주보다는 어루만짐에 더 가깝게 느껴진다. 연작으로 발표한 《Harmonic Piano : Reflections for The New Zealand, 1995》 역시 뉴질랜드 기행문으로 손색이 없다.

Peter Pritchard
The Quiet Piano

Peter Pritchard
The Quiet Piano

More New Compositions for the Romantic Piano

White Cloud | 11064 | 2008

1. Sunlight through Autumn Trees
2. Today is Yesterday's Tomorrow
3. The Portrait in the Mirror
4. Dark Clouds Across The Headlands
5. The Silent Thought
6. As a Balllerina
7. The Quiet Piano
8. As the Day Closes
9. I Write You This Night
10. And Wonder Where You Are

New Acoustic

뉴질랜드의 피아니스트 피터 프리처드가 새천년에 발표한 본작을 들어보면, 그의 하모닉 피아노의 여운은 여전하지만 좀 더 단단해진 느낌을 받게 된다. 물론 그가 어쿠스틱 악기를 사용하는지, 아니면 디지털 건반을 연주하는지는 알 수 없다. 하지만 다른 반주 없이 영명한 하모닉스의 솔로는 악기의 제왕인 피아노의 매력을 확고히 증명한다. 로맨틱 피아노라는 부제답게 더욱 서정적이고 감성적인 멜로디를 들려주며, 투명감은 공기의 깊이처럼 확장감을 가지며 녹아든다.

본작도 프로듀서를 맡은 영국의 싱어송라이터 존 마크Jon Mark(1943~2021)가 설립한 레이블 White Cloud에서 발매되었다.

〈Sunlight through Autumn Trees〉은 따사로움이 남아있는 가을의 노란 햇살이 평화로움으로 가득 채웠다. 고요함에 잦아드는 자연의 섭리는 감동적이다.

〈Today is Yesterday's Tomorrow〉에는 시간의 바람이 인다. 그 쓸쓸함 속에서 자신을 되돌아보고 다시금 희망을 품게 하는 온화함은 끊임없이 반짝인다.

〈Dark Clouds Across The Headlands〉에서는 먹구름 사이로 잔잔한 빛이 쏟아진다.

〈The Silent Thought〉는 복음과도 같다. 주위를 외면하면서 앞만 보고 살아가는 바쁜 현대인들의 마음에 영롱한 빛의 길을 열어주는 은혜로운 곡이다.

타이틀곡 〈The Quiet Piano〉에서 맑은 샘물에 몸 담그고 있는 듯한 음의 마사지는 시원한 온도에 온몸의 세포를 깨워주는 듯 치유의 손길로 와닿는다.

〈As the Day Closes〉는 중후한 클래식의 멋을 지녔는데, 애상적인 멜로디의 반복으로 상념에 오랫동안 머물 수밖에 없다.

〈I Write You This Night〉의 달콤한 애정에는 밝은 달빛으로 환하며, 〈And Wonder Where You Are〉에는 자욱한 그리움으로 밤을 고요하게 흔든다.

그의 홈페이지를 방문하면 많은 디스코그래피를 만날 수 있는데, 피아노에 더욱 진심인 국내의 뉴에이지 음악팬들에게는 잘 알려지지 않은 듯하다.

Peter Sauleda

Gothic Chillout : Arias from Heaven & Hell

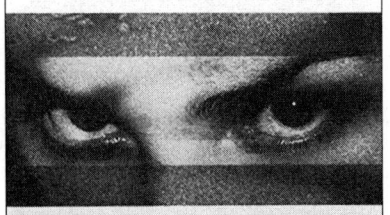

Neuronium | NRCD039 | 2005

1. Sanctuary
2. Faith in the Afterdeath
3. Eternal Death
4. The Gates of Redemption
5. Inside Dreamworld
6. Gothic
7. Meditation
8. Inner Love
9. Sorrow for Mankind
10. Inner Enlightment
11. The Order in Life & Death

NewAge-Classical Chant·Pops (Vocal),
NewAge-Electronic·Ambient

바로크란 '찌그러진 진주'를 의미하는 것이지만, 그 구조와 표현과 장식의 완벽함으로 정교함과 화려함을 의미한다. 약 17세기부터 시작된 바로크 음악의 총괄자 바흐Bach는 이탈리아의 코렐리Corelli와 비발디Vivaldi로 대표되는 바로크 음악의 중심을 독일로 옮겨온 장본인으로, 그의 대위법과 화성법은 후대를 위한 주요 업적이었다. 특히 평균율 클라비어곡집은 지구상의 음악이 모두 사라진다고 해도 이것만 있으면 다시 음악의 역사가 시작될 수 있다고 회자될 만큼 유명하다.

비엔나에 거주하는 프로듀서 피터 사울레다는 클래식을 전공한 음악학도였으나, 팝 음악의 작곡자로 몇 년간 활동한 후 팝과 클래식이 공존하는 음악을 만들고 싶었다고 한다. 그에게 적지 않은 감동을 주었던 바흐의 음악 중 칸타타와 수난곡의 아리아를 선별하여 첫 앨범을 발표했다. 성서의 내용을 담은 교회음악 칸타타와 수난곡의 아리아는 소프라노와 메조소프라노 두 성악가에 의해 불렸고, 이는 트립합 비트와 신비한 전자음향에 실리면서 장엄함과 영묘함을 증폭시킨다.

바흐의 〈Magnificat 마리아의 찬미〉는 누가복음의 그리스도 탄생에 대한 네 편의 찬미가 중 하나로, 이 중 예수에 대한 찬미를 담아낸 두 성부의 〈Sanctuary〉와 소프라노로 불리는 〈Gothic〉은 심금을 울린다.

〈Faith in the Afterdeath〉는 〈Cantata BWV 129〉에서 발췌된 것으로 '땅이 나의 육신을 감출 때 나의 영혼은 예수의 가슴속에서 안식하리라!'라는 가사와 함께 운명적인 기운을 뿜어낸다.

인성의 효과음을 사용하여 더욱 두려운 듯한 느낌을 주는 〈Eternal Death〉는 〈Cantata BWV 4〉가 원곡으로, 두 성부의 노래는 '누구도 죽음을 거스를 수는 없다'라는 순리를 엄숙하게 이야기한다.

〈요한수난곡〉의 〈The Gates of Redemption〉은 구원에 대한 열망이 간절한 대합창과 장대한 파이프오르간의 음색 그리고 폭풍처럼 거센 전자음향으로 클래시컬록을 듣는 듯하다.

〈Cantata BWV 170〉의 〈Inside Dreamworld〉은 메조소프라노와 온유한 신시사이저가 환희와 안식의 세계로 인도하며, 〈Meditation〉은 〈브란덴부르크 협주곡〉에서 선별된 부분으로 종교적인 심오함을 더했다.

모든 인류의 죄를 안고 십자가에 못 박힌 예수의 거룩한 사랑을 노래하는 〈Inner Love〉, 메조소프라노의 비탄이 이어지는 〈Sorrow for Mankind〉는 〈마태수난곡〉에서 커트되었다.

Peter Seiler
Open Borders

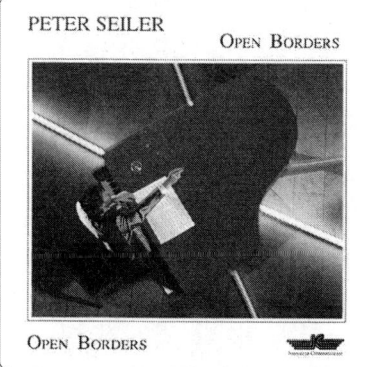

IC-Digit | IC 710.126 | 1991

1. Angelic Touch
2. The Longing For...
3. Winds of Peace
4. Silent Leaves
5. Hymn for Voices
6. Waiting for Fall
7. Children's Eyes
8. Underwater Freedom
9. Balance of Power

NewAge-Electronic·Ambient

1953년생인 키보드 연주자 페터 자일러는 독일 아트록계에 영원히 남을 명반을 배출한 클래시컬 록밴드 Tritonus의 리더를 거쳐, 제프 해리슨Jeff Harrison 록밴드와 오스트리아 출신의 가수 우도 위르겐스Udo Jurgens(1934~2014)의 세션맨으로도 활동한 바 있다.

IC 레이블에서의 데뷔작 《Flying Frames, 1986》에서부터 그의 뉴에이지 행렬이 시작되었는데, 이는 국제적인 명성을 쌓은 성공작으로서 반겔리스Vangelis와 자르 Jean-Michel Jarre 그리고 아트 오브 노이즈Art of Noise 등과 비교되었다. 팝록적인 음악 중에서도 마지막 곡인 〈Olli's Theme〉는 바이올린의 우울한 선율로 덧입혀진 차분한 일렉트로닉 심포니로 많은 사랑을 빚있다.

두 번째 앨범 《Sensitive Touch, 1987》에서는 구슬이 흐르는 듯한 맑은 건반과 독특한 화음의 변이로 우리를 감상에 젖게 하는 〈Reef Moods〉이 돋보인다.

기타리스트 마이클 로렌츠Michael Lorenz와 공작인 《Passage, 1990》에서 〈Bright Star〉는 플라멩코 기타와 전자기타의 강렬한 프레이즈로 더욱 어둡고 침울한 밤하늘을 색칠했다.

네 번째 앨범인 본작은 컴퓨터 악기를 사용하면서도 오선지에 음표를 그리며 정교하고 민감한 테스트를 거쳐 완성된, 그의 최고 걸작이라 할 수 있다.

스페인의 뉴로니움Neuronium을 연상시키는 〈Angelic Touch〉는 신비하고도 낭만적인 전자교향곡으로 평온한 온기에 둘러싸인다.

〈The Longing for〉은 건반과 클래식기타의 서정에 점점 속도감 있는 비트와 함께 전자기타의 록 필링으로 전환되며, 따스한 드라마는 희열을 안겨준다.

〈Hymn for Voices〉는 따스한 소프라노와 컴퓨터로 합성한 기계적인 남성의 목소리가 메시지를 전달하는 우주 심포니의 걸작이다.

가슴 시린 비창 〈Waiting for Fall...〉은 페터 자일러의 가장 서정적인 명곡일 것이다. IC 레이블의 편집앨범 《Obsessions, 1992》에는 바이올린 버전인 〈Waiting for Fall...- The New Mix〉가 수록되었다.

《Cosmic Strings vol I~2》를 내고 레이블을 이적한 그는 클래식의 크로스오버에 심취했으며, 복고풍의 영화음악 앨범 《Dreamdancer, 2016》를 냈다.

Phil Coulter
Highland Cathedral

BMG | 9026-63615 | 2000

1. Highland Cathedral
2. Holy Island
3. Tranquility
4. The Flowers of the Forest
5. Over the Sea to Sky
6. The Gathering - Bealtaine
7. If These Stones Could Speak
8. Going Home
9. The Enchanted Glen
10. Pilgrims' Way
11. Flow Gently Sweet Afton
12. Coultergeist
13. In Loving Memory
14. Our Island Barque

NewAge-Celtic, NewAge-Instrumental

362

필 콜터의 셀틱 음악을 들으면 항상 마음 언저리에 말끔히 씻기지 않는 눈물 자국 같은 얼룩을 보게 된다. 이는 소망의 간절함에서 발현되는 맑은 슬픔이지만 새살이 돋고도 붉은 자국을 띠는 상처처럼 그 여운이 길다. 그래서 그의 음악은 듣는 이도 숙연하게 하며 공감의 감동은 오래 남는다.

그래미에 후보 지명되기도 했던 본작은 항상 그의 음악의 주제가 되는 고향땅에 바치는 찬송가이다. 그의 고향은 오랜 슬픔의 중심에 서 있었지만, 그의 눈물을 닦아주고 보듬어주는 어머니 품이었으며, 무릎을 꿇고 안식의 기도를 올리는 성소聖所였다. 넌더리가 날 정도로 지겹도록 그를 따라다녔던 불운의 그림자였지만, 밤이 되면 고독에 몸서리치며 그는 그림자를 그리워했다. 결국 사랑으로 돌아오게 되는 운명의 덫인 것이다.

본작에서 키보드를 제외하면 거의 모든 악기가 어쿠스틱이다. 많은 게스트 뮤지션이 참여하여 큰 나목과도 같은 음악을 완성했다. 바람도 새도 쉬어가고 넓은 그늘과 많은 과실도 주는 그런 나무를 닮은 음악을 그는 언덕에 심었다.

〈Highland Cathedral〉는 어둠 속에서 촛불 같은 한 줄기 빛을 피우는 피아노와 백파이프의 아름다운 복음이 전해진다.

바닷새의 유유한 비행을 바라보는 평화의 시 〈Holy Island〉에 이어, 오이페 니페라이Aoife Ni Fhearragh라는 여성 보컬리스트가 분한 호수 요정의 노래 〈Tranquility〉에는 파도의 곡선이 파란 하늘을 향한다.

민요를 편곡한 단순한 멜로디에 피아노의 은파가 잔잔히 퍼지는 서정시 〈Over the Sea to Sky〉에 이어, 맥박과 호흡마저 숨 가쁜 드럼을 위한 연주곡 〈The Gathering - Bealtaine〉이 기다린다.

〈If These Stones Could Speak〉에는 오이페의 구슬픈 역사가 이어진다.

드보르자크Dvořak의 〈신세계〉를 편곡한 〈Going Home〉에 애수를 싣고, 성스러운 영혼의 제례를 위한 〈Pilgrims' Way〉에는 남성 코러스와 오이페의 아리아 그리고 필 콜터의 아름다운 피아노가 천상으로 발길을 돌린다.

가장 멋진 피아노 합주곡 중 하나인 〈Coultergeist〉는 빠른 템포의 춤곡으로 애틋하면서도 열정적인 아코디언으로 눈물을 감춘다.

스윌리Swilly 호수가 앗아간 여동생의 영혼에 바치는 〈In Loving Memo-ry〉에는 오케스트라의 슬픔이 파랗게 여울진다.

Phil Coulter
Lake of Shadows

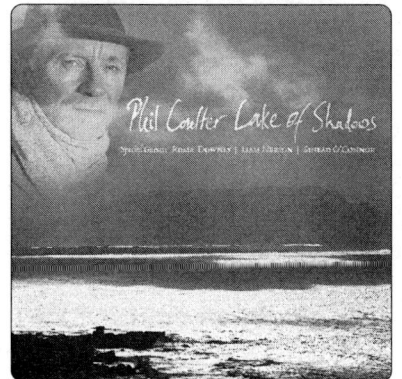

Windham Hill | 11617 | 2001

1. Lake of Shadows
2. Sunlight on the Water
3. Farewell to Inishowen
4. The Flight of the Earls
5. The Flight of the Earls
6. The Star of the Sea
7. The Lough Swilly Railway
8. For Those in Peril on the Sea
9. The Lonesome Boatman
10. The Year of French
11. The Shores of the Swilly
12. Back to the Island
13. Vive la Hoche
14. Prayer for the Fisherman
15. Take Me Home

NewAge-Celtic, NewAge-Instrumental

거목 필 콜터는 북아일랜드 데리에서 1942년에 출생하여 역사상 가장 중요한 사건들의 배경이 되었던 스윌리Swilly 호수에서 가장 행복하고 가장 힘든 시절을 보냈고, 이는 그에게 음악적 영감의 원천이 되었다. 북대서양을 향해 열려있으며 고요하고 때론 거친 모습의 호수는 자신의 인생 역경과도 결코 무관하지 않다. 서정적이고도 매혹적인 선율에 그의 희로애락의 감정과 원망顧望을 끊임없이 흘려보냈다. 본작은 이러한 스윌리 호수에 대한 추억과 사랑이 응축된 앨범이다.

스윌리 호수의 명칭이기도 한 〈Lake of Shadows〉는 이곳에서 경험했던 희비喜悲이 세월들을 초연하게 되돌아보는 작품으로, 여성 가수 오이페 니페라이Aoife Ni Fhearragh의 아름다운 셀틱 보컬과 장대한 오케스트레이션이 평온한 가슴을 향해 넘실거린다.

〈Sunlight on the Water〉은 수면 위로 아침햇살이 빛나는 광경을 묘사했다. 눈부신 피아노는 걸작으로 평하는데 망설임이 없게 한다.

스윌리 호수의 반도 이나쇼운에서 보냈던 소중한 추억들에 고하는 작별 인사 〈Farewell to Inishowen〉에 이어, 16세기 초로 돌아가 아일랜드의 슬픈 역사의 일부를 전해주는 〈The Flight of the Earls〉은 영화 「쉰들러 리스트」의 주연이던 친구 리암 니슨Liam Neeson이 내레이션으로 참여했다.

형의 목숨을 앗아간 스윌리 호수 그리고 그 슬픈 바다를 향해 명복과 평화를 노래하는 〈The Star of the Sea〉, 형의 죽음 이후 구명정이 설치되는 행사에서 썼다는 〈For Those in Peril on the Sea〉는 다시는 이러한 비극이 일어나지 않길 바라는 간절한 안녕과 안식을 흘려보낸다.

여동생의 죽음을 애도하는 송가 〈The Shores of the Swilly〉에는 시네드 오코너Sinéad O'Connor가 리드보컬을 맡아 자신의 일부가 소멸하는 듯한 감정으로 더욱 애잔하게 노래했다.

맑은 피아노와 애수에 찬 하모니카, 스캣과 낭송 그리고 합창으로 연결되는 〈Take Me Home〉은 고향을 향한 합창 행진곡이다.

스윌리 호숫가를 걷는 필 콜터... 형과 여동생을 잃은 데 이어 다운증후군으로 태어난 자식의 죽음을 위로했던 것도 그의 고향 스윌리 호수였다. 항상 자신과 붙어 다니는 그림자처럼 두 팔을 감싸 안을 수밖에 없었던 스윌리 호수는 그가 인생에서 흘렸을 모든 눈물이었으며, 그 푸른빛은 가슴속에 맺힌 멍이었다.

Phil Thornton
Alien Encounter

New World Music | NWCD 428 | 1996

1. Arrival of the Mothership
2. Encounter
3. Another Blue Light
4. Travelling without Moving
5. Receiving the Message (Arrival)
6. Visions from the Homeworld

NewAge-Electronic

364

가끔씩 외계 생명체에 대한 보도를 시청하다 보면 믿을 수 없는 자료들과 목격담들에 소름이 돋기도 하지만, UFO 구름이나 미스터리 서클의 사진들을 접하면서 그 환상적인 아름다움에 동경이 생기기도 한다. 과학적으로는 증명할 수 없는 미스터리한 현상들로 가득한 우주는 정말 신비와 환상의 세계인가 보다.

영국의 대표적인 기타리스트이자 뉴에이지 뮤지션인 필 쏘른톤은 1956년 영국 남동부의 해안 휴양도시 헤이스팅스에서 출생하였으며, 토미타Tomita, 크라프트베르크Kraftwerk, 지미 헨드릭스Jimi Hendrix, 그리고 후The Who의 음악에서 영향을 받았다고 한다. 유명 그룹들과 작업하면서 스튜디오 프로듀서로서의 역량을 키우고, 1980년대 초 자신의 프로젝트 Expandis를 결성하여 두 매의 혁신적인 전자음악 앨범을 발표했다.
고전으로 평가받는 첫 앨범 《Cloud Sculpting, 1986》를 시작으로 약 20매 이상의 독집을 발표, 전 세계적으로 120만 장 이상 판매고를 올리는 성공을 거둔다. 또한 시네드 오코너Sinéad O'Connor와 오랜 기간 앨범 작업과 투어를 했으며, 영국의 네오 프로그레시브록 밴드 Mandragon의 정식 멤버이기도 하다.

본작 《Alien Encounter》는 영상미가 뛰어난 전자음악의 걸작이다.
〈Arrival of the Mothership〉는 고요한 밤하늘에 외계 생명체의 속삭임들과 신호음이 청각을 스치고, 시야 맞은편에서 강력한 빛과 함께 거대한 모함母艦이 출현한다. 엄습해오는 기이한 전조에 숨죽일 수밖에.
〈Encounter〉에서는 UFO의 문이 열리고 지상으로 내려오는 정체불명의 에일리언과 충격적인 만남이 이루어진다.
투명한 몸체를 감싸는 신비한 빛으로 초점을 흐리게 하는 〈Another Blue Light〉는 전자 퍼커션의 펌프질이 목을 죈다.
〈Travelling without Moving〉는 광채를 따라 신비스럽고도 매혹적인 우주도시의 광경들이 시야에 들어오며, 〈Receiving the Message〉에는 차가운 한기가 팽창한다.
대곡 〈Visions from the Homeworld〉는 걷잡을 수 없는 외계의 심포니가 지구를 뒤덮는 장대한 빛의 오케스트레이션이다.

그의 주도면밀한 일렉트로닉 사운드는 실제상황이다.

Philip Riley
Pattern of Lands

White Cloud | 11018 | 1996

1. A Pattern of Lands
2. Fishing the Pearl of Heaven
3. Thunder on the Savannah
4. Inward to the Heart
5. Secret Egypt
6. Just Breathe
7. All the Lands My Mother Sang
8. Traveller

NewAge-Celtic · World

영국에서 출생한 필립 라일리는 어린 시절부터 음악에 대한 관심으로 15세 때 밴드를 시작했고, 기타리스트에서 드러머로 활동했다. 18세가 지나서야 피아노를 배우게 되었고, 또한 드럼과 퍼커션에 대한 연주에도 심취, 대부분의 연주나 편곡 그리고 프로듀싱은 독학이었다.

맨체스터대학교에서 생물학과 생화학을 전공한 후 뉴질랜드로 건너가 양조 및 식물학자로 일했는데, 음악에 대한 탐구와 열정은 신시사이저와 녹음 기술에도 관심 가지게 했고, 결국 개인 스튜디오를 차렸다. 음악을 쓰던 중 유명 뮤지션 존 마크Jon Mark를 알게 되었고, 존 마크는 그에게 앨범 제작을 권유한다.

데뷔작 《Visions & Voices, 1995》는 셀틱 음악으로, 뉴질랜드 출신의 여성 보컬리스트 제이엔 엘리슨Jayne Elleson을 참여시켜 바다의 향기를 불어넣었다.

두 번째 앨범인 본작은 보다 다양한 월드뮤직을 융해했다. 전작과 마찬가지로 제이엔 엘리슨의 환상적인 셀틱 보컬에 이라크 출신의 휴다 사보Huda Sabour와 제오프 컬버웰Geoff Culverwell의 트럼펫이 가세한다.

그의 음악을 이야기할 때면 흔히 다윗 상을 조각한 미켈란젤로가 인용되곤 하는데, 어떻게 이 멋진 조상을 만들 수 있었느냐는 물음에 그는 "다윗이 아닌 부분을 조금씩 깎았을 뿐…"이라는 답을 했다고 한다.

지구의 박동과 숨결을 재현하는 〈A Pattern of Lands〉는 역동적인 드럼과 감각적인 건반이 드리우며, 〈Fishing the Pearl of Heaven〉은 생명을 다한 피조물들의 영혼을 기리는 랩소디로 엷은 허밍과 트럼펫의 즉흥과 함께 경쾌한 재즈 팝의 향연을 펼쳐 보인다.

열정적인 라틴기타에 아마존의 고동이 들려오는 〈Thunder on the Savannah〉에는 한차례 비가 쏟아지며, 〈Secret Egypt〉에서는 휴다 사보의 아랍 구음이 중독의 매혹을 더한다.

다소 관능적인 분위기를 자아내기도 하는 〈Just Breathe〉에 이어, 눈이 스르르 감기는 지구의 자장가 〈All the Lands My Mother Sang〉은 포근하고도 하얀 요람의 노래이며, 〈Traveller〉는 밤하늘의 별빛 아래서 희망가를 부르며 잠이 든 바다를 노 저어 가는 듯한 고요한 세상이다.

음의 조각가 필립 라일리는 본작 이후 국내 라이선스로 소개된 《Blessing Tree, 1998》를 발표했는데, 이는 데뷔작과 닮은 셀틱 성가였다.

Philippe Saisse
Valerian

PHILIPPE SAISSE
VALERIAN

Windham Hill | WD1073 | 1988

1. Land of the Morning Calm
2. Valerian
3. Chihuahua Pearl
4. God Son Paris
5. Ma Muse
6. Rameau's Nephew
7. Glamorous Glennis
8. In Memoriam Faure
9. Aztec Ace
10. Tiahuanaco
11. Nougaro Groove

NewAge·Jazz·Fusion·Chamber

컨템퍼러리 재즈 키보디스트이자 작곡자이며 프로듀서인 필립 새스는 마르세유에서 태어나 파리에서 자랐다. CBS/Sony 프랑스 스텝인 부친의 영향으로 그는 파리 국립학교에서 피아노와 음악이론 및 작곡을 공부하고, 보스턴의 버클리 음대를 폴 윈터Paul Winter 장학후원회의 장학금으로 1975년에 졸업했다.

버클리에서 비브라폰 주자 게리 버턴Gary Burton의 제자였던 그는 알 디 메올라Al Di Meola의 《Splendido Hotel, 1980》를 시작으로 데이비드 보위David Bowie의 명작 《Scary Monsters, 1980》, 롤링 스톤스Rolling Stones의 《Dirty Work, 1986》 등 재즈, 팝, 록 음악가의 세션에도 참여했다. 또한 알 재로Al Jarreau, 그리고 데이비드 샌본David Sanborn의 음악을 작곡하기도 했으며, 샌본의 TV 쇼 「Night Music」의 음악 디렉터로도 일했다.

1988년에 이르러 윈드햄 힐에서 자신의 솔로 데뷔작인 본작을 발표한다. 이는 '조화'라는 꽃말을 가진 식물명으로, 커버에서 보이는 펼친그림기법의 커다란 수목의 균형은 그의 퓨전스타일의 어쿠스틱과 일렉트릭의 조화를 상징하는 듯하다.

투명하고 서정적인 피아노와 싱그러움을 자아내는 신시사이저, 그리고 점차 위세를 드러내는 퍼커션으로 일찍이 국내발매 당시 인기를 끌었던 〈Land of the Morning Calm〉은 그의 대표 걸작이다.

마크 이건Mark Egan의 베이스 연주에 야생초의 질긴 향기가 배어 나올 법한 타이틀 〈Valerian〉과 프랑스 특유의 화려한 재즈 기법이 출몰하는 〈Chihuahua Pearl〉에서는 그의 키보드 연주 실력을 살필 수 있다.

건반의 묘한 코드의 전이가 사랑스러운 〈Rameau's Nephew〉, 가브리엘 포레Gabriel Faure에 바치는 우울한 파반느 〈In Memoriam Faure〉에는 푸른 안개가 끊임없이 샘솟는다.

16세기 멕시코 고원의 아즈텍 문명의 영광을 기리는 〈Aztec Ace〉에는 급진적인 피아노 워크가 아찔하고, 남아메리카 선사시대의 터를 지칭하는 〈Tiahuanaco〉 역시 이색적인 문화체험이 바탕이었으며, 프랑스의 재즈샹송 가수 끌로드 누가로Claude Nougaro에 바치는 〈Nougaro Groove〉는 그의 스캣 샘플을 이용하여 참신한 감흥을 더한다.

뉴에이지에서 에스닉 퓨전과 재즈록에 이르기까지 많은 장르를 오가며, 프랑스식 뉘앙스를 더한 참신한 예술성은 오랜 시간이 흘렀음에도 반짝인다.

Pilgrimage
9 Songs of Ecstasy

Point Music | 314 536 201 | 1997

1. Campus Stella / Field of Stars
2. Through the Seas of Life
3. Pilgrimage
4. Rain or Shine
5. Land of Ecstasy
6. Ceremony
7. Dark Skies
8. Iberia
9. Path to the Invisible

NewAge-Classical Chant·Pops (Vocal)

이 앨범은 13세기 때 스페인 북서지방을 떠돌던 성지 순례자의 여정을 개념화한 것으로, 중세의 교회당에서 전해 내려오던 고음악을 현대적으로 각색했다.
Pilgrimage는 두 프로듀서의 프로젝트이다. 에릭 칼비Eric Calvi는 아즈텍 카메라 Aztec Camera, 조지 벤슨George Benson 등 유명 록그룹과 소울가수 등의 앨범을 프로듀스했던 인물로 기타와 프로그래밍을 담당했으며, 사이먼 크로켓Simon Clo -quet은 여성 뉴에이지 아티스트 클라라 폰티Clara Ponty를 발굴한 인물로 프로그래밍 작업과 키보드와 피아노를 연주하고 있다.
아메리카 미니멀리즘의 기수 필립 글래스Philip Glass가 프로듀서로 참여했고, 존 케일John Cale과 록시 뮤직Roxy Music에 참여했던 퓨전 기타리스트 필 만자네라 Phil Manzanera, 일렉트로니카에서 활동하는 DJ Spooky, 앰비언트 일렉트로니카 키보디스트이자 트럼펫 주자 벤 닐Ben Neill 등이 게스트로 등장했다.
무엇보다도 이 앨범을 빛내주는 것은 크랙 암스트롱Craig Armstrong, 모리스 자르Maurice Jarre, 류이치 사카모토Ryuichi Sakamoto 등의 앨범에서 청아하고도 고혹적인 보컬을 들려주었던 여성 성악가 캐서린 보트Catherine Bott의 역할이다. 다소 재지한 퓨전 위에 흐르는 그녀의 목소리는 영혼을 충만하게 하는 신비하면서도 고귀한 단선율의 모테트Motet로 나타난다.

〈Campus Stella / Field of Stars〉는 재지한 키보드 연주와 그레고리안 성가의 크로스오버이다.
〈Through the Seas of Life〉는 힙합댄스 리듬에 매끄러운 재즈와 세련된 믹싱이 빛나는 걸작으로, 첼로의 서정과 함께 21세기의 현대음악과 고음악의 보컬이 한 치의 오차도 없이 믹스한다.
미스터리한 전자음향에 캐서린 보트의 바로크 독창이 유연하게 이어지는 〈Rain or Shine〉은 슬픔과 환희를 대조하고 있는 훌륭한 작품이며,  New London Consot의 코러스와 캐서린 보트의 독창이 오히려 세속적인 리듬을 타고 무아지경에 이르는 〈Land of Ecstasy〉도 주목할 만 하다.

독특한 영적 음악은 프로그래밍의 세련미와 부드러운 여성미로 엮어져 있는데, 퍼커션의 여린 댄스 비트 위에 고상한 소프트재즈가 시원한 라운지를 형상화했고, 다시 그 위에 중세의 천상 노래가 내려앉았다.

Ancient Shadows
the ghost and the fairy

Yidneth | 2006

1. Facing the Dream (opening)
2. Away
3. Ancient Shadows
4. But if You Go
5. I Steal the Leaves
6. The Willow´s Lullaby
7. The Call of the Nymph
8. Nothing
9. Haunted
10. Nightmare
11. Fairy Tale
12. The Realms of Twilight
13. The Voice of the Night
14. Lament
15. Ahora que te has Ido
16. The Prince and the Fairy
17. I´m Right Here
18. Sueño Muerto
19. Facing the Dream (Closing)

NewAge-Celtic

368

프리시아 에르난데스는 스페인의 카나리아제도 출신으로 싱어송라이터이자 작곡가이며 또한 동화 삽화가이다. 그녀는 대학에서 분자생물학을 전공했지만, 예술에 대한 지대한 관심으로 미술과 함께 키보드와 음악을 독학하였다고 한다.

2002년 5월, MP3.com에 올려놓은 싱글 〈I Steal the Leaves〉이 인기를 끌며 그해 발표한 동명의 데뷔작이 좋은 반향을 얻었다. 이후 많은 메이저 레이블들이 그녀에게 러브콜을 보냈지만, 자신이 원하는 음악들의 순수성을 지키기 위해 이를 거절하고, 음악적 동료인 엑또르 코킨Hector Corcin과 함께 2004년 독립레이블 Yidneth를 설립한다. 데뷔작이 금방 동이 난후, 키보디스트 호아킨 따봐다Joaquín Taboada의 《El Olvido del Musgo》에 참여한 것을 필두로 다른 아티스트의 앨범과 사운드트랙에도 참여해 환상적인 보컬을 뽐내어왔다.

두 번째 앨범인 본작에는 데뷔작에 수록된 5개의 작품(5,6,7,8,18트랙)도 포함되었으며, 무엇보다도 The Ghost와 The Fairy로 분리된 두 매의 부클릿에 그녀가 직접 그린 일러스트를 실었다. 이 두 테마로 구성된 신비한 고딕의 유령 이야기를 여성 특유의 멜랑꼴리 감성으로 들려준다.

〈Away〉는 그녀가 사춘기를 겪으며 믿어왔던 동화세계가 현실이 아님을 직감했을 때 쓴 발라드로, 아쉬운 동심이 묻어난다.

첼로가 잔잔히 깔리는 〈Ancient Shadows〉는 자신의 수호신으로 믿었던 과거의 영혼들과의 이별곡이며, 〈But if You Go〉는 사랑을 잃을까 하는 불안을 담은 걸작이다.

히트곡 〈I Steal the Leaves〉은 자연에 숨겨진 이원성에 대한 수수께끼에 관한 것으로 이들의 조화와 균형을 노래한다.

감미로운 켈트의 전설 〈The Willow´s Lullaby〉는 판타지 소설 「반지의 제왕」중 자장가로 인간을 유혹하며 영혼을 뒤흔들어 놓는다는 버드나무 정령 Old Man Willow의 고무되어 작곡했다고 한다.

악몽을 물리치고 싶은 소녀를 그린 〈Nightmare〉에는 헤비메탈처럼 강렬한 전자기타와 드럼으로 두려움을 쫓는다.

스페인어로 노래한 〈Sueño Muerto 죽은 꿈〉은 성장하면서 변화하는 자신의 희망 때문에 어린 시절과 함께 사라져간 꿈에 바치는 진심이다.

본작은 2008년 IMAIndependent Music Award 베스트 뉴에이지 앨범에 선정되었다.

R. Carlos Nakai
A Friend's Whisper

Canyon, Music Compass | MUCO303 | 2009

1. Improvisation No.1 in G Minor
2. Creativity
3. Canyon Reverie
4. Covenants Shared
5. Honor Your Lover
6. Red Streaking into Water
7. Choke Cherry Season
8. Fourth World, Rainbow World
9. Comes the Dawn
10. Feather, Stone & Light
11. Sonoran Nights
12. Rainy Nights in Taos
13. Amazing Grace
14. Kokopelli Wind
15. Meditation

NewAge-Native American

북미 인디언 나바호Navajo족과 우테Ute족의 피를 이어받은 후예 레이 카를로스 나카이Ray Carlos Nakai는 1946년 애리조나주 플래그탭 출신이다. 북애리조나 대학에서 클래식 트럼펫과 음악이론을 수학한 후 1973년부터 인디오 플루트를 연주하기 시작하였고, 모든 부족의 전통 선율과 선법을 섭렵하여 자신만의 스타일을 확립한다. 북애리조나 대학에서 교육학 석사와 애리조나 대학에서 미국 인디언 연구로 박사학위를 받았고, 지금은 애리조나 툭손에 거주하며 네이티브 아메리칸 음악의 발전과 교육에 힘을 쏟고 있다. 이러한 노고로 그는 1992년 애리조나 주지사의 예술상을, 1994년 북애리조나 대학에서 명예박사 학위를 받았다.

첫 앨범 《Changes, 1983》를 시작으로 수십 장의 솔로 앨범을 냈다. 이후 티베트플루트 연주자 나왕 케촉Nawang Khechog, 플루티스트이며 뉴에이지의 대가인 폴 혼Paul Horn, 현대음악가 필립 글래스Philip Glass ,피아니스트 피터 카터Peter Kater 등 동서양의 거장들과 협연하며 수차례 그래미상 후보에도 올랐다.

국내에 출시된 본작은 그의 음악 인생을 고스란히 담은 베스트앨범으로, 그의 명성과 음악을 어렴풋이나마 경험할 수 있는 기회를 열어주고 있어 기쁘기 그지없다. (자세한 그의 설명과 곡 해설은 국내발매본의 슬리브를 참조하기 바란다)

은은한 신시사이저와 규칙적인 퍼커션을 배경으로 인생과 자연의 생로병사 그리고 영혼의 환생을 담은 듯한 〈Creativity〉에 이어, 〈Canyon Reverie〉에서 스트링 앙상블의 오케스트레이션 위를 나르는 그의 플루트는 광활한 자연 속에 깃든 아픔이 고요한 정신을 일깨운다.

〈Covenants Shared〉에는 구도의 춤사위처럼 플루트가 한 서린 정서를 내뱉고, 〈Honor Your Lover〉에는 크리족의 후예 랜디 우드Randy Wood가 사랑의 기쁨을 경건하고도 영적으로 노래한다.

40인조 Canyon Symphony의 웅장한 오케스트레이션과 플루트의 대서사 〈Fourth World, Rainbow World〉는 이상향에 대한 지독한 그리움과 구원을 향한 뜨거운 염원으로 청자를 전율 속으로 빠트린다.

피안彼岸의 언덕에서 들려오는 카를로스 나카이의 초연한 비감悲感은 순수한 인간으로서의 내적 고뇌와 깨달음을 지향하고 아름다움으로 접점을 만들어낸다. 이러한 이유로 그는 네이티브 아메리칸 음악의 아이콘으로 평가받고 있다.

RAINER BLOSS & KLAUS SCHULZE
Drive Inn - Vol. I.

IC-DigIt | IC 710.103 | 1990

1. Drive Inn
2. Sightseeing
3. Truckin'
4. Highway
5. Racing - voice : Michael Garvens
6. Road Clear
7. Drive Out
8. The Long Way to Acapulco

NewAge-Electronic

370

라이너 브로스Rainer Bloß(1946~2015)는 동독의 작센주 출신으로 1978년에 서독으로 옮겨와 1980년대부터 음악 활동을 개시한 전자음악가이다. 그는 독일의 전자음악 대가 클라우스 슐체Klaus Schulze(1947~2022)와 협업하였으며, 1990년대 중반부터는 뮌헨에서 결성된 신서팝 그룹 독일의 Alphaville과 협업하기도 했다.

그리 많지 않은 디스코그래피 중에서 가장 유명세를 안겨준 작품은 클라우스 슐체가 설립한 전자음악 레이블 IC을 통해 발표하고 슐체와의 공작인 본작이라 할 수 있다. 사실 슐체의 전자음악은 친숙해지기 쉽지 않은 부분이 있는데, 이를 라이너 브로스가 완화하는 느낌이다. 동년에 발표된 록그룹 산타나Santana 출신의 드러머 마이클 쉬리브Michael Shrieve와 케빈 쉬리브Kevin Shrieve와의 공작인 《Transfer Station Blue, 1984》나 슐체의 프로젝트 리하르트 반프리트Richard Wahnfried의 이름으로 발표한 명작들과 그 호흡이 좀 더 유사하게 느껴진다.

〈Drive Inn〉에서는 규칙적인 비트 위에 뜨거운 질주의 갈망이 넘실거린다. 마치 밤이 내린 아우토반을 달리며 회색도시를 탈출하려는 듯한 긴장감도 부풀어 오른다.

〈Sightseeing〉에서는 본격적인 전자음악의 카오스 세상을 만나게 된다. 타악에 건반 그리고 팬플루트 음색이 서정을 띠지만, 현란하고 어지럽다.

장-미셸 자르Jean-Michel Jarre의 음악을 연상시키기도 하는 〈Truckin'〉은 음산한 분위기가 추격을 당하고 있는 듯한 스릴러를 보여준다.

슐체가 작곡한 〈Highway〉는 슐체의 전자-트랜스가 끝도 없이 펼쳐진다. 엔진이 펌프질하는 듯한 비트는 가솔린의 냄새를 풍긴다.

반프리트의 명작 《Tonwelle, 1981》에서 사이키 보컬을 맡았던 독일의 팝록 그룹 Lorry 출신의 리드보컬 마이클 가벤스Michael Garvens가 참여한 〈Racing〉은 압권으로, 그 열기는 온몸을 땀으로 적신다.

중편인 〈Road Clear〉도 자르를 연상시키는데, 건반과 기타의 즉흥은 록의 열광이며 안개 같은 전자음향이 계속해서 몽환 속에 청자를 붙잡아둔다.

수미상응 구조로 〈Drive Out〉이 회전에 가속을 더한다.

〈The Long Way to Acapulco〉은 후속작 《Drive Inn Vol. II, 1986》에 수록된 이색적인 싱글로, 가슴을 설레게 하는 낭만 재즈곡이다.

마지막 앨범 《Drive Inn Vol. III 1998》은 솔로로 녹음되었다.

Ralf Illenberger
Circle

Narada | ND-63006 | 1988

1. Horizons I
2. Blue Darkness
3. Big Change
4. Jump
5. Gemina
6. Moonfood
7. Nightflight
8. Ballad
9. Horizons II

NewAge-Fusion

뉴에이지 음악계에서 가장 유명한 기타리스트 중 한 사람인 랄프 일렌버거는 1956년 독일 슈투트가르트 출생이다. 바흐Bach에서부터 비틀스The Beatles와 롤링 스톤스Rolling Stones 그리고 키스 자렛Keith Jarrett 등 폭넓게 영향을 받으며 기타리스트 레오 코트케Leo Kottke의 음악을 즐겨들었다.

1977년 Jurgen Kirsch와 듀엣으로 활동하다가 기타리스트이자 가수인 마틴 쿨베Martin Kolbe와 함께 Kolbe & Illenberger를 결성했다.

이 듀오의 첫 앨범 《Waves, 1978》은 독일 포노 아카데미가 매년 수여하는 Deuts -cher Schallplattenpreis에 후보 지명되기도 했으며, 1987년까지 6장의 정규앨범과 40개국이 넘는 나라에서 1000회 이상의 콘서트를 얻었다.

솔로로 독립하여 나라다 에퀴녹스Equinox를 통해 미국에도 발표된 본작은 타워레코드가 발간하는 'Pulse!'지에 Top10으로 꼽힐 만큼 주목받고, 그해 국내에서도 라이선스로 소개되어 나라다 레이블의 인기를 양양하는데 한몫했다.

퓨전 기타의 매력을 잘 보여준 〈Horizons I〉은 국내에 그의 이름을 널리 알린 작품이다. 서서히 불타오르는 기타의 특징적인 주법에 힘찬 퍼커션과  색소폰의 부드러운 음성이 광활한 대지에서 다이내믹하면서도 은은한 팡파르를 들려준다.

다소 냉랭하면서 호젓한 감성이 돋보이는 〈Blue Darkness〉은 색소폰  의 재즈 서정이 묘한 매력을 안겨주는 인기곡이며, 〈Big Change〉에는 투명한 마림바에 깔끔한 기타 워크가 일품이다.

재즈록에 마림바의 열띤 삼바의 향이 가미된 〈Jump〉, 딸의 목소리를  삽입한 〈Gemina〉, 열띤 세션 드라마를 들려주는 〈Nightflight〉는 스케일이 점점 크게 부푼다.

맑고 낭만적인 재즈곡 〈Ballad〉가 끝나면, 보다 담백한 기타 버전으로 들을 수 있는 〈Horizons II〉가 또다시 은은한 긴장감을 유발한다.

성공적인 미국 시장 입성을 마친 후, 두 번째 앨범 《Heart & Beat, 1990》를 발표, 타이틀곡은 미국의 라디오방송에서 대히트했다.

나라다에서 발표한 마지막 세 번째 앨범 《Soleil, 1993》은 미국의 재즈 전문지 Down Beat가 '뉴에이지의 전형을 보여주는 가장 충실한 앨범 중의 하나'라고 평했다. 이후 솔로작과 조인트 앨범들을 발표했다.

Ralph Zurmuhle
Our Mother

Ralph Zurmuhle | 2007

1. Being There
2. The Wind at My Back
3. Hymn
4. Our Mother
5. Our Mother - *Piano Version*
6. Horizon
7. David and Me
8. The Return
9. A Melody

New-Acoustic

랄프 주르밀레는 스위스 취리히 출신의 피아니스트로, 5세 때부터 그의 모친 무릎에 앉아 연주하기 시작했고, 9세 때는 라디오에서 노래를 청음하고 바로 피아노로 연주하면서 시간을 보냈다고 한다. 12세 때 작곡을 시작했던 그는 클래식 음악교육을 이어갔는데, 막상 대학에서는 법학 석사학위를 취득했다. 이후 10년 동안 변호사로 일하며 영화와 연극 음악을 작곡하였다.

1999년 인생이 바뀌는 경험을 했다고 하는데, 그는 이 일로 모든 걸 접고 스페인으로 이주하여 피아노에 전념했고 이듬해 첫 앨범 《Between, 2000》을 발표한다. 이 앨범은 자신의 인생 여정을 담은 것으로, 특히 고향에 작별 인사를 전하고 스페인으로 향하는 〈Farewell〉은 잔잔한 감정 서술이 감동을 준다.

두 번째 앨범 《Communion, 2002》은 타이틀처럼 경건한 믿음과 불안으로부터의 평화를 위한 명상음악으로, 〈Shalom〉은 드라마틱한 구성과 멜로디가 평온함을 주는 숭고미의 걸작이었다.

본작은 세 번째 작품으로, 세상의 위대한 어머니에 바치는 찬가들을 수록했다.

첫 곡 〈Being There〉에서는 항상 같은 자리에서 자식을 위한 삶을 살아가는 어머니의 인생에 대한 연민과 슬픈 감사가 피아노의 여린 떨림으로 흔들린다.

〈The Wind at My Back〉은 인생이 달리기라면 항상 뒤에서 지지하는 가족의 존재를 가장 잘 비유한 제목이 아닐까? 아련한 피아노 터치는 유려하고 자유로우며 또한 서글픈 감정을 불러온다.

〈Hymn〉은 보다 느슨한 템포지만 간결하고도 맑은 여운이 잔잔히 퍼지는 고요한 호수 같은 음악이다.

〈Our Mother〉은 긴 여백이 존재한다. 한없이 느린 이 전원곡은 신시사이저로 연주된 버전에 피아노 솔로 버전이 추가되었다.

한 곡도 놓칠 수 없지만 〈Horizon〉은 가장 아름다운 정점이 될 것이다. 미니멀하지만 고요한 수평선 너머로 존재할 듯한 천상의 행복과 아름다움의 마력에 쉽게 정복된다. 어머니의 품처럼 그리움이 줄곧 흐른다.

〈David and Me〉은 침묵의 야상곡이며, 〈The Return〉은 온화한 서정에 재지한 감미로움이 더해져 낙관적이고 부드러운 눈길을 받게 된다.

〈A Melody〉는 순수한 동심의 미소를 만나게 되는 시간 여행이다.

Ralph Zurmuhle
Reflections

Ralph Zurmuhle | 2014

1. La Plana
2. My Father's Eyes
3. Deep Waters
4. The Oracle
5. Chimes for Tsuyo
6. Under the Old Oak Tree
7. Mimou
8. Dreamesque
9. At the Threshold

주로 영국에서 많은 수상受賞이 따랐던 랄프 주르밀레는 4집 《eQuinox, 2011》가 전문 레이블 Heart of Space를 통해 발매됨으로써 미국 시장에 소개되었다. 한 해에 두 번 일어나는 춘·추분을 타이틀로 했지만, 이는 자신의 삶에 흔적을 남긴 장소로의 음악여행을 담은 것이다.

가장 감성적인 작품 중 하나인 첫 곡 〈Picnic in the Desert〉에는 다  시는 함께하지 못할 듯한 숙명이 그려지고, 〈Mediterranean Suite〉에 는 희망과 슬픔이 교차하며 훑어내는 다양한 감정의 바닷속으로 침몰시 킨다. 또한 〈Epitaph〉은 장엄한 피아노의 걸작으로 클래시컬한 감성은 칠흑같이 어두운 상실감을 비장하게 노래한다.

5집인 본작에서 그는 '흐르는 물에 비친 우리의 모습은 볼 수 없다...'라는 옛 도 교 속담을 모토로 하였는데, 피아노의 긴 즉흥연주는 직관적인 느낌을 유지하면서 세심하고도 세련되게 구성하였으며, 청자는 타오르는 불, 흐르는 시냇물, 바람에 흔들리는 자작나무 등 자연현상의 최면적 특성을 경건하게 즐길 수 있다.

〈La Plana 평원〉에서 들려오는 자연의 고요한 숨결은 밤 풍경을 떠올 려준다. 수풀들을 스치는 바람 소리가, 때론 깊고 때로는 낮은 음을 내 는 개울물의 소리가 선명하게 들려오는 것 같다.

재즈가 가미된 현대 클래식의 진면목을 들려주는 〈Deep Waters〉는 광대한 미스 터리의 곡으로, 깊은 영혼을 탐색하는 것처럼 다양한 운동과 감정을 풀이한다.

〈The Oracle〉의 순간적이며 도미노 같은 속주는 매우 특징적이며 동  양적인 향기도 배어있다.

〈Chimes for Tsuyo〉에서는 일본 나가사키의 원폭 희생자들의 비극을  그렸다.

〈Dreamesque〉은 본작의 절정이라 할 수 있는데, 반복되는 미니멀 패  턴으로 청자의 맥박은 점점 희미해진다. 영묘한 선율은 기화되고 녹아 들어 구분되지 않는 몽상의 비현실을 재구성하는 듯하다. 본래 12분여 의 긴 연주지만, 전혀 지루하지 않다. 짧은 버전을 링크해 본다.

6집 《As Time Passes, 2019》도 추천작이다. 피아노를 좋아하는 뉴에이지 음악 팬이라면 랄프 주르밀레를 원트Want 리스트에 올려놓길 바란다.

Ray
Ethereal Journey

Ray Leonard | RLR42001 | 2001

1. Ethereal Journey
2. Twilight Rain
3. Birth of a Universe
4. Endless Frontier
5. Whale's Lullaby
6. Free Spirit
7. Space Rainbow
8. Showers of Light
9. Spiral Dimensions
10. Angel of the Dawn

NewAge-Electronic·Ambient

신시사이저 연주자 레이 레너드Ray Leonard는 LA 일렉트로닉계의 거장이다. 목사의 아들로 태어난 그는 워싱턴 주립대학교에서 신시사이저 연주법을 배운 후 록밴드 Shadow의 일원으로서 7년 동안 거리 연주자로 활동했다. 당시의 음악들은 탠저린 드림Tangerine Dream과 반겔리스Vangelis 그리고 웬디 카를로스Wendy Carlos의 《Switched on Bach》에서 영향을 받은 실험적인 전자음악이었다.

이후 10여 년간 LA의 스튜디오에서 팻 베네타Pat Benatar, 디오Dio, 다이애나 로스Diana Ross 등 많은 아티스트의 앨범 작업에 참여하는 등 리코딩 엔지니어로 일했다. 그 후 독립프로덕션을 차려 사운드 믹스를 맡았는데, 에미상 수상작인 월트 디즈니의 「알라딘」과 「백 투 더 퓨처」, 「101마리의 달마시안」, 「스파이더맨」, 「핑크 팬더」, 「주만지」 등이 그의 손을 거쳤다.

가정의 안정을 위해 홈 스튜디오를 설립하고 자신만의 사운드를 개발하기 위해 분투하였으며, 아들의 출생 후 만족할 만한 풍부한 소리를 창안하게 된다. 그 시작은 《Ethereal Journey, 2001》이다.

그의 음악은 매우 작은 음소들이 모여 밀도 있는 선율을 만들어내는 것처럼 포근하고도 부드럽다.

청잣빛이 감도는 신비스러운 천체음악은 어느 한 곡도 놓칠 수가 없는데, 특히 〈Twilight Rain〉은 결정체로 응집하고 있다.

〈Whale's Lullaby〉에서는 지구상에 존재하는 또 하나의 우주인 수중의 평화로운 생태를 면밀하게 그려낸다.

〈Showers of Light〉는 어둡고도 끝없는 공간 속에서 폭포처럼 쏟아지는 빛의 시간을 탐색한 소품이다.

전곡을 다 듣고 나면 8번 트랙의 제목처럼 마치 뜨겁지 않은 찬란한 빛으로 샤워를 한 듯 신비한 경험에의 즐거운 긴장이 채 풀어지지 않는다.

"사랑과 희망을 담고 있는 내 음악은 천천히 이완되면서 또한 부드럽다. 나는 음악을 통해 세상이 인화仁化되고 정화되길 바란다."

이후 《Ascend to Love, 2002》와 《Healing Space, 2003》에 이어 《Celestial Touch, 2005》는 평론가들의 아낌없는 찬사와 더불어 뉴에이지의 에미상이라 할 수 있는 NAR Lifestyle Music Award에서 Best Electronic Album과 Best Relaza-tion / Meditation Album을 수상했다.

Ray Lynch
Deep Breakfast

Windham Hill | WD1118 | 1984

1. Celestial Soda Pop
2. The Oh of Pleasure
3. Falling in the Garden
4. Your Feeling Shoulders
5. Rhythm in the Pews
6. Kathleen's Song
7. Pastorale
8. Tiny Geometries

NewAge-Instrumental

1943년 유타주에서 출생한 레이 린치는 균형 있는 섬세함과 강렬한 감동을 주는 고도의 솜씨를 가진 뉴에이지 음악가이다. 그는 유럽에서 기타와 음악론을 정식으로 교육받았으며 텍사스 대학에서 작곡을 배웠다.

그리고 몇 년간 뉴욕에서 '르네상스 콰텟'의 류트Lute 연주자로 활동했는데 이에 만족하지 못하고 캘리포니아에서 자신의 레이블을 설립, 이를 통해 독창적인 음악을 구축할 수 있었다. 그 후 윈드햄 힐과 계약을 맺음으로써 과거의 그의 작품들까지도 널리 소개된다.

1984년에 발표한 본작은 Sri Da Avabhasa라는 소설가의 「무언극」이라는 불교 문학 자품에서 곡목을 차용했다고 한다.

린치의 기타, 피아노, 신시사이저에 비올라와 플루트 주자가 합세하여, 우수 가득한 멜로디와 다이내믹한 연주를 들려주고 있다.

첫 곡 〈Celestial Soda Pop〉은 청량음료와 같은 톡 쏘는 듯한 청량감을 보여주며, 기본적인 정화음을 사용하지만 세부묘사로 단조롭지 않은 리듬감을 이어간다.

키보드를 연주하는 톰 캐닝Tom Canning과의 공작인 〈The Oh of Pleasure〉는 히트곡으로, 밀려오는 환희의 감동에 연신 감탄사를 연발하지 않을 수 없다. 추가된 키보드로 심포닉한 포만감도 주고 있으며, 통통 튀는 물방울처럼 키보드 음소 하나하나가 표류하다가 범람한다.

무게 있는 〈Your Feeling Shoulders〉는 따뜻한 기타 스트링에 미묘한 조옮김과 두껍게 착색된 신시사이저 음향으로 아련한 사랑의 추억을 떠올려준다.

〈Kathleen's Song〉은 비올라와 플루트 연주가 멜로디를 교대하는 실내악풍의 사운드가 돋보이며, 〈Pastorale〉은 린치의 피아노와 기타 연주를 감상할 수 있는 곡으로 아지랑이가 물오르듯 피어오른다.

〈Tiny Geometries〉는 멜로디보다 분위기가 곡을 이끌며, 마디마다 엄청난 수의 음표들이 서로 분파되면서 비상을 거듭한다.

사실 린치의 음악에서 멜로디는 그리 큰 장점이 없으나, 그의 음악을 특징짓는 것은 선율보다는 화성의 반주라 할 수 있다. 그의 악보에는 낮은음자리가 높은음자리보다 위에 있는 것 같다. 그 폭넓은 음역에 정갈한 액세서리를 유려한 기교로 세밀하게 기입하는 반주형식으로 그는 혁신적인 참신함을 이뤄냈다.

375

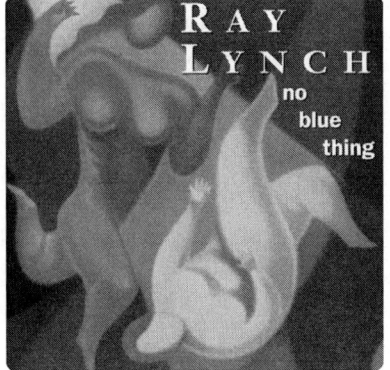

Ray Lynch
No Blue Thing

Windham Hill | WD1119 | 1989

1. No Blue Thing
2. Clouds Below Your Knees
3. Here & Never Found
4. Drifted in a Deeper Land
5. Homeward at Last
6. Evenings, Yes
7. The True Spirit of Mom & Dad

NewAge-Instrumental

그는 뉴에이지 음악에서 일렉트로닉과 어쿠스틱을 가장 절묘하게 배합하는 장인이다. 다작하진 않지만, 그의 몇 안 되는 디스코그래피에는 클래시컬한 전통적 하모니와 대위법을 바탕으로 한 멜로디 체계의 독특한 비법이 있다.

이는 다른 작가들이 간과했거나 혹은 흉내 낼 수 없는 특허와 같은 것인데, 이는 데뷔 전 메인주 시골에서 방황하며 터득한 정신적 수양의 결과이기도 하다. 그러나 대단한 비법은 아니다. 잔잔하지만 결코 가볍지 않고 치밀하지만 요란하지 않다. 이러한 간결한 방법으로 그는 멋진 명작들을 탄생시킨다.

세 번째 앨범인 본작은 《Deep Breakfast》의 후속작으로, Sri Da Avabhasa라는 소설가의 작품 「무언극」에서 제목을 인용한 〈No Blue Thing〉, 〈Clouds Below Your Knees〉, 〈Here & Never Found〉, 〈Drifted in a Deeper Land〉 등을 수록하고 있는 히트작이다.

잔잔한 신시사이저에 리드미컬한 반주 그리고 플루트의 낭만적인 지저 귐의 〈No Blue Thing〉은 제목처럼 서정적이지만 우울한 구석은 찾아 볼 수 없다.

단순하지만 점점 증폭되는 키보드에 첼로와 플루트가 대위하는 〈Clouds Below Your Knees〉는 전원적인 풍경과 감성을 자아낸다.

〈Here & Never Found〉는 플루트와 오보에의 클래시컬한 이중주에 신시사이저 코랄의 신선함을 담았으며, 클래식을 듣는 듯한 〈Drifted in a Deeper Land〉는 동양적인 멜로디 라인도 엿보인다.

우리에겐 라디오 전문 음악방송의 코드 음악으로 잘 알려진 〈Homeward  at Last〉는 귀향의 두근거리는 설렘이 키보드의 메아리 에코로 절묘하게 표현되고 있다.

오보에와 플루트로 평온함을 그리는 〈Evenings, Yes〉에 이어, 부모의 자식에 대한 사랑의 찬가 〈The True Spirit of Mom & Dad〉에서 그의 샘솟는 듯한 유려한 키보드를 또 한차례 만끽하게 된다.

이후 발표한 마지막 정규앨범 《Nothing Above Shoulder But The Evening, 1993》은 이듬해인 1994년도 빌보드 결산 뉴에이지 차트에서 4위를 차지하였고, 이 성공으로 그해의 뉴에이지 음악가 Top10에 선정되기도 했다. 이러한 그의 평가는 뒤늦은 감이 없지 않으나, 많은 그의 팬들은 경외심으로 박수를 보냈다.

Reinhard Lakomy
AËR

Erdenklang | 91352 | 1991

1. Tranquility with Italian Thoughts
2. The Play of Water upon Coloured Rocks
3. Sunday Clothes in Gentle Breezes
4. The Ancient Tree
5. Koyanis
6. Uno, Due, Tre...
7. Capoliveri
8. Balkan · Interludium
9. Homesickness on Monotone Xylophone
10. AËR
11. Farewell

NewAge-Electronic · Ambient

라인하트 라코미(1946~2013)는 12세 때 루이 암스트롱Louis Armstrong의 연주에 감명을 받아 뮤지션이 되기로 결심했다고 한다. 이후 영화와 연극의 음악 프로듀서와 작곡자로 일했고, 뮤지션으로는 1973년 셀프 타이틀 록 앨범으로 데뷔했다. 또한 아내와 함께 어린이 뮤지컬 작품을 발표했으며, TV와 영화음악을 200여 곡 이상 작곡했다.

본작은 뉴에이지 음악가로서 네 번째 디스코그래피이다. 무그 신시사이저뿐만 아니라 따스한 음색의 멜로트론도 연주하고 있는데, 타이틀처럼 가벼우면서도 향기로운 단맛을 내는 로맨스가 있다.

귀뚜라미 소리와 함께 잠잠한 평온이 투명한 건반으로 전해지는 〈Tran-quility with Italian Thoughts〉에서는 이내 유동적인 전자 퍼커션이 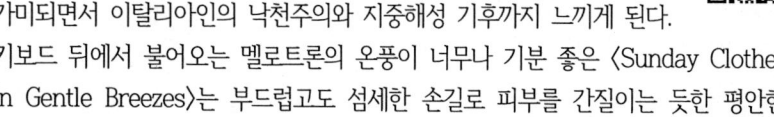 가미되면서 이탈리아인의 낙천주의와 지중해성 기후까지 느끼게 된다.

키보드 뒤에서 불어오는 멜로트론의 온풍이 너무나 기분 좋은 〈Sunday Clothes in Gentle Breezes〉는 부드럽고도 섬세한 손길로 피부를 간질이는 듯한 평안한 휴식 음악이다.

긴장감과 두려움으로 꽉 차 있는 〈Koyanis〉에서는 현대무용극을 보듯 점차 역동적인 동작이 출몰하는 전자음악을 들려준다.

귀여운 어린이의 숫자놀이 〈Uno, Due, Tre... 1,2,3...〉는 단순한 악곡이지만 신나는 동심이 자리한다.

〈Homesickness on Monotone Xylophone〉은 중후한 신시사이저 오  케스트레이션의 서글픈 향수가 드라마틱하게 강물처럼 흘러가는 걸작이다.

공기를 의미하는 〈AËR〉은 남녀 혼성 코러스와 일렉트로닉 심포니가 멋진 명연으로, 웅대한 축하쇼의 개막식을 연출한다.

〈Farewell〉은 반겔리스Vangelis 풍의 감동 뭉클한 심포닉 볼레로이다.

전자음악계에서 잘 알려진 음악가는 아니지만, 그의 본작만큼은 다양한 감동 요소를 포함하고 있는 수작이다.

그는 커버의 도안처럼 가볍게 윙크를 하고는 아내와 함께 어린이 뮤지컬 작품과 동화 작품을 계속해서 녹음했으며, 사후 여섯 번째 전자음악 앨범 《Zwischen der Stille - Electronics 침묵 사이, 2019》가 출반되었다.

Reinmar Henschke
Connections

Nightingale | NGH 374 | 1993

1. Echoes
2. Drops
3. Motion
4. Relax
5. Ballade
6. Exchange
7. Bridges
8. Scenes
9. Concertino
10. Folk Song
11. Transition
12. Connections

NewAge-Jazz

독일 베를린 출신의 피아니스트이자 작곡가인 라인마르 헨쉬케는 1959년생으로, 밴드로 활동하며 1988년에 데뷔했다. 그러나 그의 이름을 건 첫 독집은 나이팅게일 레이블을 통해 발표한 《Connections》이 그 시작이었다.

앨범 《Influence, 1993》의 공작자인 색소폰 주자 폴커 쉬롯Volker Schlott이 우정 출연했고, 기타와 베이스 주자도 참여했으며, 그는 신시사이저와 피아노를 연주했다.

많은 세월이 흘렀지만, 이 데뷔작에서도 그의 화려한 감성 피아노의 기본이 되었던 도시적인 세련됨을 엿볼 수 있다. 커버에서처럼 대도시의 아름다운 야경을 바라보며 밤의 서정에 젖어 휴식시간을 보내는 현대인의 소중한 교감의 시간을 매끄럽게 이끌어간다.

〈Echoes〉에서는 일렉트로닉 음악을 연상시키는 서두를 지나면 감성의 날개를 달아주는 깔끔한 피아노와 키보드가 어두운 밤하늘 아래 별이 켜지는 빌딩 숲을 거닐게 한다.

〈Motion〉는 유유한 곡선을 그리는 건반에 색소폰 임프로비제이션이 더욱 활력감을 준다.

다소 우울한 분위기의 〈Relax〉에서는 피아노의 가벼운 재즈 터치로 심신이 맑아지는 촉촉함을 느끼게 되며, 어린이들의 구상음으로 생생한 추억을 환기시킨다.

〈Ballade〉는 어린이를 위한 달콤 상큼한 연주곡으로, 뉴에이지 피아노의 매력을 잘 보여주는 곡이다.

느슨한 몽롱함이 몰려와 금방이라도 단잠에 빠질 듯한 〈Concertino〉는 따사로운 바람 같은 피아노 서정으로 우리의 머리를 쓰다듬는다.

평화가 담긴 풍경화 〈Folk Song〉에는 시간마저 느리게 흐르고, 뉴에이지 감성으로 평온한 숨결을 내쉬는 〈Transition〉는 더욱 시적이다.

〈Connections〉에서는 모차르트Mozart풍의 클래식 재즈가 투명한 밀어를 위해 은밀한 교감의 길을 열어준다.

본작은 수많은 소프트재즈 작품들과 견주어보면 보잘것없는 것처럼 들릴지도 모른다. 왜냐면 가장 당도가 떨어지기 때문이다. 게다가 귀를 때리는 피아노포르테가 아닌 서정적인 피아니시모이다. 그 여린 재즈 선율은 반사음이 없이 다행히 온몸에 흡수되어 젖는다.

Reinmar Henschke
On Air

Ozella Music | OZL 22007 | 2009

1. A New Day
2. Seagulls Dance
3. No Mercy
4. On Air
5. Bad News
6. In The Heat of the Night
7. Drunken Piano
8. We Survived Köckern (A9)
9. Max, or Coming Home

NewAge-Jazz

독일 베를린 출신의 피아니스트이자 작곡가인 라인마르 헨쉬케는 나이팅게일 레이블과 작별을 고하고 동년에 《Secret Moments, 1994》를 발표, 의욕적인 창작욕을 이어간다.

이후 클래시컬하고도 재즈의 묘미를 지닌 《OPUS Kammerorchester, 2001》과 《Vansinn, 2004》, 색소폰 주자 폴커 쉴로트Volker Schlott와의 공작으로 ECM 레이블의 현대 재즈를 떠올리게 하는 《Cafe Thiossane, 2006》, 뉴에이지 피아노 솔로 앨범 《9 Ways to Picture a Journey, 2007》에 이어 발표한 솔로작이 본작이다.

이는 국내에 소개되기도 했는데, 키보드, 피아노, 펜디 로즈, 퍼커션, 일렉트로닉까지 다양한 악기를 연주하며 세련된 유럽 스타일의 소프트재즈 라운지(?)를 선보이고 있다. 그래서 많은 사랑을 받고 있는 그의 대표작이 되었다.

〈A New Day〉는 미지의 여행지에 대한 기대감과 은은한 흥분감으로 가득 차 있다. 그의 재즈 건반은 자유롭고 달콤한 낭만이다.

〈Seagulls Dance〉은 바닷새와 은빛으로 반짝이는 건반 위에서 색소폰의 긴 호흡으로 시작되며, 곧 트립합 비트와 함께 재즈피아노의 비행으로 날아오른다.

〈No Mercy〉는 포근한 여성의 스캣에 이어 재즈보컬이 그루브를 당긴다.

〈On Air〉는 다소 우울한 감성이지만 부드러운 보사리듬에 실리는 일렉피아노의 손길은 진지한 인상으로, 편안하면서도 황홀하다.

〈Bad News〉는 앰비언트 전자음향과 재즈의 믹스이다.

〈Drunken Piano〉에는 은근히 열정적인 여흥에 취할 수밖에 없는 걸작으로, 여유로운 서정미에 빛이 녹아내린다.

〈We Survived Köckern (A9)〉은 아우토반을 내달리는 긴장 어린 순간으로, 차 경적음이 삽입되어 그 중심에 청자를 서게 한다. 재미있는 표현도 있지만 아찔한 느낌이다.

부유하는 항공기의 탑승석에서 듣는 편안한 휴식 음악처럼, 때로는 역동적인 면으로 가슴을 뛰게 하는 매력으로 가득 찬 본작은 여행자를 위한 카페이다.

이후 로망스 재즈 《Solo Piano, 2010》에 이어, 다시 한번 색소폰 주자 폴커와 함께 어쿠스틱 재즈앨범 《FeinCost, 2020》를 냈다.

379

Renè Aubry
Ne M'Oublie Pas

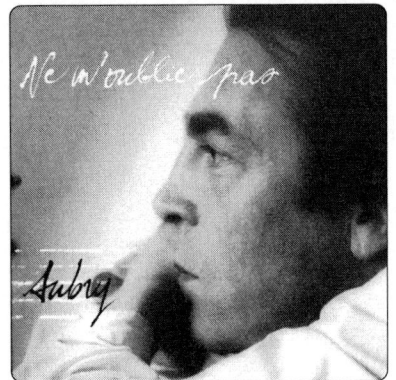

Hopi Mesa | 852045 | 1995

1. Ne M'Oublie Pas
2. Chanson d'Adrien
3. Cortège
4. Mimi & Fredo
5. Facéties
6. Vergiß Mein Nicht
7. Ribambelle
8. Tribulations
9. Le Bal des Patineurs
10. Joséphine Rêve
11. Solletico
12. Simagrées
13. Forget Me Not

NewAge-Chamber,
NewAge-Electronic Ambient

1956년 프랑스 보쥬의 레미르몽에서 태어난 르네 오브리는 14세 때 선물로 받은 기타를 연주하면서 독학으로 음악을 공부했고, 1978년에 처음 만난 발레 안무가 카롤린 칼송Carolyn Carlson의 「Blue Lady, 1982」의 음악을 작곡하면서 본격적인 무용음악가로 데뷔하였다. 그녀와의 인연은 「Steppe 걸음, 1990」과 바스티유 오페라 극장에서 초연한 「Signes 싸인, 1997」으로 이어진다.

1986년에는 저명한 인형극작가 필립 장띠Philippe Genty를 만나 그의 「Dérives 표류, 1989」를 시작으로 인연을 이어감과 동시에, 「La Revolte des Enfants 아이들의 반란, 1991」과 「Killer Kid, 1994」등의 영화음악도 작곡했다.

국내에는 1993년도에 《Libre Parcours 자유코스, 1988》와 《Dérives 표류, 1989》의 라이선스로, '건반의 연금술사'로 칭송받는 그의 명성이 상륙했다.

본작은 1992년 필립 장띠가 아내이기도 한 안무가 Mary Underwood와 함께 7인으로 초연한 마임극 「Ne M'Oublie Pas 나를 잊지 마세요」의 사운드트랙이며, 오브리는 이 앨범을 전년도에 작고한 그리스의 대작곡가 마노스 하지다키스Manos Hadjidakis(1925~1994)에 헌정했다.

⟨Ne M'Oublie Pas⟩은 동화적이고도 우아한 현악 스타일로, 피아노의 발레가 무척 낭만적이다.

⟨Chanson d'Adrien 아드리앙의 노래⟩는 1987년생 필립 장띠의 손자 아드리앙 장띠Adrien Genty의 귀여운 음성이 너무나 구슬프다.

어린이의 구상음이 삽입된 ⟨Cortège 행렬⟩은 불안하면서도 암울한 주술이며, ⟨Facéties 농담⟩에는 아코디언과 트럼펫이 긴장을 흐른다.

⟨Vergiß Mein Nicht 나를 잊지 마세요⟩는 몽환적인 축제의 퍼레이드가 열리며, ⟨Tribulations 고난⟩은 우렁찬 드럼비트에 아코디언과 백파이프가 곡예를 펼친다.

나누어진 소품들의 종합판 ⟨Forget Me Not⟩은 긴장과 암울함이 빚어내는 눈보라이다.

이 마임은 20년이 지나 「Forget Me Not, 2012」으로 새로운 음악과 함께 재편되었는데, 2014년 서울세계무용축제SIDANCE에서 개막작으로 선보였다. 글쓴이도 설원을 배경으로 등장하는 독특한 복식과 기발한 인형들, 그리고 사랑의 관계성을 철학적이고 서정적으로 표현하고 있는 환상적인 동화극을 경험할 수 있었다.

Renè Aubry
Seuls au Monde

Hopi Mesa | 3085032 | 2003

1. Seuls au Monde
2. Peril
3. 12 Septembre
4. Chaloupée
5. Premiers Pas
6. S.O.S.
7. Sanglot
8. Voleurs de Bagdad
9. La Marée Était en Noir
10. Madame Ose
11. Fait Divers
12. Lonely Planet
13. Paris - Madras
14. Uniques au Monde

NewAge-Chamber,
NewAge-Electronic·Ambient

2004년 국내에 상연된 프랑스의 마임 예술가 필립 장띠Philippe Genty의 「Ligne de Fuite 환상의 선」은 무척이나 뚜렷한 인상을 심어주었다. 1999년에 국내에서 열린 첫 공연을 놓쳐버린 아쉬움이 만회되는 순간이었다.

동화와 마술, 철학과 현실, 과거와 미래, 익살과 경고가 가득한 그 환상적인 마임은 익히 접하였던 퍼포먼스와는 거리가 멀었는데, 절묘한 눈속임의 기술과 현실을 꼬집는 위트로 충만해 있었다. 그 공연장을 꽉 메운 관람자들은 상상의 선을 줄곧 그었고, 그 충격적인 반향의 깊이는 르네 오브리의 신비스러운 음향으로 더더욱 심연에 머물게 하였다.

본작은 그가 작업했던 「La Revolte des Enfants 아이들의 반항, 1991」의 감독 제랄 프와투-베베르Gerard Poitou Weber의 영화 「A Bout de Course 결승선」에 삽입된 〈12 Septembre〉를 제외하면 모두 마임 「환상의 선」을 위한 작곡이다.

쉼 없는 천의 떨림으로 우주적인 광활함의 배경 속에 관객들을 내던져지게 한 〈Seuls au Monde 세상의 심장〉은 전자음향 속에서 베이스가 우주의  심장박동을 표현한다.

출연자들이 수많은 의자 위에서 추락하는 장면에 사용된 〈Peril 모험〉  은 반복적인 속주 기타와 삼엄한 전자음향으로 메마르고 쓸쓸한 감정의 위험수위를 넘나든다.

〈Chaloupée 동요〉는 변형된 인성과 아코디언 그리고 기타와 만돌린으  로 연주된 미니멀 스타일로, 자신의 의자를 들고 우왕좌왕하는 연출에서 현대사회의 불안함을 드러냈다.

〈Voleurs de Bagdad 바그다드의 도적떼〉는 긴장감이 엄습하는 연주  곡으로, '살인자'를 추리하고 서로를 의심하는 마임에 삽입되어, 현대인 모두가 '살인자'이며 '피살자'라는 주장을 극에서 보여주었다.

힘없는 소시민을 상징하는 다른 작은 인형들의 머리를 먹으며 살을 찌워가는 큰 인형... 이는 우리 자신과 사회의 일면을 상기시켜 주었는데, 시타르 연  주에 실려 나오는 인도풍의 최면적인 주술 〈Paris-Madras〉이 그 충격의 강도를 최고조로 끌어올린다.

〈Uniques au Monde 세상의 화합〉은 성인 성악과 어린이 민속합창으  로 구성되어 있다.

오감을 충족시키는 환상의 선, 그 충격적인 장면들은 쉽사리 사라지지 않는다.

Hopi Mesa | 3231682 | 2010

1. Étreinte
2. Lied Guitare
3. Le Tunnel
4. Alice
5. Rasta la Vista
6. Sous les Bombes
7. Refuges
8. Sweet Mambo
9. Sous le Regard du Ciel
10. Iceland
11. Ici et Là
12. Pluie d'Été
13. Peur du Vide
14. Anikouni

NewAge-Chamber,
NewAge-Electronic·Ambient

인형극과 무용음악으로 잘 알려진 르네 오브리의 독특한 음악은 우리를 무대의 광대나 배우로 변모시킨다. 현실 문제를 보다 더 슬프고 혹은 더 익살스럽게 풍자하여 우화 같은 삶을 다시금 관찰하게 하는 묘미가 있다.

본작은 국제적인 난민 문제를 소재로 한 듯 보이지만, 사실은 난민의 인생을 사는 정처 없는 현대인들을 삶의 단면을 묘사한 모음집이다. 시적인 긴장감과 소설과도 같은 변형된 음감 등으로 비열하며 잔혹한 세상에 던져진 무기력한 고독과 슬픔과 분노를 무대 안으로 흘려놓는다.

〈Le Tunnel 터널〉은 일본 뮤지션 준 미야케Jun Miyake의 작품으로, 그의 플뤼겔호른의 실험적인 즉흥은 마치 출구 없는 터널처럼 어두운 공간 속에 청자를 가둔다.

〈Alice〉와 〈Refuges〉는 프랑스 마임예술가 필립 장띠Philippe Genty의 「Boliloc, 2009」에 사용된 음악이다. 특히 왈츠풍의 〈Refuges〉는 웅성거리는 군중과 스산한 바람, 기묘한 밤 숲, 뒤를 쫓는 듯한 군인들의 발자국, 강물을 건너는 소리 등으로 현대인의 불안을 극화한다.

〈Rasta la Vista 길 위의 이방인〉은 폴카의 리듬과 함께 부주키의 선율이 슬픔을 머금는다.

〈Sous les Bombes 폭격 속에서〉와 〈Pluie d'Été 여름비〉는 필립 아락팅기 Philippe Aractingi 감독의 영화 「Sous les Bombes, 2007」의 삽입곡이다.

〈Sweet Mambo〉는 세계적인 안무가 피나 바우쉬Pina Bausch(1940~2009)가 타계 전 2008년에 오랜 시간 자신과 호흡을 맞췄던 무용수들을 위해 만든 동명의 작품에 사용되었으며, 국내에도 2017년 초에 상연되었다. 몽롱하기 그지없는 음악은 반복적인 퍼커션에 의해 기묘한 징조가 꿈틀거린다.

〈Sous le Regard du Ciel 하늘의 시선 아래서〉는 은은한 기타의 서정이 호쾌한 록으로 갑작스레 전개되는데, 너무나 짧게 느껴져 계속해서 반복 재생할 수밖에 없다.

귀여운 아기 유리 오브리Yuri Aubry가 노래하는 〈Anikouni 아니쿠니〉는 민속음악이다. '…저녁이 인도 마을에 내리면, 주술사는 숲으로 사라진다네, 그는 땅에다 손을 대고 진맥을 하지.'

이듬해 무용가 피나 바우쉬의 다큐멘터리 「Pina, 2011」의 음악에 이름을 올렸다.

Renè Aubry
Petits Sauts Délicats Avec Grand Ecarts

rené aubry

petits sauts délicats
avec grand écart

Hopi Mesa | 300516 | 2018

1. Enlassées
2. Altitude
3. Petite Fille
4. Tango Romantico
5. I Feel Good
6. Gamelunk
7. Wayfaring Strangers
8. Petits Sauts Délicats Avec Grand Ecarts
9. Clear Water
10. Dansons Sous La Pluie
11. Guitare Bambou
12. Piccola Pioggia
13. Oh My Love
14. Water Falls 2

NewAge-Chamber,
NewAge-Electronic·Ambient

연금술사 르네 오브리의 《Forget Me Not, 2013》는 마임 연출가 필립 장띠 Philippe Genty의 마임극 사운드트랙이다. 이 마임은 내면 탐구를 위한 꿈의 풍경으로, 다양한 캐릭터를 통해서 공간, 사물, 빛, 인간 신체 사이의 상호작용을 보여준다. 〈Séduction 유혹〉이란 피아노 곡에서 들려주는 고독한 서정은 특히 아름다운 터치이다.

《Now, 2015》는 발레 안무가 카롤린 칼송Carolyn Carlson의 2014년 클래식 발레 작품의 음악이다. 철학자 가스통 바슐라르Gaston Bachelard의 「공간의 시학」을 원작으로 한 이 작품은 존재의 영적 차원을 탐색하는 신비한 기억과 신성한 공간을 이야기한다. 수록곡 중 〈My Body is My House〉는 주제라 할 수 있으며, 〈Replay〉가 그 공간으로 오묘한 통로를 열어준다.

《Chaos, 2015》는 우리 세계의 위태로운 균형에 대한 인식을 증언하는 개인적인 앨범이다. 앰비언트 공간음악에 가까운 작품들이 다수 수록되었는데, 그중 〈Water Falls〉은 기타의 은은함이 줄곧 낙하한다.

그의 28번째 작품인 본작 《크게 다리를 벌리고, 낮고 우아하게 점프하기》는 마임 연출가 필립 장띠의 「Paysages Intérieurs 실내 풍경, 2016」의 사운드트랙을 위해 작곡되었다. 이 마임은 환상의 인물이 탄생하고 숭고함과 공포, 시적인 시각적 요소가 합쳐지는 백일몽의 세계에서 펼쳐지는 미로 같은 서사시라 한다.

우울함과 긴장감이 아름다움 속에 밴 음악은 그의 장기인 만돌린, 밴조, 아코디언, 바이올린, 타악기 등의 앙상블로 조합되었으며, 보컬뿐만 아니라 마임극의 구상음(?)도 삽입되었다.

〈Altitude 고도〉는 여성 보컬의 서정적인 면을 극대화하면서 꿈의 착란을 일으킨다.

〈Tango Romantico〉의 열정은 부드러운 노스텔지아로 끌어당기며, 〈Gamelunk〉의 암울하고도 중독적인 선율은 청자를 미궁으로 떠민다.

〈Wayfaring Stranger〉은 민요의 편곡으로, 여가수의 보컬과 바닷소리, 그리고 자욱한 클라리넷의 우울한 랩소디가 일품이다.

〈Oh My Love〉에는 투명한 바다 풍경화가 펼쳐지지만, 밤이 내리면 탱고와 함께 관능적인 여성 보컬이 등장하는 멋진 곡이다.

〈Water Falls 2〉는 전작에 이은 키보드 버전으로, 낙하한 따스한 물방울들이 다시 하늘로 상승하는 듯한 환상이다.

Richard Schönerz & Peter Scott
One Night in Vienna

Windham Hill | WD-1060 | 1987

1. Wishing Well
2. Windows of the World
3. Carnival
4. Peace of Mind
5. One Night in Vienna
6. Bayangumé
7. Cairo
8. Sentimental Walk · *theme from 'Diva'*

NewAge-Fusion

'비엔나에서의 하룻밤'이라는 낭만 타이틀과 감탄할 만한 커버 그리고 윈드햄 힐이라는 마크만 믿고 염가 판매대에 먼지를 덮어쓴 이 앨범을 구입했는데, 그 아이스크림과도 같은 부드러움에 넘어가고야 말았다. 시간이 가면 갈수록 바닐라향이 코와 혀를 매료시키는 것이다.

왈츠의 도시 비엔나 왕궁에서 열리는 무도회에는 피아니스트 리하르트 쉐네르츠Richard Schönerz와 기타리스트 피터 스콧Peter Scott 듀오의 멋진 호흡에 색소폰 주자 폴 맥캔들리스Paul McCandless와 드럼과 퍼커션 그리고 베이스 등의 게스트가 참여하고 있다.

깔끔한 소다수처럼 시원한 브라질 감성을 전하는 〈Carnival〉는 강약을 조절하며 흥분을 자극한다.

가장 아름다운 걸작으로 영원히 남을 〈Peace of Mind〉는 쉐네르츠의 피아노와 부드러운 허밍 보컬이 아름다움을 선사한다. 하늘에서 솜털이 날리는 듯한 따사롭고 다소 몽환적인 이미지가 떠날 줄 모른다. 윈드햄 힐의 여러 편집앨범에도 수록되는 단골 트랙이기도 하다.

멜랑꼴리 감정과 충동을 불러일으키는 〈One Night in Vienna〉은 우아한 신시사이저 음향과 반복적인 드럼 그리고 재지한 피아노와 퓨전 기타의 서정이 어우러진다.

영화음악가 프란시스 레Francis Lai(1932~2018)의 근작 영화음악들을 연상시키는 〈Bayangumé 그림자〉는 상앗빛의 반투명 커튼이 바람결에 흔들리는 듯한 부드러움을 동반하며, 기타리스트 피터 스콧의 연주 실력을 살필 수 있는 〈Cairo〉는 단순하고도 매끄러운 감각으로 넘쳐난다.

〈Sentimental Walk〉는 영화음악가 블라디미르 코스마Vladimir Cosma의 대표작이기도 한 「Diva 디바」의 주제곡을 나른하면서도 인상적인 기법으로 연주하고 있다. 동그라미를 그리는 피아노의 여운과 기타 현의 나풀거림이 듣는 이의 마음에까지 잔잔한 진동을 가하며, 색소폰의 블루스 임프로비제이션은 로망스의 불꽃을 피운다.

이후 두 번째 앨범 《Under a Big Sky, 1991》가 발표되었는데, 이는 보컬 곡까지 수록한 야심작이었으나 결과적으로는 평범한 작품에 거쳤다. 이후 쉐네르츠는 여성 프로듀서와 함께 Schönherz & Fleer라는 팀을 꾸려 성공을 이어갔다.

Richard Souther
Twelve Tribes

Narada | ND-63015 | 1990

1. City Lights / Western Sky
2. Simple Joys
3. Trade Winds
4. Native Shores
5. Compañero
6. Go the Distance
7. Twelve Tribes
8. All in Good Time
9. The Summit
10. Hands Held Apart

NewAge-Fusion

리처드 서더는 캘리포니아 출신의 키보디스트이다. 이미 십 대에 리코딩 경험이 있었고, 포크가수 베리 맥과이어Barry McGuire, 〈You Light up My Life〉로 잘 알려져 있는 데비 분Debby Boone, 유명 록밴드 The Mothers of Invention, 기타리스트 필 케기Phil Keaggy 등과 함께 일했다. 1980년에 건강상의 이유로 공백기를 보냈지만, 회복 후 그는 삶에 대한 관점에서 기독교를 포함한 개인적인 테마에 주력하여 솔로 활동을 계획한다.

첫 솔로작 《Heirborne, 1985》와 《Innermission, 1986》에 이어 그의 중간 이름을 사용한 Douglas Trobridge로 두 매의 프로젝트 앨범을 발표했다.

이후 그는 나라다의 에퀴녹스 라벨에 등단하여 어려서부터 훈련된 고전음악과 팝, 민속음악과 현대 재즈에 이르는 대중적인 감각을 음악에 섞어냈다.

나라다 데뷔작인 《Cross Currents, 1989》은 최고의 히트곡인 〈All The Way Home〉이 수록되어 있다. 얀 가바렉Jan Garbarek을 연상시키는 이 곡  은 색소폰과 키보드의 훌륭한 조합으로 신성한 경지의 천국을 경험하게 하며, 정신적인 충족감과 영혼에 평화를 깃들게 한다.

또한 〈The Last Roundup〉은 전원의 푸르름이 싱그럽게 펼쳐지는 녹 색지대의 발라드로, 그의 팝 감각이 최고로 발휘되어 있다.

나라다에서 두 번째로 발표한 본작은 민속음악과 재즈와의 하모니를 잘 표현한 작품이다.

캘리포니아의 정취를 그린 첫 곡 〈City Lights / Western Sky〉은 포크 와 재즈의 퓨전을 통해 시원스럽고 광활하게 그렸다.

다소 외로움이 묻어나는 〈Native Shores〉의 서정과 낭만의 무드, 그리고 감미롭고 달콤한 재즈피아노와 포근한 클래식 심포니가 새로운 소리  조형을 완성하는 걸작 〈Go the Distance〉이 수록되어 있다.

대미를 장식하는 〈Hands Held Apart〉는 팻 메스니Pat Metheny의 기  타를 듣는 듯한 요람을 조성하는데, 그 한없는 따사로움은 사랑스럽고 행복감을 안겨다 준다.

명작이라 할 수는 없지만, 그의 삶과 연결된 음악은 언제나 공감의 감흥이 풍부하다. 한동안 개인 활동을 접었던 그는 2000년대에 들어서 활동을 이어갔다.

Richard Wahnfried
Tonwelle

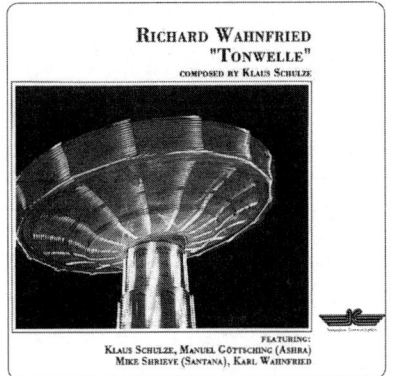

IC-Digit | IC710.095 | 1990

1. Schwung (Momentum)
2. Druck (Pressure)
3. Angry Young Boys
   - from Megatone
4. Rich Meets Max
   - from Megatone

NewAge-Electronic

베를린에서 출생한 클라우스 슐체Klaus Schulze(1947~2022)는 어린 시절 형의 프리재즈 드럼 연주에 음악적 자극을 받아 6세 때 기타를 배우기 시작했다. 탠저린 드림Tangerine Dream의 초대 멤버로 데뷔작 《Electronic Meditation, 1970》에서 드럼을 연주했는데, 이후 마누엘 곳싱Manuel Gottshing과 함께 아쉬 라 템펠Ash Ra Tempel을 결성하고 데뷔작을 발표하고는 또다시 탈퇴했다.

솔로 데뷔작 《Irrlicht, 1972》를 시작으로 자신만의 음향실험에 몰두했는데, IC라는 전대미문의 레이블을 설립한 후 자신의 음악전용 컴퓨터의 이름을 딴 리하르트 반프리트로 활동을 개시한다.

아서 브라운Arthur Brown과 빈센트 크레인Vincent Crane, 마이클 쉬리브Michael Shrieve를 참여시킨 《Time Actor, 1979》는 짧은 곡들로 구성된 역동적인 일렉트로닉록이었다.

이어 발표한 작품이 음파를 의미하는 본작이다. 국내에도 라이선스로 선보였는데, 재발매되면서 《Megatone, 1984》에 실린 두 곡을 보너스로 추가했다. 게스트로 아쉬 라 템펠의 리더 마누엘 곳싱이 기타를, 전작과 마찬가지로 드러머 마이클 쉬리브가 참여했으며, 마이클 가펜스Michael Garvens가 보컬을 담당했다.

마이클 가펜스의 사이키 스캣으로 시작되는 〈Schwung〉은 시계 초침처럼 규칙적이고 빠른 퍼커션 위에 불규칙한 드럼과 뜨거운 기타에 주술을 노래하는 록 보컬이 뒤를 잇는다. 서서히 달구어진 전자기타에 불꽃이 튀고 이내 화염이 솟구친다.

거센 비처럼 떨어지는 신시사이저 음향에 서글픔을 달래는 기타, 그리고 그 중압감을 내뱉는 드럼이 이채로운 〈Druck〉은 마치 붉은 혈관을 타고 급속으로 흐르는 혈구가 된 듯 기묘하다.

《Megatone》에 수록된 〈Angry Young Boys〉는 국내 심야방송에서도 자주 들을 수 있었던 대표곡이다. 색소폰의 주술에 퍼붓는 디지털 음향, 그리고 황폐해져 가는 마이클 가펜스의 사이키델릭 보컬이 빠른 드러밍과 작열하는 전자기타가 극단의 전율을 분출한다.

미니멀 전자 실험을 행한 〈Rich Meets Max〉도 현대적인 세련미로 물들어 있다.

이처럼 짜릿하고도 공격적인 쾌감을 안겨준 후, 거친 전자 명상음악 《Meditation, 1986》를 발표하고, 이후로도 3매의 앨범을 더했다.

Rob Simonsen
Rêveries

Masterworks | 19075892502 | 2019

1. Argenté
2. Rêve
3. Envol
4. Coeur
5. Nuit Tombante
6. Spectre
7. Aurore
8. Ciel
9. Ondes

New-Acoustic

미국 작곡가로 1978년생인 롭 시몬센은 어릴 때부터 귀로 음악을 듣고 연주하기 시작했고, 성악 교사였던 할머니의 격려로 피아노 레슨을 받았다. 결국 대학교까지 내내 재즈피아노와 음악을 공부했다.

그의 음악적 경력은 독립 장편영화 「Westender, 2003」의 음악을 맡으며 시작되었고, 이듬해 캐나다의 영화음악 작곡가 마이클 대나Mychael Danna의 눈에 들어 함께 영화음악을 공작했다. 이후 많은 영화 및 TV 시리즈 감독과 협력했으며, 뉴욕 타임스는 '완벽하게 조정되었다'라며 그의 사운드트랙들을 극찬했다. 또한 광고음악도 작곡했는데, 애플, 나이키, 코카콜라, AT&T, 도요타 등이 광고주였다. 2013년에는 라이브 및 대화형 공연을 위해 The Echo Society를 공동 상립했나.

2016년 그는 프랑스 영화 「Demain Tout Commence 내일 모든 것이 시작된다, 2016」를 위해 파리로 갔으며, 스튜디오와 작업물이 만족스러웠기에 자신의 솔로 앨범을 여기서 녹음하고 싶었다. 그러나 다시 찾았을 때 마음에 드는 피아노가 없었기에 파리를 벗어나 시골 헛간에 전시된 벡스타인Bechstein 피아노를 찾을 수 있었다고 한다. 그리고 합창단, 6명의 첼리스트, 드러머 등이 참여한 첫 솔로 앨범 《Rêveries, 몽상》을 발표한다. 9개의 꿈은 유럽에서 받은 영감으로, 그는 꿈에 도달하기 위해 방황하는 우리의 고요한 현실을 그려낸다.

〈Argenté 은빛〉에 흐르는 평화는 은은하게 피어오르는 황혼의 빛들을 묘사하며, 〈Rêve 꿈〉은 고요한 세상에서 코러스가 별을 띄운다.

에릭 사티Erik Satie의 선율을 떠올리게 하는 〈Envol 비행〉은 감성적인 멜로디가 오랫동안 서정의 무중력상태에 머물게 한다. 그의 이력답게 영화적인 서사가 그려지는 걸작이다.

〈Coeur 마음〉은 따스한 첼로와 코러스가 우울한 파장을 만들며, 〈Nuit Tombante 해 질 녘〉의 평온함은 너무나 그윽하다.

〈Spectre 스펙트럼〉은 현악을 위한 경의로운 찬송이며, 〈Aurore 오로라〉는 새벽의 감미로운 낙천주의에 코러스가 신비로움을 더하는 미니멀 작품이다.

〈Ciel 하늘〉은 달콤한 전자 앰비언트로 천상의 바람이 스치며, 〈Ondes 파도〉에는 우아함이 경건함으로 물든다.

그만의 화풍은 여전히 영화감독들의 러브콜을 받고 있다.

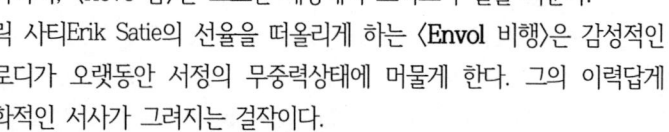

Roberto Cacciapaglia
Generazioni del Cielo

Proper | SP006 | 1986

1. Ouverture
2. Kneeling World
3. Desir d'une Vie Plus Juste
4. Anello
5. Gesang der Wesen
6. Fuoco Celeste
7. La Voie du Coeur
8. L'échelle des Sentiments
9. Incanto dell'Arcobaleno
10. Helmat
11. Unisono - Life Explodes
12. Notturno
13. Desiderio Contro Il Tempo - Life Explodes
14. Preghiere Lontane
15. Animals
16. Kinderwelt
17. No Name
18. The Last Day

NewAge-Classical

로베르토 카치아팔리아는 1953년생으로, 이태리 밀라노에서 출생했다. 베르디 음악원에서 작곡을 전공했고, 전자음악도 수학했다. 밀라노 국영 TV 방송국인 RAI, 피사의 국립 연구소에서 음악을 작업하다가, 사이키델릭 세션의 창시자인 롤프-울리히 카이저Rolf-Urrich Kaiser에 의해 발굴되었다.

그는 첫 작품《Sonanze, 1975》 발매 이후 이태리 현대음악계의 혁명적인 창작 세력으로 자리 잡았는데, 특히 독일의 레이블에서 발표된 이 명연은 저먼 아트록 그룹 뽀뽈부Popol Vuh를 연상시키는 음악이었다. 이어 또 하나의 역사적인 명반 으로 기록되는《Sei Note in Logica, 1979》를 발표, 이는 스티브 라이히Steve Reich를 닮은 미니멀 작품이다. 이후 1980년대 후반부터 다수의 오페라 작품을, 그리고 1990년대 초반부터 본격적으로 솔로 앨범을 발표하고 있다.

그의 디스코그래피는 어쩌면 일관성이 없다. 전자음악, 혹은 실험음악, 보컬, 그리고 클래시컬 연주음악 등 많은 장르로 편성되어 있다.

네 번째 앨범인《Generazioni Del Cielo 창공의 세대》는 1986년에 발표한 오페라로, 프라토의 메타스타시오 극장에서 초연되었다. 이는 일렉트로닉을 전혀 사용하지 않고 미니멀한 컨템퍼러리 스타일을 추구하며, 풀 오케스트라와 성악가의 매우 아름다운 선율을 겹겹이 쌓아 서정적인 풍경을 만들어낸다. 이태리 오페라의 전통을 이어받은 그랜드 오페라 신고전주의 음악으로, 천국의 세상을 여는 걸작이다. (전곡을 음반으로 들어야 제격이다)

〈Ouverture〉에는 장대한 오케스트라와 서정적인 피아노 그리고 더없이 천상에 가까운 여성 성악 보컬로 창공을 연다.

〈La Voie du Coeur 마음의 길〉은 소프라노와 테너가 노래하는 쓸쓸하고도 긴장감 있는 현의 회오리가 혼돈과 평정을 거듭한다.

〈Notturno 야상곡〉은 침잠의 피아노에 여성 보칼리제가 더욱 마음에 우울한 푸른색을 덧칠한다.

〈Preghiere Lontane 머나먼 기도〉는 피아노 찬송으로 구원과 평화를 향한 뜨거운 갈망이 용솟음친다.

연민의 우애를 피아노와 함께 온화하게 물들이는 〈No Name〉에는 여성 보칼리제로 그 깊이를 더하며, 〈The Last Day〉에는 청아한 소프라노 보컬로 푸른 하늘에 구름들을 하나씩 걷어낸다.

Roberto Cacciapaglia
Quarto Tempo

roberto cacciapaglia quarto tempo

Universal Music | 476 6242 | 2007

1. Tema Celeste
2. Oceano
3. Olimpica
4. Atlantico
5. Floating
6. Nuvole di Luce
7. How Long
8. Seconda Navigazione
9. Sarabanda
10. Outdoor
11. Ancient Evenings
12. Viaggio di Notte

NewAge-Classical

로베르토 카치아팔리야의 10번째 앨범 《Quarto Tempo / Fourth Time》은 영국의 로열필하모닉 오케스트라와 협연했다. 고전주의와 모더니즘의 융합으로, 클래시컬 오케스트라와 아름다운 여성 성악, 그리고 현대적인 피아노의 인상적인 시간이다. 청자는 본작에서 루도비코 에이나우디Ludovico Einaudi의 미니멀 현대성, 마이클 니먼Michael Nyman의 장중한 아름다움, 그리고 이태리의 영화음악가 엔니오 모리꼬네Ennio Morricone의 서사적인 서정을 한 번에 느끼게 된다.

먼저 전작인 걸작 《Incontri con l'Anima 영혼과의 만남, 2005》에 수록된 3곡부디 언급히면,

〈Atlantico〉는 대서양의 물결처럼 온화하다가 격정에 휘말리며, 여성 보칼리제가 창공으로 대서양을 가볍게 밀어 올린다.

〈How Long〉은 전작에서 시편 13장을 가사로 하고 있지만, 본작에서는 여성 보칼리제로 멜로디를 연주한다. 자기연민과 구원에 대한 갈망이 푸른 잉크처럼 번진다.

〈Sarabanda〉는 멜로디의 반복이지만 끊임없이 흐름을 변화시킨다. 현악과 여성 보칼리제의 아름다움은 최선상이다.

〈Tema Celeste〉의 맑은 피아노는 마치 창공이 반사된 잔잔한 호수 위로 물수제비를 뜨는 것처럼 퍼져나가며, 첼로와 바이올린의 온기 있는 바람의 화답이 들려온다.

Expo Lake Arena의 일부 쇼에도 사용된 〈Oceano〉에서는 항해하는 바다의 심포니가 시원스럽게 펼쳐진다.

〈Nuvole di Luce 빛의 구름〉의 슬픈 드라마는 찬란하다. 오케스트라는 명암이 수시로 바뀌면서 청자에게 성큼 다가오며 피아노는 어둠을 피해 질주한다.

〈Olimpica〉, 〈Floating〉과 마찬가지로 광고음악으로 사용된 〈Seconda Naviga-zione 두 번째 탐색〉은 카치아팔리야의 피아노 연주 모습과 자연의 파노라마를 담아 뮤비로 제작되었다.

사실상 전곡이 추천곡인 본작에서 그의 숙련된 조화로움은 실로 놀라움을 자아낸다. 강렬하면서도 서정적이며 함축적인 현대미를 고전적 표현으로 윤색하는 그의 재능은 너무나 놀랍다.

Roberto Cacciapaglia
Alphabet

Decca | 377 1193 | 2014

1. Campi di Luce
2. Temple of Sound
3. Celestia
4. Endless Time
5. Lucid Dream
6. The Future
7. Meteora
8. Evidence
9. Antartica
10. Per Amore
11. Giorni di Pioggia
12. Quiet Room

NewAge-Classical

로베르토 카치아팔리야의 본작 《Alphabet》은 그의 13번째 디스코그래피이다. 이태리 대중음악계의 거인 프랑코 바띠아또Franco Battiato(1945~2021)는 그를 지난 반세기 동안 이태리의 가장 실험적인 뮤지션 중 한 명이라 언급했다.

카치아팔리야는 "작곡가의 역할은 공간을 통해 그리고 소리의 전송을 통해 에너지의 소리와 음악 코드를 변환하는 것이다. 이 음악은 소리를 전송하고 사람들에게 전달할 수 있는 에너지 고속도로와 같다. 내가 사용하는 과정은 근본적으로 소리의 여정을 건설하는 이 유형의 침묵에서 출발하는 것이다. 침묵은 내게 평온한 바다, 소리가 나는 플랫폼이 된다. 내가 침묵을 통해 내면의 감각에 도달하게 되면, 나오는 소리는 내 음악을 듣는 사람들의 깊은 정서적 감정에 닿아 접촉할 수 있게 될 것이고, 함께 우리는 친교를 성립시킬 수 있을 것이다."라고 말했다. 또한 "내 음악에서 사랑은 창조될 수 있지만 물리적인 것이 아니라 보다 영적이며, 세상에 사랑을 가져다주는 작은 도구라는 느낌만이 나를 진정 행복하게 만든다…"라 덧붙였다.

이렇듯 본작의 시공간을 초월한 감각의 피아노는 침묵에서부터 시작하여 점차 에너지를 지니며 무한한 자유세계로 인도한다.

〈Campi di Luce 빛의 들판〉은 해가 뜨며 찬란한 빛이 드리워지는 자연의 경이로운 섭리에 대한 감동과 감사의 피아노 교향악이다. 웅장하면서도 때로는 속주로 점점 일몰을 향해 달려간다.

〈Temple of Sound〉의 장대함도 주목할 만한데, 휘몰아치는 전자 오케스트레이션은 화려한 피아노와 함께 고독의 끝을 향한다.

〈Lucid Dream〉은 《Incontri con l'Anima 영혼과의 만남, 2005》에 수록된 곡으로, 여성의 보컬이 자각몽의 환상을 불러일으킨다. 심장박동을 끌어올리는 속주, 슬픔의 서정, 따스한 멜로디 등은 절대 꿈에서 깨어나고 싶지 않다.

〈Antartica 남극〉에는 광활한 설경이 반짝인다. 세찬 강풍이 몰아치는 듯한 피아노의 격정은 끝내 어두운 고요로 막을 내린다.

〈Giorni di Pioggia 비 오는 날〉에는 우울한 감정이 자욱하다. 슬픈 영화의 한 장면처럼 드라마틱한 타건은 가슴에 부딪힌다.

〈Quiet Room〉의 담백하고도 미니멀한 잔향은 뜨겁게 달아오르다가 서서히 밝기를 잃어가는 화롯불처럼 꺼져간다.

Roberto Cacciapaglia
Diapason

Believe | Glan19001 | 2019

1. Frequency of Love
2. The Morning is Born Tonight
3. Farthest Star
4. Joyful Song
5. Innocence
6. Driving Home
7. Always Present
8. A Gift
9. Interlude - The Woodpecker
10. Five Cycles of Minor And Major Keys
11. Exiles
12. Gratitude

NewAge-Classical

로베르토 카치아팔리야의 《Diapason 디아파종》은 삶과 자연에 대한 무한적 사랑을 녹여낸 우아한 클래시컬 작품이다. 디아파종은 '소리굽쇠', '기준음'이라는 뜻으로, 야마하 피아노의 로고에는 3개의 디아파종이 도안되어 있기도 하다.

EXPO 2015를 위한 베스트 《Tree of Life, 2015》에 이어 영국의 로열필하모닉 오케스트라와 협연하였는데, 자신의 피아노 연주와 카운터테너 야코포 파키니 Jacopo Facchini의 보칼리제로 구성되어 미려한 천상의 앰비언트를 전개한다.

〈Frequency of Love〉에서 로맨틱한 피아노의 진동수는 매우 유려하  다. 드리미틱한 선율에 기운디데니는 더욱 고혹직인 진리로 찬송한다.

직접 가사를 쓴 〈The Morning Is Born Tonight〉는 미국의 흑인해방운동가이자 목사인 마틴 루터 킹Martin Luther King Jr.의 삶에 바치는 꿈과 희망의 송가이다.

〈Farthest Star〉는 아련한 그리움을 채색하는 피아노가 그 선명도를  더하며, 〈Joyful Song〉은 제목답지 않게 우울한 서정의 빛깔이 스민다.

〈Innocence〉은 청명한 구름 위의 피아노에 카운터테너가 영국 시인 윌리엄 블레이크William Blake의 작품을 노래한다. '모래알의 세상을 보려면, 야생화 속 천국을 보려면, 당신의 손으로 무한대를 그러 잡아요, 그러면 영원이 찾아옵니다'

〈Driving Home〉에도 부드러운 향수가 자리 잡는다. 역시 그리움으로 애타는 마음에 온도를 올린다.

〈Always Present〉은 환상곡 혹은 야상곡처럼 감정을 광활하게 증폭시  킨다. 시각을 어지럽히는 빛의 신비처럼 피아노와 오케스트라는 몽환의 공간으로 초대한다.

마하트마 간디Mahatma Gandhi의 미소와 눈물, 희망과 사랑을 위한 시를 노래한 〈A Gift〉에 이어, 〈Interlude - The Woodpecker〉의 단순한 세련미는  애틋하면서도 감미로운 감성을 들려주며, 딱따구리처럼 연주하는 특징적인 피아노 연탄이 매혹적이다.

〈Exiles〉의 서글픈 정서도 그 깊이감을 더하고, 〈Gratitude〉도 한없이 온유하다.

피아노 솔로 버전으로 음원을 내기도 한 본작 이후, 근작 《Invisible Rainbows, 2023》는 백색, 초록, 빨강, 노랑 그리고 파랑의 간주곡으로 빛을 묘사한 피아노 솔로 앨범이다.

Robert Mirabal
Taos Tales

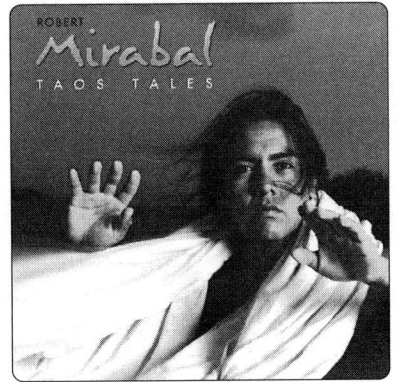

Silver Wave | SD 922 | 1999

1. Painted Caves
2. Friends
3. Popay Runner
4. Hunting Party
5. Skinwalker's Moon
6. Onate
7. Bataan Death March
8. Ee - You - Oo
9. Flute Song
10. The Courtship of Starboy
11. Acid Rain Dance
12. Day of the Dead
13. Quiet Season

NewAge-Native American

세계문화유산으로 지정된 뉴멕시코주 타오스 푸에블로Taos Pueblo에서 1966년 출생한 인디언 로버트 미라발은 북미 인디오 플루트 연주자이다.
조부모의 전통적인 생활방식에 따라 성장했으며, 클라리넷, 색소폰, 피아노, 드럼 등을 배웠으나 북미 인디오 플루트에서 전통적인 음악의 진정한 소리를 발견한다. 어릴 때부터 카를로스 나카이R. Carlos Nakai를 만나 영향을 받았으며, 뉴욕에서 세네갈과 카보베르데 그리고 하이티 출신 등의 뮤지션들과 함께 다문화밴드에서 연주했었고, 힙합펑크와 R&B 사운드에 몰두하기도 했다.
1988년에 데뷔작을 녹음했지만, 정식 데뷔는 《Land, 1995》였다. 이후 Silver Wave 레이블을 통해서 자신의 독창적인 음악을 선보였는데, 그의 음악은 전통적이라기보다는 힙합 비트와 록을 접목하여 보다 현대화된 인디오 음악에 주력하면서 네이티브 아메리칸의 문화 중흥에 노력하고 있다.

본작은 자신의 고향 이야기이다. 아나사지Anasazi 유적의 벽화에서 고대 선조와의 정신적 교감을 이야기하는 〈Painted Caves〉에는 인디언 피리와 첼로를 비롯한 다양한 앙상블로 애조 띤 묵상의 시간이 흐른다.
자연을 정복하지 않고 상생하는 방법으로 살아온 인디오의 삶의 방식을 들려주는 〈Friends〉는 무거운 첼로와 댄스 비트에 연대를 담는다.
1680년 스페인의 침략에 대항하여 인디오의 가슴에 영생하는 추장의 이름 〈Popay Runner〉에 이어, 사냥에서 돌아온 용맹한 전사의 무용담을 실은 〈Hunting Party〉에는 환희와 축제의 북소리가 들려온다.
자신의 고향땅과 삶과 정신과 아이들을 정복한 스페인 장군에 관한 노래 〈Onate〉에 이어, 〈Bataan Death March〉는 전쟁에 징집되고 투옥 당한 많은 네이티브 아메리칸 가장들의 영혼을 달래는 것이었다.
어린이들의 미래와 희망을 위한 〈Ee - You - Oo〉, 그리고 〈Acid Rain Dance〉는 기도를 올리는 인디오의 구음으로 축복을 기원하고 있다.
조상의 넋을 기리는 제례음악 〈Day of the Dead〉에 이어, 〈Quiet Season〉에는 평화에 대한 염원을 녹여낸다.

그의 많은 앨범에서 감동적인 뿌리 찾기의 여정을 살필 수 있는데, 점차 고유의 문화를 잃어가고 있는 후예들을 위해 그는 춤꾼과 시인 등 만능 엔터테이너로 왕성한 활동을 펼치고 있다.

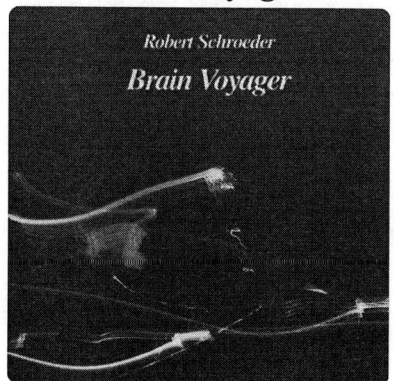

Racket | 15030 | 1985

1. Brain Voyager
2. Lost Humanity
3. Frozen Breath of Life
4. Invisible Danger
5. Gluksgedanken
6. Love Symphony
7. Slaves of Civilization
8. The Inside of Feelings

NewAge-Electronic · Ambient

1955년에 독일의 아헨에서 출생한 로버트 슈뢰더는 클라우스 슐체(Klaus Schulze)의 바톤을 이어받은 2세대 전자음악가로, 기타와 첼로를 보강한 대곡 구성의 실험작 《Harmonic Ascendant, 1979》로 데뷔했다. 그의 성공적인 첫걸음을 지켜보았던 거성 클라우스 슐체는 이렇게 회상했다.

"만약 이 세상에 현대적이고도 로맨틱한 음악이 있다면 그것은 바로 슈뢰더의 음악일 것이다. 그는 IC 레이블에서 활동하기 위해 자신들의 데모 테이프와 편지를 보내온 많은 신진 음악가들 중 한 사람이었다. 그는 내게 보낸 편지에서 자신의 기술적 견해와 직접 설계한 새로운 신시사이저 모듈에 관해 썼고, 그의 음악은 전혀 기공된 듯한 음악이 아니라 자연직이고도 아름다운 음익이라 기술했다. 그래서 나는 진심으로 그에 대해 알고 싶어 그의 집으로 방문했고, 그 후 우리는 친구가 되었다."

본작은 그의 7번째 작품으로, 게스트 뮤지션의 어쿠스틱 기타, 첼로와 피아노가 합세하고 있는 《Pegasus, 1989》와 함께 어쿠스틱 악기가 가지고 있는 따스한 감성과 인간적인 면을 느낄 수 있다. 〈Gluksgedanken 운명론〉과 동명 타이틀곡은 영화의 사운드트랙으로 제작되었다.

끌로드 치아리(Claude Ciari)의 기타를 떠올려주는 〈Brain Voyager〉는 반복주에서 열기 있는 신시사이저가 기타의 서정적인 멜로디를 포근하게 감싼다. 모 라디오 프로그램의 시그널로 사용된 바 있다.

〈Frozen Breath of Life〉의 서두에서 진행되는 멜로디의 음색은 맑고 투명하기 그지없으며, 전자기타와 신시사이저가 대위하여 변조되고, 전자바이올린의 울음소리가 허공을 향해 진동한다.

허망감을 던져주는 키보드 솔로의 〈Invisible Danger〉는 기계적 음성이 끝을 향해 기를 발산한다.

게스트 뮤지션들의 활약이 돋보이는 명연 〈Glucksgedanken 운명론〉은 서정적인 기타의 스트링에 모니카 라트(Monika Rath)의 소프라노 보컬의 비애미가 무척 아름답다.

따스한 파스텔조의 심포니 〈Love Symphonie〉, 저음 키보드의 거친 숨소리가 서서히 되살아나는 〈Slaves of Civilization〉은 엇박자로 긁어대는 기계적인 소리들이 압박감을 주는 듯하며, 광택을 발하고 사라지는 고음 멜로디의 마술 〈The Inside of Feelings〉는 몽롱하고 환상적이다.

Robin Spielberg
Dreaming of Summer

PlayMountain Music | PMM101 | 2000

1. Dreaming of Summer
2. Wherever You Go
3. Wedding on the Mountain
4. The 2 AM Gardener
5. Because of You
6. Forgiving Winter
7. Flying
8. Remembering You
9. Saving the Irises
10. One Last Look
11. Turn the Page
12. An Improvisation on the Canon

New Acoustic

1962년생인 로빈 스필버그는 뉴에이지 아티스트로는 처음으로 카네기홀 공연에서 전석 매진을 기록했다. 어릴 때부터 클래식 피아노 레슨을 받았으며 유달리 작곡에 뛰어난 능력을 보였는데, 13세가 되던 해 50곡이 넘는 오리지널 곡을 작곡하였을 정도라 한다. 이후 뉴욕대학교에서 연극영화과를 졸업하고 극단을 설립해서 배우의 삶에 잠시 머무른 적도 있었다. 그러나 음악에 대한 열정으로 데뷔작 《Heal of the Hand, 1993》을 내놓는다.

2000년 여름, 남편과 함께 독립레이블을 설립하고 9번째 앨범인 본작을 발표하였는데, 이는 권위 있는 뉴에이지 최고의 비평지 NAVNewAge music Voice에서 선정한 '2001 베스트 어쿠스틱 연주 음반'의 타이틀을 거머쥐었다.

국내에도 《Remembering You》라는 제목으로 라이선스 되었다.

〈Dreaming of Summer〉는 활력 있는 여름날의 해변을 돌이켜보며 텅 빈 겨울날의 바닷가를 바라보는 쓸쓸한 서정을 표현한 작품이다.

〈Wherever You Go〉는 동심의 추억으로 돌아가 짧은 기간에 사귄 친구들을 회상하며 그들과의 우정을 그렸다.

친구의 결혼식이 소재가 된 〈Wedding on the Mountain〉, 어느 날 새벽 두시 정원에서 만나게 된 여우와의 특별한 추억을 그린 〈The 2 AM Gardener〉, 그리고 〈Because of You〉에는 남편을 향한 사랑을 담았다.

〈Forgiving Winter〉는 추운 겨울을 싫어하는 그녀에게도 하얗게 눈 내린 날의 풍경은 너그럽고 따스한 서정을 전해준다는 에세이이다.

〈Flying〉에서는 미래에 대한 꿈을 꾸고 상상의 나래를 펴는 사춘기 시절의 순수함을 그렸으며, 〈Remembering You〉는 '삶에서 경험하게 되는 마음의 상처와 가슴의 고통은 또 다른 배움이며 자신을 성숙하게 하는 선물이었다'는 낙관적이고도 교훈적인 내용을 담고 있다.

폭풍 속에서도 아이리스를 보호하려는 정원수의 열정 어린 수고를 그린 〈Saving the Irises〉는 풍부한 잔향이 머물며, 뉴에이지 피아니스트들의 행복한 레퍼토리인 파헬벨Johann Pachelbel의 캐논 〈An Improvisation on the Canon〉은 국내의 모 영화에 삽입되기도 했다.

그녀는 쉽게 지나쳐 버리는 일상의 순간들을 섬세하게 포착하고 부드러운 서정의 터치로 표현한다. 그녀의 하얀 꿈의 시간은 아름다운 선물이다.

Rodrigo Leão
Ave Mundi Luminar

Sony | COL 473580 | 1993

1. Ave Mundi
2. Movimento
3. A Espera
4. Carpe Diem
5. Amatorius
6. Vitorial
7. In Excelsis
8. Espiral II
9. A Espera (Versão)
10. Ruas
11. O Medo
12. Final
13. Humanitá

NewAge-Classical Chant·Pops (Vocal)

호드리구 레앙은 1964년생으로 포르투갈 리스본에서 출생했다. 1982년 어릴 적 죽마고우 친구들과 트리오 밴드 세띠마 레지앙Sétima Legião를 결성하여 많은 현대음악 경연에 참가하며 1993년에 해체하기까지 4장의 정규앨범을 발표했다. 셀틱 음악에 영향을 받은 새롭고 독특한 음악으로 젊은이들의 지지를 얻어냈고, 이 그룹은 포르투갈의 중요한 밴드로서 기록되고 있다.

또한 다른 영역의 음악을 행하기 위해 1985년 그룹 마드리디우쉬Madredeus를 결성하였다. 이는 정통 파두Fado의 형식에 클래시컬한 요소를 접목하여 새로운 파두의 지평을 열었다. 다섯 번째 앨범이자 영화 「Lisbon Story, 1994」의 사운드 트랙인 《Ainda, 1995》를 내고는 탈퇴하였지만, 이는 포르투갈 대중음악사에 상수 그룹으로서 여전히 명성을 이어가고 있다.

그는 마누엘 모수스Manuel Mozos 감독의 영화 「Um Passo, Outro Passo e Depois...한 걸음, 다음 걸음, 그리고..., 1989」의 사운드트랙을 담당하게 되는데, 이는 자신만의 독자적인 음악을 확립하는 계기가 되었다.

첫 솔로 앨범인 본작 《Ave Mundi Luminar 세상의 빛》은 자신이 결성한 Vox Ensemble과 함께 연주했다. 이에는 자신이 몸담았던 마드리디우쉬의 멤버인 첼리스트 프란시스쿠 리베이루Francisco Ribeiro가 음악감독을 맡았으며, 테레사 살게이루Teresa Salgueiro와 아코디언 연주자 가브리엘 고메스Gabriel Gomes가 우정 참여함으로써 사실상 마드리디우쉬가 든든한 후원을 하고 있다. New Music으로 소개되며 비평가와 애호가들에게 호응을 얻어냈고 불티나게 팔렸다.

가장 친숙한 명곡 중 하나인 〈Ave Mundi 세상의 어머니여〉는 언제 들어도 그 신비하고도 오묘한 광채가 찬란하다. 애잔한 멜로디를 훑는 단아한 실내악과 고귀한 코러스가 성모 마리아를 경배한다.

현악에 애상적인 관악의 따스한 위로로 시작되는 〈A Espera 기다림〉은 아코디언과 코러스가 가미되면서 절박한 심정을 담아낸다.

첫 곡과 더불어 이 앨범을 명작으로 기록하게 하는 〈Carpe Diem 카르페디엠〉은 성스러운 남녀 아리아로 고혹적인 숭고미를 그려간다.

〈In Excelsis 천상에서〉는 비장한 현악에 민속춤곡 같은 멜로디가 입혀지고 후반에는 거룩하고도 성스러운 성가가 이어진다.

월드뮤직이면 어떻고 뉴에이지 음악이면 어떤가? 지극히 아름다운 걸작이다.

Rodrigo Leão
Alma Mater

rodrigo leão **alma mater**

Columbia | COL 501082 | 2000

1. Alma Mater
2. A Casa - *vocals : Adriana Calcanhoto*
3. O Encontro
4. Imortal
5. O Exercício
6. Sossego
7. Pasión - *vocals : Lula Pena*
8. Oriente
9. Dragão
10. Vita Brevis
11. A Tragédia
12. Espelhos
13. A Casa (Lounge Mix)

NewAge-Classical Chant·Pops (Vocal)

두 번째 앨범 《Theatrum 극장, 1996》에 이어 발표한 본작 《Alma Mater 성모 마리아》는 그가 뉴밀레니엄을 위해 완성한 작품이다. '찬트'형식은 줄어 전작들에서 접했던 숭엄하고도 성스러운 종교적 무게는 상당 부분 가벼워졌다. 중후함은 간명함으로 변화되었고, 민첩하면서도 긴밀한 인상이다. 또한 훨씬 밝고 행복감이 서려있음을 직감하게 된다. 국내 라이선스로 소개된 앨범이기도 하다.

전자기타의 현이 울림을 주는 타이틀 연주곡 〈Alma Mater 성모〉는 이제 친숙한 작품이 되었다. 사랑의 실천자 성모 마리아의 온후함이 꽃망울을 터트리듯 그윽하게 온누리로 전해지는 듯하다.

브라질의 여성 싱어송라이터 아드리아나 깔까뇨뚜Adriana Calcanhoto가 노래하는 〈A Casa 집〉은 부모형제의 사랑이 가득했던 어린 시절 추억의 집으로 돌아가고픈 외로운 현대인들의 가슴을 위로한다.

현을 위한 클래시컬 탱고 〈O Encontro 만남〉에 이어, 〈Imortal 불멸〉에는 고혹적인 소프라노의 성스러운 찬가가 이어지며, 〈O Exercício 시험〉에는 붉은 바이올린의 애상과 서스펜스가 감돈다.

포르투갈의 싱어송라이터 룰라 뻬나Lula Pena가 노래하는 〈Pasión 열정〉은 집시 바이올린의 그 진득하고도 열기 있는 탱고 리듬이 압권이다. 사랑과 믿음과 소망에 대한 찬가로, 〈A Casa 집〉와 함께 히트한 대표곡이다.

고귀한 천사의 음성 〈Vita Brevis 짧은 인생〉은 언제 들어도 마음이 에인다. 개인적으로 최고의 서정이었다.

2001년에는 그의 이베리아 투어를 담은 《Pasión》을 발표하면서 라이브의 만석, 올해의 레코드상 수상, 싱글 히트 등 대대적인 성공을 이어갔다.
《Cinema, 2005》는 유명 뮤지션들을 초빙하여 만든 회심작으로 역시 인기를 끌었으며, 국내발매되기도 했던 베스트앨범 《O Mundo, 2006》가 발표되었다.
그의 클래시컬 음악은 스크린에서도 환영받는데, 「Portugal, Um Retrato Soci -al 포르투갈 사회의 초상, 2007」에 이어 작곡가 세르지우 고디뉴Sérgio Godinho와 함께 공작한 「Equador 에콰도르, 2010」의 사운드트랙을 제작했다.
《A Mãe 어머니, 2009》와 《A Montanha Mágica 신비로운 산, 2011》에 이어, 근작들의 히트곡들을 영어 가사로 노래한 《Songs, 2012》을 냈다.

Rodrigo Leão
A Vida Secreta das Máquinas

Uguru | Uguru004 | 2014

1. Gruas
2. Fábrica G#
3. Muv
4. Nocturnos
5. Diagrama
6. A Máquina Triste
7. Módulos
8. Movimento Harmónico Simples
9. Electro Fio
10. 136

NewAge-Ambient

포르투갈의 무경계 월드 오케스트라 음악가 호드리구 레앙은 2010년대 중반부터 그의 음악 경계를 선회하고 있다. 클래시컬 음악에서부터 월드뮤직으로, 그리고 전자음향이 섞인 뉴에이지 연주음악으로 이동하고 있는데, 그 대표적인 선회점이 본작이 아닐까 싶다.

《A Vida Secreta Das Máquinas 기계의 비밀스러운 삶》이란 다소 동화적인 혹은 SF 성향의 제목으로, 곡목들도 온통 기계와 관계지으며, 그동안 간간이 선보였던 일렉트로닉스를 본격적으로 가동하고 있다.

그는 1월에 포르투갈의 식민지였던 인도의 Goa를 여행하던 중 일종의 시간 여행에 직면하게 되었다고 한다. 자신은 스마드폰을 쓰지만, 현지의 오래된 진기 실비, 낡은 냉장고 등 고유한 생명력을 갖고 있는 것처럼 보이는 오랜 제품들을 보면서 대도시의 소음들과는 다른 리듬감을 느꼈다고 한다. 낡은 전기 회로의 울부짖음 속에서 기계의 비밀스러운 생명력을 찾는 새로운 접근을 표현하고자 했다.

아마도 그의 오랜 팬들이 이 앨범을 접한다면, 그의 작품이라고는 전혀 눈치채지 못할 정도로, 그의 무브먼트는 매우 이색적이고 당혹스러울 것이다. 그러나 그동안 들려준 은은하고도 우아한 무드는 전자음향으로 변화하였음에도 이어간다.

〈Gruas 크레인〉은 규칙적인 비트의 반복과 함께 아지랑이처럼 피어오르는 몽환적인 앰비언트가 청각을 간질인다.

〈Fábrica G# 팩토리 G#〉의 전위적인 무용에나 사용될 법한 전자음악으로, 마치 기름때 가득한 차량정비소에 와있는 듯하다.

〈Nocturnos 야상곡〉은 암담한 미래 SF 영화의 사운드트랙을 듣는 듯한데, 록풍의 전자기타가 짧게 심각함을 이완시켜 주지만 푹 젖어 있는 우울함은 매혹적이다.

〈Diagrama 도표〉의 여린 잔향은 감미로우며, 〈A Máquina Triste 슬픈 기계〉는 고요 속에서 잔잔한 떨림으로 우짖는 듯한 앰비언트 심포니이다.

서글픈 인상의 〈Movimento Harmónico Simples 단순 고조파 운동〉에는 피아노와 첼로의 따스함에 시원한 전자음향의 바람이 가로지른다.

〈Electro Fio 전선〉의 활기와 탄력 있는 사운드가 지나면, 〈136〉에는 테크노 댄스음악이 끓어오른다.

Rodrigo Leão
O Retiro

RODRIGO
LEÃO
ORQUESTRA
& CORO
GULBENKIAN

o retiro

Uguru | 00602547632326 | 2015

1. O Retiro
2. Respirar
3. O Peregrino
4. O Tempo Do Fim
5. Jardim Misterioso
6. Inverno Triste
7. O Julgamento
8. Melancolia
9. Restos Da Vida
10. Um Homem Estranho
11. Bússola
12. As Pessoas
13. Florestas Submersas

NewAge-Classical Chant·Pops (Vocal)

398

2015년 4월 22일 리스본 해양수족관에서 개장한 새로운 특별전시회 「Florestas Submersas 수중의 숲」은 일본의 수족관 설계자 다카시 아마노Takashi Amano와 호드리구 레앙의 음악으로 구성되었는데, 예술과 자연의 완벽한 융합으로 시간이 조각한 자연을 발견하는 동기부여는 숲의 향기와 소리로 오감을 자극하는 강렬한 경험이었다고 한다.

이어 발표한 《Florestas Submersas 수중의 숲, 2015》에는 현악 4중 주와 함께 연주된 13분의 본 전시 주제곡과 〈Ao Mar 바다로〉, 〈Mãe D'Água 물의 어머니〉를 수록했으며, 나머지는 전작들에서 선곡했다.

《A Mãe 어머니, 2009》에 수록된 〈Histórias 이야기〉는 이듬해 참여했 던 영화 「Equado 에콰도르, 2010」에 사용된 버전으로 수록했다면 더 좋았을 것 같다.

동년에 발표한 《O Retiro 은둔처, 2015》는 호드리구 레앙의 음악 경력 30년을 기념하는 것으로, 1962년에 창설된 굴벤키안Gulbenkian 합창단과 오케스트라와 함께 했는데, 데뷔작 《Ave Mundi Luminar 세상의 빛, 1993》을 연상시킬 만큼 서정성이 넘치는 우아한 클래시컬 앨범이었다.

전체적으로 제목에서 연상되는 것처럼 인생을 돌이켜보는 시점에서 느끼는 무한의 감정처럼 조금은 우울하고 서글픈 인상을 지니고 있는데, 소외된 이웃과 노년 문제를 연결하며 합창과 현악으로 애틋한 감동을 이어간다.

숭고한 합창이 문을 여는 타이틀 〈O Retiro〉는 따스한 눈길이 우리의 인생길을 밝게 비춰준다.

〈Respirar 호흡〉에는 고요한 밤에 바이올린이 세레나데를 장대하게 노래하며, 클래식의 향기가 가득한 〈O Tempo do Fim 종결의 시간〉에는 흘러간 인생의 파노라마가 광활한 애수의 바다로 향한다.

〈Inverno Triste 슬픈 겨울〉은 소외된 노년의 고독한 시간들을 연민으로 위로한다.

여성 보컬리스트가 노래하는 〈Melancolia〉에서 그의 월드뮤직 보컬송을 다시금 만날 수 있는데, 이 우울한 상념은 사랑의 고통과 눈물과 상실감이었다.

〈Restos Da Vida 여생〉에는 잔잔한 기도가, 〈As Pessoas 사람들〉는 경배가 흐른다. 전작 〈Florestas Submersas 수중의 숲〉의 타이틀곡은 합창이 가미되었다.

Rodrigo Leão
Cérebro : Mais Vasto Que O Céu

Uguru | Uguru030 | 2019

1. Mais Vasto que o Céu
2. Hipocampo
3. Ondas
4. O Ritual
5. Equilíbrio
6. Sinapse
7. Esquecimento
8. A Consciência
9. Fluxo
10. Paxinos
11. O Cérebro
12. Tálamo
13. Medo
14. Raiva
15. Tristeza
16. Nojo
17. Alegria

NewAge-Ambient

《Cérebro: Mais Vasto Que O Céu 하늘보다 광대한 두뇌》는 미국 시인 에밀리 디킨슨Emily Dickinson의 시를 바탕으로 한, 예술가이자 신경과학자 Greg Dunn의 전시회 「Brain - Vast than the Sky」를 위한 사운드트랙이다.

'인간은 산과 바다를 탐사했고, 탐사선과 망원경으로 수십 년간 우주를 탐험해왔으며, 가장 알려지지 않은 마지막 분야는 아마도 자신의 뇌 안에 숨겨진 영역일 것이다.' 이것이 본 전시회의 대전제이다.

이 전시는 두뇌의 기원, 인간 정신의 복잡성, 인공 정신의 과제 등 뇌를 둘러싼 독특한 여행으로, 5억 년 된 뇌, 현대 뇌, 거대한 대화형 시냅스, 이집트 파피루스 조각, 영국의 옵아트Optical Art 예술가 브리짓 라일리Bridget Riley의 회화, 두뇌 오케스트라, 로봇... 대화형 활동, 역사 및 고생물학 문서, 3차원 모델과 인포그래픽 등이 결합되었다고 한다.

호드리구 레앙은 본 전시를 위해서 어쿠스틱이 아닌 전자음향으로 긴장감 넘치고 명상적이면서도 광대한 심포니 등을 선보인다. 《A Vida Secreta Das Máquinas 기계의 비밀스러운 삶, 2014》처럼 전혀 레앙을 눈치챌 수 없는 이색작인데, 그 앰비언트 음향에 유연하게 흐르는 낭만적인 기풍은 황홀하다.

〈Ondas 파도〉는 자극과 인지 그리고 운동으로 이어지는 신경 체계의 신비함을 묘사한 것으로, 독특한 리듬과 반복되는 중독성은 현대 무용 음악을 듣는 것 같다.

우리의 뇌에 노크하며 다가오는 〈O Ritual 의식〉은 몽환으로 이끌며, 천문대를 위한 우주교향악 〈Equilíbrio 균형〉은 밀도 있는 포근함에 휩싸인다.

〈Sinapse 시냅스〉에는 블랙홀로 흡수되는 듯한 빠른 속도감을 느낄 수 있으며, 〈Esquecimento 망각〉에는 어두운 동굴 속을 탐사하는 듯한 긴장이 흐른다.

〈Fluxo 흐름〉에는 규칙적인 일렉트로닉 비트가 시동을 걸고 가속을 더하면서 청자를 4차원 고속열차로 낚아챈다.

이후 월드뮤직 팬이라면 필청작인 《O Método 방법, 2020》과 《A Estranha Be-leza da Vida 삶의 이상한 아름다움, 2021》을 냈으며, 《Piano Para Piano, 2023》에는 여가수 Rosa를 초대함과 동시에 뉴에이지 피아노곡들을 만날 수 있다.

Roger Eno
Voices

EG | EEGCD 42 | 1985

1. Through the Blue
2. A Paler Sky
3. Evening Tango
4. Recalling Winter
5. Voices
6. The Old Dance
7. Reflections on I.K.B.
8. A Place in the Wilderness
9. The Day After
10. At the Water's Edge
11. Grey Promenade

Newage-Instrumental

본작은 1959년생인 로저 이노의 데뷔작이다. 그의 키보드 워크는 아주 민감하고 섬세한 반응을 보인다. 본작에 수록된 〈Through the Blue〉와 더불어 《Between Tides, 1992》에 수록된 〈Autumn〉이 국내에서도 수년간 전문 라디오 프로에서 꾸준한 사랑을 받았다.

이미 록 마니아들에게 잘 알려진 거대 뮤지션인 그의 형 브라이언 이노Brain Eno 는 앰비언트 음악의 선봉자로 평가받으며 음악계에 막강한 영향을 끼쳤다.

동생 로저 이노는 이러한 형의 도움을 받아 본작을 구상할 수 있었고, 유명 뮤지션인 다니엘 라누아Daniel Lanois가 프로듀서를 담당했다. 이러한 《Voice》는 우애와 우정을 확인할 수 있는 훌륭한 작품이다.

본작에서 들려주는 그의 피아노 연주는 전체적인 색조가 에메랄드빛으로 물들어 있다. 현란한 연주는 아니지만, 서정적이고 차분한 분위기로 우리를 유리로 된 방안에 가두어놓는다. 맑은 키보드는 오히려 깨어질까 걱정스러운 마음이 생길 만큼 너무나 연약하며 지극히 슬픈 인상을 하고 있다. 마치 자신의 운명을 예지하고 있는 한 생명체의 눈물로 가득 차 있는 것처럼.

첫 곡 〈Through the Blue〉는 맑은 피아노의 시로, 단조로 화음이 전이될 때 흐르는 슬픔에 우리의 감성지수는 최상에 선다. C-Am-F-C로 이어지는 단순한 코드 진행이지만, 몽롱한 반주와 섬세한 터치는 서서히 눈물 속으로 침몰한다.

안개에 싸인 듯한 〈A Paler Sky〉는 피아노 음색마저 희미하고도 창백하게 변색하여 우울함을 가중시키며, 시네마틱한 〈Evening Tango〉에 이어, 〈Recalling Winter〉는 인상주의 피아노 음감들이 시시각각 새로운 연상들을 재생시킨다.

〈Voices〉는 감지되지 않는 어떠한 힘에 이끌리듯 피동적인 상태에 놓이게 되며, 이어 부드럽고도 매끄러운 스페이스 뮤직으로 변모한다.

몽환적인 키보드 위에 어쿠스틱 기타의 가느단 소리가 매력 있게 다가오는 〈The Old Dance〉, 이외도 아름답고 감상에 젖게 하는 작품들이 수록되어 있다.

모든 곡이 드라마 삽입곡으로 사용되어도 좋을 정도로 내성적인 곡들이며, 특히 서정적인 키보드 음악을 좋아하시는 분들에게 어필할 듯싶다.

Ronan Hardiman
Solas

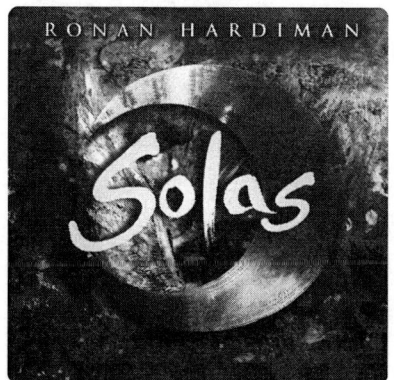

Philips | 314 539 438 | 1997

1. Love Song
2. All the Way Back Home
3. Dreaming
4. Heaven
5. New Lands
6. Take Me with You
7. Angel
8. Far Away
9. Communication
10. Secret World
11. All the Way Back Home
    (Album Remix)

NewAge·Classical Chant·Pops (Vocal)

아일랜드 출신의 저명한 작곡가 로난 하디만은 2남3녀의 형제들과 함께 음악적 수업을 받으며 성장했는데, 그중 1남2녀는 성인이 된 후 음악 관련 직업을 가지고 있을 정도로 예술가 집안 출신이었다. 아일랜드를 대표할 만한 유명한 뮤지션으로 성공한 것은 어쩌면 당연한 귀결이다.

첫 음악 작업은 세상에서 가장 발 빠른 탭댄서 마이클 플래틀리Michael Flatley의 「Lord of the Dance, 1996」의 사운드트랙이었다. 그리고 이듬해 3월 솔로작을 발표하게 되는데 이것이 본작이다. 그는 클래식의 격식을 좀더 버렸고 더 달콤한 팝 감각을 혼합했다. 고매함 속에 신선한 생기를 최대한 불어넣어 솜사탕 같은 놀라운 찬트 작품을 완성시킨다.

국내에서 광고음악으로 사용된 첫 곡 〈Love Song〉은 그의 이미지를 대표할 만한 곡이다. 레슬리 도우델Leslie Dowdall이 노래하는 솜털같이 포근한 보컬과 피아노의 서정, 박동감이 넘치는 트립합 비트, 오케스트랄 신시사이저 등이 섞이며 만들어내는 사랑의 고백은 지극히 감미롭다.

비단결 같은 여성 보컬과 서정적인 피아노가 융합되는 〈All the Way Back Home〉는 안온한 향수가 촉촉하며, 〈Dreaming〉은 즐거움의 기쁨을 퍼뜨리며 여행하는 세 남자와 한 여자의 옛날이야기를 들려준다.

세상을 일찍 떠난 그의 친구를 애도하는 〈Heaven〉은 앤소니 드래넌 Anthony Drennan의 기타가 아름다움을 배가시킨다. 프랑스 싱글 차트에서 7위에 랭크된 히트곡이다.

코러스가 그루브를 증대시키며 샤쿠하치의 긴 호흡과 여성 보컬이 매혹으로 남는 〈New Lands〉, 그리고 엔야Enya를 연상시키는 사랑의 기도 〈Take Me with You〉는 후반에 이르면 큰북으로 희망을 더한다.

'사라'라는 아기를 위한 자장가 〈Angel〉에는 순결한 하얀색 세상을 그리며, 클래식과 팝적인 창법에 월드뮤직이 융합된 〈Far Away〉은 생명과 자유와 자존을 주었던 머나먼 고향땅을 그리는 명곡이다.

드러머가 되길 원했고 퍼커션과 드럼을 자신 있게 다룬다고 했던 그는 음악을 생각하기 전에 리듬을 먼저 떠올린다고 한다. 본작이 다이내믹하고 리드미컬한 이유가 거기에 있나 보다.

이어 마이클 플래틀리의 댄스쇼 음악 《Feet of Flames, 1999》을 발표했다.

Ronan Hardiman
Anthem

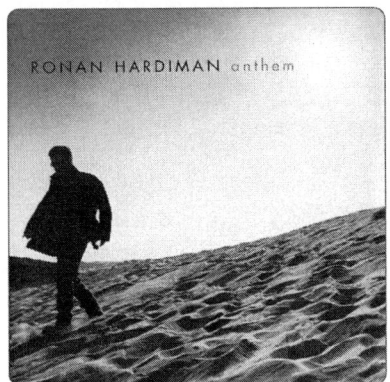

Decca | 012 159 403 | 2000

1. Anthem
2. That Place in Your Heart
3. Run Away
4. Ready for Your Life
5. Salve
6. Never
7. Worlds Apart
8. Ancient Lands
9. Where Are You Now
10. Heaven (Waiting There for Me)

NewAge-Classical Chant·Pops (Vocal)

402

1962년생인 그는 국내에서도 서너 차례 공연한 아일랜드 탭댄스 뮤지컬 「Lord of the Dance」의 음악을 맡아 일약 스타덤에 올랐다. 공연음악으로는 「Feet of Flames, 1999」도 그의 작업인데, 이는 세계 각국을 순회하며 많은 공연 애호가들에게 사랑받은 고전이 되었다. 완벽하고도 놀라운 군무의 기술과 화려한 무대 연출과 함께 들려오는 아일랜드 전통음악의 현대적인 윤색 작업은 공연의 감동을 한층 끌어올리는데 일조했고, 사운드트랙도 대성공을 거두었다.

데뷔작의 연장선에 있는 본작에서 특별히 달라진 점은 달콤함이 담백함으로 변화했다는 것이다. 그러나 여전히 그의 음악은 낭만적인 행복의 포만감으로 넘쳐나고 있으며, 특유의 풍성한 사운드와 감미로운 여성 보컬의 신화는 지속되었다.

솜사탕같이 부드럽고 달콤한 여성 보컬과 오케스트랄 키보드 사운드가 일품인 타이틀곡 ⟨Anthem⟩이 몇 년의 시간적 차이를 공백 없이 메우고 있다.

⟨That Place in Your Heart⟩는 시네마틱한 서두와 트립합 비트, 남성의 주술적인 허밍 속에서 맑은 여성의 멜로디는 사랑으로 하나가 되어야 한다는 메시지를 노래한다.

피아노 트립합과 고혹적인 소프라노 보컬이 아름다운 ⟨Run Away⟩는 영원한 자유를 위해 나와 함께 도주하라는 사랑의 계시록이다.

⟨Salve 안녕⟩는 서글픈 현악 연주에 성스러운 여성과 남성 성부의 연결로 웅장한 찬미의 기도를 올리며, ⟨Never⟩는 부드러운 여성 보컬과 서글픈 피아노가 합주되는 연가로 증오와 이별을 경계하고 있다.

웅장한 북소리와 퍼커션으로 귀를 제압하는 큰 스케일의 ⟨Ancient Lands⟩는 광활하고 신비로운 대지를 역동적으로 비추는 아이맥스 영화의 음악 같다.

⟨Where Are You Now⟩는 비와 바람 소리로 잔잔한 서정을 불러일으키며, 사랑과 꿈이 사라져 버린 작별의 아픔을 노래한다.

그의 마이너풍의 멜로디는 낙관적이며 낭만적인 기품 속에서 날개를 달고 하늘을 훨훨 나는 듯하다. 성공은 본작에도 지속되었으며 자국뿐만 아니라 프랑스, 독일, 미국에 이르기까지 애청되고 있다.

이후 마이클 플래틀리Michael Flatley의 새로운 쇼 「Celtic Tiger, 2005」에도 그의 셀틱 하모니는 계속되었다.

Rosenstein & Wagener
Seasons

UBM Records | UBM 1127 | 1988

1. Clouds
2. Tides
3. Tendai
4. Spring
5. Seasons
6. Voyage
7. Chaiwa
8. Circles
9. Echoes

NewAge-Ambient, Fusion

로젠스타인과 바게너 듀오는 각자의 활동을 하다 의기투합하여 두 매의 걸작을 남긴 독일의 프로젝트 그룹이다.

하랄드 로젠스타인Harald Rosenstein은 작곡가 그리고 색소폰, 클라리넷과 플루트 연주자로 재즈계에서 활약하고 있으며, 피아노 및 건반주자인 한스 귄터 바게너 Hans Günther Wagener는 영화음악가로 활동하고 있다.

그들의 첫 프로젝트는 자연을 주제로, 9곡의 시간적 마법은 매우 탄복할 만하다. 엷은 신시사이저 오케스트레이션 위로 피아노와 금관악기가 빚어내는 조화는 감성적이고 서정적인 계절적 소리풍경을 조형해낸다.

재지하고도 도회지적인 인상이지만, 때론 인온한 뉴에이지 힐링 음악을 신비롭게 혹은 성스럽게 연출한다. 물론 그 주제를 이끌어가는 것은 관악기 부분인데, 그 주제에 걸맞게 퓨전 되는 가능성은 가히 주목할 만하며, 그 관악기의 음색에 따라 다양한 색채의 사진으로 변화한다.

〈Clouds〉는 풀밭에 누운 머리맡 위로 서서히 다가오는 비구름이 햇살을 가리며 어둑해지는 분위기를 절묘하게 묘사한다. 금방이라도 비를 뿌릴 것만 같은 냉랭함도 잦아든다.

〈Tendai〉는 동양의 산사로 풍경을 옮긴다. 사쿠하치의 긴 호흡과 퓨전 재즈의 오묘한 조화로 여백 가득한 원근을 만들며 싱그러운 신비가 꿈틀거린다.

〈Spring〉은 아지랑이가 피어오르는 몽환을 플루트로 재현한다.

타이틀곡인 〈Seasons〉은 감미롭고 서정적인 곡으로, 우리의 인생을 사계에 비유한 듯 피아노와 색소폰은 드라마틱한 필체로 순간순간 변화하는 모래 그림처럼 많은 이야기를 이어간다.

〈Voyage〉의 장엄하진 않지만 광활한 퓨전 심포니는 청자를 원경 속의 작은 점으로 머물게 한다. 나라다 에쿼녹스 레이블의 음향 스타일이지만 아름다운 다큐멘터리이다.

엷지만 퓨전록으로 발전하는 〈Circles〉는 보라색 안개가 자욱하며, 〈Echoes〉에는 희망찬 다음 계절이 새소리를 닮은 플루트의 음색으로 인사한다.

참 보잘것없는 커버지만, 그 안에 새겨진 진귀한 음향은 잘 알려지지 않은 두 뮤지션의 조화로움에 주목하지 않을 수 없다.

Rosenstein & Wagener
December

UBM Records | UBM 1152 | 1995

1. Farewell
2. Fantasy
3. December
4. Waterfalls
5. Heaven
6. Spring
7. Moods
8. Autumn
9. Diamonds
10. Summer
11. Waterworld

NewAge-Ambient, Fusion

404

로젠스타인과 바게너 듀오는 계절에 관한 첫 프로젝트 《Seasons, 1988》을 발표한 지 무려 7여 년의 세월을 보내고서야 그 두 번째 연작을 선보인다.
달력의 끝자락 12월을 타이틀로 했지만, 사계가 다 담겨있다.
오랜 세월이 흐른 이유 때문일까? 이 환상적인 듀오의 찰떡같은 호흡은 매우 유기적이어서 전작에 비해 보다 세련되고 성숙한 연주력이 돋보인다.

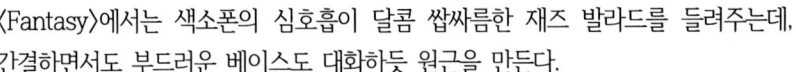

〈Farewell〉은 저물어가는 한 해의 끝자락에서 느끼게 되는 감정을 응축한 작품으로, 여유롭고도 따사로운 피아노와 클라리넷의 로망스가 후회와 아쉬움이 남는 추억을 포근하게 감싼다. 전작에서는 들을 수 없었던 낭만으로, 한 해가 가면 갈수록 마지막 일기장에는 무엇을 기록하게 될까라는 생각에 잠기기도 한다.
〈Fantasy〉에서는 색소폰의 심호흡이 달콤 쌉싸름한 재즈 발라드를 들려주는데, 간결하면서도 부드러운 베이스도 대화하듯 원근을 만든다.
〈December〉에는 애수 가득한 하모니카의 슬픈 정서가 모닥불처럼 피어오른다. 누군가에는 훈훈하고도 낭만적인 시간이겠지만, 또 누군가에는 차갑고 시린 시간이 될 12월의 서정이 가슴 깊이 속삭인다.
〈Heaven〉에는 피아노가 연주하는 순백의 자장가가 색소폰의 축복 찬가로 변모하는데, 정결한 안온감으로 희망의 빛을 낸다.
전작에 수록된 곡과는 전혀 다른 〈Spring〉은 플루트와 아코디언의 온후한 바람이 슬픈 이야기를 속삭인다. 마치 피지 못하고 떨어진 꽃봉오리 같은 여린 운명 같은…
〈Moods〉의 피아노는 깨어질 듯 너무나 연약하다. 커버에서처럼 눈 덮인 하얀 세상 너머로 고요하게 들려올 것 같은 서정의 무드이다.
〈Autumn〉의 슬픈 전원곡에는 한 치 앞도 내다볼 수 없는 뿌연 연무로 가득 차 있으며, 〈Diamonds〉는 맑고 경쾌한 퓨전이다.
앰비언트 심포니 〈Waterworld〉는 여성 성악 보칼리제가 온누리에 평화와 진리를 전한다.

좀 더 다양한 시도를 행했던 본작은 전작과는 어쩌면 공통분모가 없을지도 모른다. 계절감의 해석은 각각의 묘미가 다르지만 훌륭하다. 하지만 이는 이 듀오의 마지막 작품이 되었다.

Rüdiger Gleisberg
Arabesque

ARABESQUE
rüdiger gleisberg

Musique Intemporelle | 883 790-907 | 1991

1. Magic Eyes
2. Arabesque
3. Requiem for 42 Dolphins
4. Mind Mirrors
5. Urban's Psychedelic Breakfast
6. Alice's Adventures in Wonderland
7. Largo

NewAge-Electronic·Ambient

독일 출신으로 1963년생인 뤼디거 글라이스버그는 대학에서 음악과 문학을 공부했으며, 클래식기타를 섭렵하고 많은 록밴드를 거치며 키보드도 연마한다. 그의 첫 작곡은 극장의 시그널 음악으로부터 시작되었고, 점차 영화음악으로 이어졌다. 예스Yes와 제네시스Genesis 같은 프로그래시브록 밴드와 탠저린 드림Tangerine Dream 같은 일렉트로닉 음악의 영향을 받았던 그는 첫 출판물 《inZeit-outZeit, 1988》를 포함한 두 매의 카세트 앨범을 발표했고, 음악교사로 재직하던 중 본작으로 정식 데뷔하게 된다. 이를 독일의 키보드지는 '가장 추천할만한 일렉트로닉 음반 중 하나'라 소개했고, 네덜란드의 SI는 '앨리스Alice의 모험을 그린 마스터피스'라 평했다.

그의 전자음향은 대단위 오케스트라가 연주하는 듯한 큰 스케일의 음향이 휘몰아치며, 클래시컬한 중후함은 아날로그 감촉이 매우 탁월하다. 물론 표현에 있어서 다소 거친 면도 보이지만 이는 야상적인 힘으로 느껴진다. 30여 년이 지난 지금 들어도 여전히 세련되고 진보적인 감흥을 선보이고 있다.

'The Doors of Imagination'이란 부제의 첫 곡 〈Magic Eyes〉는 이를 여실히 증명하고 있는데, 웅장하고도 신비로운 전자-오케스트레이션의 향연은 긴장감 넘치는 폭풍이 되어 시각을 무력화시킨다.

〈Arabesque〉의 독특한 세상 풍물에도 전율의 음향 빗줄기는 시원스레 쏟아지는데, 후반에 이르면 시간을 훌쩍 뛰어넘은 외계의 세상이 문을 연다.

〈Requiem for 42 Dolphins〉은 환경생태계를 다룬 문제작으로, 암울하고도 서글픈 진혼곡이 바다를 붉게 물들인다.

피아노의 여운이 매우 투명한 〈Mind Mirrors〉는 흑경으로 본 공상의 세상 풍경이며, 주방에서 일어나는 구상음들을 삽입한 〈Urban's Psychedelic Breakfast〉에는 묵직한 첼로 협주가 환상을 열어간다.

〈Alice's Adventures in Wonderland〉는 피아노의 우울한 파반느로 시작하여 관현악으로 신기한 동화 꾸러미를 풀어놓는다.

〈Largo〉는 마법의 피리 사쿠하치가 구름을 부른다.

이후 《Baktun, 1993》은 일렉트로닉 음악계에서 가장 중요하고 훌륭한 앨범이라고 소개되며 걸작 행렬을 이어갔다.

Rüdiger Gleisberg
Fragile Fairytales

BSN | 398 6596 | 2001

CHAPTER I - Live in Concert
1. Intro / Deep Blue
2. Indian Garden
3. Ikarus
4. Largo
5. Damiana
6. Mind Diving
7. Initiation Ceremony
8. Planets of Paradise
9. Lucidity
CHAPTER II - Symphonic Arts
10. Single moment in Eternity
11. Fragile Fairytales
12. Enlightenment

NewAge-Electronic · Ambient

《Chronicle 1986-93, 1994》은 그의 미발표곡들을 모은 것으로 클래식 하모니와 일렉트로닉이 만난 아름다운 앨범이라 평가받았다. 네 번째 앨범 《Damiana, 1997》은 탠저린 드림Tangerine Dream을 연상시키는 앨범으로 구조와 로맨틱한 무드가 혼합된 마스터피스였으며, 《Elysium, 1999》은 드뷔시Debussy를 연상시키는 신인상주의의 마술이란 평을 얻었다.

본작은 클래식 음악과 스페이스 음악을 넘나드는 최고선상에 위치한 작품이라 평가받았는데, 이는 스튜디오 라이브로 녹음된 히트곡과 신작들을 모은 Chapter I, 그리고 미발표곡들을 수록한 Chapter II로 구성되었다.

교회의 종소리와 고래의 울음소리를 삽입하고 있는 〈Intro / Deep Blue〉에서부터 검푸른 물의 전설을 이야기하듯 신시사이저의 신비가 샘솟는다.

〈Indian Garden〉은 피아노협주곡에서 스페이스 음악으로 돌변하며, 반겔리스Vangelis의 맑고 중후한 중반기 작품을 연상시키는 전자심포니 〈Ikarus〉에 이어, 〈Largo〉는 대단위 오케스트라 편성의 장대함으로 구성되어 있다.

생명력이 꿈틀거리는 신시사이저 코러스의 우주적 찬가인 〈Damiana〉, 파이프오  르간으로 숭엄한 영혼의 길을 열어 보이는 〈Mind Diving〉는 릭 웨이크먼Rick Wakeman이 연상되고, 〈Planets of Paradise〉는 아름답고도 서정적인 기타 선율이 아름답다.

Chapter II는 전자음향의 기운은 느낄 수 없는 완전한 클래식 모음이다.

〈Single Moment in Eternity〉의 진한 고독과 슬픔에 이어, 영화 「여인의 향기」 중 탱고 씬에서 흘러나왔던 〈Por una Cabeza〉를 닮은 〈Fragile Fairytales〉는 중후하고도 가슴 시린 동화이다.

〈Enlightenment〉는 역경과 고난을 더듬는 듯한 건반의 서글픈 연주에 이어 후반에는 열반과 해탈의 순간을 표현하고 있는 장대한 심포니가 연결된다.

한 치의 오차도 없이 재현된 라이브 Chapter I은 그의 일렉트로 심포니의 재능을 100% 발휘하고 있으며, Chapter II에서 연출한 클래시즘은 타의 추종을 불허하는 훌륭한 독주였다. 전자심포니의 팬이라면 뤼디거 글라이스버그가 귀중한 경험을 선물할 것이다.

Run 2
Machinery of Life

Neuronium | NRCD016 | 2003

1. Machinery of Life
2. Explosion of Emotions
3. Delight
4. Wavemind
5. A Special Touch
6. Hymn of Wisdom
7. In Search of Identity
8. Sense of Beauty
9. Doubts and Fears
10. Heartfull
11. Time to Leave
12. Cosmic Dust Embryo

NewAge-Electronic · Ambient

뉴에이지 음악의 많은 유형 중에서 전자음악은 우리의 상상력을 증폭시키는 탁월한 효능을 발휘하는 것 같다. 신비한 음향은 인간적인 맛이 덜할지 모르나, 치밀한 시나리오에 따라 여태 한 번도 경험하지 못했던 그림의 화폭을 창조한다. RUN 2는 네덜란드의 유명 프로듀서 미키엘 반데르퀴Michiel Van Der Kuy의 프로젝트이다. 그는 클럽댄스 음악의 제작자로서 Judge Jules, Koto, Laser Dance라는 일렉트로닉 댄스 팝 가수와 그룹을 발굴하기도 했다.

그는 스페인 레이블 Neuronium을 통해서 유일작인 본작을 발표했는데, 그 음악적 깊이는 그가 그동안 발굴해왔던 음악들과는 전혀 다른 심오한 일렉트로-심포니의 세계를 그려내고 있다.

투명하고 맑은 키보드 작품 〈**Machinery of Life**〉는 우선 반겔리스Vangelis의 작품을 연상하게 된다. 이유는 사운드도 그렇지만 동일한 멜로디를 변주하면서 점층적으로 음의 층을 겹겹이 쌓여가는 구성 방식이 그와 흡사하기 때문이다.

아름다운 여성 스캣으로 문을 여는 서정적인 심포니 〈**Explosion of Emo-tions**〉도 주목을 끌며, 예쁜 자장가 〈**Delight**〉는 감정선을 따라 환희의 감탄사를 기입하고 있다.

일렉트릭 웨이브와 갈매기 로봇의 인조음향에 서글픈 장송의 행렬이 느껴지는 〈**Wavemind**〉, 역시 반겔리스와 닮은 〈**A Special Touch**〉는 밝고 멜로딕한 키보드와 어둡고 중후한 오케스트레이션의 연속이다.

〈**Hymn of Wisdom**〉은 우아한 클래시컬 오케스트레이션에 여성 소프라노의 성악적 보컬리스가 이어진다.

또다시 반겔리스식 곡 구성으로 맑은 키보드 연주를 들려주는 〈**Sense of Beauty**〉에 이어, 〈**Doubts and Fears**〉는 두 성부의 여성 소프라노 보컬이 아름다운 심리 작품으로 후반부는 일렉트릭 웨이브로 채워진다.

현을 위한 우주적 미스터리 〈**Cosmic Dust Embryo**〉로 Run 2는 삶의 방법을 학구적으로 서술하고 있다.

본작에는 신시사이저의 마법사 반겔리스의 음악과 닮은 점이 곳곳에서 발견된다. 스케일이 크고 외향적인 그에 비하면, Run 2는 섬세하며 세련되고 또한 내성적이고도 여성적인 사운드를 구사하고 있다.

Ruxpin
Elysium

Elektrolux | 3118652 | 2006

1. Creating Artificial Machine Love
2. Eitt Sinn Hafdi eg Hjartr
3. Oceanus and Tethys
4. Kiteboarding in the Summertime
5. When Dialog Fails, It's Time for Violence
6. Without You
7. This is Life
8. Svefnengill
9. A Puppets Dream
10. You and Me Are One and the Same
11. Hallo Litli Geimgengill
12. Ambrosia
13. You Look Lovely in This Spacesuit
14. Garden of the Hesperides
15. This is Why I Love You
16. Moments of Modern Methods
17. Routine Retirement of a Replicant
18. Requiem of the Metallic Heart

NewAge-Electronic, Ambient

아이슬란드 출신의 1981년생 뮤지션 럭스핀은 본명이 조나스 토르 그뷔드뮌손 Jónas Þór Guðmundsson이다. 이 재능 있는 음악가는 14세 때 첫 프로듀스를 한 것으로 시작하여, 첫 EP 《Mission》과 데뷔 LP 《Radio, 1999》를 발표하여 화제를 모았다. 이듬해 2LP 앨범 《Midnight Drive》를, 새천년에는 명작 《Avalon, 2003》과 《Magrathea, 2003》라는 두 매의 음반을 동시에 발표하여 그의 왕성하고도 창의적인 재능을 쏟아냈다.

다섯 번째 작품인 본작은 더욱 세련된 그만의 우아하고도 냉랭한 무드의 일렉트로니카를 맛볼 수 있다. 그리스·로마 신화에 등장하는 엘리시움Elysium은 선량한 사람들이 죽은 후 가는 극락極樂이라 하는데, 그는 마치 사이보그들의 세상을 예지한 것처럼 본작의 극본을 썼다.

〈Creating Artificial Machine Love〉은 사이보그의 목소리가 귀를 간질이는 분홍빛 액체 음악이며, 〈Eitt Sinn Hafdi eg Hjartr 예전엔 나도 마음이 있었네〉는 유니크한 댄스 비트에 열기와 입김으로 청자를 삼킬 듯하다.

뇌쇄적인 음성이 들려오는 〈Oceanus and Tethys〉는 강의 신 오세아누스와 아내 테티스가 주제이다.

고독감에 빠지게 되는 미니멀 앰비언트 〈Without You〉는 비에 젖은 발자국 소리를 삽입하면서 공포심을 증폭시키며, 미래에 대한 불안감으로 가득한 몽환의 음악 〈This is Life〉이 이어진다.

낭만적인 우주의 세레나데 〈This is Why I Love You〉에 이어, 〈Moments of Modern Methods〉에서는 무중력 공간에서 자유로운 유영을 경험하게 된다.

자르Jean-Michel Jarre의 《Zoolook》을 연상시키는 사이버 장엄미사 〈Requiem of the Metallic Heart〉는 히트곡이다. 여성의 냉랭한 내레이션과 카운트다운 그리고 무거운 심포니의 전조가 흐르면 신호음이 고르지 못한 모니터 속에서 사이보그가 모습을 보인다. 그와의 대화는 심하게 떨리며, 임박을 알리는 드럼이 작열할 즈음 모니터의 전원이 꺼져버린다.

진회색의 먹구름과 주위를 감도는 서늘한 공기처럼 본작은 분명 익숙지 않은 시공간을 제공한다. 기체를 닮은 듯한 그의 음소는 가스의 불꽃반응과 연기를 피우지만, 이내 기묘하게 조형된다.

Ryan Farish
Beautiful

Neurodisc | 7243 5 77377 | 2004

1. Sunshine in the Rain
2. Sea of You
3. Chasing the Sun
4. Enchanted
5. Carried by the Wind
6. Indian Summer
7. Letting Go (Interlude)
8. Full Sail
9. Secret Garden
10. Atlantica
11. Adoration
12. Holding Faith
13. Everlasting
14. Beautiful

NewAge-Ambient

라이안 패리쉬는 4세 때 바이올린 레슨을 시작하였고 10세 때는 피아노를 그리고 12세 때부터는 13년간 드럼과 퍼커션을 배웠다.

대학을 그만두고 독집 《In the Day, 2001》을 발표, 이는 mp3.com에서 열렬한 지지를 받는다. 이듬해 《Daydreamer》을 발표했는데, 그중 〈Journey to the Light〉는 Netscape Radio에서 DJ가 뽑은 가장 인기 있는 뉴에이지 음악 3위에 랭크되기도 하였다.

제목답게 아름답기 그지없는 본작은 빌보드 뉴에이지 차트 10위를 기록하는 성공을 거두었다. 베른발트 코흐Bernward Koch처럼 투명한 음소는 모차르트Mozart의 소나타처럼 지유지제의 경쾌한 멜로디 감각들로 흐르며, 트립합 비트와 에스닉 감미료를 결합하여 달콤한 뉴에이지 라운지를 선보이고 있다.

투명하고 청명한 피아노의 여음이 가벼운 트립합 댄스 리듬 위로 울려 퍼지는 〈Sunshine in the Rain〉은 제목처럼 물오른 햇살의 눈 부신 인상이 촉촉하게 느껴지는 작품이다.

애청곡 〈Sea of You〉는 에스닉풍의 리듬에 물결의 파장처럼 건반의 특색 있는 잔향과 동양적인 사쿠하치의 배합이 너무나 멋진 서정이다.

〈Chasing the Sun〉은 흡사 야니Yanni의 초창기 앨범에서 들을 수 있었던 눈물 어린 동경을 심어준다.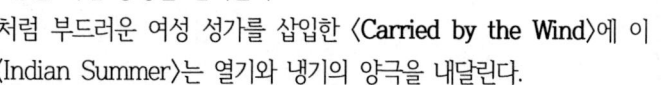

솜털처럼 부드러운 여성 성가를 삽입한 〈Carried by the Wind〉에 이어, 〈Indian Summer〉는 열기와 냉기의 양극을 내달린다.

엔야Enya의 〈Orinoco Flow〉를 연상시키는 〈Full Sail〉에서의 감미로움, 〈Secret Garden〉의 은밀하면서도 다이내믹한 박진감, 〈Holding Faith〉의 발랄하고도 경쾌한 희열의 조각들, 2006년 발표작의 타이틀이 되는 〈Everlasting〉의 동양적인 감성도 주목할 만하다.

타이틀곡 〈Beautiful〉의 몽환적이고도 포근한 피아노와 첼로 솔로까지 서로 닮은 듯 다른 향기를 내뿜는다.

그는 팻 메스니Pat Metheny와 실Seal 등 재즈와 클래식 그리고 팝 뮤지션에게서 영향을 받았다고 한다. 그래서 첫 청취부터 싱그러움과 달콤함에 빠지게 된다. 2012년부터는 음원으로만 발표하고 있지만, 그의 21세기 뉴에이지 팝 라운지는 여전히 성업 중이다.

Ryuichi Sakamoto
BTTB

RYUICHI SAKAMOTO

B
T
T
B

KAB America, Sony | CCK-7837 | 1999

1. Energy Flow
2. Put Your Hands up
3. Railroad Man
4. Opus
5. Sonatine
6. Intermezzo
7. Lorenz and Watson
8. Choral No. 1
9. Choral No. 2
10. Bachata
11. Chanson
12. Prelude
13. Uetax
14. Aqua
15. Tong Poo
16. Reversing

New-Acoustic

우리나라와 인접한 일본은 각 분야별로 세계적인 브랜드를 많이 보유하고 있다. 예전에는 소니Sony나 혼다Honda와 같은 산업 브랜드가 떠올랐지만, 예술 방면으로 최고의 브랜드는 류이치 사카모토(1952~2023)가 아닐까 싶다.

그는 세계 최고의 작곡가이자 영화음악가 중 한 사람으로, 「Merry Christmas Mr. Lawrence 메리 크리스마스 미스터 로렌스, 1983」, 아카데미 수상작 「The Last Emperor 마지막 황제, 1987」, 「High Heels 하이 힐, 1992」, 「Wuthering Heights 폭풍의 언덕, 1992」, 「Little Buddha 리틀 부다, 1993」 등은 고전이 되었다. 영화음악으로 많은 주목을 받았지만, 그의 음악은 언제나 컨템퍼러리의 선봉에 위치해 왔다.

피아노 솔로작인 본작《Back To The Basics》을 들어보면 그에게 많은 영향을 주었던 비틀스The Beatles에서 베토벤Beethoven을 거쳐 존 케이지John Cage를 아우르는 폭넓고도 아름다운 무경계 음악을 만날 수 있다.

감정의 기복에 따라 고요하게 흐르다가 때론 격정적으로 울분을 터뜨리는 〈Energy Flow〉는 그 유연함으로 우리의 몸에 은은한 열을 올린다.
사티Erik Satie의 인상주의 음악을 연상시키는 〈Opus〉는 심연의 고요함을 찬양하며, 모차르트Mozart를 연상시키는 현대음악 〈Sonatine〉는 침묵을 뚫고 붉은 열정이 치솟는다.

낭만의 클래시즘을 황홀하게 들려주는 간주곡 〈Intermezzo〉은 마음속 바다에 파도가 강하게 몰아친다.

반복적인 율동감에 순수함이 춤추는 동화 작품 〈Chanson〉에 이어, 〈Prelude〉에서는 전위적인 피아노 연주를 들려준다.

찬송가처럼 온화한 안식으로 이끄는 〈Uetax / Aqua〉에는 따스한 감격의 눈물이 멈출 줄을 모른다. 참고로 녹음 과정에서 서두에 삽입된 물소리의 리코딩에 Uetax사의 방수 마이크가 사용되어 제목이 되었고, 또한 한 작품 처럼 이어지는 〈Aqua〉는 자신의 딸을 위한 작품이라고 한다.

반복적인 미니멀 작품 〈Reversing〉는 반짝이는 모빌이 가볍게 흔들리는 듯한 평화로움이 감돈다.

본작은 영화처럼 시각적이며 연극처럼 공간적이고 어떤 문학작품 못지않게 시적이다. 그의 청각예술은 단순함과 명료함이 분명한 카타르시스를 부여한다.

Ryuichi Sakamoto

Playing the Orchestra 2013

RYUICHI SAKAMOTO   Playing the Orchestra 2013

Avex Ent. | 809300 903385 | 2013

1. Still Life · *Orchestra Version*
2. Bibo No Aozora
3. Amore
4. Castalia
5. After All
6. Bolerish
7. Ichimei - Small Happiness~Reminiscence
8. Theme for Yae
9. Merry Christmas Mr. Lawrence
10. Rain
11. The Last Emperor
12. The Sheltering Sky
13. Aqua

New-Acoustic

음악팬인 글쓴이에게 일본이 가장 부러운 것이 있다면 바로 류이치 사카모토이다. 국보급 뮤지션인 류이치 사카모토가 오케스트라와 피아노로 다시금 그의 주옥같은 명곡들을 편곡했다. 그의 방대한 음악사를 간략하게 경험할 수 있는 또 하나의 새로운 베스트 오브 베스트인 것이다. 국내에 라이선스로 소개되었고, 충실한 해설지가 이해를 돕고 있다.

《Smoochy, 1995》에서 들려주었던 〈Bibo No Aozora 미모의 푸른 하늘〉은 죽음과도 같은 슬픔을 극명하게 대비하고 있는 일본 특유의 테크노음악이었다. 또한 《UTAU, 2010》에시 피아노 솔로에 오오누키 나에코Taeko Onuki가  기력이 다 빠진 듯한 음성으로 노래하기도 했는데, 클래시컬한 현악에 부드럽게 어루만지는 그의 쓸쓸한 피아노 서정은 깊은 여운을 남긴다.

《Beauty, 1989》에서 들려주었던 〈Amore〉는 아토 린지Arto Lindsay와 유쑨두 Youssou N'Dour의 보컬과 함께 독특한 앰비언트록으로 들려주었던 넘  버로, 본작에서는 드뷔시Debussy를 홀렸던 온화한 달빛 아래서 피아노와 트럼펫의 재즈 세레나데가 황홀하게 스친다.

도시의 스카이라인에 밤이 들어서는 〈After All〉, 그리고 영화 「Femme Fatale, 2002」의 주제인 〈Bolerish〉는 별이 총총 뜨는 은하수의 볼레로이다.

〈Merry Christmas Mr. Lawrence〉는 1983년 동명의 영화 주제곡으 로, 유려한 열정이 웅장한 스펙트럼으로 행진하며, 왠지 모를 뜨거움으로 심장이 두근거린다.

또 하나의 명곡 〈Rain〉은 일본인 최초로 아카데미 작곡상을 안겨주었  던 영화 「The Last Emperor, 1987」의 삽입곡으로, 묵직한 현악의 숨결에 우리의 감성은 흠뻑 젖게 된다.

1990년 작인 동명 영화의 주제곡 〈The Sheltering Sky〉의 애수는 그  동안 영화음악 애호가들의 가슴을 촉촉이 적셔주었다. 이 오케스트라 연주도 모로코의 붉은 사막바람으로 청자를 내몬다.

2023년 3월 말 사카모토는 팬들을 떠났다. 더 이상 새로운 추억을 공유할 수 없게 되었다는 사실은 더 큰 빈자리를 절감하게 된다. 무라카미 하루키 Murakami Haruki의 동명의 소설을 바탕으로 한 영화 「Tony Takitani 토니 타키타니, 2004」 수록곡 〈Solitude〉을 들으며 그를 추모한다.

Salvatore Gebbia
Lifebound

SALVATORE GEBBIA

Siam | SMD-50006 | 2000

1. Secret Wish
2. Oblivion
3. Esquinas
4. Balada para un Loco
5. Old Faithful
6. Milonga del Angel
7. Voices
8. Libertango
9. Sunset Colors
10. Walking Together
11. Unbroken Dreams

New Acoustic

이태리에서 1965년에 출생한 피아니스트 살바토레 게비아는 아베리노 데 시마로사 음악원에서 작곡과 피아노를 전공하고 바리의 니노 로타Nino Rota 국립아카데미를 거친 재원이다. 팝과 클래식을 넘나드는 작품이 음악적 지향점이라 자신을 소개하며, 자작곡과 반도네온으로 탱고Tango를 세계에 널리 알린 인물 아스토르 피아솔라Astor Piazzolla(1921~1992)의 명곡들을 담은 데뷔작을 발표했다.

크리스털 피아노로 듣는 피아솔라의 명곡 〈Oblivion 망각〉은 클래시컬
한 비창悲愴이 상념에 빠지게 만든다.
이태리 칸쏘네의 여왕 밀바Milva의 노래로 잘 알려진 〈Balada para un Loco 미치광이를 위한 발라드〉, 서글픈 격정보다는 관조적인 힘이 느껴지는 피아솔라의 1962년 작 〈Milonga del Angel 천사의 밀롱가〉, 그리고 영원한 명
작인 누에보 탱고 〈Libertango〉에서 그의 열 손가락은 건반을 희롱한
다.
아프리카 남서부의 나마콸란드를 여행 중 계절이 바뀌는 시점에서 마음속으로 하는 기도의 상징으로서 작곡했다고 하는 〈Secret Wish〉는 투명하게 공명하는 피아노의 음색이 깊은 매력을 준다.
부에노스아이레스의 한 카페에서 느꼈던 감정을 그린 〈Esquinas 모퉁
이〉는 환희와 고통이 교차하는 삶의 단편을 피아노 랩소디로 들려준다.
미국 옐로스톤 국립공원의 간헐천에서 영감을 받은 〈Old Faithful〉는
자연과 인생의 순환을 경쾌하고도 유유한 피아노 선율로 그리고 있으
며, 〈Voices〉는 침묵의 기도를 위한 피아노 간주곡이다.
〈Sunset Colors〉는 로키산맥 베어투스 하이웨이에서 본 일몰을 선홍빛으로 물들이는 명상 에세이이며, 〈Walking Together〉는 음악가로서의 사회적인 삶의 의미를 생각하며 썼다고 한다.
침잠한 마음의 바닷속에 잔잔히 파도를 일으키는 〈Unbroken Dreams〉
에는 삶에 있어서 꿈의 확신을 가지라는 메시지를 담았다.

실망스런 커버에 담긴, 너무나 멋진 11곡의 클래식 피아노는 장르를 불문하고 피아노 음악을 좋아하는 분이라면 탁월한 선택이 될 것이다.
본작 외에도 《Il Tornare 귀향, 2009》, 《Sospesi 정지, 2015》, 《Raccontami 말해줘, 2021》로 이어지는 그의 앨범들은 국내 음원사이트에 소개되어 있다.

Sangit OM
True Stories

Nightingale | NGH 328 | 1989

1. Indian Spring
2. Bamboo Moon
3. Daydream
4. My Song
5. Pan's Return
6. The Caravan
7. When the Rain Falls
8. Forever Child

NewAge-Meditation, Healing

상짓 옴은 1954년 독일에서 출생한 스테판 페터실게Stefan Petersilge의 프로젝트이다. 인도 만트라에 의하면 '내적 고요에서 발현되는 소리의 음악'이라는 의미라고 한다.

그는 5세 때부터 피아노 레슨을 시작하여 기타와 바이올린도 배웠다. 하노버 음악대학교에서 피아노와 작곡을 전공하였으나, 재즈 뮤지션이 되길 원했고 몇 그룹들과 투어도 했다. 다른 문화권의 음악들에 대한 경험을 쌓기 위해 세계여행을 시작한 그는 1987년 인도에서 풍부한 전통음악의 매료되어 그곳에 머물며 반수리Bansury라는 인도 플루트를 배우게 되는데, 이는 자신의 음악세계를 결정짓는 가장 중요한 계기기 된다. 데뷔직 《Open Wings, 1987》을 선보이면서 클래식에서 뉴에이지와 월드뮤직 등 다양한 장르와 문화가 공존하는 자신만의 스타일을 확립하였으며, 2002년에는 그리스 음악의 다양함에 이끌려 크레타섬으로 거주지를 옮겨 음악 활동을 계속하고 있다.

본작은 그의 두 번째 앨범으로 고전으로 평가받고 있다. 동 레이블에서 활동했던 뉴에이지의 대가 카말Kamal이 제작했으며 4곡에서 베이스를 연주해 주었다.

명작 〈Indian Spring〉은 유려한 팝 감각으로 이미 수많은 방송과 광고에 사용된 바 있다. 그에게 가장 풍부한 영감을 주었던 인도의 봄의 풍광을 추억하며 만물을 탄생시키는 창조력과 생명력을 터치한다.

그의 다섯 번째 앨범 제목이기도 한 〈Bamboo Moon〉에서는 동양적이고도 단아한 반수리 멜로디가 내적 평화와 여유의 시를 읊고 있으며, 물 흐르는 소리로 시작하는 〈Daydream〉에는 자아를 깨우는 향긋한 피아노의 아로마요법이 꿈결 같은 명상으로 안내한다.

아누가마Anugama의 팬플루트가 그리스신화를 들려주는 〈Pan's Return〉에 이어, 페르시아의 풍물과 사막의 역경을 서사적으로 연출하는 〈The Caravan〉는 바이올린의 애수가 아름다운 그의 대표곡이다.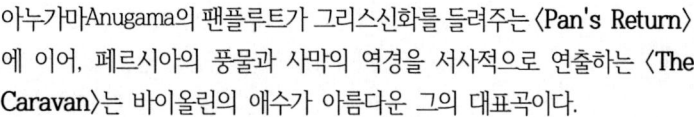

《Moving Moment》 앨범으로 국내에 알려진 여성 플루티스트 루나Luna의 은빛의 선율로 순수한 동심을 예찬하는 〈Forever Child〉가 마지막 '실화'를 전한다.

그의 음악은 명상음악이나 치유음악이란 설명으로는 부족하다. 세계 각국을 여행하고 얻은 특징적인 월드뮤직의 감성이 녹아 있는 침묵의 소리를 들어보라.

Scott Cossu
Reunion

Windham Hill | WD1049 | 1986

1. Sanibel
2. Mistico
3. Moira
4. Shepherd's Song
5. La Paloma (Flight of the Dove)
6. Gwenlaise
7. Sweet Rose
8. Wedding at Jenny Lake
9. Morning Sketches

NewAge-Jazz·Fusion·Chamber

피아니스트 스캇 코수는 1951년 웨스트버지니아 출생으로 12세 때부터 피아노를 시작했다. 10대에 록밴드를 거쳤고 오하이오대학교에서 장학금으로 음악을 공부했으며, 워싱턴대학교에서 민족음악학으로 학위를 받았다.

1977년에는 에콰도르와 안데스를 돌며 논문자료를 수집하고 아프리카와 히스패닉 그리고 중남미 인디오의 리듬에 매료된다. 이러한 독특한 감흥들을 녹여 데뷔 앨범 《Still Moments, 1980》와 《Spiral, 1983》을 발표하고, 이듬해 기타리스트 알렉스 드 그라시Alex de Grassi가 참여한 《Wind Dance, 1984》를 윈드햄 힐을 통해 선보였다. 동년에 인상적인 피아노 워크 〈St. Croix〉와 감성 어린 서정의 〈Vashon Poem〉이 수록된 《Islands》를 통해 독창적이고도 왕성한 창작력을 이어갔다.

본작은 첼리스트 유진 프리즌Eugene Friesen을 초대한 걸작으로, 재지하고도 시원한 피아노와 고전적인 따스함의 첼로는 평온함으로 균형 잡힌 앙상블을 들려준다. 〈Sanibel〉은 플로리다주 섬의 정경을 피아노의 잔물결과 묵직한 흙빛  의 첼로로 묘사하며, 〈Mistico〉에서는 장단조를 넘나드는 재즈 코드로 신비에 다가선다.

운명의 신 〈Moira〉에서는 이 듀오에 바이올린과 퍼커션이 가미되면서 증발할 정도로 활개 있는 임프로비제이션 호흡이 이루어진다.

외로움과 담담함의 정서를 우울한 피아노와 부드러운 첼로의 조합으로 만들어내는 〈Shepherd's Song〉은 이 앨범에서 가장 빛나는 작품이다. 강약의 터치에 실리는 고요한 서정이 가슴을 울린다.

다소 경쾌한 〈La Paloma, Flight of the Dove〉에서는 날갯짓처럼 바 이올린 연주가 가볍고, 〈Gwenlaise〉에서는 무거운 첼로 연주에 이어 피아노로 작은 명상의 창을 만들어 보인다.

기타리스트 알렉스 드 그라시가 참여한 〈Morning Sketches〉는 창을 통해 들어오는 잔잔한 햇살이 안온하다.

다양한 사운드를 들려주었던 이전의 작품과는 달리 지극히 개인적인 내면의 감정과 재회한 본작은 은은한 열정의 표현들이다.

국내에도 출시된 《Switchback, 1989》은 기타리스트 반 마나야스Van Manajas와 협연하여 또 다른 긴장감과 생기 있는 퓨전 앙상블로 많은 갈채를 받았다.

Sebastian Plano
Verve

Mercury KX | 6722833 | 2019

1. Abeyance
2. Honesty
3. Verve
4. Last Day Of May
5. Dancing Waters
6. Purples
7. One Step Slower
8. Éxta
9. Extrema

NewAge-Instrumental

세바스찬 플라노는 1985년생으로 아르헨티나 출신이다. 어린 시절부터 클래식 음악과 반도네온 연주자였던 조부에게서 탱고의 영향을 받았다. 7세에 첼로를 연주했고 12세 때 작곡을 시작한 그는 보스턴 음악원과 샌프란시스코 음악원에서 전액 장학금을 받으며 음악공부를 계속했고, 23세 때 초기 작곡인 4악장의 오케스트라 작품을 고향에 있는 로사리오 오페라 하우스에서 초연한다.

클래식에서의 성장과 함께 반겔리스Vangelis의 영향으로 전자음악에도 관심을 두었으며, 첫 앨범 《Arrhythmical Part of Hearts, 2011》를 발표, 첼로뿐만 아니라 피아노, 반도네온 등 다중 악기와 전자음향의 아름다운 실험을 몽환적으로 들려주었다. 〈Homage to a Soul〉에는 숭엄한 첼로의 긴 탄식이 흐르며, 〈Image of Sentimentals〉에는 안개 낀 호수에서 들려오는 님프의 슬픈 목가를 엿듣게 된다.

두 번째 앨범 《Impetus, 2013》는 독일의 앰비언트 뮤지션 닐스 프람 Nils Frahm이 마스터링했는데, 타이틀곡 〈Impetus〉는 계절이 지나가는 길목에서 날아가는 철새들을 바라보며 탈바꿈되는 자연의 색상에 대한 경의를 느끼게 되며, 〈Emotions (Part II)〉는 클래식을 듣는 듯한 현악 앙상블에 구상음을 삽입하여 바로크의 현대미를 재연했다.

2013년 그는 세 번째 앨범인 《Verve》와 EP의 녹음을 Kronos Quartet의 첼리스트 Jeffrey Zeigler와 함께 끝냈으나, 차에 둔 녹음본이 담긴 하드디스크를 도난당했고, 그해 8월 베를린으로 이주하여 이 작품을 긴 시간을 두고 재구성하게 된다. (독일의 전자음악가 벤 루카스 보이센Ben Lukas Boysen과의 공작인 동명의 게임 사운드트랙 《Everything, 2017》이 먼저 발표되었다)

〈Purples〉은 본작의 백미 중 하나로, 첼로의 슬픔과 피아노의 눈물방 울이 꽃씨처럼 퍼진다. 온전한 환희를 위한 고통과 인내의 숭고함이 번지듯 말이다.

〈One Step Slower〉의 피아노 통울림은 깊은 공명으로 반사되며 반복되는 은은한 최면으로 꿈속을 더듬으며 방황하는 듯하다.

〈Extrema〉에서 피아노의 명징한 울림은 스산한 바람이 이는 계곡에서 메아리치며, 첼로가 피우는 외로운 야생화의 향기를 조심스레 흔든다.

본작은 2020년 그래미의 베스트 뉴에이지 앨범에 후보 지명되기도 했다.

Secret Garden
Once in a Red Moon

Universal | DR8316 | 2002

1. Awakening
2. You Raise Me Up
3. Silent Wings
4. Greenwaves
5. Invitation
6. Duo
7. Belonging
8. Gates of Dawn
9. The Promise
10. Fairytale
11. Once in a Red Moon
12. Elegie

NewAge-Celtic

8세 때부터 바이올린을 연주한 미모의 피오뉼라 쉐리Fionnuala Sherry는 RTE 콘서트 오케스트라 단원으로서 활동했으며, 아이리시 필름 오케스트라와 함께 「The River Runs Wild 강물은 흐르고」, 「A Room with a View 전망 좋은 방」, 「The Mask 마스크」 등 몇 편의 영화음악을 녹음했다.

9세 때 자신의 밴드를 결성하여 작곡을 시작한 롤프 러블랜드Rolf Lovland는 오슬로의 노르웨이음악원을 졸업한 재원으로, 〈La Der Swinge / Let It Swing〉로 1985년 유로비전 송 콘테스트의 우승을 거머쥐기도 했다. 자국에서는 노르웨이 그래미 시상식에서 수차례나 수상하여 작곡가로 명성을 얻었다.

쉐리는 아일랜드에서 어린이를 위한 TV 프로그램의 음악을 맡았던 때 작곡가 러블랜드를 만나 1994년에 북구의 혼성듀오 시크릿 가든이 탄생한다.

1995년 유로비전 송 콘테스트에서 〈Nocturne〉으로 우승하여 즉각 국제적인 인기를 거두었다. 이 곡이 수록된 데뷔작 《Song from a Secret Garden》은 60여 개국에서 발매되었고 플래티넘을 기록, 미국의 빌보드 뉴에이지 차트에서 100주 이상 머무르는 대기록을 세웠다. 이후 비애의 무곡 〈Passacaglia〉과 눈물의 바이올린 〈In Our Tears〉로 슬픈 화원의 전설을 이어가며 셀틱 음악의 아름다운 환상을 심어주었다.

본작은 아일랜드 국립 오케스트라와 RTE 콘서트 오케스트라 단원들이 참여한 그들의 야심작이었다.

〈Awakening〉은 우거진 수풀로 둘러싸인 오래되고 빛바랜 화원의 쓸쓸함을 그리고 있다. 마치 청춘을 회상하는 듯한 노인의 주름에서 발견하게 되는 세월의 무상함을 애잔하게 풀어놓는다.

혼성 셀틱 복음 〈You Raise Me Up〉은 포근함과 더불어 정신적인 충만감을 심어주며, 첼로와 바이올린이 감정 깊이 교감하고 있는 〈Duo〉는 영화 속 비극적인 사랑의 결말을 들려주는 듯하다.

따스한 가슴과 마음의 힘을 주는 〈The Promise〉는 방송을 통해서 많은 사랑을 받았으며, 붉은 달이 뜰 때의 신비와 함께 되살아나는 슬픈 비밀의 전설 2부작 〈Once in a Red Moon〉과 〈Elegie〉는 코끝이 시큰한 네러티브를 구성한다.

여전히 시크릿 가든에는 온화한 색채와 화사한 빛의 이야기들이 가득 숨어있다.

Smoo
Traffic in My Soul

Neuronium | VLT15176 | 2003

1. What's Impossible
2. Traffic in My Soul
3. I Love You
4. Stratosphere
5. Outside the Body
6. Nofretete
7. L'Autonomie
8. Analogue Slowmotion
9. La Realite
10. Glimmer
11. What's Impossible (Remix)
12. 1-Minute-Trip

NewAge-Electronic·Ambient

Smoo는 영국 스코틀랜드 하일랜드에 있는 거대한 해식동굴의 이름이며, 일러스터 마크 크릴리Mark Crilley의 동화 「이상한 나라의 앨리스」를 모티브로 한 삽화집에 등장하는 아키코Akiko의 행성이기도 하다.

이를 프로젝트명으로 한 주인공은 스위스 출신의 1970년생 전자음악가 올리비에 제르베Olivier Gerber로, 그는 어렸을 때부터 피아노를 연주하다 15세 때 처음으로 신시사이저를 구입하고 전자음향의 무궁무진한 가능성을 실험한다. 취리히 근교의 자신의 스튜디오에서 'Wiard'라는 전자악기를 직접 고안하였고, 1997년에는 레코드사에서 프로듀서로 일하며 독자적인 음향 디자이너로서 그리고 동시에 법학도로서 교과과정을 성공적으로 끝냈다.

그는 데뷔작 《Traffic in My Soul》을 칠아웃 다운비트Chill-out Downbeat로 소개하고 있는데, 뉴밀레니엄의 라운지답게 호감이 가는 신선한 일렉트로닉스를 고안했다. 강하지 않으면서도 긴장감을 은밀히 불러일으키는 다운비트는 맥박수와 일치하고, 도드라지지 않는 세련된 선율은 37.5도의 열기를 지닌다.

〈Traffic in My Soul〉은 유려하게 잘 빠진 신시사이저 음향 속에서 여러 텍스트와 기호들이 이펙트 보컬과 음향적 코드로써 나타나고 이들의 조화는 절묘하다.

제목처럼 탠저린 드림Tangerine Dream과 소프트웨어Software를 연상시키는 〈Stratosphere〉에서의 드라마도 진보적인 아름다움을 선보인다.

자르Jean-Michel Jarre를 연상시키는 〈L'Autonomie 자율〉은 걸작으로, 빛이 들지 않는 검푸른 미지의 세계에서 붉은 꽃잎들이 흩날리며 남기는 연한 향기를 느낄 수 있다.

〈Analogue Slowmotion〉은 신비하고도 깔끔한 크리스털 전자음향이 황홀함을 끝도 없이 재생하며, 〈La Realite 현실〉은 여성 보이스로 뇌쇄적이고도 고혹적인 팝 감각을 최고조로 끌어올린다.

리믹스 싱글 〈What's Impossible〉은 디지털 라운지이다.

Smoo의 음악에는 수많은 켜들이 살아 움직인다. 이 평면적인 막은 다양한 물리적 운동으로 연동되고 새롭게 반응하여 독특한 디지털 회화를 구상화한다.

이후 Smoo는 두 번째 앨범 《Momentum》을 발표하였다고 한다.

SOFTWARE
Ocean

RELEASED AND UNRELEASED SOUND-SCULPTURES

IC-Digit | IC 710.088 | 1990

1. Dea Alba
2. Love is More Thicker Than Forget
3. Sea Gulls Audience
4. Present Voice
5. Software Visions
6. Land of Fantasy
7. Looking for a Future
8. The Voice of Cave

NewAge-Electronic·Ambient

소프트웨어는 그룹명답게 컴퓨터를 가장 잘 운용한 첨단 뉴에이지 팀으로, 오리지널 멤버 페터 머게너Peter Mergener와 마이클 바이저Michael Weisser라는 두 아티스트로 구성되어 20여 장이 넘는 작품을 발표했다. 그들의 주된 테마는 컴퓨터 문화와 하이테크 예술을 새롭게 결합하는 것이었으며, 그들의 혁신적인 리코딩은 궁극적인 디지털의 성공적 체험으로 일컬어지고 있다.

소프트웨어의 실질적인 사운드를 구사하는 작곡자이자 연주가인 머게너는 1951년생으로, 1979년부터 전자음악을 시도하여 1984년에는 Spaceship이라는 그룹을 결성하기도 했다. 아날로그와 디지털사운드 악기, 미디 운용기술, 시퀀서 프로그래밍과 샘플링의 계속적인 연구로 독자적인 사운드를 개척할 수 있었다.

1948년에 태어난 바이저는 예술대학 출신으로, 실험적인 예술과 디자인, 예술사, 통신학, 사회학까지 섭렵한 다재다능한 인물로 하이테크 산업의 시각디자인에 관여했다. 또한 몇 편의 성공적인 공상과학 소설을 쓰기도 했으며, IC 레이블의 많은 프로젝트의 구상과 함께 커버 디자인을 맡았던 그래픽 아티스트이다. 그리고 소프트웨어의 작품 콘셉트를 맡았던 실질적인 리더였다.

본작은 바다를 주제로 이전의 디스코그래피와 미발표곡들에서 선곡된 앨범으로, 요이치로 가와구치Yoichiro Kawaguchi의 컴퓨터그래픽 작품을 커버에 실었고, 각 수록곡은 물소리로 연결되고 있다.

바이저가 에어버트 프란크Herbert Frank와 함께 쓴 공상과학소설의 제목이기도 한 〈Dea Alba〉는 《Chip Meditation 2, 1989》 수록곡으로, 심해에서 들려오는 여러 신호음이 내뱉는 우울한 전자교향악이다.

서글픈 엘레지 〈Love is More Thicker Than Forget〉에서 남성 내레이션은 해류를 따라 표류하며 일그러진 음성을 삽입하면서 망각의 바다로 이끈다.

《Digital Dance, 1988》에 수록된 〈Sea Gulls Audience〉는 토니 슈나이더Toni Schneider의 색소폰 연주가 전자심포니를 따라 흐르며, 다소 공포스러운 갈매기의 소리로 초현실적인 풍경을 그린다.

베스트앨범 《Past / Present / Future, 1987》에 수록된 〈Present Voice〉는 이 앨범의 백미로, 계속해서 유동하는 아름다운 반주에 파장되는 남성의 신음과 내레이션이 전자드럼의 비트를 타고 검은 구름 속을 표류하는 듯 어지러운 소용돌이를 만든다.

〈The Voice of Cave〉는 수장된 옛 영혼의 소리를 파도 소리로 대유한다.

418

Software
Modesty Blaze

IC-Digit | IC 710.138 | 1991

1. Modesty Blaze
2. Erotic Strength
3. Virgin Grounds
4. Face to Face
5. Erotic Desire
6. Naked Skin
7. Curious Fingertips
8. Sensitive Fights
9. Slippery Dune
10. Petting Echo
11. Masculine Magic
12. The Long Love Mix
13. Modesty Blaze Overdrive - *voc.*
14. Modesty Blaze Overdrive - *inst.*

NewAge-Jazz·Fusion, NewAge-Pops,
NewAge-Electronic

소프트웨어는 독특한 내용과 형식, 발상과 표현의 완벽한 일치를 보여주는 진보적인 그룹이다. 일렉트로닉 아트의 역사에 대한 에세이 《Chip-Meditation, 1985》에 평론가들은 놀라움을 금치 못했으며, 그들의 최고의 LP 《Night-Light》이 발표되었을 때는 가장 유능한 뉴에이지 뮤지션이란 찬사를 받았다.

그들은 컴퓨터 미래 환경에 주목하고 있었는데, 《Syn Code》, 《Digital Dance》, 《Software Vision》 등의 앨범들은 환상으로 입수되는 프랙털의 카오스를 따라 인간과 기계의 감성적 인터페이스가 실현되고 있는 작품들이었다. 그 탐색은 다소 기계적이고 전자적이긴 하지만, 청자의 육체마저 비트화하면서 디지털 공간 세계로의 환희를 유추해 냈다. 이러한 컴퓨터 문명 환상체험에 대한 암묵적인 기교는 하이테크High-tech와 소프트터치Soft-touch의 만남이었다.

리더 마이클 바이저Michael Weisser는 그동안의 일련의 여정에서 벗어난 독특한 작품을 성애 소설가 아이린 드 빈터Eylin de Winter의 이름으로 설계하기도 했는데, 함께 했었던 메가바이트Megabyte의 멤버 빌리 바이트Billy Byte의 팝적인 재능을 빌려 매혹적인 《Modesty Blaze》를 발표한다. 이는 가장 상업적으로 성공한 작품이 되었으며, 국내에도 라이선스로 소개되었다. 커버는 미국의 랜디 로버트Randy Roberts가 디자인한 이미지 클립 'Brilliance, 1985'의 섹시로봇이다.

무려 세 매의 리믹스 싱글로 발표된 히트곡 〈Modesty Blaze〉는 프랜 화이트Fran White라는 여성의 허스키한 팝스캣과 소프트재즈 그리고 그레고리안 성가를 융합한 에로틱 무드가 전개된다.

온몸이 이완되는 스파 마사지 〈Erotic Strength〉, 테마를 유려한 재즈 건반으로 이어가는 〈Virgin Grounds〉는 초록의 바람이 온몸을 간질인다.

〈Erotic Desire〉는 여성 스캣과 관능적인 머스크 향이 잔잔히 퍼지는 듯한 신시사이저 음향의 성애 무드로 욕망을 일깨운다.

〈Naked Skin〉에는 결이 부드러운 심포니가 피부를 따라 흐르며, 장난스러운 애무의 클립 사운드 〈Sensitive Fights〉는 감각적이다.

〈Petting Echo〉은 자극적인 팝재즈의 호흡이고 교감이며, 12분여의 〈The Long Love Mix〉는 테마를 집대성한 모음곡이라 할 수 있다.

연작 《Modesty Blaze Vol.2》가 뒤이었는데, 특히 끝곡 〈Ave Maria〉에서는 프랜 화이트의 엑스터시 퍼포먼스가 너무나 농밀하다.

Software
Cave

SOFTWARE **CAVE**

cAVE

IC-Digit | IC2195 | 1992

1. Cave
2. Pressure & Time
3. Sphere & Border
4. Whisper & Surge
5. Drops & Desire
6. Thunder & Clery
7. Air-Stream & Heaven
8. Holow & Expiation
9. Death & Dawn
10. Sin & Confession
11. Stalagmite & Stalagtite

NewAge-Electronic·Ambient

본작은 국내발매된 《Modesty Blaze》에서 페터 머게너Peter Mergener를 대신하여 연주한 메가바이트Megabyte의 멤버 빌리 바이트Billy Byte와의 공작이다.

이 앨범이 다른 작품들과 구별되는 이유는 새로운 파트너와 작곡한 새로운 발상에 기인하며, 연주와 녹음에 참여한 콰이엇 포스Quiet Force의 스테픈 퇴테버그 Steven Töteberg의 역량으로 표현기법 또한 달라졌다는 점이다. 훨씬 두텁고 따스한 감성을 보여주며 게다가 인간적이기까지 하다.

바이저는 종교적인 색채가 강한 이 작품을 알타Arta의 수도승들에게 헌정했다. 이러한 이채로운 작업이 훗날 《Heaven to Hell》이라는 또 하나의 걸작을 탄생시키는데 효과적인 자양분이 되는 것이다.

첫 곡 〈Cave〉에서부터 변모된 사운드를 직감할 수 있는데, 따스한 신시사이저 코러스와 바이올린이 마찰을 시작하고 유려한 디지털 음색이 뒤범벅되면서 고대 선사시대 문명으로 시간의 벽을 열어준다.

〈Whisper & Surge〉에서는 바람과 파도가 몰아치며 알타이어로 속삭이는 주술이 연계되고 있다. 동 레이블 소속 여성 뮤지션 리자 프랑코Lisa Franco의 하프에 페터 자일러Peter Seiler의 기타 연주도 가세한다.

〈Thunder & Clergy〉에 이르러서는 본작의 압권이 시작되는데 천둥과 공의 울림을 삽입하면서 파이프오르간과 함께 그레고리안 성가가 울려 퍼진다. 반겔리스Vangelis를 연상시키는 따스한 전자음향이 교차되면서 장대하고 서글픈 걸작 심포니는 막을 내린다.

〈Air-Stream & Heaven〉에서는 물 효과음에 이어 일렉하프와 여성 스캣 그리고 테너색소폰이 천국의 문을 마주하며, 새소리를 삽입하면서 현악 파트의 빠른 피치카토에 팀파니가 전체를 뒤흔드는 〈Hollow & Expiation〉는 구슬프고 드라마틱한 사운드로 장엄함을 불러온다.

〈Death & Dawn〉는 숭엄한 코러스와 파이프오르간이 극적인 열기를 토하며, 〈Sin & Confession〉은 드럼의 무거운 행렬 속에 정적인 키보드 연주가 그레고리안 성가와 함께 몽롱한 고해성사를 시작한다.

〈Stalagmite & Stalactite〉는 반겔리스의 《Beaubour》의 기계음 섞인 무거운 사운드와 《Soil Festivities》의 사운드를 융합한 느낌이다.

전곡이 수작이지만 후반 수록곡들은 반겔리스도 놀랄만한 걸작품이다.

Software
Heaven to Hell

IC-Digit | IC2240 | 1995

1. Heaven to Hell
2. Devil to Love
3. Yearning to Stone
4. Warning to Desire
5. Steel to Breath
6. Swell to Doubt
7. Forgiveness to Hate
8. Start to End

NewAge-Electronic·Ambient

본작의 부제는 '아날로그 영혼을 위한 레퀴엠'이다. 커버를 보면 붉은 기운이 감도는 성당의 고창을 통해 빛이 쏟아지는 광경이 압도적이다. 그리 익숙지 않은 풍경이라 더더욱 강렬한 인상을 풍기며 그래서 성당은 훨씬 거대해 보인다.

이 완벽한 콘셉트 앨범은 수미상응 구조이며 각 테마는 병렬되어 대치되고 있다. 천국과 연옥을 넘나드는 약간의 두려움이 도사리고 있는 본 성당의 문을 살짝 열면 타이틀곡이 첫 곡으로 위치한다.

⟨Heaven to Hell⟩에는 신성한 그레고리오 성가에 뒤이은 신시사이저  멜로디가 너무니 구슬프디. 진혼곡의 힘없는 드럼의 소리는 땅속에 묻힐 즈음 귀에서 사라져간다.

⟨Devil to Love⟩의 서두에서는 누군가가 어둠이 짙게 깔린 곳에서 성  냥으로 불을 켠다. 고통의 비명, 악마의 웃음소리, 구원의 파이프오르간이 연옥을 뒤덮는다.

⟨Yearning to Stone⟩는 긴장감이 감도는 현의 잔향이 공간으로 파열  되고, 드럼이 점차 동요를 일으킨다. 정적인 신시사이저 코러스가 동적인 연주로 탈바꿈을 하고 클라리넷 독주가 이어진다.

트럼펫의 엘레지로 시작되는 ⟨Warning to Desire⟩에서는 싸늘한 바람 같은 신시사이저 효과가 몰아닥치며, 음과 리듬이 고조되면서 기운을 빼놓는다.

⟨Steel to Breath⟩는 추락하는 듯한 속도, 드럼의 울림, 침울한 음소들  은 공포를 끌어내며 숨 가쁜 혼란의 세계가 그려진다.

⟨Swell to Doubt⟩는 그레고리안 성가와 종소리에 이어 드럼이 어둠을  뒤흔들며, ⟨Forgiveness to Hate⟩는 파도에 이은 그레고리안 성가로 숭고한 서정을 전한다.

우주의 시작, 인류의 발생을 되짚어보는 듯한 ⟨Start to End⟩는 그레고리안 성가의 아리아와 합창이 종말을 예고하고, 일렉트릭 회오리바람이 몰아친다. 교회의 종소리의 울림과 함께 첫 곡에서 들을 수 있었던 드럼이 랩소디를 이끌며 장례식 행렬은 서서히 사라져간다.

물론 이니그마Enigma의 등장과 함께 유행으로 번진 그레고리안 찬트의 영향을 무시할 순 없지만, 소프트웨어의 전자음악에 녹인 육중한 장엄미사는 뉴에이지 일렉트로닉의 열 손가락 안에 드는 명반이라 감히 말할 수 있다.

Software
Fire-Works

IC-Digit | IC87 2308 | 1998

1. Salut
2. Lightning Bugs
3. Red Comets
4. Firefly Bouquet
5. Golden Rain
6. Flash Report
7. Bombette Party
8. Crisanthemum Beauty
9. Fireballs
10. Colourful Sphere
11. Software, Meteroits
12. Fireworks Tattoo
13. Final Lightning

NewAge·Electronic·Ambient

소프트웨어는 아이스크림처럼 부드러운 전자 힐링뮤직 《Sky-Dive, 1977》를 발표한 후 이듬해 또 하나의 걸작을 탄생시켰다.

본작의 부제는 'Power & Glory for the 21st Century'이다. 뉴밀레니엄을 축하하기 위해 그들은 세상에서 가장 화려하고 아름다운 불꽃놀이 축제를 구상했다.

〈Salut〉는 본 쇼의 가슴 뛰는 개막식 음악이다. 큰 북소리와 팡파르 그리고 하나둘씩 밤하늘을 수놓는 불꽃들이 터지며 희망찬 심포니로 가득 메운다.

〈Lightning Bugs〉는 밀레니엄 버그에 대한 우려를 침울하고도 긴박한 분위기의 전자음악으로 표현했는데, 거칠고 빠른 전자드럼과 아름다운 신시사이저 여성 코러스가 절묘하게 대비되는 양상을 보여준다.

〈Firefly Bouquet〉는 《Cave》나 《Heaven to Hell》를 연상시키는 작품으로, 슬프고도 아름다운 그레고리안 성가는 신성한 염원을 담았다.

〈Golden Rain〉은 비 오는 효과음과 소프라노의 보컬로 이뤄지는 신비스러운 이색작이며, 〈Flash Report〉는 천지의 개벽과 더불어 전위적인 여성의 보칼리제와 남성 바리톤과 베이스, 댄스 비트 그리고 묵직한 신시사이저가 섞이는 전자오페라이다.

〈Fireballs〉는 그들의 예전 디지털 사운드 스타일을 세련되고 감각적인 느낌으로 각색했다.

〈Fireworks Tattoo〉는 장엄한 오케스트레이션과 고고한 여성 스캣 그리고 축제의 폐막이 가까워졌음을 암시하는 행진곡이 이어진다.

〈Final Lightning〉은 볼레로풍의 리듬 위에 주제를 흘리며 불꽃축제의 종영을 알린다.

이 아름다운 불꽃축제는 약 15년간 이어온 마이클 바이저와 페터 머게너와의 우정을 기념하는 자축 파티기도 했는데, 결과적으로는 회자정리會者定離를 예감한 눈물의 잔치가 되어버렸다. 《Mystic Millenium》이란 베스트앨범과 페터 머게너의 아티스트 스페셜 앨범이 발표되기도 했지만, 그들이 쏘아 올린 불꽃은 끝내 새천년을 넘기지 못한 채 막을 내렸다.

이후 마이클 바이저는 비주얼 작가로 음악계를 떠나고, 페터 머게너는 레이블 이적과 함께 솔로로 전향했다.

Solyma
Solyma

SonyBMG | 74321 647202 | 1999

1. Solyma (Jerusalem)
2. Ante Solem
3. Ad Me Veni
4. Tres Armenii
5. Karamane
6. Dormire
7. Laila Leil
8. Propheta
9. Terra Fidelis
10. Tres Armenii Remix
11. Memoria
12. Solyma (Jerusalem) - *Remix*

NewAge-Classical Chant

히브리어로 '보호' 혹은 '안전'을 뜻하는 Solyma는 성서에 기록된 '다윗의 도성' 혹은 '거룩한 언덕' 그리고 하나님의 제사장인 '예루살렘'을 지칭한다고 한다.

이 그룹은 1970년대 프랑스의 아방가르드록을 구사했던 마르떵 씨르꾸스Martin Circus의 기타리스트로 활약했던 알랭 페즈네Alain Pewzner와 키보디스트 패트릭 레제르Patrick Leger가 의기투합한 프로젝트로, 2년 앞서 데뷔하여 록과 그레고리안 성가를 접목한 이어러Era를 모델로 중세의 시간과 컨템퍼러리 월드뮤직을 조합했다. 작곡은 알랭 페즈네이며, 6인의 남성 성악가와 8명의 어린이 중창단을 기본으로 라틴과 그리스 그리고 아라비아의 다양한 월드뮤직들을 크로스오버한 참신한 표현기법이 주목할 만하다. 한 신교자가 복음을 선하러 세계의 오지를 여행하는 커버처럼 무척 드라마틱하고도 또한 종교적인 색채가 강하다.

광명과 천국의 땅 예루살렘에 사랑과 평화를 기원하는 싱글커트 곡 〈Solyma〉에는 남성 코러스와 민속 음률이 뒤섞이고 가스펠 솔로와 파이프오르간의 숭고함이 무게 있게 흐른다.

어둠과 사막을 헤쳐 나가기 위한 기도를 그린 〈Ante Solem 태양이 뜨기 전에〉은 아라비아의 별의 정기가 머무르는 새벽의 시간처럼 투명하다.

고난의 세상에서 자신을 지킬 수 있길 기도하는 〈Ad Me Veni 내게로 오라〉는 아라비아의 여성 월드 보컬이 서두를 장식하며 리드미컬한 곡 구성으로 장대한 감동을 받게 된다.

〈Tres Armenii 세 명의 아르메니아인〉은 예수의 탄생을 경배하고 세상의 평화를 전하러 온 동방박사를 소재로, 나지막한 랩, 파이프오르간과 전자음향, 여성 스캣 등을 부가한 드라마이다.

지금의 이란 남동쪽에 위치한 이슬람 성지 〈Karamane〉에 이어, 〈Dormire 잠들다〉는 세상의 정원에서 잠들기를 원하는 고행자의 심경처럼 영혼을 위로한다.

꿈과 사랑을 기원하는 간원의 노래 〈Laila Leil 밤〉, 영광을 노래하는 〈Terra Fidelis 충심의 땅〉에 이어, 〈Memoria〉는 아프리카의 월드비트가 기묘하게 연결되는 서정적인 연주곡이다.

본작은 이웃 독일과 이탈리아에도 각각의 언어로 소개가 되었다. 아쉽게도 유일작이 되었지만, 누구보다도 강렬한 세계평화의 메시지를 남기고 있다.

Søren Hyldgaard
Sound Tracks

Fønix Musik | FMF1055 | 1990

1. Tsuyu
2. Irrevocable
3. Guitar Lesson
4. Minuetto Romanze
5. Duende
6. Song without Words
7. Jakob's Lullaby
8. Tsuyu (reprise)

NewAge-Instrumental

덴마크의 피닉스 뮤직의 음악은 신선함을 주기에 충분하다. 많은 뮤지션이 포진한 이 레이블에서도 뉴에이지를 이야기할 때 빼놓을 수 없는 음악가가 바로 쇠렌 힐드가드가 아닐까 생각된다. 그는 피아니스트이지만 꼭 피아노를 위한 곡만을 작곡하지 않는다. 또한 민속적 색채를 지닌 피닉스 레이블에서도 가장 현대적인 사운드를 들려주며, 또한 아이러니하게도 바로크 클래식과도 같은 화사한 작품들을 만든다.

천둥과 빗소리로 시작되는 첫 곡은 일본의 우기雨期를 일컫는 〈Tsuyu〉를 곡목으로 하고 있다. 특히 후지산의 풍경을 위해 일본의 민속음악단이 협연하고 있기도 한데, 동양의 5음 선율과 그의 클래식 그랜드피아노가 잘 크로스오버된 곡으로 빗방울이 부딪히는 산록 속에 있는 듯한 싱싱한 계절감을 느끼게 된다. 일본판 소나기를 영상화한 작품이라 할 수 있다.
〈Irrevocable〉은 역시 클래시컬 피아노 연주가 이끄는 아름다운 소품으로, 클라리넷과 플루트가 따스하고도 목가적인 정취를 이루어낸다.
〈Guitar Lesson〉은 게스트 뮤지션 랄스 트리에Lars Trier의 류트Lute와 기타가 주도하는 곡으로, 비발디Vivaldi의 〈기타 협주곡〉을 듣는 듯 정겹고 흥겨운 발랄함이 느껴진다.
〈Minuetto Romanze〉은 그의 솔로 피아노를 위한 작품이다. 영화 「천일의 앤」의 주제곡 전주와 흡사한 서주로 시작하여 슬픔을 머금은 주제로 그리고 열정적인 반복주에 이르기까지 3박자 춤곡 미뉴엣은 한줄기 눈물을 머금는다.

로드리고Joaquin Rodrigo의 〈기타 협주곡〉을 떠올리게 되는 〈Duende〉은 플라멩코 스타일의 다소 즉흥적인 기타주법, 신시사이저 코러스, 게다가 집시 무희들이 리듬을 맞추어 춤추는 듯한 적재적소의 캐스터네츠의 타악이 융해되어 이국적이고도 감미롭게 포장되었다.
나지막한 〈Song without Words〉에서는 평화와 환희의 클래식 감성을 놓칠 수 없고, 간결한 기타 멜로디가 이끌어가는 〈Jakob's Lullaby〉 역시 아름다운 기타 소품이다.

이처럼 그의 다양한 곡들이 한 앨범에 나열될 수 있었던 것은 이야기를 끌어가는 원숙한 작곡력이었으며 악기의 특성을 잘 알고 있는 노련한 연주력이었다.

Søren Hyldgaard
Moments of a Dream

Fønix Musik | FMF1180 | 2001

1. The One and Only
2. Tommy and the Wildcat
3. Deadly Nightshade
4. Eye of the Eagle
5. Pyrus at Your Service
6. The Spider
7. Angel of the Night
8. Help! I'm a Fish
9. When Life Departs
10. Isle of Darkness
11. Norwegian Lake

NewAge-Instrumental

덴마크 코펜하겐에서 1962년에 출생한 쇠렌 힐드가드는 북유럽을 비롯한 유럽에서는 영화음악가로 더 잘 알려져 있다.

그는 《Flying Dreams, 1988》를 발표하면서 뉴에이지 음악계에 먼저 문을 두드렸는데, 이는 덴마크에서만 12만 장 이상 판매되어 실버와 플래티넘을 기록한 그의 고전으로 평가받는다.

이듬해 아름다운 어쿠스틱과 일렉트로닉 앙상블을 구사한 《Landmarks, 1989》를 발표한 후, 「Adam Hart I Sahara, 1990」를 시작으로 약 20년간 30여 편의 영화음악을 담당하게 된다. 자국뿐만 아니라 핀란드의 영화시상식에 후보 지명되었으며, 「When Life Departs, 1997」는 오스카에 후보로 올랐다. 그리고 개봉작 「The One and Only, 1999」로 덴마크 영화 아카데미상을 수상했고, 2001년에 미국의 산디에고 영화협회San Diego Film Commission로부터 예술공로상을 받기도 했다.

본작은 그가 맡았던 1990년대의 영화음악들을 모은 작품집이다.

전체적으로 오케스트레이션 연주로 가득한 이 영화음악 모음집 중에서 가장 돋보이는 그의 작업은 「Deadly Nightshade」인데, 이는 에이즈의 고통 속에서 숨져가는 탄자니아의 어린이들을 다룬 다큐멘터리로, 서글픈 엔딩 타이틀인 〈Winter Shades〉를 소프라노 루이제 프리보Louise Fribo의 청아한 보컬리제가 잔잔한 감동을 더한다.

또한 뱀파이어의 로맨틱한 전설을 다룬 영화 「Angel of the Night」에서는 오페라가수 루이제 프리보가 가슴 저미는 〈Lubiere Infiniti 영원한 빛〉로 영원한 사랑을 노래한다.

그에게 첫 수상의 영광을 안겨준 작품인 로맨틱 코미디 「The One and Only」의 삽입곡 〈Soony-Boy Italiano : Love-Making〉에서는 차이콥스키Tchaikovsky의 발레처럼 심포니를 바탕으로 흐르는 피아노 연주를 들을 수 있다.

들고양이와 소년 Tommy와의 우정을 그린 동명의 영화 주제 〈Tommy and the Wildcat〉은 맑고 서정적인 클래식이다.

북유럽의 독특한 아름다움을 국제적인 감각으로 녹여낸 본작은 단편적이지만 그의 음악적 재능을 살필 수 있는 앨범이다. 2008년에는 브라이언 콕스Brian Cox 주연의 스릴러 영화 「Red」로 할리우드에 진출했다.

Narada | ND61017 | 1987

1. Portraits
2. Sahara Moonrise
3. The Muse
4. The Countess
5. Eden
6. In the Park
7. Tomorrow's Child
8. Dante's
9. Carnival
10. Silhouettes

New Acoustic

426

스펜서 브루어는 나라다를 통해 6매 이상의 앨범을 발표하였고, 또한 많은 아티스트의 앨범에도 참여한 능력 있는 피아니스트이다. 물론 우리에겐 데이비드 란츠David Lanz나 마이클 존스Michael Jones에 비하면 그리 잘 알려진 편은 아니지만, 나라다에서 자리매김은 확고했으며 그의 음악들은 여전히 사랑받고 있다. 동 레이블 소속이었던 명콤비 에릭 팅스태드Eric Tingstad와 낸시 럼벨Nancy Rum-bel을 만나 탄생시킨 《Emerald, 1986》 이후에 발표한 작품이 본작이다.

거의 모든 곡이 우리의 귀에는 익숙한 멜로디로 남아있는데, 그의 아름다운 피아노 명작으로 기억되는 〈Portrait〉는 아득한 추억으로의 상념을 이끄는 서정성의 극치를 느끼게 한다. 서서히 온기를 일으키는 덕 하먼Doug Harman의 첼로 연주도 일품이다.

아라비아풍이 가미된 듯한 재즈피아노 멜로디와 서정적인 바이올린 연주가 잘 결합된 〈Sahara Moonrise〉는 은빛으로 빛나는 광활한 사막의 쓸쓸함을 그린다.

채도 높은 기타와 오카리나의 앙상블을 들을 수 있는 〈The Muse〉는 의식을 준비하는 아홉 뮤즈의 고혹적인 모습들이 비친다.

애틋한 오보에와 열정적인 피아노 즉흥이 멋진 또 하나의 숨은 명곡 〈The Countess〉에는 백작부인의 이룰 수 없는 사랑 이야기를 들려주는 것 같다.

마지막 곡 〈Silhouettes〉에도 잔물결처럼 번지는 피아노에 오보에가 진한 그리움의 서시를 노래한다.

앙상블과 함께 서정파 피아니스트로서 면모를 잘 보여준 본작 이후, 나라다 에퀴녹스Equinox 라벨을 달고 아들 이름을 타이틀로 한 《Dorian's Legacy, 1989》를 발표, 이는 출생의 기쁨을 담아 전체적으로 축복이 넘치고 우아한 작품이었다. 두 번째 퓨전 《Piper's Rhythm, 1991》에 이어, 다시 초심으로 돌아가 아름다운 서정을 담은 《Romantic Interludes, 1993》에는 폴 맥캔들리스Paul McCandless와 스티브 킨들러Steven Kindler가 참여했다. 나라다와 결별하고 색소폰 주자 폴 맥캔들리스와 키보디스트 Kit Walker와의 조인트 앨범을 내놓았으며, 근작 《Behind the Veil, 2023》는 노장의 달콤하고 로맨틱한 인생찬가를 들려주었다.

Stamatis Spanoudakis
Moments Gone

Stam Studio | SSCD3 | 1994

1. Moments Gone
2. For a While
3. Sudden Love
4. Absences
5. To Dori
6. Years of Stone
7. Waves
8. Farewell
9. Autumn
10. Byzantine
11. Night
12. Thalassa

NewAge-Instrumental

스타마티스 스파누다키스는 1970년 초반에는 프로그래시브록 뮤지션으로, 이후에는 영화음악과 그리스의 대중음악 작곡가로 활약하며 명성을 쌓은 그리스 출신의 대작곡가이다.

2000년대 들어 국내에도 라이선스로 소개된 본작 《Moments Gone》은 히트작으로, '지나간 순간들'이란 제목답게 자신의 개인적인 추억 스케치를 담은 것이다. 빨간 바탕의 사진은 자신의 어린 시절 모습이기도 한데, 동심과 순수, 성장과 고독, 사랑과 자연을 그려냈으며, 신곡과 이전에 발표된 주옥같은 영화음악들을 새롭게 편곡해 수록했다. 그리스만의 특별한 애수가 잔잔히 녹아든 작품이다.

그리스 대중들에게 잘 알려진 〈Sudden Love〉는 1984년에 발표한 동명의 영화 주제로, 남편과의 결혼에 싫증을 느낀 한 댄서와 어린 시절 고향이 그리웠던 프랑스 거주 경제학자와의 예기치 못한 사랑으로 리스본으로 밀애 여행을 떠나는 내용이라 한다. 장기인 기타의 애처로움으로 은은한 긴장감을 부드럽게 그려간다.

〈Absences〉역시 1987년에 개봉된 동명의 영화 주제곡으로, 그의 소품 중 고전으로 자리한 명곡이다. 가족을 버린 어머니 그리고 방탕한 퇴역군인인 아버지의 사망 뒤 단절된 삶을 살아가는 세 자매의 삶을 그린 영화라고 하는데, 현의 비통한 왈츠가 너무나 맑아 더욱 절절한 감정을 흘린다. 이는 〈Tamalo〉란 곡목으로도 잘 알려져 있다.

그의 아내 도리에게 바치는 건반의 연가 〈To Dori〉는 유유한 템포에 실려 춤추듯 가볍게 날아오른다. 국내의 모 드라마 주제로 사용되었다고 한다.

관악의 호흡이 부드럽게 파장을 일으키는 〈Years of Stone〉는 1985년 동명의 영화 주제로, 클라리넷의 깊은 탄식이 애잔한 자장가이다.

찰현의 따사로움이 숨 쉬는 〈Autumn〉은 마치 우리나라 가곡을 듣는 듯한 정서가 붙어오며, 〈Byzantine〉은 서두의 짧은 서사와 함께 반겔리스Vangelis를 닮은 장대한 공간감을 극화시킨다.

바다의 서정시 〈Thalassa〉는 1992년에 발표된 동명의 앨범 타이틀곡으로, 끊임없이 파도가 일고 바람이 부는 우리의 심신을 치유해 준다.

본작의 대성공으로 세 번째 연작까지 발표되었다.

Stamatis Spanoudakis
Je Veux Toujours Etre Avec Toi

Stam Studio | SSCD25 | 2011

1. Dusk at Saint Theodore
2. Je Veux Toujours Etre Avec Toi
3. A Winter Night's Dream
4. Playing with Waves
5. Stay
6. Je T'aime
7. The Souls that Hear Us
8. You Walked Alone
9. Sit Tu Veux
10. Je Veux

NewAge-Instrumental, Pop (Voval)

그리스 출신의 스타마티스 스파누다키스는 1948년생으로, 부유한 집안의 아들로 태어나 사업 후계자가 되길 바랐던 부친의 반대를 무릅쓰고 기타로 음악을 시작했으며 밴드에서 베이스기타와 키보드를 연주했다. 부친이 사망하고 17세 때 가출한 후 프랑스와 영국을 떠돌며 록 음악가로 성공하길 바랐지만, 자신의 목적지를 클래식에서 찾고 독일에서 학업을 이어갔던 시절은 여자친구와 마약 등으로 자살을 생각할 정도로 내면적인 위기를 겪었다. 그때 그를 바로 설 수 있게 했던 것은 기독교의 신앙적 힘이었다고 술회했는데, 1970년 초부터 앨범을 발표하며 1995년부터 그는 그리스의 역사적 또는 종교적 주제를 기반으로 한 기악곡에 집중하였고 이후 현대적 비잔틴 음악의 대가로 우뚝 선다. 유명 작곡가의 반열에 올라선 그는 장르를 가리지 않는 넓은 스펙트럼이 최대의 강점이다.

《Alexander II, 2008》 이후 3년 만에 발표한 본작 《Je Veux Toujours Etre Avec Toi 항상 당신과 함께 하길 원합니다》는 전년도에 낙소스Naxos 섬에 머물며 고요함, 추위, 고독 그리고 바다를 온몸으로 체감하며 쓴 작품이다. 그는 그동안 자신이 사용했던 장엄한 오케스트라 사운드에서 잠시 벗어나고 싶었으며, 어린 시절부터 동행하고 자신을 표현해 준 기타 주법에서도 탈피하고 싶었다고 한다. 그리하여 기도하는 분위기로 들리는 고요한 분위기에 도달하고 있으며, 그만큼 자신의 음악적 여정에 또 다른 새로움을 찾고 싶었던 그의 욕망이 잘 반영되어 있다.

〈Dusk at Saint Theodore〉의 서글픈 기타와 피아노가 그려내는 아득한 노을 풍경은 순교한 그리스의 성인 테오도르 티론Theodore Tiron에 대한 존경을 표한 작품이다.

타이틀 〈Je Veux Toujours Etre Avec Toi〉는 아내 도리가 보컬에 참여했는데, 포근하고도 애수에 잠긴 심포니가 너무나 아름답다.

고독과 적막이 흐르는 〈A Winter Night's Dream〉의 클래시컬한 고혹미는 오한처럼 파고든다.

〈Je T'aime 사랑해〉도 아내 도리의 따스한 음성과 우수에 찬 즉흥의 전자기타가 감성을 붙잡는다.

웅장한 비잔틴 작품 〈The Souls that Hear Us〉에는 사막에 활활 타오르는 불꽃의 신기루가 펼쳐진다.

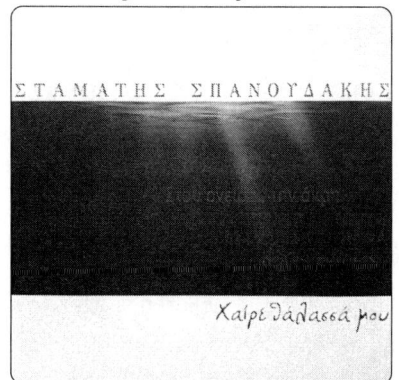

Stamatis Spanoudakis
Rejoice My Sea

ΣΤΑΜΑΤΗΣ ΣΠΑΝΟΥΔΑΚΗΣ

Χαιρε θαλασσα μου

Stam Studio | SSCD26 | 2013

1. A New Page
2. Sea Adagio
3. At the Edge of the Dream
4. The Insurmountable Yes
5. The Light at Dusk
6. The Wish of a Child
7. Maria
8. Hidden Signs
9. Heroes Rejoicing
10. A Secret Word
11. Despina
12. Rejoice My Sea

NewAge-Instrumental, Classical Chant

본작 《Haire Thalassa Mou / Rejoice My Sea》는 서정적이면서도 스케일이 큰 오케스트레이션에 Spyros Lamprou's Chorus가 참여했다. 고요에서부터 분노에 이르는 광범위한 희로애락의 심포니가 청자의 둘레를 감싸다가 한가운데 고립시키더니 결국 깊은 심연으로 침몰시킨다.

사실 이 바다의 교향시는 여성과 사랑에 대한 희망을 주제로 한 것으로, 웅대한 사랑의 찬가라 할 수 있다.

〈A New Page〉는 깊은 호흡을 몰아쉬는 서주에 합창단의 감미로운 울림이 서서히 푸른색으로 물들인다. 일렁이는 조류서럼 흔들리는 선사기타의 블루스와 함께 님프의 몽환 속으로 잠긴다.

〈Sea Adagio〉에는 유려한 현악이 조류가 되어 따사로운 바람과 함께 밀려든다. 침울한 한숨과 슬픔은 대지의 가슴을 잠식해 간다.

〈At the Edge of the Dream〉에서 바다의 푸른 심장은 감정의 줄기를 쉼 없이 펌프질하고 숨 고르기를 반복한다. 동적인 소용돌이 중심에는 심연에 숨어있던 꿈이 살아나는 듯하다.

〈The Insurmountable Yes〉에는 긴장의 호흡과 함께 여성 솔리스트와 바이올린의 따스한 체온으로 채워지며, 〈The Light at Dusk〉에는 로맨틱하고도 그윽한 눈빛이 눈물에 맺힌다.

〈The Wish of a Child〉은 짧은 바이올린 왈츠로, 부주키의 트레몰로가 아련함을 더하며, 히트곡 〈Maria〉에는 합창단의 서정적인 하모니가 바다를 닮은 하늘을 연다.

주제의 변주곡인 〈Hidden Signs〉은 합창과 전자기타의 열기 있는 임프로비제이션이 시린 가슴에 불꽃을 지핀다.

신화에서 포세이돈과 데메테르 사이에서 태어난 여신인 〈Despina〉는 그리스 여인들의 비유로서, 합창과 웅대한 심포니가 바다 위를 진군한다. '눈물의 비가 내리고, 피가 땅을 적시는 곳, 바로 여기라네, 끝자락의 꿈속에서 너의 대화는 영원하네, 산과 계곡, 영웅들이 축하하는 곳, 숨겨진 표식, 무기와 기도가 있네... 여러 세대를 거치며 그리스인의 눈이 빛을 배운 곳, 바로 여기라네, 여기 세상의 진실이 있네, 인간과 신, 눈물과 고통, 그들이 친교를 나눈 곳이 여기라네, 유일신이 진심으로 사랑받았던 곳이 여기라네...'

동년 말 감동으로 가득한 그의 오디세이는 대규모 라이브실황으로 이어갔다.

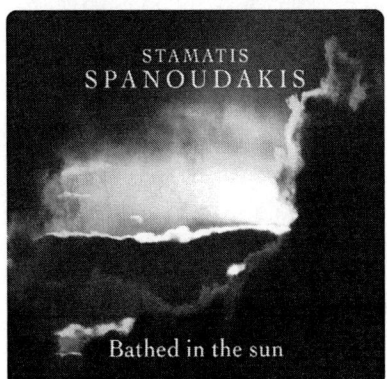

Stamatis Spanoudakis
Bathed in the Sun

Melodiko Karavi | SSCD27 | 2016

1. Life Fleeing...
2. Blue Sound
3. Angel's Tear
4. Bathed in the Sun
5. Blessed Soil
6. Tamalena
7. Waltz in the Sun
8. Reminiscence
9. Free Soul
10. Mystic Hours
11. Secret Words
12. Transparent Sound
13. Becomes Life...

NewAge-Instrumental, Classical Chant

그리스의 대표적인 뉴에이지 음악가, 영화음악가, 대중음악 작곡가인 스타마티스 스파누다키스의 비교적 근작이다. 그 특유의 멜로디어스하고 서정적인 음악들은 다른 아티스트들과 명확하게 구분되는 것이어서, 그의 신보는 항상 기대가 된다. 드라마틱한 연주곡 외에도 아주 부드러운 보컬 곡과 역동적이고도 웅장한 오케스트레이션 곡도 포함되어 전체적으로 지루함이 없고 앨범 전체를 재생하게 되는 매력이 있다.

본작은 고국 그리스 헌정작으로, 그는 음악적으로 햇볕에 흠뻑 적셨다고 말했다. 여성 스캣과 노래는 포크와 록밴드 Anemos의 여성 리드싱어 카테리나 니초풀루 Katerina Nitsopoulou, 바이올린과 첼로 그리고 피아노, Children's Choir of Spyros Lambros와 Konstantinos Bilalis의 비잔틴 합창단 등을 대동했다. 스캣과 현악과 코러스가 《Rejoice My Sea》를 연상하게 하는 〈Blue Sound〉는 서글픈 파문이 계속해서 이는 눈물의 드라마이다.

반겔리스Vangelis의 후기를 연상시키는 〈Angel's Tear〉은 장대한 행진곡으로, 천상의 코러스는 올림픽 폐막식을 장식할 만한 영광의 여운을 남긴다.

'그리스...아름답고 자유로운 영혼, 햇볕에 젖어 지구에 떨어진 천사들의 눈물, 축복받은 나라...'라고 노래하는 보컬 곡 〈Bathed in the Sun〉은 고국에 대한 사랑이 담겨있으며, 기악곡인 〈Blessed Soil〉은 현악의 축제가 펼쳐진다.

슬픔이 안개처럼 가득 한 〈Tamalena 타말레나〉의 여린 스캣은 온후한 위안의 드라마이다.

〈Waltz in the Sun〉의 바이올린 왈츠에는 관악의 발걸음이 따라붙으며 점차 중후한 하모니로 회전한다.

〈Reminiscence〉는 휘파람에 이은 순수한 동심의 세상 이야기가 들려오며, 우렁찬 관현악곡 〈Free Soul〉에는 거센 바람이 불어온다.

애수에 물든 피아노 자장가 〈Mystic Hours〉가 지나면, 본작의 클라이맥스라 할 수 있는 〈Secret Words〉에서 웅대한 솔리스트와 비잔틴 합창단의 찬가가 다시금 붉은 심장에 사랑과 평화를 심는다.

위대한 음악의 나라 그리스에서 그는 분명 또 다른 신화를 쓰고 있다. 신비와 감동의 오디세이가 국내에서는 잘 전달되고 있지 않은 듯하여 매우 아쉽다.

Stavros Lantsias
Epistrofi

STAVROS LANTSIAS
"R E T U R N"

Warner | 639842 7696246 | 1999

1. To Preloudio Tis Epistrofis
2. I Epistrofi
3. Athootita
4. Anazitisi
5. To Vals Ton Mation
6. Henry and June
7. Sokkaki
8. Anamnisi
9. To Oneiro Tou Satie
10. O Thanatos Tou Tayrou
11. Amfivolia
12. To Tragoudi Tou Haig

New Acoustic, NewAge-Jazz

스타브로스 란치아스는 1966년 키프로스에서 태어나 그리스 음악원에서 클래식 피아노와 음악이론을 공부했으며, 1990년 보스턴 버클리음대를 졸업했다. 레드 제플린Led Zeppelin, 쇼팽Chopin, 그리스 대중음악의 양대산맥인 거장 마노스 하지다키스Manos Hatzidakis 등의 음악을 커버하며 자신만의 독특한 음악을 조형해 간다. 영화음악 작곡으로 시작된 그의 재즈피아노는 '1990 퀸시 존스 재즈 마스터 상'과 '피아니스트 1989 베이시 재즈 마스터 상'을 수상하며 국제적인 명성을 거두 었고, 대중음악의 세션으로도 왕성한 활동을 병행하고 있다.

본작 《Epistrofi 귀향》은 그의 첫 독집으로, 무경계의 아름다움을 실현하고 있는 걸작이다. 낭만주의 클래식, 서사의 영화음악, 열정 어린 재즈, 뉴에이지의 서정 등을 고스란히 아우르고 그리스 특유의 애절함을 엷게 덮어놓았다.
클라리넷을 위한 아다지오 〈To Preloudio Tis Epistrofis 귀향의 전주 곡〉에 이어, 〈I Epistrofi 귀향〉은 현으로 침울한 노스탤지어를 쓸어내 리며 피아노의 가녀린 맥박으로 저린 심장을 위로하는 명연이다.
〈Athootita 순수〉는 따스한 온기를 불어넣는 현도 무척 다정하지만, 서 두의 투명한 피아노의 잔잔한 떨림은 후반에 클라리넷이 등장하면서 바  람이 된다.
침잠한 피아노의 시 〈Anazitisi 갈구〉에는 비련의 아픔이 흐른다.
〈To Vals Ton Mation 눈망울의 왈츠〉에는 피아노와 클라리넷, 첼로 의 애절함이 재즈피아노의 즉흥으로 흘러가다 또다시 폭풍과도 같은 슬  픔으로 밀려온다.
〈Henry and June〉에는 재즈피아노가 향수병을 열병으로 전이시킨다.
〈Sokkaki 골목〉은 본격 퓨전재즈의 후끈함으로 달구며, 〈Anamnisi 기억〉은 구 슬픈 클라리넷의 망향가가 피아노 위에 드리운다.
〈To Oneiro Tou Satie 사티를 꿈꾸며〉는 인상주의 음악가 사티의 색채로 향수 를 그린 재즈 작품이다.
현을 위한 탱고 〈O Thanatos Tou Tayrou 황소의 죽음〉은 뜨겁고도  강렬한 열기에 목이 마르며, 〈Amfivolia 의문〉에서는 더욱 중후한 퓨 전을 들려준다.
〈To Tragoudi Tou Haig 헤이그의 노래〉는 전원의 온화함으로 물든다. 엷은 코 러스는 달콤하지만 애틋함이 그 아래 자리하고 있다.

Stavros Lantsias
To Taxidi Mias Notas

Warner | 092 746131 2 | 2002

1. Efchi
2. To Taxidi Mias Notas
3. To Paidi Kai To Feggari
4. Iliahtida
5. Lefki Zographia
6. To Blues Tou Spatha
7. Apohorismos
8. Athanati Agapimeni
9. Mountains
10. Akou
11. Paihnidi
12. Efchi - *improvisation*

New Acoustic, NewAge-Jazz

스타브로스 란치아스는 에반치아 레부치카Evanthia Reboutsika, 요르고스 달라라스Giorgos Dalara, 하리스 알렉시우Haris Alexiou, 엘리 파르팔라Elli Paspala 등 그리스 정상급 작곡가 및 가수들의 작품에 피아니스트이자 편곡자로 참여했지만, 그의 첫 솔로 앨범《Epistrofi 귀향, 1999》이후 평론가들의 찬사를 받으며 동시에 폭넓은 범위를 포괄하는 팬층을 확보했다.

그의 두 번째 앨범《Taxidi Mias Notas 비망록으로의 여행》에서는 지난 30년간 최고의 기타리스트로 평가받았던 야니스 스파타스Yannis Spathas, 여가수 엘리 파스팔라와 재즈 색소폰 주자 데이비드 린치David Lynch, 그리고 22인조 현악 오케스트라와 만났다. 재즈피아노의 자유분방함에 클래시컬한 현악의 풍요로움은 뉴에이지 음악의 감성으로 섞어내며 다시금 이목을 집중시키는데 성공했다.

〈To Taxidi Mias Notas〉은 지극히 회상적이고 낭만적이다. 집안을 정리할 때 예상치 못한 곳에서 발견되는 여행 수첩이나 공연 티켓 혹은 오래된 다이어리가 잠시 하던 일을 멈추고 추억에 잠기게 하는 것처럼.

〈To Paidi Kai To Feggari 아이와 달〉은 어린 시절 달과의 추억을 되뇌게 한다. 정월 대보름날 논두렁에서의 쥐불놀이를 했던 그 시절이 떠오르지만, 해가 뜨기 전까지 꿈속에서 달나라로의 모험을 끝내야 하는 아이의 긴장 어린 두근거림이 빠른 템포에 실리는 듯하다.

〈Iliahtida 햇빛〉의 평화로운 전원곡에 따사로운 일광욕을 즐기다 보면, 〈Lefki Zographia 하얀 그림〉에는 순수한 동심이 아코디언의 우수를 따라 흐른다.

간결한 기타 블루스 〈To Blues Tou Spatha 스파타스의 블루스〉에 이어, 데이비드 린치와 엘리 파스팔라의 스캣이 서정의 꽃을 피우는 걸작 〈Apoho-rismos 이별〉은 슬픔과 그리움이 짙게 물드는 영화적인 서사를 들려준다.

〈Athanati Agapimeni 불멸의 사랑〉은 현악의 낭만이 꽃향기를 품고 불어오는 바람처럼 감미롭다.

그 외 즉흥적인 재즈의 열기로 청자를 공연장에 초대하고 있다.

"...본질적으로 음악은 간단합니다. 그것은 추상적이고 엄격하며 단순한 의사소통의 예술입니다. 그래서 결코 단순한 것은 아닙니다."

Stavros Lantsias
Diary of Dreams

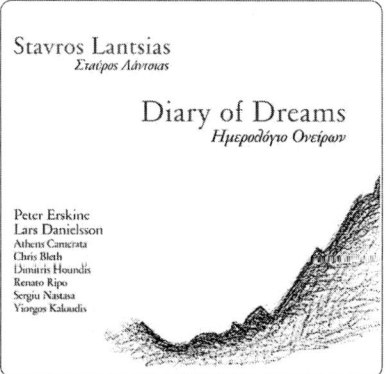

Argomusic | AC001 | 2011

1. An Other Life
2. Midnight Walk
3. Restless
4. Alone
5. Into to the River of Time
6. The River of Time
7. Unknown Land
8. Dance with The Wind
9. In This Boat
10. Topkapi
11. Growing Apart
12. Intro to Beyond
13. Beyond
14. Walking

NewAge-Instrumental

국제적인 뮤지션으로서의 데뷔작이라 할 수 있는 그리스 출신의 스타브로스 란치아스의 세 번째 앨범은 더욱 노련한 연륜을 접할 수 있다.

이전에 발표했던 앨범에 비해 화려한 재즈의 농도는 옅어졌고 뉴에이지 특유의 감미로운 서정성은 녹는점을 넘어서고 있다. 그는 결코 잊히지 않는 꿈의 기억들을 음악으로 기록하고 싶었다고 한다.

〈An Other Life〉은 이태리가 배출한 세계적인 영화음악가 엔니오 모리꼬네Ennio Morricone(1928~2020)에 헌정한 작품이다. 클라리넷과 첼로와 현악 사이로 연금술의 피아노는 황혼 '녘 황금언덧의 평온한 징경을 인상석으로 표현한다. 평화롭게 불어오는 순한 바람에 취할 것만 같다.

〈Midnight Walk〉는 순간 잦아드는 외로움에 북받치게 된다. 빛이라곤 없는 공간에서 시간을 거닐며 아픈 가슴을 열어보게 한다.

〈Restless〉은 보사노바의 옅은 향기를 내뿜는다. 아련하기 그지없는 재즈 감성의 멜로디가 메마른 현실을 촉촉하게 위로하는 걸작이다.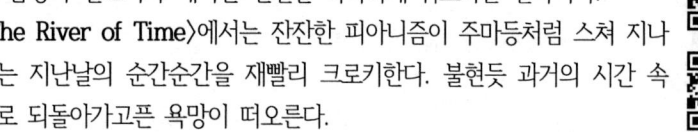

〈The River of Time〉에서는 잔잔한 피아니즘이 주마등처럼 스쳐 지나가는 지난날의 순간순간을 재빨리 크로키한다. 불현듯 과거의 시간 속으로 되돌아가고픈 욕망이 떠오른다.

재즈 로망스 〈In This Boat〉는 소중한 행복의 추억을 섬세하게 묘사한다. 때론 애잔하고 때론 낙관적인 감정을 그려가며, 〈Growing Apart〉는 끝나지 않을 침묵의 시간으로 기억의 파편들을 배열하고 있다.

〈Walking〉은 본작에 참여하고 있는 1954년생 미국의 재즈 드러머 피터 어스카인Peter Erskine 헌정작이다. 유유하고도 느긋하며 편안한 이 재즈 터치는 새털처럼 한없이 가볍다.

비록 작곡가의 개인적인 경험이지만, 그 명징하고도 조화로운 음감은 절대 잊히지 않는 꿈의 음악이 되어준다.

피아노가 이끌어가는 진한 낭만의 축배를 향유하고 싶다면 본작은 완벽한 대안이 되어 줄 것이다. 뉴에이지, 재즈, 클래식, 영화음악 등의 최적의 교집합에서 창출하는 기품은 지독하게 아름답다.

433

Stefanos Korkolis
First Touch

Ariola BMG | 74321 76103 | 2000

1. Sensitivities
2. When a Dream Comes True
3. Moldava Metaphor
4. The Challenge
5. First Touch
6. The Rain Waltz
7. Sonatina
8. Passion and Pain
9. Awakenings
10. Prelude in D Minor

NewAge-Instrumental

스테파노스 코르콜리스는 그리스 대중음악계에 있어서 가장 재능 있는 작곡가 중한 사람이다. 1960년에 아테네에서 출생했고, 11세 때 아테네 음악학교에 입학했다. 각종 경연에서 1등을 도맡을 정도로 그의 천재성은 일찍 인정받았다. 프랑스정부의 장학금으로 파리 고등사범학교에서 엘리트 교육을 받았지만, 파리에서 접했던 히피와 글램록 등의 자유로운 표현방식은 놀라운 세상이었다.

점차 클래식에 대해 한계를 느꼈던 그는 고국 그리스로 돌아와 대중음악의 길을걷는다. 콘셉트 독집은 물론이고 작곡가로서 참여한 가수들의 앨범들은 대부분이걸작 반열에 오를 정도로 대중들에게 사랑받고 있다.

뉴밀레니엄을 맞아 그는 뉴에이지 음악 앨범을 냈다. 물론 그의 독집들에는 보컬곡 뿐만 아니라 연주곡들이 많이 포함되어 있는데, 어쩌면 그가 뉴에이지 앨범을낸 것은 지극히 당연한 결과이다. 화려한 피아노의 환상으로 빚어지는 낭만적 서정은 정말이지 몸서리칠 만큼 아름다운 절정이라 하겠다.

〈Sensitivities〉는 맑은 건반의 여음이 잔향을 일으키며 주위로 퍼지는음감이 너무나 감촉이 좋다. 따스하고 감성적인 멜로디는 순간 울컥하게 되는 절묘한 시점을 넘나든다.

〈Moldava Metaphor〉는 체코의 근대음악가 스메타나Smetana의 〈나의조국 중 몰다우〉의 테마를 변주한 것으로, 시원스럽게 펼쳐지는 속주는그가 피아노 수재였다는 사실을 어김없이 증명한다.

〈The Challenge〉에서는 소프라노 아나스타시아 자니스Anastasia Zannis의 성악보칼리제와 함께 웅장한 심포니의 폭풍이 몰아치며, 〈First Touch〉에서는 또다시 여린 감성을 자극할 만한 애틋함이 꽃을 틔운다.

촉촉한 싱그러움이지만 생명 탄생의 고통을 그린 듯한 〈The Rain Waltz〉이 지나면, 〈Sonatina〉에서는 유려한 피아노 속주가 점점 열기를 더하는 퓨전재즈 심포니를 만나게 된다.

디미트라 갈라니Dimitra Galani가 노래했던 〈Den Eisai Edo 당신은 여기 없네〉를 뉴에이지로 변주한 〈The Last Hope〉는 점점 큰 파도가일며 바위에 부딪히다 산산이 부서진다.

아찔한 소프라노의 성악 스캣을 감상하게 되는 〈Tower of Dreams〉에도 피아노와 현악은 격정적으로 요동친다.

Stefanos Korkolis
Horeyontas Ta Kymata - Orhistrika

LEGEND | 2001653092 | 2006

1. Horeyontas Ta Kymata
2. Dakrysmena Feggaria
3. To Tangko Tis Vrohis
4. Grave
5. Porfyro
6. Horeyontas Ton Anemo
7. Fygi
8. Glyko Mystiko
9. Agrios Kairos
10. Horeyontas Ta Synnefa
11. Ayrio
12. Agrios Horos
13. Feggari Dakrysmeno
14. Zoes Kai Mnimes
15. Sta Skoteina
16. Tou Anemou Minymata
17. T'Asteria Hathikan
18. Alexandra Martini
19. To Telyetaio Kyttaro

NewAge-Instrumental

그리스 대중음악계에서 가장 활발하게 활동한 작곡가이자 피아니스트 스테파노스 코르콜리스는 일련의 작업에서 벗어나 뉴에이지 애호가들을 만족시킬만한 멋진 연주곡집을 선물해 주었다. 본작 《춤추는 오케스트라 물결》은 2CD로 발표된 콘셉트 앨범 《Ilios Thanatos 죽음의 태양, 2002》에 신곡을 추가하고 중복된 테마를 제거하여 1CD 분량으로 재편집한 것으로, 궁극의 서정과 낭만을 들려주는 협주곡이라 할 수 있다.

그리스 특유의 농후한 정서를 살짝 입힌 그의 대서사는 클래식, 록, 영화음악, 뉴에이지, 월드뮤직 등의 접전을 방대한 스케일로 담아냈으며, 피아노, 반도네온, 기타, 보컬, 오케스트레이션 등으로 시공긴을 휘저어 성자로 하여금 예상할 수 없는 카타르시스의 오아시스에서 꼼짝할 수 없게 만든다.

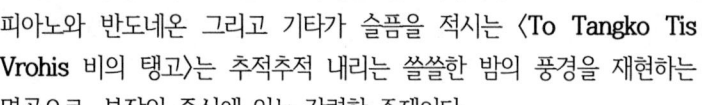

파도 소리에 의해 문을 여는 〈Horeyontas Ta Kymata 춤추는 파도〉에는 노스탤지어가 물밀 듯이 다가오며, 〈Dakrysmena Feggaria 눈물의 달〉은 웅장함과 포근함으로 무장한 심포닉록이다.

피아노와 반도네온 그리고 기타가 슬픔을 적시는 〈To Tangko Tis Vrohis 비의 탱고〉는 추적추적 내리는 쓸쓸한 밤의 풍경을 재현하는 명곡으로, 본작의 중심에 있는 강렬한 주제이다.

〈Grave〉은 비통의 오케스트라가 망연의 늪을 장대하게 펼쳐 보이며, 〈Porfyro 자주색〉은 파도 소리와 함께 붉은 바다에서 밀려드는 여성 스캣이 환상을 그려간다.

〈Horeyontas Ton Anemo 춤추는 바람〉은 반도네온이 노래하는 애수의 왈츠로, 현악의 바람결이 피부를 관통한다.

감미로운 피아노의 극치를 들려주는 〈Glyko Mystiko 달콤한 비밀〉, 그리고 〈Horeyontas Ta Synnefa 춤추는 바람〉에는 느긋한 풍경에 온풍을 불어넣는다.

〈Agrios Horos 아고리오스의 춤〉에는 육중한 일렉트로닉으로 신화가 몽환적으로 펼쳐지며, 비잔틴 행진곡 〈Sta Skoteina 어둠 속에서〉는 두려움이 몰려온다.

〈T'Asteria Hathikan 잃어버린 별들〉에서는 또다시 두 번째 곡의 서글픈 주제가 등장하며 반도네온의 온풍이 피아노가 켜는 별빛을 불어 끈다.

감상이 끝나면 강렬한 여운이 계속해서 맴돌기 때문에, 허전함을 지울 수 없다.

Steve Barakatt
A Love Affair

Japan Victor, Ales2 Music | 2021 | 2000

1. Flying
2. Sailing Together
3. Nuit D'Amour a Paris
4. First Kiss by the Seashore
5. Private Lessons
6. Pure Smile
7. Sensual Night with You
8. California Vibes
9. Is It Destiny?
10. Valentine's Secret
11. Born Again

NewAge-Instrumental

마치 신드롬처럼 야니Yanni에 이어 국내 뉴에이지 팬들의 관심을 사로잡은 뮤지션이 바로 캐나다 출신의 젊은 영혼 스티브 바라캇이다. 그의 낭만적이고 부드러운 팝인스트멘틀은 자연주의와 서정파가 많은 캐나다 선배 뮤지션 중에서도 〈Music Box Dancer〉로 유명한 해피맨 프랭크 밀즈Frank Mills의 계보를 이어받은 듯하다. 그의 음악은 우리의 일상과 가까이 있는 동감 어린 소재에서 출발하였고, 재즈와 팝을 아우르는 젊고 현대적인 감각의 행복감으로 가득 차 있다.

많은 인기 소품 중에서도 《Audacity》에 실린 경쾌한 포크풍의 〈The Whistler's Song〉은 피아노와 휘파람 그리고 소담스러운 기타의 어쿠스틱 앙상블로 근심을 말끔히 지워내는 환희의 명약으로 다가온다.

본작은 인생에 대해 잘은 모르지만 살아가면서 느끼게 되는 한 젊은 음악가의 사랑에 대한 진솔한 에세이이다. 그의 음악은 격정적이다가도 낙관적이며 깊은 감정의 굴곡을 꾸밈없이 표현한다.

많은 방송광고를 통해 알려진 〈Flying〉은 야니의 전성기 시절의 음악을 듣는 듯, 현악 오케스트라와 피아노 연주로 사랑이란 부조리에 빠진 기분을 힘차고도 로맨틱하게 표현한다.

사랑이란 마주보기가 아니라 같은 곳을 바라보는 것이라는 의미를 담은 듯한 〈Sailing Together〉는 보다 낙관적인 피아노 로망스가 온유하다.

〈Nuit D'Amour a Paris 파리에서의 사랑의 밤〉은 가로등을 따라 잔잔히 흘러가는 센 강변의 애틋한 추억을 따사로운 현악의 결로 감싼다. 첫 키스의 두근거림과 달콤함을 퍼커션과 투명한 기타의 하모니로 그린 〈First Kiss by the Seashore〉에 이어, 〈Private Lessons〉은 순수한 사랑으로 서로를 알아가는 감미로운 순간을 청초하게 표현하고 있다.

유려하고도 상큼한 소프트재즈 앙상블 〈California Vibes〉도 대표작 중 하나로, 기차 이용객이라면 더욱 친숙한 소품이다.

피아노 세레나데 〈Valentine's Secret〉에는 안온한 클래식이 눈물의 드라마를 써 내려간다.

스티브 바라캇은 얼굴을 맞대고 고민하며 웃어주는 친구처럼 자신의 로맨스 속에서 청자의 사랑 이야기를 자연스레 끄집어내며 공감대를 형성한다. 샌크림의 달콤함과 레몬의 새콤함을 맛볼 수 있는 그의 음악을 가까이 두고픈 이유이다.

Steve Barakatt
All about Us

Japan Victor, Ales2 Music | 2030 | 2002

1. All about Us
2. No Regrets
3. Jardin Secret
4. I'm Sorry
5. Soul Attraction
6. Hoping She would be There
7. Angel over Me
8. Temptation
9. Sunrise
10. Tendres Souvenirs
11. You were so Close
12. All about Us · *Lesson Version*

NewAge-Instrumental

1973년생인 그는 4세 때부터 피아노를 시작하여 13세 때 퀘백 심포니 오케스트라에 초빙되어 게스트 솔리스트로 활약했으며, 16세 때부터 작곡과 편곡 그리고 프로듀싱 등 다양한 경험을 쌓았다.

그의 데뷔작 《Double Joie》은 그의 나이 14세 때 발표한 것이라 하는데, 더욱 놀라운 것은 발매 1주일 만에 캐나다 앨범 판매순위 20위권에 진입하는 성공의 결과이다. 이것만 보더라도 그가 청자와의 진정한 공감대를 형성할 줄 아는 천부적인 작곡 재능을 지니고 있음을 짐작할 수 있다.

'우리에 대한 모든 것'이라는 타이틀의 본직은 함께 살아가는 우리의 일상에서 발견해가는 느낀 점을 요약한 것으로, 그 정감은 매우 친밀하다.

이미 그의 대표곡이 된 〈All about Us〉는 팝 오케스트레이션과 허밍의 부드러움에 피아노포르테와 전자기타의 힘 있는 연주가 강약을 거듭하며 수많은 아름다움이 관계를 맺기 시작한다.

침묵의 왈츠 〈Jardin Secret 비밀의 정원〉은 앙드레 가뇽Andre Gagnon이나 케빈 컨Kevin Kern의 서정주의와 가까운 작품이다.

역시 광고음악으로 우리에게 익숙한 〈I'm Sorry〉는 충심의 용서를 구하지만 오히려 용서하지 말라고 하는 듯한 심경을 읽을 수 있다. 미안함을 전해야 하는 희고 연약한 마음이 떨린다.

마음이나 가슴과 정신이 아닌 영혼으로 이끌리는 성스러운 느낌의 순간을 포착한 〈Soul Attraction〉은 인연에 대한 생각을 코러스가 부가된 클래식 찬가와 재즈로 들려준다.

〈Angel over Me〉는 연인을 위한 피아노 서정시로, 잔잔히 흐르는 물가에 앉아 상념에 잠길 때 찾아드는 나른한 여유의 침묵이 함께 흐른다. 역시 광고음악으로 친숙한 작품이다.

감각적인 재즈 그루브로 가득한 〈Sunrise〉은 도심의 빌딩 숲 사이로 발산하는 일출의 눈부심이 시공간을 구분할 수 없는 몽롱함으로 번진다.

일기장 어디엔가 메모된 경험들을 소록소록 생각나게 하는 그의 음악은 우리의 인생을 더욱 견고한 삶의 양식으로 꾸려가게 할 행복한 미래의 그림들로 바뀐다. 그가 우리의 삶에 길동무가 되어주어 고맙다.

Steve Mcdonald
Sons of Somerled

Etherean Music | 7601 | 1996

1. Introduction
2. Sons of Somerled
3. Live on My Warrior Son
4. All You Can Know
5. Loch Lomond · trad.
6. Soldier's Lament
7. Come to the Isle of Sky
8. Scotland the Brave · trad.
9. Celtic Segue
10. Celtic Warrior
11. I will Return
12. Wild Mountain Thyme · trad.
13. Per Mare, Per Terras
14. Lordship of the Isles
15. Journey of the Warrior Soul

NewAge-Celtic

소머레드Somerled는 12세기 스코틀랜드 헤브리디스제도의 영주로, 당시 스코틀랜드 남서부에 출몰하던 바이킹족을 축출하고 스코틀랜드 왕의 딸과 결혼하여 아들 라날드Ranald를 낳았다. 그러나 소머레드 백성들의 지지가 두려웠던 스코틀랜드 왕 말콤 4세에 의해 죽임을 당한다. 그의 아들은 손자 도날드Donald를 낳았으며, 그는 후대에 MacDonald 가문의 뿌리가 되는 Clan Donald란 성씨를 작명한다. '도날드의 아들들'이란 의미의 크란 도날드는 정치적으로 종교적으로 중대한 사건의 중심에 있었고, 광범위한 서부 해역을 책임지는 '제도의 왕'으로 활약했다. 조부도 그랬듯 왕과의 관계를 불편하게 했던 이 성씨는 그가 왕관을 이어받은 후 없애게 되는데, 그 후 왕이 되지 못한 마지막 왕자 Prince Charlie가 전투에서 패배하자 모든 권력과 왕정은 무너져 내부 분쟁에 휩싸인다. 또 다른 후대들은 자신들의 힘을 키워가며 소작농의 주인이 되었지만, 19세기에 불어닥친 기근으로 세계 각국으로 흩어진다.

이는 스코틀랜드의 역사 중 일부로, 뉴질랜드의 뉴에이지 음악가 스티브 맥도날드의 선조 역사이다. 본작 《Sons of Somerled 소머레드의 자손들》은 그의 첫 셀틱 음반으로, 세 가수의 오버더빙된 보컬, 행진하는 백파이프, 웅장한 드럼, 맑은 선율의 하프 등의 합주가 전체를 감싸고 있다.
타이틀곡 〈Sons of Somerled〉는 웅장하고도 긴장감을 쫓는 드러밍과 하프의 현란한 손길, 경쾌하면서도 부드럽기 그지없는 백 보컬로 강력한 셀틱심포니를 들려준다.
호소력 짙은 보컬로 노래하는 강렬한 록발라드 〈Live on My Warrior Son〉, 북과 백파이프의 악대가 선두에 서는 행진곡 〈All You Can Know〉에 이어, 〈Celtic Warrior〉에서는 가문의 영광을 지켜낸 선조들의 전장을 소개한다.
승리를 다짐하여 자손들을 뒤로 하고 전쟁터로 나가는 한 가장의 노래 〈I will Return〉, 왕이 되기 전 크란 도날드가 지켜낸 영광의 노래 〈Lordship of the Isles〉, 선조 용사들의 영령을 기리는 하프 진혼곡 〈Journey of the Warrior Soul〉은 대미의 걸작이다.

본작은 1996년 '올해의 셀틱 음반상'을 수상했으며, 그는 《Stone of Destiny, 1998》, 《Highland Farewell, 2000》 등으로 스코틀랜드 행진곡을 이어갔다.

Steve Raiman
Dreams

SonyBMG | CCK 7813 | 1998

1. Dreams
2. Waterfall
3. Whisper Mountain
4. Peace River
5. Songbird
6. Dance with the Wind
7. Heaven on Earth
8. A Prima Donna
9. Moonlight Echoes
10. Heart Strings
11. Waterfall-Andante
12. Eclipse
13. Epilogue

New Acoustic

천혜의 자연을 간직한 나라 캐나다는 문학, 서커스, 현대무용, 연극의 나라이기도 한데, 음악계에도 많은 자랑거리가 있다.

글렌 굴드Glenn Gould로 대표되는 클래식 음악계를 보면 대부분의 도시는 자체 심포니 오케스트라를 운영하고 있으며, 컴퓨터를 이용하는 아방가르드 현대음악 가들의 작업실들이 포진하고 있다. 몬트리올 재즈 페스티벌은 유명한 국제적 행사이며, 대중음악계에서는 셀린 디옹Celine Dion과 브라이언 아담스Brian Adams, 음유시인 레너드 코헨Leonard Cohen 등을 배출했다.

좀 더 시야를 좁혀 뉴에이지 음악계를 살펴보면 서정파 피아니스트 앙드레 가뇽 Andre Gagnon, 자연주의 시인 헨니 베커Hennie Bekker, 그리고 신낭만수의 신예 스티브 바라캇Steve Barakatt 등이다.

피아니스트 스티브 레이먼도 캐나다를 대표하는 음악가로, 1965년 토론토에서 태어났다. 어려서부터 피아노를 시작하여 대학에서는 피아노와 전자음악 등을 전공했다. 졸업 후 영화 「Something Special」의 사운드트랙과 록 뮤지컬 「Christmas Spectacles」의 오리지널 스코어 등을 맡으면서 캐리어를 시작하였다고 한다.

국내에 라이선스로 소개된 데뷔작 《Northern Lights, 1995》에 이어 두 번째 앨범 《Pure Water, 1997》, 그 이듬해 역시 라이선스 되어 환영받았던 본작을 발표한다.

평화가 깃든 잠든 아기의 얼굴에서 그려지는 미소처럼 〈Dreams〉는 부드러운 피아노 솔로로 밤의 고요하고도 따스한 서정을 그린다.

관조적인 〈Waterfall〉은 건반의 자유로운 흐름이 느껴지며, 〈Whisper Mountain〉는 녹색의 싱그러움이 촉촉하게 스며있다.

우울한 서정의 〈Peace River〉에도 특유의 낙관적인 운치를 읽을 수 있으며, 이미 방송음악으로 사용되어 우리에게 친숙한 〈Songbird〉는 푸르른 평화의 메시지를 잔잔하게 들려준다.

첫사랑에 대한 추억이 애틋한 〈A Prima Donna〉에 이어, 〈Eclipse〉는 아픔을 달래주는 효험을 지닌다.

그는 자연의 모습에서 자신의 감정을 읽고, 다시 그 감정으로 자연을 다시 그린다. 그래서 그의 피아노로 걸러지는 자연은 모노톤의 소묘처럼 따스함을 준다. 이러한 재능은 이웃 나라 일본에서 최고의 인기를 얻어낸 비결이 되었다.

Western Spaces

IC & Chameleon | CD87101 | 1987

1. The Breathing Stone · *Roach*
2. Desert Walkabout · *Braheny*
3. A Story from the Rain · *Burmer*
4. Desert Prayer · *Braheny, Roach*
5. Across the View · *Burmer*
6. In the Heat of Venus
   · *Roach, Brennan*
7. Western Spaces
   · *Roach, Braheny, Burmer*

NewAge·Electronic·Ambient·Space

440

미국의 일류 컨템퍼러리 앰비언트 뮤지션 3인방이 완성한 본작은 캘리포니아주 모하비Mojave 사막에 대한 다큐멘터리로, 스페이스 음악의 걸작이다.

거장 스티브 로치의 트라이앵글 프로젝트 첫 작품으로, 그 긴밀하고도 독특한 사운드는 이내 머릿속을 상상의 파노라마로 채워 넣는다. 각 음악가의 독특한 음향 기술은 세밀한 조형까지 재현해 내는 영민한 이미지 작업으로, 청각을 위한 내셔널 지오그래픽이라 할 수 있다.

기암괴석의 심호흡을 그린 로치 작곡의 〈The Breathing Stone〉은 그의 디지털 드럼 사운드가 공명하면서 광활한 공간을 형상화한다. 죽어있는 듯 고요한 공간에서 대기와 호흡하며 다시 내뱉는 심호흡은 살아있는 피조물의 그것처럼 맥박이 뛴다.

케빈 브라히니Kevin Braheny가 작곡한 〈Desert Walkabout〉는 도보하면서 신체적으로 접촉되는 모하비의 서정을 묘사했는데, 특히 팬플루트는 열기를 품은 건조한 바람결로 나타나 오랜 세월을 거치며 변화해 왔던 광활한 전망에 대한 연민을 표한다.

리처드 버머Richard Burmer의 작품 〈A Story from the Rain〉은 계절적 기후에 대한 보고서로, 천둥과 빗소리의 사운드와 함께 그의 아날로 그 신시사이저는 촉촉한 숨을 사막에 불어넣는다.

브라히니와 로치의 공동작업인 〈Desert Prayer〉는 12분이 넘는 중편으로 한적한 공간으로서의 비어 있음과 쓸쓸함을 달랜다.

버머의 대표곡 〈Across the View〉는 이미 광고음악으로 우리에게 친숙한 작품인데, 그의 유려한 음향 카메라는 콜로라도강의 퇴적된 흔적을 따라 산악분지에 이른다.

로치와 게스트 톰 브레넌Thom Brennan의 공동작업인 〈In the Heat of Venus〉는 23분에 이르는 대작으로, 이 듀오가 만들어내는 놀라운 온도감은 지표를 따라 흐른다. 원시 신앙의 대지모신大地母神으로서의 비너스가 창조해내는 사막의 끈질긴 생명력과 끊임없는 재생력을 간명하게 해석하였다.

브라이스 협곡Bryce Canyon의 절경을 커버로 한 본작은 Fortuna 레이블을 통해 재발매되었는데, 삭제된 버머의 곡들은 로치와 브라히니의 공작인 〈New Moon at Forbidden Mesa〉와 〈Slow Turning〉로 대체되었다.

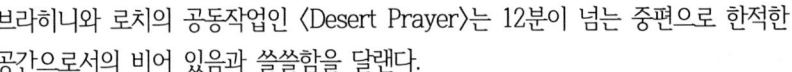

Steven C.
Piano Romance Naturally

Northsound | NSCD23782 | 1995

1. On Golden Pond
2. Piano Romance
3. Sunset
4. Music of the Night
5. Face in the Photograph
6. Moon River
7. Chopin's Nocturne in E Flat
8. My Puddle
9. Colors / Dance
10. Thunder Trail
11. For Maddy

NewAge-Healing·Environmental

NBC의 '투데이쇼'를 비롯하여 많은 유명 공중파 프로그램에서 라이브 공연을 해온 피아니스트 스티븐 C.는 본명이 Steven C. Anderson이다. 그는 어려서부터 피아노 레슨으로 음악을 시작했지만, 날카로운 청각과 특유의 스타일 감각 그리고 고도로 훈련된 연주로 급성장했다. 피아노와 오르간으로 학사학위를 취득하고 재즈도 섭렵한 후, 만하임 스팀롤러Manheim Steamroller와도 연주했다. 1990년대 초에는 음향감독과 프로듀서로 일하며 자연의 음향과 음악을 믹스하여 대중적인 성공을 거두었는데, 본작도 피아노로 채색하는 전원적인 로맨틱함으로 대히트를 기록했다.

커버에서 느껴지는 그 이미지처럼 이 앨범은 산책길에서 만나게 되는 야생화의 화려하지는 않지만 순박한 아름다움을 실어다 준다. 특히 서라운드로 믹스된 다양한 자연의 음향들은 더욱 생생한 감흥을 동반하고 있다.

유명 재즈 키보디스트 데이브 그루신Dave Grusin의 작품을 리메이크한 <On Golden Pond>에서는 주위 자연의 피부와 숨소리와 떨림 등이 잔잔한 바람의 파장과 함께 황금연못에 그대로 담긴다.

산새들의 지저귐이 들리는 <Piano Romance>와 파도 위로 갈매기가 노니는 <Sunset>은 자작곡으로, 수정 같은 서정이 온화하다.

앤드류 로이드 웨버Andrew Lloyd Webber의 「오페라의 유령」 삽입곡 <Music of the Night>과 야니Yanni의 <Face in the Photograph>에 이어, 헨리 맨시니Henry Mancini의 고전명화 「티파니에서 아침」의 주제곡 <Moon River>에서는 고운 재즈피아노가 자연 효과음에 파묻힌다.

시원한 빗소리 속의 <My Puddle>은 애정 어린 눈길이 따사롭고, 시원한 바다로 초대하는 <For Maddy>의 평화로움은 자유로움까지 포용한다.

조지 윈스턴George Winston이 가을의 문을 열었던 <Colors / Dance>을 스티븐 C.가 연주하는 가을의 속삭임으로도 들을 수 있다.

초록 향기 가득한 그의 음악을 오디오에 걸고 창이라도 열어둔다면 금방이라도 머리카락을 넘겨주는 바람의 자장가가 되어 달콤한 단잠에 빠질 것만 같다.

이후 《Natural Harmony》, 《Sunday's Reflection》 등 꾸준한 작품 활동으로 솔로 피아노의 로맨티시즘을 이어갔고, 《Heart Strings》에서는 오케스트레이션을 도입했으며, 《Spiritual Piano》로 치유와 명상의 세계를 열어주었다.

Steven Halpern & Paul Horn
Connections

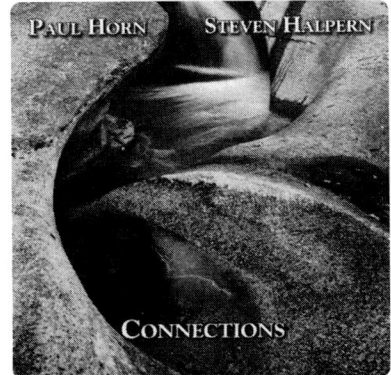

PAUL HORN · STEVEN HALPERN

CONNECTIONS

Inner Peace | SRXD 7838 | 1984

1. Connections
2. Shared Secrets
3. After the Rain
4. Windwalker
5. Fantasy Flights
6. Tao Home Blues
7. Thigh Ch'i
8. Touchstone
9. Amber Light
10. Callings

NewAge-Instrumental

스티븐 헬펀은 1947년생으로 명상과 웰빙 그리고 치유 음악의 대가이다. '이 시대에서 가장 영향력 있는 뉴에이지 음반'이란 찬사와 함께 NewAgeVoice상을 수상한 데뷔작 《Spectrum Suite, 1975》를 시작으로 90여 장에 이르는 앨범을 발표한 그는 뉴에이지 음악의 선구자 중 한 사람으로 평가받고 있다.
1960년대부터 뉴욕을 중심으로 재즈 씬에서 트럼펫과 기타를 연주했으나, 캘리포니아로 옮기면서 휴식을 위한 새로운 음악의 아이디어를 구현했고, 매우 민감한 톤의 키보드 음향을 이용하여 건강과 관련된 자신의 음악철학을 정립해 간다.

역시 뉴에이지 음악의 개척자 중 한 사람인 폴 혼(1930~2014)은 뉴욕에서 태어나 4세 때부터 피아노를 시작으로 색소폰을 배우며 오버린 음악원에서 플루트를 공부했다. 1956년에서 2년간 쿨재즈 아티스트 치코 해밀튼Chico Hamilton 쿼텟에 몸담았으며, 솔로 데뷔작인 《Something Blue, 1960》를 발표했다.
이후 듀크 엘링튼Duke Ellington과 넷킹콜Nat King Cole, 토니 베넷Tony Bennett 등 유명 재즈 뮤지션과 작업했고, 1960년대 말 《Inside》와 1970년대 초 《Visions》 등을 통해서 자신의 명상적인 플루트를 실험했다.

이 두 명인이 함께 발표한 본작은 뉴에이지 음악의 정신을 잘 보여주는 작품이다. 국내에도 일찌감치 라이선스로 소개되었는데, 곡선의 바위틈에 고인 시냇물 커버는 재발매되면서 컴퓨터그래픽으로 바뀌었다.
〈Connections〉에서는 피아노와 플루트의 결합으로 두 대가의 즉흥적 교감을 실현하고 있다.
무엇보다도 물기를 머금어 감미로운 전자피아노와 성스러운 신시사이저 코러스로 천상의 애상감을 전해주고 있는 〈After the Rain〉는 본작의 백미로, 이 곡 하나만으로도 본작을 구입할 가치가 충분하다.
플루트와 피아노 그리고 베이스와 드럼으로 은은한 은빛 블루스를 연주하는 〈Tao Home Blues〉에 이어, 명상의 세계로 안내하는 재즈 앙상블 〈Thigh Ch'i〉, 그리고 드라마틱한 에스닉 퓨전 〈Touchstone〉 등도 스튜디오 라이브의 열띤 현장감이 전해지는 재즈 작품들이다.

뉴에이지 음악은 다양한 변종들로 재탄생되고 있는데, 본작은 초창기 뉴에이지 음악의 정체성을 다듬었던 두 대가의 가장 순수한 음악의 원형이라 할 수 있다.

Susanna Thomas
Angels of the Sea

Oreade | OML5256 | 2001

1. Angels of the Sea
2. Mysteries of the World
3. Tomorrow's World
4. Between Heaven and Earth
5. Song of Rain
6. In My World
7. Angels of the Sea II

NewAge-Celtic

수잔나 토마스는 영국 국립오페라단의 일원이다. 웨일스 대학에서의 음악교육을 시작으로 South Olamorgan Youth Choir와 National Youth Choir of Wales 의 솔리스트를 거쳤다. 17세 때 Welsh National Opera 극단에서 「피가로의 결혼」의 여주인공 바르바리나Barbarina 역을 맡았던 그녀는 계속해서 Guildhall School에서 음악교육을 받으면서 굵직한 배역을 연기했고, 영국을 비롯한 다른 나라들의 남성합창단에 초대되어 여성 솔리스트로 활동하였다.

1992년에 Royal Scottish Academy에서 오페라 코스를 수석 졸업하고, 라벨Revel 의 오페라 「L'Enfant et les Sortileges 어린이와 마술」, 푸치니Puccini의 오페라 「La Boheme 라보엠」, 모차르트Mozart의 「Die Zauberflote 마술피리」, 헨델Han-del의 오라토리오 「Semele 세멜레」 등에서 주인공을 열연했다.

거머 에반스Gomer Edwin Evans는 영국 웨일스 남부의 항구도시 Cardiff에서 태어나 음악대학에서 음악이론을 배우고, 22세 때 자신의 밴드를 결성하여 BBC 라디오에 정규적으로 출연했다. 1980년대 그는 연주음악의 작곡자로 활약, 1989년에 유명한 음악 경연에서 두 번이나 수상한 경력이 있으며, 북 독일에서 거주하면서 계속적인 음악 활동을 하고 있다.

본작은 메조소프라노 수잔나 토마스와 작곡자 거머 에반스의 작품으로 명상적이면서 동화적인 감동의 셀틱 음악을 들려준다. 하얀 포말이 이는 해변에 앉아 멀리서 들려오는 푸르른 바다의 부름에 돌아가지 못하는 님프의 운명을 노래하듯 그 잔잔함이 아름답다. 수잔나 토마스의 보컬은 마치 파도의 일렁임처럼 잔향을 남기며 사라져간다.

〈Angels of the Sea〉는 이 앨범에서 가장 선명한 인상을 남기는 작품으로, 그녀의 슬픔을 머금은 창백한 보컬리제는 안개 넘어 희미하게 들려오는 피리와 함께 진한 애수에 젖게 한다.

오랜 세월 서로를 바라보았지만 결코 하나가 될 수 없는 하늘과 대지의 숙명을 그린 듯한 〈Between Heaven and Earth〉, 그리고 〈In My World〉에서는 꿈에서 그려보는 자신과 세상의 하모니를 투명하게 노래하고 있다.

〈Angels of the Sea II〉는 파도 소리에 수잔나 토마스의 아카펠라 보이스로 녹음한 것으로, 원곡과는 또 다른 감정이 머문다.

Suspended Memories
Earth Island

Hearts of Space | HS11043 | 1994

1. The Sky Opens
2. Earth Island
3. Curandero
4. Melting World
5. First Man
6. Places Inbetween
7. First Blessing
8. El Mitote

NewAge-Electronic·Ambient·Space

444

서스펜디드 메모리즈는 스페이스 음악 최고의 건반주자 스티브 로치Steve Roach 가 다중 악기 연주자 호르헤 레예스Jorge Reyes와 스페인 출신의 일렉트릭 기타리스트 수소 사이스Suso Saiz를 영입한 프로젝트이다.

첫 앨범 《Forgotten Gods, 1993》 이후 그 이듬해 발표한 두 번째 연작이 본작으로, 로치에게는 4번째 트라이앵글 프로젝트였다.

살아 숨 쉬는 거대한 생명체 지구의 심장박동과 꿈틀거리며 태동하는 문명 세계는 이 트리오의 어둡고도 육중한 음악으로 전달된다. 거대하게 보이는 푸른 지구와 고대의 벽화, 그리고 이 세 음악가의 실루엣만 봐도 서스펜디드 메모리즈의 콘셉트와 사운드를 충분히 짐작할 수 있다.

NASA가 제공한 사진과 다른 이미지들을 편집한 이 커버는 「Indian Ocean Sunlight」이란 제목의 아트워크이다.

다큐멘터리와 같은 드라마틱한 힘을 느끼게 해주는 본작은 세 뮤지션에 의해 제작된 인공적인 소리임에도 지구가 토해내는 아주 자연스러운 음향과 흡사하다. 그래서 냉철하리만큼 명료하게 전개되는 서술성이 압도적인 작품이다.

지구의 탄생을 암시하는 〈The Sky Opens〉는 다분히 신화적인 신비성을 응축하고 있다. 목관의 소리를 내는 마얀 트럼펫은 종교적 '부름'을 유도하는 신비한 악기로, 서사적인 엄숙함을 불러일으킨다.

〈Earth Island〉에서는 지구 섬의 지축을 흔드는 균일한 박자의 드러밍, 수소 사이스의 명쾌한 전자기타, 원시적인 허밍 보컬 등이 콜라주되어 달라진 현실의 지구 모습을 시각화한다.

〈Curandera 치유자〉는 아메리칸 플루트가 연출하는 고대의 시간성과 원시적 구음, 스산한 신시사이저 음색, 주술적인 리듬으로 서술된다.

정적으로 전개되는 〈Melting World〉는 일찍이 스티브 로치가 행했던 박동과 바람결 사운드의 전형을 보여주며, 〈First Man〉은 마이클 스턴스Michael Stearns의 《Singing Stones》 앨범처럼 두려움이 엄습한다.

가장 아름다운 곡 중 하나인 〈First Blessing〉은 아날로그 퍼커션과 느린 템포와 함께 두툼한 신시사이저 톤이 생생하다.

가장 탁월한 앰비언트 뉴에이지 중의 하나로 평가받았던 본작은 1990년대 스페이스 뮤직의 표본이 되었다.

Suzanne Ciani
Seven Waves

Private Music | 2046-P | 1982 (1988)

1. The 1st Wave : Birth of Venus
2. The 2nd Wave : Sirens
3. The 3rd Wave : Love in the Waves
4. The 4th Wave : Wind in the Sea
5. The 5th Wave : Water Lullaby
6. The 6th Wave : Deep in the Sea
7. The 7th Wave : Sailing Away

NewAge-Electronic·Ambient

수잔 치아니는 1946년생으로 이태리계 미국인이다. 5세 때 피아노를 배웠고, 어머니 덕분으로 모차르트Mozart와 바흐Bach 등 클래식 음반을 듣고 멜로디를 흥얼거리며 자랐다. 웨슬리 대학에서 클래식 피아노를 공부한 후, 버클리의 캘리포니아대학교에서 신시사이저에 관심을 가지고 1970년에 작곡으로 석사를 마친 후, 스탠퍼드 교육원에서 컴퓨터음악에 대해 공부를 지속했다.

1974년에 뉴욕에서 독립 회사 Ciani/Musica를 설립하고 코카콜라, GE, At&T 등 유명 기업의 TV 광고 및 게임 등의 음악을 작곡했다. 1981년에는 여배우이자 감독 릴리 톰린Lily Tomlin의 코믹 판타지 「The Incredible Shrinking Woman 엄마가 작아졌어요」의 영화음악을 맡았고, 이듬해엔 그녀의 첫 번째 뉴에이지 음반《Seven Waves》이 일본에서 발표된다.

이어 다수의 영화와 TV 드라마의 음악을 맡았던 그녀가 대중적으로 알려지게 된 계기는 1986년에 싱글로 발매한 〈The Velocity of Love〉가 라디오방송을 타고 히트하면서부터였다. 그녀는 이를 계기로 Private 레이블과 계약하여 본격적인 뉴에이지 아티스트로서 훌륭한 작품들을 발표하기에 이른다.

실질적인 이 데뷔작을 그녀는 'Romantic-Personal Expression'라 설명하면서 사랑을 담은 7편의 물결을 여성 특유의 여리고도 풍부한 감수성으로 그려냈는데, 부드럽게 전개되는 신시사이저 연주는 매우 따스하고 포근하다.

〈Birth of Venus〉는 사랑과 미美를 관장하는 비너스가 조가비를 타고 해안으로 상륙하는 15세기 르네상스 시대 화가 보티첼리Sandro Botticelli 의 판타지를 생생한 디지털 아트로 접하는 듯하다.

〈Sirens〉은 어부나 선부船夫를 매혹시켜 바다로 뛰어들게 한다는 신화 속의 님프들이 바다에서 미역을 감으며 노래하는 신비로운 연가가 전해 지는 것 같다.

파도 소리에 이끌려 감미롭게 다가오는 사랑의 속삭임 〈Love in the Waves〉, 바람에 이끌리는 몽롱한 피아노의 로망스 〈Wind in the Sea〉에 이어, 우리에게 친숙한 〈Water Lullaby〉는 애수가 흐르는 그녀의 전형이다.

〈Deep in the Sea〉는 부서지는 파도의 물방울이 다시금 심해저로 유유히 흘러가는 대장정이 점차 심포니로 확대되며, 〈Sailing Away〉에는 사랑의 섬을 향해 연인과 함께 바다여행을 떠나는 낭만이 일렁인다.

치아니만의 감성이 번뜩이는 독창적이고도 아름다운 일렉트로닉 향연이다.

Suzanne Ciani
The Velocity of Love

Private Music | 3692-XC | 1986

1. The Eighth Wave
2. Lay Down Beside Me
3. The Velocity of Love
4. Malibuzios
5. History of My Heart

NewAge-Electronic·Ambient

불과 몇 개의 작품을 발표했을 뿐이지만, 치아니만큼이나 실력을 인정받은 뉴에이지 음악가는 그리 많지 않다. 그녀는 뉴에이지 조류에 발맞추어 자신만의 개인적이고도 꿈과 같은 정서를 음악에 부여하여, 발표하는 앨범마다 뉴에이지 수작 음반으로 꼽을 정도로 청중들의 찬사를 얻어냈다.

본 음반은 1986년도에 제작된 싱글 앨범이 절판되자 팬들의 간절한 요청으로 3곡을 추가하여 1991년에 재발매한 것이다. 추가된 2, 4, 5번 트랙에서는 반겔리스Vangelis가 신시사이저를 협연하고 있는 것이 눈에 띈다. 마린 블루와 마젠타 빛깔로 양분된 재킷은 음악의 감각적인 면을 대변하고, 노을 지는 유화의 풍경은 반사적이면서도 질감 있는 사운드를 비유한 듯싶다.

첫 곡 〈The Eighth Wave〉는 국내 광고음악으로 우리에게 더욱 친근한 곡인데 물결의 율동 이미지를 점차적으로 확대시키는 전개가 시원스럽다. 앞서 발표한 《Seven Waves》의 연장선에 있으며, 깨끗하고 서정적인 분위기가 명곡의 진가를 입증한다.

〈Lay Down Beside Me〉도 국내 광고음악으로 사용되었는데, 도이터Deuter의 연주처럼 투명함의 극치에 행복한 서정을 불어넣는다.

대표곡이자 뉴에이지의 명곡인 〈The Velocity of Love〉는 그녀의 내적인 영감과 멜랑꼴리한 감성이 어우러진 멜로디로 듣는 이를 숙연하게 한다. 프라이빗 레이블이 발매한 옴니버스 앨범 《Piano 2》에는 피아노 솔로 버전이 수록되었다.

〈Malibuzios〉는 후속작인 《Neverland, 1988》에 수록된 〈Summer's Day〉의 기본 구성이 되었던 작품으로, 말리부 비치의 낭만적인 풍경을 부드럽게 묘사하고 있다.

〈History of My Heart〉는 그녀의 1989년도 앨범 타이틀이 되기도 했는데, 드넓은 세상을 향해 힘차게 행진하는 듯한 느낌이다. 또한 자연스럽게 동화하며 꽃피우는 푸른 희망을 발견하게 된다.

샘물이 솟아나듯 우러나오는 그녀의 음악을 본작만으로 축소 이야기할 수 있다면 얼마나 다행한 일일까! 하지만 그녀의 음악을 한 곡이나마 듣게 된다면 불행히도 그녀가 연주하는 작품들을 모두 흡입하고 싶은 욕구를 억누를 수가 없다. 이것이야말로 그녀의 뉴에이지 음악이 주는 완전한 자유의 기쁨일 것이다.

Suzanne Ciani
Neverland

Private Music | 259 758 | 1988

1. Neverland
2. Tuscany
3. Mosaic
4. Aegean Wave
5. Summer's Day
6. Life in the Moonlight
7. When Love Dies
8. Adagio
9. Mother's Song
10. Lumière

NewAge-Instrumental

뉴에이지의 대가 중의 한 사람으로 평가받는 수잔 치아니의 거의 모든 앨범이 국내에 소개되었는데, 뉴에이지 음악 애호가들에게는 음반을 고를 때 기대에 부응하는 보증수표가 되었다.

Private 레이블을 통해서 처음 발표한 본작은 그 이듬해 국내에도 라이선스로 소개되어 그녀의 이름을 국내에 알렸다. 스케일이 크지 않은 일렉트로닉 음악이지만, 매우 섬세하면서도 정교한 질감의 멜로디는 감미롭기 그지없다. 이러한 여성 특유의 낭만적이면서 몽환적인 교향악은 많은 아티스트가 포진한 뉴에이지 음악계에서 독보적인 영역이고 조류로 인식된다.

피터팬에 나오는 가공의 나라 〈Neverland〉는 달콤한 모험으로 가득한 동화 속 여정이다. 재지한 화음의 전이와 희망과 서정이 교차하는 멜로디는 상상나라로 이끄는 명곡이 분명하다.

서정적인 히트곡 〈Tuscany〉에는 이탤리언의 피가 흐르는 치아니의 전원적인 향수가 길게 머문다.

샘물같이 퍼지는 전자음향에 기타 연주가 신비로움을 주는 〈Mosaic〉, 이조移調에서 오는 싱그러움이 찰랑이는 〈Aegean Wave〉, 그리고 일몰에 가까워지는 여름날 해변의 다소 나른한 낭만이 아쉬움의 감정을 자극하는 명곡 〈Summer's Day〉를 만난다.

〈Life in the Moonlight〉은 잔잔히 흐르는 물결 위에 달빛이 일렁이는 표제음악 같으며, 〈When Love Dies〉은 신시사이저 코러스에 뜨거운 피아노의 슬픔이 흐르는 사랑의 종말을 위한 협주곡이다.

시크릿 가든Secret Garden을 구성하게 되는 노르웨이 출신의 작곡가 롤프 러블랜드Rolf Lovland와 함께 작곡한 〈Adagio〉는 멀리서 은은한 광채가 아른거리는 드라마로, 마치 프란시스 레Francis Lai(1932~2018)의 영화음악을 연상시키는 우수가 물안개처럼 피어오른다.

〈Mother's Song〉은 미소와 사랑이 온화하게 번지며, 〈Lumière 빛〉은 장-미셸 자르Jean-Michel Jarre의 사운드를 연상시킬 만큼 매력 있는 여성 보이스가 파도처럼 시원스레 부서지는 심포니이다.

앨범 커버 또한 몽환적으로 표현된 본작은 전자음향과 피아노의 균형미를 맞추기 시작했으며, 당해연도 그래미 후보에 지명되기도 했다.

Suzanne Ciani
History of My Heart

Private Music | 2058-2-P | 1989

1. Inverness
2. Samukee
3. Drifting
4. Anthem
5. Driving
6. Eagle
7. Mozart
8. Jacques
9. Italian Movie
10. Terra Mesa
11. Anthem - *Piano Version*

NewAge-Instrumental

따스한 감성에 촉촉한 감촉을 따라 부드러운 감각을 느낄 수 있는 것은 여성만이 가질 수 있는 색다른 본성이 혼합되어서일 것이다. 이런 이유로 그녀는 이후에 남성 음악가들이 대거 활동하고 있는 이 뉴에이지 음악 세계에서 당당히 대가의 대열에 서게 된다.

데뷔 이후 수잔 치아니는 감수성 넘치는 일렉트로닉 음악을 선보였지만, 본작에서 유명 바이올린 주자 스티븐 킨들러Steven Kindler 등을 비롯한 게스트들을 초대하여 일렉트로닉과 어쿠스틱의 아름다운 균형미를 조율했고, 그 결과는 성공적이었다. 물론 초기작들도 매우 따스한 온도를 지녔는데, 어쿠스틱의 질감이 섞여 실재적인 체온을 직감하게 해준다. 물결을 따라 흐르는 그녀만의 낭만적인 멜로디의 풍경은 여전히 유니크하다.

〈Inverness〉은 대부분의 작품에서 흐르고 있는 물결의 이미지가 투영되고 있는 치아니의 전형적인 작품이다. 따스하고 부드러운 온천수에서 몸을 담그고 있는 듯한 평온함이 자리하고 있다.
〈Drifting〉에서도 포근하고 부유하는 듯한 환상이 유유히 밀려온다.
〈Anthem〉은 대표 명곡 중 하나로, 그녀의 피아노에 바이올린, 비올라, 첼로의 손길이 사랑의 찬가를 온유하고도 경건하게 노래한다.
〈Driving〉은 색소폰의 재즈 칵테일이 곁들여져 퓨전 팝의 활력감을 느낄 수 있으며, 〈Eagle〉에서도 색소폰의 자유로움은 창공을 날아간다.
〈Mozart〉도 본작을 대표하는 애청곡으로 많은 사랑을 받았다. 모차르트의 피아노 소나타 작품처럼 달콤한 멜로디는 현악기들이 합세하며 실내악처럼 작지만 로맨틱한 분위기를 재생한다.
〈Jacques〉도 광고와 방송음악으로 친숙한 명곡이 되었는데, 현악의 매끄러움과 특징적인 템포의 상큼한 하모니는 치아니의 다정함을 더욱 부각시킨다.
〈Italian Movie〉에는 작은 분수대를 설치해놓았고, 〈Terra Mesa〉에는 추억을 회상할 수 있는 아련한 시간이 흐른다.

이후 어쿠스틱 피아노를 전면에 세운 《Pianissimo, 1990》을 발표했는데, 기존 주요 곡들의 피아노 버전 연주 외에 신곡 〈Berceuse〉와 〈She Said Yes〉, 그리고 《Hotel Luna, 1991》에 수록되는 〈Rain〉와 〈Simple Song〉을 수록했다.

Suzanne Ciani
Hotel Luna

Private Music | 261 973 | 1991

1. Hotel Luna
2. Maremosso
3. Rain
4. Ondine
5. Love Song
6. Simple Song
7. Italia
8. Festa
9. L'Azzurro
10. Belcanto

NewAge-Instrumental

본작은 이태리인의 피가 흐르는 자신의 고향을 방문하고 느꼈던 이국적이고도 낭만적인 정경과 따스한 정감을 주제로 하고 있다. 인간적이면서도 섬세한 그녀의 신시사이저는 금방 캔버스에 칠을 한 듯 아직도 마르지 않은 채 물기를 머금고 있고 선명하며 화사하다.

바이올린 주자 스티브 킨들러Steven Kindler 외에도 퍼커션의 커트 워트먼Kurt Wortman, 플루트의 피터 고든Peter Gordon, 기타의 존 윌럭John Wheelock 등이 참여하여 어쿠스틱의 따스함을 이어간다.

타이틀 명곡 〈Hotel Luna〉는 싱그러운 달빛의 정취가 느껴지는 로맨틱 풍경화로, 춤추는 달무리가 흐르는 물결에 유영한다.

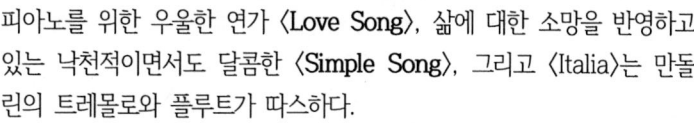

〈Masemosso 일렁이는 바다〉는 제목대로 파도의 율동성을 강조하여 무수한 음의 점묘가 도입되고 있으며 오케스트레이션도 출중하다.

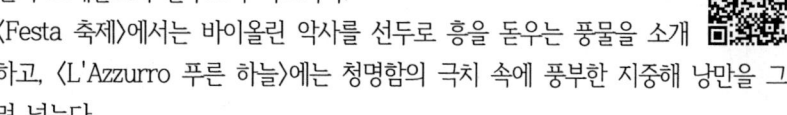

〈Rain〉은 빗방울이 튀는 듯한 신시사이저의 터치가 상쾌함을 배가시키며, 〈Ondine〉은 지중해의 푸른 요정에 대한 전설을 들려준다.

피아노를 위한 우울한 연가 〈Love Song〉, 삶에 대한 소망을 반영하고 있는 낙천적이면서도 달콤한 〈Simple Song〉, 그리고 〈Italia〉는 만돌린의 트레몰로와 플루트가 따스하다.

〈Festa 축제〉에서는 바이올린 악사를 선두로 흥을 돋우는 풍물을 소개하고, 〈L'Azzurro 푸른 하늘〉에는 청명함의 극치 속에 풍부한 지중해 낭만을 그려 넣는다.

고향에 바치는 찬가 〈Belcanto 아름다운 노래〉는 맑은 피아노 연주에 소프라노 수잔 몬테고메리Susan Montegomery의 우아한 성악이 어우러진다.

그녀는 본작을 통해서 삶의 여정과 자연, 인간적인 가치들을 일깨워주며, 전작과 마찬가지로 음의 자유와 소망으로 그 결실을 맺고 있다. 본작도 뉴에이지를 대표하는 마스터피스의 행렬에 서있다고 해야 할 것이다.

이후 건강 문제로 휴식기를 가졌으며, 재기작으로 발표된 《Dream Suite, 1994》, 《Pianissimo II, 1996》, 《Turning, 1999》이 그래미 어워드에 후보 지명되었으며, 《Silver Ship, 2005》는 2006년 인디펜던트 뮤직 어워드에서 최우수 뉴에이지 앨범상을 받았다.

Suzanne Doucet
Trasmission

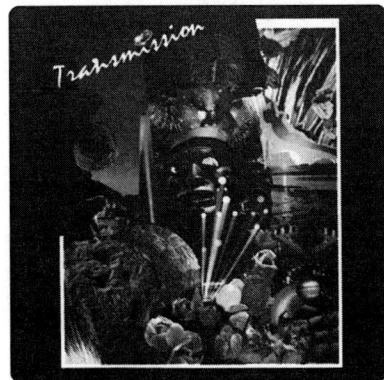

Only Newage Music | SKCD-L-0288 | 1987

1. Good Friday
2. Shivas Dance
3. Moonlight
4. Transmission

NewAge-Instrumental

수잔 두셋은 1944년 독일 출생으로 대학에서는 심리학을 전공했다. 스위스에서 디자이너와 화가로, 파리의 소르본에서는 학생으로, 슈투트가르트에서는 연극배우로, 메트로놈 레코드사에 발탁되어 가수로, 도나 썸머Donna Summer와 함께 뮤지컬 「Godspel, 1972」에도 출연하여 뮤지컬 배우로, 우도 위르겐스Udo Jürgens의 노래 작곡가로도 활약했다. 이처럼 다재다능했던 그녀는 결혼하여 딸을 낳았지만, 1983년에 미국으로 건너가 새 남편과 결혼하고 새로운 삶을 개척한다.

할리우드에서 Only New Age Music이란 음반체인점을 열고, Beyond 음악 레이블, 전문잡지 New Age Music의 출판사, 뉴에이지 음악전문 방송국에 이어 1987년에 국제 뉴에이지 음악 네트워크를 설립하여 뉴에이지 음악의 보급을 위해 가장 바쁜 시간을 보냈다. 또한 음악으로 인간의 심리를 치유하는 요법과 수사학 등 각종 분야를 연구하여 정통 뉴에이지 이론가로 이르렀고, 본격적인 뉴에이지 뮤지션으로서 작품 활동에도 주력했다.

본작은 독일 출신의 작곡가, 엔지니어, 영화음악가, 명상음악가인 크리스찬 부에너Christian Buehner와 함께 했다.

명작 〈Good Friday〉는 서정적인 보컬에 이어 공작자인 안드레 카이슬러Andre Kaisler의 기타가 매우 은은하다. '촛불, 고서, 향이 피어오르는 냄새, 금요일 밤 등 어디선가 기억 속의 얇은 종소리는 출애굽의 장면을 떠올리게 하고 이윽고 집시와 유목민과 그들의 가축들은 비바람을 뚫고 줄을 지어 사막을 건넌다. 수많은 사람이 십자가를 지고 열반의 불길로 향한다.'

〈Shivas Dance〉는 구제와 파괴의 신으로 등장하는 인도 신화의 시바를 소재로 새로이 창조되는 듯한 공간을 지켜보게 된다. '정글의 드럼 소리는 각기 다른 우주적 제례의식을 거행함을 알리고 잿더미 속에서 불사조가 날아오르며 시바의 춤이 시작된다.'

온화한 〈Moonlight〉는 '생과 에너지의 반복은 밤과 낮을 엮어내고 아름다운 벨벳 암흑은 월광의 탄생을 부여한다'라는 내용이며, 평온한 명상의 세계를 열어주는 〈Transmission〉은 '찬란한 여명 속으로 꿈이 은빛 비상을 할 때 우리는 각성하는 전달을 받게 된다.'는 줄거리를 지닌다.

본작과 함께 국내발매된 부에너의 작품 《Visions from Atlantis, 1987》 에는 국내 광고음악으로 친숙한 〈The Chariot〉가 수록되어 있다.

Symbian
No Man's Land

SYMBIAN

NO MAN´S LAND

IC-Digit | IC87 2248 | 1995

1. Outpost Diary
2. No Man's Land
3. A Soil Untouched
4. Searching for the Truth
5. The Pilgrim's Trail
6. Frozen Fire
7. The Logic of Life
8. Horizon Views
9. Elegy for a Dying Planet
10. Anthem
11. Lost in Echoing Silence

NewAge·Electronic·Ambient

벨기에 출신의 사운드 엔지니어이자 신시사이저 연주가 페터 드 바커Peter de Bac-ker의 프로젝트로, 반겔리스Vangelis의 작품을 연구 분석하여 자신의 사운드를 확립하고 《The Night, 1991》라는 카세트 앨범으로 데뷔했다. 이후 클래식과 팝 뮤지션들의 리코딩 게스트와 라이브 세션주자로 활동했던 색소폰 연주자 요한 반 덴 아벨레Johan Van Den Abeele을 영입하여, 1992년에 독일의 세계적인 전자음악 레이블 IC와 계약하게 된다.

대망의 데뷔작 《The Skywatcher, 1993》는 '고개를 들어 변화무쌍한 하늘에 반영된 당신의 꿈을 보라! 그것은 당신이 응시하고 되돌아볼 때 항상 돌아올 것이다'라는 희망의 메시지를 담았는데, 힘든 현실에서 하늘바라기를 주장하고 있는 로맨틱한 앨범이다.

두 번째 앨범인 본작은 세계적인 여류 여행철학자 알렉산드라 다비드-넬Alexandra David-Neel의 히말라야 원정을 다룬 저서 「Tibetan Tale of Love and Magic」에 고무되어 작곡한 것으로, 일취월장한 연주 실력과 함께 독일 여가수 잉예보그 드 블렌데Ingeborg de Blende의 아름다운 보컬이 본작을 더욱 빛내주고 있다.

고요한 건반에 블렌데의 내레이션으로 서두를 여는 〈Outpost Diary〉에 이어, 어디선가 들려오는 대지의 북소리와 신시사이저로 인적 없는 티베트의 광대함을 그리는 〈No Man's Land〉는 쓸쓸함을 남긴다.

〈A Soil Untouched〉는 인간의 발길이 닿지 않은 불모의 땅에서 받은 자연의 감동을 서정적인 색소폰으로 그린다.

블렌데가 노래하는 〈Searching for the Truth〉에는 다비드-넬의 삶의 진리를 찾아 방랑하는 여정을 담았으며, 〈The Pilgrim's Trail〉는 황량한 바람 속에서 색소폰의 엘레지가 순례자의 고뇌하는 영혼을 어루만진다.

반겔리스의 중반기 음악을 연상시키는 〈Frozen Fire〉는 더 이상 발화하지 않은 불꽃처럼 살신殺身하여 해탈하였던 수많은 영혼을 상징하는 듯하다.

내면적인 키보드 연주가 서글픈 〈The Logic of Life〉는 이 앨범에서 가장 서정적인 작품 중 하나이며, 〈Horizon Views〉는 자연에서 태어나 일부로서 살다가 다시 돌아가는 인생의 섭리를 조망한다.

반겔리스의 연주로 착각하게 되는 〈Elegy for a Dying Planet〉에 이어, 〈Anthem〉은 스페이스 뮤직을 연상시키는 서두에 이어 묵직하고도 슬픈 심포니로 전환되는 감동적인 명연이다.

Symbian
Navigator

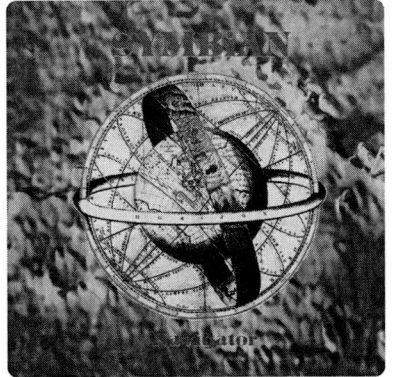

IC-Digit | IC87 2305 | 1997

1. Gateway 34
2. Exit to Freedom
3. So Far, So Near
4. Arabesque
5. Train of Thoughts
6. On the Footpaths of Your Mind
7. Deception Bay
8. Navigator
9. Bridges of Hope
10. Messages

NewAge-Electronic·Ambient

452

심비앙은 1996년에 플루트연주가이자 명상음악가 요한 긴스Johan Geens의 알리아스 펜야Venja와 함께 완성한 세 번째 앨범 《Floating Silence》를 발표했다. 이는 벨기에 안트럽의 정신수양센터 Floating Silence Centre의 요청을 받아 특별히 제작한 작품으로, 물을 테마로 한 몽롱한 분위기의 힐링뮤직이었다.

전체적으로 마인드 오버 매터Mind over Matter의 초창기 사운드를 연상시키는데, 특히 〈Espirito del Aqua 물의 정신〉은 잉예보그 드 블렌데Ingeborg de  Blende의 가창과 심포니의 조화가 압권이며, 〈Myths of Creation〉는 그녀의 내레이션과 남성 보컬리스트 나탄 실버만Nathan Silbermann의 가멜란이 가미된 걸작이다. 이 곡들은 많은 편집앨범에도 수록되면서 그들의 명성을 널리 알렸다.

네 번째 앨범인 본작은 항상 미지의 세계로 놀라운 여행을 가능하게 하는 장치로서, 더욱 거칠고도 세련된 반겔리스Vangelis풍의 앰비언트 심포니로 우리 탐험자에게 시공간을 넘나드는 상상의 날개를 달아준다.

〈Gateway 34〉는 거친 효과음과 출발을 알리는 남성의 신호 소리 그리고 우주왕복선이 발사되는 출발 소리, 두 눈에 비치는 푸른 우주의 장관이 떠오르는 시원하고도 멋진 작품이다.

〈Exit to Freedom〉의 육중한 전자음향과 그레고리안 코러스는 소프트웨어Software의 《Heaven to Hell, 1995》을 듣는 듯하며, 〈So Far, So Near〉는 어둡게 채색된 색소폰과 힘찬 박동이 전해지는 환상탐험이다. 범우주의 기학적 배치와 구조를 세밀하게 그린 듯한 〈Arabesque〉에 이어, 〈Train of Thoughts〉는 묵직한 신시사이저 위에 들려오는 구음과 반겔리스풍의 멜로디 진행이 돋보인다.

맑고 투명한 피아노 음색이 감미로운 〈On the Footpaths of Your Mind〉에 이어, 〈Deception Bay〉는 몽환의 심포니이며, 〈Navigator〉는 우주적 댄스 그루브로 찬란한 빛의 라운지를 조각한다.

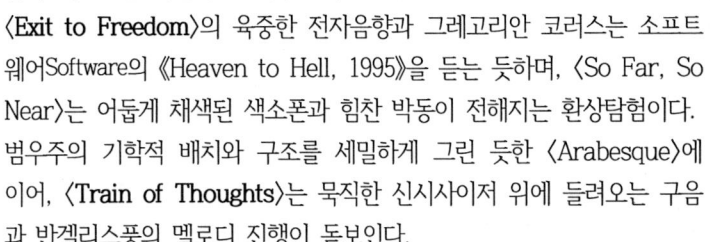

플루트의 한숨과 피아노의 우울한 블루스 〈Bridges of Hope〉, 그리고 마지막 곡 〈Messages〉는 멜로디보다는 무드로 이끌며 데뷔앨범 《The Skywatcher》에서처럼 현실에서 벗어나 가끔씩 잊고 살았던 어린 시절의 희망과 꿈 그리고 동심의 세계를 탐험하라는 성명을 전달한다.

본작은 심비앙의 심미안으로 조형되는 이상향으로, 귀향은 무기한 연기하고 싶다.

Symbian
Source of Secrets

IC-Digit | IC87 2348 | 2000

1. Purification
2. Source of Secrets
3. In the Warmth of Your
4. Amber Glow
5. The Ghost Inside
6. Maiden Voyage
7. The Secret Within
8. Blue Mountain
9. Sources of Eternity

NewAge-Electronic · Ambient

심비앙은 《Navigator, 1997》을 발표한 후, 급부상한 그들의 인기에 당혹스러웠다. 많은 광고음악에서 다큐멘터리, 쇼케이스, 비디오 등의 작곡 의뢰가 들어왔고, 몇몇 멀티미디어 프로젝트에도 관여했다. 약 3여 년의 긴 시간이 흐른 후인 2000년 5월에 앰비언트 심포니의 정점을 찍는 역작 《Source of Secrets》를 발표한다. 결론부터 말하자면 전자음악 열 손가락 안에 들 작품이다.

본작은 밀레니엄이 지난 우리 지구촌의 미래상을 그렸는데, 영토 혹은 정치나 이념 등의 탈경계와 다양한 문화가 존중받고 혼재하는 글로벌 현상에 대해 신비의 비밀을 풀어놓는다.

〈Purification〉는 바람 소리와 같은 신시사이저 연주에 마치 바이올린 음색과도 같은 색소폰의 민속적인 연주가 펼쳐지며, 이어지는 명연 〈Source of Secrets〉는 초강력 심포니에 리드미컬한 댄스 비트, 그리고 원시 구음과 불타오르는 색소폰이 붉게 빛난다.

서글프고도 드라마틱한 심포니 〈In the Warmth of Your Night〉에 이어, 최고의 걸작 소품 〈Amber Glow〉에서는 점차 상기되는 색소폰과 제니퍼 린트Jennifer Lind의 따스한 소프라노 스캣이 점진적으로 변환되는 환상의 색채 마술을 보여준다.

〈The Secret Within〉은 동양풍의 리듬과 멜로디를 담았으며, 〈Blue Mountain〉에는 이교도의 찬가가 메아리로 들려온다.

〈Sources of Eternity〉는 동 레이블 음악가 마인드 오버 매터Mind over Matter의 신시사이저 연주를 듣는 듯한 신비한 티베트의 우주적 트랜스가 잔잔하게 밀려온다.

새천년에 그들의 재능을 하나도 남김없이 쏟아부은 본작으로, 심비앙이란 이름은 지워지지 않을 돋을새김이 되었다.

이들의 디스코그래피는 기승전결이 뚜렷한 시놉시스로 탄생된 것이었다. 《The Skywatcher》에서는 관망자이자 사색가로서, 목적지로서의 《No Man's Land》는 꿈꾸는 유토피아를 향한 유랑자의 모습이었다. 《Navigator》에서는 그 길 찾기에 나선 탐험가로, 본작에서는 삶에 대한 철학을 그린 관조자로 등장하고 있다.

이후 약 10여 년의 세월의 휴지기를 거친 심비앙은 그동안 작업한 음악을 모아 2011년에 무려 세 장의 앨범을 음원으로 발표했다.

Szakcsi
Sa-Chi

GRP | GRD-9556 | 1988

1. Peace for Pastorius
2. Dark Beauty
3. Still Dreaming
4. One Morning
5. Ria
6. Song for K
7. Orange and Black
8. Pure Passion
9. Broken English
10. Arabesque
11. Good Times / Old Times

New Acoustic, NewAge-Jazz

헝가리 부다페스트에서 출생한 벨라 사치 라카토스Béla Szakcsi Lakatos(1943~2022)는 9세 때부터 피아노 공부를 시작했다. 그의 아버지와 형제들 모두 클래식 음악가였으며, 작곡과 연주 재능이 뛰어난 천재소년 사치는 12세 때 부다페스트 제2음악학교에 입학했다. 10대에 그는 라디오 음악 프로그램을 통해 재즈를 발견한다. 미국 재즈 레코드를 찾는 것이 꽤 힘들었지만 그래도 사치는 조금씩 얼마 정도를 모을 수 있었다. 그에게 최초로 영향을 준 재즈 뮤지션은 레스 맥캔Les McCann이었다. 그가 비록 고전음악을 공부하고 있었지만 당시 새로운 형태의 음악인 로큰롤도 공부했다.

그는 20대 초반 헝가리를 떠나 유럽을 돌며 많은 유명 음악가와 함께 다양한 재즈 밴드에서 연주했으며, 뉴욕에서의 짧은 기간 동안 웨더 리포트Weather Report, 마일즈 데이비스Miles Davis, 팻 메스니Pat Metheny, 마하비시누 오케스트라Mahavi-shnu Orchestra의 공연을 처음 접하기도 했다. 사치는 1972년부터 부다페스트에 있는 벨라 바르톡 음악학교에 재즈학과 교수로 일했으며, 1986년 리스트Franz Liszt 상을 포함한 사실상 중요한 헝가리의 모든 음악상을 수상했다.

본작은 그의 미국 시장 데뷔작으로, 1991년에 라이선스로 소개되었다. 동구권 특유의 고혹적인 클래시즘과 느긋한 템포의 시적 운율이 잔잔히 흐른다. 얇은 신시사이저의 커튼 자락 뒤에서 홀로 피아노를 연주하는 고전 〈Peace for Pastorius〉는 유명 베이시스트 자코 파스토리우스Jaco Pas-torius에 바치는 존경심이다.

소리 없이 눈 내리는 겨울밤의 서정을 그린 듯한 〈Dark Beauty〉, 푸른 샛별 아래 찬바람이 부는 〈Still Dreaming〉은 가슴 시린 몽상의 녹턴이다.

온 세상이 하얗게 뒤덮인 은빛 아침의 스케치 〈One Morning〉은 화사하며, 조지 진다George Jinda의 퍼커션 재즈 협연 〈Ria〉와 〈Good Times / Old Times〉이 즉흥의 희열을 표출한다.

기쁨과 진심을 담은 피아노 연가 〈Song for K〉, 소프트재즈의 감미로움과 은은함에 한없이 마음이 누그러지는 〈Orange and Black〉, 그리고 걸작 〈Arabesque〉에는 피아노 음률이 눈물이 되어 가슴속 바다로 떨어진다.

커버의 안개 낀 아침의 산책길처럼 사치의 낭만은 포근함으로 가득 채워져 있다.

Szakcsi
Mystic Dreams

GRP | GRD-9577 | 1989

1. Act Too
2. Breathless over You
3. Mystic Dreams
4. Fate
5. Love is the Answer
6. Anyway
7. In the Hills, in the fields
8. Flower Song
9. Memories of My Father
10. Frolic
11. The Morning After You
12. Sweet Ramona

New Acoustic

사치는 우리에게 〈Bossa Baroque〉란 명곡으로 유명한 데이브 그루신Dave Gru-sin과 레리 로젠Larry Rosen이 설립한 퓨전 재즈 레이블 GRP사에 유일하게 뉴에이지 색채의 피아노 연주를 들려주었던 아티스트이다.

본작은 그의 두 번째 앨범으로, 1990년에 처음 국내에 라이선스로 소개되어 그의 이름을 알렸다. 그는 피아노에 대한 인상적인 터치를 통해 따뜻하고 감동적인 반응에 도달하는 작품들을 모아 듣는 이가 자신의 신비로운 꿈을 상기할 수 있는 장소를 창조했다.

낙관적이고 잔잔하며 다소 연약히기도 한 〈Act Too〉는 어린 신시사이저가 피아노를 받쳐주고 있으며 그 위를 감도는 서정적인 멜로디와 반주는 담백하다.

강한 피아노의 저음 연주로 시작하는 〈Breathless over You〉은 간절한 사랑의 마음을 묘사하고 있는 듯 차분하게 진행되며, 재지한 두 번째 주제로 들어선다.

행복한 꿈속을 거니는 것처럼 감미로운 〈Mystic Dreams〉은 후미의 트레몰로 연주가 신비로움과 몽롱함을 전한다.

본작에 담긴 모든 곡이 우리의 정서와 부합하는 분위기임에 틀림없지만, 특히 타이틀곡과 함께 〈Fate〉는 서정성이 가장 많이 농축되어 있다.

주제의 반복과 변주에 이어 꾸밈음이 신선한 〈Love is the Answer〉에 이어, 〈Anyway〉는 옥구슬이 부딪히는 듯한 인상적인 고음 연주에 이어 주제를 옥타브를 달리하여 연주한다.

〈In the Hills, in the Fields〉는 폴란드의 여류 작곡가 바다르체프스카 Tekla Badarczewska의 클래식 소품 〈은파〉의 서두처럼 88개의 건반은 포로가 된다.

세상 끝을 향해 퍼져나가는 꽃의 향기가 물씬 전해지는 〈Flower Song〉, 재즈 코드를 절묘하게 사용하고 있는 〈Memories of My Father〉, 재미있는 타악기 연주가 가미되는 〈Frolic〉에서 그의 즉흥적이고 정열적인 피아노 워크에 도취할 수밖에 없다.

〈The Morning After You〉는 엇박자의 반주가 묘한 리듬감을 준다.

피아노의 여음이 조지 윈스턴George Winston을 연상케 하는 〈Sweet Ramona〉에는 연보랏빛 향기가 그윽하다.

Eve of Chance

GRP | GRD-9647 | 1992

1. Makiko Smile
2. Passing Through
3. Eve of Chance
4. Honey Spot
5. Carousel
6. Hope for Mother Earth
7. Almost Like Cannon
8. Imagination
9. Desiree
10. Ancient Inspiration
11. Someone Else's Cry
12. Viewpoint

New Acoustic, NewAge Jazz

여성의 육감적인 뒤태를 커버로 한 그의 3집 앨범 《Eve of Chance》은 로맨스 모음집으로 전곡이 피아노 솔로로 연주되었다.

앤드레 가뇽Andre Gagnon이나 유키 구라모토Yuhki Kuramoto의 피아노 서정을 좋아한다면 본작도 그에 못지않은 드라마를 심어줄 것이다. 전작들과 비교하면 그 느긋한 라르고largo의 표정은 약화되었지만, 좀더 클래식에서 뉴에이지에 보다 가까우며 싱그러운 헝가리의 감성이 묻어 나오는 작품들을 수록하고 있다.

깊은 서정이 머무는 우울한 추억의 전주곡 〈Passing Through〉은 막 연한 무상감으로 애처롭게 다가온다.

푸른 도나우강이 흐르는 부다페스트의 어두운 낭만을 풍부하게 채색하고 있는 명곡 타이틀 〈Eve of Chance〉은 오랫동안 깊은 상념에 빠지게 한다.

위로라도 하듯 달콤한 〈Honey Spot〉이 밝은 미소를 머금게 하며, 〈Hope for Mother Earth〉에는 열망을 담은 기도가 투명한 눈물이 되어 흐른다.

뉴에이지 음악 피아니스트들의 단골 소품인 파헬벨Johann Pachelbel의 〈캐논〉을 최소주의로 변주한 〈Almost Like Cannon〉는 여유로움이 넘친다.

창공을 흘러가는 하얀 구름에 누워있는 듯한 한가로운 자유의 노래 〈Imagination〉, 사랑의 꿈을 부드러운 재즈피아노로 연주한 〈Desiree〉 이 꿈결로 인도한다.

회한의 서정시 〈Someone Else's Cry〉에서 다시 헝가리풍의 감성이 되살아난다.

사치는 국내에 뉴에이지 피아노의 매력을 잘 심어주었던 인물 중 한 사람이었다. 하지만 아쉽게도 본작을 끝으로 그의 뉴에이지 감성은 막을 내렸다.

이후 《Straight Ahead, 1994》부터는 재즈 즉흥을 선보였고, 트리오를 결성하여 재즈 마니아들에게 열렬한 호응을 얻었다.

생전 16장의 앨범을 발표했던 그는 헝가리에서 재즈와 퓨전을 확산시켰던 핵심 인물로 평가되었으며, '헝가리 공로 예술가'라는 칭호 등 수많은 영예와 찬사를 받았다. 클래시즘이 빛나는 헝가리 광시곡은 3매의 앨범에 잘 담겨있다.

Tangerine Dream
Underwater Sunlight

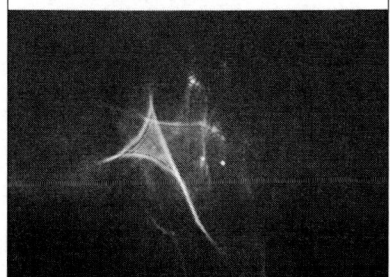

Relativity | 88651-8113 | 1986

1. Song of the Whale Pt. 1
   : From Dawn
2. Song of the Whale Pt. 2
   : To Dusk
3. Dolphin Dance
4. Ride on the Ray
5. Scuba Scuba
6. Underwater Twilight

NewAge-Electronic·Ambient

탠저린 드림은 일렉트로닉의 기인 중 한 명인으로 평가받는 에드가 프뢰제Edgar Froese(1944~2015)의 초현실적 꿈의 표현이었다. 미술과 그래픽을 전공했던 그의 음악적 이력은 록그룹으로 출발한 1962년부터지만, 1965년까지 스페인의 화가 살바도르 달리Salvador Dali의 별장에서 머물면서 전위예술을 경험하고, 1967년 9월에 '아프리카 주홍색의 환상'을 발족시킨다.

5인조로 출발하였지만 멤버가 완전히 바뀐 후 독일 일렉트로닉의 거장인 클라우스 슐체Klaus Schulze(1947~2022)와 코니 슈니츨러Conny Schnitzler(1937~2011)를 불러들여 데뷔작 《Electronic Meditation, 1969》을 발표했다. 이후 크리스토퍼 프랑케Christopher Franke와 페터 비우만Peter Baumann의 라인업을 갖추면서 최고의 전성기를 열었다. 그 후로도 많은 뮤지션이 교체되었음에도 걸작 행렬은 멈출 줄 몰랐다.

글쓴이도 《Phaedra, 1974》, 《Stratosfear, 1976》, 《Logos, 1982》 등 초창기 앨범들을 들으면서 그 이면에서 들끓고 있었던 마그마의 열기에 갈채를 보냈다.

이 작품에는 두 번째 앨범에서부터 같이 해왔던 타악기 주자 프랑케와 비엔나 출신의 신인 뮤지션 폴 하슬링거Paul Haslinger가 참여했다.

본 음반을 걸고 나면 어느새 우리는 잠수복 차림의 해저생태 탐험자로 변해있다.

〈Song of the Whale, Pt. 2〉는 맑고 잔잔한 키보드 연주의 서정적인 바람이 빛을 서서히 잃어가는 바닷속에서 불어온다.

〈Ride on the Ray〉에서는 미스터리한 역동성이 더욱 자극적이며 속도감 있게 전개된다.

《Stratosfear》 앨범의 사운드를 연상시키는 〈Scuba Scuba〉는 시야에 펼쳐지는 모든 것을 굴절시킨다.

마지막 곡 〈Underwater Twilight〉는 우주공간처럼 부력에 둥둥 떠다니는 듯한 신비스러운 체험을 동반한다. 평화롭고 은은한 광채를 서서히 드러내는 광경은 밤하늘 별들의 모습과 많이 닮았으며, 후반의 키보드도 오묘한 빛을 줄기차게 내뿜는다.

이 앨범을 뒤로 뉴에이지로 진입한 그들은 《Optical Race, 1988》를 비롯하여 보컬을 많이 활용한 팝 음악을 적용하면서, 끊임없이 변화를 모색한다. 또 다른 팬층을 형성하면서 일렉트로닉 음악의 최강자 '오렌지 꿈'의 명성을 이어갔다.

Thomas Otten
Close to Silence

Higher Octave | OMCD47730 | 1999

1. Qualitati Umane
2. Dulciate
3. Espiritu
4. Divigi Tu
5. Close to Silence
6. Underdown Aperture
7. Utter Confusion
8. Sanza
9. Ombra Mai Fu
10. Merciful Raindrops
11. Offelini
12. A Quiet Moment

NewAge-Classical Chant·Pops (Vocal)

이태리 영화 『Farinelli The Castrato 파리넬리, 1994』의 하이라이트는 헨델Hän-del의 〈Lascia Ch'io Pianga 울게 하소서〉를 노래하며 절망과 슬픔을 진정한 음악으로 승화시킨 장면이었을 것이다. 17~8세기 오페라의 붐에 힘입어 억압된 여성의 보컬을 대신하여 주역을 맡았던 카스트라토는 19세기에 법적으로 금지되면서 카운터테너가 주목받게 된다.

프랑스 출신의 카운터테너 또마 어떵Thomas Otten은 이미 클래식 음반《Ave Maria》에서 그의 환상적인 보컬을 과시한 적이 있다. 이러한 이력을 가진 그가 전혀 새로운 뉴에이지 음반을 발표했다. 그의 맑고 깊은 보컬은 프레데릭 모멍 Frederic Momont이라는 작곡자의 선율과 함께 고매한 마력을 뿜어낸다.

〈Qualitati Umane 인간의 자질〉는 황량함이 감도는 신시사이저 연주에 숭고한 보컬이 바람처럼 나타났다가 사라진다.

고혹적인 〈Dulciate 다정하게〉는 독특한 창법에 이어 트립합 비트가 가미되면서 소프라노 까롤린 뮈떼Caroline Mutel가 첫선을 보이는 혼성 2중주 아리아 작품이다.

아디무스Adiemus를 연상시키는 〈Espiritu 정신〉은 팝적인 템포와 리드미컬한 현악의 피치카토가 고결한 진리를 들려주는 듯하며, 오페라를 듣는 듯한 〈Divigi Tu 당신은 멀리 있네〉는 애잔하고 쓸쓸하다.

타이틀곡인 〈Close to Silence〉는 평화로운 기타 반주 위에 하염없이 독백을 그리고 추임새를 고요를 향해 던지는 걸작이 아닐 수 없다.

첼로의 낮은 음성에 비성悲聖을 토해내는 〈Underdown Aperture〉, 고고하고도 웅장한 파이프오르간과 혼성 코러스의 짧은 소곡 〈Utter Confusion〉에 이어, 최고작이라 할 수 있는 〈Sanza 없이〉는 바이올린과 트립합 비트에 아름다운 보컬과 창법이 최대로 발휘되며 웅장한 합창곡으로 돌변한다.

헨델의 아름다운 독창곡 〈Ombra Mai Fu 그리운 나무 그늘〉에 이어, 〈Offelini〉는 중후한 오케스트라 현악에 성악 코러스가 융합되는 현대 음악이며, 〈A Quiet Moment〉는 우울한 피아노를 위한 작품이다.

새천년을 앞두고 발표된 클래시컬 보컬 음악 중에서 최고의 작품성과 대중성을 겸비하고 있다.

458

Thomas Otten
Portraits

Higher Octave | 72435 84077 | 2003

1. The Cold Genius
2. Falling
3. Sa Alma
4. Heaven
5. The Answer
6. Samsara
7. The Fifth Season
8. Adeo
9. Voices
10. Feel Low
11. Stars & Sky

NewAge-Classical Chant·Pops (Vocal)

또마 어떵은 원래 체임버 악단에서 피아노를 쳤었으나, 다른 성악가들의 목소리에 매료되어 과감히 피아노를 포기하고 바에서 노래를 불렀다고 한다. 그의 목소리를 들은 파트너는 클래시컬 보컬 앙상블에 참여할 것을 설득했고, 그는 이미 어른이었지만 보이 소프라노를 담당하였다. 그는 거기에 있으면서 바리톤의 힘을 자신의 목소리에 부여하였고, 프레데릭 모멍Frederic Momont이라는 새로운 음악을 창안하던 작곡가와 만나 환상적인 데뷔작을 발표했다. 클래식 애호가가 아니더라도 그의 음성에 실리는 현대적이고도 고전적인 음악들은 새로운 시대의 감성으로 편곡되어 세계적인 환영을 받았다.

약 4년 만에 두 번째 앨범 《Portraits》을 들고 다시 대중 곁으로 돌아왔다. 그의 데뷔앨범을 걸작으로 끌어올린 모멍의 역량도 새로운 시도들을 거쳐 보다 진일보한 면모를 보여주고 있다.

클래시컬한 성악곡 〈The Cold Genius〉는 묵직한 첼로 연주에 전자음향이 묘하게 섞이면서 컨템퍼러리 음악의 아름다움을 들려준다.
감미로운 〈Falling〉은 나지막한 팝적인 보컬과 토마 어떵의 성악적인 보이스가 대칭되는 팝페라이며, 〈Sa Alma〉는 맑은 기타를 바탕으로 성악 가창과 아프리카 구음이 연결되면서 월드뮤직의 향취까지 느낄 수 있다.
〈Heaven〉은 키보드와 건반의 포근함 속에서 천상으로 닿는 그의 호소력은 더욱 농후하다.
서정적인 포크풍의 〈The Answer〉에 이어, 〈Samsara 방랑, 윤회〉는 트로피컬 기타 연주에 팝 코러스와 파도 소리가 섞여 시원한 낭만을 탐닉하게 해준다.
숲에 와있는 듯한 〈The Fifth Season〉은 환상적인 제목답게 보이스 이펙트와 점층 되는 피아노 연주 등의 새로움을 가미했다.
바이올린 솔로가 멋진 〈Adeo〉와 성스러운 〈Voices〉, 피아노 솔로에 그의 성악이 입혀지는 〈Feel Low〉, 그리고 투명한 전자음악의 기교들
이 믹스되면서 부드러운 허밍이 곁들여지는 에필로그 〈Stars & Sky〉에 이르기까지 그의 초상은 각기 다른 인상적인 모습으로 들려온다.

작고한 모친에게 헌정한 본작 이후, 노래 때문에 포기하였던 피아니스트로 돌아가 피아노 연주 실력을 유감없이 들려주기도 했다.

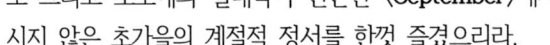

Tim Janis
December Morning

Tim Janis | TJ 7-1102 | 1999

1. High Sierra
2. Somewhere Still the Rose
3. Falls Ridge
4. Evening Sky
5. In Quiet Fields
6. Horizon of Stars
7. December Morning
8. Canyon Winds
9. A Winter's Portrait
10. Mountain Wildflower
11. Half Dome
12. Mirror Lake
13. Tenaya River
14. Between Earth and Sky

New Acoustic, NewAge Celtic

2002년에 라이선스로 소개된 팀 제니스의 《Flowers in October, 1998》를 접하셨던 분이라면 그 소중한 경험을 잊지 못했을 듯하다. 바이올린과 피아노 그리고 오보에의 실내악이 안온한 〈September〉에서 채 더위가 가시지 않은 초가을의 계절적 정서를 한껏 즐겼으리라.

그는 1967년 미국 맨해튼에서 변호사인 부친과 사회사업가인 모친 사이에서 태어났으며, 고교 시절 육체적 만성피로를 경험하고 뉴에이지와 힐링뮤직에 대해 관심을 가졌다고 한다. 1991년 뉴햄프셔대학교에서 작곡에 대한 학위를 받은 후, 음악을 전공한 아내와 메인주의 시골에서 녹음하고, 자신의 독립레이블을 통해 《Along the Shore of Acadia, 1996》를 첫 결실로 내놓았다.

무명시절 미국 전역을 돌며 투어로 서서히 이름을 알린 그는 존 윌리엄스John Williams, 존 베리John Barry, 한스 짐머Hans Zimmer 등의 음악에서 많은 영향을 받았다고 한다.

본작은 피아노와 신시사이저를 연주하는 팀 제니스 이외에 12명의 어쿠스틱 악기 연주자들이 참여했다. 대자연에 겨울이 오는 소리를 담았으며, 이국적인 모노톤의 커버도 무척 호감이 간다.

캘리포니아 네바다에 소재한 하이 시에라산의 깨끗한 겨울 정취를 담은 〈High Sierra〉은 아이리시 플루트와 심포니가 따스한 셀틱 음악으로, 그 웅장한 장면들이 영상화되는 듯하다.

대화하는 듯 바이올린과 플루트의 노래가 산뜻한 향을 머금고 있는 〈Somewhere Still the Rose〉에는 아름다운 클래식과 팝의 조화를 누릴 수 있다.

오케스트레이션의 바람이 색의 마법을 부리는 노을의 찬가 〈Evening Sky〉, 쓸쓸함이 느껴지는 앙상블 〈Canyon Winds〉, 그리고 자연의 경이로운 감동을 담은 서정시 〈Mirror Lake〉 등 순백의 하모니가 빚어내는 겨울 오케스트레이션은 너무나 따사롭고 포근하다.

이후 발표한 《Water's Edge, 2000》가 빌보드 차트 뉴에이지 부문에서 2위에 오르는 성공을 거둠에 따라 이전에 발표한 앨범들도 주목받게 되었다.

꾸준한 앨범 발표에 자선기금을 위한 공연을 겸하며, 또한 체코 국립심포니, 카줄루 나탈 필하모니, 하트퍼드 심포니 오케스트라에서 지휘자로서의 활동도 겸했다.

460

Tim Janis
The Promise

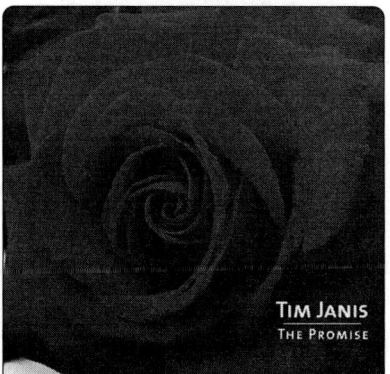

TIM JANIS
THE PROMISE

Tim Janis | TJE-1109 | 2004

1. Reflections
2. Angelic Evening
3. A Thought of Spring
4. The Promise
5. Wind Song · *piano*
6. Remembering
7. My Rose of Joy
8. To a Waiting Heart · *piano*
9. In the Eve of Spring
10. Ever I Love You
11. With Gathering Wonder · *piano*
12. Evening, Falling Softly
13. If Only You Were Near
14. Forever will Follow · *piano*
15. In May

New Acoustic, NewAge-Celtic

영화음악가 존 윌리엄스John Williams와 존 베리John Barry에 영향을 받은 팀 제니스의 음악은 큰 오케스트레이션의 스케일과 아름다운 앙상블 멜로디가 채색하는 장대한 자연의 드라마가 청자의 주위를 둘러싼다. 낭만적인 하모니에 둘러싸여 있으면 어느새 맑고 개운한 공기에 흠뻑 젖게 된다.

본작은 그의 많은 디스코그래피 중에서 가장 아름다운 작품으로 꼽힌다. 《Flowers in October》의 가을, 《December Morning》의 겨울에 이어 본작은 만연한 봄의 세상을 채색했다. 붉은 장미를 확대한 평범하기 그지없는 커버지만, 자연의 꾸밈없는 진리 속에서 우리의 로밍스를 칮는다.

자연의 모습에서 평화와 사랑을 읽는 감동적인 대서사 〈Reflections〉에는 극적인 오케스트레이션과 함께 휘슬의 맑고 고운 음성이 빛나는 셀틱심포니이다.

서서히 잠들기 시작하는 나목들을 향한 플루트의 자장가 〈Angelic Evening〉는 솜털처럼 부드러운 바람이 인다.

로라 더렐Laura Darrell이란 여성의 허밍이 너무나 청아하고 아름다운 셀틱 판타지 〈**The Promise**〉에는 자연의 섭리를 고혹적인 현의 숨결과 장대한 스케일로 연주했다.

현의 서정이 그리는 고독과 그리움의 정서 〈Remembering〉, 마이클 호페Michael Hoppe의 동심 어린 연주가 떠올려지는 초원의 봄노래 〈In the Eve of Spring〉, 그리고 고백의 연가 〈**Ever I Love You**〉에는 애달픈 휘슬의 목소리에 눈시울이 뜨겁다.

솜털처럼 가벼운 플루트가 노래하는 천사의 시 〈Evening, Falling Softly ∼ If Only You Were Near〉는 클래식을 듣는 듯한 로맨스를 위한 콘서트이며, 푸른 자연의 대합창 〈In May〉는 매우 청명하고 희망적이다.

투명한 창공 아래 먼발치에서 다가오는 손짓이 감성을 어루만지는 〈Wind Song〉와 낙관적인 야상곡 〈**To a Waiting Heart**〉는 피아노 솔로로 들려주는 깊은 정감이 아주 특별하다.

언제부턴가 봄이라는 계절이 찾아올 때면 황사와 꽃가루에 각종 질병까지 유발되곤 한다. 그런 우울한 날이면 팀 제니스의 봄의 교향악은 어김없이 CDP를 차지하게 된다. 마음도 몸도 청정하게 해주는 그의 음악에서 장미 향기가 퍼진다.

461

Tim Story
The Perfect Flaw

Hearts of Space | HS11045 | 1994

1. The Perfect Flaw (Intro)
2. A Broken Alphabet
3. Lydia
4. After 4 O'clock
5. Liquid Shadow Night
6. Rill
7. Sister of the Flood
8. Terzetto
9. Riverine
10. The Color of Vowels
11. The Perfect Flaw
12. Until She Fades Away

New Acoustic, NewAge-Instrumental

1957년 필리델피아에서 출생한 팀 스토리는 《Threads, 1982》을 발표하여 음악계에 발을 디뎠다. 그의 인상적인 음악은 피아노와 건반 그리고 신시사이저 오케스트레이션과의 조화로 표현된다. 차가운 전자악기들로부터 인간적인 따스함을 추출하며, 오보에와 첼로 등의 관현악기를 신시사이저 샘플러에 얹는 실력은 매우 훌륭하다. 무한의 정적인 평온함을 이끌어 내는 섬세하고 불가사의한 터치는 정서적이고 지적인 효과를 거두어, 전자 매체를 가장 잘 활용하는 예술가라는 칭송이 뒤따른다. 이와 같은 음에 대한 뛰어난 해석력은 수년간 리코딩 엔지니어로 활동했던 경험 때문이다.

그의 우아한 음악은 드뷔시Claude Debussy의 인상주의 혹은 미니멀리즘 그리고 현대음악의 낭만파들과 많은 공통점을 발견하게 된다. 악기 편성은 최소로 구성하되 미묘한 음향들을 확장하여 깊은 소리의 질감을 최대로 수용하고 있다.

본작은 평론가들로부터 최고의 찬사를 받은 《Beguiled, 1991》에 이어 Hearts of Space 레이블에서 두 번째로 내놓은 작품이다. '완전한 결함'이란 다소 상징적이고 추상적인 타이틀 아래 수록곡 또한 순수하면서도 예술적인 곡목들이다.

느린 발레 동작들이 시야를 스쳐 지나가는 듯한 〈A Broken Alphabet〉는 피아노 왈츠에 오보에가 동작의 선을 따르며 빛을 흘린다.

〈Lydia〉는 매우 우아하고도 중후한 불협의 화음들이 부드러운 기풍으로 신비함에 이르며, 반복적인 미니멀리즘의 숨결이 육감적이고 관능적이기까지 하다.

시간의 종말을 위한 협주곡 〈After 4 O'clock〉에는 규칙적인 피아노 반주 위로 클라리넷이 침묵을 노래하며, 〈Liquid Shadow Night〉에서는 밤하늘에서 유영하고 있는 듯한 자유로움을 경험할 수 있다.

잔잔한 피아노 물결에 클라리넷의 목가로 자연의 순리를 그린 듯한 〈Rill〉, 클라리넷과 오케스트레이션의 낭만 선율 〈Sister of the Flood〉와 피아노 3중주 〈Terzetto〉는 현대음악의 현주소를 잘 보여주고 있는 순수작품이다.

감미롭기 그지없는 〈The Color of Vowels〉는 관현악의 깊고 따스한 음색의 매력을 전해주며, 〈The Perfect Flaw〉도 따스한 미니멀리즘의 세계를 보여준다.

팀 스토리의 배합과 융해의 결과는 아름다움을 넘어선 순수함으로 결정結晶된다.

Tim Wheater
Incantation

Real Music | RM4546 | 1999

1. En Trance
2. Seventh Ray
3. Uluru
4. Dark Falls the Night
5. Benedictus
6. Pacificus
7. Love is Here
8. Whistler's Lament
9. Circle's Edge

NewAge-World

1952생인 알토플루트 연주자 팀 위터Tim Wheater는 마이클 호페Michael Hoppe의 《The Yearing : Romances for Alto Flute, 1993》에서부터 시작된 음악적 동반자로 알려졌다. 그는 런던의 굴드홀 음악학교를 졸업한 후 파리로 건너가 저명한 클래식 플루타스트이자 파리음악원 교수로도 일했던 마르셀 모이즈Marcel Moyse와 플루트의 발전에 큰 영향을 끼쳤던 장-삐에르 랑팔Jean-Pierre Rampal에게 사사했으며, 베를린 필하모닉 수석 연주자를 지냈던 플루트의 대가 제임스 골웨이James Galway의 후원으로 뉴욕의 이스트먼 음악학교 교환학생으로 가기도 했다. 영미의 젊은 그룹들에서부터 런던 심포니 오케스트라 그리고 색소폰 연주자 소니 스팃Sonny Stitt과 알 디 메올라Al Di Meola와 같은 새스 아니스트에 이르기까지 두루 음악적 경험을 한 후, 《A Calmer Panorama, 1988》로 데뷔한다. 엘리자베스 여왕, 스웨덴 국왕과 달라이 라마Dalai Lama를 위해 무대에 섰으며, 많은 공연과 함께 그의 음반은 수년 동안 힐링뮤직으로 사용되었다.

본작은 미국의 뉴에이지 전문 채널 NAVNewAgeVoice의 'CD of the Year' 선정작으로, 플루트 연주뿐만 아니라 클래식 찬트와 월드뮤직, 셀틱 음악, 민속음악 등 다양한 진면목을 만날 수 있다.

내면으로 여행의 엄숙한 서막을 알리는 〈En Trance〉은 플루트와 셀틱 멜로디에 드럼이 가세하면서 서사적인 주문으로 출발하는 수작이다.

솔로 플루트 연주에 이어 남성 허밍과 여성 셀틱 포크 그리고 첼로의 따사로움이 바톤을 이어받으면서 무지개처럼 아름다운 심연의 자유를 〈Seventh Ray〉에 풀어놓는다.

호주 노던주에 소재한 신성한 바위로 '그늘이 지난 장소'란 의미의 〈Uluru〉에는 그 신비함을 일렉트릭 벤조의 즉흥으로 채색한다.

드럼과 소프라노, 색소폰의 민속 2중주로 시작되는 〈Benedictus 복이 있도다〉는 환상적인 퓨전으로, 그린피스 운동가로도 활동하고 있는 그의 바람을 담았다.

플루트를 위한 주술 〈Pacificus〉, 아름다운 가스펠 발라드 〈Love is Here〉, 그리고 〈Whistler's Lament〉는 목가적인 고독과 그리움의 노래이다.

그의 많은 앨범 중에서도 뉴에이지의 중심에 자리하고 있는 것이 바로 본작이다. 이후에도 그의 마법 플루트는 다양한 세상과 랑데부를 실현했다.

Tom Barabas
Sedona Suite

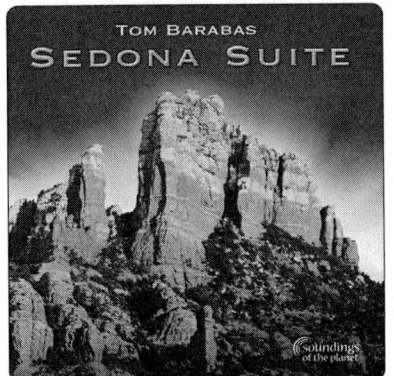

Soundings of The Planet | SP-7142 | 1989

1. More Than Words
2. Free Spirit
3. Moon Dust
4. Sedona Suite
5. Sonata in G Minor
6. Earthscapes
7. Inner Pease
8. Suite Memories

NewAge-Instrumental

헝가리 출신인 톰 바라바스(1934~2020)는 부다페스트의 유명한 클래식 수업의 산실인 리스트 음악원에서 공부하고 가족과 함께 베네수엘라로 이주하여 클래식 피아노와 작곡을 공부하며 석사를 마쳤다. 1966년에 미국으로 이주, 재즈와 록에 흥미를 느껴 그랜드피아노와 신시사이저 등으로 고전음악과 라틴과 재즈와 록에서 영향을 받은 자신만의 음악적 스타일을 확립한다.

본작은 《Piano Impressions. 1986》와 《Magic in December, 1991》 등과 함께 그의 최고 앨범의 대열에 서 있는 음반 중 하나이다. 빌보드 차트 12위에 올랐으며, 29주 동안 머물렀던 성공작이었다. 서정적이고 정감 있는 그의 피아노 음악은 멜로디가 잘 발달되어 드라마틱한 감정을 유발하기에 부족함이 없다. 뉴에이지 플루티스트 딘 에벤슨Dean Evenson이 참여했다.

다소 팝적인 풍취가 돋보이는 아련한 작품 〈More Than Words〉는 연인에 대한 사랑의 감정이 가득한 작품으로 달콤하면서도 애정 어린 그의 손길을 느낄 수 있는 걸작이다.

〈Free Spirit〉는 두 개의 테마가 독립되어 있어 마치 다른 곡을 이어 놓은 듯한 느낌으로, 격정적이고 우울한 클래식 피아노에 이어 신시사이저와 함께 전혀 다른 템포와 멜로디가 이어진다.

〈Moon Dust〉는 밤의 정취를 잘 표현한 작품으로, 외로움과 기다림을 감상적인 연주로 표현하고 있다.

타이틀인 〈Sedona Suite〉는 'Sunrise / Prayer / Joy / Sunset'의 조곡으로, 12분여의 중편이다. 빈스 쿠퍼Vince Cooper라는 기타리스트와 플루티스트 딘 에벤슨의 재능이 한껏 발휘되어 있다.

〈Sonata in G Minor〉는 이 앨범을 빛내주고 있는 최고의 명곡으로, 여린 피아니즘은 애절한 사랑과 간절한 바람의 이야기처럼 드라마틱하며 아름답다.

스페이스풍의 신시사이저 서두에 어두운 클래식풍의 피아노 솔로가 흐르는 정적인 비가 〈Earthscapes〉 역시 우리의 취향에 잘 맞는 곡이며, 이어지는 〈Inner Peace〉는 팻 메스니Pat Metheny의 기타 연주를 듣는 듯한 기분 좋은 퓨전의 향취를 맛볼 수 있다.

그의 피아노는 단아하고 절제된 인상이지만, 감정만큼은 매우 풍족하다.

Tom Barabas
Journey Back to Sedona

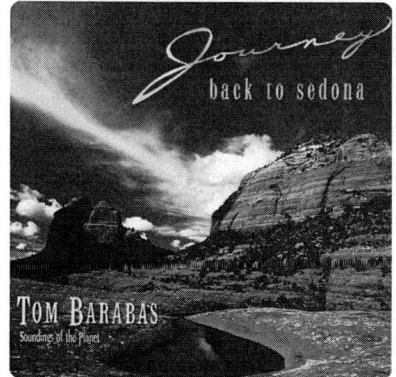

Soundings of The Planet | SP-7162 | 1996

1. Journey
2. Nuages (Clouds)
3. After the Rain
4. Visions
5. Moon over Sedona
6. Angel's Song
7. Kaleidoscope
8. Circle of Friends
9. Caressed by the Wind
10. Reach for Your Dreams

NewAge-Instrumental

"우리는 여행을 시작하고 시간을 탐험한다. 여행에서 중요한 것은 종착지가 아닌 여정이다. 우리는 그 과정에서 웃음과 절규와 기도와 그리고 자신을 사랑하는 방법을 배운다. 우주의 모든 형제와 사랑하는 법을 배운다. 내 삶의 머나먼 여정에 있어서 이 앨범은 겨우 한걸음에 지나지 않지만, 이 순간만큼은 이 땅 위에서 내 생각과 기쁨을 표현하고 싶다."

피아노의 시인 톰 바라바스는 걸작 《Sedona Suite, 1989》를 뒤잇는 재방문기를 발표했다. 커버의 애리조나 사막 세도나Sedona는 흙먼지가 오랫동안 단층을 이루고 굳어져 지각운동에 의해 노출된 기이한 형태의 붉은 돌산Red Rock 사막이다. 벨록Bell Rock을 비롯한 디섯 개의 봉우리들로 유명하며, 지구상에서 가상 강한 기가 발산된다 하여 명상가들에게는 성지나 다름없고, 지질학적으로도 높은 가치를 지닌다고 한다. 이러한 세도나의 자연에 대한 경외심을 서정적인 피아노 협주곡으로 표현한 본작은 그 절경 못지않은 최고의 음악 여정 중 하나이다.

목초의 녹색과 붉은 황토색과 하늘의 푸른색과 구름의 하얀색이 입체적인 색상환을 펼치는 〈Journey〉는 안온한 피아노와 클래식기타의 유유한 멜로디가 그렇게 평화로울 수 없다.

슬픈 피아노의 랩소디 〈Nuages〉는 포근한 구름이 잔잔히 흐르는 그 소리 없는 적막감은 너무나 쓸쓸하다.

왈츠풍의 야상곡 〈Visions〉은 물 흐르는 듯한 피아노 연주와 향기를 지닌 플루트 그리고 온화한 오케스트레이션의 완벽한 조합을 이루는 명작이다.

낭만적인 세레나데 〈Moon over Sedona〉에 이어, 우유체로 묘사하는 천상의 풍경 노래 〈Angel's Song〉, 자연과 인생의 변화에 대한 감정을 진솔하게 서술하는 눈물 어린 에세이 〈Kaleidoscope〉도 신시사이저 오케스트레이션에 유려한 그의 피아노가 깊은 상념을 덧붙인다.

플루트와 오보에 그리고 브람스Brahms풍의 피아노 클래식 〈Circle of Friends〉, 바람의 엘레지 〈Caressed by the Wind〉와 꿈결 같은 실내악 〈Reach for Your Dreams〉에도 감성적 피아니즘이 우리를 기다린다.

항상 자연에서 받은 감동을 실천하는 그는 본작 발표 전, AIDS 환자를 위한 기금 모금 음반 《Heartkeys : AIDS, 1995》에 참여하기도 했다.

Tom Barabas
Romantic Rhapsodies

Soundings of The Planet | SP-7176 | 1998

1. A Rose after Dark
2. Shades of Love
3. Moonspace
4. Lovers in the Moonlight
5. Adagio
6. Dolphin Dream
7. Epiphany
8. Solar Wind
9. Riding the Rainbow
10. Dance Me to Heaven

NewAge-Instrumental

구스타프 클림트Gustav Klimt를 좋아해서인지 그의 작품이 커버로 등장할 경우 주목하게 된다. 키 작은 녹색의 풀밭이 있는 아슬아슬한 언덕 끝자락에서 서로에게 기댄 채 볼에 살며시 입을 맞추고 있는 「The Kiss」처럼 사랑의 순간을 절묘하게 표현한 작품이 또 있을까 싶다. 화려한 작은 꽃이 만발한 언덕, 남성의 옷에 그려진 사각형 문양과 여성의 둥근 물방울무늬도 멋지지만, 문양이 없다면 채구분도 되지 않을 눈부신 그 황금의 색조는 정말 낭만적이다.

이처럼 영원히 기억되는 사랑의 순간들을 피아노의 귀인 톰 바라바스는 또 하나의 명작 《Romantic Rhapsodies》를 통해 포착하였다.

첫 곡 〈A Rose after Dark〉를 들어보면 잔잔한 포크 기타가 그려내는 깨끗한 아침 공기에 하모니카에 실리는 장미향이 여울지는 전원의 풍경을 맞이  하게 된다. 피아노에 엷은 여성의 허밍이 덧붙어 보다 낭만적인 포크 팝을 들려준다.

슬그머니 고개를 흔들게 되는 감미로운 보사노바 재즈 〈Shades of  Love〉도 첫 곡에 이어 수작의 위용을 드러낸다.

사랑의 그리움을 담은 야상곡 〈Moonspace〉도 신비로운 전자음향이  섞이며 은은하고도 환상적인 피아노 랩소디를 선물한다.

달빛 아래 발코니에서 와인 데이트를 할 때 필요한 〈Lovers in the Moonlight〉, 알비노니Albinioni의 클래식 소품을 연주한 〈Adagio〉, 촉촉한 물의 감 각과 그 자유로움에 온몸이 녹을 듯한 〈Dolphin Dream〉에도 몽환적인 사랑의 감정이 일렁인다.

〈Epiphany〉은 종교의 주현절을 테마로 클래식과도 같은 열정적인 피아노에 색소폰의 조화가 매우 성스럽다.

〈Solar Wind〉는 눈 부신 빛의 조각들이 흩날리고, 〈Riding The Rainbow〉는 천진난만한 꼬마 시절의 동화로 초대한다.

톰 바라바스의 깊은 여운이 감도는 러브스토리, 그 로맨틱한 선율은 많은 다른 아티스트가 들려주었던 이야기에 비하면 매우 환상적으로 묘사되어 있다.

꼭 추천하고 싶은 본작 이후, 이듬해에는 그의 세도나 시리즈를 위주로 한 라이브 앨범을 발표했고, 고전음악을 재해석한 《Classical Healing, 2000》 등 2015년까지 앨범을 발표했다.

Tomás San Miguel
Lezao

Narada | ND-63034 | 1995

1. Alloy in Dance
2. Sign
3. Zaldi Dantza
4. Pleiades
5. The Birth of Maritxu
6. Mystic Txalaparta
7. Heatbeat
8. The Bertsolari
9. Devotions
10. Song in Flower of Stone
11. Akelarre
12. A Golden Legend

NewAge-Fusion, NewAge-World

토마스 산 미겔은 1953년 스페인의 바스크 지방의 중심지 비토리아Vitoria에서 출생하여 피아노와 아코디언을 배웠고, 마드리드에서 화성학과 작곡을, 그리고 미국 버클리 음악학교에서 작곡과 편곡 그리고 전자음악에 대한 학위를 받았다. 보스턴과 샌프란시스코에서 재즈 뮤지션 스탄 게츠Stan Getz 등을 비롯한 많은 가수와 일한 이력이 있다.

플라멩코 기타리스트 헤라르도 누네즈Gerardo Nuñez와 함께 데뷔작 《Esta Noche 오늘 밤, 1985》를 발표한 후, 1992년에는 바르셀로나 올림픽 게임을 위한 방송 TV와 필름 음악을 맡기도 했다. 색소폰 연주자 호르헤 파르도Jorge Pardo와 함께한 섯스러운 라이브 앨범 《Vida en Catedrales, 1993》를 발표한 후, 오랜만에 자신의 고향 바스크를 방문하고 고결한 영감을 얻는다.

레사오Lezao란 고향땅에 위치한 긴 동굴로 실제 농장을 가로지르는 강의 원천이며, 바스크 신화에 의하면 아케라레Akelarre라는 고대 의식이 행해진 장소로 여신 라미아Lamia의 인간을 홀리는 노래가 흘러나오는 곳이라 한다. 그러나 그는 이를 자신의 상상과 마음속에 존재하는 영적인 성소라고 했다.

이를 위해 두 명이 한 조가 되어 두드리는 바스크 민속 타악기 찰라파르타Txala-parta, 전통 아코디언 트리키티샤Trikitixa, 황소뿔과 나무로 만든 전통악기 알보카Alboka, 전통피리 치쉬투Txistu 외에도 색소폰과 플루트, 그레고리안 성가, 보컬 등으로 융성하고도 신비한 하모니를 선보인다.

〈Sign〉에서는 찰라파르타의 울림이 명료한 트랜스 위로 신성한 그레고리안 성가와 색소폰 그리고 재즈피아노의 즉흥으로 머리가 혼미해진다.

아코디언의 애수와 함께 어린이의 순수한 동요와 색소폰의 슬픔이 잔잔히 퍼지는 명연 〈The Bertsolari〉과 색소폰의 슬픈 연가와 그레고리안 성가 그리고 피아노의 즉흥이 영적인 선을 그려가는 〈Devotions〉도 가슴에 오래 남는다.

고독한 치쉬투의 선율에 또다시 레사오의 테마가 그레고리안 성가로 연주되는 〈Song in Flower of Stone〉는 고대의 울림이 바람을 타고 서글픈 감동으로 스며든다.

레사오를 향한 신비의 찬가 〈A Golden Legend〉이 붉은 노을에 빛이 드리운다.

이후 파르도와의 협력은 《De Dos en Dos, 1995》와 《Entre, 2008》로 이어갔다.

Torgue & Houppin
Mammame

Spalax | 14251 | 1986

Mammame
1. Ouverture
2. Les 132
3. P'tite Tete
4. La Table des Mammames
5. Le Desert d'Arkodine
6. La Valse des Capes

Les Louves & Pandora
7. Pandora-La Ronde
8. Les Louves-Cyril
9. Pandora-Le Lit
10. Les Louves-Lucille et Babille

NewAge-Electronic, NewAge-Chamber

2001년 서울세계무용축제SIDANCE에 초청되었던 프랑스 출신의 세계적인 안무가 장-끌로드 갈로따Jean-Claude Gallotta는 2004년에 「Mammame 마맘」이란 작품으로 다시 한국을 찾았다. 이 작품은 1987년에 초연된 것으로 재차 수정되어 국내에는 늦게 소개되었지만, 당시 몬트리올 국제 뉴 댄스 페스티벌에서 '최우수 해외 작품상'을, 런던 댄스 엄브렐러 페스티벌에서 '타임아웃/채널 1상'을 수상하였던 작품이라 한다.

'Mammame 마맘'은 말을 배우기도 이전인 어린 시절부터 사회로부터 격리된 세상에서 성장한 사람들을 지칭한다고 하는데, 그는 말이 아닌 신체언어로 소통하는 천진난만한 신인류를 극화하였다. 이 엉뚱한 가정으로 표현되는 무용 속에는 강의실을 배경으로 새로운 언어를 가르치려는 교사와 8명의 '마맘'족이 등장하는데, 그들은 유아어처럼 옹알거리거나 괴성을 지르기도 하며 언어를 제외한 모든 몸의 수단으로 자신의 의사를 전달한다.

이 재미있는 공연의 음악은 에밀 두보와 그룹Group Emile Dubois 이름으로 함께 활동을 해왔던 오랜 협력자 또르그H.Torgue와 오삥S. Houppin 듀오가 맡았다.

장-끌로드 갈로따를 비롯한 무용수의 육성으로 녹음된 〈Ouverture〉는 환상적인 전자음향이 감도는 매력적인 걸작으로, 흡사 마인드 오버 매터Mind over Matter의 사운드를 연상케 하는 록적이면서도 기묘한 분위기를 도출한다. 이어지  는 〈Les 132〉는 현실의 체계와는 다른 새로운 언어 조합이 아닐까 생각되는데 긴박하고 더 공포스러운 록의 전진이 돋보인다.

맑은 피아노의 서정이 기묘하고도 아름다운 〈P'tite Tete 작은 머리〉에 이어, 규칙적인 템포에 '마맘'을 외치는 무용수들의 웃지 못할 충돌과 오류가 〈La Table des Mammames 마맘의 테이블〉에서 일어난다.

〈Le Desert d'Arkodine 아르카딘 사막〉은 격리된 세상, 즉 상상의 공간을 지칭하는 것으로 암울하며 다소 불안한 전조들이 꿈틀거린다.

〈La Valse des Capes 섬의 왈츠〉는 앙리 또르그Henry Torge의 단순하지만 클래시컬하며 서정적인 피아노에 사로잡히게 된다.

독특한 시놉시스 그리고 음악에 전율을 느끼고야 만 본작에서, 글쓴이가 '마맘'이라면 과연 어떠한 커뮤니케이션 방법을 체득하였을까? 하는 상상을 해본다.

본 CD에는 「Les Louves & Pandora 늑대와 판도라」의 음악도 만날 수 있다.

Torgue & Houppin
Ulysse

Hopi Mesa | 852327 | 1993

1. Ballade Opale
2. The White Turkey
3. Bacchanale d'Ulysse
4. Sur L'Autre Rive
5. Ulysse
6. Monologue
7. Ana et les Garçons
8. L'Archipel des Sirènes
9. Eleonor's Road
10. Au Bord des Lèvres

NewAge-Electronic, NewAge-Chambe

1950년생인 앙리 또르그Henry Torgue는 키보드와 사회학을 전공한 프랑스 왕립 과학연구소의 일원이었으나, 피아노와 신시사이저로 세 장의 레코드를 제작한 후 현대무용 안무가인 장-끌로드 갈로따Jean-Claude Gallotta를 만나게 된다. 생동하는 이미지와 음악 조합에 관한 관심사는 1979년에 현대무용단체 에밀 두보와 그룹Group Emile Dubois를 결성하고, 그 후 신시사이저 연주자이자 사운드 엔지니어인 1957년생 세르주 오뺑Serge Houppin을 영입한다.

1979년에서 1993년까지 또르그의 멜로딕한 시적 세계와 오뺑이 연출하는 퍼커션과 사운드 스케일의 조화는 혁신적인 갈로따의 안무와 함께 4대륙의 25개 도시에서 공연되면서 찬사를 얻어냈다.

1981년에 창작되어 1993년에 재현된 본작은 동명의 장-끌로드 갈로따의 무용 작품이다. 그리스 신화에 등장하는 영웅 오디세우스를 현대적으로 해석한 격렬하고 생생한 작품으로, 두려움, 불안, 불확실한 미래에 반응한다. 이는 11개국에서 80회 이상의 공연으로 연장되며 성공을 거두었다고 한다.

〈Ballade Opale〉는 여성 보컬과 일상의 대화 등을 콜라주한 서두를 지나 퍼커션과 상쾌하고도 맑은 피아노의 조합이 매우 신선하다.

무대에 등장시킨 변종 하얀 공작새의 날갯짓과 걸음걸이를 표현한 듯한 〈The White Turkey〉에 이어, 〈Bacchanale d'Ulysse 율리시스의 소란〉은 진정할 수 없는 아코디언과 어지럽게 활개치는 피아노의 난동이 연출된다.

〈Ulysse〉은 규칙적인 퍼커션에 방향성 없는 피아노의 선율이 가세하면서 부자연스러우면서 묘한 분위기를 만든다.

회색의 율동하는 그림자 〈Monologue〉는 또르그의 서정적인 피아노 솔로이며, 〈Ana et les Garçons 일화집과 소년〉은 전자 아코디언의 호흡과 격정에 달하는 속주 퍼커션의 합주이다.

〈L'Archipel des Sirènes 바다요정의 섬들〉은 파도 같은 퍼커션 리듬과 찰랑거리는 피아노로 뱃사람을 유혹하는 싸이렌의 몸짓을 보여준다.

다음은 무용에는 사용되지 않은 곡으로 〈Sur L'Autre Rive 다른 강 아래〉는 또르그의 얼음장처럼 차가운 피아노로 슬픔을 달랜다.

〈Eleonor's Road〉는 신시사이저 보이스와 파워 있는 리듬, 묘한 분위기의 샘플링 사운드의 모자이크이며, 〈Au Bord des Lèvres 입매〉은 피아노의 인상적인 멜로디를 후반에서는 기타의 트레몰로와 아르페지오로 변용했다.

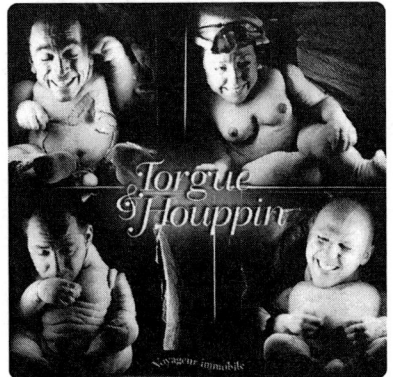

Torgue & Houppin
Voyageur Immobile

Hopi Mesa | 852074 | 1995

1. Voyageur Immobile
2. Le Jardin des Délices
3. Bleu Désert
4. Cactus Hôtel
5. Nuit Frontière
6. Mezcal Express
7. Les Roseaux Noirs
8. Nord-Sud
9. Gare des Étreintes
10. Nomade
11. Rivière Aveugle

NewAge-Electronic, NewAge-Chamber

안무의 동선과 공간의 여백 그리고 무용수의 호흡을 극도로 단순화시켜 색다른 무용 공간을 선물하는 또르그와 오뺑 듀오의 연금술적인 음악은 실제로 많은 무용가에게 거꾸로 영감을 부여한다고 한다.

앙리 또르그는 무용가 캐롤린 칼송Carolyn Carlson과 팀을 이루어 「Ice', 1994」의 음악을 작곡했으며, 그녀의 일생을 그린 「FacteCAROLYN CARLSONur VIII, 1995」라는 TV 영화에 참여했다.

이후 발표한 본작 《Voyageur Immobile 미동 없는 여행자》는 마임 극작가 필립 장띠Philippe Genty가 연출한 동명의 공연 사운드트랙이다.

이 작품은 자신의 내면 풍경을 거닐며 자신과 마주하는 여정이다. 그는 통제할 수 없는 미끄러짐으로 인한 집착, 투쟁, 갈등, 치욕, 공포, 매혹, 꿈과 부정으로 가득한 인생 여정에서 우리를 절망에 빠지지 않게 해주는 시선과 일종의 유머로서 성서적인 차원의 바다와 사막을 가로지르는 여행을 제안하고 싶었다고 한다.

《Voyageur Immobile 미동 없는 여행자》는 새로운 풍경과 대면하는 것처럼 달콤한 낭만이 서린 행진이다.

《Le Jardin des Délices 즐거움의 정원》에는 바이올린의 붉은 꽃들이 만발하는데, 비극을 예고하고 있는 에덴동산의 무화과가 떠오른다.

건조하고 삭막한 《Bleu Désert 푸른 사막》 위에서 불합리하게 살아가는 단면을 보여주는 듯한 《Cactus Hôtel 선인장 호텔》은 무겁고도 날카로운 현악이 새어 나온다.

《Nuit Frontière 국경의 밤》은 너무나 중독성 있는 트랙으로, 클라리넷의 즉흥이 환상적이다.

《Les Roseaux Noirs 검은 갈대》는 건반의 왈츠로, 바람 부는 대로 휩쓸리는 현대인의 삶을 아슬아슬하게 그린 듯하다.

《Gare des Étreintes 포옹의 역》에서는 집시 바이올린과 피아노와 아코디언이 신파조의 탱고를 연주한다.

《Nomade 유목민》은 잔잔히 향기가 퍼지듯 전자음향의 여운이 감돌다 현악의 긴장 어린 박동이 속도를 내며, 《Rivière Aveugle 눈먼 강》에는 피아노와 바이올린의 호흡에 눈물이 고인다.

익살스러운 커버가 들려주는 내면 여행은 서정적이고 시적이다.

470

Torgue & Houppin
Passages Secrets

Hopi Mesa | 3118652 | 2006

1. Double Cut
2. Le 27ème Rêve
3. Loin d'Ici
4. La Fleur D'Asakusa
5. La Fin des Terres
6. Planes for
7. Chrysalides
8. Terra
9. Après les Jours
10. La Fille de Wang
11. Entracte
12. La Lettre
13. Passages Secrets

NewAge-Electronic, NewAge-Chamber

본작은 세계적인 마임 연출가 필립 장띠Philippe Genty의 2005년 프랑스 초연 작품 「La Fin des Terres 대지의 끝」의 무대음악과 동일 콘셉트 내에서 작곡한 몇 개의 순수작품들을 수록하고 있다. 이 작품은 자신 안에서 자신을 잃어버린 한 여자를 찾으려는 한 남자의 이야기로, 그는 그녀의 내면으로 뛰어들지만 그 자신도 의심에 빠져든다는 시놉시스라 한다. 인간이 자신의 비참한 상태를 초월하고 무한한 꿈을 꾸는 지점에 도달하는 과정을 그렸다.

부드러운 〈La Fleur d'Asakusa 아사쿠사의 꽃〉은 피아노와 첼로, 퍼커션이 혼합되면서 시련을 이겨낸 야생화처럼 진한 향내를 피운다.
〈La Fin des Terres〉은 여성의 단어 나열에 이어 지구의 심장부에서 들려오는 박동과 슬픔을 향하는 첼로로 불안을 건너 뜨거운 열정을 낳는다. 필립 장띠는 이 장면에 큰 손을 등장시켜 여성을 어루만진다.
숨 막히는 명작 〈Terra 대지〉는 혼성 코러스와 함께 바람과 천둥과 비를 몰고 오고 모든 것을 집어삼킬 듯 마그마를 분출한다.
월드 트랜스의 합주 〈Entracte 간격〉, 리드미컬한 퍼커션 위에 피아노의 점묘 행위가 펼쳐지는 〈La Lettre 편지〉에 이어, ECM 레이블의 컨템퍼러리 재즈를 연상시키는 〈Passages Secrets〉는 피아노 즉흥곡이다.
장띠의 작품에 사용되지 않은 또르그와 오뺑 듀오의 순수음악 중에서
몇 곡을 골라보면, 최면의 약효를 지닌 〈Double Cut〉은 충격과 반작용이 서로 뒤엉겨 묘한 음의 조형을 완성하고 있는 걸작이며, 현대음악 〈Planes for〉는 음울한 피아노와 첼로 연주가 돋보인다.
그리고 〈Après les Jours 세월이 지나면〉은 피아노와 기타와 첼로 앙상블이 구슬프다.

언제나 철학적인 주제와 과장된 표현으로 현대인의 삶을 풍자했던 그는 화살표를 얼굴에 쓰고 갈팡질팡하는 지하철 장면에서 목적과 방향을 잃은 혼란을, 잠자리를 통해 날고픈 욕망을, 자궁과도 같은 풍선 속에 갇힌 여인으로 미모를 위해 출산을 기피하는 현대 여성의 고민을 드러냈다. 무엇보다 충격적인 부분은 상품화된 성性에 대해 일격을 가하는 부분으로, 남녀의 인형이 서로를 관찰, 탐닉, 파괴하며, 끝내 남성 인형은 탐욕스런 돼지의 얼굴로 여성 인형은 엉덩이로 변이하는 장면이었다. 2007년에 국내상연 예정이었으나, 아쉽게도 취소되고야 말았다.

Ulrich Schnauss
Goodbye

Domino Recording | DNO 149 | 2007

1. Never be the Same
2. Shine
3. Stars
4. Einfeld
5. In Between the Year
6. Here Today, Gone Tomorrow
7. A Song about Hope
8. Medusa
9. Goodbye
10. For Good

NewAge-Electronics. Ambient

울리히 슈나우스는 1977년 독일 북부의 소도시 키엘 출생으로, 전자음악 강국 독일의 차세대를 대표하는 작곡가이다. 음악에 대한 관심으로 얼터너티브록 그룹 My Bloody Valentine과 탠저린 드림Tangerine Dream의 음악을 편곡하면서 미래의 꿈을 키웠다. 에드가 프뢰제Edgar Froese, 핑크 플로이드Pink Floyd, 안드레아스 폴렌바이더Andreas Vollenweider, 브라이언 이노Brain Eno 등의 음악에 고무되어, 베를린에서 자신의 아이디 'Ethereal 77'과 필명 'View to the Future'로 앨범을 1996년에 발표했으며, 자신의 이름을 건 첫 작품《Far away Trains Passing by, 2001》는 2005년에 미국에도 소개되었다.

My Bloody Valentine와 Cocteau Twin의 영향 아래 제작된 《A Strangely Iso -lated Place, 2003》, 미니앨범 《Quicksand Memory, 2007》에 이어 세 번째 앨범이 바로 본작이다. 앞서 언급했던 많은 뮤지션들의 음악들처럼 록적인 역동성이 넘실거리고 스케일이 장대한 일렉트로니카를 들려준다.

〈Never be the Same〉은 경쾌한 일렉트로닉스의 바람결이 무척 산뜻하며, 엷게 오버더빙 된 보컬과의 융합은 엔야Enya의 일렉트로닉 버전이라 해도 과언이 아닐 만큼 충동이 서린다.

〈Shine〉은 남성 게스트 유디트 벡Judith Beck의 우울한 보컬이 핑크 플로이드를 연상시키는 스페이스록과 하나 되어 찬란한 빛 속을 통과한다.

미래의 우주정거장으로 초대하는 〈Stars〉에는 천체의 드럼과 천사의 보컬이 심장박동을 증폭시키며, 어느 별로 착륙한 〈Einfeld〉에서는 끝없이 펼쳐진 광야에서 거침없이 대기가 이동한다.

〈Here Today, Gone Tomorrow〉은 역동적인 록 페스티벌로, 4차원의 세계를 뚫고 지나가는 타임머신의 시계는 반대 방향으로 급회전한다.

〈A Song about Hope〉은 엔야와 핑크 플로이드의 공동 무대처럼 여리고 강한 세기의 리드미컬한 에너지가 발산된다.

미니앨범 《Quicksand Memory》에도 수록된 〈Medusa〉는 음산하고 몽환적인 얼터너티브록으로, 후반에는 성가대의 코러스가 등장한다.

후기 탠저린 드림의 동적인 작품을 연상시키는 〈Goodbye〉는 우울한 록발라드이며, 〈For Good〉는 어쿠스틱 기타와 일렉트로 심포니가 교차하는 디지로그이다.

슈나우스는 전자음악 강국 독일의 영광을 이을 만큼 새로운 진화에 성공했다.

Vangelis
Direct

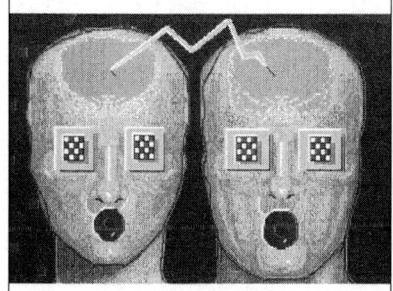

VANGELIS

DIRECT

Arista | ARCD-8545 | 1988

1. The Motion of Stars
2. The Will of the Wind
3. Metallic Rain
4. Elsewhere
5. Dial Out
6. Glorianna (Hymn a la Femme)
7. Rotation's Logic
8. The Oracle of Apollo
9. Message
10. Ave
11. First Approach
12. Intergalactic Radio Station

NewAge·Electronic·Ambient

웬디 카를로스Wendy Carlos와 이사오 토미타Isao Tomita에 의해 신시사이저 실험이 시도된 이래, 전자음악계에서 가장 큰 영향력을 행사했던 그리스 출신의 거장 반겔리스Evangelos Papathanassiou(1943~2022)는 '일렉트로 심포니' 혹은 '네오 클래시컬'의 기원이 되었다. 앞서 전설의 그룹 아프로디테스 차일드Aphrodite's Child를 거쳤고, 자국의 배우들과 국제적인 가수들과도 조우하며 그리스음악을 세계적인 것으로 만들었다.

국내에 대중적으로 알려진 계기는 아카데미 음악상 수상작 「Chariots of Fire 불의 전차, 1981」부터가 아닌가 싶다. 이후 프로그레시브록의 강력한 토양 위로 건축되었던 《Heaven & Hell, 1975》 등을 비롯한 명작들이 줄곧 소개되었다.

본작은 그의 Direct System이라 칭하였던 미디 시퀀서의 이름에서 유래한 것으로, 능률적인 작곡 방식의 향상에 따른 자전적 축배에서 나온 결과물이었다. 프로그레시브에서 뉴에이지로의 전환기에 출반되어 가장 많이 팔린 앨범이기도 하다. 동양의 우주관을 담고 있는 〈The Motion of Stars〉에 이어, 〈The Will of the Wind〉는 수묵화의 숨이 가득한 정경을 그린다.

기우祈雨를 바라는 마술피리의 연주에 이어 신비스러운 징조가 출몰하는 〈Metallic Rain〉, 특유의 심포니와 키보드 그리고 플루트가 초대하는 천상으로의 여정 〈Elsewhere〉, 그리고 드라마틱한 〈Dial Out〉은 후반에 현란한 키보드와 록의 전자기타가 불을 뿜는다.

〈Glorianna - Hymn a la Femme〉는 그리스의 메조소프라노 마르켈라 하치아노Markella Hatziano의 맑은 보칼리제와 웅장한 신시사이저 음향으로 여성을 아우르는 천지창조의 영광을 경배하는 듯하다.

맑고 투명한 하프의 선율이 감미로운 〈The Oracle of Apollo〉는 그리스에 바치는 찬가이다.

〈Message〉는 이후 그의 전형으로 정립되는 심포니로, 서두와 후미의 아기 옹알이 효과음은 자신이 직접 샘플링한 것이라 한다.

요절한 퓨전 록 베이시스트 자코 파스토리우스Jaco Pastorious(1951~1987)을 기리는 추도곡 〈Ave〉에 이어, 역동적인 긴장감이 서려있는 〈Intergalactic Radio Station〉은 또 다른 우주와의 교신을 담은 우울한 블루스 심포니로, 프로그래머 케이시 영Casy Young의 스튜디오 내레이션이 절묘한 효과를 거둔다.

신비하고도 아름다운 전자음악으로 직결되는 앨범이 본작이다.

Vangelis
Voices

EastWest | 0630-12786-2 | 1995

1. Voices
2. Echoes
3. Come to Me
4. P.S.
5. Ask the Mountains
6. Prelude
7. Losing Sleep (Still, My Heart)
8. Messages
9. Dream in an Open Place

NewAge-Electronic·Ambient

반겔리스의 디스코그래피 중에서 특히 영화음악 작품들은 대중적으로 인기와 성공을 거두며 전자음악이라는 장르에 대한 선입관을 불식시켜 주었다.

그에게 아카데미의 영광을 안겨준 「Chariots of Fire 불의 전차, 1981」는 단순한 멜로디임에도 전진하는 슬로모션을 환상적으로 포착하는 주제곡 외에, 주인공의 몽환적인 테마 〈Abraham's Theme〉, 찬란한 일출이 연상되는 〈Eric's Theme〉, 온유한 영광의 합창음악 〈Jerusalem〉 등은 언제 들어도 감동을 안겨주는 소품들이었다.

미래의 디스토피아를 담은 SF 영화 「Blade Runner, 1982」는 영국 여가수 메리 홉킨Mary Hopkin의 가녀린 스캣이 아름다운 〈Rachel's Song〉, 색소폰의 블루스 로맨티카 〈Love Theme〉, 일그러진 괴리감의 서정 〈Memories of Green〉, 긴 박감의 소용돌이로 빨려 들여가는 〈End Titles〉 등이 명작임을 증명한다.

《1492 - Conquest of Paradise, 1992》의 웅장한 주제는 남녀 코러스와 함께 집어삼킬 듯한 역동적인 파도를 거스르는 인간승리의 대서사를 보여주며 〈Light and Shadow〉으로 숭엄한 시간을 이어간다.

1990년대 중반에 발표한 본작은 영화음악은 아니지만, 그만의 드라마를 잘 이어간 작품 중 하나이다. 그의 음악을 요약할 수 있다면, 아마 '찬가Hymn'라는 단어를 빠뜨릴 수 없을 듯하다. 아테네 오페라 컴퍼니가 참여한 타이틀곡 〈Voices〉의 웅대한 오프닝은 거룩한 영광의 서곡으로, 감상자를 출발점에 그리고 시상대에 세우는 우렁찬 감동의 찬가이다. 이 주제의 여운은 〈Echoes〉에서 느리고 긴 볼레로풍으로 끌어간다.

영국의 싱어송라이터이자 첼리스트 캐롤라인 라벨Caroline Lavelle이 참여한 〈Come to Me〉은 클라나드Clannad의 모야Maire를 연상시키며, 환상적이고도 로맨틱한 셀틱 찬가를 들려준다.

〈Ask the Mountains〉에는 스웨덴의 여성 싱어 스티나 노르덴스탐Stina Nordenstam이 참여하여 이슬을 머금은 요정의 몽환적인 속삭임을 생생하고 감미롭게 노래한다.

〈Prelude〉은 뜨거운 눈물이 맺히게 하는 서정시로, 영국의 팝 싱어 폴 영Paul Young의 간절한 사랑에의 기도가 〈Losing Sleep (Still, My Heart)〉로 이어지며 감정의 클라이맥스를 이룬다.

위대한 사랑의 언어를 영화처럼 들려주며, 팝 감각까지 부각된 수작이다.

Vangelis
Nocturne

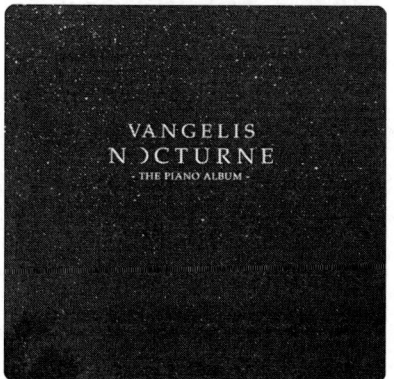

Decca | 7702214 | 2019

1. Nocturnal Promenade
2. To the Unknown Man
3. Movement 9 - *Mythodea*
4. Moonlight Reflections
5. Through the Night Mist
6. Early Years
7. Love Theme - *Blade Runner*
8. Sweet Nostalgia
9. Intermezzo
10. To a Friend
11. La Petite Fille de la Mer
12. Longing
13. Chariots of Fire
14. Unfulfilled Desire
15. Lonesome
16. 1492: Conquest of Paradise
17. Pour Melia

NewAge-Ambient

음악적으로 고집스러운 반겔리스와는 어쩌면 어울리지 않는 작품이 바로 본작이 아닐까 싶다. 팬으로서 좀 더 빨리 이러한 특별판을 기대했었지만, 이러한 말랑 말랑한(?) 앨범을 막상 접하고 나니, 그의 황혼기가 실감이 나서 복잡미묘한 기분이 들기도 했다. 단순한 멜로디의 신곡들과 기존의 히트곡들을 다수 포함하고 있는 재연주 앨범은 여느 뮤지션들이 말년이 되면 내놓는 보편적인 포맷이기 때문인데, 음반회사의 기획의도가 있었음을 위키피디아에서 알 수 있다.

하지만 그랜드피아노로 작곡되고 편곡된 새로운 야상곡들의 피아니즘은 그동안 그가 들려주었던 음악들과의 거리감만큼 신선함을 주는 것도 사실이다.

〈Nocturnal Promenade〉는 '어린 왕자'의 순수한 동심이 하얀 눈송이 처럼 내리는 서정시이다. 화려한 건축미가 없음에도 이미 고희의 중반을 넘긴 대가의 깊은 눈길만큼 부드럽게 느껴지기 때문이다.

명작 《Spiral, 1977》에 수록되었던 〈To the Unknown Man〉은 밀바Milva의 〈Ich Hab' Keine Angst 난 두렵지 않아〉로 잘 알려진 트랙으로, 유유한 즉흥이 어우러진다.

《Mythodea, 2001》에서 소프라노의 클래시컬 보컬로 들을 수 있었던 〈Movement 9〉는 여성 작곡가이자 피아니스트 이리나 발렌티노바Irina Valentinova의 피아노연주가 유려한 팝발라드 감각을 드러낸다.

우아한 사티Satie나 드뷔시Debussy풍의 〈Moonlight Reflections〉은 연 못에 드리워진 하얀 열매의 고요 주위로 향기가 머문다.

〈Through the Night Mist〉은 사색적이고 명상적인 긴 호흡이 은은하며, 〈Early Years〉에는 태초의 달빛이 매끄럽게 흘러나온다.

〈Intermezzo〉는 오케스트레이션으로 따스하기 그지없는 온풍을 불어 넣는데, 밤하늘의 별빛들이 비벼내는 하모니가 매우 선율적이다.

반겔리스의 가장 아름다운 소품 중 하나인 〈La Petite Fille de la Mer 바닷가의 작은 소녀〉는 《L'Apocalypse des Animaux 동물의 묵시록, 1973》 수록곡으로, 역시 밀바가 〈Sie Sind Noch Jung 그들은 아직 어려〉로 노래하기도 했다. 언젠가 그가 소프라노 스캣 버전으로 리메이크해 주길 기대도 했었건만...  소라껍질이 소녀의 귀에 대고 전하려 했던 우울하고도 아름다운 바다의 사랑 이야기는 원곡으로 링크해 본다.

마지막 곡 〈Pour Melia〉에는 달빛을 안고 잠이 든 아기의 하얀 미소가 번진다.

Vangelis
Juno to Jupiter

Decca | 4855038 | 2021

1. Atlas' Push
2. Inside Our Perspectives
3. Out in Space
4. Juno's Quiet Determination
5. Jupiter's Intuition
6. Juno's Power
7. Space's Mystery Road
8. In the Magic of Cosmos
9. Juno's Tender Call
10. Juno's Echoes
11. Juno's Ethereal Breeze
12. Jupiter's Veil of Clouds
13. Hera / Juno Queen of the Gods
14. Zeus Almighty
15. Jupiter Rex
16. Juno's Accomplishments
17. Apo 22
18. In Serenitatem

NewAge-Electronic·Ambient

반겔리스의 밀레니엄은 NASA와 함께한 프로젝트 《Mythodea, 2001》와 시작되었다. 런던 메트로폴리탄 오케스트라와 그리스 국립 오페라 합창단, 그리고 소프라노 등이 참여한 이 대단위 합창교향곡은 화성의 위성 우주선이 궤도에 진입한 우주적 위업을 기념하는 것이었다.

그의 두 번째 우주 프로젝트는 유럽우주국의 혜성 궤도를 도는 로제타 미션을 위한 《Rosetta, 2016》이다. 2004년 발사되어 2014년에 로제타가 촬영한 추류모프-게라시멘코 혜성 사진을 커버로, 우주탐사의 신비를 무궁하게 그려냈다. 특히 〈Rosetta Timeline〉과 〈Elegy〉는 잊을 수 없는 부분이다.

세 번째 밀레니엄 우주탐사이자 그의 공식적인 마지막 정규앨범인 본작은 목성 주위를 공전하는 우주탐사선 주노를 위한 것으로, 우주여행의 고독과 광활한 주제에, '주피터Jupiter'는 신들의 제왕 제우스를, '주노Juno'란 여왕 헤라를 의미하는 그리스 신화의 은유를 담은 것이었다.

NASA가 제공한 과학자들의 음성 샘플은 환상성에 실제감을 부여하며, 웅장한 미지의 침묵에서 흐르는 루마니아 출신의 소프라노 안젤라 게오르규Angela Gheor -ghiu의 성악 보칼리제를 엮어, 《Direct, 1988》의 〈Glorianna〉를 연상시키는 미려한 압권이 절정을 이루고 있다.

〈Inside Our Perspectives〉은 그에겐 미안하지만 오히려 자르Jarre를 연상시킬 만큼 펑키한 팝 감각이 황홀할 지경이다.

〈Space's Mystery Road〉는 규칙적인 박동에 관능적인 긴장의 분위기가 오묘하게 최면을 건다.

〈Juno's Tender Call〉은 여성 보칼리제의 맑고도 뜨거운 사랑의 찬가가 목성을 휘감는 듯 강력한 자기장을 발산한다.

〈Hera / Juno Queen of the Gods〉은 신시사이저 코러스와 함께 여성 보칼리제가 부드러운 비행으로 평온한 목성을 탐미한다.

〈Juno's Accomplishments〉에서 여성 보칼리제는 또다시 경의로운 환상을 드라마틱하게 채색하며 운명처럼 명징한 감동을 그려낸다.

반겔리스의 전자교향곡 시대는 막을 내렸지만, 그의 음악들은 여전히 파르테논 신전의 웅장한 엔타시스식 기둥처럼 가장 완벽하고 이상적인 건축미를 자랑하고 있으며, 그리스 신화처럼 영원할 것으로 믿어 의심치 않는다.

Vasco Martins
Ritual Periférico

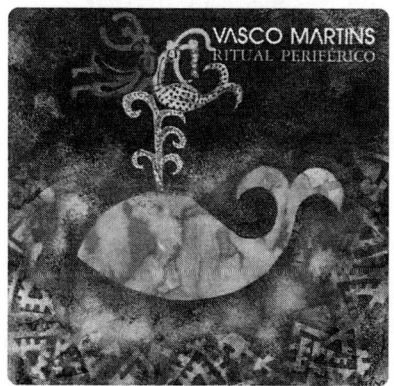

Melodie | 66954 | 1992

1. Abertura do Tempo Real
   (O Céu e a Terra Se Tocam)
2. Caminhos do Viajante
3. Começou a Era de Cancêr
4. A Morna No Canto da Baleia Azul
5. Obcessiva Coladeira Ritual
6. Estas Montanhas Que Dançam
7. Como Se O Mundo Ouvisse
8. Ritual Periférico
9. Lekhal
10. Tempos de Paz
11. Origens 1
12. Um Concha Na Bô Mon
13. Petite Fille et l'Abok
14. Plenitude
15. Origens 2

NewAge-Electronic·Ambient

바스쿠 마틴스는 1956년 포르투갈 출생으로, 9세 때 아프리카 대서양에 위치한 카보베르데의 상비센테St. Vicente섬에 정착했다. 12세 때 피아노와 기타를 배웠으며, 18세 때 처음으로 바이올린과 피아노를 위한 작품을 작곡, 카보베르데의 전통음악과 실험적 재즈를 융합한 록그룹을 결성하기도 했다. 1979년에 3년간 포르투갈에서 작곡가 페르난도 로페스 가르샤Fernando Lopes Graca와 바흐Bach, 드뷔시Debussy 그리고 바르톡Bartók 등을 연구하며 화성론을 공부하였고, 첫 앨범 《Vibracoes》를 발표했다.

파리로 건너가 쇤베르크Shoenberg, 크세나키스Xenakis, 빌라-로보스Villa-Lobos를 비롯한 현대음악가들을 연구하며 작곡법을 배우고 많은 작품을 썼는데, 1984년 유네스코 행사에 그의 작품 〈Quinto Mundo〉가 연주되기도 했다.

1984년이 되어서야 카보베르데로 돌아왔으며, 파리에서 작곡한 두 번째 앨범 《Para Alem da Noite, 1986》를 발표했다. 1970년대부터 그의 관심을 끌었던 일렉트로닉 뮤직의 결과물로 세 번째 앨범 《Universo da Ilha, 1986》를 출시했고, 《Oceano Imenso, 1987》, 《Quinto Mundo, 1988》, 《Atlantic Memories, 1991》와 《Quiet Moments, 1991》 등을 발표하면서 독특한 자신만의 음악 색깔을 탐구한다.

본작 《Ritual Periferico 주변의 제식》은 그의 8번째 디스코그래피로, 카보베르데인의 삶에 영감을 받은 일렉트로닉스 작품이다.

'O Céu e a Terra Se Tocam 잡힐 듯한 하늘과 땅'이란 부제의 〈**Abertura do Tempo Real** 진실한 시간의 열림〉은 무인도 카보베르데에 인류의 발길이 닿으면서 역사의 시작을 알리는 우렁찬 팡파르에 이어 토속적인 땅의 리듬과 바다의 긴 호흡이 시작된다.

〈**A Morna No Canto da Baleia Azul** 푸른 고래의 모로나〉는 클래시컬한 신시사이저 오케스트레이션으로 서글픈 멜로디로 카보베르데인의 희로애락을 노래한 중편의 교향시이다.

타이틀곡 〈**Ritual Periférico**〉은 맑은 차임벨과 웅장하며 생동감 있는 드럼에 이어 역동적인 심포니의 숨결이 휘몰아치는 걸작이다.

고요한 카보베르데의 자연을 담은 〈Tempos de Paz 평화의 시간들〉, 우아한 팬 플루트의 자장가 〈Um Concha Na Bô Mon 일몰의 보트〉가 미지의 카보베르데를 소개한다.

Vasco Martins
Island of the Secret Sounds

Melodie | 66975 | 1995

1. Secret Sounds 1
2. Secret Sounds 2
3. Secret Sounds 3
4. Secret Sounds 4
5. Secret Sounds 5
6. Secret Sounds 6
7. Secret Sounds 7
8. Secret Sounds 8
9. Secret Sounds 9
10. Secret Sounds 10
11. Secret Sounds 11

NewAge-Ambient

478

바스쿠 마틴스는 여러 스타일의 음악을 선보이고 있다. 1994년 2월에 유네스코 후원으로 파리 8대학에서 발표한 노예제 폐지를 위한 칸타타 작품 〈Lágrimas na Paraise 낙원의 눈물〉은 일렉트로닉과 퍼커션 그리고 성악 보컬로 된 작품이었다. 1997년부터 발표하기 시작한 심포니 1번 〈Stars are so far and We are here〉을 필두로 〈The Calm Melancholy of Bashô〉까지 11개의 오케스트라 교향곡을 작곡했는데, 그중 여류 여행가 알렉산드라 다비드-넬Alexandra David-Neel의 여정을 그린 7번 《Sarva Mangalam 사르바 망갈람 : 모든 생명에 자비를》, 교향곡 《Danca de Cancer 게자리의 춤》와 미니멀 전자음악 오페라 〈Crioulo 크리올〉는 널리 알려진 현대음악 작품들이기도 하다.

10번째 디스코그래피인 본작은 《Atlantic Memories》 앨범부터 시작된 카보베르데의 청록빛 서정시의 연작으로, 그의 홈페이지에는 피아노를 위주로 녹음된 작품이라 언급하고 있지만 자연음향과 일렉트로 심포니를 융합한 작품이다.
총 11편의 은밀한 소리를 담아냈는데, 그중 〈Secret Sound 1〉은 파도의 효과음을 삽입한 카보베르데의 바다를 위한 피아노 작품이다. 밀도 있는 전자음향과 맑은 피아노의 대비가 선명하며 뭉클한 멜로디 또한 낭만적인 잔향을 남긴다.
규칙적인 패턴을 통해서 시간과 공간을 넘나드는 2번에 이어, 고요한 평정 속에서 나지막하게 들려오는 클라리넷의 우울한 랩소디 3번, 일렉트로 퍼커션의 대축제 4번, 그리고 유려한 비상의 환상 5번을 만나게 된다.
새벽녘 숲속에서 들려오는 풀벌레 소리와 피아노 솔로 그리고 동이 트며 연출되는 찬란한 빛의 세상 6번을 건너, 본작에서 가장 돋보이는 걸작 〈Secret Sound 8〉은 자연의 소리들과 닮은 신비한 음향들 속에서 가슴 저린 음률이 줄을 잇는다.
걸작 〈Secret Sound 9〉는 키보드 솔로로 시작하여 전자음악 협주가 뒤섞이는 현대음악 모르나Morna로 애절한 가슴을 후련하게 해준다.
클래식기타 로망스 10번에 이어, 짧지만 감동적인 결말 11번을 뒤로 내밀한 음향들은 자취를 감춘다.

둔감해진 우리의 감각기관을 새로이 열어주는 그의 자연요법은 이국적인 카보베르데의 비경과 함께 생생하게 전달된다.

Vasco Martins
Benlibem

VM Production | 2003

1. Pa Longe um Ta Bai (A)
2. Dôs Temp P'um Valsa
3. Tarde d'Marce
4. Camim Sossegôde
5. Nascente d'Ága
6. Pa Longe um Ta Bai (B)
7. Benlibem
8. Um Dia, Talvez (sim)
9. Janela pa Munde

NewAge-Ambient

아프리카 대서양에 위치한 섬나라 카보베르데Cape Verde는 아프리카와 브라질에 근접한 지리적 특성에 1975년 포르투갈로부터 독립한 역사적 배경을 안고 있다. 대부분의 카보베르데인은 유럽의 백인과 아프리카의 흑인 사이에 태어난 혼혈인으로, 이와 그들이 사용하는 변형된 포르투갈어를 크리올루Crioulo라 부른다. 포르투갈의 문화적 특성이 공존하는 이유로 파두Fado의 서정과 아프리카 리듬의 결합으로 모르나Morna라는 독특한 고유음악이 탄생하였는데, 이를 세계적으로 알린 가수가 '맨발의 디바'로 불리는 세자리아 에보라Cesaria Evora(1941~2011)이다. 바스쿠 마틴스는 국내 발매된 모로나 가수 에르미니아Herminia의 《Coracon Leve 가벼운 영혼, 1998》를 제작하였으며, 기디리스드 마우Bau도 빌굴했다.

모로나 작품인 본작은 일렉트로닉스와 어쿠스틱 기타의 절묘한 조화가 슬픈 노스탤지어의 세계로, 그는 멀리 떠나간 가족과 연인에 대한 그리움, 사랑과 같은 보편적인 정서는 물론이고 삶의 애환과 죽음에 대한 따스한 숨결까지 자신의 음향에 담아냈다. (곡목 해석은 정확하지 않음을 일러둔다)
〈Pa Longe Um Ta Bai (A) 오래지 않아 나는 갈 거야〉는 맑은 바람결 속으로 어쿠스틱 기타의 엘레지가 가슴을 파고들며, 〈Dôs Temp P'um Valsa 하나의 왈츠를 위한 시간〉은 건반의 서글픈 연주로 멍든 가슴의 슬픔을 눈물로 씻어낸다.
〈Tarde d'Marce 늦은 3월〉와 〈Camim Sossegôde〉는 클래식기타 연주로 크리올루에 바치는 위로가이며, 〈Nascente d'Ága 물의 원천〉은 자연의 질긴 생명력처럼 비통함 속에서 끈끈히 살아온 드라마이다.
로망스 〈Benlibem 외로이〉는 첫 곡에서 기타로 들려주었던 테마를 따스한 오케스트레이션과 피아노로 울림을 더욱 자극한다.
〈Um Dia, Talvez 언젠가 어쩌면〉은 심포니 서두에 클래식기타의 회상하는 듯한 잔잔함과 임프로비제이션 솔로로 변형되어 대기의 움직임처럼 스쳐 지나가며, 〈Janela pa Munde 세상을 향한 창〉에 이르면 간절한 희망의 기도에 의한 눈물이 피아노의 뭉클함을 타고 다시금 흘러내린다.

떠나보낸 사랑하는 이를 그리워하며 해변에 묻힌 크리올 여인의 눈물진 인생은 썰물이 되어 훌훌 털어내다가도 이내 밀물이 되어 되돌아온다. 오랫동안 심연 속에 삶과 상생해 온 슬픔과 영혼의 노래는 감동을 넘어 탄식에 이른다.

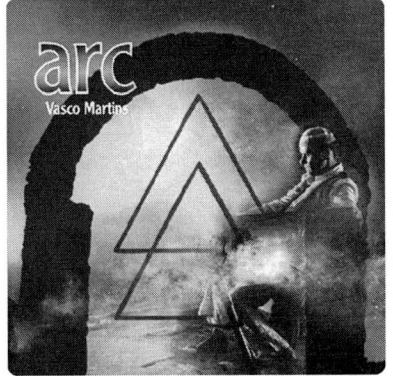

Vasco Martins
Arc

VM Production | 2019

1. The Ocean is Breathing
2. Infinity Days Left
3. Tabalongesim
4. Arc
5. Pandion Halieatus
6. Hypnotic Route
7. Tabalongesim - *Abridge version*

NewAge-Electronic·Ambient

신을 중심으로 설명되었던 모든 기원을 경험적이고 과학적인 방법으로 설명하려는 의도가 생겨났던 2,500여 년 전, 우주의 근원은 물이라고 주장하였던 밀레토스학파의 시조 탈레스Thales에 이어, 젊은 제자 아낙시만드로스Anaximander는 만물의 근원을 공기라고 생각하면서 '아페이론Apeiron'이란 우주적 철학 원리를 주창한다. 모든 만물의 근원은 비결정적이며 사물들이 유한한데 비해 근원적인 재료는 무한하다고 주장하면서, 태고 이래로부터 인간은 무한성의 근원을 흡수하고 이를 통해 교감할 수 있다고 몽상가적인 원리를 피력한다.

본작의 커버에 등장하고 있는 아치형의 상징물은 Anildo Silva라는 구도자가 상비센테St. Vicente에 건축한 것으로, 이는 산과 모래언덕 사이에서 바다를 향해 서 있으며, 활짝 열린 아치는 우주와 인간을 연결하는 아페이론의 교감 통로이다. 바스쿠 마틴스는 1998년 하지 때 이 축조 기념식에 참여하여 이에 영감을 받는다. 카보베르데의 자연환경적 요소에서 아낙시만드로스가 주창하였던 무한의 근원을 향한 철학적 의미를 담으려 했으며, 교감을 통해 카보베르데인의 무한한 정신을 표현하고 싶었다. 그리하여 1999년 12월 카보베르데 섬 민델루Mindelo에서 라이브로 레코딩된 작품이 《ApEiRoN, 2000》이다. 특히 마지막으로 수록된 〈Morna de Novembro 11월의 모르나〉는 가슴 시린 전자교향곡이다.

이후 약 20년이 흐른 2018년 10월 13일, 그는 또다시 이 상징 건축물인 Arc에서 동일한 주제의 신곡으로 라이브 콘서트를 열었다. 그는 '순간의 축력'을 표현하기 위해 변주와 즉흥으로 웅장한 전자교향악을 연주했는데, 이는 스펙트럼이 넓고 감지되지 않는 공간으로 확장시키는 대작이었다.

〈The Ocean is Breathing〉에서 들려오는 전자음향 바람결은 바다 위를 급속도로 내달리며, 대자연의 박동에 실려 파도가 비행한다.

〈Infinity Days Left〉의 연대기적 파노라마는 수많은 진동에 흔들리며 확장되는 환상을 불러일으킨다.

〈Tabalongesim〉은 1990년대 IC 레이블의 혁신적인 사운드를 연상하게 하는 범람하는 운동성이 몰입감을 더욱 끌어올린다.

사심과 물욕이 없는 몽상가 바스쿠 마틴스는 카보베르데에 은거하면서 자신의 철학에 따라 음악에 매진하며, bandcamp를 통해 꾸준히 작품을 발표하고 있다.

Waterbone
Tibet

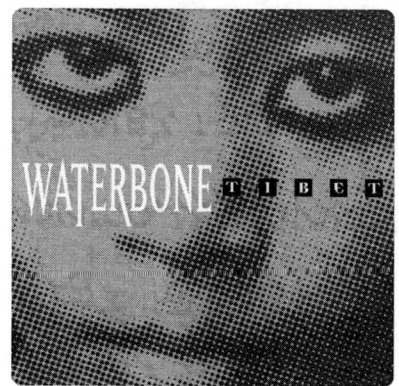

World Disc | M60D | 1997

1. Eastern Girl
2. River of Souls
3. Tantra
4. Song for the Mountain
5. August Moon
6. Snow Palace
7. Pujari Vision
8. Waterdance
9. Bridge to Manaslu
10. Tantra II
11. A Child's Prayer

NewAge-World

북 캐롤라인 출신의 지미 월도Jimmy Waldo는 록과 팝의 세계에서 성공을 거둔 노장으로, 고등학교 때부터 라디오를 통해 많은 월드뮤직을 듣고 자랐으며 밴드를 결성해 많은 지역을 투어하기도 했다. 1979년에 보스턴으로 가서 그는 단명하였지만 성공적인 록그룹 New England에 이어, 1983년에는 Rainbow의 그레이엄 보넷Graham Bonnet과 헤비메틀 그룹 Alcatrazz를 결성하였다. 또한 에디 크레머Eddie Kramer, 토드 룬드그렌Todd Rundgren, 피터 프램튼Peter Frampton과 같은 팝계의 유명인들과 작업하였으며, 영화와 TV 음악에까지 손을 뻗쳤다.

켄달 존스D. Kendall Jones는 UCLA과 보스턴 버클리 음대에서 작곡을 전공한 루이지애나 출신의 뮤지션으로, 수많은 영화 및 TV 광고음악을 작곡했다. 파인아트와 디자인에도 능란했고 컴퓨터 프로그래머로서 작곡자로서 또한 특히 기타리스트로서 명성이 높았다.

이 두 뮤지션이 만나 Waterbone이란 이름으로 발표한 데뷔작 《Tibet》은 히말라야 여행에서 제작된 것으로, 발표하자마자 화제가 되었다.

〈Eastern Girl〉은 방콕에서 카트만두로의 출발 시 녹음되었던 타이 소녀의 노래와 네팔의 Rolyang Group의 연주를 프로그래밍한 그루브 댄스곡이다.

카트만두 교외 박타푸르Baktapur 마을의 한 장례식의 현장음을 삽입한 〈River of Souls〉은 멜로트론 연주에 비애의 노래가 담겨있으며, 일렉트로니카 〈Tantra〉는 40여 명의 승려들이 경전을 외는 음원과 여성의 보컬을 삽입하여 이교도적인 트랜스를 불러일으키는 하드코어이다.

〈Song for the Mountain〉은 여성 민속 보컬과 플루트가 아름답고, 〈Snow Palace〉는 히말라야의 만년설에서 받은 감동을 표현하였으며, 〈Pujari Vision〉은 인도에서 신과의 소통을 위해 매일 거행되는 뿌자Puja라는 예배를 행하는 사제 뿌자리의 희망을 그렸다.

말레이시아 여성의 구음을 삽입한 〈Waterdance〉에 이어, '영혼의 땅'을 뜻하는 히말라야산맥 카트만두의 마나슬루산을 노래하는 〈Bridge to Manaslu〉는 천국으로 입성하는 듯한 숭엄함이 감돈다.

〈A Child's Prayer〉는 Srongsren Bhrikuti 소학교 300여 명의 어린이가 부르는 네팔 국가國歌의 합창으로, 그들의 희망 어린 바람을 마치 드럼으로 힘차게 표현하고 있다.

Waterbone
Orion Prophecy

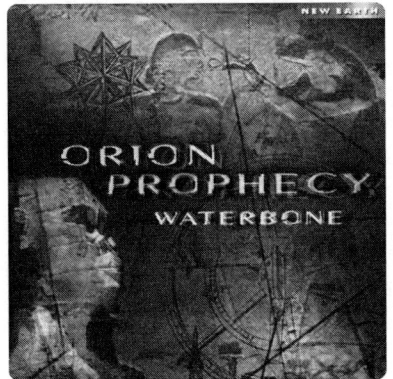

New Earth Records | NE 2307 | 2002

1. Hymn to Isis
2. Vision of Mati
3. Eastern Star
4. Keeper of the Gates of Mars
5. Sky Gods
6. King of Cups
7. Waterchild
8. Temple of Thorns
9. Book of Stars
10. Between Two Rivers
11. Orion

NewAge-World

성공적인 데뷔 이후 그들은 파라오와 피라미드의 나라 이집트로 날아갔다. 그들의 뉴에이지 월드의 두 번째 목적지로의 여정에서 작곡과 녹음 과정에 대한 짧은 언급을 슬리브에 기록하고 있다. 그들은 본작을 기획하면서 이집트의 사운드를 위해 위대한 타악기 연주자 호삼 람지Hossam Ramzy를 초대하였는데, 타블라를 비롯한 5개의 타악기를 거의 모든 곡에서 연주하고 있다.

이집트 여성의 아름다운 보컬이 등장하는 〈Hymn to Isis〉는 고대 이집트에서 숭배된 '헤라'와 비견되는 최고의 여신 '이시스'에 바치는 경배시이다. 가장 모범적인 아내와 어머니지만 그녀의 기구한 삶을 달래주는 듯 애절하다.
〈Vision of Mati〉는 신화 속의 거인 '오리온'이 장님이 된 후 다시 시력을 회복하는 부분을 스토리로 하고 있다.
진한 향내와 온도가 감지되는 〈Eastern Star〉은 거리 뮤지션의 연주를 샘플링하고 있고, 〈Keeper of the Gates of Mars〉는 고대 이집트의 플루트 나이Nay 연주로 리드미컬한 월드 전자심포니를 들려준다.
〈Sky Gods〉에서는 이집트에서 웨이터 간의 주문신호인 풍물소리를 녹음하여 반영하였으며, 〈King of Cups〉는 수많은 컵을 머리에 이고 또한 컵을 퍼커션처럼 연주하며 노래를 부르는 웨이터의 신기한 묘기가 소재가 되었다.
〈Waterchild〉는 클래시컬한 현악 서두에 탄력 있는 비트와 나이Nay의 즉흥으로 이루어지며, 〈Temple of Thorns〉는 신성불가침의 성스러운 보컬이 빛난다.
결혼식 축가를 샘플링한 〈Book of Stars〉에서는 우리나라 풀피리를 연상시키는 아라비아 오보에 미즈마르Mizmar의 음색이 친근하게 다가온다.
〈Orion〉은 자주색 황혼이 드리워진 피라미드를 바라보았을 때 그 위에서 밝게 빛나던 오리온 벨트의 세 별을 위한 작품이다. 전자음향과 박  진감 넘치는 댄스 비트로 이국적 환상과 우주적 신비를 교합한다.

그들이 보여준 황금빛의 카이로는 건조한 모래먼지 속에서 모습을 드러낼 듯한 많은 신들의 이야기와 파라오의 절대 영광, 그리고 금방이라도 살아 움직일 듯한 고분의 그림들, 무엇보다도 몇 천 년의 세월을 흐르는 나일강의 신비를 들춰 보인다. 그 황토색에 감추어진 불가사의를 오리온의 예언으로 귀결하고 있는 본작은 New Earth Records의 스테디셀러로 자리 잡았다.

Wayne Gratz
Panorama

Narada | ND-61028 | 1990

1. Dream Tower
2. A Place Without
3. Sunshadow
4. Enzian
5. Appalachian Sunrise
6. Quiet Turning
7. Wind and Willow
8. East to West
9. Allegheny
10. Meadows

New Acoustic, NewAge-Instrumantal

뉴에이지 음악의 명가 나라다 레이블을 통해 데뷔했던 웨인 그래츠는 많은 동 레이블 소속 아티스트들에 비해 국내에는 그 유명세가 덜한 편이지만, 그의 초창기 음악들은 여전히 싱그럽고 명작 대열에 올려놓아도 전혀 모자람이 없다.

그는 1954년생으로 미국의 노스캐롤라이나주 윈스턴세일럼에서 출생했다. 5세 때 펜실베이니아주 리딩에서 다녔던 유치원의 선생님을 동경하여 6세 때부터 피아노를 배웠고, ELP나 예스Yes 그리고 제네시스Genesis 등의 록 음악에 심취한 고교 시절에는 기타의 매력에 푹 빠졌으나 키스 에머슨Keith Emerson의 키보드연주는 이후 그를 더욱 건반 연주에 매진하게 했다. 고등학교를 졸업한 후 키보디스트로서 많은 록밴드를 거치며 미국과 캐나디 등지로 연주활동을 한다. 이후 플로리나주 올랜도에서 파라다이스Paradise라는 인기 로컬 그룹의 일원으로 활동하며, 30대 중반이 되어서 데뷔작 《Reminiscence, 1989》로 데뷔한다.

본작은 나라다에서의 두 번째 앨범으로, 그는 키보드와 피아노 외에도 기타를 연주하고 있으며, 나이트노이즈Nightnoise의 바이올린 주자 빌리 오스케이Billy Oskay가 제작하고 현악 편곡에 이어 바이올린 연주자로 참여하고 있다. 또한 8인의 현악단을 별도로 편성하여 다채로운 질감들로 음의 파노라마를 실현했다.

〈Dream Tower〉에서 눈 부신 빛의 파편들이 모여지는 아련한 환상을 심어주며, 〈Enzian〉에서는 첼로와 바이올린 그리고 피아노의 따사로운 앙상블이 피워내는 산사의 봄 내음이 그윽하다.

걸작 행렬의 시작을 알리는 다섯 번째 곡 〈Appalachian Sunrise〉은 미국과 캐나다에 이어지는 북아메리카 아팔레치아산맥의 고즈넉한 경치의 아름다움을 물기 가득한 피아노의 선율로 담았다.

본작에서 최고의 걸작을 꼽으라면 주저 없이 선택할 수 있는 〈Wind and Willow〉는 보이지 않는 바람의 모습에서 자연의 오묘한 여운을 느끼게 될 때 이내 아련한 슬픔 한 자락을 남기고 스쳐 지나간다.

초록 향내가 물씬 풍기는 〈Meadows〉은 피아노 솔로를 위한 작품으로, 모노톤의 서정 속으로 깊숙이 끌어당기는 백미 중 하나이다.

그는 고교 시절 수영선수를 꿈꾸었다고 하는데, 그래서인지 곡선적인 음률과 부드러운 물의 촉감도 감지된다. 투명한 수막을 통과하며 부드럽게 수중에서 손길로 마사지하듯 따스한 자극이 전해진다.

Wayne Gratz
Blue Ridge

Narada | ND-61028 | 1995

1. Blue Ridge, Pt. 1
2. Blue Ridge, Pt. 2
3. A Heart in the Clouds
4. Sacred River
5. Dancing Lights
6. Waterfall
7. Trail of Tears
8. Fields are Burning
9. Scenes of Reflection
10. Past Time
11. Peaks of Otter
12. Pathway to Waterrock
13. White on White
14. The Endless Mountains

New Acoustic, NewAge-Instrumantal

484

자신의 삶을 이어가고 있는 플로리다 올랜도의 풍경들과 심상을 그린 《Follow Me Home, 1993》에 이어, 4번째 디스코그래피인 《Blue Ridge》는 미국 노스캐롤리나주와 버지니아주를 따라 뻗어있는 국립 파크웨이로, 장대한 대자연에 가을의 온후한 숨결이 내려앉은 서정시집이자 기행문이다.

그의 첫 앨범과 더불어 나라다에서 발표한 앨범 중 양대 걸작으로 평가받고 있으며, 국내에 라이선스로 소개되어 많은 뉴에이지 팬들에게 지지를 받았다.

이전과 유사한 편성에서 만돌린이나 콩가드럼 등 토속적인 악기들도 추가하여 보다 팝과 클래식의 융성한 조화미를 거둔다. 이는 고밀도의 해상도를 연출하며 보다 전원적인 감성에 근접해 있다.

가장 먼저 우리의 심금을 부여잡는 〈A Heart in the Clouds〉는 솔로 피아노곡으로, 마치 순간적으로 시간이 정지된 듯 침묵의 노래가 가슴을 파고드는 명작이다.

〈Sacred River〉는 자연의 섭리를 보듯 흘러가는 전반부와 무상감을 느끼게 되는 후반의 연주가 자연스레 이어지며, 단단한 피아노의 깨어질 듯한 서정이 줄곧 흘러간다.

〈Waterfall〉은 매우 정적인 피아노 터치로 낙수의 소리를 은유하고 있다.

따스한 찰현과 시원한 타현의 조합으로 시간을 거슬러 서글픈 역사의 장면을 되뇌는 〈Trail of Tears〉는 삶의 터전을 빼앗긴 이들에게 바치는 눈물의 편지였다.

반복적인 피아노의 동기로 은은한 불꽃의 율동을 묘사한 〈Fields are Burning〉, 온기와 강약과 활력이 느껴지는 퓨전의 오케스트레이션 〈Scenes of Reflection〉, 그리고 〈Peaks of Otter〉에는 호수 건너 보이는 블루릿지 세 산봉우리의 위용을 기타와 피아노로 경쾌하게 스케치한다.

잔잔한 피아노 발라드 〈White on White〉은 마치 일출의 빛을 굴절하고 반사시키는 자연의 하얀 스펙트럼을 옮긴 듯하다.

〈The Endless Mountains〉은 자연에서 느끼게 되는 내면의 합일성과 철학적 감동을 표한 찬양가로, 역시 본작의 백미 중 하나이다.

가보진 못했지만 블루릿지 파크웨이의 기나긴 여로를 그린 삽화와 멋진 사진들은 또 하나의 선명한 잠재적 기억Reminiscence을 되살려준다.

Wayne Gratz
A Gift of the Sea

Narada | ND-61054 | 1996

1. A Gift of the Sea
2. At Sunrise
3. Oceanus
4. Steps in the Sand
5. Two Solitudes
6. Ships
7. Island
8. Spanish Galleon
9. Tidal Dance
10. By the Sea
11. Soaring
12. Shells

New Acoustic, NewAge-Instrumantal

"나는 지난 20년간을 바다 근처에 살며 바다와 나의 깊고 깊은 생각과 아이디어들을 나누었다. 바다가 흰빛에서 은빛으로 바뀔 황혼 무렵이면 부둣가에 앉아 있곤 했다. 그때쯤이면 새들도 반사 빛으로 찬란한 물가로 모여들고 적막 속에서 들려오는 소리는 해안가에 부딪히는 파도 소리뿐이었다. 창작력이 필요할 때면 나는 목적의식을 재발견할 수 있는 그 바다로 간다. 앉아서 바다를 응시하면 평화로운 감정이 나를 압도하고 나는 곧 세계를 대할 준비를 갖춘다."

한때 많은 대학에서 수영특기장학생으로 초청장을 받았던 그는 결국 뮤지션의 길을 결정하였지만, 플로리다 올랜도에 거주하며 바다에 대한 음악 모음집을 발표한 것은 지극히 당연한 결과였다. 그의 음악이 생명력으로 넘치는 이유는 그의 말처럼 창작의 근원이기도 하며, 몸이 기억하는 물속의 자유 감각 때문이기도 하다.

'바다의 선물'이란 제목을 단 커버에서 보이는, 백색 모래 위의 불가사리 이미지는 명암비를 역상하면 밤하늘의 별이 된다. 해가 지면 눈을 비비며 일어나는 별들은 밤새 이야기하고 놀다 해가 뜰 때면 바다 아래로 들어가 불가사리의 모습으로 잠이 든다는 동화가 생각나기도 한다. 이러한 순수한 동심을 그도 경험했을까? 그는 투명한 바다 수채화를 위해 자신의 피아노와 신시사이저 외에 퍼커션, 베이스, 잉글리시호른, 첼로 등 이전보다 담백한 게스트의 팔레트를 준비하고 있다.

〈A Gift of the Sea〉는 따스한 첼로의 기후, 하얗게 부서지는 피아노의 물거품들, 잉글리시호른이 노래하는 바닷새, 그리고 맑고 푸른 평화가 또 다른 자신을 발견하게 하는 주제이다.

본작의 백미 〈At Sunrise〉는 피아노 솔로의 멜로디를 따라 서서히 빛으로 채워진다.

서로를 닮아있는 하늘과 바다 그리고 구름과 파도에 대한 서정시 〈Two Solitudes〉, 고고한 첼로와 일렁이는 피아노가 활력과 낭만을 더하는 〈Ships〉도 무척 아름답다.

마음을 차분하게 가라앉히는 명상곡 〈Island〉는 명작이며, 넘실거리는 해수면에 떠있는 듯한 〈Tidal Dance〉는 이미 무중력의 세상이다.

그의 감성 리조트는 바다에서 불어오는 온풍과 소리가 면밀하다. 본작도 라이선스로 소개되어 뉴에이지 애호가들의 가슴속에 배를 띄워주었다.

Wayne Gratz

Light Lands and Shoreline

Wayne Gratz

Light Lands and Shoreline

A piano soundtrack inspired
by the paintings of American Lanscapes

WGM | 1005 | 2007

1. The Windows Glow
2. Native American Winter
3. Waters Flowing Softly
4. Cottage by the Sea
5. At the Waters Edge
6. Gardens
7. Houses by the Water
8. Quiet Harbour
9. Colors of Autumn
10. A Busy Street
11. Market Place
12. Sails and Sea
13. American Dream
14. Lonely Ships, Welcome Light
15. Home

자신의 레이블에서 발표한 본작은 '빛의 화가'라 불리는 미국 캘리포니아 출신의 토마스 킨케이드Thomas Kinkade의 작품에 영감을 받아 완성한 음악이다.

비록 본작의 커버에는 이 화가와는 관계없는 작품이 걸렸지만, 토마스 킨케이드의 작품은 옆에 그림을 비추는 조명의 조도조절 다이얼이 있어서 이를 조정하면서 그림을 감상하면 일출에서 일몰에 이르는 시간의 추이를 경험할 수 있다고 한다. 특히 화폭의 놀라운 색채의 조합으로 감상자의 깊은 성찰과 영혼에 감동을 주는 그런 영적인 경험의 작품들이라 칭송한다.

자연주의 피아니스트 웨인 그래츠가 해석하는 토마스 킨케이드의 풍경화는 살갑게 샘솟는 듯한 생명력의 이미지가 정제되며 정적으로 변모했다. 서서히 토마스 킨케이드의 그림 옆 다이얼을 돌리듯 그의 음악에는 매우 천천히 시간이 흐르며 음열이 서서히 움직인다. 이 고혹적인 분위기는 찬송가처럼 고귀하며 성스러울 정도로 순결한 이미지이다.

눈 덮인 겨울날 아침 창을 통해 해가 뜨는 눈 부신 광경이 연상되는 〈The Windows Glow〉에는 옅게 흩날리는 신시사이저 바람에 피아노는 빛의 알갱이가 되어 수많은 점묘로 재생된다.

〈Native American Winter〉는 얼음장같이 차갑고도 깨끗한 피아노의 하얀 멜로디가 침묵의 서정을 그리고, 싱그럽기 그지없는 초록 물방울의 심상 〈Gardens〉의 잎새는 바람에 흔들린다.

모든 것이 정지된 시간 속에서 잔물결이 이는 풍경화 속으로 이끄는 〈Houses by the Water〉에는 빛이 서린다.

피아노의 마법을 보여주는 〈Sails and Sea〉은 평온하고 깊은 묵상에 이르게 하며, 〈American Dream〉도 혼잡한 마음속에 포근한 성소를 마련해 주는 빛과 같은 음악이다.

조지 윈스턴George Winston의 사계 작품을 좋아한다면 이를 응축한 듯한 본작은 필히 주목해야겠다. 그동안 물의 이미지와 같았던 웨인 그래츠의 음률은 이 갤러리 음악에서는 빛이 되어 흐르고 있다. 그럼에도 그 빛은 마치 성수聖水처럼 정화되고 순화되는 힘을 지니는 듯하다.

New Acoustic, NewAge-Instrumantal

Wes
Welenga

SonyBMG | SAN 485146-6 | 1996

1. Awa Awa
2. Alane
3. Kekana
4. Wezale
5. Ken Mouka
6. Mizobiya
7. Degue Wegue
8. Welenga
9. We Don't Need No War
10. Midiwa Bol (I Love Football)

NewAge-World

서아프리카의 카메룬 출신으로 1965년생인 웨스 마디코Wes Madiko는 아프리카의 전통적인 음유시 그리오Griot의 승계자이다. 프랑스로 이주한 후, 세계적인 에스닉 월드의 대명사 딥 포레스트Deep Forest의 미셸 상셰Michel Sanchez를 만나 본작을 발표했다.

이 앨범은 영국과 독일, 프랑스 등 유럽에서 즉각 주목받았고, 2년 뒤 애니메이션 영화 「The Lion King Ⅱ」의 음악에 참여하면서 세계적인 주목을 받았으며, 1998년에 〈Mawasa〉, 〈Mindoulou〉, 〈Ramende〉, 〈Woukasse〉이 추가되어 일본과 호주 그리고 캐나다와 미국에까지 소개되는 성공을 이뤄낸다.

불행히도 글쓴이의 앨범은 초반이고, 곡목 또한 해석이 불가능하여 유감이다. 하지만 그 어떤 월드뮤직 앨범보다도 순수한 아프리카의 흑빛 영혼과 정서는 미셸 상셰의 웨스턴 스타일과 함께 잘 빚어져 있다.

〈Awa Awa〉는 원초적이면서도 굵은 동세가 흐르는 활기찬 노래로 리믹스 싱글로 커트되었으며, 사랑이 넘쳐흐르는 월드 팝 〈Alane〉에는 여성 보컬이 삽입되어 대화하는 느낌을 준다.

국내에도 출시된 뉴에이지 편집앨범 《Image 2》에 커트되어 그의 음악을 알리게 된 〈Kekana〉는 돋보이는 곡 중 하나로, 상큼한 일렉트로닉 사운드와 아프리카 랩, 그리고 증폭된 코러스가 참신하게 다가온다.

〈Wezale〉는 할아버지가 손자에게 들려주는 전설 이야기로, 동심을 자극하는 서정이 최고에 이르며 독특한 트롯 창법의 보컬 또한 커다란 감흥을 준다.

어린 시절 추억에 관한 노래 〈Ken Mouka〉에 이어, 〈Mizobiya〉는 걸인의 노래이며, 〈Degue Wegue〉는 학대받는 사람들의 사연이다.

만연된 물질주의에 대항하는 성채로서의 의식적인 노래 〈Welenga〉는 음유시인다운 작품이다.

이 앨범의 성공으로 프랑스 월드컵 송 〈I Love Football〉을 불렀으며, 모나코에서 열린 제10회 월드뮤직 어워드에서 가장 많은 판매고를 올린 아티스트에 아프리카 음악인으로는 최초로 선정되었다.

이후 《Sinami (The Memory), 2000》, 한참 후에 《Melowe, 2010》를 발표하며 아프리카 월드 팝록을 선보였다.

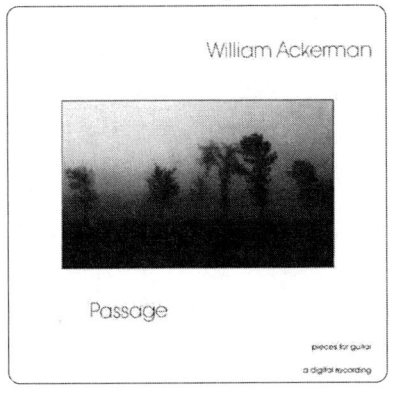

Windham Hill | WD-1014 | 1981

1. Remedios
2. Processional
3. The Impending Death of the Virgin Spirit
4. Pacific I
5. The Bricklayer's Beautiful Daughter
6. Hawk Circle
7. Anne's Song
8. Passage

New Acoustic

윈드햄 힐 레이블의 설립자이면서 뉴에이지 음악의 대표적인 기타리스트 윌리엄 애커맨의 4번째 솔로 앨범으로 기타의 아름다움을 최고조로 끌어낸 아름다운 작품이다. 제목에서도 유추되듯 철학적 의미를 부여하여 결코 가볍지 않은 잔잔한 감동을 들려주었다. 국내에서도 라이선스로 여러 차례 소개되어 많은 애호가들의 찬사를 받아왔는데, 안개가 내려앉은 새벽녘의 풍경 커버에서부터 호감이 간다.

영혼을 안식 세계로 인도하는 이 여정에는 바이올린 주자 데롤 앵거Darol Anger, 잉글리시호른을 연주하는 로버트 허버드Robert Hubbard, 첼리스트 댄 리이터Dan Reiter, 그리고 윈드햄 힐의 대표적인 피아니스트 조지 윈스턴George Winston이 한 곡씩 함께 했다.

이 앨범은 마치 콘셉트 앨범이나 혹은 영화음악처럼 느껴진다. 곡들을 살펴보면 동일한 패턴이 계속해서 사용됨을 알 수 있는데, 화음의 전이나 혹은 반복구 그리고 연주 기법들에 있어서 일관된 흐름이 발견된다.

치유의 신을 의미하는 〈Remedios〉는 재즈 바이올린의 즉흥적인 활개가 열정으로 치닫는다.

명곡 중 하나인 〈**Processional**〉은 숙연함을 느끼게 하는 솔로 명상곡으로, 마치 고요한 연못에 번지는 동그라미 물결처럼 가슴이 잔잔하게 울린다. 그의 대표곡으로 다수의 연주 버전을 녹음했다.

이와 동일한 테마의 변주곡으로 첼로와 함께 한 〈**The Impending Death of the Virgin Spirit**〉은 성장하면서 기억의 저편으로 떠나보내게 되는 순수한 동심을 향한 슬픈 인사이다.

잉글리시호른과 협연한 〈Pacific I〉는 육체와 마음과 정신에 안락한 평화를 안겨주며, 역시 주제의 변주곡인 〈The Bricklayer's Beautiful Daughter〉은 풋풋한 사랑 이야기를 정갈하게 들려준다.

조지 윈스턴의 피아노가 함께 한 〈**Hawk Circle**〉은 공간적 깊이가 남다르며, 포근한 순백의 자장가 〈**Anne's Song**〉에는 은은한 꿈길을 거니는 발걸음이 가볍다.

그의 음악은 센세이션을 일으킬 만큼 파격적이지 않지만, 그 잔잔한 포크풍의 음률들은 우리의 인생을 응원하고 위로해 주는 가족이나 친구처럼 특별하다. '정情'이라는 단어에 가장 근접한 것이 애커맨의 기타 음악이다.

William Ackerman
Past Light

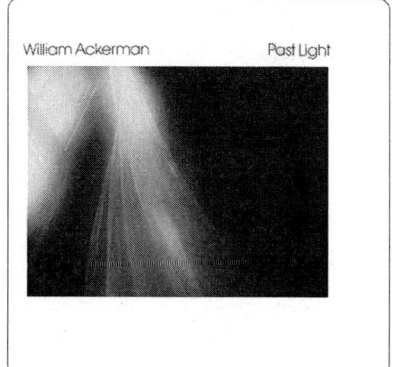

William Ackerman   Past Light

Windham Hill | WD-1028 | 1983

1. Visiting
2. Garden
3. Three Observations of One Ocean
4. Pacific II
5. Synopsis
6. Ventana
7. Threes
8. Synopsis II
9. Rain to River
10. Night Slip

New Acoustic

윌리엄 애커맨의 5번째 앨범 《Past Light》은 미발표곡들과 신곡을 모은 것으로, 역시 윈드햄 힐이 자랑하는 그의 대표작 중 하나이다.

창밖에서 실내로 들어오는 찰나의 빛을 포착한 환상의 앞표지나 흐릿하게 초점을 없앤 뒷면의 사진을 '흘러간 빛'이라는 제목과 연관 지어본다면, 순간과도 같은 음악의 시간성에 주목한 것이 아닌가 싶기도 하다. 본작에도 많은 유명 아티스트를 초대하여 자신의 기타와 완벽하게 짝을 짓는 앙상블을 들려준다.

앙상블 걸작 〈Visiting〉은 베이스 주자 마이클 맨닝Michael Manning과 새도우팩스Shadowfax의 리더 척 그린버그Chuck Greenberg의 리리콘Lyricon이 마술피리가  되어 우리를 초원의 집으로 초대한다. 이 낭만적이고 평화로운 풍경에는 바람에 수풀들이 춤추고 구름이 흘러가며 나무로 지은 집의 굴뚝으로 맛있는 만찬의 향기가 흐른다.

1979년 녹음된 〈Garden〉은 미국 현대음악을 이끌어가는 현악4중주단  크로노스 쿼텟Kronos Quartet의 참여로 클래시컬한 멋과 함께 아련함과 고결함을 심어준 명곡이다.

마크 이샴Mark Isham의 신시사이저가 그리는 캔버스 바탕색에 기타가 반복적인 패턴을 더하고 리리콘이 은은한 블루스를 새기는 미니멀 현대음악 〈Synopsis〉은 퍽 이채롭다.

서늘한 베이스에 기타의 바람결과 눈부신 데롤 앵거Darol Anger의 바  이올린이 따사로운 빛을 산란시키는 커버스토리 〈Ventana 창문〉은 점점 더 열기에 휩싸인다.

러셀 월더Russel Walder의 오보에와 아이라 스테인Ira Stein의 피아노에  그의 기타가 펼치는 포크 앙상블 〈Synopsis II〉에는 바람이 몰아친다.

자연의 순환되는 진리를 가볍게 스케치한 〈Rain to River〉는 1975년도 녹음이다. 작은 빗방울은 그의 기타 솔로로, 물살의 역동은 가세한 바이올린이 그려낸다.

전원풍의 〈Threes〉와 〈Night Slip〉에는 기타리스트 마이클 헤지스Michael Hed-ges가 참여하여 더욱 풍성한 기타 사운드를 들려주고 있다.

가끔 고독이나 근심에 젖으면 오랜 앨범들이 치유해 주기도 한다. 본작도 추억 한자리에서 기다리고 있는 오랜 친구와 같다.

William Ackerman
Conferring with the Moon

Windham Hill | WD-1350 | 1986

1. Conferring with the Moon
2. Improv
3. Lago de Montanoas (Mountain Lake)
4. Big Thing in the Sky (For Jess)
5. Climbing in Geometry
6. The Last Day on the Beach
7. Singing Crocodile
8. Processional
9. Shape of the Land
10. Garage Planet
11. Conferring with the Moon (Solo)

New Acoustic

윌리엄 애커맨은 순탄치 않은 역경을 딛고 자수성가하여 음악가로서 그리고 사업가로서 성공한 인물이다. 1949년 독일에서 출생했고 9세 때 미국의 스탠퍼드 대학교수 가족에 입양되어 12세 때부터 기타를 배웠다고 한다.

스탠퍼드 대학 시절에 극장 프로그램 음악을 작곡하였으며, 목수가 되기 위해 윈드햄 힐이란 건축회사를 설립한다. 하지만 그의 음악적 재능을 알고 있는 친구들의 권유로 첫 앨범《The Search for the Turtle's Navel》을 발표했는데, 이것은 1976년 윈드햄 힐 레코드사의 시작이었다. 이후 조지 윈스턴George Winston, 알렉스 드 그라시Alex de Grassi, 리즈 스토리Liz Story 등의 음악가들을 발굴하여 최고의 뉴에이지 레이블로 성장시켰다. 1986년에 윈드햄 힐의 사주에서 물러났지만, 아티스트로서 그만의 독특한 포크스타일의 작품을 계속해서 발표했다.

본작은《Passage, 1986》등과 함께 각별한 사랑을 받았던 그의 대표작이다. 짝사랑의 비참한 심경을 연주한〈Conferring With The Moon〉은 명곡으로, 척 그린버그Chuck Greenberg의 리리콘Lyricon은 매우 따스한 서정으로 그리움을 기술하고, 마이클 맨링Michael Manning의 베이스는 그저 환히 빛나고 있는 달빛의 침묵처럼 잔잔하다.

〈Climbing in Geometry〉는 윈드햄 힐의 뮤직비디오 제작을 위해 등산가이며 카메라맨인 에드가 보일즈Edgar Boyles와의 만남을 계기로 작곡한 작품이다. 그의 기타와 아이라 스테인Ira Stein의 피아노, 새도우팩스Shadowfax 찰리 비샤랏Charles Bisharat의 바이올린, 마이클 맨링의 베이스는 새벽 등반처럼 매우 상쾌한 느낌을 받게 된다.

〈The Last Day on the Beach〉는 유진 프리즌Eugene Friesen의 묵직한 첼로 서두에 이어 그의 기타에 후반에는 필립 아버그Philip Aaberg의 피아노가 겹쳐진다. 감성만큼은 'The Last Night on the Beach'이다.

명곡〈Processional〉은 대학생 시절 학교 극장에서 연출된「로미오와 줄리엣」을 위해 작곡한 것으로, 리리콘 연주와 함께 기타는 두 청춘의 못다 한 사랑과 죽음의 결말을 애달프게 서술한다.

이후 음악 여정을 집결한《Returning, 2004》으로 47회 그래미 뉴에이지 앨범상을 수상했다. 이는 뉴에이지 음악의 대중화를 위한 그의 업적에 감사를 표한 것으로, 조금 더 빨리 실현되었어야 했던 일이었다.

Wim Mertens
The Belly of an Architect

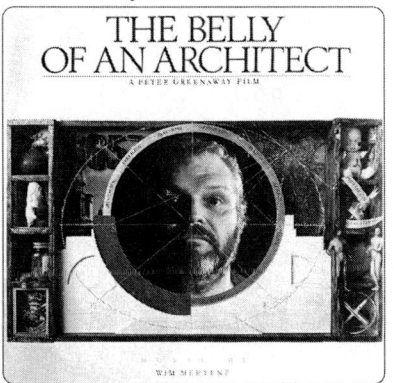

Delabel | 881242 | 1987

1. Augustus
2. Birds for the Mind
3. The Aural Trick
4. Struggle for Pleasure
5. 4 Mains /
6. Close Cover
7. Time Passing
8. Tourtour
9. And With Them
10. Andrea Doria / Galba / Caracalla / Hadrian
11. Augustus

NewAge-Chamber

벨기에 작곡가 빔 메르텐스의 솔로와 앙상블 연주는 유럽은 물론이고 북미와 중미 그리고 일본 등지에서 콘서트를 통해 국제적인 명성을 쌓았다. 1953년생으로 대학교에서 사회학과 정치학 그리고 음악학을 전공했던 그는 바로크적 표현기법으로 미니멀리즘 사운드의 체임버 앙상블을 제조하는데, 미니멀리즘에 기초한 로맨틱한 멜로디는 많은 디스코그래피로 소개되었다.

본작은 「The Cook, The Thief, His Wife & Her Love 요리사, 도둑, 그의 아내 그리고 그녀의 정부」와 「8 1/2 Women」으로 알려져 있는 영국 출신의 감독 피터 그리너웨이Peter Greenaway가 연출한 동명의 영화 사운드트랙이다.
이는 미국의 한 건축가가 이탈리아에 도착하면서 프랑스 건축가 불레로부터 원정 감독을 위임받아 9개월 동안 배로 여행하면서 겪게 되는 모험을 그린 영화로, 주인공은 위장병에 시달리다가 아내를 잃고 결국 혼자서 배로 원정을 하게 되는 줄거리라 한다.
빔 메르텐스는 미국 출신의 음악가 글렌 브랭카Glenn Branca(1948~2018)와 함께 본작을 구상하였는데(1,10,11번 트랙), 강박관념이라는 영화의 주제에 맞게 긴장이 서려있는 체임버 앙상블이 그 주를 이룬다.
⟨Birds for the Mind⟩은 낭만적인 체임버 앙상블 반복주에 의한 주제의 변용으로 고전주의를 극도로 단순화시키고 있으며, ⟨**The Aural Trick**⟩는 단순한 동기를 현란한 속주로 반복하면서 건반이 가진 매력과 긴장을 발산한다.
⟨**Struggle for Pleasure**⟩은 서서히 발화되는 피아노의 불꽃과 색소폰의 멜로디가 아름다운 명작이다.
타원형의 구조로 갈채를 받는 프랑스의 건축가 불레의 테마 ⟨**4 Mains**⟩ 역시 의도적으로 불편한 심기를 일으키는 피아노가 격정적인 타격을 선보이며, 뉴에이지 색채가 농후한 ⟨**Close Cover**⟩는 맑고 애상적이다.
⟨Time Passing⟩는 두 번째 트랙의 변주로 악기의 위상을 바꿔 금속 컬러가 강조되며, ⟨Tourtour⟩는 하프와 색소폰을 위한 아련한 신화의 세계이다.

빔 메르텐스의 다른 작품은 기존의 뉴에이지에 익숙해져 있는 분이라면 대중성과는 거리가 있는 편이지만, 본작에서 들려준 미니멀한 피아노 속주의 매력은 분명 신선함을 주기에 충분하다. 그의 음악은 많은 아티스트에게도 영감이 되고 있다.

Windham Hill Artists
Country (OST)

Windham Hill | WD-1039 | 1984

1. Home
2. Aftermath
3. Sunday
4. Country Night
5. Chants
6. Winter Mantra
7. Parting Friends
8. Iowa Chill
9. Harvest Field - *trad.*
10. A Hymn - *trad.*
11. The Auction
12. Homecoming
13. Epilogue and Hymn

New Acoustic, NewAge·Jazz·Fusion·Chamber

1980년대 미국 아오이와의 시골, 옥수수를 경작하는 한 가족 농장이 격렬한 폭풍과 정부의 변경된 재정정책으로 경제적 위기를 겪으며 농장을 유지하기 위해 고군분투하는 내용의 영화 「Country, 1984」는 우리에겐 영화보다도 음악이 더 잘 알려져 있다.

하버드와 뉴잉글랜드 음악원을 졸업한 찰스 그로스Charles Gross라는 드라마음악가에 의해 작곡되고 총지휘되었지만, 조지 윈스턴George Winston(1949~2023) 등 윈드햄 힐 레이블의 뮤지션들이 참여한 이유로 이 앨범은 특히나 뉴에이지 팬들에게 오랫동안 애청되어 왔다.

국내에 뉴에이지 음악을 소개한 장본인 조지 윈스턴의 솔로 피아노가 가슴을 적시는 〈Home〉은 가족의 사랑과 꿈을 투명하게 채색하며, 〈Aftermath〉는 신시사이저와 호르겔 혼으로 수확에 대한 기대가 허망하게 조각나지만 희망을 잃지 않는 모습이 그려지는 듯하다.

우리의 귀를 오랫동안 머물게 하는 걸작 〈Sunday〉는 조지 윈스턴의 피아노 반주도 좋지만 데롤 앵거Darol Anger의 활개하는 바이올린과 마이크 마샬Mike Marshall의 만돌린 연주가 돋보인다. 휴일에도 쉼 없이 싸워야 하는 시련과 피로가 그려진다.

조지 윈스턴이 작곡한 〈Country Night〉는 그의 앨범 《December》를 연상시키는 고독과 적막감이 전해지며, 마크 이샴Mark Isham이 연주한 〈Chants〉는 매서운 한파가 공감적으로 느껴진다.

〈Winter Mantra〉는 퍼커션이 가미되어 현실적인 고난이 더 깊이 전달되며, 〈Parting Friends〉는 슬라이드 기타와 바이올린에 이어 플뤼겔호른이 서글픈 엘레지를 들려준다.

〈Iowa Chill〉은 만돌린과 피아노와 바이올린 3중주의 위로곡이다.

그동안 외면했던 동료들이 경매장에 모이며 압류를 반대하고 권익을 위해 저항의 목소리를 더하는 〈The Auction〉, 조지 윈스턴의 감성적인 피아노 터치가 빛을 발하는 화해의 주제 〈Homecoming〉에 이어, 용기와 희망의 대단원 〈Epilogue and Hymn〉로 막을 내린다.

삶에 있어서 용기가 가져다주는 기적을 아름답게 들려주고 있는 본작은 뉴에이지 명가 윈드햄 힐이 배출했던 명작 중에서 가장 주목해야 하는 작품 중 하나이다.

492

Wong Wing Tsan
Fragrance

Satowa | STW-7000 | 1989

1. Fragrance
2. Asian Sea
3. Deauville
4. Far Away above Ground
5. Lost Days
6. Sky through the Window
7. Stairway to the Top
8. Indian Summer
9. Cloudy Sky
10. A Little (Epilogue)

New Acoustic, NewAge-Instrumental

1949년 일본 고베에서 출생한 웡윙찬은 부친이 홍콩 출신이며 모친은 일본과 중국의 혈통이라고 한다. 도쿄 음악대학 작곡가를 중퇴하고 19세 때부터 프로 활동을 개시하여 재즈 라이브하우스를 중심으로 활동했다. 24세에 팝 그룹 Brown Rice의 키보디스트로 전미 콘서트 투어를 경험했고, 이후 스튜디오 뮤지션을 거쳤다. 1990년부터 즉흥연주를 도입한 뉴에이지 음악 및 힐링뮤직으로 성공을 거두며, '명상의 피아니스트'로 불리고 있다.

그는 재즈뿐만 아니라, 어린이 동요, 에릭 사티Erik Satie와 드뷔시Debussy 등의 클래식 피아노, TV 방송음악 등 다양한 음악을 선보이고 있는데, '향수'라 명명한 본작은 지금도 스테디셀러로 팬들에게 인기가 높은 뉴에이지 솔로 피아노 네 뷔작이다.

타이틀 〈Fragrance〉를 들어보면, 1987년 명상의 체험을 통해서 자신의 음악이 나아갈 방향을 확신했다는 그의 술회가 이해가 된다. 잔잔한 피아니즘  은 사티의 인상주의 음악처럼 은은하면서도 자유롭게 하늘거리는 멜로디의 서정에 흠뻑 젖어들 수 있다.

〈Asian Sea〉는 제목답게 단아하기 그지없는 동양적인 선율로 깊은 수묵화를 그려간다.

또다시 사티의 환상에 걸리게 되는 〈Deauville〉은 노르망디 도빌의 클  래시컬한 분위기와 낭만적인 즉흥의 현대미를 중첩시키고 있다.

〈Far Away above Ground〉의 오케스트레이션과 함께 연주된 중후한  뉘앙스는 고혹적인 영화의 로맨스를 들려준다.

〈Lost Days〉은 애틋함과 그리움이 머무르는 감성이 푸른 물결 위를  산책한다.

〈Sky through the Window〉에는 오케스트레이션의 따스한 온기와 함께 평화로움이 가득히 흘러가며, 〈Stairway to the Top〉에는 시네마틱한 무드가 마음을 뜨겁게 동요시킨다.

〈Indian Summer〉에는 밝고 경쾌한 동심을 풀어놓았으며, 〈Cloudy Sky〉는 회색빛 멜랑꼴리가 청자의 감성을 오랫동안 가둔다.

아름다운 사람은 향기가 있다고 했던가? 아름다운 음악에도 향기가 있다면, 아마도 웡윙찬의 본작이 증명해 줄 것 같다.

Wong Wing Tsan
Asian Doll

Satowa | STW-7007 | 1997

1. Destiny and Bond
2. Bravery and Prayer
3. Asian Doll
4. Presents from Hikari
5. Wave Dancer
6. Unknown Children
7. Waltz for Manta
8. Sea Wings
9. River of Lives

New Acoustic, NewAge-Instrumental

자신의 독립레이블 이름으로 발표한 두 번째 뉴에이지 앨범《Satowa, 1993》은 마을풍경을 주제로 동심 어린 자서전이었다.

이후 2003년 국내에도 출시되어 많은 사랑을 받은 바 있는 세 번째 앨범인 본작은 당시 104세의 친조모의 일생에 바치는 작품이다. 중국 상인 집안의 귀한 딸 Asian Doll로 자랐지만, 열네 명의 자식을 낳은 할머니의 작고 오그라든 발의 노고에 바치는 존경과 사랑, 그리고 1997년 7월 1일 홍콩의 중국 반환이라는 시대적인 정치환경에서 새로운 여행길에 오른 가족의 안녕과 행복을 기원하는 소망 등이 잔잔히 기술되어 있다. 신시사이저 오케스트레이션과 피아노의 단조로운 구성이지만, 대부분의 곡들이 황혼의 안온한 서정과 영혼의 평화를 심어준다.

국내 드라마에도 삽입되었던 〈Destiny and Bond〉는 NHK 스페셜 「가족의 초상」 테마로, 운명적인 사랑과 유대를 피아노의 무거운 터치와 웅장한 오케스트레이션으로 드라마틱하게 들려준다.

NHK 스페셜 「가족의 초상」 엔딩 타이틀인 〈Bravery and Prayer〉에서는 오케스트레이션과 더없이 잔잔한 피아노의 기도문이 흘러가는 인생의 시간을 동양적인 단아함으로 경외한다.

〈Asian Doll〉에는 바람과 같았던 조모와의 추억을 재즈 팝으로 녹여냈 다. 할머니와의 전화 통화에 이어, 경극과 불꽃놀이 그리고 홍콩반환 연설문과 뱃고동 소리 등을 삽입한 파노라마였다.

돌고래에 관한 영상물을 위해 작곡한 〈Wave Dancer〉는 부드러운 재  즈 즉흥으로 수놓고 있는데, 드넓은 음의 스케일로 생명의 신비가 햇살 과 함께 그려진다.

〈Unknown Children〉은 할머니의 어린 시절로 돌아가 집안일을 돕고  동생들을 돌보며 자신을 채울 수 없었던 동심의 고독감을 들려준다.

〈Waltz for Manta〉는 영롱하고도 꿈결을 거니는 듯한 작품으로, 여린 소녀의 소망과 로망스를 맑은 수채화로 그려낸다.

역사를 살아간 모든 어머니에게 바치는 찬가 〈River of Lives〉로 아시아 인형의 이야기를 종결한다.

웡윙찬의 개인적인 이야기지만, 지역적인 특수성을 떠나 여인이자 어머니로서 희생과 헌신적인 인생을 엿볼 수 있기에 더욱 감동적인 작품이다.

Wong Wing Tsan
Far from the Sea

WONG WING TSAN

Satowa | STW-7016 | 2003

1. Far from the Sea
2. Or in the City, At That Time
3. The Age of the Heart
4. The Fluctuation of Everything
5. Touching the Moon - *Guitar Vers.*
6. Sunshine
7. The Days of Spilling into the River
8. Praying in Summer
9. Pebbles Like Me and Pebbles
10. Touching the Moon

New Acoustic, NewAge-Instrumental

새천년의 웡윙찬은 또 하나의 주목할 만한 앨범인 본작을 발표했는데, 이에는 그가 맡았던 두 방송음악 5곡과 신곡 5곡을 수록하고 있다. 매우 간결하게 도안된 커버는 쉽게 기억되진 않지만, 수록곡들은 쉽게 잊히지 않는 감명을 주고 있다.

먼저 신곡들을 살펴보면, 처음으로 수록된 타이틀곡 〈Far from the Sea〉은 유려하고 안온한 피아니즘에 푹 젖게 되는 마력의 작품이다. 아마도 그는  이 곡을 통해서 사랑의 힘을 그리고 싶었던 것이 아닐까? 가슴을 뜨겁게 불타오르게 하는 서정성은 너무나 찬란하다.

〈The Fluctuation of Everything〉은 규범적인 오게스드레이션과 자율  적인 피아노의 즉흥이 어우러지는 현대적인 세련미가 훌륭하다. 변하는 세상을 바라보는 시선에서 그의 음악은 상념을 깨끗하게 걷어낸다.

〈The Days of Spilling into the River〉은 물 흘러가는 대로 유연자  적하듯 동양적인 여백미가 충만하며, 뜨거운 갈망처럼 애상적인 피아노 즉흥이 아름다운 〈Praying in Summer〉에는 여름비가 내린다.

〈Pebbles Like Me and Pebbles〉은 달콤하고도 시원한 재즈 색소폰이  한여름밤의 낭만적인 꿈을 한껏 부풀린다.

〈The Age of the Heart〉는 NHK 교육방송 「마음의 시대」의 음악으로, 따스하고도 느긋한 평온감을 남겨준다. 동심처럼 간결한 멜로디가 청아하다.

다음 4곡은 장애아를 키우는 모성애를 그린 장편 다큐멘터리 「내 친구의 시간~어머니의 계절」의 음악이다.

회상몽과 같은 드라마 〈Or in the City, At That Time〉은 낙관적이고  로맨틱하며, 기타와 피아노 버전으로 수록한 〈Touching the Moon〉은 기도하는 모정의 거룩한 사랑을 온화하게 채색한다.

장애인 가정에 응원과 안녕을 보내는 전원곡 〈Sunshine〉은 밝고 환한 미소를 잃지 않기를 바라는 마음을 담았다.

이후 순수 뉴에이지 음악으로 다섯 번째 앨범 《Flowers of Radiance, 2009》를 냈다. 이 또한 그의 인기 있는 대표작 중 하나로, NHK 「일본 기행」의 테마곡 〈At the Beginning of Your Journey〉를 수록하고 있으며, 이채롭게 피아노 솔로와 오케스트레이션 협연을 2CD에 나누어 수록하였다.

Xcultures
One World, One People

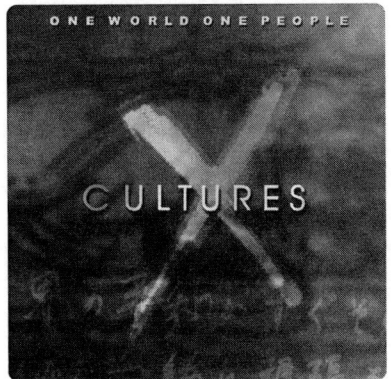

Intentcity | ICCD 80001 | 2000

1. Welcome to Crossing Cultures
2. Dreams of Happiness
3. Sufi Mali
4. Bagnanda / Dance of Life
5. Temptations
6. Sudanese Dance
7. Waterfalls
8. One World, One People
9. Larissa
10. Free Your Mind
11. Chinatown
12. Smile
13. Help the Childrens

NewAge-World

Xcultures는 브라이언 웨이Brian Wayy의 프로젝트로, 그는 팝계에서 유명한 프로듀서이고 프로그래머이다. 폴라 압둘Paula Abdul, 힙합그룹 Ii D Extreme, 그리고 Stevie B의 앨범들도 그의 손을 거쳐 제작되었다. 이외도 그의 제작 음반은 수십이 넘는다. 그러던 그가 2000년에 새로운 프로젝트 음반을 냈다.

본작은 딥 포레스트Deep Forest나 이니그마Enigma, 그리고 B-Tribe의 음악과 유사한 형태를 띤다. 일본의 전통악기 고토, 모로코와 세네갈의 민속음악과 퍼커션, 인도의 타블라와 시타르, 스코틀랜드의 악기 음원 샘플로 전자음악 트랜스 비트가 거친 숨을 쉬는 멋진 뉴에이지 월드 앨범으로, 그해 12월에 타이틀 리믹스 앨범도 선보였다. 타이틀과 마지막 곡 〈Help the Children〉에서 짐작할 수 있듯이 앨범에 참여한 아티스트들의 로열티 중 1/3을 기아에 허덕이는 어린이들에게 기부되고 있다.

하나 된 초문화의 세계로 안내하는 〈Welcome to Crossing Cultures〉에 이어, 〈**Dreams of Happiness**〉에서는 일본 여성 Marisa Kosugi의 향토성 짙은 보컬을 만날 수 있다.

세네갈 보컬 샘플로 만들어진 〈**Sufi Mali**〉는 아프리카 수피음악을 월드 비트에 실었고, 팬플루트에 이어 모로코 찬트가 등장하는 〈Bagnanda / Dance of Life〉와 함께 트랜스 비트의 절정을 보여준다.

〈**Temptations**〉은 세네갈 출신의 월드뮤직 가수 유쑤두Youssou N'dour 와 오페라 여성 보컬의 듀엣을 듣는 듯한 발라드이며, 수단의 민속 보컬로 이루어진 〈Sudanese Dance〉는 막강한 파워가 넘실거린다.

〈**Waterfalls**〉은 중국 민속 보컬과 대나무 피리, 현악기, 댄스 비트로 독특한 토양의 향취를 펼쳐놓는다.

타이틀곡 〈One World, One People〉는 랩, 백 보컬, 인도 여성의 보컬 샘플과 특색 있는 악기들의 조합이 열정으로 이끈다.

구슬프고도 진한 호소력이 아름다운 〈**Help the Childrens**〉는 묵시적인 페르시아의 여성 보컬, 애절한 바이올린, 4명의 어린이 보컬, 그리고 속삭이는 남성 보컬이 복층으로 연결되는 트랜스 심포니이다.

본작은 우리의 이웃에게 눈과 귀와 마음을 열어둘 것을 권고하는 의식 있는 작품이다. 휴머니즘 음악의 아름다움에 희열을 느낀다.

Yann Tiersen
Eusa

Mute | CDSTUMM397 | 2016

1. Hent I
2. Pern
3. Hent II
4. Porz Goret
5. Lok Gweltaz
6. Hent III
7. Penn ar Roc'h
8. Hent IV
9. Kereon
10. Hent V
11. Yuzin
12. Roc'h ar Vugale
13. Hent VI
14. Penn ar Lann
15. Hent VII
16. Enez Nein
17. Kadoran
18. Hent VIII

New Acoustic

영화 「Amelie of Montmartre 아멜리에, 2001」의 사운드트랙으로 세계적 명성을 거둔 얀 띠에르센은 이제 저명한 프랑스 현대음악가 중 한 사람이 되었다.
그는 1970년생으로 브르타뉴에서 출생했고, 바이올린과 피아노와 지휘를 배웠으며, 《La Valse des Monstres 괴수의 왈츠, 1995》로 데뷔했다. 그 후 《Rue des Cascades 카스카드 거리, 1996》, 《L'Absente 부재, 2000》 영화음악 사운드트랙 《Goodbye Lenin, 2003》 등을 히트시키며, 독특한 그의 음악을 선보이고 있다.

본작은 고향인 프랑스 웨상Ushant 섬(브르타뉴어로 Eusa)을 주제로, 자신의 정체성을 찾는 여정을 영화음악과도 같은 서사적 감성으로 풀이냈다. 수록곡목은 이 섬의 지명이라 한다. 고향의 소리로 채운 즉흥곡 〈Hent〉의 서주와 간주와 미주 사이에 장소적 주제들을 배치하여 하나의 파노라마 풍경으로 연결하고 있다.
고향의 도착을 알리는 〈Hent I〉은 여성 내레이션과 함께 고요한 고향섬의 밤 풍경을 청징한 피아노로 훑어낸다.

〈Pern〉은 운명의 끈을 따라온 그의 여행에서 느낀 감정을 자유롭게 풀이하였는데, 그 달콤하고도 발랄한 피아노 터치가 퍽 인상적이다. 어머니의 품과도 같은 안온함에 대한 인사가 아닐까.

싱글 커트된 〈Porz Goret〉은 잔잔함 속에서 피아노의 여음은 잠든 고독을 깨우는 듯하다. 바다의 파도 소리가 배경이 되는 이 피아노왈츠는 그리움이 사무치며 새의 지저귐으로 전환된다.

또 하나의 걸작 〈Penn ar Roc'h〉는 오랜 시간 고향을 지켜내고 생명력으로 살아온 자연에 대한 감사가 서린다. 그는 고향의 자연에게 그 보답으로 잔물결처럼 찰랑이는 피아노 자장가를 선물했다.

다소 긴장감을 느끼게 되는 〈Kereon〉은 스타카토 기법과 미니멀 속주로 그려낸 독특한 정경이다.
반복되는 특유의 아련함이 여전한 〈Yuzin〉은 그동안 그리움으로 참아왔던 눈물을 쏟고 후련함이 남은 듯한 작품이다.
〈Roc'h ar Vugale〉은 연둣빛 신선함이 자리하고, 〈Penn ar Lann〉에는 수풀림의 피톤치드가 세포를 되살아나게 하며, 〈Enez Nein〉은 시원한 바람이 분다.
〈Kadoran〉에는 생동감 넘치는 리드미컬한 템포에 발걸음이 가볍다.

그가 그리고 있는 푸른 단색화 같은 추상화 갤러리의 음악전시는 영롱하다.

Yann Tiersen
All

Mute | CDSTUMM432 | 2019

1. Tempelhof
2. Koad
3. Erc'h
4. Usal Road
5. Pell
6. Bloavezhioù
7. Heol
8. Gwennilied
9. Aon
10. Prad
11. Beure Kentañ

NewAge-Ambient

전작 《EUSA, 2016》가 고향의 자연에 대한 서정시라 한다면, 후속작인 본작은 고향을 떠나 먼 여행 중에 쓴 범지구적인 자연과 인간에 대한 앰비언트 풍경화라 할 수 있다. 모든 생명을 지칭하는 타이틀 아래, 자연을 바탕으로 한 노래 제목에 악기 연주와 현장 녹음을 혼합하면서 환경적 황야에서의 인류의 위치에 대한 주요 주제를 담았다. 혼자 연주하면서도 다양한 언어의 보컬리스트를 초빙했다.

폐쇄된 베를린 공항이며 최대의 난민 보호소가 있는 〈Tempelhof〉에는 뛰어노는 난민 어린이들의 구상음을 삽입하면서 친밀함을 표하는 피아노 연주에 이어 후반의 전자음향으로 연민의 감정을 드러낸다.

생태학 연구기관 중 하나인 영국 슈마허 대학 뒤 삼나무 숲에서의 현장 녹음이 포함된 〈Koad〉는 스웨덴 여가수 안나 본 하우스볼프Anna von Hausswolff가 노래하는 숲 정령의 찬송이 몽환으로 스며든다.

〈Erc'h 눈〉은 덴마크 출신의 뮤지션 울라퍼 야굽손Olavur Jakupsson이 설원의 서정을 온유한 복음성가로 들려준다.

서글픈 현의 눈물이 흐르는 〈Usal Road〉는 그가 여행 물품을 도난당하고 퓨마와 직면하기도 했던 캘리포니아 여행에서 쓴 것으로, 바이올린 파트를 그 현장에서 녹음했다고 한다.

아들을 위해 쓴 〈Pell 멀리〉에서는 그의 아내인 에밀리 띠에르센Emilie Tiersen이 브르타뉴어로 축복의 소망을 올린다.

가스펠 코러스 〈Bloavezhioù 연대〉에 이어, 신년의 일출을 바라보는 듯한 〈Heol 태양〉은 문 닫힌 성과 그것을 여는 '언어의 황금열쇠'에 대한 비유를 담은 것이라고 한다.

〈Gwennilied 제비〉는 브르타뉴의 포크가수 드네즈 프리쟝Denez Prigent의 낮은 음성이 비장하고도 운명적인 인상을 남기며, 여우의 울음소리가 삽입된 〈Aon 두려움〉은 브르타뉴 출신의 여성 가수 가엘 케리앙Gaëlle Kerrien의 경건한 기도가 제례를 올리는 듯하다.

〈Prad 목초지〉는 새소리가 고요한 피아노 위로 내려앉으며, 〈Beure Kentañ 첫 아침〉은 그의 아내 에밀리가 낭송한다.

본작은 현대를 살아가는 인류와 자연의 목가적인 음상으로, 수용과 포용을 넘어 긍정적인 진실의 아름다움을 아로새긴다.

Yann Tiersen
Kerber

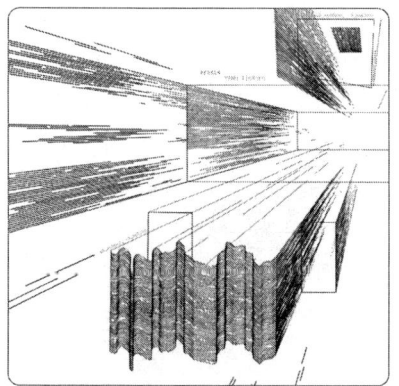

Mute | CDSTUMM465 | 2021

1. Kerlann
2. Ar Maner Koch
3. Kerdrall
4. Ker Yegu
5. Ker Al Loch
6. Kerber
7. Poull Bojer

NewAge-Ambient

그는 《All, 2019》 이후 과거의 작업물을 재해석한 《Portrait, 2019》를 내고, 그가 수십 년 동안 머물렀던 고향섬의 예배당 이름에서 따온 새로운 앨범 《Kerber》를 발표했다. 본래 그는 피아노 중심의 앨범이 될 것이라 말했지만, 팬데믹 기간 동안 작은 섬에 고립된 그는 지루함을 느꼈고 피아노를 샘플 뱅크로 사용하여 전자음향의 기계들 모듈들을 실험하고 탐험하게 된다. 그는 이 창의적인 시간들이 일종의 명상이었다고 밝혔는데, 그래서 평상시에는 지나칠 수 있지만 불안함의 고독 속에서 보다 세밀하게 관찰하고 체득한 신비의 풍경 음악을 점묘하고 있다. 각 트랙들은 《EUSA, 2016》처럼 그의 집을 둘러싼 장소들과 연결되어 있다고 한다.

〈Kerlann〉은 안개처럼 혹은 밀물처럼 전자음향이 시나브로 밀려온다. 편안하지만 다소 저기압이 흐르며 희미한 피아노가 주위의 고요 속에서 영적인 안식처를 향해 조심스럽게 탐색한다.

〈Ar Maner Koch〉는 세련되고도 절묘한 일렉트로닉스이다. 규칙적인 리듬감을 가지며, 우울한 피아노의 서정이 계속해서 맴돈다. 국내에도 공연된 프랑스 무용가 요안 부르주아Yoann Bourgeois의 중력을 거스르는 계단과  트램펄린을 위한 공연 장면이 계속 맴돈다.

미니멀 작품 〈Kerdrall〉의 온후한 공기는 광활한 공간 속으로 천천히 혹은 빠르게 비행하듯 온몸을 타고 흐르며, 〈Ker Yegu〉는 잔잔한 피아노의 서정과 기묘한 음향적 실험이 만유인력처럼 서로를 끌어당겼다가 밀어내는 유희를 들려준다.

〈Ker Al Loch〉의 황홀하고도 중독적인 우주적 교향악은 영화 「인터스  텔라」의 아멜리아 버전이라고나 할까? 깊숙이 잠수했다가도 한없이 수직으로 상승하는 듯한 극한적인 몽환에서 헤어 나올 수 없다.

타이틀 〈Kerber〉도 기염을 토할만한 피아노 음악으로 새로운 피아노  순열을 파격적으로 들려준다. 은은한 무드와 영롱한 서정은 치밀한 반복과 구성으로 끊임없이 피고 지는 환상이고 침묵이다.

드럼 사운드를 사용한 〈Poull Bojer〉은 몽롱하면서도 행복한 일렉트로 닉스 그래프이다.

국내 배급처의 소개처럼 얀 띠에르센의 고요하고도 아름다운 폭풍은 주입하지 않음에도 몰입할 수밖에 없는 컨템퍼러리 음악의 미학적 중심이다.

Yanni
Keys to Imagination

Private Music | 2008-2-P | 1986

1. The North Shore of Matsushima
2. Looking Glass
3. Nostalgia
4. Santorini
5. Port of Mystery
6. Keys to Imagination
7. Forgotten Yesterdays
8. Forbidden Dream

NewAge·Electronic·Ambient

'뉴에이지의 베토벤'이란 별명에서 느낄 수 있듯이 악성의 힘이 넘치는 그의 음악은 뉴에이지 사운드 헬스에서 뉴에이지 일렉트로닉스를 대표해왔고, 그래서 헬스클럽이나 드라이브 전문용으로 많이 이용되어 왔다.

야니의 음악은 반겔리스Vangelis와 자주 비교되곤 하는데, 그도 그럴 것이 그들은 같은 그리스 출신의 뮤지션이다. 고국에 대한 향수와 그리스 신화가 바탕이 된 신비주의에서, 그리고 역사의 장이었던 만큼 서사적인 드라마에서 유사점을 찾을 수 있겠다. 이렇듯 그의 음악은 교향곡 같은 인상을 지울 수 없으며, 타 뉴에이지 음악보다도 중후하고 웅대한 감흥을 받게 된다.

이와 같은 감동의 결과는 데뷔 당시 미국의 뉴에이지를 양분하고 있던 나라다와 윈드햄 힐의 아성을 깨기에 충분했으며, 뉴에이지 신흥 레이블 Private은 즉각 주목받을 수 있었다.

1986년 그해는 정식으로 '뉴에이지 음악'이란 장르가 독립을 선언한 해로 빌보드 차트에 뉴에이지 부분이 신설되었다. 또한 1986년은 야니가 정식 데뷔를 가졌던 해이기도 했다. (실질적 데뷔작은 《Optimystique, 1984》로, 이후 재발매 되었다) 뉴에이지 음악의 정의를 내리는 듯 명쾌한 타이틀 《Keys to Imagination》는 전 세계 뉴에이지 음악팬들이 가장 좋아하는 아티스트 중의 한 사람 야니의 명성을 알리게 되는 위대한 시작이었다.

일본으로의 대장정 〈The North Shore of Matsushima〉란 장대한 심  포니는 이미 이국적인 동양의 자연에서 느끼게 되는 색다른 신비의 매혹을 부여하고 있다.

발표 당시부터 라디오를 비롯한 방송 및 광고음악계에 화제를 몰고 온  그의 대표곡 〈Nostalgia〉는 야니 특유의 작열하는 건반의 불꽃으로 향수를 불태우는 애상감의 상징이 되어왔다.

파장이 곱게 이는 듯한 화려한 연주로 가장 아름다운 그리스의 '빛에 씻긴 섬'을 연주한 〈Santorini〉 역시 그의 명곡으로 남아있다.

애수에 물든 동양적인 신비감 〈Port of Mystery〉, 그리고 마지막 곡  〈Forbidden Dream〉에는 긴장 어린 드럼 비트가 질주한다.

야니는 전 세계 뉴에이지 팬들을 놀라게 했던 본작을 통해 끝없이 꼬리를 물고 피어나는 미지의 관문 너머로 펼쳐질 상상의 열쇠를 우리의 손에 쥐어준다.

Yanni
Out of Silence

Private Music | 01005-82024 | 1987

1. Sand Dance
2. After the Sunrise
3. Standing in Motion
4. The Mermaid
5. Within Attraction
6. Street Level
7. Secret Vows
8. Point of Origin
9. Acroyali
10. Paths on Water

NewAge-Electronic·Ambient

발표 당시 국내에서도 놀라운 판매고를 기록했다는 그의 데뷔작 《Keys to Imagi-nation, 1986》에 이어 발표한 앨범이 본작이다. 이는 오랜만에 찾아간 고향 그리스 칼라마타Kalamata로의 여정을 담은 콘셉트 앨범으로, 전작에 비해 윤택한 사운드로 이루어져 있다고 평가받았다.

그의 초기 앨범들은 환상적인 일러스트로 디자인되었는데, 지중해를 상징한 듯한 공간적 배경과 향수를 자극하는 컬러 감각 그리고 물 위에 고향섬을 등지고 앉아 있는 그의 모습이 4차원적인 신비감과 노스텔지아를 더하고 있다.

부주키와 만돌린의 경쾌하고 발랄한 느낌을 주는 축제의 향연 〈Sand Dance〉에는 귀향을 앞둔 들뜬 설렘을 그리스 해변의 모래들이 춤추는 것으로 비유했는데, 그 신시사이저의 밀도와 진동이 놀랍다.

반겔리스Vangelis를 연상시키는 〈After the Sunrise〉는 고향에서 하룻밤을 보내고 맞는 첫 아침의 감정을 심포니와 건반으로 표현했다.

〈Standing in Motion〉에서 자신은 영화음악 체질이라고 한 말을 실감할 수 있는데, 흡사 조지 모로더Giorgio Moroder의 영화음악처럼 긴장되는 상황이 연속되다 다이내믹한 액션 장면으로 손에 땀을 쥐게 한다.

한때 국내 방송계에서 최고의 인기를 누렸던 〈The Mermaid〉는 물거품이 되어버린 동화 속의 인어공주 이야기를 소재로, 지중해와 함께한 어린 시절을 회상하며 만든 곡이다.

〈Within Attraction〉에서는 하얀 가옥들과 올리브농장 그리고 항구에서 살아가는 사람들의 정겨운 이야기들로 가득 채운다.

길게 뻗어있는 현재의 신작로를 뒤로 고대 신전의 위용이 드러나는 〈Street Level〉에서는 시간의 터미널을 향한 질주가 이어지며, 〈Secret Vows〉에서는 고향땅에 대한 사랑을 서정적인 바람결의 오케스트레이션으로 언약한다.

〈Point of Origin〉는 다난한 삶을 산 선조에 대한 감사와 미래에 대한 확신을 독창적이고도 위세 당당한 심포니로 그려냈고, 칼라마타 인근 마을의 이름인 〈Acro-yali〉에는 만돌린이 연주하는 올리브 향기가 그윽하다.

〈Paths on Water〉은 시원스레 하얀 포말을 그리며 물살을 가르는 항해의 뒤로 점점 그의 고향 칼라마타가 멀어져 간다.

야니의 아이덴티티와 스케일은 새로운 전형이 되어 뉴에이지 시장을 정복했다.

Yanni
Chameleon Days

Private Music | 01005-82043 | 1988

1. Swept Away
2. Marching Season
3. Chasing Shadows
4. The Rain must Fall
5. Days of Summer
6. Reflections of Passion
7. Walkabout
8. Everglade Run
9. A Word in Private

NewAge-Instrumental

야니는 본명이 야니스 크리소말리스Yiannis Hrysomallis로 1954년생이다. 어린 시절부터 피아노를 배웠지만 정규 음악교육은 받지 않고 독학으로 공부했다.
14세 때 대표 수영선수로 발탁되어 50m 자유형 그리스 기록 보유자였지만, 18세 때 미네소타대학교로 진학, 약 3년간 몸담았던 로컬 실험 밴드 카멜레온Chameleon 의 멤버로 활동하며 투어를 통해 적지 않은 성공을 거둔다. 그의 음악의 반려자가 된 동갑내기 미국인 드러머 찰리 애덤스Chalie Adams도 카멜레온 출신이다. 심리학 학위를 받은 후 그는 자신만의 음악을 추구하기 위해 독립한다.

본작은 자신의 청년기를 보냈던 카멜레온 밴드 시절을 회상하여 완성한 작품으로, 드러머 찰리 애덤스에 대한 우정의 표시이기도 했다. 그는 일렉트로닉스의 차가운 감성을 배제하고자 피아노와 신시서이저 하모니카를 적극 사용하고 있다.
경쾌한 팝 발라드 피아노 연주곡 〈Swept Away〉에 이어, 음악을 향한  젊은이의 고뇌와 의기충천한 용기를 그린 듯한 〈**Marching Season**〉에 는 우렁찬 심포니에 재즈피아노가 마칭드럼과 함께 행진한다.
다이내믹 야니의 전형적인 남성적 사운드를 들려주는 〈Chasing Shadows〉는 빠른 템포와 함께 열띤 즉흥의 신시-하모니카가 화려한 불꽃을 틔운다.
유려한 재즈피아노로 열정을 표출하는 로망스 〈**The Rain must Fall**〉 에 이어, 〈Days of Summer〉은 데뷔 시절로 돌아간 듯한 웅장한 퓨전 록 심포니가 열기를 토한다.
1990년에 발표된 베스트앨범의 타이틀이 되기도 했던 〈**Reflections of Passion**〉 은 본작의 백미이자 그의 최대 히트곡 중 하나이다. 차분하게 진행되는  피아노 멜로디는 왈츠풍의 템포를 타고 한 젊은 음악가의 순수한 꿈의 열정을 서정적으로 그려내고 있다.
〈Reflections of Passion〉과 함께 피아노의 서정적인 매력을 잘 전해주는 〈**A Word in Private**〉은 개인적인 애청곡이기도 한데, 수줍은 듯 떨리는  신시사이저 오케스트레이션과 맑은 피아노의 속삭임이 무척 온화하다. 레이블과 오랜 친구들에게 감사의 뜻을 전한다.

야니라면 록적인 스케일을 빼놓을 수 없지만 다정다감한 그의 또 다른 섬세한 면을 접할 수 있다. 빌보드 뉴에이지 앨범 차트 2위를 기록하는 상업적 성공이 뒤이었다.

Yanni
Dare to Dream

Private Music | 01005-82096 | 1992

1. Once Upon a Time
2. A Love for Life
3. Nice to Meet You
4. So Long My Friend
5. You Only Live Once
6. To the One Who Knows
7. Face in the Photograph
8. Felitsa
9. Desire
10. Aria
11. A Night to Remember
12. In the Mirror

NewAge-Instrumental

야니의 1990년대 대표작이며 명작으로, 꿈결같은 사랑 이야기들을 담았다. 초기 작품들에서 접했던 큰 스케일의 음향은 보다 구조적으로 정교한 모습을 갖추었고, 어쿠스틱의 감성 행진은 더욱 따사롭게 매만져졌으며, 팝과 재즈와 록을 거친 실험에서 얻은 멜로디 라인은 더욱 세련된 피아노 선율로 자리 잡았다.

모 방송 프로그램 시그널로 사용된 〈Once Upon a Time〉에 귀 기울이면 정겨운 음률이 들려주는 동화 속 풍경으로 들어간다. 마치 크레파스로 굵게 그린 일기장을 들추듯 순수한 동심이 청량하다.
가슴을 두근거리게 하는 사랑의 순간을 그린 〈A Love for Life〉는 흥분되는 드럼 사운드에 현악의 포근함을 녹여냈으며, 〈Nice to Meet You〉에서는 행복감을 상큼한 퓨전향이 감도는 바이올린과 현란한 재즈피아노로 활력을 불어넣는다.
야니의 그리스식 서정이 차분하고 온화하게 다가오는 우정의 노래 〈So Long My Friend〉는 클래시컬한 매력을 담았다.
〈You Only Live Once〉는 밀도 있는 신시사이저 음향과 빠른 템포의 드럼에 아련한 빛을 발하는 건반의 애수가 서리는 교향곡이다.
로맨틱한 피아노 세레나데 〈To the One Who Knows〉에는 첫 러브레터를 썼던 수줍은 청춘 시절을 돌이켜준다.
추억 속의 행복했던 순간들을 떠올려주는 피아노 서정시 〈Face in the Photograph〉에도 신서-하모니카가 그윽한 향수를 남긴다.
어머니께 바치는 눈물로 쓴 시 〈Felitsa 장미〉는 최고의 감동을 주는 명곡이며, 〈Desire〉는 이국적인 풍광이 펼쳐지는 고향의 노래이다.
19세기 프랑스 작곡가 레오 들리베Léo Delibes의 오페라 「Lakmé 라끄메」의 일부를 차용한 멋진 작품 〈Aria〉는 모나리자Mona Lisa라는 소프라노가 천상의 세계를 열어준다.
눈물 어린 그리움의 야상곡 〈In the Mirror〉에는 어느 날 문득 거울 속에 비친 자신의 모습을 보고 젊은 열정이 사라져버린 현실에서 느끼게 되는 세월의 무상감이 흐르는 듯하다.

지난날의 꿈이 선명하게 남아있는 본작은 베스트앨범이 분명하며, 이듬해 발표된 또 하나의 명연 《In My Time》와 더불어 그래미에 후보 지명되기도 했다.

Yanni
In My Time

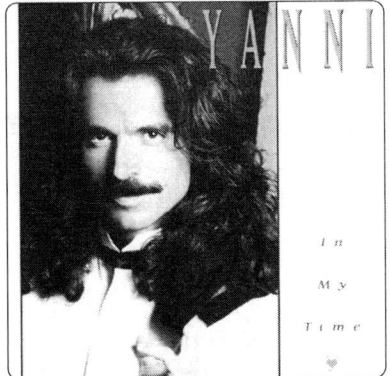

Private Music | 01005-82106 | 1993

1. In the Morning Light
2. One Man's Dream
3. Before I Go
4. Enchantment
5. The End of August
6. To Take...to Hold
7. In the Mirror
8. Felitsa
9. Whispers in the Dark
10. Only a Memory
11. Until the Last Moment

NewAge-Instrumental

본작은 그동안 뮤지션으로서의 야니를 집대성한 거나 마찬가지였다. 지중해의 헬레니즘 문화를 바탕으로 한 고전주의가 드디어 야니만의 낭만주의로 원형을 이뤄낸 것이다. 그의 손길은 여태껏 따사로운 지중해의 기후처럼 온화한 일렉트로닉스가 가미된 것이었지만, 이번 앨범은 어쿠스틱이 위주가 되어 더더욱 인간적이기까지 하다.

히트곡 〈In the Morning Light〉는 사랑과 평화로 요약할 수 있을 듯한데, 아직 잠에서 깨지 않은 아기를 바라보는 부모의 마음이 아닐까 생각된다.

〈One Man's Dream〉은 한 인간으로서의 소박한 소망을 위해 척박한 현실의 삶을 인내하며 살아가는 우리네의 모습이다. 연민의 아르페지오는 가슴을 따스하게 하는 아름다운 멜로디와 만나 감동을 자아낸다.

〈Enchantment〉에서는 마치 만개한 아카시아꽃 향기가 꽃잎과 함께 하얗게 바람에 흩날리는 오솔길의 풍경이 그려진다. 여린 피아니즘의 정감이 클래식의 중후함과 현대적인 세련됨으로 어우러진다.

〈The End of August〉는 담백한 낭만주의와 시적인 함축미를 담고 있는 걸작이다. 어쩌면 야니의 8월은 인생의 전성기를 의미하는 것은 아닐까? 그 용기와 도전만큼이나 많은 실패와 상처를 받게 되는 젊음의 단편적인 낙관주의는 너무나 아름답다.

또한 전작에 수록되어 있는 가장 돋보이는 명곡들 〈In The Mirror〉와 〈Felitsa〉를 다시 연주하여 실었는데, 〈Felitsa〉는 밴드 사운드가 제외되고 바이올린이 협연하고 있다.

〈Whispers in the Dark〉에서 들려오는 묵상의 야상곡도 깊은 서정을 불러일으킨다.

"창조력은 인간 본연의 가장 숭고한 특성이다. 창작을 할 때 인간은 본연의 모습 그 이상이 된다." 아티스트로서 야니를 잘 드러내는 그의 말이다.

수차례 콘서트 차 국내를 다녀간 야니. 가장 인간적이며, 동시에 가장 위대한 작곡가로서 야니를 느끼게 하는 본작을 발표한 후, 60인조 로열 필하모닉 오케스트라를 대동한 그리스 아크로폴리스 야외극장 실황을 성대하게 치렀다. 팬들에게 잊을 수 없는 콘서트 비디오는 전 세계적으로 700만 장 이상 판매되었다고 한다.

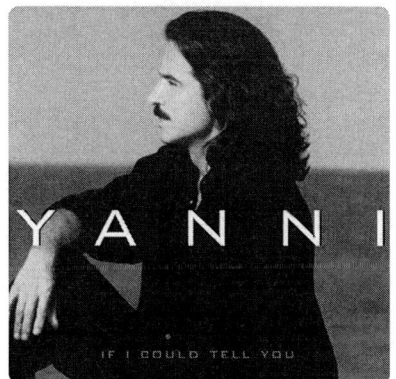

Yanni
If I Could Tell You

Virgin | CDVUS180 | 2000

1. On Sacred Ground
2. The Flame Within
3. Midnight Hymn
4. November Sky
5. With an Orchid
6. Wishing Well
7. A Walk in the Rain
8. Highland
9. If I Could Tell You
10. In Your Eyes
11. Reason for Rainbows

NewAge-Instrumental

야니는 1997년 타지마할과 자금성 공연을 담은 두 번째 라이브 앨범 《Tribute》에 이어 이듬해에는 긴 월드투어를 이어가는 대대적인 횡보를 걸었으나, 바쁜 일정으로 지쳤고 애정관계도 끝나 우울증을 겪었다. 그래서 음악과는 멀리 떨어져 그리스의 가족들과 여행하며 시간을 보냈다고 한다. 2년간의 공백기를 거친 뒤 7년 만에 신보를 발표했는데, 그의 새천년을 열어준 작품이 본작이다.

역동적인 일렉트로 심포니로 시작한 그의 음악은 《Chameleon Days, 1988》에서 서서히 어쿠스틱 향기를 가졌고, 《Niki Nana (We're One), 1989》에서 재즈 팝을 선보였으며, 이후 멜로딕한 피아노 발라드로 중심을 옮겼다.

새천년에 들어서 그는 월드뮤직과 보컬 등 다양한 모색을 꾀했다. 물론 그의 기본개념은 유지되고 있지만, 고통과 불혹을 넘긴 감미로움으로 채워져 있다.

〈On Sacred Ground〉는 엷은 코러스와 간헐적인 여성 보컬리제 그리고 부드러운 심포니로 종교적이면서도 경건한 성가를 들려주는데, 인도의 피리로 명상적인 느낌도 받게 된다.

아라비아 혹은 플라멩코가 접목된 듯한 피아노 드라마 〈The Flame Within〉에 이어, 중반기 반겔리스Vangelis를 연상시키는 〈Midnight Hymn〉에는 여성 보컬리제의 서정이 밤하늘의 오로라처럼 펼쳐진다.

〈With an Orchid〉는 달콤한 향기가 그윽한 낭만 에세이로 동양의 정서가 무르익는다.

딥 포레스트Deep Forest를 연상시키는 〈Wishing Well〉은 활력이 넘치는 아프리카 월드뮤직 축가이다. 이미 이색적인 월드 축제 음악으로 팬들을 놀라게 했던 〈Niki Nana〉를 재해석했다.

〈If I Could Tell You〉은 아들에게 헌정한 동양적인 전자교향악으로, 그의 음악에 밴 특징적인 애수에 잠기게 된다.

〈Reason for Rainbows〉은 그리스의 은은한 비잔틴 음악과 클래시컬한 여성 보컬리제, 아라비아의 월드비트와 셀틱 등 다채로운 색채를 조화롭게 배치했다.

본작에서 선보인 월드 보컬과 소울 그리고 클래시컬 성악 등의 새로운 규범들은 《Ethnicity, 2003》를 거쳐 《Voices, 2009》에서 그 절정에 이르렀으며, 열정적인 라틴으로의 초대 《Mexicanísimo, 2010》, 감각적인 트립합과 퓨전 《Truth of Touch, 2011》, 칠아웃 하우스 《Sensuous Chill, 2016》로 이어졌다.

Yasué
Cosmic Pandora

BMG | 09026 632212 | 1997

1. Peaceful Village
2. El Dorado
3. Cross-East
4. Harv Hiyo
5. Lakshimi
6. Suri Ya
7. Chora Song
8. Kabal from Cosmic Pandora
9. Native Mind
10. Ancient Quest
11. Fairy Circle

NewAge-World

506

일본의 여성 작곡가 야스에Yasué Anai는 3세 때부터 피아노를 배웠는데, 돈이나 명성이 아닌 순수한 즐거움으로서 음악을 시작했다. 16세 때 교내 밴드를 결성하여 키보드를 연주했고, 게이오대학교에서 국제정치학과 문화학을 전공하면서도 음악적 훈련을 병행했으며, 학비를 충당하기 위해 레스토랑과 클럽에서 재즈와 스탠더드 팝송을 연주하면서 자작곡을 레퍼토리에 포함시키기도 했다.

이러한 가능성을 알아본 동경의 라디오 프로듀서에 의해 마침내 Alpha 레코드사를 통해 데뷔작 《A Fine Day, 1993》를 발표하게 된다. 이 앨범은 일본의 사계를 테마로 한 것으로, 투어 콘서트를 통해 이름을 알린다. 또한 J-웨이브 라디오 모닝 쇼의 주제곡을 쓰기도 했다.

두 번째 앨범인 본작은 이듬해 미국 시장 진출의 첫 데뷔가 된 야심작이자 출세작이다. 오빠인 Masakazu Anai의 키보드와 보컬 그리고 깔끔한 프로그래밍이 더해진 총체적인 음악인상은 딥 포레스트Deep Forest의 아시아 버전이라 해도 과언이 아닐 만큼 신선한 젠Zen의 향기를 뿜어낸다.

깔끔하고도 세련된 J-팝 스타일의 서두를 지나 맑고 부드러운 그녀의 민속풍의 보컬이 자연에 묻혀 조화롭게 살아가는 아시아 풍경을 스케치한 〈Peaceful Village〉는 단연 돋보이는 트랙이다.

이상향을 의미하는 〈El Dorado〉에는 셈 리브라Sem Libra라는 남성 보컬리스트의 이국적인 구음이 파장을 그린다.

보다 빠른 템포에 아시아의 향이 가득한 〈Cross-East〉는 원색적인 풍물 이야기로 흥을 돋우며, 너무나 고운 선율의 단가 〈Harv Hiyo〉는 소녀 같은 순수한 감성이 묻어난다.

행운을 비는 인도풍의 〈Lakshimi〉는 천지를 요동하는 드럼과 맑은 보컬이 인상적인 걸작이며, 태양신을 의미하는 〈Suri Ya〉는 풍요와 안녕을 기원하는 제례의 퓨전이다.

애수에 젖는 〈Ancient Quest〉에 이어, 북의 울림에 보컬 없이 키보드로 진행되는 차크라Chakra 음악 〈Fairy Circle〉에는 서서히 발화하는 상상의 에너지를 불어넣어 준다.

오리엔탈 구음의 성공은 《Laktia, 1999》로 이어졌고, 결혼과 육아 등 개인적인 생활로 돌아가 한참 후에 새로운 앨범 《Say Yoo, 2005》를 발표했다.

Yuhki Kuramoto
Refinement

REFINEMENT
CNLR 9808-2

YUHKI KURAMOTO
WITH THE LONDON PHILHARMONIC
AT ABBEY ROAD STUDIO

Nippon Crown, C&L | CNLR 9808 | 1993

1. Romancing Time
2. A Scene of La Seine
3. Lake Louise
4. A Song of Swan
5. Nostalgia
6. Appassionato
7. Virgin Road
8. Coming Across
9. Forest
10. Nocturne

New Acoustic

돌바닥의 광장과 중앙에 자리한 첨탑의 성당, 아름다운 대리석 조각상들, 주변에 둘러싸인 고전주의 양식의 역사 건물들, 기념품을 파는 상점들, 예술가의 다리 한편에 자리를 잡은 연주자들과 화가들, 우람한 녹색의 정원들, 분수와 물새가 노니는 호숫가의 평화로움, 좁다란 골목과 높은 계단들, 멋진 제복을 입은 경찰관, 유모차에서 곤이 잠든 아기천사들, 해가지면 아름다운 불빛으로 물드는 강변의 정경들, 레스토랑 문 사이로 퍼져 나오는 치즈향...

마치 고풍스러운 유럽의 한 도시에 와있는 듯한 이 음악은 유키 구라모토가 런던 필하모닉과 애비로드 스튜디오에서 녹음한 것으로, 장대한 오케스트라와 협연이 더욱 클래시컬한 느낌을 준다.

이국적인 공간과 시간을 거슬러 올라간 듯한 낭만 문학 〈Romancing Time〉은 비엔나의 젊은이들의 애끓는 러브스토리를 들려주며, 〈A Scene of La Seine〉에도 안개에 젖어있는 파리 센강을 따라 잔잔한 '사랑의 찬가'가 흐른다.

그의 성공적인 데뷔를 이끌었던 캐나다의 명소 〈Lake Louise〉에는 일몰이 내려앉은 호수를 나란히 거니는 노부부의 깊은 온정이 그려진다.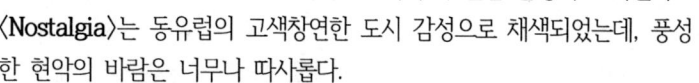

〈Nostalgia〉는 동유럽의 고색창연한 도시 감성으로 채색되었는데, 풍성한 현악의 바람은 너무나 따사롭다.

본작에서 가장 개인적으로 애청하고 있는 클래시카 〈Appassionato〉는 베로나의 열렬한 로망스를 이어간다.

호수와 풍차의 나라 네덜란드의 정경으로 초대하는 〈Virgin Road〉이 지나면, 〈Coming Across〉에서 주황색 지붕 아래 흐르는 몰다우의 잔물결을 하염없이 응시하게 된다.

잘츠부르크 미라벨 정원에서 들려올 것만 같은 모차르트Mozart 음악 〈Forest〉에 이어, 〈Nocturne〉은 타워브리지 템스강 아래 별밤 풍경이 흐른다.

사회생활을 하다 보면 불현듯 짐을 꾸리고 비행기를 타고 싶을 때가 있다. 그 유혹을 뿌리치기 힘들 때 유키 쿠라모토의 본 앨범을 CDP에 걸고 눈을 잠시 감으면, 그는 가보지도 못한 도시의 풍경속으로 거닐게 해준다. 그는 동양인이지만 적어도 본작에서는 그 감성으로 유럽을 스케치하는 풍경화가이다.

Yuhki Kuramoto
Sailing in Silence

Nippon Crown, C&L | CNLR 2K04 | 2000

1. Little Star Light
2. Dawn
3. Calming Island
4. Ondine
5. In the Gentle Sunlight
6. Sonnet of the Sea
7. Ripples in Silence
8. Towing
9. Lonely Sailing
10. Peacefully
11. Waltz Romantic
12. Meditation II
13. Sky in the Evening
14. Stillness

New Acoustic

유키 구라모토가 아끼는 초기작들 중에서 고요하며 명상적인 곡들을 선별하여 하루 동안의 항해를 그린 앨범이라 한다. 앨범 제목도 뉴에이지 음악의 성격과 부합하며, 또한 그가 엄선한 선곡인 만큼 아름다운 명곡들이 즐비하여 그의 많은 앨범들 중 가장 애청하고 있는 음반이기도 하다.

〈Little Star Light〉는 지극히 관조적이다. 거의 한 손 연주이지만 별빛 가득한 여백은 끝없는 하늘과 또한 깊은 호수에 이르기까지 울리고도 남음이 있다.

이미 방송을 통해 많이 알려진 그의 대표작 〈Dawn〉에 이어, 〈Calming Island〉에는 잔잔한 아침의 파도 소리와 함께 청정한 상쾌함에 젖어든다.

아침 정원에서 즐기는 햇살에 대한 낭만 에세이 〈In the Gentle Sunlight〉, 그리고 언제 들어도 콧날이 시큰한 명곡 〈Meditation II〉은 아름다운 자연을 선사한 신에게 바치는 감사의 시이다.

적막한 회색 무인도에 와있는 듯한 〈Ripples in Silence〉, 곡목과는 반대로 무언가 혹은 누군가를 떠나보내는 듯한 이별의 노래 〈Towing〉, 그리고 슬픔과 고통의 바다를 건너야 하는 인생의 항해 〈Lonely Sailing〉이 흐른다.

따사로움 가득한 일몰에 갖는 명상의 시간 〈Peacefully〉에 이어, 쇼팽의 풍부한 감성에서 영감을 받았다는 구슬픈 무곡 〈Waltz Romantic〉에서 애환 섞인 러시아 감성에 젖는다.

〈Sky in the Evening〉은 제목 때문인지 가끔씩 노을 지는 한강변을 산책할 즈음 항상 그 자리에서 곡예도 부리지 않고 바람에 흔들리기만 하는 하얀 연이 생각난다.

피아노의 고음역 연주가 밤하늘 아래 잔잔한 연못 위로 별이 하나둘씩 태어날 때의 정경을 떠올려주는 〈Ondine〉는 영롱한 빛이 아른거린다.

공명으로 일렁이는 피아노 잔향들이 은하수처럼 빛나는 야상곡 〈Sonnet of the Sea〉, 그리고 마지막 〈Stillness〉에 이르면 세상과 분리된 혼자만의 고독으로 돌아온다.

그의 연주대로라면 고독을 음미하는 것보다 행복한 것도 없을 것 같다. 엄살을 부리자면 그의 피아노는 너무 쉽게 청자를 감상주의자로 만든다.

Yuhki Kuramoto
Heartstrings

Nippon Crown, C&L | CNLR 0509 | 2003

1. Heartstrings
2. Innocent Promise
3. In a Gentle Time
4. Various Kinds of Love
5. When You Feel Sorrow
6. Calming (Medicine) Lake
7. Encounter on the Sea
8. Love Song
9. Barcarolle for a Small Canal
10. Old Wooden House by the River
11. Dreaming Little Boat
12. Second Romance

New Acoustic

1951년생인 유키 구라모토는 도쿄 공업대학 대학원에서 응용물리학을 전공한 독특한 이력이 있지만, 누구보다 우리의 감성에 가까이 다가와 있는 음악가이다.

국내 드라마나 방송에도 매우 적합했기에 한국에서 더 많은 인기를 누리고 있는 듯한데, 청명하기 그지없는 피아노 음색으로 장조보다는 단조의 멜로디를 통해 들려주는 애달픈 스토리텔링은 그 하나하나가 한 편의 드라마였다.

이렇듯 심금Heartstrings을 울린다는 표현은 아마도 유키 구라모토의 음악에 매우 적합할 것 같다.

피아노 솔로가 많은 부분을 차지하고 있지만, 본작은 현악과의 협연으로 이뤄졌다. 고교와 대학 시절 아마추어 관현악단 연주 경험을 통해 느끼게 된 현악의 풍부한 하모니에 대한 자극과 꿈은 첫 현악 작품인 《Concertino, 1990》에서부터 틈틈이 실현되었다. 이제 오케스트라 협연은 그의 성공적인 표현방식이다.

〈Heartstrings〉의 중후한 현악과 하늘거리는 피아노의 선율은 눈이 시 릴 만큼 화사하다. 그는 이 곡을 '깊은 애정'의 의미라 했는데, 뜨거운 그리움이 바람에 실려 끝없이 흩어진다.

〈In a Gentle Time〉은 온화한 추억에 머물게 하지만, 선명한 기억을 더듬는 멜로디는 현실의 쓰라림도 같이 투영할 것처럼 애상적이다.

〈Various Kind of Love〉와 함께 드라마 「8월의 러브송」의 삽입곡으로 사용된 〈Love Song〉은 순수함과 풋풋함이 그윽하다. 복잡하지 않고 간결한 선율도, 가볍게 채색하는 현악도 청명하다.

〈Barcarolle for a Small Canal〉에서 들려오는 유유한 물결의 전원곡  은 노 젓는 낙관적인 뱃사공의 사랑과 꿈을 물들인다. 애수도 일렁이고, 로맨스도 촉촉하다.

독일의 오래된 풍경에서 영감을 받았다고 하는 〈Old Wooden House by the River〉은 동화적이며, 〈Calming (Medicine) Lake〉와 함께 《Time for Journey, 2002》에 수록된 〈Dreaming Little Boat〉은 은하수를 가로지  르는 듯한 꿈결같은 환상곡이다.

《Romance 1996》에 수록된 히트곡 〈Second Romance〉는 현악 편곡  으로 슬픈 열풍에 빠질 수밖에 없다.

참고로 〈Innocent Promise〉, 〈When You Feel Sorrow〉, 〈Encounter on the Sea〉는 NHK 드라마 「고래를 본 날, 1999」의 삽입곡이라고 한다.

Yuhki Kuramoto
Reminiscence II

Nippon Crown, C&L | CNLR 1809 | 2018

1. Cordiality
2. Album, Full of Memories
3. Beautiful Memories
4. Gentle Encounter
5. Travel Yearning
6. Lonely Windmill
7. Whereabouts of Love
8. Hopeful Start
9. Walk on Autumn Leaves
10. Pretty Music Box
11. Daydream
12. Seagull Lullaby

New Acoustic

510

유키 구라모토의 히트작 《Reminiscence, 1998》의 국내 데뷔 20년을 기념하는 신작이다. 구라모토처럼 30여 년이 넘게 꾸준히 앨범을 발표하고 팬들에게 사랑받는 경우가 흔치 않은데, 이는 진정 감사한 일이다.

'회상' 앨범에는 〈Romance〉, 〈Lake Louise〉, 〈Meditation〉, 〈Paris in Winter〉 등의 주옥같은 명곡이 수록되어 있다.

특히 〈Romance〉는 창고를 정리하다 지난날 주고받았던 연서를 발견했을 때 연인을 회상하는 드라마에 빠지게 되며, 〈Paris in Winter〉은 눈 내린 센 강변의 고요한 정경에 이별의 슬픔이 투영되는 듯한 작품이었다. 오랜 나무숲이 들려주는 슬픈 사랑의 전설 〈Sonnet of the Woods〉도 기억이 선명하다.

전체적으로 그의 첫 번째 회상이 드라마 영화라면, 두 번째 회상은 다큐멘터리에 더 가깝지 않을까? 좀 더 담백하다는 인상을 받았는데, 이는 어쩌면 첫 회상작은 감상횟수가 많았던 까닭일 수도 있으며, 작곡가도 감상자도 20년이란 시간이 흘렀기에 아마도 평온하면서도 관조적으로 다가올 수도 있겠다. 또한 현재의 뉴에이지 음악이 팝에서 클래식에 좀 더 가까워지는 경향 때문일 수도 있겠다는 짐작이다.

〈Beautiful Memories〉은 일본에서 마취를 개발한 인물의 아내 생애를 다룬 무대를 위해 작곡한 경험이 있었던 구라모토가 자신의 마음을 울렸던 장면들을 떠올리며 한 곡으로 완성한 것이라 한다. 사카모토Ryuichi Saka-moto를 떠올려주기도 하는 간결한 동양적 감성이 무척 온화하다.

여행에 대한 동경을 표현한 〈Travel Yearning〉역시 현대적이면서 단아한 클래시즘이 빛을 발한다. 고요하지만 충동적이며 낭만적이다.

〈Whereabouts of Love〉은 사랑이란 추상적 감정의 생사에 대한 철학적인 자문에서 비롯되었다고 하는데, 사랑의 쓸쓸함이 피어난다.

〈Walk on Autumn Leaves〉은 많고 훌륭한 그의 앨범들 중에서 본작을 고른 이유이기도 하다. 그는 샹송의 분위기에 로맨스를 담고 싶었다고 한다. 멜랑꼴리한 감성은 클래시컬한 선율을 타고 가을의 속삭임에 청자를 귀기울이게 한다.

〈Pretty Music Box〉은 맑고 순수한 동심으로 현실과 꿈을 연결하는 투명한 고리가 분명하다.

Yuichi Watanabe
Piano by the Sea

Green Energy, Stomp | 2001

1. Encounter
2. Portrait
3. Piano by the Sea
4. The September Song of a Boy
5. The Moon and Venus
6. Sun
7. Morning Dew
8. Cradle
9. Nostalgia
10. Winter Stars
11. Stars Falling into the Ocean
12. Road to a Dream

New Acoustic

유이치 와타나베는 1967년생으로, 4세 때부터 피아노를 배웠으며, 국내에도 유명한 프랑스 이지리스닝 작곡가 삐에르 뽀르뜨Pierre Porte에 사사한 일본의 뉴에이지 작곡가이다. 글쓴이는 삐에르 뽀르뜨를 너무나 좋아하기 때문에 유이치 와타나베라는 피아니스트에 관심이 가지 않을 수 없었다.

국내에서 새로운 커버로 선보인 본작을 열면 첫 곡 〈Encounter〉을 만나게 되는데, 삐에르 뽀르뜨에게서 영향을 받았다는 사실이 수긍이 갈 정도로 우아한 스트링에 프랑스 우수에 꿈틀거리는 멜랑꼴리한 감성을 느낄 수 있다. 잔잔한 동양저 감성까지 녹어 서정적인 드리미를 재생시킨다.

피아노와 함께 첼로의 묵직한 선율이 〈Toute Une Vie 일생〉으로 유명한 장 필립 오뎅Jean Phillipe Odin을 연상시키는 〈Portrait〉는 아득한 슬픔의 바다를 열어젖힌다.

타이틀곡 〈Piano by the Sea〉는 매력에 빠지게 되는 침잠의 야상곡으로, 그의 피아노는 파랑을 일으키고 별빛을 떠나려 보낸다.

바이올린을 위한 드라마 〈The September Song of a Boy〉는 낭만적인 클래식 소품을 연상시키며, 달빛이 창문으로 가득 들어오는 〈The Moon and Venus〉는 호젓한 가을밤의 정취를 불러온다.

이미 방송으로도 친숙한 작품 〈Morning Dew〉는 기타 듀엣곡으로, 그 청량함과 신선함을 공감각적으로 그려준다. 송골송골 맺힌 풀잎이슬의 투명감이 더없이 좋다.

은은한 자장가 〈Cradle〉은 요람 속에서 잠든 아기의 평화와 순수를 천상으로 이끌며, 호소력 있는 색소폰의 〈Nostalgia〉는 청자의 감수성을 극도로 예민하게 만드는 마법과도 같다.

별밤의 바닷가를 그린 소야곡 〈Stars Falling into the Ocean〉은 황홀하고도 고요한 명상의 라운지로 안내한다.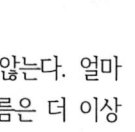

사실상 이 앨범을 들어보면 삐에르 뽀르뜨의 영향은 쉽게 드러나지 않는다. 얼마나 다행스러운가! 뽀르뜨의 음악을 카피한 듯 유사했더라면 그의 이름은 더 이상 기억되지 않을 것이다. 그는 선생인 삐에르의 클래시컬한 감성에 일본 특유의 감각적이고도 주옥같이 전개되는 멜로디 라인을 채워 넣었다. 이후에도 자연을 노래하고 인간의 감성을 어루만지는 피아노 연가를 계속 발표하고 있다.

김광민 (Kwang Min Kim)
Letter from the Earth

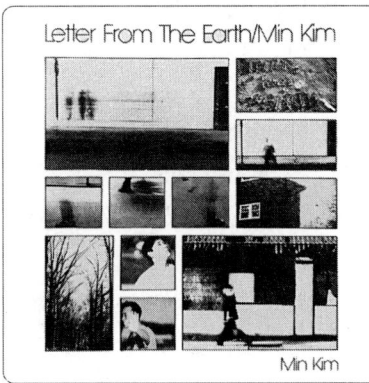

Warner | 9031-73144 | 1992 (1990)

1. Morning
2. Rainy Day
3. Letter from the Earth
4. I Miss You *part I*
5. After the Storm
6. I Miss You *part II*
7. Poor Man's Death
8. Amazing Grace
9. Good Bye

New Acoustic, NewAge-Jazz

512

김광민은 임인건과 함께 국내 뉴에이지 음악의 개척자로, 이 데뷔작은 재즈와 뉴에이지 애호가들에게까지 호응을 얻어낸 작품이다. 처음에는 드러나지 않았지만 들으면 들을수록 이 앨범은 지극히 한국적이다. 마치 조각보나 간살문처럼 분할된 커버는 흰색의 바탕에 일상의 꾸밈없는 사진들을 배치하고 있다. 또한 여음의 여백과 자연이 그려지는 피아노 멜로디로 묵상과 관조를 경험하게 해준다.

'어린이'라는 원제의 〈Morning〉은 두말할 나위 없는 명연으로 많은 방송음악으로 사용되었다. 맑고 순수한 동심을 그려낸 화창한 아침, 마당의 풀잎에 초롱초롱 걸린 이슬이 발목에 젖는다.

〈Rainy Day〉는 비 오는 날의 쓸쓸함을 느끼며 쓴 곡이라 하는데, 도회지적인 재즈 감성은 오히려 목가적이며 전원적이다. 빗방울이 맺힌 창 너머로 하염없이 바깥 풍경을 바라보고 싶은 곡이다.

〈Letter from the Earth〉은 정말 호감을 자아내는 타이틀이다. 지구에서 왔다면 수신인은 어디에 있으며, 그 편지는 무슨 내용일까, 또한 발신인은 누구일까 하는 궁금증을 유발한다. 그리움과 사랑으로 가득한 이 음악은 고 유재하의 부고를 듣게 된 다음날 썼다고. 겨우 1분 하고도 30분밖에 되지 않는 짧은 편지는 너무나 아쉬워 항상 반복해서 듣게 된다.

〈I Miss You part I〉에서 새의 날갯짓과 지저귐 그리고 바람과 함께 들리는 산사의 풍경소리 때문인지 그의 피아노는 졸졸 흐르는 작은 개울의 흐름처럼 유유하다. 게다가 색소폰의 음색은 고고한 소나무 위를 나는 학의 노래처럼 들린다. 마치 아침에 일어나 먼 세속을 물끄러미 바라보는 동자승의 그리움 가득한 맑은 눈길을 느낄 수 있는 작품이다. 〈part II〉에서는 감미로운 키보드가 바람을 따사롭게 전달한다.

〈After the Storm〉은 허전함과 외로운 감정에 젖게 되는 색소폰과 피아노를 위한 랩소디로, ECM의 유로 재즈를 연상시킨다.

인간적인 연민의 정이 느껴지는 〈Poor Man's Death〉는 가슴 깊이 애잔함을 불러일으킨다.

매번 감상할 때마다 풍부한 여운과 질리지 않는 깊은 멋이 있다는 것을 알게 된다. 이러한 감정은 다른 음악가에게는 자주 느껴보지 못했던 것 같다. K-뉴에이지 음악의 자랑스러운 명반이다.

김광민 (Kwang Min Kim)
Shadow of the Moon

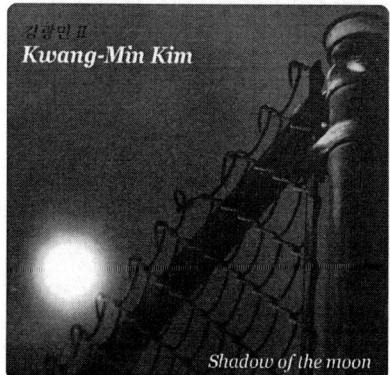

Hana Music | HNCD-012 | 1994

1. Forgive Us
2. Anna
3. Purity
4. Song of the Wind
5. Beautiful Luv
6. Chopsticks
7. Homeland Eternal
8. Shadow of the Moon
9. Lament
10. Cumulus
11. Goodbye Again
12. **Return of the Son of Chopsticks**
 part II

New Acoustic, NewAge-Jazz

그의 경계 무너뜨리기는 의도적이지 않고 매우 자연스럽다. 그는 재즈와 뉴에이지의 그 보이지 않는 경계선에서 자신만의 범위를 만들어낸다. 소위 김광민 표 작품으로서 그 견고함을 확고히 하며 뉴에이지 음악과 재즈 팬들 양측 모두에게서 갈채를 얻어내며 성공을 거둔다.

두 번째 앨범인 본작도 매우 아름다운 작품으로, 섬세하면서도 간결하며 서글프지 않으면서도 서정적인 기품이 살아 숨 쉰다. 그다지 복잡하지 않은 악기 구성으로 그는 최상의 감성을 끌어내는데, 이것은 결코 가볍거나 유약하지 않다.

보컬리스트 이지윤의 고혹적인 스캣으로 어렴풋한 달빛 그림자의 문을 여는 〈Forgive Us〉는 성스러운 고해성사이다. 영화음악가 엔니오 모리꼬네Ennio Morricone의 음악을 듣는 듯한 견고한 서정성이 인상적이다.  '샘물이 솟듯이'라는 부제의 〈Anna〉는 자유로운 피아노 즉흥, 낭만과 열정을 넘어서는 키보드와 베이스의 따스한 온기, 그리고 플루트의 지저귐으로 들려주는 생명력은 '봄의 소리 왈츠'같다.

피아노 솔로 발라드 〈Purity〉은 고전적인 클래식과 뉴에이지 재즈의 완벽한 혼합물이며, 연인의 향기를 실어다 주는 〈Song of the Wind〉  은 몽환과 열정이 은은하다.

〈Beautiful Luv〉에서 담백한 포크기타는 천사의 세레나데처럼 바람결  로 다가오며, 유려한 재즈피아노는 밤하늘의 별이 되어 반짝인다. 느긋하면서도 잔잔한 평화로움으로 아름다운 몽유를 앓게 된다.

〈젓가락 행진곡〉으로 잘 알려진 클래식 소품을 재즈로 편곡한 〈Chop -sticks〉에 이어, 명곡 〈Homeland Eternal〉는 연하게 묻어나는 향수  와 그리움을 다시 한번 이지윤의 스캣으로 풀어놓는다.

야상곡 〈Shadow of the Moon〉은 고전적인 악상을 현대적으로 재연하며, 마음으로 흘리는 눈물 〈Lament〉에는 쓸쓸함과 공허함이 자리하고, 황홀한 재즈 〈Cumulus〉에는 뽀얀 환희와 꿈이 고요하고도 유유히 떠간다.

감사의 인사가 담긴 〈Goodbye Again〉의 따스한 인간미에 젖고 나면, 마지막으로 아주 짧게 리코딩 스튜디오의 에피소드를 접하게 된다.

그가 펼쳐놓은 음陰의 세계는 음音의 아름다움으로 가득 차 있다. 감상이 끝난 뒤에도 철조망에 걸린 푸르고 어렴풋한 달의 그림자가 가슴에 아른거린다.

김광민 (Kwang Min Kim)
보내지 못한 편지

Nanjang Music | DM077 | 1999

1. 보내지 못한 편지 *Part 1*
2. 보내지 못한 편지 *Part 2*
3. 회상
4. 설레임
5. 어느 날 오후 (Hemenway St.)
6. 크리스마스 선물
7. Danny Boy
8. 날 수만 있다면 (Hymn)
9. 독백 *Part 1*
10. 독백 *Part 2*
11. 왜 나를
12. 내 마음에 비가...
13. 지금은 우리가 멀리 있을지라도

New Acoustic, NewAge-Jazz

데뷔작 《지구에서 온 편지》가 2인칭의 대상에서 사진과 함께 받은 편지라면, 그 두 번째 편지인 《보내지 못한 편지》는 아무것도 쓰지 않은 공백의 1인칭 주인공 시점이다. 전작들에 비해 음향적으로는 축소된 느낌을 받게 되지만 내용적으로 보다 개인적인 내밀함을 담은 소중한 이야기들이다.

〈보내지 못한 편지 Part 1〉은 절제된 그리움의 표현들이 잔잔한 아픔 을 전하는 뉴에이지풍의 곡으로, 스스럼없이 건반을 유영하며 감정을 진솔하게 드러내는 재즈 〈Part 2〉에서 담백한 컬러가 표면에 떠오른다.
고교 시절에 작곡하였다는 〈회상〉은 오르골 같은 피아니시모로 시작하  여 서서히 업 템포에 실리는 슬픈 기억의 피아노포르테가 가슴을 쓰다 듬는다. 삽입되지는 않았지만 빗소리나 파도 소리가 들리는 것 같다.
사랑받았던 소품 〈설레임〉은 마치 흐르는 물에 작은 종이배를 띄운 것처럼 유유 히 흘러간다. 붉은 잎사귀가 내려앉기도 하고 작은 소용돌이로 회전하 기도 하며 또한 바위와 부딪치기도 하지만 그 기대감과 희망을 담은 종이배는 끝없이 흘러가는 것이다.
〈어느 날 오후〉에는 맑고 따사로운 오후의 푸른 하늘을 떠가는 구름과 바람을 보게 된다. 평상시 별다른 감흥을 받지 못하고 스쳐 지나간 대상들이 문득 커 보이는 때의 감정을 그린 것이 아닐까.
리메이크 〈Danny Boy〉은 평화와 안식을 위한 기도가 느껴지며, 6세 동심에서 비롯된 꿈을 되뇌는 〈날 수만 있다면〉은 순수의 시절을 회상시켜 준다.
〈독백 Part 1〉에서는 보내지 못한 편지의 사연을 속으로 되뇌며 감성 의 가슴에 파문을 일으키고, 눈물의 재즈를 작은북과 코러스, 긴 한숨 으로 고조시키는 〈Part 2〉는 우울한 랩소디처럼 애상을 내달린다.
〈왜 나를〉은 세상에 혼자 버려진 듯한 적막감과 고독감으로 다가오는  데, 그 감성적인 악곡 뒷면의 따스함이 위로가 된다.
비애의 발라드 〈내 마음에 비가...〉에 이어, 보내지 못한 편지를 접으며  다시금 소망에 젖는 히트곡이자 명곡 〈지금은 우리가 멀리 있을지라도〉 가 낙관적이고 긍정적인 희망을 심어준다.

그가 보내지 못했던 사연들로 채워진 편지는 투명한 빈 병에 음성音聲으로 담겨 있어 그 마개를 여는 순간 아름다운 독백이 흘러나온다.

김광민 (Kwang Min Kim)
Sentimental Spirit 혼자 걷는 길

sentimental spirit 혼자 걷는 길
Kwang Min Kim

Nanjang Music | TE022 | 2002

1. All the Things You are
2. The Last Leaf
3. Summer Rain
4. Dear Father
5. Reflections
6. Day After (Divorce)
7. Bird
8. A Song for You

New Acoustic, NewAge-Jazz

음반을 자주 발표하지 않지만, 항상 더 성숙한 모습으로 새로운 인상을 던져주고 있기에 그의 새 음악에 대한 기대감은 더 크게 작용하는 것 같다. 3집을 발표한 후 3년이란 세월이 흘러 공개된 본작은 타이틀처럼 우리네의 신변 변화에 따른 심상의 자국들로 채워져있다. 그는 혼자 걷는 길 위에 국제적인 뮤지션들을 초대하여 동행했다. 유명 베이시스트 마크 이건Mark Egan과 관악연주자 폴 맥캔들리스Paul McCandless, 드러머 대니 갓리브Danny Gottlib, 스웨덴 출신의 재즈 기타리스트 울프 와케니우스Ulf Wakenius 등이다.

중편의 재즈 서정시 〈All the Things You Are〉는 미국 작곡가 제롬 컨Jerome Kern과 작사가인 해머스타인Oscar Hammerstein의 곡으로, 세계 정상급 뮤지션들이 펼치는 유려한 앙상블을 들을 수 있다.

명곡 〈The Last Leaf〉는 클래시컬한 오케스트레이션과 애절한 피아노가 소설의 결말처럼 파국의 끝을 향해 달리는 듯하다.

자신의 스캣을 삽입한 〈Summer Rain〉은 상큼하고도 촉촉한 보사노바 풍의 재즈로, 가벼운 날갯짓이 윤택한 페니휘슬과 피아노 즉흥의 조화가 절묘하다.

애상적인 앙상블 〈Dear Father〉는 이 땅의 모든 아버지에 바치는 찬가이다. 특히나 사회적으로 이슈화되곤 하는 명예퇴직이나 기러기 아빠에 비추어 본다면 가장의 인생이야말로 혼자 걷는 길은 아닐까!

고 유재하의 음악을 새롭게 연주한 〈Reflections 내 마음에 비친 내 모습〉은 간결한 기타가 멜로디를 이끌며 시원한 재즈피아노가 거울의 이미지를 만든다.

갑오농민전쟁의 민간요 〈새야 새야 파랑새야〉를 피아노와 소프라노 색소폰으로 연주한 〈Bird〉에는 우리의 한의 정서를 국제적인 양식으로 재현하고 있다. 역사 속 희망의 갈구를 넘어 성스러운 기도문처럼 간절하다. 별로 리메이크에는 관심이 없지만, 얀 가바렉Jan Garbarek이나 폴 윈터Paul Winter의 음악에 견주어도 훌륭하다. 포스트모던 시대에서 더욱 그 역할이 중요해진 편곡자로서 그의 훌륭한 능력을 확인하는 순간이었다.

이후 5년 만에 발표한 《Time Travel, 2007》은 추억의 올드팝과 올드 재즈를 재연한 2CD 작품으로, 순수한 소년의 경쾌한 발걸음을 담은 자작곡 〈The Way to School〉을 수록하고 있다.

김광민 (Kwang Min Kim)
You & I 너와 나

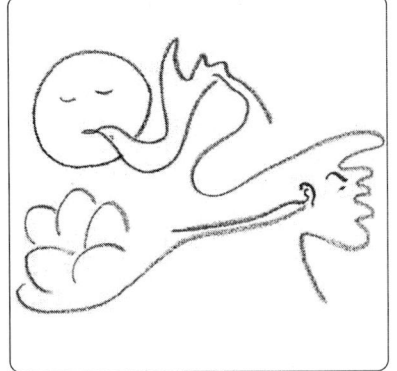

Naive | V 4994 | 2017

1. Yearning pt.1
2. Last Winter
3. How Could You Do This to Me
4. A Gleam of Sunshine
5. A Boat
6. Summer Vacation is Just Around the Corner
7. Pan & Bel
8. You & I
9. Yearning pt.2

New Acoustic, NewAge-Jazz

무려 10년 만에 발표한 본작은 자아와 세계의 만남과 공존을 주제로 하여 기쁨, 환희, 설렘, 슬픔, 그리움 등 다양한 감정의 스펙트럼을 들려주고 있다.

그에게는 음악의 별에 여우를 닮은 피아노와 함께 사는 어린 왕자의 이미지가 있는데, 크레파스로 그린 간결한 아동화를 내걸고 그 뒤로는 순수함으로 감화시키는 섬세한 선율을 덧붙였다.

고요한 기도의 음성이 들릴 것 같은 〈염원 pt.1〉에 이어, 〈그 해 겨울〉 은 진한 마호가니 빛 첼로의 음성으로 손끝이 시린 하얀 설원으로 문  을 열며 거친 눈보라와 밤의 정적을 피아노가 정처 없이 방황한다.

〈그건 너무 하잖아요〉는 가요 감성의 피아노 왈츠로, 그리움과 외로움의 눈물로 적은 편지는 결국 구겨지고 찢겨 나뒹군다.

〈기지개를 켜다〉는 투명한 포크기타의 담백하고도 낙관적인 에세이가  촉촉하고도 훈훈한 감명으로 가슴을 적신다.

순백의 동심을 일깨우는 〈작은 배〉는 어린이의 방주로, 해와 나무와 새와 고래와 작은 꿈을 싣고 유유히 흘러간다.

기타 연주곡 〈여름 방학〉에는 행복감을 안고 집으로 가는 길을 따라 맑은 시냇물 이 졸졸 흐른다.

〈팬과 벨〉은 재즈 협연이 달콤하고도 차가운 아이스크림처럼 녹아내린다.

로맨틱 재즈바 〈너와 나〉에서 그려지는 서늘한 도회지의 저녁 시정은 너무나 여유롭다. 색소폰은 서서히 열정을 끌어당기고, 피아노는 이를 매만지면서 유혹한다.

〈염원 pt.2〉는 드라마틱한 협주곡으로 청자를 고향마을 어귀에 데려다 놓는다. 사랑하는 연인과 함께 보고픈 가족을 만나러 가는 심정처럼 감 개무량하다.

기업의 차장님처럼 선하고 위화감 없는 편안한 인상이지만, 그의 음악이 화려하 지 않음에도 빈 곳 없이 꽉 들어차 있는 듯한 느낌은 아마도 세밀하고도 정성스 러운 마음에 기인하는 듯싶고, 짐작조차 힘든 매서운 예술가적 고집과 고민이 가 장 대중적이고 훌륭한 한국적인 음률을 만들어내는 대가로 만든 것이 아닐까. 다 른 나라의 유명 음악가 부럽지 않은 자존심이고 대표주자이다.

그의 신보가 항상 기대되는 이유는 그가 김광민이기 때문이다.

데이드림 (Daydream)
Melody Tree

The Daydream
Melody Tree

Huks Music | SRCD 3920 | 2006

1. A Princess of Goguryeo
2. My Home
3. Serenade in Autumn
4. Again
5. Pour Chopin
6. Kissing Bird
7. Running on the Clouds
8. A Melody Tree
9. No Gunri
10. A Princess of Goguryeo
11. My Home (piano solo)
12. A Melody Tree (piano solo)
13. Again (piano solo)

New Acoustic

인기 드라마 「겨울연가」의 음악 작업에 참여한 것을 계기로 더더욱 대중에게 잘 알려진 피아니스트 데이드림은 데뷔작 《Dreaming, 2001》을 시작으로 일본과 대만, 중국에까지 그의 앨범들이 발매되어, 뉴에이지 분야에서도 한류를 실현했다. 데뷔작에 실린 〈Tears〉는 드라마 「순수의 시대」에 삽입되었고, 두 번째 앨범 《Little Comfort, 2004》에서는 드라마 「겨울연가」의 발라드 버전 〈Waiting on the Rainy Street〉와 「파리의 연인」의 주제로 사용된 영화 주제곡 〈Moon River〉로 많은 사랑을 받았다.

4집 《A Sleeping Forest, 2008》에서는 순수한 어린 꼬마의 해맑은 목소리뿐만 아니라 그동안 베일에 가려져 있던 자신의 노래도 담이 회제기 되었으며, 《느리게 걷는 여행, 2009》는 자신의 음악 생활 10여 년을 돌이켜 보는 앨범이었다.

자신의 회화작품들을 슬리브에 실은 3집인 본작에는 연하게 배어있는 옥빛의 '한국적'인 향기가 마음에 와닿는다.

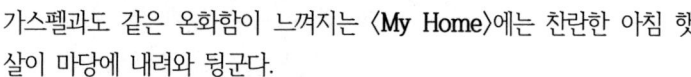

수록곡을 확인하던 차에 〈A Princess of Goguryeo〉를 보고는 고구려의 공주라니? 혹시 바보 온달을 훌륭한 사람으로 만든 그 평강공주를 말하는 것인가? 그러나 피아노 저편에 깔리는 아름다운 우리의 정서가 매우 반갑다. 10번 트랙에는 신날새의 해금 연주 버전으로 실려 있기도 한데, 구슬픈 드라마의 서정에 취하게 된다. 투명한 기타 연주 버전도 듣고 싶을 만큼 데이드림의 명료한 인상을 각인시켜 주었다.

가스펠과도 같은 온화함이 느껴지는 〈My Home〉에는 찬란한 아침 햇살이 마당에 내려와 뒹군다.

슬픈 사랑의 야상곡 〈Serenade in Autumn〉은 K-드라마가 선택한 데이드림의 스토리텔링 매력을 잘 보여준다.

힘들고 지칠 때 다시 희망을 꿈꾸게 하는 〈Again〉에는 파란 하늘이 투영된다.

피아노의 시인 쇼팽에 바치는 〈Pour Chopin〉의 왈츠 스텝은 유연한 로맨티카이며, 짧은 〈Kissing Bird〉에서는 어린 시절을 보냈던 시골의 아침 풍경에 젖게 된다.

그의 멜로디 나무에는 탐스럽게 익은 열매가 없고, 초록의 잎사귀와 덜 익은 풋열매만 달려있다. 하지만 가을의 풍요로운 추수를 꿈꾸며 영글어간다. 이것이 우리 한국의 뉴에이지를 이끌어가는 데이드림의 매력이고 여린 꿈이다.

2 Impact

MAY SECOND³

Stomp | EKLD0777 | 2006

1. 사랑하는 동안에..
2. 그곳에 서면
3. 이연二緣
4. 하늘과 손을 잡고
5. 바람소리
6. 다시 보내다
7. Iris
8. Blue Nocturne

1. Dreammaker
2. Electric Innocense
3. Violet
4. 너에게 들려 주고 싶은 이야기
   from Vocalise Op. 34, No.14 (Rachmaninoff)
5. Last Scene
6. Addict
7. Newscape

New Acoustic, NewAge-Pops

1975년생인 그녀의 본명은 김사라로 5세 때부터 피아노를 배웠으며, 각종 콩쿠르에서 1위에 입상하며 일찌감치 두각을 나타냈다. 명문인 미국의 뉴잉글랜드 음대에서 석사과정을 마치고 아메리칸 음대에서 박사학위를 받은 후에도 줄리아드 음대에서 수학하는 등 다양한 연주 경험을 쌓았다고 한다.

현재 후진을 양성하고 있는 교육자이기도 한데, 자신의 생일을 지칭하는 May Second라는 이름으로 2003년에 데뷔했다. 광고음악으로 사용된 〈True Love〉, 유키 구라모토Yuhki Kuramoto를 연상시키는 〈로렐라이 이야기〉와 고혹적인 합주곡 〈플로렌스의 저녁별〉 등을 만날 수 있다.

두 번째 앨범 《Blue Marble, 2005》는 세련된 팝 감각이 살아 숨 쉬는 〈Vanilla Sky〉가 팬들의 지지를 받았으며, 수잔 치아니Suzanne Ciani의 음악을 듣는 듯한 〈바다의 전설〉, 초록빛 향이 바람결에 퍼지는 〈First Green, May〉 그리고 슬픈 사연의 클래시컬 왈츠 〈Last Dance〉 등의 정수를 담고 있다.

세 번째 앨범은 정해진 아이디어들과 즉흥곡과의 결합으로, 무한한 상상과 자유를 향한 또 다른 자신을 만나는 모험이라 소개했다. 성격이 전혀 다른 2장의 CD로 구성했는데, 특히 대부분 다른 아티스트와 공작으로 꾸민 CD2는 이전의 그녀는 생각할 수 없을 정도로 색다른 신선함을 안겨준다.

첫 CD에 담긴 작품 중 〈**이연二緣**〉은 동양적인 감성을 느낄 수 있는 서정적인 피아노 솔로이다.

〈**바람소리**〉는 걸출한 작품 중 하나로 한국적인 서정이 몽글몽글 샘솟는데, 전통악기 소금 협연으로 5월의 고향에 녹색 춤을 추는 보리밭 정경을 떠올려준다.

라이안 패리쉬Ryan Farish처럼 충동적인 비트에 감각적인 키보드가 빛을 발하는 〈**Dreammaker**〉, 그리고 달콤한 트립합 댄스 〈**Electric Inno -cense**〉는 푸른 불씨와 안개의 환상에 도취할 것만 같다.

우아한 피아노 워크에 도발적인 리듬터치를 대입하여 참신한 색감을 창조해 낸 〈Violet〉에 이어, 〈너에게 들려 주고 싶은 이야기〉는 라흐마니노프Rach -maninoff의 작품을 일렉트로 힙합으로 변신시킨 실험작이며, 퓨전록 〈Last Scene〉에는 일대의 임프로비제이션 격전이 벌어진다.

두 충돌 속에 청자를 방치하는 이 자유방임작은 두고두고 회자될 것이 분명하다.

박종훈 (Chong Park)
Sentimentalism

Stomp | EKLD0443 | 2004

1. Prelude No.2
2. Love Me
3. I'm Here (Only for You)
4. That Rainy Day
5. The Shadow of Your Smile
6. Away from Home
7. Via D'amore (Street of Love)
8. Flying High (In My Sky)
9. Music Box Waltz
10. Moonlight
11. One Sad Story
12. Blessing
13. Beyond the Ocean
14. Till Tomorrow Comes

New Acoustic, NewAge-Jazz

학창 시절부터 발길을 들여놓았던 한 카페를 졸업 후 사회생활을 하는 동안에도 즐겨 찾곤 했는데, 오랜만에 약속을 잡고 들렀던 그 카페는 다른 매장으로 바뀌어 있었다. 아쉬움을 뒤로하고 인근 프랜차이즈 커피숍으로 발걸음을 돌려야 했는데, 아지트와도 같았던 장소가 없어진 사실은 약간의 스트레스를 유발했다. 꿀에 두른 팬케이크가 맛있는 그 카페에서 처음 듣고 문의했던 음반이 본작이다. 발매 시기와도 한참 떨어졌지만, 첫 만남의 기억과 의미는 항상 더 깊은 것 같다. 재즈와 클래식 그리고 뉴에이지 음악 등 장르를 가리지 않고 폭넓은 스펙트럼으로 음악을 행하던 그는 마치 록가수 같은 외모로 방송에도 다수 출연하였기에, 대중적으로 가장 널리 알려진 음악가 중 한 사람이 이닐끼.

첫 뉴에이지 음악 앨범 《Andante Tenderly, 2002》에 이은 두 번째 여정으로, 한참 뉴에이지 음악이 유행할 당시 카페형 앨범으로는 최적이었으리라.

〈Prelude No.2〉에서부터 흘러나오는 피아노 센티멘털리즘은 원두와 팬케이크의 달콤한 향내가 심신을 그윽하게 적신다.

개인적인 애청곡 〈That Rainy Day〉는 투명한 기타의 보사노바 리듬을 타고 피아노는 창가에 빗줄기를 연신 그려대는 서정이다. 고요하고 쓸쓸하지만 황홀감이 앞선다.

경쾌하고도 은은한 보사 재즈 〈Via D'amore〉는 비 오는 날 연인들이 한 우산을 쓰고 지나가는 거리풍경이 촉촉하다.

색소폰 재즈 랩소디 〈Flying High〉에는 어느덧 비는 그치고 파란 하늘과 함께 드러내는 햇빛이 반짝이는 화창함을 대면하게 된다.

동심의 오르골 왈츠 〈Music Box Waltz〉에는 온후한 바람에 가로수와 수풀이 춤추고 새가 노니는 꿈의 전원곡이다.

〈One Sad Story〉과 〈Blessing〉는 애틋한 청춘 드라마를 들려준다.

〈Beyond the Ocean〉은 차분하고 심신을 달래주는 온화한 힐링뮤직이지만, 마치 바닷물로 채워진 육면체의 방안에 있는 듯한 공간 마술을 보여준다.

그의 센티멘털리즘은 《White, 2006》, 《Piano Paradiso, 2012》, 《The Kiss, 2018》 등으로 이어졌으며, 음원으로 발표한 근작 《Hideaway, 2023》에는 달콤하게 젖어 드는 〈Gently Rainy〉이 수록되었다.

신지호 (Shin Ji Ho)
Ebony and Ivory

Lucky Strike | 8808678 15062 9 | 2010

1. 그 여름, 그 바다
2. Waltz on Sunday
3. 단발머리
4. Like Rain in Your Mind
5. Day Dream
6. Would You...
7. Just when You Thought it was over
8. Blind
9. The End
10. 비밀
11. Lost
12. I'm All Yours
13. Circus
14. The 1st Epilogue

New Acoustic

국내 뉴에이지 음악계의 아이돌스타 신지호는 1987년생으로 버클리음대를 졸업한 재원이다. TV 방송에 출연하여 여리고 곱상한 외모 속에 숨겨진 열정적인 실력으로 폭발적인 화제를 모았다. 한국의 막심 므라비차Maksim Mrvica의 탄생이라고나 할까!

그의 데뷔앨범이 본작으로, 전곡 작곡에 프로듀싱까지 했다고 한다. 오랫동안 갈고닦아온 클래식을 바탕으로 현과 함께 팝과 재즈, 월드뮤직, 가스펠 등의 요소들을 유연하게 한곳에 녹여내고 있다.

파도 소리로 청각을 환기시키는 〈그 여름, 그 바다〉에서 그의 바다 위의 피아노는 공허한 해변가의 지난 추억들을 불러 모은다.
낭만과 우수에 가득 차 있는 현악의 온화한 왈츠 〈Waltz on Sunday〉, 풋과일의 향이 나는 청순한 소년의 첫사랑 노래 〈단발머리〉에는 두근거림으로 가득하다.
〈Like Rain in Your Mind〉는 비와 함께 흐르는 젊은 날의 초상으로, 용기와 힘을 북돋우는 따스한 응원이다.
〈Day Dream〉에서는 나른한 봄날 오후에 한적한 오솔길을 열어주며, 〈Would You...〉에는 풋풋한 열망이 엿보인다.
바이올린의 뜨거운 탄식에도 피아노로 후련하게 슬픔의 끝을 향해 내달리는 〈The End〉는 폭발적인 콘서트 엔딩곡이다.
재즈 서커스 〈Circus〉는 연주 자체가 아슬아슬하고도 현란한 묘기를 부리며, 〈The 1st Epilogue〉에는 한편의 유려한 클래식을 남기고 있다.

몇 곡을 제외하면 젊은 청년의 기풍은 크게 드러나지 않는다. 신인다운 상큼함보다는 연마된 실력과 경험에서 우러나오는 노련함으로 다가오기 때문이다.
2집 《eyEMOTIONS, 2014》에서는 〈밀회〉라는 드라마틱한 탱고 작품을 수록했고, 《너의 색으로 물들다, 2016》로 아찔한 피아노 속주 〈'THE END' of My Story〉, 침잠의 검푸른 전원곡 〈푸른 수염〉, 그리고 현악과 피아노의 쓸쓸한 추풍 〈Falling, Falling, And... Falling〉, 피아노 환상곡 〈The End〉 등을 선보였다.
순수한 피아노 솔로로 마감한 4집 《I'm Purple, Shin Jiho, 2020》는 데뷔 10주년 기념앨범으로, 음원으로 발표되었다.

양방언 (Yang Bang Ean)
Pan-O-Rama

Yang Bang Ean Pan-O-Rama

C&L | CNLR 0417 | 2001

1. Dream Railroad
2. Mint Academy
3. Rainbow Leaves
4. "Merry-Go-Round" in White Nights
5. Asian Beauty
6. Free as the Wind
7. Unsung Angel
8. The River of A Century
9. Babylon`s Stone
10. Alice in a Mirror
11. Melancholy
12. Frontier!
13. Swan Yard

NewAge-Instrumental

재일 한국인 2세인 양방언은 세계적인 명성을 획득하고 있는 뮤지션이다. 1960년생으로 5세 때부터 피아노를 배웠던 그는 의과대학을 진학해야 했다. 졸업 후 의사로서 성공 가도를 달릴 수도 있었지만, 학생 시절부터 불타올랐던 음악에 대한 열정은 어찌할 수 없었던 숙명과도 같은 것이라 그는 다양한 프로듀서의 작업을 하면서 솔로 아티스트로서 성장했다.

데뷔작 《The Gate of Dreams, 1996》이 일본에서 발표되고 첫 콘서트가 대성공을 거두었다. 《Into the Light》와 《Only Heaven Knows》로 서양의 자유분방함에 동양의 절제된 정서를 녹여내며 근원에 대한 자부심을 표출시킨다.

본작은 4번째 작품으로 타이틀 또한 의미 깊은 'Pan-O-Rama'이다. 그리스·로마 신화의 Pan과 인도의 신의 이름 Rama를 하나로 묶는 동그라미 O를 넣어, 글로벌과 부족주의를 통합한 파노라마를 선보인다.

전작과 마찬가지로 본작을 들으면 그의 별명이 '동양의 야니Yanni'라 불리는 이유에 대해 충분한 답변을 얻을 수 있다.

〈Mint Academy〉는 꿈으로 넘실거리는 학창 시절 캠퍼스의 낭만 파노라마이다.
런던 필하모닉 오케스트라와의 협연으로 들려주는 〈Rainbow Leaves〉에는 그의 건반이 신비스럽고도 아름다운 안개꽃을 피우며 특히 작고한 러시아 출신의 여가수 오리가Origa의 청명한 스캣이 가슴속 깊이 녹아든다.

클래시컬한 눈물의 피아노 솔로 〈Unsung Angel〉와 〈Melancholy〉는 청자를 길 잃은 감상주의자로 만든다.
서사시 〈The River of a Century〉는 웅장한 박동과 함께 광활한 애수의 심포니가 지축을 울린다.

〈Alice in a Mirror〉의 몽롱한 왈츠는 동화와 축제의 환상곡이다.
국악 타악기 그룹 '푸리'와 연주하고 런던필의 녹음을 입힌 크로스오버 2002 부산 아시안 게임의 공식 지정 음악 〈Frontier!〉에는 한바탕 신명나는 추임들로 채워놓았다.

그는 〈Asian Beauty〉에서 "가까이 있어서 모른다. 스스로의 일이라서 알지 못한다. 밖에서 보이는 우리들은 이렇게 아름다운데..."라고 말하였다. 우리에게 양방언이란 작곡가가 일깨워주고 있어서 진정 감사한 일이다.

양방언 (Yang Bang Ean)
Piano Fantasy

Endorf Music (Vitamin) | VICD-6467 | 2013

1. Flowers of K
2. Mint Academy
3. Poetic Dance
4. Rainbow Leaves
5. St. Medieval Rain
6. Prince of Cheju
7. Frontier (Voices from the East)
8. Serenade
9. Forgotten Sorrow (Origa ver.)
10. Unsung Angel
11. St. Bohemians Dance
12 Timeless Story (Origa ver.)
13. Wish to Fly
14. Pieces of Dreams

NewAge-Instrumental

양방언의 음악을 들으면, 그 음악 속에는 멈추지 않는 바람이 분다. 어떤 때는 선풍이 혹은 온풍이 어떤 곡에서는 열풍이 이는 것 같다. 그 바람은 우리의 가슴 속에 즉각 녹아들어 충동을 불러일으킨다. 개인적인 감상평이긴 하지만, 그래서 글쓴이는 그를 바람의 작곡가로 부른다. 또한 놓칠 수 없는 것은 지극히 동양적인 감성을 들려준다는 것인데, 그래서 그의 음악에 대한 애착은 남다른 것 같다.

본작은 다양한 장르를 통해 선보였던 히트곡을 엄선하여 재편곡한 앨범이다. 친숙한 멜로디도 있고, 새로움으로 신선함을 주는 작품들도 있다. 결론적으로 '베스트 오브 베스트'인 셈이다.

영국 로열 필 오케스트라와의 협연으로 발표한 《Echoes, 2012》 수록곡 〈Flowers of K〉에는 동양의 향기가 맑은 피아노가 희망을 바람에 싣는다.

두 번째 앨범 《Into The Light, 2010》에 오리가Origa의 청아한 스캣으로 선보였던 〈St. Medieval Rain〉도 무척 인상적이었는데, 본작에서는 오보에와 하프시코드로 고풍스러운 시대를 거슬러 올라간다.

런던 심포니 오케스트라와 함께 발표한 《Timeless Story, 2012》 앨범 수록곡인 〈Serenade〉처럼 감정이 여울지는 곡도 없으리라. 그리움으로 가득 찬 눈물을 온후하게 말려주는 사랑의 바람이다.

〈Timeless Story〉에서도 오리가의 환상적인 스캣이 현악의 바람을 타고 인상주의의 빛의 마법으로 아른거린다.

게임 사운드트랙인 《Aion : The Tower Of Eternity, 2008》에 보컬곡으로 수록된 〈Forgotten Sorrow〉도 오리가의 음성으로 재연되었다.

'시베리아의 크리스털 보이스'라 불리는 그녀의 본명은 올가 야코프레바 Olga Yakovleva이며, 1970년 러시아 출신이다. 고국보다 주로 일본에서 활약하며, 일본 팬들의 많은 사랑을 받았다. 캐나다로 이주하여 2015년 앨범 발매를 위해 다시 일본으로 돌아왔으나, 갑작스러운 심부전으로 생을 마감했다. 이제는 들을 수 없는 그녀의 목소리 때문에, 이 곡은 너무나 소중하다.

그의 정규앨범 외에도 많은 애니메이션과 다큐멘터리 음악들 그리고 국내서 치러진 2018 동계 올림픽의 개폐회식 음악감독을 맡기도 했던 그가 데뷔 25년이 지났다는 소식에 축하를 전한다.

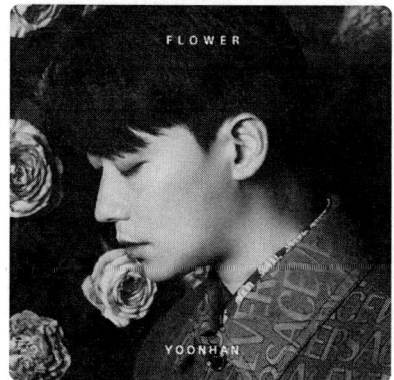

윤 한 (Yoonhan)
Flower

Endorf Music (Vitamin) | VICD-6467 | 2023

1. Magnolia
2. Camellia
3. Lotus
4. Peony
5. Anemone
6. Cherry Blossom

New Acoustic

윤한이란 싱어송라이터이자 작곡가에 대해서 관심을 가지게 된 것은 그리 오래되지 않았다. 버클리 음대를 졸업한 그는 데뷔작인 《Untouched, 2010》에서부터 소프트 재즈를 기본으로 하는 가수의 이미지로 굳었기 때문이다.

한국의 정서가 담긴 피아노 솔로 작품 《지극히 사적인, 2018》에 이어, 5번째 정규작 《European Fantasy, 2019》는 반도네온 연주자 고상지, 더블베이시스트 성민제, 베이스바리톤 권서경, 기타리스트 조영덕, 첼리스트 송민제 등이 참여했는데, 뉴에이지 음악, 재즈, 클래식 등을 아우르는 '이태리와 스위스 여행 - 황금의 코스' 여정이었다. 개인적으로는 스위스 야상곡 〈Lake Lucerne〉와 유로재즈 판타지아 〈The Doldergrand Hotel〉 등에 오래 미물지만, 〈조지클루니 따라하기〉, 〈알프스와 신라면〉, 〈김치찌개〉 등의 재치 있는 곡목들의 달콤함도 포함되어 있다. 이후 AI기술의 도입 수면 음악 프로젝트 《Sleeping Science, 2021》에 이어, 지구온난화와 환경오염 그리고 지구 반대편에 위치한 아프리카 난민들과 인류애를 주제로 한 《Portrait, 2023》를 음원으로 발표했는데, 이 두 작품은 그의 음악이 확연히 달라졌음을 선포한 것이었다. 특히 〈Elegy for the Oceans〉는 컨템퍼러리 음악의 진면목을 들려주는 예시 중 하나가 분명하다.

본작은 뉴욕의 저명한 플로리스트와 사진작가들과의 협업을 통해 완성한 것으로, 그는 인생을 꽃에 투영시켜 표현하고자 했다고 한다. 목련, 동백, 연꽃, 모란, 아네모네, 벚꽃 달랑 6종의 꽃송이가 전부지만, 미니멀리즘을 기본으로 한 모더니즘이 만개하는 화원이다.

고귀함의 꽃말인 〈Magnolia〉은 고혹적이고 우아한 시대 드라마가 지나가며, 운명과 불꽃 같은 사랑의 〈Camellia〉는 가극 「춘희」의 현대 연극 무대가 펼쳐지듯 명상적인 몰입을 할 수밖에 없다.

순결과 신성의 〈Lotus〉는 깊은 음의 샤워로 심신을 촉촉하게 적시고 가볍게 하는 명약이며, 부귀와 행복을 뜻하는 〈Peony〉는 꽃잎의 붉은 물이 뚝뚝 떨어지는 듯하다.

사랑의 고뇌를 말하는 〈Anemone〉는 은은한 자기장이 이는 것 같으며, 〈Cherry Blossom〉은 우리의 정신과 영혼을 '맑음'으로 정화한다.

그는 과연 본작을 뛰어넘는 후속작을 낼 수 있을까? 모든 곡이 걸작들로 K-뉴에이지 음악의 현대미학적 최정상에 가장 가까이 있는 작품 중 하나라 단언한다.

이루마 (Yiruma)
First Love

YIRUMA
First Love

Stomp | DK0450 | 2005

1. I
2. May Be
3. Love Me
4. River Flows in You
5. Passing by
6. It`s Your Day
7. When the Love Falls
8. Left My Hearts
9. Time Forgets…
10. On the Way
11. Till I Find You
12. If I Could See You Again
13. Dream a Little Dream of Me
14. I...
15. Farewell
16. Kiss the Rain - *string ver.*
17. When the Love Falls - *string ver.*
18. I - *string ver.*

New Acoustic

524

국내에도 제법 뉴에이지 아티스트들이 음반을 발표하고 있지만, 이루마와 같이 대중적으로 지극한 사랑을 받고 있는 스타는 많지 않다. 《Love Scene, 2001》으로 데뷔하여 청순한 소년과도 같은 인상으로 처음 대면하였고, 같은 해 두 번째 작품 《First Love》를 발표하며 풋풋한 사랑 고백을 들려주어 많은 여성 팬들을 사춘기 시절로 되돌려주었다. 특히 이 앨범은 더 풍성한 결실을 담아 재발매될 정도로 많은 사랑을 받았던 작품 중 하나이다.

이 작품에서 가장 많은 대중적인 성공을 안겨다 주었던 대표곡 〈May Be〉는 첫사랑의 추억을 눈부실 정도로 밝고 화사하게 표현했다. '5월이 되면'이란 제목처럼 푸르고 청초한 감수성으로 설렘과 작은 기대로 떨리는 감정을 순전하게 고백한다.

〈River Flows in You〉 역시 뉴에이지 음악 애호가들을 직접 피아노 앞으로 끌어당겨 연주 열풍으로 이끈 또 하나의 대표곡으로, 부드러운 물결에는 온정이 찰랑인다.

피아노에 현악이 가미된 〈Passing by〉는 사랑 후 텅 빈 가슴의 쓸쓸한 방황을 우울한 서정으로 연주하고 있다.

샹송 가수 미셸 폴나레프Michel Polnareff의 히트곡 〈Qui a Tue Grand' Maman 누가 할머니를 사사하였는가〉를 편곡한 〈When the Love Falls〉는 한류 드라마 「겨울연가」에 삽입되어 많은 사랑을 받았다.

〈On the Way〉는 가을날 거리 위의 외로운 자신의 모습을 담은 것이지만, 글쓴이는 어린이들이 뛰어노는 공원의 평화로운 풍경을 연상하게 된다.

〈Till I Find You〉 역시 작자의 의도와는 상관없이 다소 한적하고 느긋한 여름날 호숫가의 여유로운 시간을 만끽하게 해준다.

로라 피지Laura Fygi의 재즈 고전을 연주한 〈Dream a Little Dream of Me〉에 이어, 첫 곡을 현악과 함께 들려주는 「순수의 시대」 삽입곡 〈I〉, 그리고 뒤편에 담은 세 곡은 재발매의 보너스 선물이다.

3집 《From the Yellow Room》에서 히트한 〈Kiss the Rain〉을 현악으로 편곡하여, 윤택하고도 서정미 넘치는 연주로 다시 들려주고 있다.

첫사랑에 대한 애틋한 심상의 시를 들려준 본작으로 많은 국내 팬이 뉴에이지 음악과 첫사랑에 빠지게 되었으며, 그 첫사랑은 황홀한 감정으로 이어지고 있다.

임인건 (Im In Gun)
Piano Performance

OASIS | ORC-1321 | 1992

1. Trip
2. Gestatorial Chair
3. Rock
4. On the Way Back
5. Sad Flower
6. Little Tree
7. Cosmos
8. I Like Sunsetting

New Acoustic

임인건은 1959년생으로 16세 때 베토벤Beethoven의 〈피아노 소나타〉에 반해 피아노를 독학으로 습득했으며, 26세에 라디오방송의 재즈를 듣고 입문했다고 한다. 1987년 포크 뮤지션 조동진과 연주 활동을 시작했고, 이듬해 재즈클럽 야누스에서 한국 재즈 1세대인 이판근, 김수열, 강대관, 이동기, 박성연 등과의 협연을 통해 재즈 연주자로서의 길을 걷는다.

당시 국내에는 '경음악'이란 이름으로 국내 음악가인 이호준과 남택상을 비롯한 팝 피아노 연주가들이 활동하던 시절이었는데, 임인건의 첫 데뷔작 《비단 구두, 1989》는 가장 뉴에이지 음악 장르의 이름에 걸맞은 작품이었다.

특히 〈눈 오는 저녁〉은 사티Erik Satie를 연상시키는 인상주의 음악이 있고, 〈꿈의 작업〉은 윈드햄 힐이나 나라다의 뉴에이지 피아노곡 못지않은 국제적인 감성을 보여주었다. 또한 타이틀곡인 〈비단 구두〉와 〈진달래〉는 한국적인 그리움의 정서를 담아 여백과 열정을 유려하게 담아냈다.

본작은 그의 두 번째 앨범으로, 베이시스트 남영국과 드러머 남궁윤이 참여했으며, 포크 뉴에이지는 더욱 서정에 물들어있다.

〈여행〉에는 커버의 눈 덮인 풍경 속으로 발자국을 내디뎌야 할지, 바라만 봐야 할지를 고심하는 순수한 어린이의 망설이는 감정도 읽게 된다.

〈가마〉는 딸이 시집가는 날 어버이의 눈물처럼 애틋하고 촉촉한 흐름이 있다. 곡목과는 다르게 곡조는 한국적이지 않음이 놀랍다.

〈바위〉는 동양적 감흥으로 재즈 즉흥이 열기를 올리며, 〈귀로〉는 윈드햄 힐의 음악을 떠올려주는 부드러운 활력이 화려한 터치로 꼬리를 물고 늘어선다,

〈슬픈 꽃〉은 본작의 백미로, 이 앨범을 구매한 충분한 이유였다. 동양과 서양을 아우르는 멜로디는 잔잔한 슬픔의 매운 향기를 흩날린다. 뜨거운 갈망의 정서는 폐부를 멍들게 할 만큼 타격하다 산산이 부서진다.

〈키작은 나무〉는 동심 어린 꿈 이야기로, 하늘에까지 닿기 위한 희망이 그려진다. 꽃잎을 떼어가며 노닐었던 코스모스길의 전원곡 〈코스모스〉는 소녀의 풋풋한 순정을 엿듣는 듯하며, 〈나는 지는 해가 정말 좋아〉는 성찰의 가스펠처럼 맑고 따스하다.

한국 재즈의 진경珍景이라 불리는 임인건의 두 초기작은 발표된 지 30년이 훌쩍 넘었음에도 한치의 퇴색됨이 없이 영롱한 우리 음악의 훌륭한 자산이다.

자닌토 (Janinto)
Janinto

Green Wood | EKLD 0758 | 2006

1. Noh Cah 외로운 이들을 위한 사랑
2. Janinto 따스한 사랑
3. Ker Gi Rern 빛의 사랑
4. Gian Ni Tis 비 오면 떠오르는 사랑
5. La Caei Hoat 쓸쓸한 사랑
6. Jan Noh Woner Heeyer
   꿈속에서 기억난 사랑
7. Sa Mi Yo 눈 오는 날의 사랑
8. Ba Nin S Tar Intro 사랑의 기쁨
9. Ba Nin S Tar 사랑의 기쁨
10. Gern Sini Ga To 전설의 사랑
11. Noon 안개 속에서 떠오르는 사랑
12. Auo Ranh 별을 함께 바라보았던 사랑
13. Rifaenyoga 오솔길을 함께 걸었던 사랑
14. Ri Fi Jerh 강물처럼 흘러가는 사랑
15. Ker Gi Rern II 빛의 사랑 III

NewAge-Healing, NewAge-Pops (Vocal)

국내 뉴에이지의 현주소에서 가장 독창적인 아름다운 음반이 있다면 자닌토의 음반을 손꼽고 싶다. 그는 힐링뮤직이란 범주 안에서 사랑 노래를 부른다. 위안과 안식을 향한 범인류적 아가페에서 출발하며, 가사가 아닌 추상 언어라는 그만의 표현법으로 구현된다. 국경과 언어의 장벽을 뛰어넘는 글로벌뮤직이다.

쇼팽Chopin, 라흐마니노프Rachmaninoff와 포레Faure에서부터 알란 파슨스 프로젝트Alan Parsons Project, 엔니오 모리꼬네Ennio Morricone, 조르주 무스타키Georges Moustaki에 이르기까지 다양한 음악에서 영감을 받았다고 한다. 그는 단조로운 음성만의 매력에서 벗어나, 노래를 흥얼거리는 것처럼 혹은 가사를 노래하는 것 같은 독창적인 스캣 창법을 구사한다.

잔잔한 포크풍의 서정으로 시작하는 〈Noh Cah〉는 메마르고 연약한 감성의 현대인들에게 느끼는 동질감을 바탕으로 서로 포옹하고자 한다.
셀프 타이틀 〈Janinto〉는 현악과 클라리넷의 목가가 들려올 때 그의 목소리는 봄날의 햇살 아래서 꽃을 피운다.
개인적으로 더욱 소중하게 다가오는 〈Ker Gi Rern〉은 영롱한 피아노와 사랑의 복음을 전하는 감동적인 그의 보컬이 온누리에 퍼진다.
〈Gian Ni Tis〉는 그의 보컬을 들을 수 없지만, 이 라르고의 왈츠는 작고한 영화음악가 신병하의 〈소나기〉를 연상시킬 만큼 드라마틱하다.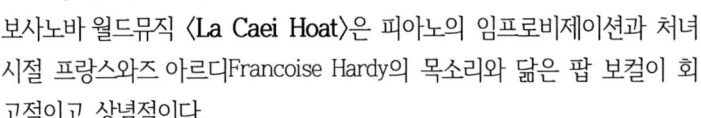
보사노바 월드뮤직 〈La Caei Hoat〉은 피아노의 임프로비제이션과 처녀 시절 프랑스와즈 아르디Francoise Hardy의 목소리와 닮은 팝 보컬이 회고적이고 상념적이다.
〈Jan Noh Woner Heeyer〉는 묵직한 마호가니 빛 첼로와 연약한 보컬로 질감 대비를 이룬다.
천상의 하프 선율에서 하늘거리며 떨어지는 플루트의 가볍고 부드러운 로맨스 〈Sa Mi Yo〉는 순수한 세상의 이미지를 그린다.
〈Noon〉은 피아노와 보컬, 단순한 구성이지만 이 천상의 보이스는 연주 시간이 짧아 아쉽다.

자닌토의 목소리는 그저 신비한 것에 머물지 않는다. 현대인들의 퇴색되고 가벼운 사랑의 풍경들 속에서 진정한 사랑의 숭고한 의미를 들려주는 것 같다.
자닌토의 등장으로 뉴에이지 음악의 미적 영역은 분명 확장되었다.

자닌토 (Janinto)
Janinto II

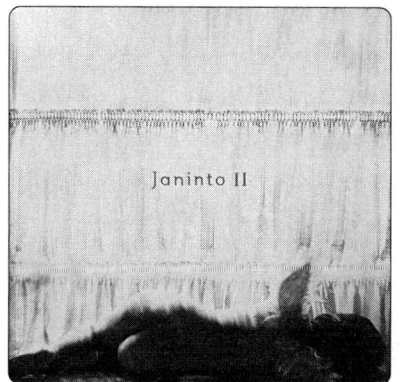

huks music | EKLD 0818 | 2006

1. Mae Soir I 내 생의 저녁 I
2. Majones 아름다운 여행
3. Froh Kin Toh 우리는 모두 하늘의 아이들
4. Inti Farn 도시에 비가 내린다
5. Ra Ri Ri 라리리 랄라
6. Cri On Doh 소풍왈츠
7. Fami Tami 아담과 이브, 사과 안먹었대요
8. Ch Ro Ken 낙원의 산책
9. Gana 가나, 이제 편히 쉬어요
10. Toi Jihl 꿈의 오솔길
11. Trolia 은빛 별을 담다
12. Tik Tat 그땐 어리석었지
13. Mae Soir II 내 생의 저녁 II
14. Wy Dihl Rern 주홍글씨
15. Un Du Fae Yo Ha 슬픔의 바람을 타고
16. Roh Ju Kan Doh 위대한 사랑

1. Mie Tihl 아직도 당신을 사랑합니다
2. Rohn 길
3. Blu Yons Tae 그 모든 슬픔을 또다시
4. Nihl Fai Yo 기다림의 짐승
5. Viol Chin 푸른 바이올린
6. Maripoo 이별의 작은 그림

NewAge-Healing, NewAge-Pops (Vocal)

지금이야 남성이 여성의 음역대를 노래하는 카운터테너나 록 보컬리스트들이 대중화된 편이지만, 자닌토가 뉴에이지 음악계에 등단했을 때 충격을 뛰어넘는 신비로움과 아름다움은 분명 카타르시스였다.

첫 데뷔작을 발표한 후 불과 채 1여 년도 채 되지 않은 시점에서 두 매의 CD로 완성한 두 번째 앨범이 공개되었다. 커버에는 이 땅에 사랑을 전하러 온 아기 큐피드가 햇살 가득한 창가에서 곤히 잠들어 있다.

안온한 목소리와 잔잔한 피아노로 안식의 찬가를 들려주는 〈Mae Soir I〉에 이어, 감미로운 포크송 〈Majones〉은 바람과 함께 흐르는 기타 신율과 솜털과도 같은 2성부 스캣 하모니가 너무나 아늑하다.

글쓴이의 귀를 단번에 주목하게 만든 〈Cri On Doh〉는 동심을 위한 낭만으로 이 세상의 어린이들을 큐피드로 희화한 듯하다.

〈Fami Tami〉에서 그의 속삭임은 '우리는 사과를 먹지 않았답니다. 그저 사춘기를 겪으며 사랑에 눈을 떴을 뿐입니다'라는 그의 설명처럼 인간적이다.

이외도 홀로 아기를 키우는 미혼모의 모성애에 바치는 〈Gana〉, 단절되고 소외된 삶을 살아가는 이를 위한 〈Wy Dihl Rern〉 그리고 노인들의 황금빛 사랑을 축복하는 〈Roh Ju Kan Doh〉로 인류애를 그린다.

〈Mie Tihl〉는 전자음악가 반겔리스Vangelis의 《1492, Conquest of Para-dise》를 연상케 하는 장대한 스케일로, 붉은 핏빛의 비창悲愴이다.

서정적이고 장대한 피아노협주곡 〈Rohn〉은 외로운 인생을 비유했으며, 수필가 고 전혜린과의 공감을 노래한 〈Blu Yons Tae〉는 숭고미가 넘치는 슬픈 우주적 심포니이다.

〈Nihl Fai Yo〉은 칠흑같이 검고 얼음장처럼 차가운 현실에서 들려오는 야생의 울음소리로서, 진한 고독에 몸부림치는 슬픈 영혼을 위한 엘레지가 들려온다.

자신과 나와 당신과 타인들의 연緣에 대해 깊은 상념에 빠지게 하는 〈Maripoo〉역시 보석과도 같은 걸작이다.

그의 미지 목소리에는 영혼의 상처를 스스로 치유하는 뮤직테라피music therapy적 의미로서 이른바 '자닌토이펙트'가 강하게 작용하고 있다. K-뉴에이지 음악 10대 걸작선을 뽑는다면 그 한자리는 본작이 될 것이다.

바람결에 민들레가...

huks music | SRCD 3991 | 2007

1. 바람결에 민들레가...
2. 안녕, 나의 은빛 돌고래
3. Fly, My Sunshine
4. Perhaps Love
5. 자작나무 숲길로
6. 오솔길
7. 하늘 호수
8. 자각몽
9. 초록 갈매기의 꿈
10. 눈을 감고 잠시
11. 푸른 바다 흰나비
12. 빈자리
13. 축하해요
14. 안녕, 나의 은빛 돌고래 · *piano solo*
15. 자작나무 숲길로 · *piano solo*

New Acoustic

어린 시절을 시골에서 보낸 초등학교 교사이자 뉴에이지 음악가인 그녀의 피아노 연주는 절대 무겁지 않으며, '세련'과도 다소 거리가 멀다. 순박하고 꾸밈이 없는 그녀의 음악에는 항상 투명하고 해맑은 동심이 미소 짓고 있다.

이를 색상으로 표현한다면 어떤 색깔일까? 글쓴이는 고민도 하지 않고 풀빛에 가까운 '연두'를 떠올렸는데, 생명과 평화, 영원, 희망과 건강한 이미지가 피아노 음색과 시적 감성의 멜로디와 너무나 절묘하지 않은가. 그리고 항상 밝은 명도와 싱그러운 채도를 유지하며 방금 물에서 꺼낸 듯한 연두의 수채화에 청정의 산소를 불어넣는다. 《Sentimantal Green, 2005》로 데뷔하여 이듬해 《Flower》를 발표했으며, 세 번째 앨범으로 낸 것이 본작이다.

타이틀곡 〈바람결에 민들레가...〉에는 산골 소녀의 수줍은 미소가 곱게 번진다. 민들레 꽃씨가 바람을 타고 춤추듯 하얀 발레복을 입고 춤을 추던 어린 시절의 에피소드를 꺼내며 피아노는 초록으로 물든다.

기타와 피아노의 합주로 연주된 〈안녕, 나의 은빛 돌고래〉는 어린 시절 손에 크레파스를 묻혀가며 그렸던 바다 상상화를 재연하며, 〈Fly, My Sunshine〉는 추수 후 논에 쌓아둔 짚단 더미에서 뛰어놀던 천진난만한 웃음이 메아리로 들리는 듯하다.

〈하늘 호수〉도 고향의 푸른 하늘을 담은 유년 놀이터 저수지에서 놀던 풍경이 그려진다.

상쾌하고 신선한 공기가 가슴속으로 들어오는 〈초록 갈매기의 꿈〉은 교사로서 어린이들에게 보내는 희망을 담았으며, 〈푸른 바다 흰나비〉에는 아버지를 향한 소녀의 사랑과 존경을 담았다.

4집 《One Fine Day, 2008》에서는 본작에도 참여했던 함춘호의 기타 외에도 오카리나와 첼로를 부가하여 더욱 영롱한 연두의 농담濃淡을 더했다.

〈꽃 반딧불이의 첫 외출〉과 〈숲으로 간 거북이〉에서 들려주는 흥미진진한 동화집은 기대감이 발랄하게 샘솟는다. 〈In the Moonlight〉에는 아빠의 늦은 귀가를 기다리며 동구 밖에서 엄마 등에 업혀 잠든 아기의 꿈이 그려지며, 〈소풍가는 날〉은 한껏 들뜬 아이의 발걸음이 날아갈 듯 가볍다.

타임머신을 타고 순수의 시절로 돌이켜주는 여행안내자가 전수연이다.

최인영 (Choi In Young)

Vagabond on the Road

Stomp Music | EKLD0778 | 2006

1. 양치기의 별
2. 바람살살
3. My First Piano Concert
4. Way Home
5. 섬집아기
6. 아침
7. 어머니
8. 소녀의 꿈
9. 몽심夢心
10. AM 3:00
11. 얼룩말
12. 여행을 위한 왈츠
13. Way Home - *Piano Solo*

NewAge-Instrumental, NewAge-Jazz,

1980년생인 최인영은 초등학교 때 플루트와 리코더를 통해 음악에 취미를 붙였고, 중·고교 시절에도 꾸준히 음악을 공부하다 대학에서는 건축학을 전공한다고 한다. 자신이 직접 쓴 프로필에서 느낄 수 있는 것은 소소한 추억들을 기억할 만큼 섬세하면서도 제법 재치가 있다는 것이다. 그리고 학점에는 별로 연연해하지 않는 낙천적인 성격과 안 해본 일이 거의 없을 정도로 다양한 인생 경험을 즐기고 있다는 데에서 그의 자유분방한 성격을 읽을 수 있다.

2002년 두어 달간 다녀온 호주에서 그는 표현하기 힘든 삶의 아름다움을 경험했다고 하는데, 이 경험이 바로 본작의 바탕이 되었음은 쉽게 짐작할 수 있다. 2004년 신인 음악인들을 발굴하는 제10회 유재하 음악 경연대회에서 장려상을 받았으며, 데뷔 전 이미 인터넷 커뮤니티를 통해 음악을 선보이기 시작했다.

별이 빛나는 밤의 소야곡 〈양치기의 별〉은 피아노 솔로로, 그의 터치에서 길 위의 방랑자가 느끼는 고독감을 읽을 수 있다.

시원하고도 정감 있는 보사노바 〈바람살살〉은 자유분방하면서도 유연한 감성을 녹여낸 걸작품으로, 공감각적 구성은 신인 같지 않다.

또 하나의 감성적 작품 〈Way Home〉은 고향을 향해 달리는 기차 소리 효과음으로 시작하여 풍부한 오케스트레이션 위에 피아노의 설렘과 향수를 진하게 풀어놓는다.

동요를 순수하고도 더욱 시적으로 윤색한 〈섬집아기〉와, 무한한 사랑과 은혜에 대한 감사를 표하고 있는 〈어머니〉는 가장 서정적인 피아니시모이다.

기타의 공명하는 여음이 깊이 있게 다가오는 〈소녀의 꿈〉에 이어, 자신의 피아노 이름이기도 한 〈몽심夢心〉은 열정적이면서도 은은한 재즈곡이다.

모두 잠든 새벽 3시에 깨어 있는 이의 호젓한 감정을 세밀하게 그린 〈AM 3:00〉는 피아노와 더불어 플루트와 멜로디언 등으로 연주했다.

넓은 광야를 뛰어다니는 〈얼룩말〉은 자신과 같은 자유로운 영혼의 소유자들에게 주는 명작 선물로, 광고음악으로 사용되기도 했다.

청자를 방랑자로 만들었던 그는 2집 《피아노, 점점 여리게, 2009》에서 국악 리듬을 차용한 〈**치마새**〉, 해금 연주자 김애라가 참여한 〈**일곱빛깔의 바다**〉, 트레몰로로 첫사랑의 연자줏빛 향기에 젖게 하는 〈**라일락**〉 등으로 감성의 방랑길을 열어두었다.

티미르호 (Timirho)
Timirho

Ponycanyon Korea | PCLD-00058 | 2009

1. 달빛 아래
2. 항해
3. 피리부는 소년
4. 인형술사
5. 이별의 왈츠
6. 깊은 바다
7. 분홍 돌고래
8. 봄비
9. 새벽
10. 폭설
11. 춤추는 소녀
12. 섬
13. 꽃지다
14. 귀향
15. 놀이동산 - *bonus*

New Acoustic

본작의 주인공 티미르호는 정말 신선함이 넘치는 동화 같은 새로운 앙상블 사운드로 우리의 오감에 환희를 불러일으켰다.

티미르호는 1956년부터 1972년까지 무려 다섯 차례나 올림픽의 보트 경기에 출전했고 1960년 로마 올림픽 금메달리스트이기도 한 전설적인 러시아 보트 선수 티미르 피네진Timir Pinegin의 이름을 딴, 상상나라로 운항하는 배이다.

선장은 피아니스트 김재훈이며, 리코더의 이정국, 기타의 박승원이 좌우 조타수 역을 훌륭하게 해내고 있다. 순수 어쿠스틱의 항해는 하늘과 바람과 바다와 동화의 세상을 그린다. 소담한 조화의 내면에는 한국적인 꿈의 정서도 깃들어 있다.

짧은 곡은 싫어함에도 첫 대면에서 강렬한 인상을 남겼던 〈**피리부는 소년**〉은 길을 잃은 망망대해 위에서 마네Manet의 「Le Fifre 피리 부는 소년」이 춤을 추며 나타나 인도하는 듯한 흥겨운 환상동화이다.

구슬픈 왈츠 〈**인형술사**〉는 자신의 밀랍인형과 비극적인 사랑에 빠진 한 인형술사의 사연이며, 한국적 감성의 〈이별의 왈츠〉는 그리움에 애환을 실어 보낸다.

〈분홍 돌고래〉에는 클래시컬한 피아니즘이 우아하게 비상하는데, 바다와 하늘이 하나 되는 유토피아가 아련하게 모습을 드러낸다.

또다시 왈츠풍으로 전개되는 〈**춤추는 소녀**〉에는 리코더가 묘사하는 가볍고 화려한 율동이 시리도록 화사하다. 밀랍인형이 소녀가 된 걸까? 피리 부는 소년의 잃어버린 여동생일까?

이웃과 물리적으로는 인접해 있지만 감성적으로는 차단된 도시인의 집을 비유한 듯 〈섬〉에는 쓸쓸한 서정이 흐르고, 기타의 저녁 바람에 실리는 리코더의 야생화 향기 그리고 피아노의 따사로운 햇살이 전원적인 평화를 그리는 〈**귀향**〉은 더없이 포근하다.

몽골 사막에서 달을 보며, 날개를 달고 달을 향해 여행하는 배의 동화를 쓴 그는 두 번째 앨범 《동화動話, 2011》에서 클라리넷 김주민과 첼로 이창현과 트리오 앙상블을 꾸렸다. 애니메이션 뮤직비디오로 선보인 〈달의 바다〉에는 시련을 헤쳐가는 외로운 항해의 드라마를 그려냈다. 또한 〈**인형술사 2**〉는 밀랍인형을 안고 추는 작별의 광시곡이며, 〈별〉에는 은하에 다리가 없어 만나지 못하는 견우성과 직녀성의 그리운 빛이 반짝인다.

프라하 (Praha)
A Dream

Stomp Music | EKLD0581 | 2005

1. Tremulously Leaves
2. Sad Spring
3. A Dream
4. Tango Tango
5. Don't Cry
6. Traces of Tears
7. In My Soul of Souls
8. Here it is Spring Already
9. A Blue-Eyed Girl
10. A Fool to Love
11. Vicious Remarks
12. The Pain of Parting
13. A Tearful Face
14. Forgotten Spring
15. With a Leap of my Heart

New Acoustic

프라하는 풍부하고도 깊은 오케스트라 연주로 때론 잔잔하고도 때론 격정적인 선율의 감동으로 고전의 낭만을 재현하는 아티스트이다.

이 프로젝트를 이끄는 최완희는 러시아 차이콥스키 음악원 작곡 학부를 졸업하고 러시아의 MosFilm에서 영상음악 스코어 전문과정을 수료한 재원으로, 많은 뮤지컬과 영화음악, 드라마 음악에 참여하여 활발한 음악 활동을 한 바 있다.

데뷔작 《White Night, 2003》는 바이올린을 위한 애절한 아다지오 〈Jupi-ter〉와 가슴 시린 피아노 연가 〈Past Love〉, 동구 특유의 어두운 슬픔을 간직한 〈Desire〉 등을 수록하고 있다.

뮤지컬 OST 《나의 라임 오렌지나무》 이후 이듬해 《A Worn Diary》을 발표하였는데, 부드러운 전원곡이자 타이틀곡, 동구의 민요를 듣는 듯한 여성 스캣곡 〈Midwinter Flowers〉, 남성 성악 보칼리제 〈Immortal Love〉가 스산한 바람의 자국을 선명히 남겨주었다.

이번 세 번째 앨범은 위안의 마음에 은은하고도 따사로운 온기를 전해주고자 했던 기획의도처럼 오케스트레이션은 외부로부터 스며드는 온도가 아니라 성냥불이 발화하는 것처럼 가슴속 깊이 서서히 자생하는 체온의 따스함을 느끼게 된다.

시네마틱한 〈Sad Spring〉은 아코디언의 주름을 통해 새어 나오는 시큰한 애상감을 바이올린의 애잔함으로 이어가는데, 홍난파의 〈고향의 봄〉처럼 그리움이 흠뻑 묻어난다.

열정을 넘어 격정에 오르는 집시 탱고 〈Tango Tango〉는 충동에 휩싸이는 불꽃이 핀다.

러시아 로망스 성악곡 〈A Fool to Love〉, 눈물의 바이올린 샤콘느 〈Vicious Re-marks〉, 그리고 〈The Pain of Parting〉은 비통의 늪이다.

피아노 드라마 〈A Tearful Face〉에 이어, 바이올린이 열기를 더하는 〈Forgotten Spring〉에는 망각하고픈 시간이 흐른다.

첫 앨범에서 광고음악으로 사용되어 그의 이름을 알려준 우아한 왈츠 〈With a Leap of my Heart〉가 보너스로 수록되어 있는데, 바이올린의 자욱한 낭만의 활개로 전편의 슬픔을 식혀주어 반갑다.

푸른 회색빛 몰다우강에 비치는 백색의 도시 프라하의 고혹적인 이미지가 일렁이는 본작은 현대인의 가슴속 깊이 묻어둔 순수한 슬픔을 본능적으로 끄집어낸다.

● 그래미 수상작

1986년에 신설, 1987년 2월 제29회 그래미 어워드에서 초대 시상한 뉴에이지 음악 부문은 'Best New Age Recording'이었으며, 이후 33회까지 4차례 시상식에서는 'Best New Age Performance'로, 34회부터 'Best New Age Album'으로 재조정되었다. 2023년에는 'Best New Age, Ambient or Chant Album'으로 그 명칭이 다시 변경되었다.

2024년까지 폴 윈터Paul Winter는 6회 우승함으로써 최다 수상자로 기록되고 있다.
- Spanish Angel   - Prayer for the Wild Things
- Celtic Solstice   - Silver Solstice
- Crestone   - Miho : Journey to the Mountain
엔야Enya는 4회 우승했다.
- Shepherd Moons   - The Memory of Trees
- A Day without Rain   - Amarantine
기타로Kitaro는 단 1회 수상했으나 16번 후보에 올랐다.
피터 카터Peter Kater는 2회 수상했고, 12번 후보에 지명되었다.

참고로 그래미상 후보는 전년도 10월부터 당해년도 9월 사이에 발표된 앨범과 음원 등이 심사 대상이며, 12월 중순에서 이듬해 1월 초까지 The Recording Academy 회원 투표로 결정되어 2월에 시상한다.
시상 연도의 뉴에이지 음악 부문 수상작은 다음과 같으며, 후보작들은 위키피디아에서 확인할 수 있다.

1987 Andreas Vollenweider
Down to the Moon

1991 Mark Isham
Mark Isham

1988 Yusef Lateef
Yusef Lateef's Little Symphony

1992 Chip Davis
Fresh Aire 7

1989 Shadowfax
Folksongs for a Nuclear Village

1993 Enya
Shepherd Moons

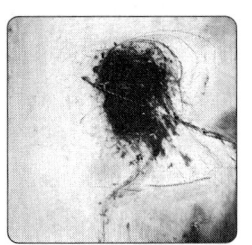
1990 Peter Gabriel
Passion

1994 Paul Winter Consort
Spanish Angel

1995 Paul Winter
Prayer for the Wild Things

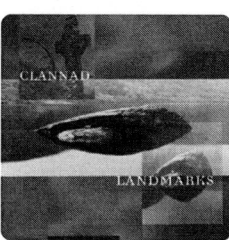

1999 Clannad
Landmarks

2003 Tingstad & Rumbel
Acoustic Garden

2007 Enya
Amarantine

1996 George Winston
Forest

2000 Paul Winter
Celtic Solstice

2004 Pat Metheny
One Quiet Night

2008 Paul Winter Consort
Crestone

1997 Enya
The Memory of Trees

2001 Kitaro
Thinking of You

2005 William Ackerman
Returning

2009 Jack DeJohnette
Peace Time

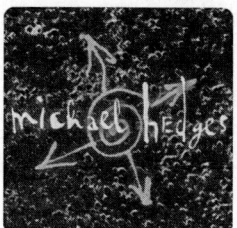

1998 Michael Hedges
Oracle

2002 Enya
A Day without Rain

2006 Paul Winter Consort
Silver Solstice

2010 David Darling
Prayer for Compassion

2011 Paul Winter Consort
Miho : Journey to the Mountain

2015 Ricky Kej & Wouter Kellerman
Winds of Samsara

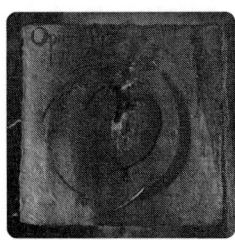

2019 Opium Moon
Opium Moon

2023 White Sun
Mystic Mirror

2012 Pat Metheny
What's It All About

2016 Paul Avgerinos
Grace

2020 Peter Kater
Wings

2024 Carla Patullo
So She Howls

2013 Omar Akram
Echoes of Love

2017 White Sun
White Sun II

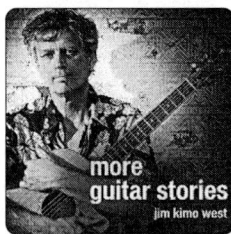

2021 Jim "Kimo" West
More Guitar Stories

2014 Laura Sullivan
Love's River

2018 Peter Kater
Dancing on Water

2022 Stewart Copeland & Ricky Kej
Divine Tides

끝맺으며

뉴에이지 음악은 시대적 욕망want 속에서부터 그 기능적인 역할을 충실히 해오면서도 작품성으로 승부를 걸어야 하는 치열한 생존경쟁에 직면해 왔다. 이는 끊임없는 실험과 새로운 음색의 추구를 통해서 다양한 협화음을 만들어내며, 많은 다양한 장르와 함께 영향을 주고받고 있다.

혹자는 뉴에이지의 음악은 더 이상의 새로운 것이 없을 것이라고 단언하기도 하지만, 여전히 포스트모던은 진행형이라 막강한 크로스오버의 위력은 아무도 예측할 수 없다.

지금까지의 뉴에이지 음악의 발전으로 미루어 본다면, 클래식이 아직도 건재하고 있는 것처럼 시간이 흘러도 뉴에이지 음악은 새로운 자생력으로 이어질 것이다. 우리 시대 최고의 전성기를 누렸던 몇몇 대가들을 뒤이어 전혀 예상치 못한 새로운 연주자들이 우리의 감성을 자극하는 장치들을 들고 찾아올 것이다. 우리 애호가들에게 던져진 것은 끊임없는 관심과 기회이며, 현재의 모습에 보내는 응원이 아닐까?

요즘 신보는 음원으로만 발매되는 사례도 많으며, 신보 출시와 함께 공식 유튜브 계정을 통해 업로드되는 경우도 많다. 디지털 네이티브가 아닌 글쓴이는 먼저 검색을 통해 들어보고 만족감을 주는 음악들은 CD를 구입해서 감상하고 있다.

찾아보면 국내에 좋은 작품들이 많이 소개되었음을 알 수 있는데, 이점에 대해 국내 음반 기획자분들께 감사의 뜻을 전해야겠다. 물론 덜 유명하다는 이유로 국내에 상륙하지 못한 작품들도 많고, 절판되어 구입이 용이하지 않은 수작들도 많다.

뉴에이지 음악은 그 역사가 타 장르에 비해 비교적 짧은 편이라 이러한 경우는 드문 편인데, 어떤 장르의 음반은 해외

경매 사이트나 음반 판매점에 LP 원반에 육박하는 가격표의 중고 CD도 종종 볼 수 있다. 반면 국내 중고 음반점에는 아이템들이 점점 쌓이는 듯하다. 글쓴이도 솎아내기 방법으로 한정된 수납공간을 관리하고 있지만, 아쉬운 감정이 든다. 누군가에겐 불멸로 남을 음악이지만, 또 누군가에겐 그 쓰임새가 사멸한 음반이란 생각이 들기 때문이다. 물론 이러한 기회를 잡아 지렴한 가격으로 미처 구입하지 못했거나 희귀한 음반을 손에 넣으며 쾌재를 부르기도 하는데, 누군가의 손때가 묻은 음반들은 색다른 애착을 느끼기도 한다.

요즘은 미니멀 라이프를 즐기며 무손실 음원 스트리밍으로 감상 매체를 갈아타는 음악 애호가들이 많은 듯한데, 음원이든, 다시 주목받고 있는 LP든, 한정적으로 발매되는 CD든, 글쓴이는 다양한 매체를 통해 음악을 감상하는 시간이 많아졌으면 한다. 이를 대체할 다양한 취미가 생긴 것도 사실이지만, 정서적으로도 고립되고 삭막한 현실에서 자신의 감성에 잘 맞는 음악을 찾아 감상하는 것만큼 해독작용이 뛰어난 묘약도 없지 않을까!

감상기의 일부 수록곡에 유튜브 링크를 걸어두긴 하였으나, 이는 맛보기일 뿐이다. 물론 흡족하다면 한국인은 좀 인색하다고 하는 👍 클릭 센스를 놓치지 말아야겠다. 음악가들에게 적지 않은 힘이 되어줄 테니 말이다.

가급적 앨범 전체나 연관 앨범들을 찾아 들어본다면, 자신만의 풍성한 라이브러리를 꾸릴 수 있을 듯하다. 과거 현재 미래의 추억과 시간들이 음악으로 새롭게 기록될 것이기 때문이다.